Territorialkonflikte im arktischen Raum aus seerechtlicher Sicht und unter Berücksichtigung neuer Entwicklungen aufgrund der klimatischen Veränderungen

Völkerrecht, Europarecht und Internationales Wirtschaftsrecht

Herausgegeben von Peter Hilpold und August Reinisch

Band 31

Stephanie Wurnitsch

Territorialkonflikte im arktischen Raum aus seerechtlicher Sicht und unter Berücksichtigung neuer Entwicklungen aufgrund der klimatischen Veränderungen

PETER LANG

Berlin - Bruxelles - Chennai - Lausanne - New York - Oxford

Bibliografische Information der Deutschen Nationalbibliothek
Die Deutsche Nationalbibliothek verzeichnet diese Publikation in der Deutschen Nationalbibliografie; detaillierte bibliografische Daten sind im Internet über http://dnb.d-nb.de abrufbar.

Zugl.: Universität Innsbruck, Diss., 2022

ISSN 1862-457
ISBN 978-3-631-92160-9 (Print)
E-ISBN 978-3-631-92161-6 (E-PDF)
E-ISBN 978-3-631-92162-3 (E-PUB)
DOI 10.3726/b21985

Verlegt durch: Peter Lang GmbH, Berlin, Deutschland

info@peterlang.com www.peterlang.com

Diese Publikation wurde begutachtet.

Anmerkungen

Um Enzyklopädie Einträge, Zeitungsartikel, Blogeinträge und weitere elektronische Quellen in den Kurzzitaten von Monografien, selbstständige und unselbstständige Beiträge und Beiträge in Zeitschriften zu trennen, wird in den Kurzzitaten die Fundstelle der Quelle angegeben. Monografien, selbstständige und unselbstständige Beiträge sowie Beiträge in Zeitschriften werden in den Kurzzitaten mit dem Namen des Autors und der Jahreszahl abgekürzt und sind in ihrer Langform im Literaturverzeichnis zu finden.

Ratifikationen von völkerrechtlichen Verträgen und Abkommen, sind im Dokumentenverzeichnis dem jeweiligen Vertragswerk zugeordnet. Demgegenüber wird das interaktive Dashboard zu menschenrechtlichen Verträgen als weitere elektronische Quelle eingeordnet.

Die Meereisdaten von September 2019 bis September 2021 stammen von https://www.meereisportal.de (Förderung: REKLIM-2013-04).

Aus Gründen der besseren Lesbarkeit wird in dieser Dissertation die Sprachform des generischen Maskulinums angewendet. Es wird an dieser Stelle darauf hingewiesen, dass die ausschließliche Verwendung der männlichen Form geschlechtsunabhängig verstanden werden soll.

„Erst wenn das Eis bricht, wirst Du wahrhaftig wissen, wer Dein Freund und wer Dein Feind ist.“
(Sprichwort der Inuit)

In diesem Sinne möchte ich an dieser Stelle allen Personen danken, die mich bei der Anfertigung der vorliegenden Arbeit unterstützt haben.

Mein besonderer Dank gilt Herrn *Prof. Mag. Mag. Dr. Peter Hilpold* für seine tatkräftige Unterstützung jeglicher Art. Neben seinen fachkundigen und konstruktiven Anmerkungen hat er stets an mein Vorhaben geglaubt und eine enorme Hilfestellung bei der Umsetzung der gesamten Arbeit erbracht. Ich habe unsere Dialoge stets als Ermutigung und Motivation empfunden.

Vielen Dank auch Herrn *Prof. Mag. Mag. Dr. Andreas Müller, LL.M.* für seine konstruktive Zweitbetreuung.

Ohne die motivierenden und aufbauenden Zusprüche meiner Familie und Wegbegleiter wäre eine erfolgreiche Fertigstellung dieser Arbeit undenkbar. Ich danke euch für jede Umarmung, jede konstruktive Pausengestaltung und die aufgebrachte Geduld, die meine seelische Gesundheit im Rahmen des Schreibprozesses sicherstellten. Insbesondere richte ich meinen Dank an meinen Vater, der mir immer den Rücken stärkt sowie an *Raphael*, der so geduldig und freundlich ist, dass Worte es eigentlich nicht beschreiben können.

Motivation

Dem interessierten Leser wird der Bezug der Autorin, als Staatsangehörige eines Binnenstaates, zur seerechtlichen Thematik in der Arktis ungewöhnlich erscheinen. Der arktische Raum insgesamt fasziniert die Autorin nicht nur in landschaftlicher Hinsicht. Der Autorin wurden während ihrer Studienzeit erste Einblicke in die multidisziplinäre Arktisforschung am *Arctic Centre* in der nördlichsten Universität der Europäischen Union gewährt. In diesem Rahmen ist auch ihre Sensibilisierung für den voranschreitenden Rückgang der arktischen Eisausdehnung erfolgt.

Der Anstieg der Durchschnittstemperatur in der Arktis, der im globalen Vergleich das Doppelte beträgt,[1] beschäftigt Wissenschaftler unterschiedlicher Forschungsgebiete. Unter anderem sind Angehörige des Fachbereichs der Rechtswissenschaften gefordert, die neue geophysische Situation in ihre jeweiligen Forschungsgebiete zu implementieren. Dahingehend hat die vorliegende Arbeit den Anspruch, die Auswirkungen der klimatologischen Veränderungen in der Arktis darzustellen, auf die die entsprechenden Entscheidungsträger zu reagieren haben.

Lange Zeit führte die arktische Region aufgrund der permanenten Eisschicht, der tiefen Temperaturen, der abgeschiedenen Lage und unwirtlichen klimatischen Bedingungen ein Schattendasein und wurde von den arktischen Anrainerstaaten nahezu vollständig ignoriert.[2] Durch das Abschmelzen der arktischen Polkappe und dem damit einhergehenden neuen wirtschaftlichen Möglichkeiten bekunden zahlreiche (staatliche) Akteure ihr Interesse am arktischen Raum.[3]

Allerdings sind diese Begriffe von geringer juristischer Qualität. Die Identifizierung der berechtigten Staaten, die im arktischen Raum Eigentumsansprüche durchsetzen können, ist dementsprechend wesentlicher Teil der vorliegenden Arbeit. Die Relevanz der Territorialstreitigkeiten ergibt sich aus dessen Aktualität,[4] den Vergleichen politischer Systeme der arktischen Staaten,[5] sowie die

1 *Podbregar/Schwanke/Frater*, Wetter, Klima, Klimawandel: Wissen für eine Welt im Umbruch, Springer: Berlin–Heidelberg 2009, 4.

2 Siehe Kapitel: II.3 Historischer Abriss.

3 Siehe Kapitel: II.5 Die arktische Wirtschaft: Chancen und Risiken.

4 Siehe beispielsweise Kapitel: III.5.3 Anträge eines erweiterten Festlandsockels.

5 Siehe Kapitel: IV.2 Das innerstaatliche arktische Recht im Hinblick auf die Erdöl- und Erdgasförderung.

steigende Einflussnahme externer Akteure.[6] Auf den ersten Blick erscheint diese Thematik rein regional, bezieht man allerdings umweltschutz-, ressourcenschutz- und menschenschutzrechtliche Komponenten mit ein, ist dessen globale Bedeutung unverkennbar.

Die Frage über die Zugehörigkeit des arktischen Ozeans, als auch die Rechte potenzieller (nicht-arktischer) *Stakeholder* benötigt eine umfassende Darstellung des arktischen Rechtes als eine Querschnittmaterie. Diese Arbeit soll einen bereichsübergreifenden Beitrag liefern, indem die derzeitigen maritimen Grenzziehungen des arktischen Gebiets dargestellt und die (zum Teil) gegenläufigen Interessen arktischer Anspruchsberechtigter analysiert werden, um einen Ausblick auf mögliche multilaterale, bilaterale als auch regionale Kooperationsformen aufzuzeigen.

6 Siehe Kapitel: IV.5 Verbindung arktischer Staaten mit nicht-arktischen Akteuren.

Inhaltsverzeichnis

Abkürzungsverzeichnis

ABS	access and benefit sharing
ADRDM	American Declaration of the Rights and Duties of Man
ADRIP	American Declaration on the Rights of Indigenous People
AEPS	Arctic Environmental Protection Strategy
AEUV	Vertrag über die Arbeitsweise der Europäischen Union
AMAP	Arbeitsgruppe des Arktischen Rates: Arctic Monitoring and Assessment Programme
AMRK	Amerikanische Menschenrechtskonvention
ATCM	Antarctic Treaty Consultative Meeting
AWZ	ausschließliche Wirtschaftszone
BGBl.	Bundesgesetzblatt
bzw.	beziehungsweise
CAFF	Arbeitsgruppe des Arktischen Rates: Conservation of Arctic Flora and Fauna
CBD	Übereinkommen über die biologische Vielfalt (Convention on Biological Diversity)
CHM	Common Heritage of Mankind
CLCS	Festlandsockelkommission (United Nations Commission on the Limits of Continental Shelf)
CNPC	China National Petroleum Corp.
CSR	Corporate Social Responsibility
Durchführungsübereinkommen	Übereinkommen zur Durchführung des Teiles XI des Seerechtsübereinkommens der Vereinten Nationen vom 10. Dezember 1982
EA	Ökosystemansatz (Ecosystem Approach to Management)
EG	Europäische Gemeinschaft

EGMR	Europäischer Gerichtshof für Menschenrechte
EMRK	Europäische Menschenrechtskonvention
EU	Europäische Union
EuGH	Gerichtshof der Europäischen Union
EWG	Europäische Wirtschaftsgemeinschaft
EWR	Europäischer Wirtschaftsraum
FPIC	Free, Prior and Informed Consent
FSÜ	Genfer Übereinkommen über den Festlandsockel
GATT	Allgemeines Zoll- und Handelsabkommen
Hg	Herausgeber
h.L.	Herrschende Lehre
HSÜ	Genfer Übereinkommen über die Hohe See
IFA	Inuvialuit Final Agreement
IGH	Internationaler Gerichtshof
ILC	International Law Commission
ILO	Internationale Arbeitsorganisation
ILO-Konvention 169	Konvention Nr. 169 über eingeborene und in Stämmen lebende Völker in unabhängigen Ländern der Internationalen Arbeitsorganisation (Indigenous and Tribal Peoples Convention)
IMO	Internationale Seeschifffahrt-Organisation (International Maritime Organization)
IPbpR	Internationaler Pakt über bürgerliche und politische Rechte
IPwskR	Internationaler Pakt über wirtschaftliche, soziale und kulturelle Rechte
ISA	Internationale Meeresbodenbehörde (International Seabed Authority)
ISGH	Internationaler Seegerichtshof
i.V.m.	in Verbindung mit
KMÜ	Genfer Übereinkommen über das Küstenmeer und die Anschlusszone
LMEs	Large Marine Ecosystems
LNG	Flüssigerdgas (Liquified Natural Gas)
Ma	Megaannum
MARPOL	Internationale Übereinkommen zur Verhütung der Meeresverschmutzung durch Schiffe
NATO	Organisation des Nordatlantikvertrags (North Atlantic Treaty Organization)

NGOs	Non-Governmental organizations
OCS	Outer Continental Shelf
OECD	Organisation für wirtschaftliche Zusammenarbeit und Entwicklung
OSPAR	Convention for the Protection of the Marine Environment of the North-East Atlantic
PAME	Arbeitsgruppe des Arktischen Rates: Protection of Arctic Marine Environment
PSSA	Particularly Sensitive Sea Area
Rio-Erklärung	Rio Declaration on Environment and Development
Rn.	Randnummer
Schiedsverfahren SCS	Schiedsverfahren zum Südchinesischen Meer (South China Sea Arbitration)
SDWG	Arbeitsgruppe des Arktischen Rates: Sustainable Development Working Group
SOLAS	Convention for the Safety of Life at Sea
SRÜ	Seerechtsübereinkommen der Vereinten Nationen von 1982
STCW-Übereinkommen	Internationales Übereinkommen über Normen für die Ausbildung, die Erteilung von Befähigungszeugnissen und den Wachdienst von Seeleuten (International Convention on Standards of Training, Certification and Watchkeeping for Seafarers)
StIGH	Ständiger Internationaler Gerichtshof
TTNUs	Territories of Traditional Nature Use
UdSSR	Union der Sozialistischen Sowjetrepubliken (Kurzform: Sowjetunion)
UN	Vereinte Nationen (United Nations)
UN-Ch	Satzung der Vereinten Nationen
UN DOALOS	United Nations – Division for Ocean Affairs and the Law of the Sea
UNDRIP	Erklärung der Vereinten Nationen über die Rechte der indigenen Völker (United Nations Declaration on the Rights of Indigenous Peoples)
USA	Vereinigte Staaten von Amerika

UVP	Umweltverträglichkeitsprüfungen (Environmental Impact Assessments)
Vgl.	Vergleiche
ZP-1	Zusatzprotokoll Nr. 1 zur Europäischen Menschenrechtskonvention

I. Einleitung

Die Effekte der Klimaerwärmung sind in der geografisch nördlichsten Erdregion sehr stark ausgeprägt.[7] Durch das Auftauen der Polkappen und des dadurch entstehenden „neuen Weltmeeres“ wird die Exploration von vermuteten Bodenschätzen möglich.[8] Diese Hoffnung veranlasst alle arktischen Anspruchsberechtigten ihre wirtschaftlichen Aktivitäten in der Arktis zu intensivieren.[9] Dementsprechend hat sich die Arktis nicht nur klimatologisch verändert. Vielmehr hat die arktische Region im vergangenen Vierteljahrhundert in rechtlicher, politischer, als auch wirtschaftlicher Hinsicht eine starke Modernisierung erfahren:

- Nutzungsansprüche und Kontrollrechte des arktischen Ozeans und daran anschließende Gewässer sind im Seerechtsübereinkommen der Vereinten Nationen von 1982 (SRÜ)[10] völkerrechtlich aufgeteilt. Nach dem SRÜ haben Staaten mit ozeanischer Küste prinzipiell das Recht, Ressourcen der Wassersäule und des darunterliegenden Festlandsockels bis zu einer Entfernung von 200 Seemeilen von der Basislinie auszubeuten.[11] Im Rahmen des Abkommens können daher sechs arktische Anrainerstaaten begrenzte souveräne Rechte in Teilen des Nordpolarmeeres ausüben.[12] Da Island nach geografischen Maßstab als subarktischer Staat eingeordnet wird,[13] verbleiben in einem engeren Sinne als arktische Anrainerstaaten das Königreich Dänemark (in der Folge Dänemark genannt), Kanada, das Königreich Norwegen (in der Folge Norwegen genannt), die Russische Föderation (in der Folge Russland genannt) und die Vereinigten Staaten von Amerika (in

---

7 Siehe Kapitel: II.4 Auswirkung der Klimaerwärmung.

8 Siehe Kapitel: II.5.1 Der arktische Rohstoffsektor und seine Exporte auf externen Märkten: Chancen und Risiken.

9 Siehe beispielsweise die Kapitel: II.5.2 Zwischenergebnis, IV Die verschiedenen Ebenen des arktischen Rechts, insbesondere IV.5.2 China.

10 United Nations Convention on the Law of the Sea, Montego Bay, 10.12.1982, 1833 United Nations Treaty Series No. 31363; Vgl. dazu die deutsche Fassung: Seerechtsübereinkommen der Vereinten Nationen, BGBl. 1995/885.

11 *Marboe*, Polargebiete, in: Reinisch (Hg), Österreichisches Handbuch des Völkerrechts[5], Manzsche Verlags- und Universitätsbuchhandlung: Wien 2013, 504.

12 Ibid., 504.

13 *König/Neumann*, Streit um die Arktis, in: 56 Vereinte Nationen 1/2008, 20.

der Folge USA genannt).[14] Die letztgenannten Staaten werden im weiteren Verlauf dieser Arbeit auf ihre (teils selbst zugesprochene[15]) potenzielle Vormachtstellung untersucht.

- Nach *Nilsson* und *Koivurova* sind politische Bedingungen, die den Frieden begünstigen und die Zusammenarbeit fördern, erforderlich, um wirtschaftlich Chancen in der Arktis realisieren zu können. Ein maßgebliches Ereignis zur erfolgreichen Institutionalisierung multidimensionaler Zusammenarbeit in der Arktis sehen sie im Ende des Kalten Krieges und der damit verbundenen politischen Öffnung ehemaliger Ostblockstaaten zu den Westmächten.[16] Als Paradebeispiel der Bestrebungen für einen Interessenausgleich zwischen den Arktischen und nicht-arktischen Staaten sowie den indigenen Völkern ist der Arktische Rat[17] zu nennen. Somit ist die nördlichste Region der Erde heutzutage von einer stabilen und institutionalisierten Kooperation der arktischen Völkerrechtssubjekte geprägt.
- Ökonomische Entwicklungen und die absehbare Erschöpfung südlich gelegener Rohstoffreserven in Verbindung mit der Steigerung des intra- und interregionalem Warenverkehrs, lenken vermehrt den Blickwinkel auf die Arktis und deren Schifffahrtsstraßen.[18] Insgesamt erleichtert das Auftauen der nördlichen Polkappe den Zugang zu dieser geografisch exponierten Region und schafft die stabile politische Lage in der Arktis. Dies geschieht seit Ende des Kalten Krieges und bietet weitere Anreize, um den Ressourcenabbau in diesem Fördergebiet voranzutreiben.[19] Allerdings stellen wirtschaftliche Aktivitäten in der Region, beginnend vom Ressourcenabbau, bis hin zur Erschließung neuer Schifffahrtsrouten, eine eklatante Bedrohung für das arktische Ökosystem dar.[20]

---

14 *Scott/VanderZwaag*, Introduction to Polar Law, in: Scott/VanderZwaag (Hg), Research Handbook on Polar Law, Edward Elgar Publishing: Cheltenham–Northampton 2020, 7.

15 Siehe Kapitel: III.3 Die Stellung der Arktischen Anrainerstaaten zum SRÜ.

16 *Nilsson/Koivurova*, Transformational Change and Regime Shifts in the Circumpolar Arctic, in: 7 Arctic Review on Law and Politics 2/2016, 184 f.

17 Siehe Kapitel: IV.4.1 Der Arktische Rat.

18 *Humrich*, Sicherheitspolitik im Arktischen Rat? Lieber nicht!, in: 33 Sicherheit & Frieden 3/2015, 143.

19 *Girshovich*, Wem gehört eigentlich der Nordpol?, in: Neue Zürcher Zeitung, 14.3.2007, https://www.nzz.ch/articlee3az2-1.38130 (22.9.2020).

20 Siehe Kapitel: II.5 Die arktische Wirtschaft: Chancen und Risiken.

Vorbehaltlich dieser Ausführungen zielt das Dissertationsvorhaben auf die wissenschaftliche Ausarbeitung nachfolgender Forschungsfragen ab:

- Grundsätzlich gilt zu klären, wie der arktische Ozean völkerrechtlich aufgeteilt wird und welche Anspruchsberechtigten in diese Aufteilungsthematik einzubeziehen sind. Ist eine territoriale Gebietsabgrenzung nach dem internationalen Seevölkerrecht zielführend?
- Wie hoch ist das tatsächliche Konfliktpotenzial im arktischen Raum? Welche Arten von Streitbeilegungsmethoden können bestehende territoriale Konflikte lösen und kann sich ein generelles System von territorialen Durchsetzungsmethoden etablieren?
- Was ist arktisches Recht und wie wird er gebildet? Inwiefern reguliert die arktische Regierungsführung (*Arctic-Governance*) den betreffenden Raum? Welche Wechselbeziehungen bestehen zwischen den verschiedenen Ebenen? Was sind die Hauptherausforderungen für die Verwirklichung und Umsetzung von *Arctic-Governance*-Normen in der Arktis? Inwieweit wirkt der Arktische Rat auf den legistischen Entscheidungsprozess ein? Sind die erlassenen (größtenteils) *Soft Law* Instrumente ausreichend, um allen Interessen der Anspruchsberechtigten im arktischen Raum gerecht zu werden?
- Welche aktuellen Probleme bestehen und sind bereits potenzielle Herausforderungen für die Arktis identifizierbar? Kann etwaigen Vorzeigemodellen ein Lösungsansatz entnommen werden? Insbesondere richtet sich der Blickwinkel auf das südliche Pendant der Arktis. Welche Grundüberlegungen können dem Antarktis-Vertrag entnommen werden und in adaptierter Form in das arktische Rechtsregime implementiert werden?
- Sind die indigenen Völker in ihrer traditionellen Lebensweise durch das arktische Recht ausreichend geschützt? Können sie die ihnen zustehenden Rechte durchsetzen? Wie groß ist die indigene Teilhabe am Entscheidungsprozess im arktischen Raum? Welche Faktoren fördern die Entwicklung der indigenen Vertretung in den nationalen und regionalen Regierungsführungen? Grönland strebt die volle Souveränität an, wodurch sich im Rahmen dieser Arbeit die Frage stellt, inwieweit diese Abspaltungsversuche völkerrechtskonform sind. Existieren parallele Abspaltungstendenzen im arktischen Raum?
- Welche konkrete Bedrohung für die Umwelt geht vom Klimawandel für den arktischen Raum aus? Sind die aktuell geltenden Regelungen des Umweltvölkerrechts ausreichend, um die Umwelt im arktischen Raum zu schützen? Können die arktischen Rechtsnormen das arktische Ökosystem schützen?

Um diese Forschungsfragen zielführend beantworten zu können, teilt die Autorin die vorliegende Arbeit in vier Teilbereiche ein. Einführend dient eine räumliche Begriffsabgrenzung der Ermittlung des zu untersuchenden völkerrechtlichen Regimes. Die wesentlichen Einflüsse und realen Auswirkungen der mehrschichtigen arktischen Transformation werden erarbeitet und analysiert. Daran anschließend widmet sich der zweite Teilbereich einer umfassenden Darstellung der arktischen maritimen Meereszonen in einem seevölkerrechtlichen Kontext, um in einem Zwischenergebnis die seevölkerrechtliche Raumaufteilung in der Arktis darstellen zu können. Der dritte Teilbereich behandelt explizit das arktische Recht, als ein komplexes System von Interdependenzen. Mögliche Koordinierungsformen der arktischen Völkerrechtssubjekte, die realpolitische Interessen verfolgen, wollen gefunden werden. Dabei soll insbesondere der Untersuchungsgang indigene Territorialansprüche der arktisch-indigenen Völker die vorliegende Arbeit um eine menschenschutzrechtliche Komponente erweitern. Der letzte Teilbereich flankiert die völkerrechtliche Darstellung der Arktis aus einem umweltvölkerrechtlichen Blickwinkel. Die voranschreitende Klimaerwärmung bedingt ein Abtauen der nördlichen Polkappe und führt zu einem zunehmend eisfreien arktischen Ozean, welcher die Erschließung neuer Seewege für den Schifffahrtsverkehr ermöglicht als auch die Zugänge zu den arktischen Rohstoffgebieten erleichtert.[21] Die Steigerung menschlicher Aktivitäten im arktischen Ozean kann, neben dem Klimawandel selbst und der Luft- und Wasserverschmutzung aus weit entfernten Gebieten die arktische Umwelt nachhaltig verändern. Damit ist der arktische Lebensraum insgesamt und insbesondere die traditionelle Lebensweise der arktischen Bevölkerung sowie das Überleben der dort lebenden Tierarten gefährdet. Entsprechend ist ein strukturiertes internationales Regime gefordert, um die zunehmenden Umweltschäden und Gefahren abzuwehren bzw. mindestens einzudämmen. Grundzüge eines bewahrenden arktischen Umweltschutzregimes will die Autorin mit dieser Arbeit aufzeigen.

---

21 Siehe Kapitel: II.4 Auswirkung der Klimaerwärmung, II.5 Die arktische Wirtschaft: Chancen und Risiken.

II. Die arktische Transformation

Eine genaue räumliche Definition der arktischen Region und ein historischer Abriss sollen neben der Behandlung der aktuellen klimatischen Entwicklung und dessen Einfluss auf die betreffende Wirtschaftsregion die Formulierungen der Transformation der Arktis „von einer Eiswüste zur machtpolitischen Arena“[22] und einem „New Cold War“[23] auf dessen Gültigkeit untersuchen.

II.1 Die geografische Eingrenzung der Arktis

325 vor Christus sind griechische Seefahrer erstmals in das nördlichste Gebiet der Erde vorgestoßen und bezeichneten die Region nach dem griechischen Wort *árktos* (übersetzt: Bär) als Land unter dem Sternbild des Großen Bären.[24] Allerdings ist die geografische Eingrenzung des arktischen Raumes, entgegen der eindeutigen Wortherkunft, mehrschichtig und es existiert keine allgemein verbindliche Definition. Vielmehr haben sich, je nach Fokussierung, unterschiedliche räumliche Begriffsbestimmungen entwickelt.

Die Arktis ist eine Meeresfläche, umgeben von Kontinentalflächen mit teils engen Meeresverbindungen und Inseln.[25] Eine rein nach landschaftlichen Merkmalen definierte Raumabgrenzung ist aufgrund der unterschiedlichen Verteilung der Landmassen ungeeignet. Vielmehr ist eine Abgrenzung nach individuellen Merkmalen gefordert.

Die mathematisch-astronomische Begrenzung durch den nördlichen Polarkreis steckt das Gebiet nach Einstrahlungs- und Energieverhältnissen ab.[26] Dadurch wird der geografisch nördlichste Teil der Erde im Süden durch den nördlichen Polarkreis (66° 33’ nördliche Breite[27]) abgegrenzt. Nach dieser

---

22 *Hermann*, Von der Eiswüste zur machtpolitischen Arena: das neue Gesicht der Arktis, in: Neue Zürcher Zeitung, 11.7.2020, https://www.nzz.ch/meinung/arktis-von-der-eiswueste-zur-machtpolitischen-arena-ld.1564192 (21.9.2020).

23 *Knecht*, Die Mär vom Kalten Krieg: Wie geopolitische Paradigmen in den internationalen Beziehungen im Arktisraum (re)produziert werden, in: 33 Sicherheit & Frieden 3/2015, 121.

24 World Ocean Review[6], maribus gGmbH (Hg), Hamburg 2019, 16.

25 *Blümel*, Physische Geographie der Polargebiete, B. G. Teubner Studienbücher der Geographie: Stuttgart–Leipzig 1999, 14.

26 *Blümel*, 1999, 13; *König/Neumann*, 2008, 20.

27 World Ocean Review[6], 2019, 14.

Begrenzungsmethode besteht die Arktis aus der nördlichen Polkappe, dem arktischen Ozean, sowie den angrenzenden souveränen Staaten: Russland, Kanada, Dänemark, Norwegen, Schweden, Finnland und den USA.[28] Obwohl jedem Staat und jeder Arbeitsgruppe des Arktischen Rates freigestellt wurde die südlichste Abgrenzungslinie individuell zu bestimmen, legt die arktisweite Zusammenarbeit im Rahmen des Arktischen Rates den nördlichen Polarkreis als Kriterium für die Vollmitgliedschaft fest und werden damit nur jene Staaten zur Teilnahme an den Kooperationsförderungsmaßnahmen eingeladen, deren territorial zurechenbaren Gebiete, über den nördlichen Polarkreis liegen.[29] Sinnvoll erscheint eine klimageografisch-landschaftsökologische Abgrenzung der Arktis. Die Entwicklung von Baumwuchs, die bei einem sommerlichen Energieertrag nach der 10 °C-Juli-Isotherme fehlt, dient hierbei als Maßstab.[30] Die sogenannte *Nordenskjöld*-Linie hat unter den Wissenschaftlern eine gewisse Anerkennung erlangt, indem die Linie auf dem Land die 10 °C-Juli-Isotherme und die Waldgrenze kombiniert und für die Meeresflächen eine maximale Eisgrenze im Winter festlegt.[31] Island liegt südlich des Polarkreises, jedoch nördlich der 10 °C-Juli Isotherme.[32] Das „hegemoniale geopolitische Narrativ der Arktischen Fünf und deren geografische Darstellung der arktischen Region" wird von Island abgelehnt und eine Umdeutung zu einer Aufnahme in den arktischen Kreis wird versucht, indem sich Island diskursiv als arktischer Küstenstaat behauptet.[33] Als einziger subarktischer Staat[34] bildet Island, zusammen mit den arktischen Nichtküstenstaaten Finnland und Schweden und den arktischen Küstenstaaten die Arktischen Acht. Diese Staaten schaffen eine politische Ordnung, die durch institutionelle Mechanismen in der Region bestätigt wurden.[35]

---

28 *Scott/VanderZwaag*, 2020, 7.

29 *Koivurova*, Environmental Protection in the Arctic and Antarctica, in: Loukacheva (Hg), Polar Law Textbook (TemaNord 2010:538), Nordic Council of Ministers: Copenhagen 2010, 30.

30 *Koivurova*, 2010, 30; World Ocean Review[6], 2019, 16.

31 *Seelmann*, Der völkerrechtliche Status der Arktis: der neue Wettlauf zum Nordpol, Neuer Wissenschaftlicher Verlag: Wien–Graz 2012, 11.

32 *Scott/VanderZwaag*, 2020, 7.

33 *Stephen/Knecht/Bartsch*, Internationale Politik und Governance in der Arktis: Eine Einführung, Springer: Berlin–Heidelberg 2018, 23.

34 *König/Neumann*, 2008, 20.

35 *Stephen/Knecht/Bartsch*, 2018, 21.

Bei der Zusammenführung der verschiedenen Abgrenzungsmethoden ergibt die geografische Darstellung der Arktis „ein asymmetrisches Bild mit relativ polnaher Lage im nordostatlantischen Sektor und relativ südlichen Lagen im ostkanadischen und beringschen Bereich".[36] Damit erstreckt sich die arktische Region auf ungefähr ein Sechstel der gesamten Erdoberfläche.[37] Für die vorliegende Arbeit erscheint es angemessen die Arktis als eine Berührungszone zwischen den Kontinenten Europa, Asien und Nordamerika zu verstehen. Welche kontinentalen Gebiete nicht mehr zur Arktis gerechnet werden, ist in der vorliegenden Abhandlung bedeutungslos, da die definierten Forschungsfragen die seewärtige Gebietsabgrenzung des arktischen Ozeans behandeln.

II.2 Physiografie des arktischen Ozeans[38]

Im Zentrum des abgegrenzten arktischen Gebiets liegt der arktische Ozean, der mit einer Fläche von rund 14 Millionen km^2 der kleinste und flachste Ozean des Planeten ist.[39] Der arktische Ozean ist nahezu ringförmig von den Festlandsockeln umschlossen und in dessen Mitte werden die beiden Haupt-Tiefseebecken, das eurasische-Becken und das amerasische-Becken, durch den Lomonossow-Rücken getrennt.[40] Die einzige Tiefenwasserverbindung zu den Weltmeeren ist die Framstraße.[41] Damit setzt sich der Meeresboden des arktischen Ozeans zu

36 *Venzke*, Die Arktis und ihre Grenzen, in: Lozán/Grassl/Notz/Piepenburg (Hg), Warnsignal Klima – die Polarregionen: wissenschaftliche Fakten, Wissenschaftliche Auswertungen: Hamburg 2014, 12.

37 *Ellemann*, Arctic on the threshold of change, in: Conference Report (26 May 2010): Arctic – Changing Realities (ANP 2010:758), Nordic Council of Ministers: Copenhagen 2010, 13.

38 Wo nicht anders gekennzeichnet, stammen die Informationen dieses Kapitels aus: *Wiers*, The Arctic Ocean Palaeomagnetic Record: A Stratigraphic Approach, Dissertation Uppsala Universitet 2020, http://urn.kb.se/resolve?urn=urn:nbn:se:uu:diva-408719 (29.3.2021), 30.

39 Arctic Ocean, in: Encyclopaedia Britannica, https://www.britannica.com/place/Arctic-Ocean (11.6.2024); (11.6.2024); Arktischer Ozean, 2nd Arctic Science Ministerial, https://www.arcticscienceministerial.org/de/arktischer-ozean-1744.html (2.10.2020).

40 *Jakobsson/Macnab/Mayer/Anderson/Edwards/Hatzky/Schenke/Johnson*, An improved bathymetric portrayal of the Arctic Ocean: Implications for ocean modeling and geological, geophysical and oceanographic analyses, in: 35 Geophysical Research Letters 7/2008 (L07602), 4.

41 *Klenke/Schenke*, A new bathymetric model for the central Fram Strait, in: 23 Marine Geophysical Researches 4/2002, 377.

etwa einem Viertel aus den jeweiligen Festlandsockeln zusammen und ist dieser prozentuelle Wert der höchste unter allen Weltmeeren.[42] Anhand ebendieser Darstellung in Kombinationen mit den nachfolgenden Ausführungen zur möglichen Inanspruchnahme eines erweiterten Festlandsockels[43] ist erkennbar, wie umfangreich die küstenstaatliche Souveränität im arktischen Ozean sein könnte.

Um rechtmäßige territoriale Inanspruchnahmen erweiterter Festlandsockel im arktischen Ozean identifizieren und auf potenzielle Überschneidungen untersuchen zu können, ist eine physiografische Darstellung der arktischen Rückensysteme gefordert.

Der Lomonossow-Rücken verläuft zwischen den Neusibirischen Inseln in Russland quer über dem Nordpol bis zur Ellesmere-Insel nahe Grönland über eine Länge von 1.800 Kilometern und erreicht eine Höhe von bis zu 3.700 Meter über den Tiefseeboden.[44] Der Lomonossow-Rücken ist ein charakteristisches Merkmal des arktischen Ozeans, indem er ihn gewissermaßen teilt.

Da sich das Gebirge durch das gesamte arktische-Becken zieht, versuchen die arktischen Anrainerstaaten Russland, Dänemark und Kanada nachzuweisen, dass der betreffende Gebirgsrücken eine geologische Fortsetzung des jeweiligen Festlandsockels ist.[45] In den Jahren 2011–2014 konzentrierten sich seismische Untersuchungen von Russland, insbesondere auf den Lomonossow-Rücken.[46] Die gesammelten Daten der bedeutendsten Strukturkomplexe belegen nach *Kaminsky*, *Piskarev*, *Poselov* und *Mosher* überzeugend die ununterbrochene Fortsetzung des Lomonossow-Rückens durch das eurasische-Becken bis zum Kontinentalrand von Grönland und der Ellesmere-Insel, da die Struktur der Formationen des Meeresbodens in die nur wenig oder gar keine seismische

---

42 Arctic Ocean, Encyclopaedia Britannica, 2024.

43 Siehe Kapitel: III.4.3.5.1 Erweiterter Festlandsockel nach Art. 76 Abs. 4 SRÜ.

44 Lomonossow-Rücken, in: Wikipedia, 12.3.2019, https://de.wikipedia.org/w/index.php?title=Lomonossow-R%C3%BCcken&oldid=186521778 (23.7.2020); Vgl. dazu auch: *Wiers*, 2020, 30.

45 *Jensen*, Take it to the Limit: Defining the Continental Shelf in the Arctic, in: Rottem/Soltvedt (Hg), Arctic Governance, Volume 1: Law and Politics, I.B. Tauris: London–New York 2017, 112 f; *King*, Who Owns the Arctic Ocean?, Geology.com, https://geology.com/articles/who-owns-the-arctic.shtml (19.7.2021); *Skaridov*, The Seabed in the High North – How to Address Conflicts?, in: Banet (Hg), The Law of the Seabed, Brill/Nijhoff: Leiden–Boston 2020, 109.

46 *Kaminsky/Piskarev/Poselov/Mosher*, Conclusions, in: Piskarev/Poselov/Kaminsky (Hg), Geologic Structures of the Arctic Basin, Springer International Publishing: Cham 2019, 374.

Energie eindringen kann, sich wesentlich von Regionen mit ozeanischen Krusten, wie beispielsweise im Amundsen-Becken, unterscheiden.[47] Auch folgern *Kaminsky, Piskarev, Poselov* und *Mosher*, dass das Podvodnikov-Becken, dessen Außengrenzen an den Lomonossow- und Mendelejew-Rücken anschließen, sich nach den russischen Forschungsergebnissen auf dessen Kontinentalkruste befindet.[48]

Parallel zum Lomonossow-Rücken liegt im eurasischen-Becken der Gakkel-Rücken, welche somit die beiden Subbecken schaffen: Das Nansen-Becken und das Amundsen-Becken.[49] Anhand der gewonnenen Forschungsergebnisse, die im Rahmen eine interdisziplinäre Expedition mit zwei Eisbrechern unter anderem Gesteinsproben des Gakkel-Rückens entnommen hat, schließt *Schlindwein*, dass die Erdkruste des untersuchten Bereichs stark von einer dünnen Kruste mit vielen vulkanischen Strukturen, bis hin zu Erdmantelgestein, das sich direkt am Meeresboden befindet, variiert. Die Ergebnisse belegen, dass die ungleiche Verteilung von Schmelze des Gakkel-Rückens geophysikalisch bewiesen werden konnten.[50]

Der Komplex des Alpha-Mendelejew-Rückens teilt den amerasischen Teil des arktischen Ozeans in das Makarov-Becken und das kanadische-Becken.[51] Ergebnisse von Rayleigh-Wellen-Gruppengeschwindigkeitsbestimmungen im südlichen Alpha- und im Mendelejew-Rücken deuten nach *Jackson* und *Chian* auf eine intermediäre Natur zwischen kontinentaler und ozeanischer Kruste hin.[52] Allerdings weisen die geologischen Untersuchungen zur Entstehungsgeschichte des Alpha-Mendelejew-Rückens nach *Oakey* und *Saltus* große Unterschiede auf, da das Basaltmaterial, welches aus Gesteinsproben des Alpha- und Mendelejew-Rückens entnommen wurden, grundsätzlich zwei Altersgruppen belegen, die zwischen 130 und 120 Megaanum (Ma) oder zwischen 90 und 80 Ma liegen. Insgesamt schlussfolgern *Oakey* und *Saltus*, dass dieser Teil

47 Ibid., 374.
48 Ibid., 374.
49 *Wiers*, 2020, 30.
50 *Schlindwein*, Kurs: Ultralangsamer Gakkel-Rücken, in: 43 Forschung – Das Magazin der Deutschen Forschungsgemeinschaft 1/2018, 18 f. und 21.
51 *Wiers*, 2020, 30.
52 *Jackson/Chian*, The Alpha-Mendeleev ridge, a large igneous province with continental affinities, in: 141 GFF 4/2019, 326.

des arktischen Ozeans noch nicht in befriedigender wissenschaftlicher Weise erforscht worden ist, um gesicherte Forschungsergebnisse zu erhalten.[53]

Der Northwind-Rücken befindet sich im arktischen Ozean zwischen dem 73. und 79. Breitengrad und ist Teil der ausschließlichen Wirtschaftszone (AWZ) der Vereinigten Staaten.[54] Der Hang des Northwind-Rückens wurde zu Beginn des 21. Jahrhunderts mit Fächerecholot-Systemen kartiert und diese Daten belegen, dass die Steigung des Northwind-Rückens in Richtung der kanadischen Tiefseeebene sehr steil ist und mehrere Abschnitte eine Neigung von größer 10 Grad über einen Tiefenunterschied von 3.000 Metern aufweisen.[55]

Die USA, Russland, Kanada und Dänemark messen der Abgrenzung ihrer arktischen Festlandsockel eine nationale Bedeutung bei.[56] Trotz alledem ist nach *Brosnan*, *Leschine* und *Miles* speziell bei geologischen Forschungsmissionen ein Weg internationaler Zusammenarbeit zu finden, da die Kartierung der Topografie der Festlandsockel und deren Sedimenteigenschaften sowie die Aufbereitung der technischen Daten eine teure und herausfordernde Aufgabe ist, welche neben mehreren Techniken zur Gewinnung von seismografischen Daten im arktischen Ozean auch typischerweise zwei Schiffe erfordert, von denen eines Kartierungsaufgaben übernimmt und das andere Eisbrecherdienste leistet.[57] Um wirtschaftlich und wissenschaftlich effizient zu arbeiten, müssen nach *Brosnan*, *Leschine* und *Miles* die arktischen Staaten ihre Forschungsaktivitäten koordinieren und insbesondere kooperative Lösungen zu Vermessungsgeräten und Schiffsausrüstungen finden. Gleichzeitig weisen die Wissenschaftler darauf hin, dass die eisfähigen Forschungsflotten der meisten arktischen Staaten in die Jahre gekommen sind und die Schiffszeit ein knappes wirtschaftliches Gut ist.[58] In diesem Kontext ist auf die großen russischen Investitionen in den Bau von Eisbrechern zu verweisen.[59]

---

53 *Oakey/Saltus*, Geophysical Analysis of the Alpha-Mendeleev ridge complex: Characterization of the High Arctic Large Igneous Province, in: 691 Tectonophysics Part A/2016, 69.

54 Marine Gazetteer Placedetails: Northwind Ridge, https://www.marineregions.org/gazetteer.php?p=details&id=7426 (5.10.2020).

55 *Jakobsson/Macnab/Mayer/Anderson/Edwards/Hatzky/Schenke/Johnson*, 2008, 4.

56 *Brosnan/Leschine/Miles*, Cooperation or Conflict in a Changing Arctic?, in: 42 Ocean Development & International Law 1/2011, 186.

57 Ibid., 186 und 189.

58 Ibid., 186 und 189.

59 *Farré/Stephenson/Chen/Czub/Dai/Demchev/Efimov/Graczyk/Grythe/Keil/Kivekäs/Kumar/Liu/Matelenok/Myksvoll/O'Leary/Olsen/PaithranA.P./Petersen/Raspotnik/Ryzhov/Solski/Suo/Troein/Valeeva/van Rijckevorsel/Wighting*, Commercial Arctic

II.3 Historischer Abriss

Der Mensch erschloss die arktischen Gebiete größtenteils zu Fuß, indem er vor etwa 45.000 Jahren, aus Nordafrika kommend, Sibirien besiedelte und von dort über eine Landbrücke nach Nordamerika wanderte.[60] Im hohen Norden Europas wird vermutet, dass Wanderungsströme von Kontinentaleuropa erfolgten, nachdem die großen Eisschilde der jüngsten Eiszeit geschmolzen waren.[61] Auch in Grönland erfolgte eine Besiedelung nach Ende der jüngsten Eiszeit.[62]

Jahrhundertelang fehlten die wissenschaftlichen Kenntnisse und eine geeignete technische Ausrüstung, um die Arktis und speziell den geografischen Nordpol erreichen und erforschen zu können. Erst im späten 19. Jahrhundert war der technische Fortschritt so weit vorangeschritten, dass ernsthafte Versuche unternommen werden konnten, den geografischen Nordpol zu erreichen.[63] Zuvor beharrten renommierte Wissenschaftler, darunter auch der deutsche Kartograf *Petermann*[64] darauf, dass sich ein schiffbares Polarmeer hinter einem Treibeisgürtel befände.[65]

Wie der derzeit medial beschriebene Wettlauf um arktische Ressourcen und die Vormachtstellung in der Region,[66] wird auch die Entdeckung des Nordpols

---

shipping through the Northeast Passage: routes, resources, governance, technology, and infrastructure, in: 37 Polar Geography 4/2014, 315; *Kraska*, From Pariah To Partner-Russian-American Security Cooperation In The Arctic Ocean, in: 16 ILSA Journal of International & Comparative Law 2/2010, 529.

60 World Ocean Review[6], 2019, 57.

61 *Jochem*, Die politischen Systeme Skandinaviens, Springer VS: Wiesbaden 2012, 36.

62 World Ocean Review[6], 2019, 57.

63 *Lohmann*, Vorstoß zum Pol – Die Eroberung der Arktis, in: Lohmann/Podbregar (Hg), Im Fokus: Entdecker: Die Erkundungen der Welt, Springer: Berlin–Heidelberg 2012, 172.

64 *Petermann*, Karte der arktischen & antarktischen Regionen zur Übersicht des geographischen Standpunktes im J. 1865, der Meeresströmungen, in: Petermann (Hg), Mittheilungen aus Justus Perthes' Geographischer Anstalt über wichtige neue Erforschungen auf dem Gesammtgebiet der Geographie, Justus Perthes: Gotha 1865, https://zs.thulb.uni-jena.de/rsc/viewer/jportal_derivate_00260709/ThULB_129489816_1865_Perthes_0172.tif?logicalDiv=jportal_jparticle_00517722 (6.6.2022), Tafel 5; Vgl. dazu: Die von *Petermann* erstellte Karte der arktischen Regionen weist den arktischen Ozean um den Nordpol als offenes Meer aus, welches von einem Packeisgürtel begrenzt ist.

65 *Lohmann*, 2012, 172.

66 *Bierling*, Kalte Träume hoch im Norden – der Kampf um die Arktis, in: Neue Zürcher Zeitung, 3.4.2018, https://www.nzz.ch/meinung/kalte-traeume-hoch-im-norden-der-kampf-um-die-arktis-ld.1357176 (23.7.2020); *Lechner*, Rufzeichen im

zu Beginn des 20. Jahrhunderts als Wettlauf tituliert.[67] Die polaren Expeditionsreisen wurden von einem aufkeimenden Nationalismus angetrieben,[68] wobei die Amerikaner *Cook* (1908) und *Peary* (1909), ohne ernstzunehmende Beweise und mit unrealistischen Angaben, jeweils behaupteten den Nordpol als Erster erreicht zu haben.[69] Schlussendlich erklärte der amerikanische Kongress *Peary* aufgrund seiner höheren gesellschaftlichen Stellung als „Sieger".[70] Der erste Überflug der Arktis erfolgte bereits 1926 durch das Luftschiff *Norge*, unter der Führung des Norwegers *Amundsen* und seinen Begleitern, den Italiener *Nobile* und den Amerikaner *Ellsworth*.[71] Das amerikanische atomar betriebene U-Boot *Nautilus* 1958 unter Kapitän *Anderson* erreichte erstmals den geografischen Nordpol bei der Unterquerung der Arktis.[72] Schlussendlich betraten erst am 20. April 1968 nachweislich die ersten Menschen unter der Führung des Amerikaners *Plaisted* den geografischen Nordpol auf dem Land.[73]

Während der ehemalige US-Präsident *Taft*, der zur Zeit des Wettlaufs zum Nordpol zwischen *Peary* und *Cook* staatliches Oberhaupt der beiden Amerikaner war, keine Verwendungsmöglichkeit für den Nordpol sah,[74] ist die Arktis nunmehr in den Mittelpunkt des globalen Wettkampfs um größtenteils arktische Ressourcen gerückt.[75] Die Autorin kommt zum Ergebnis, dass sich ein Entwicklungsprozess von einer unbedeutenden Eiswüste zu einem politisch und wirtschaftlich umkämpften Gebiet vollzogen hat.

Wettlauf um die Arktis, in: Wiener Zeitung, 22.8.2019, https://www.wienerzeitung.at/nachrichten/politik/welt/2023852-Rufzeichen-im-Wettlauf-um-die-Arktis.html (20.4.2021); *Nowotny*, Wettlauf um Erdöl in der Arktis, in: science.ORF.at, 29.6.2016, https://science.orf.at/stories/2782730/ (23.7.2020); *Veser*, Streit um die Arktis: Expeditionen in das Reich der Ansprüche, in: Frankfurter Allgemeine Zeitung, 3.8.2010, https://www.faz.net/1.1029438 (21.9.2020).

67 *Blümel*, 1999, 7; *Lohmann*, 2012, 182.

68 *Munz-Krines*, Expeditionen ins Eis: historische Polarreisen in der Literatur, Peter Lang: Frankfurt am Main 2009, 79.

69 *Blümel*, 1999, 7; *Lohmann*, 2012, 181 f.

70 *Blümel*, 1999, 7.

71 *Lohmann*, 2012, 184; *Munz-Krines*, 2009, 98 f.

72 *Lohmann*, 2012, 184 f.; *Munz-Krines*, 2009, 98 f.

73 *Seelmann*, 2012, 20.

74 *Greber*, Heißes Rennen um den Nordpol, in: Die Presse, 19.8.2007, https://diepresse.com/home/politik/aussenpolitik/324203/Heisses-Rennen-um-den-Nordpol (20.4.2021).

75 *Bierling*, Neue Zürcher Zeitung, 2018; *Lechner*, Wiener Zeitung, 2019; *Nowotny*, science.ORF.at, 2016.

Internationale Aufmerksamkeit hinsichtlich der arktischen Sicherheitsfrage erlangte das Jahr 2007 mit dem russischen Flaggenhissen auf dem Meeresgrund des geografischen Nordpols.[76] Obwohl die russische Aktion ohne praktische Auswirkung war, symbolisiert dieser Akt den Wendepunkt geopolitischer Gegebenheiten des arktischen Gebiets, in dem das Interesse an der Arktis unter den politischen Entscheidungsträgern verschoben wurde und neue politische Erklärungen und Initiativen von den Arktischen Acht, als auch der Europäischen Union (EU) und der Organisation des Nordatlantikvertrags (NATO) veröffentlicht beziehungsweise ergriffen wurden.[77] Seit 2013 heizen wachsende Spannungen zwischen Russland und dem Westen, insbesondere wegen des Ukraine-Konflikts, die geopolitische Situation in der Arktis aufgrund westlicher Sanktionen gegen Russland weiter an.[78] Beispielsweise wurde 2015 die russische Verteidigungsbereitschaft unter dem Oberbefehl des *Arctic Joint Strategic Command*, welches Teil der russischen Streitkräfte ist, in der Arktis demonstriert und dienten die neu entstandenen Bedrohungen und Risiken im Hohen Norden laut *Haftendorn* als russische Begründung für das große Militärmanöver.[79]

Die Autorin kommt zusammenfassend zum Ergebnis, dass sich der arktische Raum von einer unerschlossenen und uninteressanten Region, zu einem umkämpften Gebiet globalen Interessens gewandelt hat. Die wesentlichen Treiber dieser Transformierung sollen die nachstehenden Abschnitte dieses Kapitels aufzeigen.

II.4 Auswirkung der Klimaerwärmung

Als eine der am stärksten gefährdeten Teile der Welt und als wichtiger Faktor des Klimasystems, wird die Arktis daher als Frühwarnsystem und lebendiges Labor für die Auswirkungen des Klimawandels eingesetzt.[80] Die polaren

---

76 *Humrich*, 2015, 143; *Riddervold/Davis Cross*, Reactive power EU: Russian aggression and the development of an EU Arctic Policy, in: 24 European Foreign Affairs Review 1/2019, 47.

77 *Riddervold/Davis Cross*, 2019, 51 f.

78 *Haftendorn*, Wettrüsten im Ewigen Eis – Eine Gefahr für die internationale Stabilität?, in: 9 Zeitschrift für Außen- und Sicherheitspolitik 1/2016, 108; *Humrich*, 2015, 146.

79 *Haftendorn*, 2016, 102.

80 *Doelle*, The Climate Change Regime and the Arctic Region, in: Koivurova/Keskitalo/Bankes (Hg), Climate Governance in the Arctic, Environment Policy[50], Springer Netherlands: Dordrecht 2009, 29.

Eismassen verringern sich aber nach *Summerhayes*, *Zalasiewicz*, *Vidas* und *Williams* nicht nur aufgrund der erhöhten Lufttemperatur an der Oberfläche, sondern führen zu einer Erwärmung des Meerwassers und auch auf der Unterseite der Eismassen zu dessen Schmelze. Damit erwärmen sich die Ozeane bedeutend schneller und diese Wärme kann schwerer entweichen als dies in der Atmosphäre der Fall ist. Anhand dieser Forschungsergebnisse gehen die genannten Wissenschaftler davon aus, dass die Ozeane in den letzten Jahrzehnten rund 90 % der zusätzlichen Erdwärme absorbiert haben und schätzen die Angleichung der so entstandenen unterschiedlichen Temperaturschichten in den Ozeanen bis zur vollen Meerestiefe auf tausend Jahre.[81] Sobald sich die Treibhausgaskonzentrationen in der Atmosphäre stabilisiert haben wird es nach *Summerhayes*, *Zalasiewicz*, *Vidas* und *Williams* dementsprechend ähnlich lange dauern, bis sich die Ozeantemperatur und die Atmosphärentemperatur angeglichen hat und verlängert sich dieser Prozess in der arktischen und antarktischen Kryosphäre entsprechend.[82]

Bereits 2004 berichtete das *Arctic Climate Impact Assessment*, dass die durchschnittliche flächenmäßige Ausdehnung des arktischen Eispanzers im Sommer während der letzten dreißig Jahre um 15–20 % abgenommen hat und dass sich die Masse des verbleibenden Eises damit um 10–15 % reduziert hat.[83] Die jährlich geringste Meereiskonzentration ist prinzipiell im Monat September gegeben und erreichte vergleichsweise im Jahr 2021 die geringste Meereiskonzentration im September eine mittlere Ausdehnung von 5,04 Mio. km^2, im September 2020 4,01 Mio. km^2 und 2019 4,44 Mio. km^2.[84] Jedoch weisen die Massenbilanzen der *Coupled Model Intercomparison Project phase 3 climate models nach Holland*, *Serreze* und *Stroeve* eine große Streuung zwischen den Modellen auf, da das jährliche Eiswachstum und der Schmelzbereich um einen Faktor von zwei bis drei abweichen und die Länge der Schmelzsaison zwischen drei und fünf Monaten variiert bzw. bei einigen Modellen sogar bis

81 *Summerhayes/Zalasiewicz/Vidas/Williams*, Polar regions in the Antropocene, in: Scott/VanderZwaag (Hg), Research Handbook on Polar Law, Edward Elgar Publishing: Cheltenham–Northampton 2020, 30.

82 Ibid., 30.

83 Impacts of a Warming Arctic, Arctic Climate Impact Assessment, 2004, 25.

84 Es wurden die Daten laut meereisportal.de verglichen (Satellitenmessung: Meereiskonzentration Arktis – monatlich), aufgerufen unter: https://data.meereisportal.de/gallery/index_new.php?lang=de_DE&active-tab1=method&active-tab2=satellite (31.1.2022), nach: *Spreen/Kaleschke/Heygster*, Sea Ice Remote Sensing Using AMSR-E 89-GHz Channels, 113 Journal of Geophysical Research 2008 (C02S03).

in den November hineinreicht.[85] Gemeinsam ist den Modellen jedenfalls, dass im Laufe des 21. Jahrhunderts alle Modelle eine Abnahme des Eisvolumens infolge einer erhöhten jährlichen Nettoschmelze aufzeigen.[86] *Holland*, *Serreze* und *Stroeve* gehen davon aus, dass das relative Gleichgewicht zwischen der Veränderung der Eisschmelze und des Eiswachstums eng mit der Entwicklung der Eisdicke im Spätsommer verbunden ist, da Modelle mit kleinerem Sommereisrückzug typischerweise eine größere Streuung in der Eisdickenverteilung im Frühjahr aufweisen und sprechen damit dicken Eisregionen einen stabilisierenden Effekt zu.[87] Damit kommen die Wissenschaftler zum Ergebnis, dass sich Zeitpunkt des Übergangs von der mehrjährigen zur saisonalen Eisdecke in der Arktis, aufgrund die unterschiedlichen Entwicklungsfaktoren der Eisdichte, schwer prognostizieren lässt.[88]

II.5 Die arktische Wirtschaft: Chancen und Risiken

Die formelle marktorientierte Wirtschaft in der arktischen Region ist eng begrenzt auf natürliche Ressourcen, die erneuerbare und nicht erneuerbare Art sind.[89] Demgegenüber sichert die arktische Bevölkerung ihre Existenzgrundlage zu erheblichen Teilen im informellen Marktsegment, welches die traditionellen Wirtschaftsformen der Jagd, des Fallenstellens und des Sammelns beinhaltet und hält die Subsistenzwirtschaft einen nicht zu verkennenden Anteil der arktischen Wirtschaft, da die arktischen Einzelhaushalte ihr Einkommen aus einer Mischung von Lohnbeschäftigungen und Subsistenzaktivitäten beziehen.[90] Insbesondere in der nordamerikanischen und russischen Arktis sind die Gemeinden von relativ autonomen Subsistenzwirtschaften geprägt, die nicht in die formellen Marktsegmente integriert sind und nur im geringen Maße Produkte herstellen, die in anderen Regionen nachgefragt werden.[91] Dahingehend beschreibt der *Arctic Human Development Report* von 2014

---

85 *Holland/Serreze/Stroeve*, The Sea Ice Mass Budget of the Arctic and Its Future Change as Simulated by Coupled Climate Models, in: 34 Climate Dynamics 2–3/2010, 197.

86 Ibid., 198.

87 Ibid., 198 f.

88 Ibid., 199.

89 *Larsen*, Economies and Business in the Arctic Region, in: Loukacheva (Hg), Polar Law Textbook (TemaNord 2010:538), Nordic Council of Ministers: Copenhagen 2010, 84.

90 Ibid., 86.

91 *Stephen/Knecht/Bartsch*, 2018, 71.

die Arktis in ökonomischer Hinsicht als Region unterschiedlicher Wirtschaftssysteme mit ähnlichen Merkmalen.[92]

Vorausschickend auf den folgenden Abschnitt ist einer der wichtigsten Impulse für die arktische formelle Marktwirtschaft zu nennen: der primäre Rohstoffsektor und seine Exporte auf externen Märkten. Die vorliegende Arbeit fokussiert sich in wirtschaftlicher Hinsicht auf ebendiese Marktsegmente und lässt die übrigen arktischen Industriezweige grundsätzlich außer Acht. Trotzdem will ein kurzer Verweis auf die arktische Fischerei und Tourismusbranche einer umfassenden Darstellung des arktischen Wirtschaftsraums gerecht werden.

Die erweiterten Chancen durch das Auftauen von meterdicken Packeisflächen und die nach Norden ziehenden Fischschwärme implizieren große wirtschaftliche Chancen.[93] Bereits zum jetzigen Zeitpunkt fischen Fangflotten auf dem 80. Breitengrad und sollte der Nordpol künftig im Spätsommer eisfrei sein, könnte auch dort gefischt werden.[94] Jedoch sind die Auswirkungen der Klimaerwärmung, wie das vorangegangene Kapitel belegt, ungewiss und schwierig zu prognostizieren. Eine gewisse Übereinstimmung der Forschungsergebnisse besteht dahingehend, dass kommerzielle Fischbestände und Aquakulturen durch den Temperaturanstieg begünstigt werden und diese Entwicklung zu geografischen Verschiebungen der Fischfänge führt.[95] Daneben profitiert die Tourismusbranche von den erweiterten Möglichkeiten in der Arktis aufgrund des Abtauens der nördlichen Polkappe. Luxuskreuzfahrten werden angeboten und die Nachfrage ist exponentiell.[96] Denkt man an die erheblichen Risiken, die der Massentourismus für die sozialen Gefüge und für die Umwelt mit sich bringt, ist auf die negativen Auswirkungen der Touristenströme hinzuweisen.[97]

---

92 *Huskey/Mäenpää/Pelyasov*, Economic Systems, in: Larsen/Fondhal (Hg), Arctic Human Development Report (TemaNord 2014:567), Nordic Council of Ministers: Copenhagen 2014, 151.

93 *de La Fayette*, Oceans Governance in the Arctic, in: 23 The International Journal of Marine and Coastal Law 3/2008, 546 f.

94 *Braun*, Projekt Polarkreis / Rohstoffe, Fischfang, Tourismus – die Arktis wird zum Schwellenmarkt des 21. Jahrhunderts. Die Folgen für Wirtschaft, Bevölkerung und Eisbären sind immens, in: €uro: Das Magazin für Wirtschaft und Geld 2/2014, 21.

95 *Brosnan/Leschine/Miles*, 2011, 194 f.

96 *Braun*, 2014, 24; *Byers*, Internationales Recht und internationale Politik in der Nordwestpassage: Konsequenzen des Klimawandels, in: 67 Zeitschrift für ausländisches öffentliches Recht und Völkerrecht 2007, 2007, 147 f.; *Liggett/Stewart*, Polar cruise tourism, in: Scott/VanderZwaag (Hg), Research Handbook on Polar Law, Edward Elgar Publishing: Cheltenham–Northampton 2020, 297.

97 *Stephen/Knecht/Bartsch*, 2018, 158.

Auch ist zu bedenken, dass die Tourismusbranche im arktischen Raum unterschiedlich ausgeprägt ist und dementsprechend die wirtschaftlichen Chancen und Risiken ungleich verteilt sind.[98]

II.5.1 Der arktische Rohstoffsektor und seine Exporte auf externen Märkten: Chancen und Risiken

Insgesamt ist die Bergbauindustrie ein wichtiger Industriezweig für alle arktischen Staaten.[99] Diese Arbeit legt den wirtschaftlichen Fokus auf die potenzielle Offshore-Förderung der Energiestoffreserven von Kohlenwasserstoffe und vernachlässigt die Bergbauindustrie auf dem arktischen Festland. Nachstehend soll die Sachverhaltsdarstellung der arktischen Erdöl- und Erdgasindustrie Prognosen über ein außergewöhnliches wirtschaftliches Potenzial im arktischen Ozean (rund 13 % der weltweit unentdeckten Erdöl- und 30 % der unentdeckten Erdgasressourcen[100]) auf ihre Gültigkeit untersuchen und etwaige Herausforderungen aufzeigen.

Bereits zum jetzigen Zeitpunkt finden rund 10 % der weltweiten Erdöl- und 25 % der weltweiten Erdgasförderung nördlich des Polarkreises statt.[101] Mit mehr als 400 Förderfeldern bezieht sich dieser prozentuelle Wert jedoch überwiegend auf die Onshore-Förderung von Erdöl und -gas.[102] Im arktischen Ozean selbst ist demgegenüber nur ein geringes Ausmaß an wirtschaftlicher Aktivität messbar.[103] Die zukünftige Offshore-Fördermenge werden, nach dem Gutachten der *US-Geological Survey*, auf bis zu 90 Milliarden Barrel technisch förderbares Erdöl, 1.669 Billionen Kubikfuß Erdgas und 44 Milliarden Barrel

---

98 Ibid., 158.

99 *Bankes*, Oil and Gas and Mining Development in the Arctic: Legal Issues, in: Loukacheva (Hg), Polar Law Textbook (TemaNord 2010:538), Nordic Council of Ministers: Copenhagen 2010, 102 f.

100 *Bird/Charpentier/Gautier/Houseknecht/Klett/Pitman/Moore/Schenk/Tennyson/Wandrey*, Circum-Arctic Resource Appraisal: Estimates of Undiscovered Oil and Gas North of the Arctic Circle, (U.S. Geological Survey Fact Sheet 2008–3049), 2008, http://pubs.usgs.gov/fs/2008/3049/ (23.7.2020), 4.

101 World Ocean Review[6], 2019, 260.

102 *Gautier/Bird/Charpentier/Grantz/Houseknecht/Klett/Moore/Pitman/Schenk/Schuenemeyer/Sørensen/Tennyson/Valin/Wandrey*, Assessment of Undiscovered Oil and Gas in the Arctic, in: 324 Science (American Association for the Advancement of Science) 5931/2009, 1175.

103 *Hoel*, Do We Need a New Legal Regime for the Arctic Ocean?, in: 24 The International Journal of Marine and Coastal Law 2/2009, 444.

Erdgaskondensate geschätzt.[104] Die größten unerschlossenen Erdölressourcen werden nach *Gautier u. a.* um die Küste Alaskas, sowie in dessen Nähe, im nördlichen Barents-Becken, um die sibirische Insel Nowaja Semlja und nordwestlich und nordöstlich von Grönland erwartet. Auch die größten unerschlossenen Erdgasressourcen konzentrieren sich in geringem geografischer Nähe zu diesen Gebieten in der südlichen Karasee, sowie dem südlichen und nördlichen Barents-Becken und um die Küste Alaskas.[105] Damit konzentrieren sich die potenzielle arktischen Erdöl- und Erdgasressourcen größtenteils innerhalb unbestrittener Hoheitsgewässer der arktischen Anrainerstaaten.[106] Auch zukünftig bleiben die tiefen ozeanischen Becken im arktischen Ozean ohne Prospektion, da sich die potenziellen Fördergebiete auf die arktischen Festlandsockel konzentrieren.[107]

Durch die vorangehende Klimaerwärmung und der damit verbunden eklatanten Verringerung der Meereisbedeckung, ist ein erleichterter Zugang zu diesen potenziellen arktischen Ressourcen möglich und verstärken verringerte Explorationskosten und Transportkosten zum Absatzmarkt die Wahrscheinlichkeit eines Aufschwungs der arktischen Erdöl- und Erdgas-Branche.[108] Daneben wecken die kontinuierlich hohen Rohstoffpreise das staatliche Interesse neue Fördergebiete zu erschließen.[109]

Besonders wichtig sind die Erdöl und -gas Ressourcen für die arktischen Länder Russland, Kanada, Norwegen und die USA, wohingegen Island, Finnland und Schweden keine eigene Inlandsproduktion besitzen.[110] Grönland wiederum gilt als arktische Region mit dem größten unentdeckten Erdöl- und Erdgasvorkommen.[111] Seit den 1970-er Jahren haben Mineralölunternehmen und Forschungsprojekte zahlreiche seismologischen Daten des westgrönländischen

---

104 *Bird u. a.*, 2008, 4.

105 *Gautier u. a.*, 2009, 1176 ff.

106 *Hossain*, Russia's Proposed Extended Continental Shelf in the Arctic Ocean: Science Setting the Stage for Law, in: 25 ASIL Insights 8/2021, https://www.asil.org/insights/volume/25/issue/8 (30.5.2021); *Knecht*, 2015, 124; Vgl. dazu auch: *Gautier u. a.*, 2009, 1176 ff.

107 *Gautier u. a.*, 2009, 1176.

108 *Bankes*, 2010, 103.

109 *Mager*, Climate Change, Conflicts and Cooperation in the Arctic: Easier Access to Hydrocarbons and Mineral Resources?, in: 24 The International Journal of Marine and Coastal Law 2/2009, 347 f.

110 *Bankes*, 2010, 102.

111 *Damm/Reichert/Berglar/Andruleit*, Der arktische Ozean aus rohstoffwirtschaftlicher und völkerrechtlicher Sicht, in: Deutsche Rohstoffagentur (Hg), 52

Festlandsockel gesammelt und insbesondere die Lizenzierungsrunden der grönländischen Regierung von 2001 bis 2004 haben dazu geführt, dass in den küstennahen Gebieten südwestlichen von Grönland Offshore-Erkundungsbohrungen durchgeführt wurden.[112] Mittlerweile existieren 27 Offshore-Bohrlöcher im Westen von Grönland und weitere 10 Bohrlöcher liegen direkt auf dem Festland.[113] Allerdings konnten nach mehreren durchgeführten Probebohrungen und Vergabeverfahren von Explorationslizenzen keine Vorräte in kommerzieller Größenordnung gefunden werden.[114]

Da Russland den Löwenanteil arktischer Energieressourcen hält[115] und die im Oktober 2020 veröffentlichte, neue russische Arktisstrategie bis 2035[116] in Art. 12 lit. c insbesondere Investitionen in die Förderung von Erdöl- und Erdgas in der Arktis verfolgt, nützt die Autorin die Gelegenheit die herausragende Stellung ebendieses Industriezweigs für die russische Regierungsführung aufzuzeigen und auf die Kooperationsbemühungen mit Arktischen und nicht-arktischen Staaten hinzuweisen. Im weiteren Verlauf dieser Arbeit will untersucht, ob die regionalen Behörden im russischen Lizenzierungssystem eine wesentliche Entscheidungskompetenz besitzen und der russische Ausbau der Erdöl- und Erdgasförderung indigene Territorialrechte ausreichend garantiert.[117]

Commodity Top News: Fakten, Analysen, Wirtschaftliche Hintergrundinformationen: Berlin 2016, 3.

112 *Gregersen/Andersen/Nøhr-Hansen/Sheldon/Kokfelt/Olivarius/Knudsen/Jakobsen/Adolfssen,* New subsurface mapping offshore southern West Greenland using geophysical and geological data, in: Garde/Bennike/Watt (Hg), Review of Survey Activities 2017, Geological Survey of Denmark and Greenland Bulletin 41, Geological Survey of Denmark and Greenland: Copenhagen 2018, 57.

113 Well data (deep wells) – Greenland, Geological Survey of Denmark and Greenland, http://data.geus.dk/geusmapmore/samba/info_samba.jsp?iSector=GREENLAND (3.8.2020).

114 *Damm/Reichert/Berglar/Andruleit*, 2016, 3.

115 *Brosnan/Leschine/Miles*, 2011, 193 f.; World Ocean Review[6], 2019, 263.

116 Vgl. dazu die englische Übersetzung: *Davis/Vest,* Foundations of the Russian Federation's State Policy in the Arctic for the Period up to 2035, 5.3.2020, https://dnnlgwick.blob.core.windows.net/portals/0/NWCDepartments/Russia%20Maritime%20Studies%20Institute/ArcticPolicyFoundations2035_English_FINAL_21July2020.pdf?sr=b&si=DNNFileManagerPolicy&sig=DSkBpDNhHsgjOAvPILTRoxIfV%2FO02gR81NJSokwx2EM%3D (11.11.2021).

117 Siehe die Kapitel: IV.2.1 Russland und IV.3.6 Indigene Selbstverwaltung in Russland.

Allein im westsibirischen-Becken werden Russlands unentdeckte Erdöl- und Erdgasvorkommen nach Angaben des *US-Geological Survey* auf rund 132,570.00 *million barrels of oil equivalant.* geschätzt und ist diese Bewertungseinheit mit Abstand die bedeutend größte im arktischen Raum.[118] Russische Experten behaupten ferner, dass die potenzielle Offshore-Lagerstätten des russischen arktischen Ozeans rund 52 Milliarden Tonnen and Erdöl und Kondensaten (rund 371 Milliarden Barrel) und 90 Milliarden m^3 Erdgas (rund 3.200 Milliarden Kubikfuß) fassen[119] und ist dieser Wert bedeutend größer als das amerikanische Pendant.[120]

2020 war Russland der drittgrößte Rohölproduzent und Erdgasproduzent weltweit.[121] Russlands Ziel das derzeitige Produktionsniveau zu halten bzw. zu steigern, erfordert Funde neuer Lagerstätten an Erdöl- und Erdgasressourcen und legt Russland naheliegend seinen Fokus auf die Arktis.[122] 2020 wurde im Rahmen der Einführung neuer Gesetze hinsichtlich der staatlichen Unterstützung unternehmerischer Tätigkeiten in der russischen Arktis ebendieses Gebiet mit 5 Millionen km^2 zur größten Sonderwirtschaftszone der Welt erklärt.[123]

Da Russland in der Vergangenheit seine Investitionen auf Pipeline Lieferungen nach Europa konzentriert hatte, schloss man sich dem globalen Flüssigerdgas-Boom (*Liquified Natural Gas*, LNG) nur langsam an.[124] Im Kontext dieser Arbeit ist insbesondere das russisch-norwegische Kooperationsbemühen in der Barentssee zur Erdgasförderung interessant. Das bereits 1988 entdeckte Gas-Kondensat-Feld *Shtokmanovskoye* (*Shtokman*) befindet sich im zentralen Teil des russischen Sektors der Barentssee, etwa 600 Kilometer nordöstlich von Murmansk und sind dessen Lagerstätten mit 3,9 Billionen Kubikmeter

118 *Bird u. a.*, 2008, 4.

119 *Kontorovich/Epov/Burstein/Kaminskii/Kurchikov/Malyshev/Prischepa/Safronov/Stupakova/Suprunenko*, Geology and hydrocarbon resources of the continental shelf in Russian Arctic seas and the prospects of their development, in: 51 Russian Geology and Geophysics 2010, 9.

120 *Bird u. a.*, 2008, 4.

121 Country Analysis Executive Summary: Russia, U.S. Energy Information Administration, https://www.eia.gov/international/content/analysis/countries_long/Russia/russia.pdf (12.3.2022).

122 *Morozova*, Russia, in: Strong (Hg), The Oil and Gas Law Review[8], Law Business Research Ltd: London 2020, 280.

123 Ibid., 280.

124 *Tanas/Khrennikova/Shiryaevskaya*, Russia expands LNG operations in Arctic, in: World Oil, 4.8.2019, https://www.worldoil.com/news/2019/4/8/russia-expands-lng-operations-in-arctic (30.3.2020).

Gas immens.[125] Erst 2007 wurde erstmals eine Entscheidung über das Gasfeld getroffen und zum Aushängeschild der russischen LNG Förderung erklärt. Trotzdem sich *Gazprom* unter anderem mit *Norsk Hydro* zusammenschloss und dem norwegischen Unternehmen einen Anteil von 24 % übertrug, blieben die Produktionslizenzen und Vermarktungsrechte unter der Kontrolle von *Gazprom*.[126] Allerdings haben weder die amerikanische noch die europäische Wirtschaft die Erträge aus dem *Shtokman*-Gasfeld abgenommen und konnte daher kein geeigneter LNG Absatzmarkt gefunden werden.[127] 2013 wurde das Gasfeld schließlich eingestellt und hat das Unternehmen *Norsk Hydro* die Beteiligungsstruktur zu diesem Zeitpunkt bereits verlassen.[128] Nach *Katona* erscheint es ist wahrscheinlich, dass das *Shtokman*-Gasfeld auch in der nahen Zukunft, das größte eingeschlossene Gasfeld der Welt bleiben wird, bis ein geeigneter LNG Absatzmarkt gefunden werden kann.[129]

Demgegenüber wurde Russlands LNG-Anteil am globalen Markt 2018 auf 8 % angehoben, als das russische Unternehmen *Novatek PJSC,* welches als größter russischer LNG-Produzent gilt, seine Anlage auf der Jamal-Halbinsel in Betrieb genommen hatte und vorzeitig seine Kapazitäten ausschöpfen konnte.[130] Um das hergestellte Produkt an Märkte liefern zu können, die Tausende von Kilometern entfernt in Europa und Asien liegen, benötigt das Unternehmen allerdings die Unterstützung von globalen Investoren.[131] Dementsprechend sind die neben dem russischen Unternehmen *Novatek PJSC* mit 50,01 % und dem französischen Unternehmen *Total SE* mit 20 %, die chinesischen Unternehmen *China National Petroleum Corp.* (CNPC) mit 20 % und die *Silk Road Fund* mit 9,9 % am Joint Venture-Projekt *Yamal* LNG beteiligt.[132] Weitere Projekte sind in Planung: Das russische Unternehmen *Gazprom* verhandelt mit dem Unternehmen CNPC aktuell ein riesiges Pipeline-Projekt (*Sila*

---

125 Shtokmanovskoye Field, Gazprom, https://www.gazprom.com/projects/shtokmanovskoye/ (5.12.2020).

126 *Katona*, Shtokman: Onstream by 2035 via Pipeline or LNG?, ROGTEC: Russian Oil & Gas Technologies, 16.10.2018, https://rogtecmagazine.com/shtokman-onstream-by-2035-via-pipeline-or-lng/ (5.12.2020).

127 Ibid.

128 Ibid.

129 Ibid.

130 *Tanas/Khrennikova/Shiryaevskaya*, World Oil, 2019.

131 Ibid.

132 About the Project, Yamal LNG, 2015, http://yamallng.ru/en/project/about/ (22.2.2021).

Sibiri 2), das zukünftige Fördergebiete im Norden Sibiriens mit Westchina verbinden könnte.[133]

Die Kooperationsbemühungen russischer Unternehmen mit westlichen und asiatischen Partnern, die häufig als Joint Venture-Verbindungen ausgestaltet sind,[134] verdienen hinsichtlich ihrer Umsetzung und wirtschaftlichen Zukunftsperspektiven eine eingehende Untersuchung. Diese Großprojekte mit größtenteils chinesischer Beteiligung, bieten für den russischen Energiesektor, der von US-amerikanischen und europäischen Sanktionen betroffen ist, eine grundlegende Zukunftsperspektive.[135] Nach *Hoppe* und *Rogova* könnte der asiatische Energiemarkt auf lange Sicht für Russland eine Ergänzung zu den angespannten Wirtschaftsbeziehungen mit europäischen Staaten darstellen. Die Wissenschaftler weisen aber gleichzeitig auf die ungleiche Machtverteilung zwischen den beiden Staaten Russland und China hin, da das Integrationsprojekt einer Eurasischen Wirtschaftsunion für Russland seit seiner Gründung 2015 keine wesentlichen Erfolge liefert.[136] Dem wiederum konnte China seinen Einfluss in der Region kontinuierlich ausbauen und wird sich auch in der Zukunft das (ökonomische) Machtgefälle wahrscheinlich zulasten Russland verschieben.[137] Als zusätzliche Herausforderung für russische Förderungstätigkeiten ruft die Verwirklichung wirtschaftlicher Großprojekte immer wieder Proteste der lokalen Bevölkerung hervor.[138]

Auch in Norwegen besitzt die Erdöl- und Erdgasindustrie außergewöhnliche wirtschaftliche Relevanz. Nach *Eurostat* ist Norwegen derzeit mit Abstand der größte europäische Produzent von Erdöl und Mineralölprodukten[139] und weltweit der drittgrößte Erdgasproduzent.[140] Innerhalb von Norwegen ist die Erdölindustrie, der mit Abstand größte Industriezweig und waren bis Ende 2019

---

133 *Hoppe/Rogova*, Russlands Wende nach Osten. Kleine Schritte statt umfassende Neuorientierung, in: 13 Zeitschrift für Außen- und Sicherheitspolitik 3/2020, 252.

134 *Knecht*, 2015, 124.

135 *Tanas/Khrennikova/Shiryaevskaya*, World Oil, 2019.

136 *Hoppe/Rogova*, 2020, 252.

137 Ibid., 252.

138 *Kluge/Paul*, 2020, 3.

139 Supply, transformation and consumption of oil and petroleum products: Indigenous Production, eurostat, https://ec.europa.eu/eurostat/databrowser/view/NRG_CB_OIL__custom_2059893/bookmark/table?lang=en&bookmarkId=cc945366-e1f7-440b-8b38-f7042adac3d6 (12.3.2022).

140 Country Analysis Executive Summary: Norway, U.S. Energy Information Administration, https://www.eia.gov/international/content/analysis/countries_long/Norway/pdf/norway_exe.pdf (12.3.2022).

insgesamt 87 Felder in Produktion und 13 Felder in Entwicklung.[141] Zusätzlich wurden den Behörden im Jahr 2019 sieben Pläne für Neuentwicklungen vorgelegt.[142] Norwegen selbst, erkennt die wirtschaftlichen Chancen des nördlichsten Raums durch die Entwicklung von Erdöl- und Erdgasförderanlagen. In Entwicklung befindet sich derzeit das *Johan Castberg* Feld in der Barentssee.[143]

Neben der festgestellten Zunahme an Erdöl- und Erdgasförderanlagen, welche die Autorin teilweise auf den erleichterten Zugang zu ebendiesen Ressourcen infolge des Abschmelzens der nördlichen Polkappe zurückführt, trägt diese Entwicklung auch zu einem verstärkten Ausbau der arktischen Schifffahrt bei, um die Industrieanlagen zu bedienen und die hergestellten und geförderten Produkte auf die Märkte zu bringen.[144]

Der arktische Ozean ist entlang der Küste Russlands seit wenigen Jahren zwischen August und September eisfrei.[145] Dadurch wird die Befahrung der Nordostpassage ermöglicht, welche erhebliche Vorteile zu den bestehenden Handelswegen (Suez-, Panamakanal) aufweist.[146] Im Vergleich verkürzt die Nordostpassage den Seeweg von Shanghai nach Rotterdam gegenüber dem Suezkanal um 24 %.[147] Als reales Ergebnis gehen mit der Befahrung der Nordostpassage große Einsparungen an Zeit und Kraftstoff einher.[148] Massenfrachtschiffe erzielen auf der Nordostpassage eine höhere Treibstoffeffizienz, da diese Schiffe keine genauen Zeitpläne haben und sie innerhalb des gleichen zeitlichen Rahmens, welche die Befahrung der handelsüblichen Seerouten in Anspruch nimmt, Kosten und Emissionen senken.[149] Zusammen mit dem großen

---

141 *Bustnesli*, Norway, in: Strong (Hg), The Oil and Gas Law Review[8], Law Business Research Ltd: London 2020, 252.

142 Ibid., 252.

143 The Norwegian Government's Arctic Policy, Norwegian Ministry of Foreign Affairs, 26.1.2021, https://www.regjeringen.no/en/dokumenter/arctic_policy/id2830120/ (1.2.2021), Abs. 6. Abs. 6 creation and competence development.

144 *de La Fayette*, 2008, 543.

145 Es wurden die Daten laut meereisportal.de verglichen (Satellitenmessung: Meereiskonzentration Nordostpassage), aufgerufen unter: https://data.meereisportal.de/gallery/index_new.php?lang=de_DE&active-tab1=method&active-tab2=satellite (31.1.2022), nach: *Spreen/Kaleschke/Heygster*, 2008.

146 *Braun*, 2014, 23; *Chircop*, The Growth of International Shipping in the Arctic: Is a Regulatory Review Timely?, in: 24 The International Journal of Marine and Coastal Law 2/2009, 356.

147 *Farré u. a.*, 2014, 301.

148 *Braun*, 2014, 23.

149 *Farré u. a.*, 2014, 302.

Ressourcenpotenzial[150] der eurasischen Arktis und der Unterstützungsleistung russischer Eisbrecher hat sich der bestimmungsgemäße Ressourcenversand zur wirtschaftlich rentabelsten Seehandelsaktivität in der Nordostpassage entwickelt.[151]

Während die Nordostpassage gelegentlich als nördliche Seeroute bezeichnet wird, ist die formale Bezeichnung der nördlichen Seeroute im russischen Recht die Straße von *Novaya Zhelaniya* (auf dem Nowaja Semlja-Archipel, welches die Barentssee im Westen und die Kara-See im Osten verbindet) nach Kap Deschnjow an der Beringstraße.[152] Der Hauptunterschied zwischen der Nordostpassage und der nördlichen Seeroute besteht darin, dass letztere die Befahrung der Barentssee miteinschließt und den Zugang zum größten russischen Hafen in Murmansk ermöglicht.[153] Angesichts der Tatsache, dass die Nordostpassage mehrheitlich die nördliche Seeroute umfasst, bezeichnet die Autorin im Folgenden die Seeroute entlang der russischen Arktisküste ausschließlich als Nordostpassage.

Im Gegensatz zu ähnlichen Breiten in Alaska oder Kanada bleibt das Gebiet um die russische Arktisküste eisfrei, da warmes Wasser aus dem Golfstrom den Nordatlantikstrom speist und in Richtung Nordostatlantik fließt und damit die Navigation in der Nordostpassage wesentlich, im Vergleich zu ihrem nordamerikanischen Pendant, vereinfacht.[154] In den engen Kanälen zwischen den arktischen Inseln in der Nordwestpassage wird das Meereis vielmehr als Festeis an dessen Küsten gebunden.[155] Obwohl das vorhandene Eis am westlichen Ende der Nordwestpassage in die *M'Clure Strait* gedrückt wird, zieht sich auch in diesem Gebiet die mehrjährige Eismasse immer weiter zurück und ermöglicht in näherer Zeit eine Befahrung der Nordwestpassage.[156] Derzeit ist die Nordwestpassage nur im Summer befahrbar und wird überwiegend

---

150 Diese Ressourcen bestehen neben Erdöl und Erdgas aus Mineralien wie Phosphaten, Nickel und Kupfer.

151 *Farré u. a.*, 2014, 302.

152 *Farré u. a.*, 2014, 299; Rules for Navigation on the Seaways of the Northern Sea Route, approved by the USSR Minister of Merchant Marine, 14.9.1990, englische Übersetzung in: *Berkman/Vylegzhanin/Young*, Baseline of Russian Arctic Laws, Springer International Publishing: Cham 2019, 225, 1. Definitions.

153 *Farré u. a.*, 2014, 299.

154 *Farré u. a.*, 2014, 299 f.; Vgl. dazu auch: *Summerhayes/Zalasiewicz/Vidas/Williams*, 2020, 24.

155 *Summerhayes/Zalasiewicz/Vidas/Williams*, 2020, 32 f.

156 *Byers*, 2007, 146 f.

für den touristischen Seeverkehr genützt.[157] Ein weiterer potenzieller Seeweg ist die transpolare Route beginnend von der Beringstraße durch den arktischen Ozean über den Nordpol, vorbei an Grönland und in Richtung Island.[158] Allerdings trifft diese Seeroute ganzjährig auf dickes Eis und selbst aggressive Szenarien der Klimamodelle projizieren in den Wintermonaten in der Zentralarktis über Jahrzehnte hinweg ausgedehntes Meereis.[159]

In praktischer Hinsicht haben die arktischen Küstenstaaten unterschiedliche Prioritäten in Bezug auf ihre arktische Schifffahrt. Russland konzentriert sich eindeutig auf die Entwicklung der Nordostpassage als bedeutenden internationalen Seeweg und hat die Sowjetunion bereits in den 1960-er Jahren die Befahrung der Nordostpassage intensiv ausgebaut, indem die weltweit größte Eisbrecherflotte geschaffen wurde.[160] Der Schifffahrtsverkehr in der Nordostpassage erreichte 1987 seinen Höhepunkt mit 6,58 Millionen Tonnen Frachtgut, brach allerdings aufgrund des Niedergangs der Sowjetunion und dem Verschwinden der staatlichen Subventionen auf 1,5 bis 2 Mio. Tonnen ein und ist (noch) nicht auf dieses Niveau zurückgekehrt.[161] Der wiederaufgenommen Transitverkehr auf der Nordostpassage erfuhr 2014 nach einer kontinuierlichen Steigerung über vier Jahre einen massiven Einbruch um drei Viertel seines Volumens zum Vorjahr.[162] 2018 verkündete der russische Präsident *Putin* das unrealistische Ziel das jährliche Transportvolumen von 80 Millionen Tonnen in der Nordostpassage bis 2024 zu erreichen.[163] Vergleicht man diese Mengen mit der Beförderung auf der Konkurrenzroute durch den Panamakanal, welche ein Schifffahrtsvolumen von 50 Millionen Tonnen pro Monat erreicht, erscheint die russische Prognose allerdings eher bescheiden.[164] Nach *Brosnan*, *Leschine* und *Miles* identifizieren auch Norwegen, Dänemark und die USA die Entwicklung der Schifffahrtsinfrastruktur als kritisch für den sicheren arktischen Seeverkehr. Wahrscheinlich teilt Kanada diese Position, aber da das Land über eine begrenzte Infrastruktur verfügt und die Entwicklung der Nordwestpassage als eine wichtige Schifffahrtsroute für unwahrscheinlich hält, wird

---

157 *Summerhayes/Zalasiewicz/Vidas/Williams*, 2020, 24.
158 *Chircop*, 2009, 356.
159 *Farré u. a.*, 2014, 300.
160 *Seelmann*, 2012, 18.
161 *Farré u. a.*, 2014, 302.
162 *Bartsch*, Zukunftsraum Arktis, essentials, Springer VS: Wiesbaden 2015, 17.
163 *Kluge/Paul*, 2020, 2.
164 *Bartsch*, 2015, 16.

eine stärkere Betonung der Nordwestpassage in der kanadischen Strategie[165] vermisst.[166]

Trotz der beispielhaft beschriebenen positiven wirtschaftlichen Prognosen für den arktischen Raum, hat der arktische Rohstoffsektor mit zahlreichen Herausforderungen zu kämpfen:

Zweifellos bleiben nach *Elsner*, *Sievers*, *Szurlies* und *Wilken* die extremen klimatischen Rahmenbedingungen, obgleich des Auftauens der nördlichen Polkappe bestehen und erschweren zusätzlich die geografisch exponierte Lage, eine mangelnde Infrastruktur, sowie technische Herausforderungen die Förderung der arktischen Rohstoffe.[167] Vor diesem Hintergrund ist der prognostizierte wirtschaftliche Aufschwung in der Region zu relativieren. Auch sind groß angelegte Industrieprojekte zur Rohstoffgewinnung hinsichtlich der Produktionskosten kapitalintensiv und benötigen hohe Humanressourcen.[168] Investitionen in Ausrüstungen, die den rauen arktischen Bedingungen standhalten, sind abhängig von einem (stabilen) politischen Rahmen, der insbesondere Offshore-Operationen ermöglicht und ist die weltweite Nachfrage nach Erdöl- und Erdgas, sowie die wirtschaftliche Entwicklung in anderen Erdölförderregionen eine wesentliche Grundbedingung der wirtschaftlichen Entwicklung im arktischen Raum, wobei diese Faktoren äußerst volatil sein können.[169] Sollten die Preise für Erdöl unter 80 US-Dollar pro Barrel[170] bleiben, ist die Nutzung arktischer Offshore-Felder unökonomisch.[171] Daneben differieren die zitierten US-amerikanischen und russischen Studien zu potenziell vorhandenen Erdöl und Erdgasressourcen im arktischen Ozean gravierend und ist volumenmäßig mit großen Unsicherheiten zu rechnen.

---

165 Siehe Kapitel: IV.1.2 Kanada.

166 *Brosnan/Leschine/Miles*, 2011, 197 f.

167 *Elsner/Sievers/Szurlies/Wilken*, Das Mineralische Rohstoffpotenzial in der Arktis, in: Deutsche Rohstoffagentur (Hg), 41 Commodity Top News: Fakten, Analysen, Wirtschaftliche Hintergrundinformationen: Berlin 2014, 10 f.

168 *Larsen*, 2010, 81.

169 *Brosnan/Leschine/Miles*, 2011, 194.

170 Der Ölpreis der Sorte Brent schwankte in den Jahren 2020 und 2021 überwiegend zwischen ca. 50 und 75 US-Dollar je Barrel, mit einem Tiefstwert von 17 US-Dollar bzw. einem Höchstwert von 86 US-Dollar. Mit März 2022 stieg der Handelswert rapide auf über 100 US-Dollar je Barrel an. Vgl. dazu: Ölpreis Brent, https://www.onvista.de/rohstoffe/db-Oelpreis-Brent-26262975 (6.6.2022).

171 *Kluge/Paul*, 2020, 2.

Zu bedenken ist auch, dass die vermuteten arktischen Erdöl- und Erdgasvorkommen beim aktuellen Verbrauch in bis zu 15 Jahren erschöpft wären[172] und eine gewinnbringende Exploration von Erdöl nach *Bukold* und *Feddern* erst bei einem Vorkommen von 500 bis 1.000 Mio. Barrel Öl möglich ist, wobei in den letzten 50 Jahren (bis 2015) beispielsweise nur 12 der 400 entdeckten Erdölfelder in Alaska das genannte Kriterium erfüllten.[173] Zudem haben die Explorationsfirmen mit hohen Genehmigungsanforderungen zu rechnen, da insbesondere globale *Non-Governmental organizations* (NGOs) auf strengere staatliche Restriktionen bei Abbautätigkeiten plädieren.[174] Nicht zu verkennen ist zusätzlich, dass industrielle Großanlagen zur Ressourcengewinnung eine große Belastung für die lokale Infrastruktur und den Wohnstandard in den arktischen Regionen darstellen, da die lokalen Arbeiternehmer, die vormals eine traditionelle Beschäftigung ausgeübt haben, möglicherweise nach Ende des Großprojekts dauerhaft vertrieben werden.[175] Auch werden die Gewinne der Industrie aus der Region entnommen und häufig nicht in die arktische Wirtschaft reinvestiert, sondern findet der Rückfluss von Kapital vielmehr in Form von staatlicher Subvention statt, welche eine Abhängigkeit der arktischen Bewohner an staatlichen Hilfen schafft.[176]

Daneben steht arktische Schifffahrt vor ungelösten Herausforderungen: Das Navigieren in eisfreien Gewässern im arktischen Ozean ist nach *Chircop* nicht mit subpolaren Gewässern vergleichbar. Die Bezeichnung „eisfreie Gewässer" sei dahingehend irreführend, dass sich im arktischen Ozean noch immer Eis, wenn auch in begrenzten Mengen, unvorhergesehen bewegt.[177] Damit sind berechenbare Fahrpläne für die Schifffahrt nicht realisierbar.[178] Nach *Farré u. a.* vermindern neben der Unvorhersehbarkeit durch die saisonal-variable

---

172 *Gamillscheg/Greber*, Alles bleibt cool am Nordpol, in: Die Presse, 29.5.2008, https://diepresse.com/home/panorama/welt/387065/Alles-bleibt-cool-am-Nordpol (23.7.2020).

173 *Bukold/Feddern*, Öl Report 2016, Greenpeace e. V., Dezember 2015, https://www.greenpeace.de/publikationen/oel-report-2016-greenpeace-20160108-neu.pdf (12.3.2022), 70.

174 Ibid., 71 f.

175 *Larsen*, 2010, 89.

176 *Arruda/Krutkowski*, Social Impacts of Climate Change and Resource Development in the Arctic: Implications for Arctic Governance, in: 11 Journal of Enterprising Communities: People and Places in the Global Economy 2/2017, 281.

177 *Chircop*, 2009, 359.

178 *Bierling*, Neue Zürcher Zeitung, 2018.

Eisausdehnung und lokalem Eisdrift, die Abgelegenheit der arktischen Region, mangelnde Breitbandkommunikation und eingeschränkte Such- und Rettungsfähigkeiten die wirtschaftliche Attraktivität der Nordostpassage. Zusätzlich begrenzen die flachen Gewässer des arktischen Ozeans die Schiffsgröße und verringert der Mangel einer dichten Küstenbevölkerung den Wert der Nordostpassage als Handelsroute.[179] Als reale Konsequenz wird die Nordostpassage eher als eine saisonale Ergänzung, als eine Substitution des Suezkanals, anzusehen sein.[180] Trotzdem sind die Vorteile im Zeitraum der möglichen Befahrung nicht zu leugnen.

Daneben birgt die voraussichtliche Befahrung des arktischen Ozeans durch Trampschiffe und rostige Tanker große Gefahren für das sensible arktische Ökosystem. Da für kapitalstarke Reedereien die Risiken der arktischen Seewege häufig zu hoch sind, ist nach *Byers* absehbar, dass kapitalschwächere Reedereien die Schifffahrtspassagen mit ihren teilweise unzureichend ausgestatteten Schiffen befahren werden.[181] Zusätzlich besteht für das arktische Ökosystem eine große Gefahr durch ausgetretenes Öl aus Bohranlagen. Der arktische Ozean erholt sich, im Vergleich zu anderen Weltmeeren, nach Umweltkatastrophen wesentlich langsamer. Klimaforscher haben herausgefunden, dass die Mikroorganismen, die das Öl im Meer abbauen, temperatursensitiv sind und verlangsamt sich der Abbauprozess von Ölpartikeln in der Arktis aufgrund der niedrigen Temperaturen.[182] Zudem lässt der tauende Permafrost das ökologische Gefahrenpotenzial weiter ansteigen. Der Permafrostboden enthält organisches Material, das beim Auftauen verrottet und zusätzliche Treibhausgase emittiert.[183]

II.5.2 Zwischenergebnis

Trotz alledem ist aufgrund der steigenden globalen Nachfrage nach einer sicheren und stabilen Ressourcenversorgung von einer Intensivierung der wirtschaftlichen Aktivität in der Arktis auszugehen.[184] Die Kontrolle über die

179 *Farré u. a.*, 2014, 316.

180 Ibid., 316.

181 *Byers*, 2007, 147.

182 World Ocean Review[6], 2019, 260; *Nowotny*, science.ORF.at, 2016; Vgl. dazu: *Nowotny* zitiert den österreichischen Klimaforscher *Formayer* von der Universität Bodenkultur Wien.

183 *Greber*, Die Presse, 2007.

184 *Larsen*, 2010, 81.

arktischen Gewässer ist von großem geostrategischem Interesse und die arktischen Küstenstaaten unternehmen Versuche ihren Ressourcenzugang durch militärische, als auch politische Aktionen sicherzustellen.[185] Zusätzlich heizen die Präsenz der NATO, russische Bemühungen zur Stärkung ihrer arktischen Flotte, die eine nukleare Komponente beinhaltet, sowie die aktive Beteiligung Islands, Finnlands und Schwedens an militärischen Aktivitäten das politisch angespannte Klima im arktischen Raum an.[186] Folglich sind die politischen Beziehungen der fünf Anrainerstaaten des arktischen Ozeans angespannt.

Auch staatliche Akteure, die keinen direkten geografischen Bezug zur Arktis haben, bekunden ihr Interesse am arktischen Raum.[187] Die Interessenüberschneidungen der arktischen *Stakeholder* lassen einen Schauplatz kriegerischer Auseinandersetzungen, insbesondere zwischen den Großmächten USA, China und Russland, befürchten.[188] Allerdings sind die Prognosen eines „neuen kalten Krieges"[189] um arktische Rohstoffe zum jetzigen Zeitpunkt zu relativieren. Verfahrensrechtliche Vorgaben des SRÜ, als auch des Völkergewohnheitsrechts wurden bislang von den arktischen Anrainerstaaten eingehalten und umgesetzt,[190] da ein nachhaltiges Wirtschaftswachstum ein unterstützendes, stabiles und vorhersehbares *Governance*-System erfordert.[191]

Neben diesen sicherheitspolitischen Gesichtspunkten liefert nach *Larsen* die begrenzte wirtschaftliche Diversifikation, aufgrund der hohen Produktionskosten großer Industrieprojekte und dem fehlendem breitem Spektrum an vorhandenen Ressourcen, zahlreiche Problemfelder für die arktische Wirtschaft: Da

185 *Gamillscheg*, Der Nordpol soll zu Dänemark, in: Die Presse, 18.5.2011, https://diepresse.com/home/ausland/welt/662965/Der-Nordpol-soll-zu-Daenemark (21.9.2020); *Howard*, The Arctic gold rush: the new race for tomorrow's natural resources, Continuum: London–New York 2009, 16 ff.; *16 ff.*, Frankfurter Allgemeine Zeitung, 2010.

186 *Skaridov*, 2020, 122.

187 *Stephen/Knecht/Bartsch*, 2018, 19 f.

188 Pompeo says US to expand Arctic role to deter Russia, China, in: Valley News, https://www.valleynewslive.com, 22.7.2020, https://www.valleynewslive.com/2020/07/22/pompeo-says-us-to-expand-arctic-role-to-deter-russia-china/ (24.7.2020).

189 *Knecht*, 2015, 121.

190 *Proelß*, Gebietsstreitigkeiten in der Arktis – Ist eine friedliche Beilegung mittels Abgrenzung erreichbar?, in: Lozán/Grassl/Notz/Piepenburg (Hg), Warnsignal Klima – die Polarregionen: wissenschaftliche Fakten, Wissenschaftliche Auswertungen: Hamburg 2014, 363.

191 *Farré u. a.*, 2014, 306.

ein erheblicher Teil der arktischen Produkte die Region verlässt und im Kontrast größtenteils Produkte, die in der Arktis benötigt werden, importiert werden, ist als Konsequenz der Nettonutzen der regionalen Wirtschaft in der Arktis gering, die Verbindung der Wirtschaftssektoren begrenzt und die Wertschöpfungsmöglichkeiten eingeschränkt;[192] die Abhängigkeit von externen Märkten und die damit verbundene wirtschaftliche Instabilität durch die Konzentrierung auf wenige Produkte und wenigen externen Märkten kann zu erhebliche Ertragsschwankungen führen;[193] die kapitalintensive Ressourcenbewirtschaftung erfordert häufig Investitionen von außerhalb der Arktis und erfolgt daher die Kontrolle der Ressourcennutzung durch Kapitaleigner, die größtenteils außerhalb der arktischen Region agieren.[194]

Im Ergebnis ist die arktische Wirtschaft kein in sich geschlossenes Konstrukt, da zahlreiche Wechselwirkungen von außerhalb des arktischen Raums bestehen und begreift die Autorin die arktische Wirtschaftsstruktur als miteinander verbundenes System unterschiedlicher Ebenen. Die lokale Wirtschaft, welche an den Lebensunterhalt und/oder die Rohstoffgewinnung gebunden ist, ist sowohl mit nationalen Volkswirtschaften als auch globalen Märkte verzahnt. Für die Lebensumstände der arktischen Bevölkerung bedeuten die umgesetzten Großprojekte eine Veränderung sowie eine Begrenzung ihrer subsistenzbasierten Wirtschaftsformen. Die Autorin sieht die Entwicklung der arktischen Wirtschaft, insbesondere vor dem Hintergrund des hohen Anteils an fremdgesteuerten Aktivitäten von außerhalb der Arktis für Erhaltung der kulturellen Identität der indigenen Völker, als kritisch.

192 *Larsen*, 2010, 84.
193 Ibid., 91.
194 Ibid., 85.

III. Der seevölkerrechtliche Status der Arktis

In rechtlicher Hinsicht ist die Arktis größtenteils als Meeresgebiet anzusehen.[195] Diese territoriale Abgrenzung ergibt sich aufgrund der physiografischen Gegebenheiten der Arktis, welche sich zu mehr als der Hälfte aus der nördlichen Polkappe und dem arktischen Ozean zusammensetzt. Es existieren keine kompakten Landmassen unter der Meereisbedeckung.[196]

Damit liegt im territorial abgegrenzten Gebiet kein rechtsfreier Raum vor, denn der arktische Ozean nimmt nach *Berkman*, *Vylegzhanin* und *Young* keine rechtliche Sonderstellung im Vergleich zu anderen eisfreien Ozeanen ein. Universelle Seerechtsverträge gelangen ohne Anpassung zur Anwendung und dementsprechend ist die Rolle der arktischen Staaten bei der Schaffung seevölkerrechtlicher Normen, ihrer Erfüllung und Einhaltung wesentlich.[197] *Smedal* hat bereits 1931 festgestellt, dass die Lösung der Souveränitätsfrage des arktischen Raumes ohne erhobene Einwände schwierig ist.[198] *Berkman*, *Vylegzhanin* und *Young* führen dies teilweise auf die regional unterschiedlichen Interpretationen des geltenden Völkerrechts zurück. Daneben verstärken gegenwärtige wirtschaftliche Rahmenbedingungen, welche die Wettbewerbsfähigkeit zwischen den Staaten in der Arktis steigern, Gründe für erhobene Einwände gegen ein einheitliches arktisches Rechtssystem.[199]

Die Autorin versteht die arktische Völkerrechtsordnung als die Summe aller völkerrechtlichen Normen im zuvor abgegrenzten räumlichen Gebiet. Da für die Arktis kein spezieller seevölkerrechtlicher Vertrag ausgehandelt wurde, ist auf das zentrale SRÜ zurückzugreifen. Neben diesem Vertragswerk und weiteren multinationalen Übereinkommen,[200] sind einschlägige innerstaatliche Rechtsordnungen der acht arktischen Staaten als arktisches Recht zu bezeichnen. Eine umfassende Darstellung aller innerstaatlichen Rechtssysteme sprengt den Rahmen dieser Arbeit. Vielmehr hat die Autorin rein Arktis-relevante

---

195 *Marboe*, Polargebiete, 2013, 504.

196 *Scott/VanderZwaag*, 2020, 7.

197 *Berkman/Vylegzhanin/Young*, 2019, ix f.

198 *Smedal*, Skrifter om Svalbard ob Ishavet, übersetzt von Meyer: Acquisition of Sovereignty over Polar Areas, I Kommisjon Hos Jacob Dybwad: Oslo 1931, 5 und 31 f.

199 *Berkman/Vylegzhanin/Young*, 2019, xii.

200 Siehe beispielsweise Kapitel: V Umweltvölkerrecht in der Arktis.

innerstaatliche Normen anhand von Fallbeispielen[201] näher untersucht. Einen größeren Schwerpunkt ist den sogenannten arktischen *Soft Law* Instrumente[202] gewidmet. Diese rechtsunverbindlichen Deklarationen, Resolutionen und Absichtserklärungen werden überwiegend von verschiedenen staatlichen Zusammen-schlüssen[203] herausgegeben und abgeschlossen, können aber auch vonseiten arktischer *Stakeholder*, wie der indigenen Bevölkerung,[204] stammen. Die Vor- und Nachteile von rechtsverbindlichen Abkommen und *Soft Law* Instrumenten, zeigen die Komplexität der arktischen Rechtsordnung auf. Dementsprechend ist eine rechtliche Analyse von rechtsverbindlichen Normen und rechtsunverbindlichen *Soft Law* Ansätzen unumgänglich, um die arktische Rechtsordnung erfassen zu können. Im Verlauf dieser Arbeit werden die unterschiedlichen Rechtsquellen auf ihren Entwicklungsprozess, ihre (praktische) Geltung und ihr Zusammenwirken untereinander untersucht. Nicht zu vergessen ist, dass sich insbesondere im Bereich der Ressourcenbewirtschaftung privatwirtschaftlichen (Kooperations-) Vereinbarungen[205] gebildet haben, die die Rechtsbeziehungen zwischen den verschiedenen Akteuren der jeweiligen Wirtschaftsbranche regeln. Von einer Darstellung dieser Rechtsquellen wird in der vorliegenden völkerrechtlichen Arbeit grundsätzlich Abstand genommen.

201 Siehe beispielsweise die Kapitel: IV.2 Das innerstaatliche arktische Recht im Hinblick auf die Erdöl- und Erdgasförderung, IV.3.6 Indigene Selbstverwaltung in Russland, IV.3.7 *Alaska Native Claims Settlement Act* 1971, IV.3.8 *Inuvialuit Final Agreement* 1984 und IV.3.9 Grönland – ein „neuer" arktischer Staat.

202 Siehe Kapitel: IV.4 Arktisches *Soft Law*.

203 Vgl. dazu beispielsweise: Arctic Environmental Protection Strategy, Rovaniemi, 14.6.1991, http://library.arcticportal.org/1542/1/artic_environment.pdf (13.8.2020) und Ilulissat Declaration, Ilulissat, 28.5.2008, https://arcticportal.org/images/stories/pdf/Ilulissat-declaration.pdf (22.4.2021).

204 A Circumpolar Inuit Declaration on Sovereignty in the Arctic, Inuit Circumpolar Council, 2009, http://library.arcticportal.org/1895/1/Declaration_12x18_Vice-Chairs_Signed.pdf (12.1.2022).

205 Arctic Investment Protocol: Guidelines for Responsible Investment in the Arctic, World Economic Forum, 2015, https://www3.weforum.org/docs/WEF_Arctic_Investment_Protocol.pdf (17.1.2022); Code of Ethics, Arctic Economic Council, 2018, https://arcticeconomiccouncil.com/wp-content/uploads/2018/06/Code-of-Ethics.pdf (17.1.2022).

III.1 Internationale Seevölkerrecht

Das internationale Seevölkerrecht, als eine alte Materie des Völkerrechts,[206] regelt nach *Marboe* und *von Arnauld* verschiedene Fragen der Nutzung des Meeres, wie der Fischerei, der Schifffahrt, der Rohstoffgewinnung, als auch das Verlegen von Kabeln und Rohrleitungen und der Nutzung Meeresbodens. Daneben zählt der Schutz des Meeres durch anthropogene Einflüsse, wie die Verschmutzung durch Schiffe, zum internationalen Seevölkerrecht.[207] Im Mittelpunkt steht dabei das SRÜ, als eines der größten völkerrechtlichen Kodifizierungsbemühungen.[208] Dabei ist das SRÜ keineswegs allumfassend und um speziellere Normen zu ergänzen. Ein Konglomerat verschiedenster multilateraler, bilateraler und staatlicher Normen komplettiert das Seevölkerrecht.[209] Als Konsequenz ist das Seevölkerrecht beträchtlich abhängig von politischen und technischen Rahmenbedingungen.[210] Gleichwohl bleibt das SRÜ das zentrale multilaterale Abkommen betreffend staatlichen Rechten und Pflichten auf den Meeren und in anderen Gewässern.[211] Grundlage jedes arktischen Regulierungsversuches muss daher in rechtlicher Hinsicht das SRÜ sein.

Alle Arktischen Staaten, als auch nicht-arktischen Staaten, die sich für wirtschaftliche Tätigkeiten in diesem Raum interessieren, haben sich zur Anwendung des SRÜ-Regimes bekannt.[212] Die ausdrückliche Erklärung der Arktischen Fünf zur Einhaltung der SRÜ Normen ist in der *Ilulissat Declaration*[213] erfolgt. In unterschiedlichen Foren bekräftigen auch China, Japan,

---

206 Siehe Kapitel: III.1.1 Der rechtliche Status der Meere (*mare liberum vs. mare clausum*).

207 *Marboe*, Das internationale Seerecht, in: Reinisch (Hg) Österreichisches Handbuch des Völkerrechts[5], Manzsche Verlags- und Universitätsbuchhandlung: Wien 2013, 473; *von Arnauld*, Völkerrecht[3], C.F. Müller: Heidelberg 2016, 349.

208 *Boelaert-Suominen*, The European Community, the European Court of Justice and the Law of the Sea, in: 23 The International Journal of Marine and Coastal Law 4/2008, 644; *Paasivirta*, The European Union and the United Nations Convention on the Law of the Sea, in: 38 Fordham International Law Journal 4/2015, 1045.

209 *von Arnauld*, 2016, 349; World Ocean Review[1], maribus gGmbH (Hg), Hamburg 2010, 207; *Young*, Governing the Arctic Ocean, in: 72 Marine Policy 2016, 272.

210 *von Arnauld*, 2016, 8.

211 *Görner*, Die Arktis und das Seevölkerrecht, in: 140 WeltTrends 2018, 51; *von Arnauld*, 2016, 351.

212 *Young*, 2016, 274.

213 Ilulissat Declaration, 2008; Vgl. dazu Kapitel: III.3 Die Stellung der Arktischen Anrainerstaaten zum SRÜ.

Korea sowie Frankreich, Deutschland, Großbritannien und die EU ihre wirtschaftlichen Handlungen in der Arktis im Einklang mit dem SRÜ-Vertragswerk durchzuführen und überrascht die Anerkennung des SRÜ durch nicht-arktischen Staaten im arktischen Raum nach *Young* nicht, da ebendiese die Hohe See und den arktischen Meeresboden für ihre Interessen nützen können. Die Freiheiten über den Meeresboden sind, nach Auffassung der nicht-arktischen Akteure, keineswegs den Regulierungsmaßnahmen des Arktischen Rates oder den fünf arktischen Anrainerstaaten zu unterwerfen.[214]

Dementsprechend ist der Ausgangspunkt dieser Arbeit das Seevölkerrecht, mit dessen zentralen internationalen Übereinkommen, dem SRÜ. Die für diese Arbeit zentralen Bestimmungen finden sich in Teil VI SRÜ. Im weiteren Verlauf dieser Arbeit werden die Entstehungsgeschichte und die Anwendung der SRÜ-Bestimmungen im arktischen Raum dargestellt. In diesem Kontext ist insbesondere auf die zuvor beschriebene arktische Transformation zu verweisen. Etwaige Modifikationen des SRÜ wollen gefunden werden, um dieses völkerrechtliche Übereinkommen an die neuen Herausforderungen, gegebenenfalls durch Spezialverträge, anzupassen.

Um die Wechselwirkungen zwischen der eingeschränkten Souveränität der Küstenstaaten und den Freiheiten der sonstigen Staaten im arktischen Raum untersuchen zu können, ist es zu Beginn gefordert die Entwicklung des rechtlichen Status der Meere darzustellen und damit die Grundkonstruktion des SRÜ zu analysieren.

III.1.1 Der rechtliche Status der Meere (*mare liberum vs. mare clausum*)

Die Regulierung der Meere hat ihren historischen Ausgangspunkt in der Antike, da das volumenmäßige Ausmaß der Seeschifffahrt aufgrund verbesserter Navigationsfähigkeiten, technischer Fortschritte im Schifffahrtsbau und der zunehmende Bedarf an Handelsgüter zu einer Kodifizierung gewisser Handelsbräuche geführt haben und der in dieser Epoche florierende Seehandel von den beteiligten Völkern allgemein geschützt werden wollte.[215] *Blitza* konnte keine nachweisbaren Exklusiv-Beanspruchungen der See identifizieren und schließt daraus, dass das Meer zum damaligen Zeitpunkt keiner Alleinherrschaft einer Volksgruppe zugeordnet wurde. Dieses Ergebnis deutet *Blitza* als

214 *Young*, 2016, 274.

215 *Blitza*, Auswirkungen des Meeresspiegelanstiegs auf maritime Grenzen, Springer: Berlin–Heidelberg 2019, 25 f.

starkes Indiz für eine grundsätzliche Freiheit der Meere.[216] Beispielsweise hat das Seerecht von Rhodos im 3. Jahrhundert vor Christus die Freiheit der Schifffahrt und des Meeres als *res communis* anerkannt.[217] In Übereinstimmung mit früheren Regelungsversuchen beschränkt sich das Seerecht von Rhodos allerdings auf Handelsbräuche und trug nicht zur Schaffung eines öffentlichen Seerechts bei.[218]

Demgegenüber konnten in der frühen Neuzeit, als die Entdeckung und Erschließung der Ozeane begann, machtpolitischen Interessen der Seekriegsmächte nicht im Einklang mit der zunehmenden Ausweitung des Seehandels gebracht werden.[219] Erste Bestrebungen Ozeane und Meere staatlich zu beherrschen wurden von den Portugiesen und Spaniern initiiert, indem ebendiese Nationen die Nicht-Europäische Welt als ihr Eigentum deklarierten und sich in ihrer Anspruchsgrundlage auf das ihnen, vom Papst gewährte, Herrschaftsrecht beriefen.[220] Mit dem Vertrag von Tordesillas (1494)[221] zwischen Spanien und Portugal wurden die küstenfernen Weltmeere aufgeteilt, deren Benutzung von der Zustimmung der begünstigten Länder nach dem klerikalen Willen abhing.[222]

Auf der Kehrseite verfolgten die Seehandelsmächte nach *Marboe* und *Papastavridis*, Vereinigte Niederlande, England und Frankreich, gegenläufige Interessen.[223] In seinem Text „Mare Liberum" von 1609,[224] formuliert der

---

216 Ibid., 26.

217 *Marboe*, Das internationale Seerecht, 2013, 474.

218 *Blitza*, 2019, 28.

219 *von Arnauld*, 2016, 350.

220 *Kirk*, Maritime Zones and the Ecosystem Approach: A Mismatch?, in: 8 Review of European Community & International Environmental Law 1/1999, 67; *Marboe*, Das internationale Seerecht, 2013, 474; *Proelß*, Raum und Umwelt im Völkerrecht, in: Graf Vitzthum/Proelß (Hg), Völkerrecht[7], Walter de Gruyter: Berlin–Boston 2016, 401.

221 Treaty between Spain and Portugal, Tordesillas, 7.6.1494, abgedruckt in: *Davenport* (Hg), European Treaties Bearing on the History of the United States and Its Dependencies to 1648, Carnegie Institution of Washington: Washington D.C. 1917, 75 ff.

222 *Blitza*, 2019, 38; *Marboe*, Das internationale Seerecht, 2013, 474.

223 *Marboe*, Das internationale Seerecht, 2013, 474; *Papastavridis*, The Right of Visit on the High Seas in a Theoretical Perspective: Mare Liberum versus Mare Clausum, in: 24 Leiden Journal of International Law 1/2011, 50.

224 Vgl. dazu die deutsche Übersetzung von: *Grotius*, Mare liberum, übersetzt von: *Boschan*, Hugo Grotius – von der Freiheit des Meeres, Verlag von Felix Meiner: Leipzig 1919.

niederländische Jurist *Grotius* ein gleichnamiges Prinzip, wodurch die Meere nicht okkupierbar seien und somit alle Nationen die Freiheit der Meere für die Handelsschifffahrt nutzen können.[225] Das genannte Dokument formuliert insbesondere das Recht der Niederländischen Ostindien Kompanie ihre Schiffe durch Gebiete zu senden, die von Portugal beansprucht wurden.[226] *Grotius* bedient sich in seiner Argumentation grundsätzlich einer naturrechtlichen Beweisführung.[227] Der entwickelte Rechtsbegriff „Freiheit der Meere" ist nach *Taylor* als eine *Laisser-faire* Haltung in der Ressourcennutzung zu verstehen. Die marginalen Restriktionen dienen alleinig diese freie Nutzung zu fördern.[228] Allerdings ist die Durchsetzung des *mare liberum*- Prinzips hinsichtlich der damaligen realen Machtverhältnisse auf den Weltmeeren zu relativieren. Die Handelsflotte der Niederländer war zur ersten Hälfte des 17. Jahrhunderts dreimal so groß wie die aller übrigen seefahrenden Nationen und dementsprechend bezeichnet der Kulturhistoriker *Friedell* das *mare liberum*-Konzept überspitzt als „liberale Philosophie, die eine heuchlerische Maskierung ihres wirtschaftlichen Terrorismus ist", da sich das Meer tatsächlich im Besitz der Holländer befand.[229]

Insbesondere die Engländer fühlten sich in ihrem Seehandel durch die naturrechtlichen geprägten Ansätze der Souveränitätsfreiheit auf den Meeren bedroht und entsprechend entwickelte der englische Jurist *Selden* das *mare clausum*-Prinzip,[230] wonach das Meer okkupiert und wie ein Hoheitsgebiet auf Land verteidigt werden kann.[231] Auf ebendieser Grundlage versuchten die damaligen Seekriegsmächte Meeresgebiete zu okkupieren.[232]

Allerdings setzte sich nach *Blitza*, *Jacobson* und *Rieser* zur Zeit der Kolonialisierung das *mare liberum*-Prinzip und die damit verbundene Verfolgung

---

225 *Marboe*, Das internationale Seerecht, 2013, 474; *Papastavridis*, 2011, 50.

226 *Jacobson/Rieser*, The Evolution of Ocean Law, in: 279 Scientific American Presents 3(special)/1998, 100 ff.

227 *Blitza*, 2019, 40.

228 *Taylor*, Das Gemeinsame Erbe der Menschheit. Eine kühne Doktrin im engen Korsett, in: Silke Helfrich und Heinrich Böll Stiftung (Hg), Commons: für eine neue Politik jenseits von Markt und Staat[2], transcript Verlag: Bielefeld 2014, 427.

229 *Friedell*, Kulturgeschichte der Neuzeit[5] – Vollständige Fassung in fünf Bänden, veröffentlicht im Null Papier Verlag 2019, 584 f.; Vgl. dazu auch: *von Arnauld*, 2016, 350.

230 *Seldeni*, Mare clausum seu de dominio maris libri duo, Will. Stanesbeii pro Richardo Meighen: Londinense 1635.

231 *Blitza*, 2019, 41.

232 *von Arnauld*, 2016, 350.

wirtschaftlicher Interessen in neu entdeckten Gebieten durch. Die europäischen Staaten haben das *mare liberum*-Prinzip größtenteils angenommen und durch die Ausübung der Freiheit der Meere, namentlich die Schifffahrt und die Fischerei, durch seefahrende Nationen zu Gewohnheitsrecht erstarkt.[233] Durch die im 19. Jahrhundert entstehende neue Weltanschauung, die staatliche Eingriffe auf ein Minimum beschränken wollte, erfuhr das Seerecht durch den Liberalismus nach *Papastavridis* eine Abkehr von Handelshemmnissen. Ein florierender Seehandel setzt offene Märkte voraus.[234] Nach *Marboe* sieht die liberale Strömung die Hohe See als gemeinsames Erbe der Menschheit (*common heritage of mankind*) an und könne damit diese Meereszone nicht okkupiert werden und stehe die Ausübung der Freiheiten der Meere jedermann zu. Die Auffassung, dass das Freiheitsprinzip am ehesten dem langfristigen Interesse aller Staaten diene, setzte sich, relativ uneingeschränkt, bis in die erste Hälfte des 20. Jahrhunderts durch.[235]

1945 verlautbarten die USA, dass sie die Zuständigkeit über alle natürlichen Ressourcen bis an den Rand ihres Festlandsockels übernehme.[236] Weitere Staaten wichen in der Folge vom *mare liberum*-Prinzip ab und dehnten ihre küstenstaatlichen Vorrechte zu Lasten der Freiheit der Hohen See aus.[237] Durch speziellere Abkommen, die insbesondere Fischereirechte sichern und die Verschmutzung der Meere verhindern sollen, wurde das *mare liberum*-Prinzip zunehmend ausgehöhlt.[238] Damit ist im jüngeren seevölkerrechtlichen Entwicklungsprozess die Freiheit der Hohen See durch die Ausformung von Zonen küstenstaatlicher Hoheitsrechte nach dem *mare clausum*-Konzept zurückgedrängt und im SRÜ kodifiziert worden.[239] Die entsprechenden gerechtfertigten Einschränkungen der Freiheiten der Hohen See enthalten nach *Papastavridis* drei wesentliche Zielbestimmungen, welche durch eine gegenseitige Unterstützung die Erreichung eines mehrschichtigen Gesamtziels verfolgen:

---

233 *Blitza*, 2019, 42; *Jacobson/Rieser*, 1998, 100 ff.

234 *Papastavridis*, 2011, 51.

235 *Marboe*, Das internationale Seerecht, 2013, 474.

236 Proclamation No. 2667, Truman Proclamation, 28.9.1945, 10 Federal Register 12, 303, https://iea.uoregon.edu/treaty-text/3961 (12.9.2021).

237 *King*, Geology.com, 2021; *von Arnauld*, 2016, 350.

238 *Kirk*, 1999, 68.

239 *Graf Vitzthum*, Begriff, Geschichte und Rechtsquellen des Völkerrechts, in: Graf Vitzthum/Proelß (Hg), Völkerrecht[7], Walter de Gruyter: Berlin–Boston 2016, 40; *von Arnauld*, 2016, 350.

a. Die Sicherstellung des internationalen Friedens,
b. Die sinnvolle Ressourcennutzung der Meere,
c. Die Förderung der öffentlichen Wohlfahrt und der Einhaltung des *ordre public*-Prinzips der internationalen Gemeinschaft.[240]

Zusammenfassend erfuhr die Entwicklungsgeschichte des Seerechts eine abwechselnde Strömung zwischen gewährten Freiheiten und Einschränkungen. Heute ist allgemein anerkannt, dass die Freiheit der Meere keineswegs für alle maritimen Zonen gilt, sondern nur im Bereich der Hohen See und mit Einschränkungen in Gewässern außerhalb der nationalen Gerichtsbarkeit anzuwenden ist.[241] Letztlich konnte sich weder das Prinzip des *mare liberum* noch das des *mare clausum* vollständig durchsetzen.[242] In anderen Worten kann das Meeresregime als ein Regel-Ausnahme-System beschrieben werden[243] und das moderne Seevölkerrecht ist eine Mischform beider Grundkonzeptionen, wobei beide gegenständlichen Prinzipien das Seevölkerrecht komplettieren.[244]

III.1.2 Das moderne Seevölkerrecht – Entwicklungen eines zentralen multilateralen Abkommens

Ausgelöst durch die *Truman-Proclamation*[245] befasste sich die von der UN-Generalversammlung 1947 gegründete *International Law Commission* (ILC) bereits in ihrer ersten Sitzung mit dem Thema der Seerechtskodifikation und entwickelte im Endergebnis einen Entwurf zum Seerecht (*ILC Articles concerning the Law of the Sea*[246]) mit 73 Artikeln und Kommentaren, welche die Grundlage für die Genfer Seerechtskonventionen von 1958 bilden.[247]

Erste Erfolge das Seevölkerrecht international umfassend zu kodifizieren, konnten auf der 1. Seerechtskonferenz der Vereinten Nationen (UN) von 1958

240 *Papastavridis*, 2011, 48 und 58.

241 *Warner/Rayfuse*, Securing a Sustainable Future for the Oceans Beyond National Jurisdiction: The Legal Basis for an Integrated Cross-Sectoral Regime for High Seas Governance for the 21st Century, in: 23 The International Journal of Marine and Coastal Law 3/2008, 400.

242 *Proelß*, 2014, 360; World Ocean Review[1], 2010, 200.

243 *Blitza*, 2019, 46.

244 *Papastavridis*, 2011, 56.

245 Proclamation No. 2667, Truman Proclamation, 28.9.1945, 10 Federal Register 12, 303; Vgl. dazu Kapitel: III.5.3.5 USA.

246 Yearbook of the international law commission 1956, Volume II, Documents of the eighth session including the report of the Commission to the General Assembly, 256 ff.

247 *Blitza*, 2019, 74 und 78.

erzielt werden. Mit dem Abschluss von vier Übereinkommen betreffend die Hohe See (HSÜ),[248] das Küstenmeer und die Anschlusszone (KMÜ),[249] den Festlandsockel (FSÜ),[250] sowie über die Fischerei und die Erhaltung der biologischen Reichtümer der Hohen See,[251] die als Genfer Seerechtskonventionen bezeichnet werden, wurden gewohnheitsrechtliche Gebiets- und Nutzungsordnungen kodifiziert.[252]

Ziel der Genfer Seerechtskonventionen war die endgültige Aufteilung der Meere zwischen den Staaten zu verhindern, wobei die Industriestaaten bereits in den 1960-er Jahren, nach der Entdeckung von großen Manganknollen-Vorkommen im östlichen und zentralen Pazifik, auf eben diese marinen Ressourcen im Tiefseeboden zugreifen wollten und eine modifizierte seevölkerrechtliche Ordnung war gefordert.[253] Auch für die Entwicklungsländer waren die vier Genfer Seerechtskonventionen nach *Marboe* und *von Arnauld* aufgrund praktischer Benachteiligung inakzeptabel. Industrialisierte Länder können die Freiheiten der Meere durch ihre technologisch modernen und großen Fischfangflotten besser nutzen und forderten die Entwicklungsländer entsprechend erweiterte küstenstaatliche Rechte, eine bevorzugte Stellung und die Internationalisierung bestimmter Meeresbereiche.[254] Dabei führte insbesondere die Uneinigkeit über die Breite des Küstenmeeres, die manche Küstenstaaten auf 200 Seemeilen ausgedehnt hatten, zu weiteren internationalen Verhandlungen, wobei die 2. Genfer Seerechtskonferenz 1960 allerdings ohne Ergebnis endete.[255]

---

248 Internationales Übereinkommen über die Hohe See, Genf, 29.4.1958, https://fedlex.data.admin.ch/filestore/fedlex.data.admin.ch/eli/cc/1966/986_1013_1004/20100414/de/pdf-a/fedlex-data-admin-ch-eli-cc-1966-986_1013_1004-20100414-de-pdf-a.pdf (22.8.2021).

249 Internationales Übereinkommen über das Küstenmeer und die Anschlusszone, Genf, 29.4.1958, https://www.fedlex.admin.ch/eli/cc/1966/977_1003_995/de (2.7.2021).

250 Internationales Übereinkommen über den Festlandsockel, Genf, 29.4.1958, https://www.fedlex.admin.ch/eli/cc/1966/1003_1031_1020/de (9.1.2021).

251 Übereinkommen über die Fischerei und die Erhaltung der biologischen Reichtümer der Hohen See, Genf, 29.4.1958, https://www.fedlex.admin.ch/eli/cc/1966/996_1023_1013/de (22.8.2021).

252 *Marboe*, Das internationale Seerecht, 2013, 474; *von Arnauld*, 2016, 351.

253 World Ocean Review[1], 2010, 201.

254 *Marboe*, Das internationale Seerecht, 2013, 474; *von Arnauld*, 2016, 351.

255 *Marboe*, Das internationale Seerecht, 2013, 474.

Der Vorschlag des maltesischen UN-Botschafters *Pardo* den Tiefseeboden als *common heritage of mankind* einzuordnen und einem internationalen Rechtsregime zu unterstellen, lieferten den Ausgangspunkt für weitere internationale Verhandlungen.[256] 1967 stellt *Pardo* die Einführung des CHM-Prinzips im Seevölkerrecht der UN-Generalversammlung vor.[257] 1971 präsentierte *Pardo* ein *Working Paper* an die Generalversammlung der Vereinten Nationen mit dem Tiefseeboden als *common heritage of mankind* in Art. 66 *Draft Ocean Space Treaty.*[258] In der 3. Seerechtskonferenz 1973 stand dementsprechend die Abgrenzung des Festlandsockels, sowie die Bestimmung des Rechtsregimes weiterer Meereszonen auf der Agenda.[259] Aus den vorbereitenden Materialien zum SRÜ geht hervor, dass eine breite Diskussion über Arktis-relevante Themen auf der 3. Seerechtskonferenz bewusst vermieden wurde.[260]

Nach fast einem Jahrzehnt (von 1973 bis 1982) andauernder Verhandlungen konnten die maritimen Belange von über 150 Staaten in Einklang gebracht und wirtschaftlichen Tätigkeiten auf flächenmäßig siebzig Prozent der Erde durch das SRÜ reguliert werden.[261] Die vier Genfer Seerechtskonventionen wurden im SRÜ inkorporiert und um elementare seevölkerrechtliche Bestimmungen erweitert.[262]

Allerdings konnte auch auf der 3. Seerechtskonferenz nach *Tuerk* keine zufriedenstellende Lösung für die Ressourcenausbeutung im Tiefseeboden ausgehandelt werden. Die Entwicklungsländer forderten, dass nur das Unternehmen als operativer Arm der internationalen Meeresbodenbehörde (ISA), Aktivitäten des Tiefseebodenbergbaus regulieren sollte. Demgegenüber befürworteten die Industrieländer ein Lizenzsystem, wie es auch in den maltesischen Art. 139 ff. *Draft Ocean Space Treaty* vorgesehen war.[263] Durch Verhandlungsgeschick, in der Form eines Interessenausgleichs, konnte das Übereinkommen

256 *Taylor*, 2014, 426.

257 Rede von *Arvid Pardo* vor der 22. Sitzung der Generalversammlung der Vereinten Nationen am 11. September 1967, Official Records of the General Assembly, Twenty-Second Session, Agenda Item 92, Document A/6695, https://www.un.org/depts/los/convention_agreements/texts/pardo_ga1967.pdf (9.9.2021).

258 UN Doc A/AC.138/53 vom 23.8.1971, Draft Ocean Space Treaty.

259 *Marboe*, Das internationale Seerecht, 2013, 475.

260 *Berkman/Vylegzhanin/Young*, 2019, xxiii.

261 *Jacobson/Rieser*, 1998, 100 ff.

262 *Proelß*, 2016, 385; World Ocean Review[1], 2010, 201.

263 *Tuerk*, The Common Heritage of Mankind after 50 Years, in: 57 Indian Journal of International Law 3–4/2017, 264.

zur Durchführung des Teiles XI des Seerechtsübereinkommens der Vereinten Nationen vom 10. Dezember 1982[264] (in der Folge Durchführungsübereinkommen genannt) 1994 abgeschlossen werden und dieses Vertragswerk obliegt der Regulierung der Rechtsmaterie des Tiefseebodenbergbaus.[265] Im Ergebnis ändern die Vereinbarungen im Durchführungsübereinkommen die Beschlussfassung der Versammlung der ISA. Von der Mehrheit der anwesenden und abstimmenden Mitglieder (Art. 159 SRÜ) wurde eine Beschlussfassung gewählt, die grundsätzlich im Konsens getroffen werden soll (Anlage Abschnitt 3 (2) Durchführungsübereinkommen). Die Bestimmungen über die Überprüfungskonferenz werden aufgehoben (Anlage Abschnitt 4 Durchführungsübereinkommen) und Bestimmungen über den Technologietransfer eingeführt (Anlage Abschnitt 5 Durchführungsübereinkommen). Zusätzlichen werden in Anlage Abschnitt 6 Durchführungsübereinkommen die Produktionspolitik nach vernünftigen kommerziellen Grundsätzen geregelt und Entwicklungsstaaten mit Landproduktion wird eine wirtschaftliche Hilfe der Behörde in Anlage Abschnitt 7 Durchführungsübereinkommen zugesprochen, wenn ihre Wirtschaft durch den Abbau von Mineralien im Tiefseeboden schwer betroffen ist. Abgerundet wird das Durchführungsübereinkommen durch finanzielle Vertragsbedingungen und die Schaffung eines Finanzausschusses.

Das Durchführungsübereinkommen hat das Tiefseebodenregime nach *Tuerk* an die tatsächlichen politischen und wirtschaftlichen Gegebenheiten angepasst, indem die ISA, als Verwaltungsorgan, in ihrer rechtlichen Stellung gestärkt und die Gebühren der Auftragnehmer an die ISA wesentlich gesenkt wurden.[266] Außerdem bestätigt das Durchführungsübereinkommen das Konzept des *common heritage of mankind* für den Tiefseeboden in seiner Präambel. Dabei dient ein Parallelsystem[267] als Kompromisslösung, um die Interessen der Industriestaaten, als auch jene der Entwicklungsländer, zu wahren.[268] Erst die

---

264 Agreement relating to the implementation of Part XI of the United Nations Convention on the Law of the Sea of 10 December 1982, New York, 28.7.1994, 1836 United Nations Treaty Series No. 31364; Vgl. dazu die deutsche Fassung: Übereinkommen zur Durchführung des Teiles XI des Seerechtsübereinkommens der Vereinten Nationen vom 10. Dezember 1982, BGBl. 1995/885.

265 *Boelaert-Suominen*, 2008, 644; *Marboe*, Das internationale Seerecht, 2013, 475.

266 *Tuerk*, 2017, 264.

267 Siehe Kapitel: III.4.4.2.1 System der Vergabe von Lizenzen an Ressourcen des Tiefseebodens durch die Internationale Meeresbodenbehörde.

268 *Tuerk*, 2017, 264.

Modifikationen durch den beschriebenen Interessenausgleich im Durchführungsübereinkommen haben das Inkrafttreten des SRÜ ermöglicht,[269] da letzteres Übereinkommen vorsieht, dass die Rechtskraft erst nach der Ratifikation einer festgelegten Zahl von Staaten erfolgt.[270] Nach der sechzigsten Beitrittsurkunde am 16. November 1994 trat das SRÜ gemäß Art. 308 SRÜ in Kraft.[271] Derzeit zählt das SRÜ 168 Vertragsparteien, darunter auch die EU.[272] Auf der Rechtsgrundlage von Art. 305 lit. f SRÜ in Verbindung mit Anlage IX SRÜ kann die EU das Abkommen als internationale Organisation unterzeichnen.

Im Sinne der Normenhierarchie ist auf Art. 2 Abs. 1 Durchführungsübereinkommen zu verweisen. Dementsprechend stellen das SRÜ als auch das Durchführungsübereinkommen ein einziges Instrument dar. Sollte eine Inkonsistenz zwischen den beiden völkerrechtlichen Abkommen vorliegen, geht das Durchführungsübereinkommen dem SRÜ im Sinne der *lex specialis*-Regel vor. Ferner kann nach Art. 4 Abs. 2 des Durchführungsübereinkommens ein Staat nicht Vertragspartei des Durchführungsübereinkommens sein, ohne vorher das SRÜ ratifiziert zu haben.

In der SRÜ-Einleitung ist, in Übereinstimmung mit dem maltesischen Vorschlag, anerkannt worden, dass die Probleme des Meeresraumes eng miteinander verknüpft sind und als Ganzes betrachtet werden müssen.[273] Dieser Ansatz bildet die Grundlage für eine integrierte Behandlung von maritimen Herausforderungen, die im Zentrum eines einheitlichen Seevölkerrechts liegen.[274] Die Integrität des ausgehandelten Pakets wird durch ein Vorbehaltsverbot und dem Verbot, Modifizierungen untereinander zu vereinbaren, die Rechte anderer Staaten zu beeinträchtigen, verstärkt.[275] Art. 309 SRÜ versucht die Integrität des Vertragstextes zu bewahren, indem weitestgehend Abschlüsse von Vorbehalten

---

269 *von Arnauld*, 2016, 351.

270 *Graf Vitzthum*, 2016, 45.

271 *Marboe*, Das internationale Seerecht, 2013, 475.

272 Chronological lists of ratifications, of accessions and successions to the Convention and the related Agreements, UN DOALOS, 28.5.2021, https://www.un.org/Depts/los/reference_files/chronological_lists_of_ratifications.htm#The%20United%20Nations%20Convention%20on%20the%20Law%20of%20the%20Sea (31.1.2022).

273 *Tuerk*, 2017, 262.

274 Ibid., 262.

275 *Boyle*, EU Unilateralism and the Law of the Sea, in: 21 The International Journal of Marine and Coastal Law 1/2006, 19 f.

und Ausnahmen durch die Vertragsparteien ausgeschlossen werden.[276] Nach *Tams* ist Art. 309 SRÜ keineswegs als ein absolutes Verbot zu interpretieren, da Vorbehalte und Ausnahmen zulässig sind, sofern diese in „anderen Artikeln dieses Übereinkommens" ausdrücklich gestattet sind, um den im SRÜ anerkannten Parteien einen entsprechenden Ermessensspielraum zu gewähren.[277] Ferner sind Erklärungen, die den Anwendungsbereich von Art. 310 SRÜ eröffnen, zulässig und stellen die Kehrseite von Art. 309 SRÜ dar.[278] Dabei sehen sich die arktischen SRÜ-Vertragsstaaten Kanada, Dänemark, Norwegen und Russland in ihren Erklärungen und Vorbehalten nicht an Erklärungen nach Art. 310 SRÜ anderer Staaten gebunden, welche den rechtlichen Anwendungsbereich des SRÜ ausschließen oder ändern.[279] Daran anschließend stützt sich auch die bisherige staatliche Praxis in Bezug auf „unzulässige Vorbehalte" im Rahmen des SRÜ auf die Ansicht, dass ebendiese Vorbehalte nichtig sind und der Vorbehaltsstaat Vertragspartei des SRÜ bleibt sowie an dessen Normen im Sinne des sogenannten Integritätsprinzips gebunden ist.[280]

Da das Vertragswerk ein dynamisches Instrument darstellt, sind die SRÜ-Bestimmungen nach *Molenaar* nicht starr zu interpretieren. Viele Bestimmungen des SRÜ-Übereinkommens sind allgemein und enthalten zahlreiche unbestimmte Begriffe, wie „allgemein anerkannte internationale Regeln und Normen" (vgl. Art. 211 Abs. 2 SRÜ).[281] Dahingehend verbleibt den Hafen- und Küstenstaaten ein beträchtlicher Interpretationsspielraum. Durch einseitige Maßnahmen auf ihre Ressourcen oder die Meeresumwelt einzuwirken, stellt diese Möglichkeit nach *Molenaar* aber eine Gefahr für die einheitliche Anwendung des SRÜ dar. Als Ausgleich kann eine äußerst liberale Interpretation des

---

276 *Tams*, Article 309, in: Proelß (Hg), United Nations Convention on the Law of the Sea: A Commentary, C.H. Beck/Hart/Nomos: München–Oxford–Baden-Baden 2017, 1996.

277 Ibid., 1998.

278 Ibid., 1998 und 2003.

279 Declarations and Reservations of United Nations Convention on the Law of the Sea, https://treaties.un.org/doc/Publication/MTDSG/Volume%20II/Chapter%20XXI/XXI-6.en.pdf (27.8.2021), 10, 12, 26 und 28 f.

280 *Nelson*, Declarations, Statements and 'Disguised Reservations' with Respect to the Convention on the Law of the Sea, in: 50 The International and Comparative Law Quarterly 4/2001, 781 f.

281 *Molenaar*, Coastal State Regulation of International Shipping, in: 22 The International Journal of Marine and Coastal Law 1/2007, 184.

SRÜ-Übereinkommens von einem Gericht, welches in Teil XV SRÜ genannt ist, abgelehnt werden, sofern eine SRÜ-Vertragspartei betroffen ist.[282]

Die Autorin kommt in Übereinstimmung mit *Young* zum Ergebnis, dass das weit gefasste SRÜ-Vertragswerk eine Vielzahl spezifischer Regulierungsvereinbarungen zulässt, welche auf die speziellen arktischen Rahmenbedingungen abzielen.[283]

III.1.3 Völkergewohnheitsrecht

Das SRÜ selbst erklärt deklarativ in den Erwägungsgründen der Präambel, dass „für Fragen, die in diesem Übereinkommen nicht geregelt sind, weiterhin die Regel und Grundsätze des allgemeinen Völkerrechts gelten." Zudem sind für Nichtmitgliedstaaten des SRÜ, wie den USA, weiterhin die Genfer Seerechtskonventionen, sofern sie diese Abkommen ratifiziert haben, und die Normen des Völkergewohnheitsrechts maßgeblich.[284]

Völkergewohnheitsrecht sind „ungeschriebene Normen, die sich in den internationalen Beziehungen durch eine bestimmten Anforderungen genügende Interaktion der Völkerrechtssubjekte (die „Staatenpraxis") herausgebildet hat."[285] Ferner kann die spätere Praxis von Vertragsparteien zu einer stillschweigenden oder implizierten Änderung der Vertragsbedingungen führen und dieser Entwicklungsschritt erfolgte im Seevölkerrecht vor Abschluss des SRÜ.[286] Bei der Schaffung der AWZ haben die Küstenstaaten rechtswidrig gegen die Nutzungsrechte andere Staaten verstoßen, indem die Vertragsparteien des HSÜ eine Abkehr von diesem Vertragswerk nicht nur toleriert, sondern selbst 200 Seemeilen Ansprüche geschaffen haben und haben damit die Legitimation dieser Rechte im Nachhinein durch die Staatenpraxis verwirklicht.[287] Dahingehend ist nach *Proelß* ein rechtlich begründeter Sonderfall geschaffen worden: der „aquitoriale" Gebietserwerb. Dieser Gebietszuwachs, der mittlerweile vertraglich im SRÜ sanktioniert ist, entstand durch den „vertraglich konsentierten Wandel der Umfangs-Definition eines traditionsreichen

282 Ibid., 184.

283 *Young*, If an Arctic Ocean Treaty Is Not the Solution, What Is the Alternative?, in: 47 Polar Record 4/2011, 328.

284 *Görner*, 2018, 51.

285 *Kunig*, Völkerrecht und staatliches Recht, in: Graf Vitzthum/Proelß (Hg), Völkerrecht[7], Walter de Gruyter: Berlin–Boston 2016, 113.

286 *Brubaker*, The Legal Status of the Russian Baselines in the Arctic, in: 30 Ocean Development & International Law 3/1999, 192; *von Arnauld*, 2016, 109.

287 *Brubaker*, 1999, 192; *von Arnauld*, 2016, 109.

Rechtsinstituts, dem Küstenmeer."[288] Im Ergebnis entstand geltendes Völkerrecht aus Unrecht.

Jeder Staat entscheidet selbst über eine etwaige Bindung an Völkergewohnheitsrecht.[289] Andererseits ist nach *Brubaker* zweifelhaft, ob der Widerstand nur eines Staates ausreichend ist, um eine dementsprechende Bindung zu verhindern, da im Ergebnis nur wenige gewohnheitsrechtliche Regeln gebildet werden könnten und die einzelstaatliche Praxis in vielen Bereichen unterschiedlich ist.[290] Sollte sich die mehrheitliche Anwendung einer völkergewohnheitsrechtlichen Praxis durch Staaten durchsetzen, stellen sich Fragen zur Größe der Mehrheit, zur Gleichheit der Staaten, unabhängig von der Größe, und zur Bewertung der Größe, wobei etwaige militärische und wirtschaftliche Kräfteverhältnisse, die Bevölkerung und die Größe der Fläche der Staaten nicht vergessen werden dürfen.[291] Zielführend ist nach *Brubaker* die Herstellung eines Gleichgewichts, zwischen der Bedeutung des ablehnenden Staates und der Schaffung von Völkergewohnheitsrecht durch die überwiegende Anzahl übereinstimmender Staaten. Beispielsweise haben die USA und Russland für die friedliche Durchfahrt eine gemeinsame Erklärung zu einer einheitlichen Auslegung abgegeben, wobei nicht alleinig der Einfluss der USA als Nicht-Vertragspartei des SRÜ für die Bildung von Völkergewohnheitsrecht maßgeblich ist, sondern die Auslegung des SRÜ durch ihre Vertragsstaaten nötig ist.[292]

Unstrittig ist nach *Kunig* jedenfalls, dass partikuläres Völkergewohnheitsrecht für eine regional definierbare Staatengruppe[293] gebildet werden kann. Abgestellt wird dabei nicht auf die territoriale Zugehörigkeit, sondern die Beteiligung an der entsprechenden Staatenpraxis.[294] Allerdings muss bei allen betroffenen Völkerrechtssubjekten eine entsprechende Übung nachweisbar sein und der Prüfungsmaßstab ist gegenüber einer Norm des universellen Völkergewohnheitsrechts entsprechend erhöht.[295]

---

288 *Proelß*, 2016, 380.
289 *Kunig*, 2016, 116.
290 *Brubaker*, 1999, 193.
291 Ibid., 193.
292 Ibid., 193.
293 Die Autorin ist der Ansicht, dass die arktischen Fünf diese Staatengruppe bilden können.
294 *Kunig*, 2016, 115.
295 *Klimke*, Schädliche traditionelle und kulturelle Praktiken im internationalen und regionalen Menschenrechtsschutz, Springer: Berlin–Heidelberg 2019, 467 f.

Für die Bewertung des Völkergewohnheitsrechts als Rechtsquelle im arktischen Raum darf zudem nicht vergessen werden, dass der Entstehungsprozess aufgrund der geforderten andauernden Übung zeitintensiv ist und diese Rechtsquelle auf wechselnde Rahmenbedingungen, wie sie in der Arktis vorkommen, nur verlangsamt reagieren kann.[296] Zusätzlich weist *Graf Vitzthum* darauf hin, dass die Abnahme der Bedeutung des Völkergewohnheitsrechts aufgrund zahlreicher (multilateraler) Vertragsabschlüsse zu beachten ist. Da diese, primär schriftlich fixierten Regeln die wechselseitigen Rechte und Pflichten klar festlegen und außer Streit stellen, kommt dem Gewohnheitsrecht weitestgehend lediglich eine Auffangfunktion zu.[297]

Wegen der USA als einzig verbleibender Nicht-Vertragsstaat zum SRÜ unter den arktischen Anrainerstaaten,[298] kommt die Autorin zu dem Ergebnis, dass sich die gebietsrechtliche Abgrenzung des arktischen Raumes primär aus (partikulären) völkergewohnheitsrechtlichen Normen der arktischen Anrainerstaaten bestimmt. Als *lex specialis* sind die zwischenstaatlichen Grenzverträge[299] eben dieser Staaten heranzuziehen. Inwiefern das SRÜ für die USA trotzdem rechtsverbindlich ist, soll der nachstehende Abschnitt untersuchen.

III.1.3.1 Die USA und das SRÜ

Die *Reagan*-Regierung stufte die Bestimmungen über das Gebiet des Tiefseebodens (Teil XI SRÜ) im Entwurf des SRÜ-Übereinkommens als „unacceptable“ ein, da die SRÜ-Produktionspolitik mit dem Ansatz von höher gewichteten Zielen als die wirtschaftlich effiziente Ressourcenentwicklung, nicht mit den US-amerikanischen Zielen übereinstimme.[300] Auch befürchtete die USA, dass die Entwicklungsländer zu stark auf die ISA einwirken könnten und dass die USA mit den wahrscheinlich höchsten Finanzierungsbeiträgen, aufgrund des größten Verbrauchs an Meeresbodenmineralien, nicht adäquat berücksichtigt worden

296 *Graf Vitzthum*, 2016, 53.

297 *von Arnauld*, 2016, 104.

298 Chronological lists of ratifications, of accessions and successions to the Convention and the related Agreements, UN DOALOS, 2021.

299 Siehe Kapitel: III.5.1 Bestehende vertragliche Grenzen im arktischen Raum.

300 Statement on United States Actions Concerning the Conference on the Law of the Sea, 7.9.1982, Ronald Reagan Presidential Library, https://www.reaganlibrary.gov/archives/speech/statement-united-states-actions-concerning-conference-law-sea (13.3.2022).

seien.[301] Auch die SRÜ-Produktionsformel würde, nach US-amerikanischer Ansicht, eine große Rechtsunsicherheit schaffen und Investoren abschrecken.[302] Zwar wurden durch das Durchführungsübereinkommen die meisten Bedenken der USA beseitigt, indem eine Kompromisslösung für Teil XI SRÜ verhandelt wurde und eine Entfremdung vom *common heritage of mankind*-Prinzip erfolgt ist,[303] doch die USA haben das SRÜ bis dato nicht unterzeichnet.[304] Mit Ausnahme des Systems zur Regelung des Tiefseebodens in Teil XI akzeptieren die USA, nach *Young*, die meisten SRÜ-Bestimmungen als Völkergewohnheitsrecht. Tatsächlich könnte angenommen werden, dass der politische Druck durch auftauchende arktische Herausforderungen in dem Maße gesteigert wird, der erforderlich ist, um den US-Senat zur Ratifizierung des SRÜ zu bewegen.[305]

Völkerrechtliche Verträge werden von den USA grundsätzlich mit Beteiligung des Senats abgeschlossen und verlangen keinen nachfolgenden innerstaatlichen Inkorporations- oder Transformationsakt.[306] Damit sind verfassungsmäßig zustande gekommene völkerrechtliche Verträge rechtsgültig und stehen allgemein anerkannten Gesetzgebungsakten des Kongresses gleich, wobei sie aber selbst keinen Verfassungsrang besitzen.[307] Ein Beitritt der USA zum SRÜ würde damit die nicht gewohnheitsrechtlichen Normen des SRÜ in den Rang von Bundesrecht heben. Bei etwaigen Normkollisionen verdrängt das SRÜ das innerstaatliche Recht im Sinne der Vorrangregel für zeitlich später entstandene Normen.

III.1.4 *Common Heritage of Mankind*

Der maltesische UN-Botschafter *Pardo* verfolgte das revolutionäre Ziel, den gesamten Raum der Meere zum *common heritage of mankind* (CHM) zu erklären, um auf die Auswirkungen neuer Technologien, die Militarisierung, die Ausdehnung staatlicher Eigentumsansprüche sowie den Disparitäten zwischen

301 *Carlsson*, The US and UNCLOS III – The Death of the Common Heritage of Humankind Concept?, in: 95 Maritime Studies 1997, 29.

302 Ibid., 30.

303 Ibid., 31.

304 Chronological lists of ratifications, of accessions and successions to the Convention and the related Agreements, UN DOALOS, 2021.

305 *Young*, 2011, 328.

306 *Kunig*, 2016, 84.

307 Ibid., 84.

den Entwicklungsländern und den Industriestaaten reagieren zu können.[308] Die Vertragsverfasser des SRÜ haben seine Ideen (teilweise) in das Vertragswerk für einen räumlich abgegrenzten Bereich implementiert. Entsprechend verfolgt das SRÜ in seiner Präambel[309] das Konzept des *common heritage of mankind* (CHM), um das Tiefseebodenregime weiterzuentwickeln. Dieses Vorhaben wird vom Durchführungsübereinkommen, ebenfalls in dessen Präambel, bestätigt. Damit stellt sich primär die Frage, ob das CHM-Prinzip eine Rechtsquelle des Völkerrechts ist, beziehungsweise, ob überhaupt ein einheitliches Prinzip mit Rechtswirkungen vorliegt. Für den betreffenden Untersuchungsgang gilt es in einem ersten Schritt zu untersuchen, ob das CHM-Prinzip unter den Kategorien der Völkerrechtsquellen der allgemeinen Rechtsgrundsätze oder des Völkergewohnheitsrechts einzuordnen ist. In weiterer Folge wollen die Bestandteile des betreffenden Prinzips herausgearbeitet werden und auf ihre Implementierung im seevölkerrechtlichen Rahmen untersucht werden. Dabei legt die Autorin den Fokus auf die Beantwortung der Frage, ob sich aus der betreffenden Präambel-Bestimmung eine völkerrechtliche Pflicht der Vertragsstaaten als auch der Nichtvertragsstaaten, zur Verwaltung der Ressourcen des arktischen Tiefseebodens als gemeinsames Erbe der Menschheit ergibt.

Für die Einordnung des CHM-Konzepts unter die Völkerrechtsquelle der allgemeinen Rechtsgrundsätze ist auf die, nach Art. 38 Abs. 1 lit. c Statut des Internationalen Gerichtshofes,[310] verwendete Formulierung: „von den zivilisierten Staaten anerkannt" zu verweisen. Dabei gilt nach *Kunig* zu beachten, dass die verwendete Wortwahl im zuvor zitierten Artikel auf zwei Arten problematisch ist. Erstens wird zwischen zivilisierten Staaten[311] und anderen Staaten differenziert.[312] Diese Unterscheidung ist für den vorliegenden

308 *Taylor*, 2014, 427; *van Zÿl*, The ‚Common Heritage of Mankind' and the 1982 Law of the Sea Convention: principle, pain, or panacea?, in: 26 The Comparative and International Law Journal of Southern Africa 1/1993, 53 f.; insbesondere Kapitel: III.1.2 Das moderne Seevölkerrecht – Entwicklungen eines zentralen multilateralen Abkommens.

309 Das SRÜ übersetzt den Begriff in der deutschsprachigen Fassung mit: „gemeinsames Erbe der Menschheit".

310 Statute of the International Court of Justice, 18.4.1946, established by: Charter of the United Nations, San Francisco, 24.10.1945, 1 United Nations Treaty Series No. XVI; Vgl. dazu die deutsche Fassung: Statut des Internationalen Gerichtshofes, BGBl. 1956/120.

311 In Deutschland wurde die authentische englische Fassung „recognized by civilized nations" mit „von den Kulturvölkern anerkannten" übersetzt.

312 *Kunig*, 2016, 122.

Untersuchungsgang obsolet. Die Autorin leitet diese Feststellung aus der Argumentationslinie von *Weiss* ab, der alle SRÜ-Vertragsstaaten als zivilisiert ansieht, da das SRÜ unter der Schirmherrschaft der Vereinten Nationen abgeschlossen wurde und innerhalb der UN-Mitgliedstaaten eine dementsprechende Unterscheidung nicht mehr vorgenommen wird. Die Tatsache, dass der internationale Pakt über bürgerliche und politische Rechte von 1966 (IPbpR)[313] in Art. 15 Abs. 2 die Formulierung „von der Völkergemeinschaft anerkannte allgemeine Rechtsgrundsätze" wählt, spricht für den aufgezeigten völkerrechtlichen Entwicklungsschritt, wonach die betreffende Unterscheidung im modernen Völkerrecht überholt ist.[314] Zweitens stellt der Begriff „Anerkennung" nach *Kunig* einen dogmatisch missverständlichen Ausdruck dar. Es kann kein einseitiges völkerrechtliches Rechtsgeschäft im Sinne der Abgabe einer Erklärung im Außenverhältnis gemeint sein und es muss vielmehr der Rechtsgrundsatz in den innerstaatlichen Rechtsordnungen nachweisbar sein.[315] Dahingehend ist die zugrunde gelegte Begriffsbestimmung der allgemeinen Rechtsgrundsätze als Induktion von staatlich gesetzten Rechtsnormen zu verstehen.[316] Vor dem Hintergrund des heute vorherrschenden Verständnisses, wonach allgemeine Rechtsgrundsätze zwecks Lückenfüllung gewonnen werden,[317] endet der Untersuchungsgang, ob das CHM-Prinzip eine Völkerrechtsquelle nach Art. 38 Abs. 1 lit. c Statut des Internationalen Gerichtshofs ist, an dieser Stelle und widmet sich der Subsumierung des betreffenden Prinzips unter Art. 38 Abs. 1 lit. b Statut des Internationalen Gerichtshofs.

Neben dem SRÜ wird auf das CHM-Prinzip in weiteren unverbindlichen Dokumenten innerhalb und außerhalb der Vereinten Nationen verwiesen.[318] Insbesondere die Aufnahme des CHM-Prinzips in Art. 29 Charta der wirtschaftlichen Rechte und Pflichten der Staaten von 1974,[319] wird nach *Carlsson*

---

313 International Covenant on Civil and Political Rights, New York, 16.12.1966, 999 United Nations Treaty Series No. 14668; Vgl. dazu die deutsche Fassung: Internationaler Pakt über bürgerliche und politische Rechte, BGBl. 1978/591.

314 *Weiss*, Allgemeine Rechtsgrundsätze des Völkerrechts, in: 39 Archiv des Völkerrechts 4/2001, 405.

315 *Kunig*, 2016, 122.

316 *Metzger*, Extra legem, intra ius: Allgemeine Rechtsgrundsätze im Europäischen Privatrecht, Mohr Siebeck: Tübingen 2009, 94.

317 *Proelß*, Prinzipien des internationalen Umweltrechts, in: Proelß (Hg), Internationales Umweltrecht, Walter de Gruyter: Berlin–Boston 2017, 73 f.

318 *Carlsson*, 1997, 32.

319 UNGA A/RES/3281 (XXIX) vom 14.12.1974, Charter of Economic Rights and Duties of States.

als Beweis dafür angesehen, dass das CHM-Prinzip zu Völkergewohnheitsrecht erstarkt ist.[320] Die in diesem Kontext relevante Resolution der Konferenz der Vereinten Nationen für Handel und Entwicklung, mit dem Titel „The Exploitation of the sea-bed beyond the limits of national jurisdiction",[321] bekräftigt, dass unilaterale Rechtsvorschriften für den Tiefseebodenbergbau die einschlägigen Resolutionen der Generalversammlung entgegenstehen, nicht anerkannt werden und nach internationalem Recht ungültig seien. Die gegenständliche Resolution streitet für die Anerkennung des CHM-Prinzips als Völkergewohnheitsrecht.[322] Mit zusätzlicher Autorität versehen, wird diese Einschätzung gegeben durch die ILC-Kommentare aus dem Jahr 1985,[323] welche dem CHM-Prinzip ein übergeordnetes Staatengemeinschaftsinteresse zusprechen.[324] Die Autorin kommt zu dem Ergebnis, dass dem CHM-Prinzip eine völkergewohnheitsrechtliche Geltung zugesprochen werden kann. Durch das Bekenntnis zum CHM-Prinzip im SRÜ für den Tiefseeboden können zumindest eben jene Vertragsstaaten das betreffende Prinzip nicht ignorieren.

Pardos Absicht den veralteten Rechtsbegriff „Freiheit der Meere" zu ersetzen,[325] fand allerdings damals (als auch heute) nicht den, von den Befürwortern, gewünschten Anklang unter den Industriestaaten[326] und Teil VII SRÜ erfährt über die Freiheit der Meere keine Prägung durch das CHM-Prinzip.[327] Das gegenständliche Prinzip kommt alleinig über den Meeresboden jenseits der nationalen Hoheitsgebiete (Teil XI SRÜ) zur Anwendung. In Art. 136 SRÜ ist der Tiefseeboden (das Gebiet) als gemeinsames Erbe der Menschheit bezeichnet. Art. 311 Abs. 6 SRÜ bestimmt ferner, dass der wesentliche Grundsatz über das gemeinsame Erbe der Menschheit nicht geändert werden darf und verbietet Vertragsstaaten einer Übereinkunft beizutreten, die von diesem Grundsatz

320 *Carlsson*, 1997, 32.

321 UNCTAD TD/B/RES/176 (XVIII) vom 17.9.1978, The exploitation of the sea-bed beyond the limits of national jurisdiction, https://unctad.org/system/files/official-document/td269vol1_en.pdf (11.9.2021), 44 f.

322 *Carlsson*, 1997, 32.

323 Yearbook of the international law commission 1985, Volume II: Part Two, Report of the Commission to the General Assembly on the work of its thirty-seventh session, 27, Rn. 23.

324 *Strank*, Common Concern of Humankind im Völkerrecht, Springer: Berlin–Heidelberg 2019, 142.

325 Vgl. dazu: UN Doc A/AC.138/53 vom 23.8.1971.

326 *Tuerk*, 2017, 259 f. und 262.

327 *Taylor*, 2014, 428.

abweicht. Eine Definition des gemeinsamen Erbes der Menschheit ist dem SRÜ allerdings nicht zu entnehmen.[328] Das CHM-Prinzip im SRÜ statuiert eine Zielvorgabe und ordnet keine definitive Rechtsfolge an. Damit verfolgen die nachstehenden Abschnitte eine Darstellung der seevölkerrechtlichen Ausgestaltung des Tiefseebodens als gemeinsames Erbe der Menschheit, sowie einer Überprüfung auf dessen Übereinstimmung mit der völkergewohnheitsrechtlichen Wertvorstellung des CHM-Prinzips.

Ein CHM-Regime unterscheidet sich von einem Eigentumsregime grundsätzlich dadurch, dass es allen Staaten ermöglicht wird, an den Vorteilen der Ausbeutung einer Ressource teilzunehmen, auch wenn sie nicht daran teilnehmen oder teilnehmen können.[329] Dementsprechend liegt nach *Taylor* die Kernidee dieses Rechtsprinzips in der Verantwortung der Menschen über die Sicherung der Umwelt. Im Sinne des Schutzes der ökologischen Integrität und der intergenerationellen Gerechtigkeit, soll das gemeinsame Erbe künftigen Generationen nicht im beeinträchtigten Zustand übergeben werden.[330] Jedenfalls wesentliche Bestandteile des CHM-Prinzips sind die Nichtaneignung von Staaten und Personen, die gerechte Nutzung, die Verhinderung der militärischen Nutzung und die Verwaltung im Sinne der gemeinsamen Menschheit zum Schutz der ökologischen Integrität und intergenerationellen Gerechtigkeit.[331] Dahingehend können die Kernelemente des CHM-Prinzips die prägnantesten Komponenten des Nachhaltigkeitskonzepts miteinander verbinden.[332] Im SRÜ selbst wird das Erbe der Menschheit durch fünf Elemente bestimmt: Art. 137 Abs. 1 SRÜ schließt jede staatliche Inanspruchnahme von Gebieten des Tiefseebodens aus; Art. 141 SRÜ gestattet die Nutzung des Tiefseebodens für ausschließlich friedliche Zwecke; Art. 137 Abs. 2 SRÜ unterstellt dem Tiefseeboden eine treuhänderische Staatengemeinschaft als Ganzes; Art. 140 SRÜ sieht eine Nutzung der Ressourcen des Tiefseebodens zum Nutzen der gesamten Staatengemeinschaft vor; Art. 145 und Art. 147 SRÜ gestatten die Nutzung der Ressourcen des Tiefseebodens unter der Prämisse eines nachhaltigen Schutzes und der Bewahrung der Umwelt.[333]

---

328 *van Zÿl*, 1993, 56.
329 *Warner/Rayfuse*, 2008, 409.
330 *Taylor*, 2014, 430.
331 *Carlsson*, 1997, 28; *Taylor*, 2014, 429 f.
332 *Taylor*, 2014, 430.
333 Vgl. dazu: *Annweiler*, Die Bewirtschaftung der genetischen Ressourcen des Meeresbodens jenseits der Grenzen nationaler Hoheitsgewalt, Duncker & Humblot: Berlin 2017, 70.

Das Verbot der Besetzung und Aneignung des Tiefseebodens ist eine umfassende Verpflichtung, die über jene der SRÜ-Vertragsstaaten hinausgeht, womit ein objektives Rechtsregime vorliegt.[334] Auch die Forderung des CHM-Prinzips nach einer gemeinsamen Verwaltung des gemeinsamen Erbes geht nach *Strank* über das allgemeine völkerrechtliche Kooperationsgebot hinaus und richtet einen Handlungsauftrag an alle Staaten.[335] Diesem Handlungsauftrag sind die SRÜ-Vertragsverfasser in Art. 137 Abs. 2 SRÜ mit der Schaffung der Verwaltungsbehörde ISA zwar nachgekommen, doch dessen konkrete Ausgestaltung bleibt zwischen den Industrie- und Entwicklungsstaaten ein kontroverses Thema.[336] Nach *Carlsson* ist die ausgehandelte Kompromisslösung im Durchführungsübereinkommen – mit der Versagung der operativen Tätigkeit des Unternehmens, als handelnder Arm der ISA[337] – kein gemeinsames Managementsystem für den Tiefseebodenbergbau zu entnehmen. Andere Einheiten als die vorgesehene Behörde, könnten möglicherweise über Meeresbodenressourcen verfügen, da die ISA in wirtschaftlicher Hinsicht nicht mit Großunternehmungen im Meeresbodenbergbau konkurrieren kann.[338] Dahingehen folgt die Autorin der Argumentationslinie von *Carlsson* und kommt zu dem Ergebnis, dass das Kernelement der treuhänderischen Verwaltung des Tiefseebodens nicht erfüllt ist.

Als besonders polarisierend erweist sich das CHM-Element der gerechten Nutzung. Die Entwicklungsländer sind überzeugt, dass eine gerechte Nutzungsteilung die Antwort der Verteilungsgerechtigkeit ist.[339] Auf der Kehrseite ist nicht verwunderlich, dass die Industrieländer ein mögliches Hemmnis für Investitionen und Marktanreize befürchteten und in diesem Kontext ist wiederum das Durchführungsübereinkommen kritisch zu hinterfragen, da es die Verteilungselemente zugunsten wirtschaftlicher Interessen aushöhlt.[340] Ferner ist die friedliche Nutzung des Gebiets nach *Carlsson* nicht gewährleistet, da Art. 141 SRÜ zu keiner bestimmten Handlung verpflichtet, um die

334 *Tuerk*, 2017, 263.

335 *Strank*, 2019, 148.

336 *Carlsson*, 1997, 27; *Strank*, 2019, 147.

337 *Dingwall*, 2020, 150; *Jenisch*, Tiefseebergbau – Lizenzvergabe und Umweltschutz, in: 35 Natur und Recht 12/2013, 848; *Tuerk*, 2017, 844; Vgl. dazu auch Kapitel: III.4.4.2.1 System der Vergabe von Lizenzen an Ressourcen des Tiefseebodens durch die Internationale Meeresbodenbehörde.

338 *Carlsson*, 1997, 28.

339 *Taylor*, 2014, 429.

340 Ibid., 429 f.

ausschließlichen Nutzung des Gebiets für friedliche Zwecke sicherzustellen. Einzig Art. 2 Abs. 4 Satzung der Vereinten Nationen (UN-Ch.)[341] verbietet aggressive Handlungen.[342]

Nach *Tuerk* erfährt das CHM-Prinzip im SRÜ weitere erhebliche Einschränkungen: Alleinig nicht lebende Ressourcen des Tiefseebodens sind nach dem SRÜ gemeinsames Erbe der Menschheit und diese räumliche Einschränkung wirkt sich auf die wirtschaftliche Lebensfähigkeit des internationalisierten Tiefseebodens aus.[343] Zusätzlich wurden durch die eingeführte AWZ Hoheitsrechte und Gerichtsbarkeiten der Küstenstaaten innerhalb von 200 Seemeilen anerkannt, was zu seevölkerrechtlichen Neuerungen führte und dazu, dass rund 85 Millionen km^2 Meeresfläche der Anwendung des CHM-Prinzips entzogen wurde.[344] In praktischer Hinsicht reichten zur Zeit der 3. UN-Seerechtskonferenz die hoheitlichen Küsten- und davor gelagerten nationalen Wirtschaftszonen bereits weit in das bisher freie Meer hinaus und dem SRÜ wurde nur noch die Aufgabe zuteil, die vollzogene Zerstückelung eines gemeinsamen Erbes der Menschheit rechtlich zu billigen.[345] Damit ergibt sich, trotz der unwiderlegbaren Einheit ökologischer Systeme im SRÜ, weiterhin ein fragmentierter seevölkerrechtlicher Ansatz der Hoheitsrechte über verschiedene Bereiche des Meeresraums.[346] Ausführungen zum Schutz der ökologischen Integrität und intergenerationelle Gerechtigkeit werden an anderen Stellen dieser Arbeit besprochen.[347]

Hinsichtlich der Staatengemeinschaft als Adressaten des CHM-Prinzips liegt eine weitere Begrenzung vor, da die USA, als weltweit größter Verwender von Meeresbodenmineralien, dem SRÜ bis heute nicht beigetreten sind.[348] Allerdings könnte der internationale Druck bei Nichtbeitritt der USA zum

---

341 Charter of the United Nations, San Francisco, 24.10.1945, 1 United Nations Treaty Series No. XVI; Vgl. dazu die deutsche Fassung: Satzung der Vereinten Nationen, BGBl. 1956/120.

342 *Carlsson*, 1997, 28.

343 *Tuerk*, 2017, 264 f.

344 Ibid., 265.

345 *Bueckling*, Der Fluch der Generalklauseln: Vom Treu- und Glaubenssatz zum Gemeinsamen Erbe der Menschheit, in: 16 Zeitschrift für Rechtspolitik 8/1983, 194.

346 *Taylor*, 2014, 429.

347 Siehe die Kapitel: III.4.4.2.1 System der Vergabe von Lizenzen an Ressourcen des Tiefseebodens durch die Internationale Meeresbodenbehörde und V.3 *Ecosystem Approach to Management-Ansatz* des Arktischen Rates.

348 *Carlsson*, 1997, 28.

SRÜ nach *Carlsson* steigen. Investoren werden von der juristischen Unsicherheit unilateraler Meeresbodenbergbau-Regeln abgeschreckt, da entsprechende Aktivitäten vor dem Internationalen Gerichtshof (IGH) angefochten werden können.[349] Neben den USA lehnen auch die arktischen Industrieländer Norwegen und Russland eine Ausweitung des CHM-Prinzips, welche über die Mineralressourcen des Meeresbodens hinausgeht, ab und machen geltend, dass Teil VII über die Hohe See für lebende Meeresressourcen anwendbar sei und das SRÜ ein sorgfältig ausgewogenes Paket von Rechten und Verpflichtungen ist, welches die internationale Gemeinschaft stabilisiert.[350]

Die Autorin kommt zu dem Ergebnis, dass der Versuch, eine gemeinsame Verwaltungsform im SRÜ nach dem CHM-Prinzip für den abgegrenzten Bereich des Tiefseebodenregimes, gescheitert ist. Sowohl die Definition als auch der Geltungsbereich des CHM-Prinzips im seevölkerrechtlichen Rahmen bleiben umstritten. Auch die Überarbeitung von Teil XI durch das Durchführungsabkommen von 1994 kann nicht zur Ableitung einheitlicher Rechtswirkungen nach dem CHM-Prinzip beitragen. Damit bleibt das CHM-Prinzip (vorerst) für das Seevölkerrecht eine reine Rechtsbehauptung. Eine Teilhabe von Vorteilen des Gebiets für die gesamte Menschheit ist nicht erreicht worden.

Anhand der getroffenen Feststellungen wird das Konzept des gemeinsamen Erbes der Menschheit wohl auch in Zukunft begrenzt sein und Völkerrechtsgelehrte sprechen von einem „lediglich politisch motivierter Ausdruck schöner Hoffnungen".[351]

Mit diesem Ergebnis einhergehend und in Bezugnahme auf den Untersuchungsgang der vorliegenden Arbeit, ergeben sich modifizierte Formen des CHM-Prinzips, hinsichtlich etwaiger Ansprüche auf den Meeresboden unter dem schmelzenden Eis in der Arktis. Eine Variation des CHM-Prinzips kann beispielsweise *Witschels* Beschreibung der Arktis als „ecological heritage of mankind" sein. In dieser hervorgehobenen ökologischen Dimension des Erbes lassen sich grenzüberschreitende, wenn nicht sogar globale, Gemeinsamkeiten ableiten.[352]

Diesem Gestaltungsgedanken folgend, könnte nach *Warner* und *Rayfuse* möglicherweise die Kluft zwischen dem gemeinsamen Eigentum und dem

349 Ibid., 32.

350 *Warner/Rayfuse*, 2008, 405.

351 *Taylor*, 2014, 431; Vgl. dazu: *Strank*, 2019, 126 ff.

352 *Witschel*, New Chances and New Responsibilities in the Arctic Region: An Introduction, in Witschel/Winkelmann/Tiroch/Wolfrum (Hg), New Chances and New Responsibilities in the Arctic, Berliner Wissenschaftsverlag: Berlin 2010, 34.

gemeinsamen Erbe der Menschheit überspannt werden, indem Grundsätze in einer Weise entwickelt werden, die nicht nur die gemeinsamen Interessen, sondern auch die gemeinsamen Anliegen des Schutzes und der Erhaltung der marinen Umwelt sicherstellen. Als Verbindungselement schlagen sie ein „public trusteeship" vor.[353] Eine Verteilung der Einnahmen und Vorteile an Staaten sollte keine Grundvoraussetzung sein, sondern vielmehr wären die erzielten Einnahmen in das Treuhandschaft-Eigentum zu reinvestieren, indem einzelne Staaten Einnahmen erzielen, die einzig dem Kapazitätsaufbau dienen.[354] Ein dementsprechendes System findet bereits Unterstützung in der bestehenden staatlichen Praxis und Rechtsprechung.[355]

III.2 Möglicher Gebietserwerb in der Arktis

Der zuvor beschriebene Wettlauf um arktische Rohstoffe und das Abschmelzen der nördlichen Polkappe haben territoriale Gebietsstreitigkeiten in der Arktis entfacht.[356] Damit ist zwingend die Begriffsbestimmung eines Staatsgebietes gefordert, sowie dessen Unterschiede zu einem Meeresgebiet herauszuarbeiten. Im Fokus steht die Forschungsfrage, ob der Arktische Ozean aufgrund der ganzjährigen (teilweisen) Eisbedeckung eine Sonderstellung im Seevölkerrecht einnimmt.

III.2.1 Arktische Nichtstaatsgebiete

Das Gebiet als existenznotwendiges Staatselement[357] ist Kompetenzbereich, Gegenstand und Grundlage staatlicher Herrschaft.[358] Das Staatsgebiet ist ein dreidimensionaler Begriff und umfasst den Teil der Erdoberfläche mit einem Landgebiet, einem Wassergebiet,[359] sowie dem darüberliegenden Luftraum.[360]

---

353 *Warner/Rayfuse*, 2008, 410.

354 Ibid., 411.

355 Vgl. dazu ausführlich: *Sand*, Public Trusteeship for the Oceans, in Ndiaye/Wolfrum (Hg), Law of the Sea, Environmental Law and Settlement of Disputes: Liber Amicorum Judge Thomas A. Mensah, Martinus Nijhoff: Leiden–Boston 2007, 521 ff.

356 *Bierling*, Neue Zürcher Zeitung, 2018; *Girshovich*, Neue Zürcher Zeitung, 2007.

357 Vgl. dazu ausführlich: *Kau*, Der Staat und der Einzelne als Völkerrechtssubjekte, in: Graf Vitzthum/Proelß (Hg), Völkerrecht[7], Walter de Gruyter: Berlin–Boston 2016, 161; *von Arnauld*, 2016, 27.

358 *Proelß*, 2016, 371.

359 Das „staatliche Meeresgebiet" besteht aus den inneren Gewässern, dem Küstenmeer, dem Archipelgewässer und dem dazugehörigen Meeresuntergrund.

360 *Proelß*, 2016, 374; *von Arnauld*, 2016, 27 f.

Da der Nordpol eine Wassersäule über dem arktischen Meeresboden ist,[361] scheidet ein Gebietserwerb für diesen Teil des arktischen Ozeans jedenfalls aus. Zu diesem Ergebnis kam auch *Lauterpacht* mit dem Argument: „there is no land on the pole".[362] Im Ergebnis können damit Gebiete im arktischen Ozean, die nördlich der funktionalisierten Hoheitsräume der Küstenstaaten liegen,[363] nicht staatlich erworben werden.

Proelß bezeichnet die Meeresgebiete um den Nordpol genauer als Nichtstaatsgebiete, da ihnen die Existenz einer territorialen Souveränität eines Staates fehlt. Die rechtliche Ordnung eben dieser Gebiete kann nicht von einem alleinig zuständigen Hoheitsträger vorgegeben werden, sondern muss durch das Völkerrecht erfolgen.[364] Die Völkerrechtsgemeinschaft hat alle verbliebenen Nichtstaatsgebiete prinzipiell[365] einem staatlichen Erwerb ausgeschlossen.[366] Den getroffenen Ausführungen kann dahingehend auch entnommen werden, dass das Hissen der russischen Flagge 2007 auf dem Meeresboden des Nordpols,[367] die rechtliche Qualität einer Entdeckung, welche neben der Okkupation eine Grundvoraussetzung des originären Erwerbs ist,[368] fehlt. Somit ist die russische Flaggenhissung auf dem Meeresboden des Nordpols eine reine Machtdemonstration ohne Rechtsfolgen[369] und verdeutlicht, unter nationalistischen Ausprägungen, den geopolitischen Wandel der Arktis.[370] Nach mehreren internationalen Treffen und Verhandlungen relativierte Russland seinen

361 *Wiers*, 2020, 30.

362 *Lauterpacht*, International Law a Treatise by L. Oppenheim[6], Vol. I – Peace, Longman: Harlow 1947, § 221.

363 Vgl. dazu die Unterkapitel in: III.4.3 Seevölkerrechtliche Meereszonen und World Ocean Review[3], maribus gGmbH (Hg), Hamburg 2014, 121.

364 *Proelß*, 2016, 371.

365 Eine Ausnahme sind beispielsweise durch vulkanische Aktivitäten neu entstandenen Inseln.

366 *Proelß*, 2016, 371; *von Arnauld*, 2016, 30.

367 *Parfitt*, Russia plants flag on North Pole seabed, in: the Guardian, 2.8.2007, https://www.theguardian.com/world/2007/aug/02/russia.arctic (13.9.2021).

368 Vgl. dazu ausführlich: *von Arnauld*, 2016, 29.

369 *Dodds*, Flag Planting and Finger Pointing: The Law of the Sea, the Arctic and the Political Geographies of the Outer Continental Shelf, in: 29 Political Geography 2/2010, 63.

370 *Berkman*, Polar science diplomacy, in: Scott/VanderZwaag (Hg), Research Handbook on Polar Law, Edward Elgar Publishing: Cheltenham–Northampton 2020, 112.

Standpunkt und erklärte seine friedlichen Absichten, arktische Gebietsansprüche einvernehmlich lösen zu wollen.[371]

Geht man in der Geschichte zurück, fallen die ersten arktischen Souveränitätsansprüche mit den westlichen Entdeckungsreisen[372] zusammen, die klassische Beispiele für unfertige Erwerbstitel, mit einem näheren Präzisierungsbedarf, darstellen.[373] Insbesondere der *Ostgrönland*-Fall 1933[374] erkannte die Herausforderung der Beweisführung effektiver Geltendmachung von Eigentumsrechten und stellt eine zusätzliche Rechtsgrundlage für die Würdigung der Rechtsfrage der arktischen Souveränität.[375] Der Ständige Internationale Gerichtshof (StIGH) klärte im *Ostgrönland*-Fall den rechtlichen Status der Insel. Die Gebietshoheit über Ostgrönland war zwischen Dänemark und Norwegen strittig. Im Mittelpunkt des Rechtsstreits hatte der StIGH zu entscheiden, wie intensiv staatliche Gewalt ausgeübt werden muss, damit effektive Staatsgewalt vorliegt. Der StIGH kam zu dem Ergebnis, dass in dünn besiedelten oder unbesiedelten Gebieten, wie es in Grönland der Fall ist, geringe Anforderungen an die effektive Inbesitznahme zu stellen sind.[376]

Ebenjene Rechtsprechung kann nach *Marboe* aufgrund der heute im modernen Völkerrecht geltenden Nichtstaatsgebiete nicht übertragen werden. Allerdings könnten mit dem Argument der räumlichen Nähe, auf der Grundlage des Konjugationsprinzips,[377] territoriale Ansprüche für ebenjene Nichtstaatsgebiete im arktischen Ozean abgeleitet werden.[378]

III.2.2 Sektorentheorie

Die Sektorentheorie ist eine Modifizierung des territorialen Erwerbs aufgrund eines natürlichen geografischen Zusammenhangs.[379] Der Vorteil der Sektorentheorie für die arktischen Anrainerstaaten liegt im vereinfachten

371 *Gamillscheg/Greber*, Die Presse, 2008; *Veser*, Frankfurter Allgemeine Zeitung, 2010.

372 Siehe Kapitel: II.3 Historischer Abriss.

373 *Rothwell/Hemmings*, Evolution of A Polar Law, in: Scott/VanderZwaag (Hg), Research Handbook on Polar Law, Edward Elgar Publishing: Cheltenham–Northampton 2020, 460 f.

374 Legal Status of Eastern Greenland (Denmark v Norway), Judgement 5.4.1933, PCIJ, Series A./B. Nr. 53.

375 *Rothwell/Hemmings*, 2020, 461.

376 Vgl. dazu: IV.3.9 Grönland – ein „neuer" arktischer Staat.

377 Siehe Kapitel: III.2.2 Sektorentheorie.

378 *Marboe*, Polargebiete, 2013, 504.

379 *von Arnauld*, 2016, 30.

Aufteilungsprozess, da vereiste arktische Küstengebiete für die Gebietsabgrenzung unerheblich sind.[380] Die gegenständliche Aufteilungsmethode zieht jeweils Grenzlinien vom westlichsten und östlichsten Küstenpunkt jedes arktischen Anrainerstaates bis zum Nordpol und stellt die dadurch entstandenen dreieckigen Sektoren unter die volle Souveränität der Arktischen Fünf.[381] Allerdings wurde der genaue rechtliche Status der Gewässer innerhalb der Sektoren, weder von den anspruchsberechtigten Staaten selbst, noch von einem internationalen Gericht oder Tribunal, genau festgelegt.[382] Dessen ungeachtet, haben die beiden größten arktischen Staaten, Russland und Kanada, die Sektorentheorie genutzt, um ihre Position bei der Aushandlung von Seegrenzen zu unterstützen.[383]

Das Abkommen zwischen dem Vereinigten Königreich[384] und Russland (*Treaty of Saint Petersburg of 1825*[385]), war das erste Übereinkommen, das den Begriff „possessions" in der Arktis einführte.[386] Zudem wurde erstmals die Trennung der Zuständigkeit der beiden Nachbarstaaten nach der zum Nordpol gerichteten, sektoralen (Meridian-) Linie, als geeignete Vereinfachung der Abgrenzung polarer Besitztümer, anerkannt.[387] Der Abtretungsvertrag Alaskas (*Treaty on Cessation of Alaska 1867*[388]) zwischen Russland und den USA spricht darüber hinaus nicht nur Rechte an alaskischen Land, sondern auch an Inseln und eisbedeckten Seegebiete zu und es wurden in diesem Übereinkommen erstmals arktische Sektorenlinien definiert.[389] Nachfolgend wollen die Positionen der Arktischen Fünf zur Sektorentheorie festgestellt werden. Es gilt zu klären, welchen völkerrechtlichen Gehalt die Sektorentheorie derzeit besitzt.

380 *Seelmann*, 2012, 59.

381 *König/Neumann*, 2008, 20; *Marboe*, Polargebiete, 2013, 504.

382 *Rothwell/Hemmings*, 2020, 463.

383 *Kaye*, Territorial Sea Baselines along Ice-Covered Coasts: International Practice and Limits of the Law of the Sea, in: 35 Ocean Development & International Law 1/2004, 85.

384 Das Vereinigte Königreich schloss den Vertrag für sein damaliges Herrschaftsgebiet Kanada ab.

385 The Anglo-Russian Convention Concerning the Limits of Their Respective Possessions on the Northwest Coast of America and the Navigation of the Pacific Ocean, englische Übersetzung in: *Berkman/Vylegzhanin/Young*, 2019, 56 ff.

386 *Berkman/Vylegzhanin/Young*, 2019, xvi.

387 Ibid., xvii.

388 Treaty Concerning the Cession of the Russian Possessions in North America by His Majesty the Emperor of all the Russias to the United States of America, abgedruckt in: *Berkman/Vylegzhanin/Young*, 2019, 59 ff.

389 *Berkman/Vylegzhanin/Young*, 2019, xvii f.

Entgegen der Gebietshoheit über den Inseln des kanadischen Archipels, waren die Herrschaftsrechte über die Wasserstraßen zwischen den Inseln über einen langen Zeitraum für Kanada nach *Byers* ohne rechtlichen Belang. Es folgte ein indirekter kanadischer Besitzanspruch auf diese Gewässer durch die kanadische Regierung, die erklärte, dass Gebiete innerhalb eines Sektors, der sich vom nordamerikanischen Kontinentalrand bis zum geografischen Nordpol erstrecke, im kanadischen Besitz seien.[390] Der Ausgangspunkt der Anwendung der Sektorentheorie in der Arktis ist die 1907 vorgebrachte Idee des Senators *Poirier* im kanadischen Parlament („a country whose possession today goes up to the Arctic regions, will have a right, or should have a right, or has a right to all the lands that are to be found in the waters between a line extending from its eastern extremity north, and another line extending from the western extremity north. All the lands between the two lines up to the north pole should belong and do belong to the country whose territory abuts up there."[391]). Nach *Poiriers* Rechtsauffassung sei mangels Durchführbarkeit die effektive Besitznahme der Territorien, die durch dreieckige Grenzen bestimmt werden, nicht vorzuweisen und eine sektorale Abgrenzung sei vorzunehmen.[392] In weiterer Folge wurde Kanada der erste Staat, der in nationalen Gesetzen sektorale Gebietsgrenzen für arktische Meeresgebiete proklamierte. Die Rechte, die dieser Gebietsanspruch beinhaltet, wurden durch die 1925 verabschiedeten Änderungen des *Northwest Territories Act* offiziell gesetzlich festgelegt und Kanada war mit dieser Gesetzesänderung das erste Land, das seine maritimen Grenzen nach dem Sektorenprinzip (zwischen 60°W und 141°W) erweitert hat.[393] In Analogie zur *Truman-Proclamation*[394] ging der spätere Premierminister *Pearson* noch einen Schritt weiter und versuchte nicht nur Inseln, sondern

390 *Byers*, 2007, 148.

391 Debates of the Senate of the Dominion of Canada, 10th Parliament: 3rd session, 20.2.1907, https://parl.canadiana.ca/view/oop.debates_SOC1003_01/274?r=0&s=2 (12.9.2021), 271.

392 *Seelmann*, 2012, 59; *Skaridov*, 2020, 110; Vgl. dazu auch: Debates of the Senate of the Dominion of Canada, 10th Parliament: 3rd session, 20.2.1907.

393 *Berkman/Vylegzhanin/Young*, 2019, xviii; *Skaridov*, 2020, 110; Vgl. dazu: *Berkman*, *Vylegzhanin* und *Young* sowie *Skaridov* führen aus, dass in materieller Hinsicht eine Genehmigung der kanadischen Behörde – auch zu Zwecken der Exploration und Ausbeutung natürlicher Ressourcen – erforderlich ist, um Aktivitäten im kanadisch-arktischen Sektor durchführen zu können.

394 Proclamation No. 2667, Truman Proclamation, 28.9.1945, 10 Federal Register 12, 303; Siehe dazu ausführlich Kapitel: III.5.3.5 USA.

auch das gefrorene Meer nördlich des Festlandes, zwischen den Meridianen der kanadischen Ost- und Westgrenze bis hin zum Nordpol unter kanadischer Souveränität zu stellen.[395] Allerdings hat Kanada in weiterer Folge die Unterstützung der Sektorentheorie kontinuierlich eingeschränkt. 1969 erklärte der kanadische Premierminister *Trudeau,*[396] dass die Sektorentheorie nur mehr auf den Festlandsockel und den Tiefseeboden anwendbar sei.[397] Schlussendlich kann der Beitritt Kanadas zum SRÜ als Ablehnung der Sektorentheorie gedeutet werden.[398] Insbesondere der Inselstreit um Hans[399] könnte nach *Girshovich* eine abschließende Klärung hinsichtlich der kanadischen Unterstützung der Sektorentheorie liefern. Gibt Kanada die Insel auf, kann dieser Umstand als finale kanadische Ablehnung der Sektorentheorie interpretiert werden.[400] In diesem Zusammenhang ist anzumerken, dass Kanada mit seinem historischen Anspruch auf einen arktischen Sektor nach *Macnab* schlechter gestellt wäre und die Grenzziehung eines erweiterten Festlandsockels von der Äquidistanzlinie,[401] welche von gegenüberliegenden und angrenzenden Küsten im Sinne Art. 6 Abs. 1 und 2 FSÜ gleich weit entfernt ist, abhängig machen sollte. Die Sektorenlinie zwischen Yukon und Alaska im Westen bis zum Nordpol und von der Naresstraße im Osten bis zum Nordpol begrenzt die Fläche im Vergleich zur Anwendung der Äquidistanzlinie um fast die Hälfte.[402]

Als Reaktion auf die offiziellen kanadischen Gebietsansprüche von 1925 hat die Union der Sozialistischen Sowjetrepubliken (UdSSR) in ihrem „Arktischen Dekret" von 1926[403] ihren Gebietsanspruch zwischen 32°04'35" O und 168°49'30" W im sowjetischen Recht erhoben und weitete ihre Ansprüche – wie

395 *Pearson*, Canada Looks „Down North", in: 24 Foreign Affairs 4/1946, 638 f.; Vgl. dazu: *Skaridov*, 2020, 110.

396 *Trudeau* löste *Pearson* 1968 als Premierminister von Kanada ab. Vgl. dazu: List of prime ministers of Canada, in: Wikipedia, https://en.wikipedia.org/wiki/List_of_prime_ministers_of_Canada (12.9.2021).

397 *Seelmann*, 2012, 59 f.

398 Ibid., 60.

399 Siehe Kapitel: III.4.2.1.1 Inselstreit Hans.

400 *Girshovich*, Neue Zürcher Zeitung, 2007.

401 Siehe Kapitel: III.4.1 Die Basislinie als territoriale Grenzziehung.

402 *Macnab*, Use It or Lose It' in Arctic Canada: Action Agenda or Election Hype?, in: 34 Vermont Law Review 3/2009, 9 und 11.

403 Decree of the Presidium of the Central Executive Committee of the USSR on the Proclamation of Lands and Islands Located in The Arctic Ocean as Territory of the USSR, 15.4.1926, englische Übersetzung in: *Berkman/Vylegzhanin/Young*, 2019, 216.

bereits die Betitelung des arktischen Dekrets von 1926 vermuten lässt – notabene für Land, Inseln und jene, die in der Zukunft entdeckt werden, aus.[404] Der russische Jurist *Lakhtine* führt dazu aus: „It has also become evident, that in polar regions, 'effective occupation' cannot be realized, and a substitute principle that sovereignty ought to attach to littoral states according to 'region of attraction' is now suggested and practically applied."[405] Die Gebietsansprüche auf Grundlage der Sektorentheorie führten aufgrund der günstigen geografische Lage der Sowjetunion dazu, dass beinahe die Hälfte der Arktis sowjetischer Souveränität zu unterstellen sei.[406]

In der Gegenwart bleibt abzuwarten, ob Russland unter dem derzeit geltenden Völkerrecht die Souveränität über alle Länder, einschließlich der Inseln, die sich innerhalb des russisch arktischen Sektors befinden, behält und an dem völkerrechtlichen Übereinkommen *Treaty on Cessation of Alaska 1867* (im Osten) sowie dem arktischen Dekret von 1926 (im Westen) festhält.[407] Insbesondere der russische Beitritt zum SRÜ und unweigerlich die Einreichung des russischen Antrags bei der Festlandsockelkommission kann als Indiz dafür gewertet werden, dass Russland die SRÜ-Prinzipien einhalten wird, welche eine Anwendung der Sektorentheorie ausschließen.[408]

Demgegenüber bestreiten die USA und Norwegen die Anwendbarkeit der Sektorentheorie.[409] Diese Ablehnung führt die Autorin auf den Umstand zurück, dass beide Staaten infolge der Anwendung der Sektorentheorie den flächenmäßig kleinsten Anteil am arktischen Gebiet erhalten würden. Ein weiteres Indiz der US-amerikanischen Verwerfung der Sektorentheorie könnte nach *Seelmann* in den wiederholten Versuchen der Durchsetzung der Freiheit der Hohen See in der Nordost- und Nordwestpassage liegen. Auch Dänemark hat die Sektorentheorie aufgrund der aus ihrer Sicht ungünstigen geografischen Lage der kanadischen Ellesmere-Insel, die teilweise nördlich vor Grönland liegt, nie angewandt.[410] Die Autorin kommt zum Ergebnis, dass infolge der norwegischen, US-amerikanischen und dänischen Ablehnung, die Sektorentheorie

---

404 *Skaridov*, 2020, 110.

405 *Lakhtine*, Rights over the Arctic, in: 24 The American Journal of International Law 4/1930, 705.

406 Datei: Nordpolarmeer Sektorenaufteilung, in: Wikipedia, 8.8.2007, https://de.wikipedia.org/wiki/Datei:Nordpolarmeer_Sektorenaufteilung.svg (1.11.2020).

407 *Berkman/Vylegzhanin/Young*, 2019, xv.

408 *Seelmann*, 2012, 60.

409 *Marboe*, Polargebiete, 2013, 504.

410 *Seelmann*, 2012, 61.

keine völkerrechtlich legitimierte gebietsrechtliche Aufteilungsmethode des arktischen Ozeans sein kann.

Ferner finden Kontiguitätsüberlegungen, welche die effektive Inbesitznahme auf den natürlichen geografischen Zusammenhang der Arktischen Fünf reduzieren, keine Grundlage im Völkerrecht.[411] Einen gewissen Ausgleich erhalten Russland und Kanada ohnehin, aufgrund ihrer einzigartigen Ansprüche auf historische Gewässer, den Sicherheits- und Umweltschutzanforderungen der regionalen Schifffahrt und der Bestimmung von Art. 234 SRÜ im arktischen Ozean.[412]

III.2.3 Derivativer Gebietserwerb von arktischen Landflächen

Im Gegensatz zu den Meeresgebieten um den Nordpol ist ein Gebietserwerb von arktischen Landflächen nach *Kau* und *von Arnauld* auf der Grundlage von derivativen Erwerbsformen denkbar. Relevantester Anwendungsfall stellt dabei die Zession im Rahmen von bi- oder multilateralen Staatsverträgen dar, wobei ein Kaufvertrag, ein Gebietstausch oder eine Schenkung mögliche Titelgeschäfte sein könnten.[413] Der Gebietserwerbstitel der Eroberung ist spätestens seit dem Ausbau des allgemeinen Gewaltverbots zum Kernelement der UN-Ch. nicht mehr international anerkannt.[414] Die Feststellung, dass eine gewaltsame Einverleibung fremden Territoriums im heutigen Völkerrecht rechtswidrig ist, folgt aus der teleologischen Interpretation des Gewaltverbots in Art. 2 Nr. 4 UN-Ch.[415]

Ein Exempel eines derivativen Gebietserwerbs im arktischen Raum ist die Zession Alaskas,[416] welche die USA in den Kreis der arktischen Anrainerstaaten hob. Der bereits im vorangegangenen Kapitel behandelte Kaufvertrag (*Treaty on Cessation of Alaska 1867*) wurde nach *Lechner* für heute umgerechnet 120 Millionen Dollar abgeschlossen. Die weite Entfernung Alaskas von der ehemaligen Hauptstadt St. Petersburg, die geringe russische Besiedelungsdichte und die fehlende Verteidigungsmöglichkeit des abgelegenen Territoriums waren die Hauptgründe für die Unattraktivität Alaskas für Russland und führten zum

---

411 *von Arnauld*, 2016, 30.

412 *Gavrilov*, Legal Status of the Northern Sea Route and Legislation of the Russian Federation: A Note, in: 46 Ocean Development & International Law 46 3/2015, 261.

413 *Kau*, 2016, 190; *von Arnauld*, 2016, 30.

414 *Graf Vitzthum*, 2016, 21.

415 *von Arnauld*, 2016, 30.

416 *Proelß*, 2016, 380.

Verkaufsabschluss.[417] Für den vorliegenden Untersuchungsgang dieser Arbeit ist der gegenständliche Zessionsvertrag dahingehend interessant, dass nach Interpretation von *Lakhtine* nicht nur Rechte an dem Land, sondern auch an Inseln und Seegebiete, einschließlich eisbedeckter, abgetreten wurden.[418] In seiner eindeutig abgegrenzten Form und im rechtlichen Sinn der ausgedrückten Willenserklärungen der Vertragsparteien, ist durch den Zessionsvertrag der erste vertraglich klar abgegrenzte arktische Sektor geschaffen worden.[419] Ursprünglich dienten die vereinbarten Sektorenlinien nach *Berkman*, *Vylegzhanin* und *Young* der genauen zwischenstaatlichen Abgrenzung zwischen den arktischen Nachbarstaaten an ihren Rechten auf „polar possesions". Allerdings wurde nicht ausdrücklich vereinbart, dass ebendiese polaren Besitztümer ein Territorium darstellen, welches unter die US-amerikanische Souveränität gestellt wurde.[420] Nach *Dorough* hat der Großteil der indigenen Bevölkerung in Alaska ein identitäres Problem mit dem Zedent Russland. Nach indigener Ansicht hätte Russland nie einen Eigentumstitel an Alaska erworben und sei damit der Zessionsvertrag von 1867 nichtig. Der russische Titel sei vielmehr aufgrund des Finanzierungsbedarfs der geschwächten nationalen Wirtschaftslage nach Ende des Krimkrieges 1856[421] „konstruiert" worden.[422]

In diesem Kontext sind auch die aktuellen und früheren US-amerikanischen Kaufangebote für die Insel Grönland erwähnenswert. Erste Kaufüberlegungen reichen bereits bis in die 1860-er Jahre zurück.[423] Bis 1917 versuchte die USA den nördlichsten Teil Grönlands zu beanspruchen, diese Intention wurde aber aufgrund des Verkaufs vom damaligen Dänisch-Westindien an die USA, in der Form eines Zugeständnisses, aufgegeben.[424] Nach dem Zweiten Weltkrieg

---

417 *Lechner*, Wiener Zeitung, 2019.

418 *Lakhtine*, 1930, 711 und 713 f.

419 *Berkman/Vylegzhanin/Young*, 2019, xviii.

420 Ibid., xviii.

421 Vgl. dazu ausführlich: *Goehrke*, Raum als Schicksal? Geographische und geopolitische Entwicklungsbedingungen in der Geschichte Russlands, in: Schlögel (Hg), Mastering Russian Spaces: Raum und Raumbewältigung als Probleme der russischen Geschichte, Walter de Gruyter: Berlin–Boston, 33.

422 *Dorough*, Inuit of Alaska: Current Issues, in: Loukacheva (Hg), Polar Law Textbook (TemaNord 2010:538), Nordic Council of Ministers: Copenhagen 2010, 200.

423 *Opis*, USA und Grönland: Die strategische Schatzkammer, in: der Standard, 20.8.2019, https://www.derstandard.at/story/2000107585234/usa-und-groenland-die-strategische-schatzkammer (19.2.2021).

424 *Hartmann*, Canada and Denmark Reach Agreement on the Lincoln Sea Boundary, in: EJIL: Talk! Blog of the European Journal of International Law, 10.1.2013,

beabsichtigte der US-Präsident *Truman* erneut die Insel zu erwerben, allerdings erneut ohne erfolgreicher Kaufabschluss.[425] Nach weiteren Kaufüberlegungen von *Rockefeller*, dem US-Vizepräsident unter Präsident *Ford* in den 1970-er Jahren, hatte auch Präsident *Trump* seine Erwerbsabsichten betreffend Grönland 2019 erklärt.[426] *Trump* wollte den Kauf in der Form eines Immobilienhandels („a large real estate deal") mit Dänemark abschließen,[427] da die Insel Grönland ein autonomer Bestandteil von Dänemark ist.[428] Dieses Kaufangebot wurde entgegen früheren US-Regierungsführungen weder durch einen politischen Prozess geführt, noch erfolgte eine Koordination mit dem *State Department*.[429] Die US-amerikanische Offerte wurde nach *Paul* als Versuch einer Unterminierung der dänisch-grönländischen Beziehungen gewertet. Die dänische Premierministerin als auch der grönländische Regierungschef verneinten eine Verkaufsoption Grönlands vehement, mit dem Argument, dass alleinig Grönland über einen völkerrechtlichen Verkauf zu bestimmen habe.[430] Es scheint so, als hätte das US-amerikanische Angebot die Bedeutung der grönländischen Selbstverwaltung komplett ignoriert.[431] Hintergrundgedanke der neuerlichen US-amerikanischen Kaufüberlegungen sind nicht, wie vorschnell vermutet werden könnte, ausschließlich wirtschaftliche Interessen, sondern vielmehr der steigende Einfluss, des selbst bezeichneten „arktisnahen Staats"[432] Chinas und die US-Regierung könnte beabsichtigt haben, den chinesischen Einfluss im arktischen Raum einzudämmen.[433]

---

https://www.ejiltalk.org/canada-and-denmark-reach-agreement-on-the-lincoln-sea-boundary/ (28.5.2020).

425 *Opis*, der Standard, 2019.

426 *Lechner*, Wiener Zeitung, 2019.

427 *Paul*, Grönlands Projekt Unabhängigkeit: Ambitionen und Aussichten nach 300 Jahren Zugehörigkeit zum Königreich Dänemark, in: 2 SWP-Aktuell 2021, 4.

428 Siehe Kapitel: IV.3.9 Grönland – ein „neuer" arktischer Staat.

429 *Weingartner/Orttung*, US Arctic Policymaking under Trump and Obama, in: 55 Polar Record 6/2019, 406.

430 *Paul*, 2021, 4 f.

431 *Rothwell/Hemmings*, 2020, 464.

432 China's Arctic Policy, the State Council Information Office of the People's Republic of China, Jänner 2018, http://english.www.gov.cn/archive/white_paper/2018/01/26/content_281476026660336.htm (22.1.2022).

433 *VoglHofer*, Weshalb Trump Grönland kaufen wollte, in: Neue Zürcher Zeitung, 10.5.2021, https://www.nzz.ch/podcast/groenland-weshalb-trump-die-insel-kaufen-wollte-nzz-akzent-ld.1623797 (12.6.2024).Siehe Kapitel: IV.5.2 China.

Entsprechende Hinweise einer möglichen Zession arktischer Gebiete, konnte die Autorin gegenwärtig nicht finden. Es ist anzunehmen, dass nach dem heftig abgelehnten US-amerikanischen Kaufangebot Grönlands durch Dänemark keine weiteren geäußerten US-amerikanischen derivativen Gebietserwerbsüberlegungen in naher Zukunft erfolgen werden. Dieses Ergebnis leitet die Autorin aus der stärkeren Betonung von umweltrechtlichen Belangen des jetzigen US-amerikanischen Präsidenten ab.[434] Um globalen Herausforderungen, wie die voranschreitende Erderwärmung, begegnen zu können, ist nach *Kau* ein Lösungsansatz von internationaler Kooperation gefordert, wobei damit die staatliche Souveränität aufgrund der verstärkten internationalen Zusammenarbeit als überholt angesehen werden könnte.[435]

III.2.4 *Terra Firma – Glaces Firma*

Trotz klimatischer Veränderungen ist die Arktis noch immer überwiegend mit Eis bedeckt.[436] Es gilt daher zu klären, ob das Nordpolarmeer eine völkerrechtliche Sonderstellung einnimmt: Können die Eismassen mit Land gleichgesetzt und in weiterer Folge als Basispunkte zur seevölkerrechtlichen Grenzziehung verwendet werden?

Bereits mit der (vermeintlichen) Entdeckung des Nordpols erklärte *Peary*, dass er den Nordpol und die angrenzenden arktischen Gebiete für sein Vaterland USA in Besitz genommen hätte.[437] Durch den Gebietsanspruch suggeriert *Peary*, dass das Gebiet um den Nordpol eine besondere Stellung einnehme und nicht mit „gewöhnlichen" Meeresgebieten gleichzusetzen sei.

Kurze Zeit später erließ das russische Kaiserreich 1911 ein Dekret für Fischerei[438] in Meeresgebieten, in denen permanente Eisbedeckungen mit Land gleichgesetzt wurden, indem die russischen Hoheitsbefugnisse über die Fischerei vom seewärtigen Rand des Eises aus gemessen werden sollten. Allerdings

---

434 Siehe Kapitel: IV.1.4 USA.

435 *Kau*, 2016, 163.

436 Siehe Kapitel: II.4 Auswirkung der Klimaerwärmung.

437 *Peary*, The North Pole: its discovery in 1909 under the auspices of the Peary Arctic Club, Frederick A. Stokes Co.: New York 1910, 297.

438 Rules on Marine Commercial Fishing in the Priamurskii General-Gubernatorstvo, 29.5.1911, 31 Polnoe sobranie (3d.ser.), No. 35365, englische Übersetzung in: 6 Soviet Statutes and Decision 13/1969, 24.

gibt es keine Aufzeichnungen darüber, ob das betreffende Dekret jemals gegen einen ausländischen Staat durchgesetzt wurde.[439]

Das SRÜ selbst beschäftigt sich mit der Besonderheit von eisbedeckten Flächen in Art. 234 SRÜ.[440] Die Initiative zur Verfassung der „arktischen Klausel" ging von Kanada aus und der Vorschlag „Sondermaßnahmen" zur Ausweitung der küstenstaatlichen Gerichtsbarkeit wurde in arktischen Gewässern durchgesetzt, der *United Nations Seabed Committee*, der früheren *Inter-governmental Maritime Consultative Organization* (jetzt: Internationale Seeschifffahrts-Organisation (IMO)) sowie während der 3. Seerechtskonferenz unterbreitet.[441] Dabei forderte Kanada ein Recht für Küstenstaaten, besondere Maßnahmen zum Schutz der Umwelt, „within the limits of its national jurisdiction, including environmental protection zones", ohne Bezug zu „internationally agreed measures", soweit diese „necessary in the light of local geographical and ecological characteristics" sind.[442]

Allerdings ist vom Zeitpunkt der Unterbreitung der kanadischen *Draft Articles for a Comprehensive Marine Pollution Convention* bis zur endgültigen Annahme von Art. 234 SRÜ, der kanadische Vorschlag kontinuierlich eingeengt worden, um einen Kompromiss zwischen den Interessen der Küsten- und Flaggenstaaten zu erreichen.[443] Die kanadische Initiative entwickelte sich schließlich zu zwei separaten Konzepten: Um die gefährdete Meeresumwelt „specially vulnerable areas" zu schützen, beschloss die kanadische Regierung den *Arctic Waters Pollution Prevention Act* von 1970.[444] Zusätzlich wollte mit dem Konstrukt der „ice covered areas", der arktischen Besonderheiten Rechnung getragen werden.[445] Letztere Begriffsbestimmung folgte aus einem Nebenabkommen,

---

439 *Butler*, New Soviet Legislation on Straight Base Lines, in: 20 International and Comparative Law Quarterly 4/1971, 750.

440 Siehe Kapitel: V.2.2 Die arktische Klausel.

441 *Franckx/Boone*, Article 234, in: Proelß (Hg), United Nations Convention on the Law of the Sea: A Commentary, C.H. Beck/Hart/Nomos: München–Oxford–Baden-Baden 2017, 1571.

442 Art. IV UN Doc A/AC.138/SC.III/L.28 vom 9.3.1973, Draft Articles for a Comprehensive Marine Pollution Convention.

443 *Franckx/Boone*, 2017, 1571.

444 Arctic Waters Pollution Prevention Act 1970, abgedruckt in: *Bilder*, The Canadian Arctic Waters Pollution Prevention Act: New Stresses on the Law of the Sea, 69 Michigan Law Review, 1/1970, https://papers.ssrn.com/sol3/papers.cfm?abstract_id=1623885, (29.10.2021), 38 ff.

445 *Franckx/Boone*, 2017, 1571.

das direkt zwischen Kanada, der Sowjetunion und den USA ausgehandelt und von den SRÜ-Vertragsverfassern in Art. 234 SRÜ aufgenommen wurde.[446]

An dieser Stelle erscheint es zweckmäßig, die Unterschiede von eisbedeckten Gebieten auf der Südhalbkugel herauszuarbeiten, um auf die grundverschiedenen rechtlichen Einordnungen der polaren Gebiete hinzuweisen. Der Kontinent Antarktis bildet im Unterschied zur Arktis ein *terra firma*.[447] Riesige schwimmende Eisschilde, die stellenweise bis zum Meeresgrund hinabreichen und dort „verankert" sind, flankieren die antarktische Küste und dadurch wird die genaue Bestimmung des Küstenverlaufs anhand der Basislinien[448] praktisch unmöglich.[449] Die deklaratorische Erwähnung der Eisbänke in Art. VI Antarktis-Vertrag[450] sind nach *Kämmerer* so auszulegen, dass diese nicht von den traditionellen Meeresfreiheiten erfasst sind, da das Eisschelf potenziell besiedelbar ist und damit in seiner rechtlichen Einordnung dem Land näher als dem Meer steht. Die Befahrung dieser Gewässer als *coniditio sine qua non* ist für die Meeresfreiheit entscheidende friedliche Handelsschifffahrt nicht gegeben und eine Grenzlinienziehung zur *terra firma* wäre zudem kaum möglich.[451] Vielmehr grenzt die starke Abbruchkante des Eisschelfs das Gebiet deutlich vom Meer ab und die Bestätigung steht von veränderlichen Basislinien in Art. 5 SRÜ dieser Auslegung nicht entgegen.[452]

Für die Sonderbehandlung von permanent zugefrorenen Erdteilen streitet das Argument, dass die Bedürfnisse der freien Schifffahrt in diesen Gebieten, welche die Grundvoraussetzung für die Meeresfreiheiten darstellen, entfallen.[453] Diese Ansicht führt nach *Seelmann* allerdings *ad absurdum*, da die vorangehende Klimaerwärmung kaum voraussagen lässt, welche Gebiete in einigen Jahren noch permanent von Eis bedeckt sein werden. Die staatliche Souveränität wäre von klimatischen Gegebenheiten abhängig und würde mit dem Abschmelzen der nördlichen Polkappe verloren gehen.[454] Eine andere

---

446 Ibid., 1571.

447 *Proelß/Müller*, The Legal Regime of the Arctic Ocean, in: 68 Zeitschrift für ausländisches und öffentliches Recht 2008, 654.

448 Siehe Kapitel: III.4.1 Die Basislinie als territoriale Grenzziehung.

449 *Seelmann*, 2012, 54.

450 Antarctic Treaty, Washington, 1.12.1959, 402 United Nations Treaty Series No. 5778; Vgl. dazu die deutsche Fassung: Antarktis-Vertrag, BGBl. 1988/39.

451 *Kämmerer*, Die Antarktis in der Raum- und Umweltschutzordnung des Völkerrechts, Duncker & Humblot: Berlin 1994, 189.

452 Ibid., 189.

453 *Seelmann*, 2012, 54.

454 Ibid., 54.

Meinung lässt eine neue Kategorie (*glaces firma*) entstehen, dessen Titel über die Eisflächen zwar nicht die gleichen Rechte wie über Land eingeräumt werden, aber doch mehr als über das Küstenmeer.[455] Allerdings fand die Sonderkategorie *glaces firma* keine Unterstützung innerhalb der Staatengemeinschaft, da eine Gleichstellung von Eis und Festland im Zuge der 3. Seerechtskonferenz abgelehnt wurde.[456] Das SRÜ unterscheidet nicht zwischen „normalen" und vereisten Gewässern und dementsprechend gilt die arktische Hohe See, obwohl permanent mit Eis bedeckt, als nicht aneignungsfähig.[457] Anhand dieser Argumentationslinie kann, im Gegensatz zum speziellen Küstenverlauf in der Antarktis, die Eisdecke die großen Teile der arktischen Gewässer dauerhaft bedecken. Dies begründet keine Sonderstellung im völkerrechtlichen Gefüge und die Ergebnisse aus der Antarktisforschung können in diesem Kontext nicht auf die Arktis angewandt werden.

III.2.5 Die Arktis als halbumschlossenes Meer

Die Einräumung einer Sonderstellung des arktischen Ozeans könnte nach *Young* mit der Klassifizierung eben diesen als halbumschlossenes Meer erreicht werden. Teil IX SRÜ, könnte ein integriertes Regulierungssystem etablieren und in weiterer Folge das tatsächliche Kräfteverhältnis zwischen den arktischen Anrainerstaaten und verschiedenen nicht-arktischen Staaten relativieren.[458] Art. 123 SRÜ erteilt den Anliegerstaaten den Auftrag der Zusammenarbeit und der Koordination ihrer Tätigkeiten. Regulierungsbereiche, die in Art. 123 SRÜ enumerativ gelistet sind,[459] setzen sich aus Bewirtschaftungsmaßnahmen lebender Meeresressourcen, dem Umweltschutz sowie der maritimen wissenschaftlichen Forschung zusammen.

Zur Eröffnung des Anwendungsbereichs von Teil IX SRÜ, müssen nach Art. 122 SRÜ zwei maßgebliche Kriterien erfüllt sein. Erstens muss der arktische Ozean als „Meer"[460] angesehen werden und der arktische Ozean muss ganz, oder überwiegend, aus den Küstenmeeren und AWZs von mindestens

---

455 Ibid., 54.

456 *König/Neumann*, 2008, 20 f.

457 *Seelmann*, 2012, 53.

458 *Young*, 2016, 275.

459 *Winkelmann*, Article 123, in: Proelß (Hg), United Nations Convention on the Law of the Sea: A Commentary, C.H. Beck/Hart/Nomos: München–Oxford–Baden-Baden 2017, 890.

460 Die Begriffsbestimmung des Meeres ist im SRÜ nicht enthalten.

zwei Küstenstaaten bestehen.[461] Der arktische Ozean hat einige Meere, die als halbumschlossen bezeichnet werden könnten: Darunter befindet sich die Barents-, Bering-, Beaufort-, Grönland-, Kara-, Labrador-, Laptew-, Norwegische und die Sibirische See.[462] Allerdings existieren mehrere wesentliche Verbindungen des arktischen Ozeans zum Nordatlantik (darunter die Baffin Bay, die Davis Strait, das Grönlandmeer, die Dänemarkstraße und das Norwegische Meer).[463] Keine Verbindung ist dabei weniger als 200 Seemeilen breit und kann daher nach *Winkelmann* kein „enger Ausgang" gemäß Art. 122 SRÜ vorliegen. Dass etwa die Beringstraße für sich genommen eine Breite von nur 24 Seemeilen aufweist, ist irrelevant.[464]

Zudem bemisst sich der arktische Ozean auf ca. 5.000.000 Quadratseemeilen und die Hälfte dieser Gewässer gelten als Hohe See.[465] Der Tatbestand, dass der arktische Ozean „überwiegend" aus den Küstenmeeren und AWZ der Arktischen Fünf besteht, ist nicht gegeben und das Argument eines halbumschlossenen Meeres überzeugt nach *Winkelmann* auf der Wortlaut-Ebene nicht.[466]

Trotzdem könnte die, in der *Ilulissat Declaration*,[467] festgelegte verstärkte Zusammenarbeit zwischen den fünf arktischen Küstenstaaten von Drittstaaten als eine nicht integrative Unternehmung auf der Grundlage von Art. 122 SRÜ angesehen werden und viele der vom Arktischen Rat im arktischen Ozean durchgeführten Aktivitäten beziehen sich auf die in Art. 123 SRÜ vorgeschlagenen Aufgaben.[468] Dennoch haben weder die fünf arktischen Küstenstaaten noch der Arktische Rat den arktischen Ozean jemals offiziell als halbumschlossenes Meer bezeichnet und würden sich nach *Winkelmann* andere Staaten, einschließlich der übrigen Mitgliedstaaten des Arktischen Rates, aufgrund ihrer inhärenten Exklusivität kaum an eine dementsprechende Auslegung halten. Im Ergebnis bleibt die Einordnung des arktischen Ozeans als halbumschlossenes

---

461 *VanderZwaag*, Law of the Sea and Governance of Shipping in the Arctic and Antarctic, in: Loukacheva (Hg), Polar Law Textbook (TemaNord 2010:538), Nordic Council of Ministers: Copenhagen 2010, 48.

462 *Chircop*, 2009, 364.

463 *Winkelmann*, Article 122, in: Proelß (Hg), United Nations Convention on the Law of the Sea: A Commentary, C.H. Beck/Hart/Nomos: München–Oxford–Baden-Baden 2017, 885.

464 Ibid., 885.

465 Ibid., 886.

466 Ibid., 886.

467 Siehe Kapitel: III.3 Die Stellung der Arktischen Anrainerstaaten zum SRÜ.

468 *Winkelmann*, Article 122, 2017, 886.

Meer als formale Frage offen.[469] Trotzdem weist die Einordnung des arktischen Ozeans als halbumschlossenes Meer einen richtungsweisenden Weg zur Bewältigung gegenwärtiger und zukünftiger Herausforderungen.[470]

III.2.6 Zwischenergebnis

Das SRÜ als umfassende Kodifikation des Seevölkerrechts ist kein Regelwerk, das speziell für die Arktis verfasst wurde, sondern ist das multilaterale Übereinkommen auf allen Weltmeeren gültig. Jedenfalls wichtige Rechtsnormen für die Arktis, wie Aufteilungsfragen und die Nutzung und Erhaltung von Ressourcen, sind im SRÜ enthalten.[471] Dabei ist stets die Konstruktion des SRÜ als Rahmenvereinbarung zu beachten. Trotz der umfassenden Länge des SRÜ in Form von 320 Artikeln, unterteilt in 17 Teile, befasst sich das SRÜ in materiell rechtlicher Weise nach *Young* nicht in ausreichender Tiefe, um Meinungsverschiedenheiten oder Streitigkeiten im Kontext seiner Anwendung auf bestimmte Situationen zu lösen. Beispielsweise werden genaue Kriterien, anhand derer die Ansprüche der Küstenstaaten auf einen erweiterten Festlandsockel bewertet werden können, vermisst.[472] Auch haben sich die SRÜ-Vertragsverfasser bewusst gegen die schwierige rechtliche Erörterung von arktischen Gebietsfragen entschieden, um den Verhandlungsprozess im Rahmen der 3. Seerechtskonferenz zu vereinfachen.[473] In praktischer Hinsicht widerspreche aber die konsequente Anwendung der SRÜ-Bestimmungen ohne Berücksichtigung der geophysischen Besonderheiten des arktischen Ozeans nach *Skaridov* den natürlichen Bedingungen. Beispielsweise kann die Schifffahrtsnavigation in eisbedeckten Gebiete nicht mit der Gewöhnlichen gleichgesetzt werden und auch die Bestimmung von Basislinien ist auf die arktischen Besonderheiten von Inseln oder Teilen des Landes, die von permanent gefrorenen Gebieten umgeben sind, anzupassen.[474] Als Konsequenz haben sich unterschiedliche Interpretationsarten herausgebildet und speziell im arktischen „Eismeer" sind wichtige seerechtliche Materien unklar oder einer klaren Regulierung ausgeschlossen.

---

469 Ibid., 886.

470 *Young*, 2016, 276.

471 *Nilsson/Koivurova*, 2016, 184; *von Arnauld*, 2016, 349; *Young*, 2016, 272.

472 *Young*, 2011, 328.

473 *Berkman/Vylegzhanin/Young*, 2019, xxiii.

474 *Skaridov*, 2020, 106.

III.3 Die Stellung der Arktischen Anrainerstaaten zum SRÜ

Das Völkerrecht ist grundsätzlich staatenorientiert und für dessen Hervorbringung, Fortbildung und Durchsetzung sind koordinierte Mechanismen der Staaten reale Herrschaftsgebilde unentbehrlich.[475] Eine global anerkannte überstaatliche Hoheitsgewalt als Weltgesetzgeber existiert nicht.[476] Entsprechend sind Völkerrechtssubjekte zu bestimmen, die eine (partikuläre) arktische Rechtsordnung schaffen und fortentwickeln. Ist ein globales oder regionales Staatenforum berechtigter Rechtsetzungsgeber im arktischen Raum?

Auf regionaler Ebene stellt die Autorin zwei Konstellationen einer arktischen Staatengruppen fest, denen Entscheidungskompetenzen im arktischen Raum zukommen: Einerseits besitzen die Arktischen Fünf[477] (Russland, Dänemark, die USA, Norwegen und Kanada) Küstenverläufe, die an den arktischen Ozean angrenzen, weshalb ihnen küstenstaatliche Rechte zukommen. Andererseits nimmt die arktisweite Zusammenarbeit im Rahmen des Arktischen Rates, neben den arktischen Küstenstaaten, Finnland, Island und Schweden in ihren Kreis auf.[478]

Im geopolitischen Gesamtkalkül ist die Arktis ein Raum für souveräne Expansion, Ressourcenausbeutung und territoriale Konsolidierung.[479] Die Arktischen Fünf bemühen sich darum, einen rechtsfreien Raum zu verhindern, um territoriale Gebietsansprüche untereinander, als auch gegenüber Drittstaaten zu blockieren.[480] Die westlichen Rechtswissenschaftler *Rothwell* und *Joyner* führen dazu aus: „the law of the sea for the polar north has been applied through national approaches [...] means those legal rules and norms that it feels best serve its national interests within the context of its own polar seas. Thus, as concepts and principles of ocean law emerged and evolved throughout the

---

475 *Graf Vitzthum*, 2016, 6.

476 Ibid., 10.

477 Siehe Kapitel: II.1 Die geografische Eingrenzung der Arktis.

478 Siehe Kapitel: IV.4.1 Der Arktische Rat.

479 *Dodds/Woon*, Triumphant Geopolitics? Making Space of and for Arctic Geopolitics in the Arctic Ocean, in: Sellheim/Zaika/Kelman (Hg), Arctic Triumph: Northern Innovation and Persistence, Springer International Publishing: Cham 2019, 167.

480 *McDorman/Schofield*, The Arctic Ocean unscrambled: competing claims and boundary disputes, in: Scott/VanderZwaag (Hg), Research Handbook on Polar Law, Edward Elgar Publishing: Cheltenham–Northampton 2020, 124 ff.

twentieth century, they were adopted and applied by each Arctic State, in its own way, to its own northern waters."[481]

Wesentliches Ergebnis der Bestrebungen um gemeinsame Regeln über den zukünftigen Umgang mit arktischen Ressourcen ist die, unter den arktischen Anrainerstaaten einvernehmlich verabschiedete, *Ilulissat Declaration*. Die Arktischen Fünf verpflichten sich dabei zur Einhaltung des Seevölkerrechts als geltenden Rechtsrahmen und zur Führung von friedlichen Verhandlungen bei potenziell überlagernden Gebietsansprüchen: „Notably, the law of the sea provides for important rights and obligations concerning the delineation of the outer limits of the continental shelf [...] We remain committed to this legal framework and to the orderly settlement of any possible overlapping claims".[482]

In der *Ilulissat Declaration* wird allerdings ein eindeutiger Verweis auf das SRÜ vermisst. Diese Ausgestaltung ist nach *Corell* dem Umstand geschuldet, dass die USA das Abkommen bisher nicht ratifiziert haben. Da die meisten SRÜ-Bestimmungen ohnehin geltendes Völkergewohnheitsrecht kodifizieren, werden die USA das SRÜ in weiten Teilen ohnehin anzuwenden haben.[483] Trotzdem ist das Bekenntnis zum SRÜ für die USA ungünstig, da sie keine Rechte aus dem Abkommen ableiten können.[484] Aufgrund dieser Überlegungen könnte der Wettlauf um die arktischen Ressourcen zur Überwindung der jahrzehntelangen Opposition der USA zum SRÜ führen und ein Beitritt zum Vertragswerk ist zunehmend wahrscheinlicher.[485] Trotzdem gilt darauf hinzuweisen, dass die *Ilulissat Declaration* in der juristischen Form als eine bloße Absichtserklärung ausgestaltet ist und damit ein *Soft Law* Instrument darstellt.[486]

Obwohl die Arktischen Fünf ihre Gebietsansprüche im arktischen Meeresboden kontinuierlich ausgeweitet haben, sind die im SRÜ-Regime eingerichteten Verfahren eingehalten worden und ihre Handlungen größtenteils im

---

481 *Rothwell/Joyner*, The Polar Oceans and the Law of the Sea, in: Elferink/Rothwell (Hg), The Law of the Sea and Polar Maritime Delimitation and Jurisdiction, Marinus Nijhoff Publishers: The Hague–New York–London 2001, 1.

482 Ilulissat Declaration, 2008.

483 *Corell*, The Arctic: An Opportunity to Cooperate and Demonstrate Statesmanship, in: 42 Vanderbilt Journal of Transnational Law 2009, 1067 f.

484 *Greber*, Die Presse, 2007.

485 *Czarny*, U.S. and the Arctic in the Last Two Decades, in: 16 Slovak Journal of Political Sciences 2/2016, 200.

486 *Seelmann*, 2012, 117; *Rossi*, The club within the club: the challenge of a soft law framework in a global Arctic context, in: 5 The Polar Journal 1/2015, 9.

Einklang mit der *Ilulissat Declaration* erfolgt.[487] Es liegt im Interesse der arktischen Küstenstaaten, Berichte oder Handlungen zu vermeiden, die das SRÜ in der Arktis schwächen oder überschatten könnten und die offensichtliche Einhaltung des Völkerrechts könnte ein strategischer Schritt sein, um den Aufstieg neuer Mächte hintanhalten.[488] Nach *Nilsson* und *Koivurova* haben sich die arktischen Regierungsstrukturen für Land- und Seegebiete, aufgrund der beginnenden Globalisierung und der zunehmenden Macht arktischer Staaten, grundlegend verändert. Dieser Regimewechsel bildet die Grundlage für Rechte an Ressourcen und minimiert rechtliche Unsicherheiten.[489] Als Konsequenz dieses politisch stabilen Umfelds werden Anreize für marktwirtschaftliche Akteure geschaffen, sich an wirtschaftlichen Tätigkeiten in der Arktis zu beteiligen und ihre Investitionen in die arktische Wirtschaft zu steigern.[490]

Die *Ilulissat Declaration* als Ablehnung der Vormachtstellung der Arktischen Fünf zu interpretieren ist unzutreffend. Ausdrücklich im Dokument erwähnt, ist die einzigartige Stellung der betreffenden Staaten, um auf Möglichkeiten und Herausforderungen im arktischen Raum zu reagieren. „By virtue of their sovereignty, sovereign rights and jurisdiction in large areas of the Arctic ocean, the five coastal states are in a unique position to address these possibilities and challenges."[491] Damit sprechen sich die Arktischen Fünf eine zentrale Stellung in vielen Bereichen der arktischen Gesetzgebung zu und es manifestiert sich das Bild eines exklusiven Klubs der fünf Anrainerstaaten, die eine Vormachtstellung in der Arktis genießen und die politische Ordnung maßgeblich vorgeben.[492] Darüber hinaus sehen sich die Arktischen Fünf in der Rolle eines schützenden Verwalters („stewardship role in protecting") und auch der Arktische Rat schließt sich dieser Ansicht an, indem er nicht-arktische Staaten zu Beobachtern deklassiert.[493]

Als Mangel an der Ilulissat-Konferenz (2008) sind der Verhandlungsausschluss der arktischen Staaten Schweden, Finnland und Island, sowie die fehlende Einbeziehung der arktisch-indigenen Bevölkerung anzusehen.[494]

---

487 *McDorman/Schofield*, 2020, 124 ff.; *Young*, 2016, 274.

488 *Moe/Fjærtoft/Øverland*, Space and timing: why was the Barents Sea delimitation dispute resolved in 2010?, in: 34 Polar Geography 3/2011, 156; *Rossi*, 2015, 9.

489 *Nilsson/Koivurova*, 2016, 184.

490 Ibid., 184.

491 Ilulissat Declaration, 2008.

492 *Stephen/Knecht/Bartsch*, 2018, 21 f.; *Rossi*, 2015, 9.

493 *Young*, 2016, 274.

494 *Byers*, International Law and the Arctic, Cambridge University Press: Cambridge 2013, 230 f.; *Dodds*, 2010, 71 f.; *Rossi*, 2015, 10.

Als praktische Konsequenz folgten isländische Proteste sowie empörte Stellungnahmen von Finnland, Schweden und sogar Norwegen.[495] Der *Inuit Circumpolar Council* wirft in seiner *Declaration on Sovereignty in the Arctic* den Arktischen Fünf vor, dass diese „neglected to include Inuit in Arctic sovereignty discussions in a manner comparable to Arctic Council deliberations."[496]

Darüber hinaus haben sich diese drei Mitgliedstaaten des Arktischen Rates, zusammen mit den indigenen ständigen Teilnehmern, als auch nicht-arktischen Beobachterstaaten des Arktischen Rates, wie Großbritannien und den Niederlanden, zunehmend gegen das Vertrauen in das Seevölkerrecht ausgesprochen.[497] Diese Oppositionsstellungen können als Sorge vor einem Teilhabeausschluss aus den prognostizierten Ressourcenvorkommen, oder als Schutzbedenken um eine ökologisch und politisch intakte arktische Region interpretiert werden.[498] Auch die EU hat sich zur Vormachtstellung in der Arktis geäußert und 2008 die Frage aufgeworfen, ob die Arktischen Fünf in der Lage seien, den arktischen Raum zu verwalten und zu regulieren. Dazu führt die EU aus, dass: „there is no specific treaty regime for the Arctic. No country or group of countries have sovereignty over the North Pole or the Arctic Ocean around it. [...] An extensive international legal framework is already in place that also applies to the Arctic. The provisions of the UN convention on the Law of the Sea provide the basis for the settlement of disputes including delimitation."[499]

Auch bisher ist keine gemeinsame, spezifisch arktisbezogene Rechtsordnung entwickelt worden. Die unterzeichnenden Staaten der *Ilulissat Declaration* unterstrichen vielmehr, dass keine Notwendigkeit einer neuen umfassenden internationalen Rechtsordnung in der Arktis bestehe.[500] Einem arktischen

495 *Haugevik/Sverdrup* (Hg), Ten years on: Reassessing the Stoltenberg Report on Nordic cooperation, University of Iceland Reykjavík 2019, 13.

496 Art. 2–2.6 A Circumpolar Inuit Declaration on Sovereignty in the Arctic, Inuit Circumpolar Council, 2009.

497 *Powell*, Lines of possession? The anxious constitution of a polar geopolitics, in: 29 Political Geography 2/2010, 75.

498 Ibid., 75.

499 COM (2008) 763 final vom 20.11.2008, The European Union and the arctic region, 4. Contributing to enhanced arctic multilateral governance.

500 *Görner*, 2018, 51; *Rossi*, 2015, 9; *Symmons*, Problems in the Law of the Sea Relating to Insular Formations in Ice-bound Seas and Polar Regions of the Arctic, with Particular Reference to Judicial *Dicta* in US v Alaska (1996) and to Recent Discoveries of New Arctic Islands (such as 'Yaya') due to Glacial Melt, in: Alfredsson/Koivurova (Hg), The Yearbook of Polar Law[9] 2017, Brill/Nijhoff: Leiden–Boston 2018, 285; *Vasiliev*, Is the Ilulissat Declaration adequate?, in: Conference Report

Pendant zum Antarktis-Vertrag wurde eine Absage erteilt: „We therefore see no need to develop a new comprehensive international legal regime to govern the Arctic Ocean."[501] Die Debatte über die Sinnhaftigkeit eines umfassenden Arktisvertrags, sowie dessen mögliche Verhandlung in näherer Zukunft, erfolgt in einem nachfolgenden Abschnitt dieser Arbeit.[502]

Die besondere Relevanz des SRÜ besteht darin, dass sich das Übereinkommen mit bestimmten Rechten und Pflichten aller Vertragsstaaten mit dem Rechtsraum Meer auseinandersetzt. Dabei werden die Hauptadressaten in drei Gruppen unterteilt. Neben der Zuweisung von Rechten und Pflichten an Küstenstaaten sind auch Flaggen- und Hafenstaaten SRÜ-Zuordnungssubjekte nötig. Inwiefern die Arktischen Anrainerstaaten einer voranstehend genannten Gruppe zuzuordnen sind und welche materiellrechtlichen Bestimmungen sich dadurch für die Beanspruchung eines erweiterten Festlandsockels, sowie für den rechtlichen Status der Nordost- als auch der Nordwestpassage ergeben, soll im Verlauf dieser Arbeit untersucht werden. Im Vorfeld ist eine kurze Darstellung der Einteilung dieser drei Kategorien an SRÜ-Zuordnungssubjekten unumgänglich, um sich mit den genannten Forschungsfragen beschäftigen zu können.

III.3.1 Küstenstaaten

Zum seevölkerrechtlichen Entwicklungsprozess führt *Proelß* aus, dass die Prinzipien der Personal- und Flaggenhoheit, des Wettbewerbs und der Priorität als überholt und nicht ausreichend angesehen wurden, um Konflikte über Ressourcen- und Gebietsfragen zu entschärfen und entsprechend wurde ein System der sachlichen Kompetenzzuweisung für bestimmte Nutzungen geschaffen, welches die zuvor herrschende vertikale Gebietsaufteilung nach, in die Höhe und Tiefe reichenden, territorialen Grenzen ablöste. Im Ergebnis erfolgte eine Etablierung geografisch und funktional determinierter Hoheitsrechte, mit den Küstenstaaten als Zuordnungssubjekten.[503]

In anderen Worten nehmen die souveränen Rechte, welche Kanada, Dänemark, Norwegen, Russland und den USA als arktische Küstenstaaten zustehen, seewärtig, beginnend mit dem Küstenmeer bis hin zum Festlandsockel,

---

(26 May 2010): Arctic – Changing Realities (ANP 2010:758), Nordic Council of Ministers: Copenhagen 2010, 30.

501 Ilulissat Declaration, 2008.

502 Siehe Kapitel: III.4.4.3.1 Die Möglichkeit eines internationalen Arktisvertrags.

503 *Proelß*, 2016, 399.

kontinuierlich ab.[504] Dementsprechend weicht die volle küstenstaatliche Souveränität, mit kontinuierlicher Entfernung von der Küste, funktional begrenzten, inhaltlich detaillierten Nutzungsbefugnissen. Die speziellen Ausformungen dieser küstenstaatlichen Rechte in den betreffenden Meereszonen werden in den jeweiligen Unterkapiteln im arktischen Kontext detailliert behandelt.

Im Bereich der Schifffahrt können die Küstenstaaten gesetzgeberisch und kontrollierend gegenüber ausländischen Schiffen in Offshore-Gewässern tätig werden.[505] Das Ausmaß ihres Eingriffs hängt von den Meereszonen ab und wird mit der Entfernung von der Küste begrenzt.[506] Bestimmte küstenstaatliche Rechte reichen sogar in die Meereszone der Hohen See hinein und kann der Küstenstaat im Rahmen der Nacheile in Verlängerung seiner Vorrechte in den übrigen Meereszonen Hoheitsgewalt gegen ein Schiff auf Hoher See ausüben, um Verstöße gegen sein eigenes Recht zu ahnden.[507] Speziell für die Arktis ist Art. 234 SRÜ relevant, der Küstenstaaten eine besondere Stellung in der Schifffahrt in eisbedeckten Gebieten zugestanden wird.[508] Im Gegensatz dazu verbietet Art. 21 Abs. 2 SRÜ den Küstenstaaten Vorschriften zu erlassen, die den Entwurf, den Bau, die Bemannung oder die Ausrüstung von fremden Schiffen betreffen, sofern sie nicht von allgemein anerkannten Standards, wie beispielsweise von der IMO oder den Konventionen der *International Labour Organization* vorgegeben sind.[509] Dahingehend hat das Seevölkerrecht eine Neuerung erfahren, da weder das KMÜ noch das Übereinkommen zur Verhütung der Verschmutzung durch Schiffe (MARPOL 73/78) (1973)[510] einen dementsprechenden Ausschluss küstenstaatlicher Vorschriften enthält.[511] Wäre es Staaten möglich seine eigenen Standards zu setzen, wäre die friedliche Durchfahrt der Schiffe und die internationale Schifffahrt in Meerengen nach *Boyle* massiv eingeschränkt. Diese Rechte stehen Schiffen aller Nationen offen und sind ein wesentlicher Bestandteil der Freiheit der Seeschifffahrt. Auf der Kehrseite sind ausländische Schiffe keineswegs von den Gesetzen der Küstenstaaten befreit,

---

504 World Ocean Review[3], 2014, 121.

505 *VanderZwaag*, 2010, 49.

506 Ibid., 49.

507 *von Arnauld*, 2016, 360.

508 Siehe Kapitel: V.2.2 Die arktische Klausel.

509 *Boyle*, 2006, 24.

510 Protocol of 1978 relating to the International Convention for the prevention of pollution from ships, 1973, London, 17.2.1978, 1340 United Nations Treaty Series No. 22484.

511 *Boyle*, 2006, 25.

sofern diese Gesetze im Einklang mit dem Völkerrecht sind und nicht den praktischen Effekt haben den Durchgang zu verweigern.[512]

III.3.2 Hafenstaaten

Da alle arktischen Anrainerstaaten einen Hafen besitzen,[513] unterliegen Schiffe, die sich freiwillig in einen Hafen oder einen Umschlagplatz eines arktischen Staates begeben, einer Untersuchungsbefugnis der betreffenden Hafenstaaten.[514] Tätigen eben diese Schiffe illegale Schadstoffeinleitungen, können Hafenstaaten, in dessen Hafen sich das Schiff befindet, ein Verfahren eröffnen, wenn Einleitungen außerhalb der inneren Gewässer, des Küstenmeers oder der ausschließlichen Wirtschaftszone des Hafenstaates vorgenommen werden (Art. 218 Abs. 1 SRÜ). Die territoriale Souveränität ermöglicht den Hafenstaaten Anforderungen für die Verhütung, Verringerung und Kontrolle der Meeresumweltverschmutzung als Bedingung festzulegen, wenn ausländische Schiffe den Zugang zu ihren inneren Gewässern, Häfen und Offshore-Terminals suchen.[515] In anderen Worten zielt die betreffende SRÜ-Bestimmung darauf ab, einen Mangel an Zuständigkeiten der Flaggenstaaten auszugleichen, indem der Hafenstaat entweder als Vertreter der betreffenden Küstenstaaten, oder, wenn die Verletzung der Einleitung auf hoher See auftritt, als Treuhänder für die internationale Gemeinschaft fungiert.[516] Damit erhält der Hafenstaat durch das SRÜ die Stellung des Sachwalters von umweltpolitischen Allgemeininteressen.[517]

Neben den Ausnahmen von Umweltverstößen enthält das SRÜ keine Bestimmungen zur Gerichtsbarkeit von Hafenstaaten und Regulierung über Design, Bau, Besatzung oder Ausrüstung ausländischer Schiffe werden weder erlaubt, noch ausdrücklich verboten.[518]

---

512 Ibid., 26.

513 World Port Index, US National Geospatial-Intelligence Agency, https://fgmod.nga.mil/apps/WPI-Viewer/, (13.6.2024).

514 *Bartenstein*, Article 211, in: Proelß (Hg), United Nations Convention on the Law of the Sea: A Commentary, C.H. Beck/Hart/Nomos: München–Oxford–Baden-Baden 2017, 1430.

515 Ibid., 1430.

516 *König*, Article 218, in: Proelß (Hg), United Nations Convention on the Law of the Sea: A Commentary, C.H. Beck/Hart/Nomos: München–Oxford–Baden-Baden 2017, 1489 f.

517 *Proelß*, 2016, 442.

518 *Boyle*, 2006, 24.

Hinsichtlich der Maßnahmen zur Verweigerung des Hafenzugangs einzelner oder bestimmter Schiffstypen sind die SRÜ-Bestimmungen wesentlich klarer und berechtigen den Hafenstaaten den Zugang zu Häfen zu regeln oder zu verweigern.[519] Den Hafenstaaten kommt ein Ermessensspielraum bei der Festlegung der Bedingungen für die Einfahrt in Häfen nach Art. 25 Abs. 2, Art. 38 Abs. 2 und Art. 211 Abs. 3 SRÜ zugute. In der Praxis haben Staaten in einigen Fällen den Zugang zu einzelnen Schiffen verweigert, hauptsächlich dann, wenn das Schiff Ladung, wie Giftmüll führt oder das Schiff mit Nuklearantrieb unerwünscht war.[520] Zusätzlich kann ein Staat den Zugang zu seinen Häfen, außer in bestimmten Notsituationen nach Art. 18 Abs. 2 SRÜ, insgesamt verweigern, obwohl die staatliche Praxis und eine (widerlegbare) Vermutung das Prinzip der offenen Häfen unterstützen.[521] Der IGH hat bestätigt, dass der Zugang zu den Häfen von Bedingungen abhängig gemacht werden können.[522] In der Praxis werden diese Einreisebestimmungen der Hafenstaaten nach *Bartenstein* gegenüber wirtschaftlichen und wettbewerblichen Gesichtspunkten der Hafenstaaten abgewogen. Allerdings haben diese Überlegungen die betreffenden Staaten nicht daran gehindert, ihre Befugnisse umfassend zu nutzen, um Maßnahmen zur Verhütung, Verringerung und Kontrolle der Meeresverschmutzung zu ergreifen.[523] Ein Zugangsrecht zu Häfen kann auch nicht nach Art. 300 SRÜ hergeleitet werden, da ein Rechtsmissbrauch im Sinne dieser Vorschrift nur dann vorliegt, wenn Schließungen oder Zugangsbedingung des Hafens offensichtlich unangemessen oder diskriminierend sind.[524] Art. V Allgemeines Zoll- und Handelsabkommen (GATT)[525] über die Transitfreiheit für Waren und Schiffe, könnte außerhalb des SRÜ-Rechtsrahmens ein

---

519 *Trümpler*, Article 8, in: Proelß (Hg), United Nations Convention on the Law of the Sea: A Commentary, C.H. Beck/Hart/Nomos: München–Oxford–Baden-Baden 2017, 91.

520 Ibid., 92.

521 *Bartenstein*, 2017, 1430.

522 „It is […] by virtue of its sovereignty that the coastal State may regulate access to its ports.“ Vgl. dazu: Military and Paramilitary Activities in and against Nicaragua (Nicaragua v. United States), Merits, Judgement 27.6.1986, I.C.J. Reports 1986, Rn. 213.

523 *Bartenstein*, 2017, 1431.

524 *Boyle*, 2006, 22.

525 General Agreement on Tariffs and Trade, Genf, 30.10.1947, 55 United Nations Treaty Series 814; Vgl. dazu die deutsche Fassung: GATT – Allgemeines Zoll- und Handelsabkommen, BGBl. 1951/254 (Protokoll von Torquay zum Allgemeinen Zoll- und Handelsabkommen).

Zugangsrecht zu Häfen ermöglichen.[526] Allerdings stellt die Grundkonzeption des genannten Artikels auf die Beseitigung von diskriminierenden Behandlungen ab und es ist offensichtlich, dass sich Art. V GATT nicht mit Sicherheitsvorkehrungen des Schiffsbaus befasst.[527]

Weltweit existieren in vielen Küstenregimen Vereinbarungen über die Hafenstaatkontrollen (*memorandums of understanding*).[528] Die verschiedenen Seebehörden verpflichten sich zur Zusammenarbeit bezüglich der Schiffsinspektionen, damit die Einhaltung internationaler Übereinkommen in Bezug auf Sicherheit und Umweltverschmutzung im Seeverkehr sichergestellt wird.[529] Aufgrund der prognostizierten Zunahme der arktischen Handelsschifffahrt stellt sich die Frage, ob die jeweiligen Seebehörden der arktischen Staaten ein dementsprechendes Abkommen für die Arktis schaffen sollen. Zum Zeitpunkt der Erstellung dieser Arbeit liegen keine Hinweise auf ein dementsprechendes Hafenstaatenkontrollsystem in der Arktis vor.

III.3.3 Flaggenstaaten

Flaggenstaaten verleihen einem Schiff seine Staatsangehörigkeit.[530] Damit sind auf diesen Schiffen die nationalen Gesetze anwendbar und ein Flaggenstaat hat zudem sicherzustellen, dass seine Schiffe den internationalen Standards in Bezugnahme auf die entsprechende Sicherheit auf der See entsprechen.[531] Die Pflichten des Flaggenstaates betreffen verwaltungsmäßige, sicherheitstechnische und besatzungsmäßige Angelegenheiten (Art. 94 SRÜ).

Eine Schwachstelle im SRÜ-System sieht *VanderZwaag* in der Staatenimmunität nach Art. 236. Kriegsschiffe und Schiffe, die im Staatseigentum stehen oder von diesen für nicht gewerbliche staatliche Dienste betrieben werden, sind von den SRÜ-Bestimmungen über den Schutz und die Bewahrung der Meeresumwelt ausgenommen. Die Staaten müssen lediglich sicherstellen, dass diese Schiffe in Übereinstimmung mit dem SRÜ handeln, soweit dies zumutbar und durchführbar ist.[532] Darüber hinaus ist auf das Problem der Billigflaggenländer

526 Allerdings bestimmt Art. V Abs. 1 GATT ausdrücklich, dass die Transitfreiheit nicht für Schiffe gilt, die in Häfen mit endgültigem Bestimmungsort der Ladung einlaufen.
527 *Boyle*, 2006, 21.
528 *VanderZwaag*, 2010, 52.
529 Ibid., 52.
530 *Proelß*, 2016, 402.
531 Ibid., 402.
532 *VanderZwaag*, 2010, 51 f.

hinzuweisen. Insbesondere die Globalisierung trägt dazu bei, dass die Reeder nach möglichst kostengünstigen Betriebsverfahren suchen und Billigflaggen mit niedrigeren Gebühren und einem minimalen Ordnungsrahmen wählen, um im internationalen Wettbewerb zu bestehen.[533] Diesen Staaten fehlen ausreichende Kapazitäten und der politische Wille zur Sicherstellung der internationalen Standards.[534] Um diese Umgehung von Vorschriften durch Billigflaggen hintanzuhalten, fordert das Übereinkommen über Bedingungen für die Registrierung von Schiffen (1986),[535] dass der Eigentümer des Schiffes eine echte Verbindung zum Registerstaat, eine überwiegend nationale Mannschaft oder einen sonstigen *genuine link* zum Registerstaat hat.[536] Die *International Transport Workers' Federation* führt eine Liste jener Länder, die Schiffe registrieren, um Betriebskosten zu senken und versuchen Vorschriften zu umgehen. Interessant ist, dass sich auch die Färöer-Inseln als autonomes Gebiet Dänemarks und Mitglied des Arktischen Rates, unter der Liste befindet.[537]

Eine positive Entwicklung für den arktischen Raum ist der unter der Schirmherrschaft der IMO, abgeschlossene internationale *Polar Code*[538] mit Maßnahmen zum Schutz vor den Auswirkungen von polaren Schifffahrtsaktivitäten. Der internationale *Polar Code*, der am 1. Jänner 2017 in Kraft getreten ist, setzt für Schiffe, die in polaren Gewässern operieren, die Beantragung eines Polarschiff-Zertifikats voraus, wobei die Kongruenz der Beschaffenheit der Schiffe mit einer großen Bandbreite an Entwurfs-, Bau-, Ausrüstungs-, Betriebs-, Schulungs-, Such- und Rettungs- sowie Umweltschutzbestimmungen überprüft

533 Billigflaggen, International Transport Workers' Federation, https://www.itfglobal.org/de/sector/seafarers/billigflaggen (20.8.2020).

534 Ibid.

535 United Nations Convention on Conditions for Registration of Ships, Genf, 20.1.1986, TD/RS/CONF/L.19.

536 *Proelß*, 2016, 402.

537 Billigflaggen, International Transport Workers' Federation, 2020.

538 Der Polar Code wurde durch vier IMO-Resolutionen angenommen: International Code for Ships Operating in Polar Waters (Polar Code), Resolution MSC.385(94), 21.11.2014, und Resolution MEPC.264, 15.5.2015; Amendments to the International Convention for the Safety of Life at Sea 1974, Resolution MSC.386(94), 21.11.2014; Amendments to MARPOL Annexes I, II, IV and V, Resolution MEPC.265(68), 15.5.2015; Vgl. dazu auch: *Bartenstein/Chircop,* Polar shipping law, in: Scott/VanderZwaag (Hg), Research Handbook on Polar Law, Edward Elgar Publishing: Cheltenham–Northampton 2020, 372.

wird.[539] Allerdings steht der *Polar Code* erst am Beginn seiner Entwicklung und ist ein erster Schritt die Sicherheit der Schifffahrt und die fragile polare Meeresumwelt zu gewährleisten.[540] Eine Schwäche des *Polar Codes* wurde bereits 2018 durch die Annahme von Änderungen des Internationalen Übereinkommens über Normen für die Ausbildung, die Erteilung von Befähigungszeugnissen und den Wachdienst von Seeleuten (STCW-Übereinkommen) von 1978[541] in Bezug auf Befähigungszeugnisse für Passagierschiffe und Schiffe, die in Polargewässern eingesetzt werden, behoben.[542] Allerdings sind nach *Rayfuse* noch Fragen bezüglich der Ausweitung des Anwendungsbereichs auf alle Schiffe, die in Polargewässern verkehren, einschließlich solcher unter der Grenze der Bruttoraumzahl von 500, Fischereifahrzeuge und Sportboote offen. Zusätzlich sind mögliche Annahmen weitergehender Maßnahmen in Bezug auf die Risikobewertung, Leistungs- und Teststandards sowie Schiffswegeführung und Schiffsmeldesysteme- sowie *Vessel Traffic Services* zu erwarten.[543]

III.4 Die seerechtlichen Meereszonen im arktischen Kontext

Die vorliegende Arbeit zielt darauf ab, souveräne Fragen im arktischen Ozean aufzulösen. Dazu werden nachstehend die relevanten seerechtlichen Bestimmungen für die verschiedenen Meereszonen skizziert und auf etwaige Konkurrenzen mit den erhobenen Gebietsansprüchen der arktischen Anrainerstaaten untersucht. Vorausschickend ist auf die unterschiedlichen Interpretationsmethoden der Arktischen Fünf hinzuweisen, die zu überlappenden Gebietsansprüchen führten. Eine Prognose über die potenzielle Einteilung des arktischen Ozeans, welche in Übereinstimmung mit den seerechtlichen Normen ist, will von der Autorin gefunden werden.

---

539 *Bartenstein/Chircop*, 2020, 372; Shipping in polar waters, International Maritime Organization, https://www.imo.org/en/MediaCentre/HotTopics/Pages/Polar-default.aspx (7.3.2021).

540 *Rayfuse*, Climate change and the Poles, in: Scott/VanderZwaag (Hg), Research Handbook on Polar Law, Edward Elgar Publishing: Cheltenham–Northampton 2020, 426 f.

541 STCW-Übereinkommen (Änderungen): Amendments to the International Convention on Standards of Training, Certification and Watchkeeping for Seafarers (STCW), Resolution MSC.416(97), 25.11.2016; Amendments to Part A of the Seafarers' Training, Certification and Watchkeeping (STCW), Resolution MSC.417(97), 25.11.2016.

542 *Rayfuse*, 2020, 426.

543 Ibid., 426.

III.4.1 Die Basislinie als territoriale Grenzziehung

Der Ausgangspunkt der Berechnung maritimer Zonen ist seewärtig die Basislinie.[544] Die Basislinie markiert den räumlichen Anwendungsbereich des internationalen Seerechts und ist die juristische Grenze zwischen Land und Meer.[545] Eine Staatsgrenze ist die Basislinie keineswegs, da sich die küstenstaatliche Souveränität auch auf das Küstenmeer, welches sich in einem seewärtigen Abstand von 12 Seemeilen von der Basislinie erstreckt, bezieht.[546] Für die inneren Gewässer gilt die Basislinie landwärts und damit unterliegen Häfen, Kanäle und Flussmündungen der vollen küstenstaatlichen Souveränität.[547]

Art. 5 SRÜ bestimmt die normale Basislinie als grundsätzlichen Standard. Dabei können die Basislinien je nach geologischer Ausformung des Küstenstaates nach Art. 7 SRÜ adaptiert werden. Eine Kombination der Basislinien ist ausdrücklich in Art. 14 SRÜ bestätigt. Der Küstenstaat selbst legt die Basislinien fest und trägt diese in Seekarten ein, die ordnungsgemäß zu publizieren und beim UN-Generalsekretär zu hinterlegen sind (Art. 16 SRÜ).

Einen Spezialfall bilden nach Art. 10 Abs. 6 SRÜ historische Buchten, die über die 24 Seemeilen Zone von der Basislinie hinausreichen. Diese sind infolge historischer Gründe Bestandteil des Staatsgebiets. Eine historische Bucht ist etwa die kanadische Hudson Bay.[548] Teile der Hudson Bay liegen nördlich der 10 °C-Juli-Isotherme und sind dem arktischen Gebiet zuzurechnen.[549]

Sollten Staaten gegenüberliegende oder angrenzende Küstenlinien haben und sich nicht auf eine völkervertragliche Aufteilung einigen können, oder sind keine historischen Rechtstitel vorhanden, ist Art. 15 SRÜ bei der Abgrenzung der Küstenmeere maßgeblich. Dabei ergibt sich eine geringere Breite des Küstenmeeres durch die Festlegung einer Mittellinie (Äquidistanzlinie[550]) zwischen den beiden Basislinien.[551] Demgegenüber greift das SRÜ bei der Abgrenzung der AWZ (Art. 74 Abs. 1 SRÜ) und des Festlandsockels (Art. 83 Abs. 1 SRÜ) zwischen Staaten mit gegenüberliegenden oder aneinander angrenzenden

---

544 *Brubaker*, 1999, 191.

545 *Blitza*, 2019, 18.

546 Ibid., 18.

547 World Ocean Review[1], 2010, 203.

548 *von Arnauld*, 2016, 351.

549 *Scott/VanderZwaag*, 2020, 7.

550 In weiterer Folge wird die Mittellinie, die von beiden Referenzlinien gleich weit entfernt ist als Äquidistanzlinie bezeichnet.

551 *Krajewski*, Völkerrecht, Nomos: Baden–Baden 2017, 348.

Küsten eine Billigkeitslösung auf.[552] Die Anwendung des Äquidistanzprinzips nach Art. 6 FSÜ, welche die Äquidistanzlinie als Grenzlinie bei angrenzenden Meereszonen festgelegt hat, ist im SRÜ als ungerechte Lösung verworfen worden, da als Konsequenz der Anwendung der Äquidistanzlinie eine unverhältnismäßige Teilung erfolgen würde, wenn in einem Teil des abzugrenzenden Gebiets wertvollere Ressourcen vorhanden seien und nur einem Staat zugeschlagen werden.[553] Vor Inkrafttreten des SRÜ entschied der IGH bereits im *Nordsee-Festlandsockel*-Streit zwischen Deutschland und Dänemark, dass die Anwendung des Äquidistanzprinzips nicht zwingend vorgeschrieben sei.[554] Die Nordsee liegt fast vollständig über dem europäischen Festlandsockel und eine Aufteilung nach dem völkergewohnheitsrechtlichen Äquidistanzprinzip hätte zu einer groben Benachteiligung Deutschlands geführt, da dieser Staat eine nach innen gewölbte Küste aufweist.[555] Der IGH entschied im Streitfall, dass eine Aufteilung nach der Berücksichtigung aller wesentlichen Umstände zu erfolgen hat und daher wurden jeder Partei sämtliche Teile des Festlandsockels überlassen, welche die natürliche Verlängerung ihrer Landgebiete in oder unter der See darstellen, soweit dies ohne Beeinträchtigung der natürlichen Fortsetzung des Landgebiets einer anderen Partei möglich sei.[556]

Die heutige Judikatur hat eine Abgrenzungsmethode aufgegriffen, welche eine der Billigkeit entsprechenden Lösung enthält und eine dreistufige Beurteilungsmethode etabliert, wenn innerhalb einer angemessenen Zeit keine Übereinkunft der Abgrenzung des gegenüberliegenden oder aneinander angrenzenden Festlandsockels zwischen den betreffenden Staaten erreicht wird (Art. 83 Abs. 2 SRÜ)[557] und die Maßnahmen der friedlichen Streitbeilegung nach Teil XV SRÜ zur Anwendung kommen.[558] Präzedenzfall dazu ist die Entscheidung des IGH über die Aufteilung des Schwarzen Meeres zwischen Rumänien und der Ukraine. Der IGH legte im ersten Schritt eine vorläufige

---

552 *Lorenzmeier*, Völkerrecht – schnell erfasst², Springer: Berlin–Heidelberg 2012, 130.

553 Ibid., 129 f.

554 North Sea Continental Shelf (Federal Republic of Germany v Norway), Judgement 20.2.1969, I.C.J. Reports 1969, Rn. 79.

555 *Kau*, 2016, 192.

556 North Sea Continental Shelf (Federal Republic of Germany v Norway), Judgement 20.2.1969, I.C.J. Reports 1969, Rn. 43 f. und 85; Vgl. dazu: *Kau*, 2016, 192.

557 Das AWZ-Pendant enthält in Art. 74 Abs. 2 SRÜ eine, mit dem Ziel einer Billigkeit, entsprechenden Lösung der Abgrenzung der AWZ zwischen Staaten mit gegenüberliegenden oder aneinander angrenzenden Küsten.

558 *Marboe*, Das internationale Seerecht, 2013, 485; *Proelß*, 2016, 397.

Äquidistanzlinie auf der Grundlage von „methods that are geometrically objective“[559] fest. Entsprechend sind im ersten Schritt relevante Küstenabschnitte und Basispunkte zu identifizieren. Auf dieser Grundlage wird eine vorläufige Mittellinie (bei gegenüberliegenden Küsten) und eine Äquidistanzlinie (bei benachbarten Küsten) bestimmt, wonach die Grenzpunkte gleich weit von der Basislinie entfernt sind.[560] In der Folge berücksichtigt der Gerichtshof „factors calling for the adjustment or shifting of the provisional equidistance line in order to achieve an equitable result“.[561] Auf der dritten Stufe soll die vorläufige Linie nach *Marboe* und *Proelß* entsprechend angepasst werden, wenn ein ungerechtes Ergebnis in der Gestalt von „any marked disproportion between the ratio of the respective coastal lengths and the ratio between the relevant maritime area of each State“[562] vorliegt. Entsprechend können nach dem *corrective equity approach* die konvexe oder konkave Ausgestaltung des Küstenverlaufs, das Küste-Festlandsockel-Verhältnis, die Existenz von Inseln und von Drittstaaten, der Bestand historischer Rechte, der Zugang zu internationalen Gewässern sowie Sicherheitsinteressen zu einer Anpassung der vorläufig festgelegten Linie führen.[563] Ferner bestimmen Art. 74 Abs. 3 und Art. 83 Abs. 3 SRÜ, dass sich bis zum Abschluss einer völkerrechtlichen Vereinbarung die beteiligten Staaten um vorläufige Vereinbarungen praktischer Art zu bemühen haben und die Erzielung der endgültigen Übereinkunft nicht gefährden oder zu verhindern versuchen. Für die Autorin erscheint es offenkundig, dass diese Normen einer vorläufigen Lösung der gemeinsamen Ressourcenbewirtschaftung dienen sollen, da der IGH eine unverhältnismäßige Teilung ablehnt und die betreffenden Staaten auf bilateraler Ebene den größten Nutzen aus den Ressourcen ziehen können, sofern sie ihre jeweiligen Mittel zielgerecht einsetzen.

3.4.1.1 Normale Basislinie

Die normale Basislinie nach Art. 5 SRÜ ist die Niedrigwasserlinie bei durchschnittlichem Ebbestand.[564] Zusätzlich enthält Art. 5 SRÜ die Qualifizierung

559 Maritime Delimitation in the Black Sea (Romania v. Ukraine), Judgement 3.2.2009, I.C.J. Reports 2009, Rn. 116.
560 *Marboe*, Das internationale Seerecht, 2013, 485; *Proelß*, 2016, 397.
561 Maritime Delimitation in the Black Sea (Romania v. Ukraine), Judgement 3.2.2009, I.C.J. Reports 2009, Rn. 120.
562 Ibid., Rn. 122.
563 *Marboe*, Das internationale Seerecht, 2013, 485; *Proelß*, 2016, 397.
564 *Proelß*, 2016, 386; *von Arnauld*, 2016, 352.

der Basislinie, „wie sie in den vom Küstenstaat amtlich anerkannten Seekarten großen Maßstabs eingetragen ist". Allerdings ist kein international allgemein anerkanntes vertikales Datum als geodätische Grundlage fixiert worden, womit die variierenden küstenstaatlichen Daten in den verschiedenen Meeresregionen als problematisch erscheinen.[565] Künftig werden sich mit dem steigenden Meeresspiegel die derzeitigen Basislinien ins Landesinnere verschieben und die Meereszonen werden mit ihnen landwärts wandern.[566] In Gebieten mit leicht abfallender Küste könnte dieser ins Landesinnere gerichtete Vormarsch des Meeres beträchtlich sein.[567] Damit stellt sich die Frage, welche Linie zur Anwendung kommt, wenn eine Diskrepanz zwischen der physischen und der kartierten Linie besteht. Die nachfolgende kontextuelle Interpretation von Art. 5 SRÜ soll den rechtlichen Status der normalen Basislinie im arktischen Raum unter Berücksichtigung klimatischer Veränderungen untersuchen.

Der IGH sprach sich für den Vorrang der tatsächlichen Niedrigwasserlinie aus: „[...] the Court recalls that under the applicable rules of international law the normal baseline for measuring this breadth is the low-water line along the Coast."[568] Zusätzlich machen weitere Bestimmungen im SRÜ-Basislinienregime die jeweiligen Ausgangspunkte von physischen Gegebenheiten abhängig.[569] Die Sonderstellungen der trockenfallenden Erhebungen (Art. 7 Abs. 4 i.V.m. Art. 13 SRÜ), Flussmündungen (Art. 9 SRÜ) und Buchten (Art. 10 SRÜ) bieten zwar die Möglichkeit einen von der Basislinie abweichenden Verlauf anzunehmen, beziehen sich aber nicht auf die Position der Basispunkte. Insgesamt stützt sich das Basislinienregime nach *Blitza* auf die These der Maßgeblichkeit der physischen Linie. Eine alternative Ansicht fehlt jeglicher Anhaltspunkt und die Überzeugungskraft des systematischen Arguments ist einleuchtend.[570]

Der ermittelte Vorrang der tatsächlichen Gegebenheiten im Basislinienregime führt nach *Proelß* allerdings nicht automatisch zum Ergebnis, dass sich die Basislinien aufgrund veränderter Umstände verschieben, da von der Klimaerwärmung besonders betroffene Entwicklungsländer durch die Verschiebung ihrer Basislinien Ansprüche auf vorhandene marine Ressourcen verlieren

565 *Proelß*, 2016, 387.

566 *King*, Geology.com, 2021.

567 Ibid.

568 Maritime Delimitation and Territorial Questions between Qatar and Bahrain (Qatar v Bahrain), Merits, Judgement 16.3.2001, I.C.J. Reports 2001, Rn. 184.

569 *Blitza*, 2019, 56.

570 Ibid., 56.

würden. Teilweise wird die Einfrierung der bisherigen Meereszonen gefordert, da die Klimaerwärmung und der damit einhergehende Meeresspiegelanstieg überwiegend von den Industriestaaten vorangetrieben wird.[571] Ob und inwiefern eine dauerhafte Fixierung der Basislinien der arktischen Anrainerstaaten, entgegen dem Vorrang der natürlichen Gegebenheiten, möglich ist, behandelt die Autorin zu einem späteren Zeitpunkt in dieser Arbeit.[572]

III.4.1.2 Gerade Basislinie

Eine Modifizierung der normalen Basislinie kann bei tiefen Einbuchtungen und Einschnitten der Küste, sowie bei unmittelbar vorgelagerten Inselketten nach Art. 7 Abs. 1 SRÜ erfolgen. Die genannten geografischen Merkmale müssen nicht kumulativ vorliegen.[573] Eine gerade Basislinie ist eine Verbindungslinie zwischen den aus der Küstenlinie herausragenden äußersten Punkten.[574] Von den fünf arktischen Anrainerstaaten kommt diese Basislinien-Adaption insbesondere Norwegen, aufgrund seiner Fjorde, zugute.[575]

Bereits in der Mitte des 19. Jahrhunderts hat Norwegen gerade Basislinien gezogen und diese Vorgehensweise wurde vom Vereinigten Königreich als völkerrechtswidrig bestritten.[576] Die norwegische Alternative zur Niedrigwasserlinie wurde durch den Internationalen Seegerichtshof im *Anglo-Norwegischen-Fischereifall*[577] bestätigt, in Art. 4 KMÜ kodifiziert und schlussendlich in Art. 7 Abs. 1 SRÜ übernommen.[578]

Art. 7 Abs. 2 SRÜ bestimmt für Küstenabschnitte mit sehr veränderlichen Küstenlinie, dass die gezogenen geraden Basislinien trotz Rückgang der Niedrigwasserlinie aufgrund physischer Gegebenheiten rechtswirksam bleiben. Diese Bestimmung beruht nach *Blitza* auf dem Gedanken, dass die Küstenstaaten die rechtlich relevante Basislinie festlegen. Allerdings ist dieses Regel-Ausnahme-Verhältnis der Maßgeblichkeit kartierter Basislinien nur begrenzt auf sehr veränderliche Küstenlinien anwendbar.[579] Eine fortlaufende Anpassungspflicht

---

571 *Proelß*, 2016, 387.
572 Siehe Kapitel: III.4.1.5 Zwischenergebnis.
573 *Brubaker*, 1999, 198.
574 *Proelß*, 2016, 387.
575 World Ocean Review[1], 2010, 203.
576 *Brubaker*, 1999, 191.
577 Anglo-Norwegian Fisheries (United Kingdom v Norway), Judgement 18.12.1951, I.C.J. Reports 1951, 125 f. und 128 f.
578 *Brubaker*, 1999, 191 f.; *Seelmann*, 2012, 56.
579 *Blitza*, 2019, 54 f.

lässt sich aus der Publizitätspflicht nach Art. 16 SRÜ, mangels völkerrechtlicher Grundlage, aber nicht unmittelbar entnehmen, sondern ergibt sich aus der Zusammenschau des Basisliniensystems (Art. 7, 9 und 10 SRÜ) vielmehr, dass jene Basislinien völkerrechtswidrig sind, die aufgrund von Veränderungen der Küstenform nicht mehr in Übereinstimmung mit dem SRÜ sind.[580]

Art. 7 Abs. 3 SRÜ bestimmt, dass Basislinien im Verlauf der allgemeinen Richtung der Küste zu ziehen sind. Ausgehend vom norwegischen geraden Basisliniensystem wird eine Abweichung der festgelegten Basislinie von der allgemeinen Richtung der Küste mit 15° als nicht erheblich eingestuft.[581] Da allerdings keine Obergrenze der graduellen Abweichung rechtlich terminiert wurde, existiert eine lockere staatliche Praxis zu Art. 7 Abs. 3 SRÜ.[582] Beispielsweise weicht die gerade Basislinie im Bereich der kanadischen Insel Neufundland und der Baffin-Inselküste zur Labradorsee in einigen Segmenten im spitzen Winkel von bis zu 90° vom Küstenverlauf ab.[583] Selbst der IGH wies auf die fehlende mathematische Genauigkeit von Art. 7 Abs. 3 SRÜ hin: „The base-line has been challenged on the ground that it does not respect the general direction of the coast. It should be observed that, however justified the rule in question may be, it is devoid of any mathematical precision."[584]

Das SRÜ, wie auch schon das KMÜ, unterscheidet klar zwischen Erhebungen des Meeresbodens, die gezeitenunabhängig aus dem Meer ragen und jene, die nur bei Ebbe frei gespült werden.[585] Art. 7 Abs. 4 SRÜ verbietet grundsätzlich das Ziehen gerader Basislinien von und zu trockenfallende Erhebungen. Im Kontrast erklärt Art. 13 SRÜ trockenfallende Erhebungen für die Messung der Breite des Küstenmeeres als nutzbar, sofern die trockenfallende Erhebung ganz oder teilweise um nicht mehr als die Breite des Küstenmeeres vom Festland oder einer Insel entfernt ist. Es gilt zu beachten, dass künstliche Erhebungen, wie Bohrinseln, keine trockenfallenden Erhebungen sind.[586] Der Ausgangspunkt

---

580 Ibid., 55 f.

581 Brubaker, 1999, 199 und 204; *Trümpler*, Article 7, in: Proelß (Hg), United Nations Convention on the Law of the Sea: A Commentary, C.H. Beck/Hart/Nomos: München–Oxford–Baden-Baden 2017, 78.

582 *Brubaker*, 1999, 199.

583 Ibid., 204.

584 Anglo-Norwegian Fisheries (United Kingdom v Norway), Judgement 18.12.1951, I.C.J. Reports 1951, 125 f. und 141 f.

585 *Blitza*, 2019, 154.

586 *Brubaker*, 1999, 200; *Symmons*, Article 13, in: Proelß (Hg), United Nations Convention on the Law of the Sea: A Commentary, C.H. Beck/Hart/Nomos: München–Oxford–Baden-Baden 2017, 135.

trockenfallender Erhebungen bezieht sich, abweichend von den SRÜ-Normen, nicht auf die Basislinie, sondern auf das Festland oder Inseln.[587] Aufgrund der Anhaftung von trockenfallenden Erhebungen an Gewässer innerhalb des Küstenmeeres kann damit auch keine Analogie zu Felsen nach Art. 121 Abs. 3 SRÜ hergestellt werden.[588] Damit sind trockenfallende Erhebungen keineswegs Umgehungsmethoden, da sie kein eigens Küstenmeer besitzen, sondern nur das Küstenmeer des Festlands, vor dem sie liegen, erweitern können.[589] Dem Argument, dass Art. 13 SRÜ im Widerspruch zu Art. 7 SRÜ (vormals Art. 6 ILC Articles concerning the Law of the Sea) stehe, begegnet *François* damit, dass Art. 13 SRÜ die allgemeine Regel für die Messung des Küstenmeeres von der normalen Basislinie festlegt, während: „Article 6 was concerned with the exceptional cases in which a State, because of its deeply indented coast, was allowed the special privilege of simplifying the perimeter of its territorial sea by drawing straight baselines as an artificial substitute for the normal base line (the low-water line) because the latter would be too sinuous. "[590] Somit war die Berücksichtigung trockenfallender Erhebungen nur für den Fall der normalen Basislinie vorgesehen und keineswegs eine Doppelprivilegierung von Küstenstaaten.[591] Die restriktive Auslegung von Art. 13 SRÜ lässt sich auch aus dem Grundsatz der Freiheit der Meere ableiten: Küstenstaatliche Kompetenzen bedürfen einer Rechtfertigung und der Eingriff in die Freiheit der Meere soll möglichst gering gehalten werden.[592]

Da sich das norwegische gerade Basisliniensystem der Ziehung von Basispunkten zu trockenfallenden Erhebungen bedient und um den Beitritt Norwegens zum KMÜ zu gewährleisten, wurde in der entsprechenden Genfer Konvention die Leuchtturmklausel eingeführt und im SRÜ übernommen.[593] Die Ziehung gerader Basislinien zu trockenfallenden Erhebungen ist daher auch zulässig, wenn Leuchttürme oder ähnliche Anlagen auf eben diesen erbaut wurden.[594] Ähnliche Installationen sind alle Bauten, die zur Navigation verwendet werden und sich bei Flut über Wasser befinden, wie etwa Leuchtfeuer,

587 *Blitza*, 2019, 95.
588 *Symmons*, 2017, 134.
589 *Blitza*, 2019, 95.
590 Yearbook of the international law commission 1954, Volume I, Summary Records of the Sixth Session: 3 June–28 July 1954, 95, Rn. 64–66.
591 *Blitza*, 2019, 95.
592 Ibid., 95.
593 *Trümpler*, Article 7, 2017, 79.
594 Art. 7 Abs. 4 SRÜ.

Nebelhörner oder Radarreflektoren.[595] Nicht zwingend müssen diese Bauten den Zwecken der Navigation dienen und dementsprechend können nach *Trümpler* auch Windkraftanlagen unter die Leuchtturmklausel subsumiert werden. Daneben wurde auf Vorschlag Norwegens in Art. 7 Abs. 4 SRÜ die zusätzliche Bestimmung der Ziehung von Basislinien zu und von solchen Erhebungen, die „allgemeine internationale Anerkennung gefunden hat" eingefügt.[596]

Der IGH hat bereits 1951 im *Anglo-Norwegischen-Fischereifall* ausdrücklich für Lopphavet eine trockenfallende Erhebung ohne Anlage akzeptiert.[597] Diese Entscheidung des Gerichtshofs ist nach *Blitza* und *Trümpler* auf die spezielle Situation Norwegens zu reduzieren und diese sollte den hohen Anforderungen, die sich auf der allgemeinen internationalen Anerkennung gründen, gerecht werden. Insbesondere, da sich nach dem Inkrafttreten des SRÜ, kein weiterer Staat auf diese Bestimmung gestützt hat, wird eine dementsprechende Basislinie nicht leichtfertig gezogen werden können.[598] Dem wiederum ist für die allgemeine internationale Anerkennung nicht die Zustimmung aller SRÜ-Vertragsstaaten notwendig, sofern man Art. 7 Abs. 4 SRÜ nicht einen rein deklaratorischen Charakter beimisst.[599]

Zusätzlich berücksichtigt Art. 7 Abs. 5 SRÜ in Übereinstimmung mit der IGH-Entscheidung des *Anglo-Norwegischen-Fischereifalls* bei der Bestimmung von geraden Basislinien wirtschaftliche Interessen.[600] Die Bedeutung dieser wirtschaftlichen Interessen sind klar durch eine lange Nutzung zu belegen (Art. 7 Abs. 5 SRÜ). Das wirtschaftliche Kriterium wurde so weit ausgelegt, dass es auch „nutritional and cultural dependence" umfasst.[601] Der Gerichtshof führte aus: „The survival of traditional rights reserved to the inhabitants [...] founded on the vital needs of the population and attested by very ancient and peaceful usage, may legitimately be taken into account in drawing a line [...]".[602]

---

595 *Trümpler*, Article 7, 2017, 79.

596 Ibid., 79.

597 Anglo-Norwegian Fisheries (United Kingdom v Norway), Judgement 18.12.1951, I.C.J. Reports 1951, 142; Vgl. dazu: *Brubaker*, 1999, 200.

598 *Blitza*, 2019, 100; *Trümpler*, Article 7, 2017, 79.

599 *Blitza*, 2019, 101.

600 Anglo-Norwegian Fisheries (United Kingdom v Norway), Judgement 18.12.1951, I.C.J. Reports 1951, 133.

601 *Byers*, 2007, 153.

602 Anglo-Norwegian Fisheries (United Kingdom v Norway), Judgement 18.12.1951, I.C.J. Reports 1951, 142.

Nach *Brubaker* weicht die staatliche Praxis bei der Festlegung gerader Basislinien häufig von den SRÜ-Kriterien ab. Diesen Umstand führt er nicht auf Unklarheiten in den veröffentlichten Standards zu Art. 7 SRÜ zurück, sondern vielmehr auf mangelndes Engagement bei der strengen Auslegung und konsequente Durchsetzung der Bestimmung. Außer bei den schwerwiegendsten Verletzungen maritimer Rechte von Nachbarstaaten verfahren Drittstaaten meist still und lehnen gerade Basislinien nicht ab.[603] Dieser passive Ansatz führte zu Fixierungen unzulässiger Ansprüche.[604] Am geraden Basisliniensystem kann kritisiert werden, dass aus einem IGH-Instrument, welches den Lebensunterhalt der ländlichen norwegischen Fischer sicherstellen wollte, eine Umfunktionierung hinsichtlich eines Umgehungskonstrukts des 2. SRÜ-Abschnittes erfolgte.[605] Allerdings gilt nach *Trümpler* zu berücksichtigen, dass sich die wirtschaftlichen Auswirkungen gerader Basislinien in Küstengebieten durch die Ausweitung des Küstenmeeres auf 12 Seemeilen marginalisieren und die Einrichtung von AWZs bereits im SRÜ gebilligt wurde. Im Ergebnis ist die einzige haltbare (umstrittene) Begründung eines geraden Basisliniensystems im Rahmen des Prozesses einer Vereinfachung zu finden und sollte auf komplexe Küstenformen begrenzt sein.[606]

III.4.1.2.1 Exkurs: die geraden Basislinien Kanadas

Nördlich des kanadischen Festlands liegen 94 Hauptinseln, mit einer Fläche von mehr als 130 km^2 und 36.469 Nebeninseln, mit einer Gesamtfläche von rund 1.4 Millionen km^2.[607] Die Fahrt des US-amerikanischen Eisbrechers *Polar Sea* (1985) durch die Nordwestpassage, ohne vorherige kanadische Erlaubnis und das vehemente Bestreiten eines kanadischen Hoheitsanspruches über diese Gewässer durch die USA, veranlasste Kanada zur Festlegung gerader Basislinien zwischen den äußeren Landzungen des kanadischen Archipels.[608] In praktischer Hinsicht befahren damit alle Schiffe auf der Nordwestpassage, kanadische innere Gewässer.[609] Die kanadische Intention zielte auf den Erhalt

603 *Brubaker*, 1999, 206.

604 Ibid., 206.

605 *Trümpler*, Article 7, 2017, 82.

606 Ibid., 82.

607 *Adams/Maxwell*, Arctic Archipelago, in: The Canadian Encyclopedia, 26.10.2015, https://www.thecanadianencyclopedia.ca/en/article/arctic-archipelago (23.4.2021).

608 *Byers*, 2007, 151.

609 *Rothwell*, The Arctic in International Affairs: Time for a New Regime?, in: 15 The Brown Journal of World Affairs 1/2008, 246.

der vollen Souveränität in den Gewässern, als auch auf die Regulierung der Schifffahrt in ihrer Gesamtheit ab.[610] Allerdings stützte sich Kanada bei der Festlegung gerader Basislinien auf den *Anglo-Norwegischen-Fischereifall.*[611] Ratifiziert hat Kanada das SRÜ erst 2003[612] und dementsprechend hat die Annahme oder Ablehnung des kanadischen Systems gerader Basislinien nach *Byers* eine geringe Bedeutung für die Interpretation des SRÜ. Zur Verstärkung der Festlegung der geraden Basislinien berief sich Kanada auf das Argument der historischen Nutzung der inneren Gewässer, welche sich aus der kanadischen Souveränität ableitet.[613] Zusätzlich unterstrich die Schaffung eines neuen politischen Territoriums 1993 durch das *Nunavut Land Claims Agreement*[614] die kanadische Hoheit über die Gewässer, die dem arktischen Archipels Nunavut zugehörig sind.[615] Diese Vereinbarung zwischen dem Volk der Inuit und der kanadischen Regierung mit vereinbarten Nutzungsrechten wird vom IGH[616] unterstützt. Dahingehend begründet die historische Präsenz des indigenen Volkes auf Nunavut nach *Byers* kanadische Staatshoheit. Gerade Basislinien als Ganzes, als auch einzelne Basislinien, die von völkerrechtlich geltenden geografischen Kriterien abweichen, können aufgrund der Nutzung und der Bewohnung des Meereises durch die Inuit gerechtfertigt sein.[617]

III.4.1.3 Archipelbasislinien

Eine weitere Modifikation des Basisliniensystems sind die Archipelbasislinien nach Art. 47 SRÜ. Diese Verbindungslinie hat eine maximale Länge von 125 Seemeilen und verläuft zwischen den äußersten Punkten der äußersten Inseln und trockenfallenden Riffe des Archipels.

Obwohl die Archipelgewässer als innere Gewässer gelten, unterliegen sie einem gesonderten Rechtsregime[618] und schieben sich in ihrem rechtlichen

---

610 Ibid., 246.

611 *Byers*, 2007, 152.

612 Chronological lists of ratifications, of accessions and successions to the Convention and the related Agreements, UN DOALOS, 2021.

613 *Byers*, 2007, 152.

614 Nunavut Land Claims Agreement Act, 10.6.1993, S.C.1993, c. 29, https://laws-lois.justice.gc.ca/PDF/N-28.7.pdf (1.2.2022).

615 *Byers*, 2007, 152.

616 „[...] such agreements with local rulers [...] were regarded as derivative roots of title...“; Vgl. dazu: Western Sahara, Advisory Opinion 16.10.1975, I.C.J. Reports 1975, Rn. 80.

617 *Byers*, 2007, 152.

618 *von Arnauld*, 2016, 352 f.

Status zwischen die inneren Gewässer und die Küstenmeere.[619] Innerhalb der gezogenen Archipelbasislinien ermöglicht Art. 48 SRÜ eine Ausdehnung funktionaler Souveränität von Archipelstaaten auf das Küstenmeer, die AWZ und dem Festlandsockel. Damit erstreckt sich die staatliche Souveränität in den Archipelgewässern nach Art. 49 SRÜ, unabhängig von ihrer Tiefe oder ihrer Entfernung von der Küste. Im Unterschied zu den inneren Gewässern gewährt Art. 52 SRÜ ein Recht der friedlichen Durchfahrt für Schiffe aller Staaten. Trotzdem können die Archipelstaaten nach Art. 53 SRÜ Schifffahrtsrouten festlegen.

Archipele sind nach Art. 46 lit. b SRÜ eine Gruppe von Inseln, einschließlich dazwischen liegender Gewässer, die „eine wirkliche geografische, wirtschaftliche und politische Einheit bilden, oder die von alters her als solche angesehen worden sind." Einzig Archipelstaaten ist es möglich, gerade Archipelbasislinien zu ziehen und können somit Kontinentalstaaten, wie Kanada, Teil IV SRÜ nicht anwenden.[620] Teilweise wird die Auffassung vertreten, die vorgenommene Definition auf letztere auszudehnen.[621] Da keiner der arktischen Staaten ein Archipelgewässer beansprucht hat,[622] verzichtet die vorliegende Arbeit auf eine genauere Abhandlung des Archipelbasislinien-Regimes.

III.4.1.4 Festlegung der Basislinie bei eisbedeckter Küste

Speziell für die Arktis stellt sich die Frage, wie das Basisliniensystem anzuwenden ist, wenn die normale Niedrigwasserlinie entlang der Küste aufgrund ganzjähriger Eisbedeckung nicht bestimmt werden kann und inwiefern die Fixierung gerader Basispunkte auf dem schmelzenden Meereis anzupassen ist.

Insbesondere die Festlegung der russischen Basispunkte in der Arktis weisen große Unterschiede zu den typischen SRÜ-Kriterien auf. Beispielsweise hat das russische Dekret für Fischerei in Meeresgebieten (1911) neben der Niedrigwasserlinie als Basislinie optional die äußere Kante des unbeweglichen Küsteneises festgelegt.[623] Zusätzlich befinden sich russische Basispunkte auf Sand, der trocknet und keine Anlagen hat, oder auf trocknenden Felsen ohne Anlagen, als auch auf Inseln oder Felsen, die in einem spitzen Winkel zum Küstenverlauf

619 Vgl. dazu: Art. 49 ff. SRÜ.

620 *Brubaker*, 1999, 202.

621 Ibid., 202.

622 Maritme Claims, in: CIA World Factbook, https://www.cia.gov/the-world-factbook/about/archives/2022/field/maritime-claims/ (13.6.2024).

623 Siehe Kapitel: III.2.4 *Terra Firma – Glaces Firma*.

liegen, sowie Basispunkten auf dem Meer.[624] Der Verweis auf eine moderate Unterstützung Russlands in der Staatenpraxis und die Tatsache, dass die USA der einzige Staat ist, welcher sich gegen das russische gerade Basisliniensystem ausgesprochen hat, kann nach *Brubaker* nicht als widersprüchlich zum Seevölkerrecht gewertet werden. Trotzdem bleibt die Verwendung von Eis als Basispunkt umstritten, obwohl entsprechende Basispunkte gerechtfertigt sein könnten, wenn diese auf dem Meer platziert wären.[625]

In der Praxis sind auf dem Polyarny Gletscher auf Sewernaja Semlja mit den Punkten 218 und 219 russische Basispunkte auf eisbedeckten Gebieten festgelegt worden.[626] Daneben haben auch Kanada und Dänemark Eisformationen bei der Ziehung ihrer Grenzlinien eingeschlossen.[627] Verschwinden diese Eisflächen komplett, ergeben sich weitere Problematiken hinsichtlich der Legitimität bestimmter Basislinien und der darauf beruhenden maritimen Ansprüche.[628]

III.4.1.4.1 Exkurs: Jan Mayen-*Fall*

Der IGH behandelte 1993 die Frage der Berücksichtigung von Meereis in Abgrenzungsstreitigkeiten im *Jan Mayen*-Fall zwischen Dänemark und Norwegen folgendermaßen: „Perennial ice may significantly hinder access to the resources of the region, and thus constitute a special geographical feature of it."[629] Allerdings wurde das Packeis nicht anhand geografischer Gesichtspunkte bewertet, sondern der IGH hat die Eisbedeckung indirekt bei der wirtschaftlichen Ausgewogenheit der Grenze berücksichtigt, indem die Unzugänglichkeit des Fischfangs entlang der grönländischen Küste sowie über weite Teile des Meeres in die rechtliche Beurteilung miteinbezogen wurde.[630]

Allerdings hat die Entscheidung die Verwendung von Basispunkten im Eis bewusst übergangen, da dies eine gänzliche Neuerung wäre und weder das zu

---

624 *Brubaker*, 1999, 217.

625 Ibid., 217 f.

626 *Kaye*, 2004, 82.

627 *Rayfuse*, Melting Moments: The Future of Polar Oceans Governance in a Warming World, in: 16 Review of European Community & International Environmental Law 2/2007, 203.

628 Ibid., 204.

629 Maritime Delimitation in the Area between Greenland and Jan Mayen (Denmark v Norway), Judgement 14.6.1993, I.C.J. Reports 1993, Rn. 78.

630 *Kaye*, 2004, 86.

untersuchende dänische noch das norwegische Basisliniensystem Basispunkte auf dem Eis gewählt haben.[631]

III.4.1.5 Zwischenergebnis

Aufgrund des Vereinfachungsgedankens erscheint die Festlegung einer kartierten Linie als normale Basislinie als geeignet. Für gerade Basispunkte sollte jedenfalls eine Anpassung erfolgen, wenn das Eis ganzjährig geschmolzen ist. Die Fortführung gerader Basispunkte bis zu diesem Ereignis ist nach Ansicht der Autorin angemessen, da der betreffende Staat aufgrund der permanenten Eisbedeckung prinzipiell keinen wirtschaftlichen Mehrwert aus dem abgesteckten Gebiet erwarten kann.

Eine dauerhafte Stabilisierung normaler Basislinien kann durch eine Fixierung ebenjener in einem ergänzenden Vertragsabschluss, einer Vertragsänderung zum SRÜ oder der Bildung von Gewohnheitsrecht erreicht werden. Anzustreben wäre ein ergänzender Vertragsabschluss oder die Bildung von Gewohnheitsrecht. Eine Vertragsänderung des SRÜ nach Art. 312 SRÜ erfordert einen konsensualen Willen der Vertragsstaaten und die Autorin geht davon aus, dass dieser konsensuale Wille nur schwer zu erreichen sein wird. Aber auch die übrigen Adaptionen erfordern einen gleichgerichteten Willen einer mehrheitlichen Anzahl an Staaten, welcher über den potenziellen Kreis der Vertragsstaaten hinausgeht, um gewohnheitsrechtliche Anerkennung, beziehungsweise Rechtswirksamkeit zu erlangen. Vor dem Hintergrund, dass die Bildung von gewohnheitsrechtlichen Normen zeitintensiv ist, könnte ein ergänzender Vertragsabschluss die maritime Grenzziehung in der Arktis am schnellsten dauerhaft fixieren. Allerdings würde damit die Integrität des SRÜ infrage gestellt werden, da eine zentrale Bestimmung dieses Vertragswerk neu formuliert würde und damit gegen Art. 311 Abs. 3 SRÜ verstoßen könnte. Dementsprechend ist eine Stabilisierung der maritimen Grenzen anhand der Fixierung der normalen Basislinie laut Ansicht der Autorin in naher Zukunft nicht zu erwarten.

III.4.2 Inselstatus nach Art. 121 SRÜ

Das Inselregime setzt Inseln nach Art. 121 Abs. 2 SRÜ prinzipiell mit Landflächen gleich und erkennt ihnen alle seerechtlichen Meereszonen zu, welche

---

631 Ibid., 86; Vgl. dazu: Das dänische Basisliniensystem verwendet Landvorsprünge und Inseln. Die norwegische Küste ist nicht ganzjährig mit Eis bedeckt.

der Küstenstaat auch für das Festland in Anspruch nehmen kann.[632] In anderen Worten verleihen die Inseln staatliche Souveränität, souveräne Rechte und hoheitliche Befugnisse über Millionen Quadratkilometer Meeresfläche.[633] Die Rechtsfolgen nach Art. 121 SRÜ erweitern das zustehende Meeresgebiet als praktische Konsequenz auf eine 278-mal größere Fläche, im Vergleich zu bloßen Felsen.[634] Es ist ersichtlich, wie essenziell die Qualifizierung einer Insel für jene Staaten ist, die ihre souveränen Ansprüche nach Norden hin ausdehnen wollen. Im Ergebnis ist der Zugriff auf vorhandene lebende und nichtlebende Ressourcen in bestimmten Meeresgebieten von der geografischen Lage einzelner Inseln abhängig.[635]

Art. 121 Abs. 1 SRÜ bestimmt den Begriff einer Insel als eine natürlich entstandene Landfläche, die vom Wasser umgeben ist und bei Flut über dem Wasserspiegel hinausragt. Ein Felsen nach Art. 121 Abs. 3 SRÜ besitzt im Gegensatz zu einer Insel keine AWZ und keinen Zugang zu den Ressourcen des Festlandsockels.[636] Dahingehend ist eine notwendige, aber nicht hinreichende, Voraussetzung für die Beanspruchung sämtlicher Meereszonen ein über dem Meeresspiegel liegendes natürlich entstandenes Land.[637] Speziell für arktische Bohrinseln gilt, dass sie keine natürlich entstandene Landfläche sind und der Anwendungsbereich von Art. 121 SRÜ jedenfalls nicht eröffnet ist.[638] Auch gilt es zu beachten, dass sich Art. 121 SRÜ nur mit einzelnen Inseln befasst und nicht auf eine Gruppe von Inseln oder Archipelen angewendet werden kann.[639] Daneben enthält das Inselregime weder eine Regelung zu überlappenden Ansprüchen noch über den Erwerb der Souveränität über das Inselgebiet und diese Materie bleibt Aufgabe des allgemeinen Völkerrechts.[640] In diesem Kontext ist die eingebrachte Klage einer natürlichen Person, die Interessen an fünf Inseln in der Beringstraße im *Recording District Nome*, im Westen Alaskas,

---

632 *Blitza*, 2019, 154.

633 *Talmon*, Article 121, in: Proelß (Hg), United Nations Convention on the Law of the Sea: A Commentary, C.H. Beck/Hart/Nomos: München–Oxford–Baden-Baden 2017, 859.

634 Ibid., 860.

635 *Proelß*, 2016, 377.

636 *Gjetnes*, „The Spratlys: Are They Rocks or Islands?", in: 32 Ocean Development & International Law 2/2001, 194.

637 *Blitza*, 2019, 150.

638 *Lorenzmeier*, 2012, 127.

639 *Talmon*, 2017, 859.

640 Ibid., 859.

registrieren wollte, erwähnenswert. Der *Supreme Court of Alaska* hat die Klage 1994 mit der Begründung zurückgewiesen, dass die Frage der Souveränität über die arktischen Inseln nicht in den exekutiven und legislativen Zuständigkeitsbereich der Regierung der Vereinigten Staaten fiele. Solange die US-Regierung nicht angibt, dass die arktischen Inseln Teil des Bundesstaates Alaskas sind, ist der *Supreme Court* nicht verpflichtet, Dokumente, die sich auf das Eigentum an den betreffenden Inseln auswirken, zu akzeptieren.[641] Eine Erklärung des *U.S. Department of State, Bureau of European and Eurasian Affairs*[642] aus dem Jahr 2003 deutet darauf hin, dass die USA diese Inseln nie beansprucht haben.[643]

Ab welchem Zeitpunkt eine Landfläche über dem Wasserspiegel den rechtlichen Status einer Insel erhält, soll der folgende Abschnitt klären. Eine Zusammenschau von Art. 121 SRÜ macht ersichtlich, dass Felsen natürlich entstandene Landflächen sind, die über dem Meeresspiegel liegen und zusätzlich nicht für die menschliche Besiedlung geeignet sind oder kein wirtschaftliches Eigenleben zulassen. Dahingehend hat jeder Fels die Voraussetzungen nach Art. 121 Abs. 1 SRÜ zu erfüllen und es ist augenscheinlich, dass jede Insel ein Fels ist, aber nicht jeder Fels eine Insel ist.[644] Die unpräzise Formulierung von Art. 121 Abs. 3 SRÜ enthält weder die Begriffsbestimmung von Felsen, noch werden die Kriterien „geeignet für menschliche Besiedelung", oder „wirtschaftliches Eigenleben nicht zulassen" näher festgelegt. Dieser Umstand deutet aber keinesfalls auf einen Bedeutungsmangel dieser Norm hin.[645] Die bewusste Unbestimmtheit von Art. 121 Abs. 3 SRÜ ist wahrscheinlich der Sorge von Staaten geschuldet, die über eine große Anzahl unbewohnter Inseln verfügen und ihre möglichen Gewinne nicht begrenzen wollen.[646] Die nachfolgenden Abschnitte verfolgen das Ziel einer Interpretationsdarstellung nach Wortlaut, Systematik,

---

641 D. Denardo v. State of Alaska, Opinion 23.12.1994, Supreme Court of Alaska 887 P 2d 947.

642 Status of Wrangel and Other Arctic Islands, U.S. Department of State, Bureau of European and Eurasian Affairs, 20.5.2003, https://2001-2009.state.gov/p/eur/rls/fs/20922.htm (2.10.2021).

643 *Franckx*, Should the Law Governing Maritime Areas in the Arctic Adapt to Changing Climate Circumstances?, in: Koivurova/Keskitalo/Bankes (Hg), Climate Governance in the Arctic, Environment Policy[50], Springer Netherlands: Dordrecht 2009, 120.

644 *Blitza*, 2019, 155; *Talmon*, 2017, 862 und 868.

645 *Blitza*, 2019, 151.

646 *Gjetnes*, 2001, 198.

Telos und Historie, ergänzt um die Auslegung dieser Norm durch Gerichte. Dadurch soll die Unbestimmtheit von Art. 121 Abs. 3 SRÜ aufgeklärt werden.

Jedenfalls ist klar zwischen Felsen und trockenfallenden Erhebungen, die nur bei Ebbe freigespült werden (Art. 13 SRÜ), zu unterscheiden.[647] Die Frage nach der Beschaffenheit des Bodens und der Vegetation ist für die Verleihung des Inselstatus unerheblich, spielt aber bei der Frage nach der menschlichen Besiedelung eine große Rolle.[648] Würde man einen Felsen allein anhand einer geologischen Definition bestimmen, wären alle unfruchtbaren und unbewohnten insularen Strukturen mit zugehörigem Land, Sandbänken und Atollen als Inseln zu definieren und der Anwendungsbereich von Art. 121 Abs. 3 SRÜ wäre stark eingeschränkt.[649] Zu diesem Ergebnis kam auch das Schiedsgericht im Schiedsverfahren zum Südchinesischen Meer (*Schiedsverfahren SCS*).[650] Dem wiederum könnte nach *Blitza* die Größe des herausragenden Meeresuntergrundes als geeignetes Unterscheidungsmerkmal dienen. Eine exakte Größenangabe für Inseln wurde allerdings bis dato nicht festgelegt.[651]

Der IGH stellte im *Jan Mayen*-Fall fest, dass die Insel Jan Mayen zwischen Grönland und Norwegen mit ihrer Größe von 54,8 Kilometer in der Länge kein Felsen im Sinne des SRÜ sein kann. Dabei hielt der Gerichtshof die Frage der menschlichen Besiedelung und des wirtschaftlichen Eigenlebens für irrelevant.[652] Welche tatsächliche Größenbeschränkung für die Subsumierung eines bei Flut aus dem Meer herausragenden Meeresuntergrundes unter Art. 121 Abs. 3 SRÜ herangezogen wird, ist durch das Urteil allerdings nicht geklärt worden. Jedenfalls muss diese kleiner als die Jan Mayen Insel sein.[653] In der Praxis wurden sogar winzige Felsen von wenigen Quadratzentimetern als Inseln behandelt.[654]

Wesentlich ist die Größe der Insel sehr wohl für die Frage, ob eine menschliche Besiedelung oder ein wirtschaftliches Eigenleben möglich ist.[655] Die

---

647 *Blitza*, 2019, 154.

648 *Talmon*, 2017, 863.

649 *Gjetnes*, 2001, 193.

650 The South China Sea Arbitration (The Republic of the Philippines v the People's Republic of China), Award 12.7.2016, PCA Case N° 2013-19, http://www.pcacases.com/web/sendAttach/2086.%2520 (23.4.2021), Rn. 479 f.

651 *Blitza*, 2019, 155.

652 Maritime Delimitation in the Area between Greenland and Jan Mayen (Denmark v Norway), Judgement 14.6.1993, I.C.J. Reports 1993, Rn. 61 und 79 f.

653 *Gjetnes*, 2001, 193 f.

654 *Talmon*, 2017, 863.

655 Ibid., 863.

kompromissbereite Verbindung des Wortes „oder" zwischen der menschlichen Besiedelung und des wirtschaftlichen Eigenlebens weist nach *Blitza* auf ein distinktives Verhältnis hin. Sowohl der Methodik als auch einem kontextuellen Verständnis dieser Wortwahl kann keine kumulative Verbindung entnommen werden.[656] In anderen Worten verleiht die negative Gesamtstruktur des Satzes einem Felsen den Inselstatus nicht, wenn keine der beiden Anforderungen erfüllt sind.[657]

Bereits lange vor Inkrafttreten des SRÜ haben Rechtswissenschaftler die Definition der menschlichen Besiedelung von den natürlichen Bedingungen abhängig gemacht, die einen dauerhaften Aufenthalt organisierter Gruppen von Menschen ermöglichen und zählen vorhandenes Trinkwasser, fruchtbarer Boden und weitere Ressourcen zu diesen natürlichen Bedingungen.[658] Das Schiedsgericht im *Schiedsverfahren SCS* kommt zum gleichen Ergebnis und stützt sich auf die natürlichen Bedingungen. Für den rechtlichen Status einer Insel fordert das Schiedsgericht im Rahmen einer Einzelfalluntersuchung mehr als das bloße Überleben der Menschen.[659] Auch das alleinige Abstellen auf eine mögliche effektive Okkupation und Kontrolle ist für die Verleihung eines Inselstatus nicht ausreichend. *François* führt dazu aus: „Any rock could be used as a radio station or a weather observation post. In that sense, all rocks were capable of occupation and control."[660] Daneben stellt sich die Frage nach der Zusammensetzung der Inselbewohner. Es scheint, dass die Gesetzesmaterialien zum SRÜ stationiertes wissenschaftliches Personal als irrelevant für die Inanspruchnahme des Inselstatus nach Art. 121 Abs. 1 SRÜ erachten.[661] Vielmehr wird verlangt, dass Personen, die auf der Insel leben, sich aus den natürlichen Ressourcen selbst versorgen können und nicht auf eine Bereitstellung der lebensnotwendigen Güter von außen angewiesen sind.[662] Nicht notwendigerweise ist eine menschliche Besiedelung der insularen Formation in tatsächlicher Weise gefordert, sondern dessen bloße Möglichkeit wird für die Verleihung des Inselstatus als ausreichend erachtet.[663] Im Ergebnis überzeugt das Argument, dass

---

656 *Blitza*, 2019, 160.

657 *Talmon*, 2017, 879.

658 *Gjetnes*, 2001, 195.

659 The South China Sea Arbitration (The Republic of the Philippines v the People's Republic of China), Award 12.7.2016, PCA Case N° 2013-19, Rn. 546.

660 Yearbook of the international law commission 1954, Volume I, Summary Records of the Sixth Session: 3 June–28 July 1954, 94, Rn. 45.

661 *Gjetnes*, 2001, 195.

662 Ibid., 196.

663 *Talmon*, 2017, 874 und 877.

die Schaffung eines AWZ-Regimes, die geeignetste Möglichkeit der natürlichen Ressourcennutzung für die Küstenbewohner schaffen soll.[664] Dementsprechend kann bei stationiertem Personal zu wissenschaftlichen Zwecken, militärischen Truppen als auch jenen Personen, welche eine Schutzfunktion der Insel nutzen, wie etwa bei Fischern, von keiner menschlichen Besiedelung ausgegangen werden.[665] Allerdings kann aus der IGH-Entscheidung zum Inselstatus Jan Mayen ein geringes Anforderungsausmaß an die Besiedelung abgeleitet werden.[666] *Blitza* weist darauf hin, dass diese Schlussfolgerung nicht zwingend ist, da sowohl Norwegen als auch Dänemark Jan Mayen als Insel qualifizierten und der IGH somit nicht explizit über den Inselstatus abgesprochen hat. Dass der Gerichtshof das gegenständliche Einvernehmen nicht beanstandete, ist als Indiz für die unstreitige rechtliche Inselstellung von Jan Mayen zu werten.[667]

In diesem Kontext ist interessant, dass auch das Schiedsgericht im *Schiedsverfahren SCS* einen regelmäßigen oder gewöhnlichen Aufenthalt, wie er bei Nomadenvölkern vorkommt, genügen lässt.[668] Zusammenfassend ist die menschliche Besiedelung gegeben, wenn die Art der physischen Präsenz von natürlichen Bedingungen auf der Insel eine stabile Gemeinschaft bildet, die dauerhaft auf der Insel leben kann.[669]

Auch das zweite Inselkriterium, das wirtschaftliche Eigenleben, lässt einen großen Interpretationsspielraum zu. Die Wortinterpretation der authentischen[670] englischen SRÜ-Fassung („cannot sustain"), als auch die Entstehungsgeschichte des Art. 121 Abs. 3 SRÜ sprechen für die Auslegung einer bloß abstrakten Möglichkeit eines wirtschaftlichen Eigenlebens.[671] Somit ist evident, dass die Ressource, um die sich die wirtschaftliche Tätigkeit dreht, nicht importiert sein kann.[672] Es ist daher davon auszugehen, dass die Voraussetzung des wirtschaftlichen Eigenlebens bei Benützung der Landformation zu bloßen militärischen Zwecken nicht erfüllt sein kann.[673] Auch die bloß abstrakte

---

664 *Gjetnes*, 2001, 195.

665 *Talmon*, 2017, 876 f.

666 Maritime Delimitation in the Area between Greenland and Jan Mayen (Denmark v Norway), Judgement 14.6.1993, I.C.J. Reports 1993, Rn. 15 und 79 f.

667 *Blitza*, 2019, 157.

668 The South China Sea Arbitration (The Republic of the Philippines v the People's Republic of China), Award 12.7.2016, PCA Case N° 2013-19, Rn. 542.

669 *Gjetnes*, 2001, 196.

670 Vgl. dazu: Art. 320 SRÜ.

671 *Blitza*, 2019, 158.

672 *Talmon*, 2017, 877.

673 *Blitza*, 2019, 159.

Existenz einer natürlichen Ressource wird für die Erfüllung der Voraussetzung eines wirtschaftlichen Eigenlebens als nicht ausreichend erachtet, sondern die Ressource muss vielmehr über einen bestimmten Zeitraum einen wirtschaftlichen Wert darstellen.[674] Ferner wäre es im heutigen modernen Zeitalter möglich ein Software-Unternehmen von überall auf der Welt aus zu betreiben und wäre diese Tätigkeit ausreichend für den Erhalt des Inselstatus, läge nach *Gjetnes* ein Bedeutungsverlust von Art. 121 Abs. 3 SRÜ vor.[675]

Im *Schiedsverfahren SCS* führte das Schiedsgericht hinsichtlich der rohstoffbasierten Wirtschaft aus: „Economic life, therefore, must be oriented around the feature itself and not focused solely on the waters or seabed of the surrounding territorial sea. [...] Extractive economic activity to harvest the natural resources of a feature for the benefit of a population elsewhere certainly constitutes the exploitation of resources for economic gain, but it cannot reasonably be considered to constitute the economic life of an island as its own. “[676] Es ist augenscheinlich, dass das Schiedsgericht das Ziel verfolgte, die Auswirkung kleiner Landformationen hinsichtlich der Schaffung von Meereszonen zu verhindern.[677] Trotzdem muss für die Verleihung des Inselstatus eine Unterstützung außerhalb der potenziellen Insel gewahrt werden, um deren wirtschaftlichen Wert realisieren zu können.[678] Würde das wirtschaftliche Eigenleben anders bewertet werden und wirtschaftliche Tätigkeiten, die notwendigerweise den vorherigen Import von Gütern verlangen, ausschließen, wäre weder der Telos noch die Historie von Art. 121 Abs. 3 SRÜ gedeckt.[679]

Die Autorin kommt anhand der rechtlichen Beurteilung im *Schiedsverfahren SCS* zum Ergebnis, dass hinsichtlich der Frage eines geeigneten wirtschaftlichen Eigenlebens jedenfalls auf die menschliche Aktivität abzustellen ist. Der Begriff „economic life“ legt nahe, dass ein gewisses Maß an lokaler menschlicher Aktivität für die Nutzung, Entwicklung und Verteilung dieser Ressourcen erforderlich ist.[680] Dementsprechend ist das wirtschaftliche Eigenleben abhängig von der

---

674 *Gjetnes*, 2001, 197.

675 Ibid., 198.

676 The South China Sea Arbitration (The Republic of the Philippines v the People's Republic of China), Award 12.7.2016, PCA Case N° 2013-19, Rn. 543.

677 *Mohr*, Der Schiedsspruch zum Südchinesischen Meer und die Reaktionen Beijings, in: 1 SIRIUS – Zeitschrift für Strategische Analysen 2/2017, 194.

678 *Gjetnes*, 2001, 197 f.

679 *Blitza*, 2019, 159.

680 The South China Sea Arbitration (The Republic of the Philippines v the People's Republic of China), Award 12.7.2016, PCA Case N° 2013-19, Rn. 499.

menschlichen Besiedelung und es entwickeln sich die beiden Ausschlussgründe nach Art. 121 Abs. 3 SRÜ in den meisten Fällen ohnehin parallel.[681]

Die Unbestimmtheit von Art. 121 Abs. 3 SRÜ, als auch dessen Entstehungsgeschichte und Telos streiten nach *Blitza* für eine enge Auslegung. Der Inselstatus kann erst dann nicht verliehen werden, wenn die Bewohnbarkeit des Felsens praktisch ausgeschlossen ist, oder ein wirtschaftliches Eigenleben weder existiert noch ein dementsprechender Etablierungsversuch unternommen wurde.[682] Die geografische Lage für den rechtlichen Status einer Insel bleibt irrelevant und abgelegene Gebiete können in der die Arktis sehr wohl eine Insel sein.[683] Aufgrund der arktischen Besonderheiten, wie das unwirtliche Klima und die geografische Abgeschiedenheit, kann keine pauschale Lösung über arktische Insel aufgezeigt werden. Speziell die südlich gelegenen, von Wasser umgebenen Landflächen, die bei Flut über den Wasserspiegel hinausragen, sprechen für die Verleihung des rechtlichen Inselstatus. Allerdings bleibt eine Einzelfallbeurteilung unumgänglich. Blickt man in die Zukunft, könnten durch den klimabedingten Tauprozess Felsformationen in der Arktis eine menschliche Besiedelung oder ein wirtschaftliches Eigenleben erlauben und den Staatengemeinschaftsraum im arktischen Ozean einschränken.

III.4.2.1 Arktische Inseln

Zum jetzigen Zeitpunkt stellt sich keine Abgrenzungsfrage zwischen einem Felsen und einer Insel in der Arktis, da sämtliche Anspruchsgrundlagen, die auf Art. 121 Abs. 2 SRÜ fußen, unstrittig sind. Selbst im territorialen Aufteilungskonflikt um die Insel Hans geht es nicht um die Meereszonen nach Art. 121 Abs. 2 SRÜ oder die Kontrolle der Navigation, sondern um die staatliche Zugehörigkeit der Insel selbst.[684]

Die anschließende Auflistung stellt kurz die bedeutendsten Inseln unter der Gebietshoheit der Arktischen Fünf dar, um eine geografische Ausgangsgrundlage für die nachfolgenden Kapitel über küstenstaatliche Ansprüche arktischer Gewässer zu liefern.

Der norwegischen Souveränität zugehörig sind die Insel Jan Mayen,[685] sowie das davon nördlich gelegene Spitzbergen.[686] 1933 wies der StIGH norwegische

681 Ibid., Rn. 543.

682 *Blitza*, 2019, 162.

683 *Talmon*, 2017, 863.

684 Siehe Kapitel: III.4.2.1.1 Inselstreit Hans.

685 Siehe Kapitel: III.4.1.4.1 Exkurs: *Jan Mayen*-Fall.

686 Siehe Kapitel: III.5.1.4 Spitzbergen-Vertrag.

Souveränitätsbehauptungen hinsichtlich Ostgrönland[687] zurück und unterstellt Grönland der dänischen Souveränität. Uneingeschränkt zum russischen Territorium gehören der Archipel Nowaja Semlja, die Neusibirischen Inseln sowie die Inselgruppen Sewernaja Semlja und das Franz-Joseph-Land.[688] Die Hoheitsrechte über Inseln der kanadischen Arktis wurden bereits 1880 von Großbritannien an Kanada zugeteilt[689] und der kanadische Anspruch auf die seiner Küste vorgelagerten Inseln wird seit den 1930-er Jahren von den übrigen Anrainerstaaten anerkannt.[690] Die einzige Insel, deren Zugehörigkeit noch nicht geklärt ist, ist die Insel Hans. Eine genaue Darstellung dieses Sachverhaltes und potenzielle Lösungsmöglichkeit des Inselstreits um Hans liefert das nachfolgende Kapitel.

III.4.2.1.1 Inselstreit Hans

Bereits 1973 konnten Dänemark und Kanada eine Einigung über die Ausübung ihrer souveränen Rechte zur Exploration und Gewinnung natürlicher Ressourcen des Festlandsockels im Bereich der Arktischen Inseln erzielen und den dänisch-kanadische Grenzziehungsvertrag in Ottawa unterzeichnen.[691] Vom Süden beginnend listet das Übereinkommen 127 Grenzpunkte bis zum nördlichsten Teil der kanadischen Ellesmere-Insel und Nordgrönland auf. Die Grenzziehung ist jedoch nicht vollständig. Zwischen den Punkten 122 und 123 liegt die Insel Hans, die eine Lücke von 1,2 Kilometer bildet.[692]

Das wirtschaftliche Potenzial dieser Insel ist praktisch nicht vorhanden und zudem versagt der betreffende Grenzziehungsvertrag der Insel ein Küstenmeer.[693] Trotzdem haben Dänemark und Kanada ihre Gebietsansprüche in kurioser Art und Weise dargelegt, indem wiederkehrend und wechselseitig Flaggen, sowie landesübliche Spirituosen ausgetauscht wurden.[694]

---

687 Siehe Kapitel: IV.3.9 Grönland – ein „neuer" arktischer Staat.

688 *König/Neumann*, 2008, 20; *Proelß*, 2016, 377.

689 *Byers*, 2007, 148.

690 *König/Neumann*, 2008, 20.

691 Agreement between the Kingdom of Denmark and Canada relating to the delimitation of the continental shelf between Greenland and Canada of 17 December 1973, Ottawa, 19.9.1974, 950 United Nations Treaty Series No. 13550.

692 *Hartmann*, EJIL: Talk! Blog of the European Journal of International Law, 2013.

693 *Girshovich*, Neue Zürcher Zeitung, 2007; *Hartmann*, EJIL: Talk! Blog of the European Journal of International Law, 2013.

694 *Baller*, Streit um Hans-Insel: Der lustigste Krieg aller Zeiten wird in der Arktis ausgetragen, in: Stern, 9.3.2017, https://www.stern.de/reise/fernreisen/streit-um-hans-insel-der-lustigste-krieg-aller-zeiten-wird-in-der-arktis-ausgetragen-7361772.html

Bei intensiver geologischer Betrachtung ist der „bizarre" Streit um die Insel Hans nach *Girshovich* als arktischer Kampf um die Vormachtstellung zu deklarieren. Die Insel ist nämlich mit großer Wahrscheinlichkeit mit dem Lomonossow-Rücken verbunden und dementsprechend könnte jener Staat, in dessen Territorium die Insel Hans liegt, die exklusiven Nutzungsrechte für ein Gebiet über 200 Seemeilen hinaus bis an den Nordpol für sich beanspruchen.[695] Dieser Inseldisput wird zudem durch innenpolitische Kräfte wie der bedeutenden Stellung der indigenen Völker in der kanadischen Identität angeheizt.[696] Auch die dänische Regierung muss sich mit der Kritik auseinandersetzen, dass sie sich zu wenig für die ehemalige Kolonie einsetze und mit diesen indigenen Einflüsse eine Annäherung beider Staaten verhindere, um eine Lösung über die Souveränitätsfrage der Insel Hans auszuhandeln.[697]

Im September 2005 haben das Königreich Dänemark und Kanada eine gemeinsame Erklärung über die Insel Hans abgegeben. Regelmäßige Konsultationen über den rechtlichen Status der Insel sollen abgehalten werden, bis eine endgültige Lösung der Gebietsstreitigkeit vorliegt.[698] Neben einer gemeinsamen Wetterstation und der Festlegung der genauen Grenze in den Gewässern zwischen Kanada und Grönland bis zu den Ufern der Insel Hans im Jahr 2012, hat es keine weitere Annäherung zwischen Kanada und Dänemark bezüglich der staatlichen Souveränität der Insel Hans gegeben.[699]

Als Lösungsvorschlag könnte die Insel zu gleichen Teilen, durch das Ziehen einer kurzen Festlandgrenze, unter beidseitiger staatlicher Souveränität gestellt

(28.5.2020); *Levin*, Canada and Denmark Fight Over Island With Whisky and Schnapps, in: The New York Times, 7.11.2016, https://www.nytimes.com/2016/11/08/world/what-in-the-world/canada-denmark-hans-island-whisky-schnapps.html (28.5.2020).

695 *Girshovich*, Neue Zürcher Zeitung, 2007.

696 *Humrich*, Maritime Grenz- und Statusdispute im Arktischen Ozean, in: 111 Hydrographische Nachrichten 10/2018, 17.

697 Ibid., 17.

698 Joint Statement of the Minister of Foreign Affairs of Canada and the Minister of Foreign Affairs of Denmark on Hans Island, New York, 19.9.2005, https://www.canada.ca/en/news/archive/2005/09/canada-denmark-issue-statement-hans-island.html (2.10.2021).

699 *Breum*, Analysis: Hans Island – and the Endless Dispute over Its Sovereignty, in: High North News, 24.10.2018, https://www.highnorthnews.com/en/analysis-hans-island-and-endless-dispute-over-its-sovereignty (11.12.2020).

werden.[700] Zielführender wäre es allerdings, den Auffassungen von *Byers* zu folgen und die Insel Hans den kanadischen und grönländischen Inuit zu gleichen Teilen zu übertragen. Dabei könnte eine Kondominium-Lösung angewandt werden,[701] in der die beiden arktischen Staaten die territoriale Souveränität gemeinsam über die Insel Hans ausüben.[702] Eine indigene Verwaltung des Kondominiums entschärft in diesem Zuge die innenpolitischen Spannungen.[703]

III.4.2.2 Exkurs: Eisinsel

Ob arktisches Packeis den rechtlichen Status einer Insel zugesprochen werden kann, versucht der nachstehende Abschnitt zu klären. Dabei versteht die Autorin in Anlehnung an *Nusser* den Begriff arktisches Packeis als Meereis, gleichgültig, welcher Art und Verteilung, mit Ausnahme von Festeis. Damit setzt sich arktisches Packeis aus Eisschollen, Eisbruchstücken, Eishümpel und Trümmereis zusammen.[704] Auch Eisinseln fallen unter dem Begriff von arktischem Packeis, da selbige vom Eisschelf losgelöste treibende Teile sind.[705] Demgegenüber kommt Festeis entlang der Küsten vor, wo es am Ufer befestigt ist, oder über Untiefen, wo es durch Inseln, gestrandete Eisberge oder durch gestrandetes Packeis am Ort gehalten wird.[706]

Es ist offensichtlich, dass Eisinseln die Anforderungen nach Art. 121 Abs. 1 SRÜ nicht erfüllen, da sie eben keine Hoheitsgebiete sind, die an einem dauerhaften Ort natürlich positioniert sind.[707] Damit können große schwimmende Massen unterschiedlicher Eissorten, obwohl auf natürliche Weise gebildet, keine Landfläche sein.[708] Eisinseln werden in rechtlicher Hinsicht vielmehr als künstliche Insel oder Schiff behandelt und zwar je nachdem, ob die jeweilige Eisinsel an einer festen Position als Bohranlage oder als schwimmende Forschungsstation verwendet wird.[709] Auch wenn die Formation terrestrisches

700 *Humrich*, Maritime Grenz- und Statusdispute im Arktischen Ozean, 2018, 17.
701 *Byers*, 2013, 15.
702 *Proelß*, 2016, 370.
703 *Humrich*, Maritime Grenz- und Statusdispute im Arktischen Ozean, 2018, 17.
704 *Nusser*, Eine neue internationale Eisnomenklatur, in: 9 Deutsche Hydrografische Zeitschrift 4/1956, 176 und 180.
705 Ibid., 179.
706 Ibid., 178.
707 *Symmons*, 2018, 286.
708 *Talmon*, 2017, 863.
709 Ibid., 863.

Oberflächenmaterial[710] enthält, kann ihnen nach *Symmons* grundsätzlich kein rechtlicher Inselstatus verliehen werden. In der Arktis gibt es zahlreiche „Inseln“, die von Eis mit einer terrestrischen Oberflächensicht gebildet werden, welche sich auflöst, sobald das Eis dieser „Insel“ schmilzt.[711] Bereits *Lakhtine* kam zu diesem Ergebnis, wonach schwimmendes Eis das rechtliche Schicksal des arktischen Ozeans teilen muss und von „polaren Besitztümern“ zu differenzieren sei.[712]

III.4.3 Seevölkerrechtliche Meereszonen

Die vier Genfer Seerechtskonventionen von 1958 enthalten ein Aufteilungskonzept maritimer Gebiete in Meereszonen.[713] Das SRÜ übernahm die wesentlichen Bestandteile dieser seerechtlichen Konstruktionen, präzisiert die Breite des Küstenmeeres, führte eine ausschließliche Wirtschaftszone (AWZ) ein und bestimmte den Tiefseeboden als gemeinsames Erbe der Menschheit (CHM).[714]

Die räumliche Einteilung der eingeführten sechs SRÜ-Meereszonen ist folgendermaßen normiert: Die inneren Gewässer liegen zwischen der Küste und der Basislinie. Daran anschließend umfasst das Küstenmeer eine Breite von 12 Seemeilen und die Anschlusszone weitet sich, ausgehend vom Küstenmeer, ebenfalls auf 12 Seemeilen aus. Die AWZ hat eine Breite von 200 Seemeilen, ausgehend von der Basislinie. Unter den genannten Meereszonen liegt der Festlandsockel, der sich grundsätzlich bis zu einer Entfernung von 200 Seemeilen erstreckt und potenziell erweiterbar ist. An die AWZ schließt sich die Hohe See mit ihren Freiheiten beziehungsweise an den Festlandsockel der Tiefseeboden an. Hinsichtlich der küstenstaatlichen Befugnisse in den festgelegten Meereszonen wird die volle territoriale Souveränität von einer eingeschränkten und einer funktional begrenzten Hoheitsmacht abgelöst.[715] Grob umrissen ist daher in den sechs SRÜ-Meereszonen eine Abnahme der küstenstaatlichen

---

710 Die *Nowhereinsel* war ein Kunstprojekt. Die Insel reiste im Sommer 2012 von Spitzbergen an die Südwestküste Englands. Vgl. dazu: Nowhereisland, http://www.nowhereisland.org/ (30.10.2020).

711 *Symmons*, 2018, 286 f.

712 *Lakhtine*, 1930, 712.

713 *Marboe*, Das internationale Seerecht, 2013, 475.

714 Ibid., 475.

715 World Ocean Review³, 2014, 121; Vgl. dazu auch: *Marboe*, Das internationale Seerecht, 2013, 475 ff.; *Proelß*, 2016, 384 ff.; *von Arnauld*, 2016, 351 ff.

Souveränität feststellbar, je weiter sich die Meereszonen von der festgelegten Basislinie entfernen.[716]

Derzeit erlaubt die saisonale Eisbedeckung in der Arktis nicht alle maritimen Aktivitäten, wie in den übrigen Weltmeeren und die Einrichtung der SRÜ Meereszonen im arktischen Raum hat (derzeit) noch theoretischen Charakter.[717] Die nächsten Abschnitte dieser Arbeit haben die Intention einer überblicksmäßigen Darstellung der verschiedenen Meereszonen und den zustehenden küstenstaatlichen Rechten in eben diesen. Dadurch soll sich der rechtliche Status des arktischen Ozeans anhand der Einteilung nach den seerechtlichen Meereszonen klären und die Regelungskompetenzen der Arktischen Fünf im betreffenden Raum aufzeigen.

III.4.3.1 Innere Gewässer

Innere Gewässer zwischen der Küste und der Basislinie stehen unter der vollen territorialen Souveränität und Gebietshoheit der Küstenstaaten.[718] Ein Recht auf eine friedliche Durchfahrt[719] existiert in den inneren Gewässern nicht.[720] Einzig ein Nothafenrecht für havarierte Schiffe ist gewohnheitsrechtlich anerkannt, wenn die Gefährdung der Schiffsbesatzung gegeben und die territoriale Integrität des Küstenstaates nicht bedroht ist.[721] In praktischer Hinsicht muss die Zulassungspflicht fremder Schiffe in küstenstaatlichen Häfen ausdrücklich vereinbart werden. Diese Verpflichtung ist größtenteils bereits im Statut über das internationale Regime der Seehäfen (1923)[722] eingegangen worden und die Vertragsparteien gewähren untereinander den freien Zugang ihrer Handelsschiffe in den jeweiligen Seehäfen aufgrund des Reziprozitätsgedanken.[723] Neben der Schifffahrt kann der Küstenstaat die Fischerei und die Kabotage in seinen inneren Gewässern seinen Staatsangehörigen vorbehalten werden.[724]

Des Weiteren sind Buchten, deren Küsten einem einzigen Staat gehört, nach Art. 10 Abs. 4 und 5 SRÜ bis zu einer Grenze von 24 Seemeilen den inneren

---

716 *Macnab*, 2009, 4.
717 *Seelmann*, 2012, 51.
718 *von Arnauld*, 2016, 351.
719 Siehe Kapitel: III.4.3.2 Küstenmeer.
720 *Proelß*, 2016, 386.
721 Ibid., 386.
722 Übereinkommen über das internationale Regime der Seehäfen (Statut), BGBl. 1927/56.
723 *Marboe*, Das internationale Seerecht, 2013, 476.
724 *Proelß*, 2016, 386.

Gewässern zuzuordnen. Diese Begrenzung von 24 Seemeilen entfällt bei historischen Buchten, die aufgrund ständiger Praxis als innere Gewässer anerkannt werden und damit Teile des Staatsgebiets sind.[725] Beispielsweise unterliegen der vollen staatlichen Souveränität die russischen Buchten: Peter-der-Grosse Bucht, Penschinabusen, weißes Meer, die Tschoscha Bucht und die Baidaratabucht.[726] Eben diese Buchten liegen größtenteils auf der Nordostpassage und die russische Souveränitätsausübung ist mit dem Verweis auf historische Buchten völkerrechtlich gedeckt.[727] Zusätzlich streitet die russische Anwendung des geraden Basisliniensystems, wonach jene Gewässer, die von großen Inselgruppen umschlossen werden, als innere Gewässer zu behandeln seien, für die volle russische Souveränität in diesen Meeresgebieten.[728] Auch Kanada könnte normierend auf die Schifffahrt in der Nordwestpassage, aufgrund historischer innerer Gewässer, einwirken.[729] Mit dem Argument der notwendigen Anpassung an lokale Gegebenheiten hat der IGH bereits 1951 im *Anglo-Norwegischen-Fischereifall* derartige staatliche Handlungen gerechtfertigt.[730]

III.4.3.2 Küstenmeer

Erst mit dem SRÜ wurde die maximale Seebreite des Küstenmeeres von 12 Seemeilen völkerrechtlich legitimiert. Ursprünglich wurde auf die tatsächliche Herrschaftsausübung nach der Kanonenschussweite, über die Sichtweiten-Regel bis hin zur drei-Seemeilen-Begrenzung abgestellt.[731] Auch das KMÜ regelt die Materie ohne genaue Definition der Breite des Küstenmeeres. Lediglich die Anschlusszone wurde in Art. 24 Abs. 2 des genannten Übereinkommens mit einer maximalen Grenze von 12 Seemeilen von der Basislinie eingeschränkt.

Art. 2 Abs. 2 SRÜ unterstellt das Küstenmeer der staatlichen Souveränität. Dementsprechend ist das Küstenmeer vollumfänglich von der Souveränitätsausübung des Küstenstaates nach dem Grundsatz der vertikalen

725 *Proelß*, 2016, 388; *von Arnauld*, 2016, 351.

726 *Zonn/Kostianoy/Semenov*, Historic Bay, in: The Western Arctic Seas Encyclopedia, Springer International Publishing: Cham 2017, 127 f.

727 *Gavrilov*, 2015, 258.

728 *Farré u. a.*, 2014, 310.

729 *Gavrilov*, 2015, 258.

730 Anglo-Norwegian Fisheries (United Kingdom v Norway), Judgement 18.12.1951, I.C.J. Reports 1951, 133.

731 *Marboe*, Das internationale Seerecht, 2013, 477; *Proelß*, 2016, 389.

Rechtseinheit[732] abhängig.[733] Allerdings haben Küstenstaaten ihre Souveränität in Übereinstimmung mit dem Völkerrecht auszuüben und das Recht der friedlichen Durchfahrt begrenzt das küstenstaatliche Selbstbestimmungsrecht.[734] Art. 19 SRÜ enthält detaillierte Erläuterungen, wann eine Tätigkeit als nicht mehr „friedlich" einzustufen ist. In Bezug auf gefährliche Schiffe, welche eine Umweltverschmutzung nach Art. 19 Abs. 2 lit. h SRÜ vorsätzlich und schwerwiegend begehen, ist der Küstenstaat berechtigt, diese nichtfriedliche Durchfahrt gemäß Art. 25 Abs. 1 SRÜ zu verhindern. Im Umkehrschluss sind Küstenstaaten durch eine versehentliche Verschmutzung oder aufgrund des Risikos einer Verschmutzung nicht berechtigt, die Befahrungen ihres Küstenmeeres zu verweigern.[735]

Trotzdem können Küstenstaaten nach dem normierten Katalog in Art. 21 SRÜ das Recht der friedlichen Durchfahrt einschränken, um etwa Erfordernisse des Friedens, der Sicherheit und Ordnung,[736] als auch des Umweltschutzes (Art. 21 Abs. 1 lit. d und f SRÜ) aufrechtzuerhalten. Küstenstaatliche Auflagen an Konstruktions-, Bau-, Besatzungs- oder Ausrüstungsstandards für ausländische Schiffe sind demgegenüber nicht rechtswirksam, sofern sie keine allgemein anerkannte internationale Regeln oder Standards sind.[737] Ein Verbot der friedlichen Durchfahrt für Einhüllen-Tankschiffe im Küstenmeer, kann aus dem SRÜ daher nicht abgeleitet werden.[738] Zusätzlich können innerstaatliche umweltschutzrechtliche Normen auf der Grundlage von Sicherheitsüberlegungen der Schifffahrt verlangen, dass bestimmte Schifffahrtswege und Verkehrstrennungsgebiete von fremden Schiffen verwendet werden (Art. 22 SRÜ). Dabei sind die Empfehlungen der IMO, sowie Kanäle, die gewöhnlich von der internationalen Schifffahrt benützt werden, von den Küstenstaaten zu berücksichtigen.[739]

---

732 Die Souveränität erstreckt sich sowohl über den Luftraum, das Küstenmeer, als auch auf den Meeresboden unter dem Meeresuntergrund des Küstenmeers.

733 *Proelß*, 2016, 388 f.; Vgl. dazu auch: *von Arnauld*, 2016, 28.

734 *Marboe*, Das internationale Seerecht, 2013, 478; *Proelß*, 2016, 389; *von Arnauld*, 2016, 28.

735 *Boyle*, 2006, 27.

736 *von Arnauld*, 2016, 353.

737 Vgl. Art. 21 Abs. 2 SRÜ.

738 *Boyle*, 2006, 25 f.

739 *VanderZwaag*, 2010, 50.

Die negative Formulierung von Art. 24 SRÜ normiert die küstenstaatliche Pflicht, die friedliche Durchfahrt ausländischer Schiffe nicht zu behindern[740] und untersagt küstenstaatliche Anforderungen zu erlassen, die praktisch dazu führen, dass das Recht der friedlichen Durchfahrt begrenzt wird.[741] Entsprechend den vorangegangenen Ausführungen ist Art. 24 SRÜ in Verbindung mit den übrigen Normen des SRÜ-Küstenmeerregimes zu lesen und stellt ein Gleichgewicht zwischen der küstenstaatlichen Gesetzgebungskompetenz und der Wahrung der Rechte der friedlichen Durchfahrt sicher, indem eine unverhältnismäßige küstenstaatliche Regulierung verhindert wird.[742] Die küstenstaatlichen Einschränkungen der friedlichen Durchfahrt sind im Rahmen einer Interessenabwägung zwischen der Freiheit der Schifffahrt, Erfordernissen der Schiffssicherheit und des Umweltschutzes auf deren Angemessenheit zu untersuchen.[743]

III.4.3.2.1 Das Sonderregime der Meerengen

Infolge der Erweiterung des Küstenmeeres auf 12 Seemeilen und der damit einhergehenden vollen Souveränität der Küstenstaaten in den Meerengen, wurde von den seefahrenden Nationen befürchtet, dass nunmehr, aufgrund der Zuordnung von Meerengen zu territorialen Gewässern, diese nicht frei passierbar wären und damit möglicherweise eine Gefahr für die Freiheit der Schifffahrt gegeben sei.[744] Entsprechend haben die SRÜ-Vertragsverfasser in Art. 37 und 38 SRÜ das Recht der unbehinderten Transitdurchfahrt für zivile und militärische Schiffe sowie Luftfahrzeuge kodifiziert. Art. 38 SRÜ bestimmt das Recht einer Transitdurchfahrt für fremde Schiffe, wenn das Küstenmeer Teil einer Meerenge ist, die Gebiete der Hohen See oder verschiedener AWZs miteinander verbindet. Diese Durchfahrten dienen dem Zweck des ununterbrochenen und zügigen Transits durch die Meerenge.[745] In praktischer Hinsicht beschränkt die Transitdurchfahrt die küstenstaatlichen Rechte wesentlich stärker als das Recht der friedlichen Durchfahrt, da eine Aussetzung oder

---

740 *Barnes*, Article 24, in: Proelß (Hg), United Nations Convention on the Law of the Sea: A Commentary, C.H. Beck/Hart/Nomos: München–Oxford–Baden-Baden 2017, 218.

741 *VanderZwaag*, 2010, 50.

742 *Barnes*, 2017, 218.

743 *Proelß*, 2016, 390.

744 *Marboe*, Das internationale Seerecht, 2013, 479.

745 Ibid., 479.

Beschränkung der Transitdurchfahrt nur im Fall der Androhung oder Ausübung militärischer Gewalt in Betracht kommt.[746]

Dem Sonderregime der internationalen Meerengen fehlt zwar ein eigenständiger gebietsrechtlicher Status,[747] doch Meerengen sind in nutzungsrechtlicher Hinsicht sehr wohl ein eigenes Regime mit einer Transitdurchfahrtsordnung.[748] Das Küstenmeer ist in das Sonderregime der Meeresenge eingegliedert und ist als eine „(vor allem militärstrategisch motivierte) Abweichung vom verbreiteten (primär ressourcenwirtschaftlich motivierten) Verzonungs- bzw. Territorialisierungstrend der neueren Seerechtsentwicklung" anzusehen.[749]

Bereits während des Kalten Krieges versuchten die USA den Zugang ihrer Marine zu möglichst vielen Meerengen durch einen freien Meereszugang zu sichern und dieses Bestreben wurde vom geltenden Seevölkerrecht unterstützt, indem US-amerikanische Unterseeboote in einer internationalen Seestraße navigieren können, ohne, dass sie auftauchen müssen oder verpflichtet sind, die angrenzenden Küstenstaaten zu informieren.[750] Mit dem Dekret des sowjetischen Ministerrates vom 15. Jänner 1985, wurde eine Liste[751] von geografischen Koordinaten der 391 Punkte veröffentlicht, welche die Position der geraden Basislinien für die Messung der Breite des Küstenmeeres entlang des arktischen Ozeans festlegen und von Russland als Rechtsnachfolgerin übernommen wurde.[752] Als praktische Konsequenz wurden drei internationale Meerengen, die auf der Nordostpassage liegen (Karastraße, Wilkizki und Schokalski Inseln sowie die Sannikow- und die Laptewstraße) in die russischen inneren Gewässer eingegliedert.[753] Nach *Scovazzi* negiert die russische Interpretation des Meerengen-Regimes eine Anwendung auf die Nordostpassage, da diese noch nicht von der internationalen Schifffahrt benutzt werde. Demgegenüber

---

746 World Ocean Review[6], 2019, 245.

747 Vgl. dazu: Art. 34 SRÜ.

748 *Proelß*, 2016, 390 f.

749 Ibid., 391.

750 *Byers*, 2007, 151.

751 List of the geographical co-ordinates of the points defining the position of the baselines for measuring the breadth of the territorial sea, the exclusive economic zone and the continental shelf of the USSR off the continental coast and islands of the Arctic Ocean, approved by Decree of the Council of Ministers of the USSR, 15.1.1985, abgedruckt unter: https://www.un.org/depts/los/LEGISLATIONANDTREATIES/PDFFILES/RUS_1985_Declaration.pdf (4.10.2021).

752 *Scovazzi*, Sovereignty over Land and Sea in the Arctic Area, in: 23 Agenda Internacional 34/2016, 175 f.

753 Ibid., 176.

protestieren die USA gegen die Anwendung des russischen Basisliniensystems, mit der Begründung, dass der Zugang zum Hafen in Murmansk versperrt werde.[754] In diesen Meerengen fordert Russland die Erfüllung von Auflagen, die besonders streng für fremde Kriegsschiffe ausfallen, welche von den USA kategorisch abgelehnt werden.[755] Eine Lösung dieser Streitigkeiten zeichnet sich nicht ab und auch in den Hoheitsgewässern des arktischen Archipel Kanadas sind Streitigkeiten über das Ausmaß der Transitdurchfahrt entstanden.[756] Zusammenfassend unterstehen arktische Meerengen, die auf der Nordwest- und Nordostpassage liegen nicht dem Meerengen-Regime, weil sie noch nicht von der internationalen Schifffahrt benutzt werden. Allerdings ist diese Ansicht strittig[757] und wird insbesondere für die saisonale Befahrung der Nordostpassage nicht mehr zutreffend sein.

III.4.3.3 Anschlusszone

Seit dem 18. Jahrhundert haben sich bestimmte küstenstaatliche Hoheitsakte zur Überprüfung und Sicherstellung der Einhaltung zoll-, steuer- und gesundheitsrechtlicher Vorschriften über das Küstenmeer hinaus, zu Gewohnheitsrecht etabliert und das SRÜ hat diese Rechte bestätigt und weiter konkretisiert.[758] Mit der Schaffung der Anschlusszone in Art. 33 SRÜ wird ein Gebiet von bis zu 24 Seemeilen, gemessen von der Basislinie, normiert, in dem den Küstenstaaten spezifische Kontroll- und Durchsetzungsbefugnisse hinsichtlich ihrer zoll-, steuer-, einwanderungs- und gesundheitsschutzrechtlichen Bestimmungen zur Verfügung stehen. Zusätzlich kann der Küstenstaat die erforderliche Kontrolle ausüben, um Verstöße gegen diese Gesetze und sonstige Vorschriften zu verhindern oder zu ahnden, welche in seinem Hoheitsgebiet oder seinem Küstenmeer erfolgt sind (Art. 33 Abs. 1 lit. b SRÜ).

Die Anschlusszone, die von den Küstenstaaten zu proklamieren ist, dient der Schaffung räumlicher und inhaltlich begrenzter Polizeigewalt, trotzdem die Küstenstaaten in der Anschlusszone nicht über die Befugnis zum Regelungserlass verfügen.[759] Eine eigenständige gebietsrechtliche Herrschaftsbefugnis besitzt die Anschlusszone damit nicht.

---

754 Ibid., 176.
755 World Ocean Review[6], 2019, 245.
756 Ibid., 245.
757 *Proelß*, 2016, 391.
758 *Marboe*, Das internationale Seerecht, 2013, 480.
759 *Proelß*, 2016, 392.

III.4.3.4 Ausschließliche Wirtschaftszone

Bereits im 18. Jahrhundert berief sich der Völkerrechtsexperte *de Vattel*[760] auf einen Nutzungs- und Kultivierungsanspruch des Küstenstaates. Die Ausweitung des Herrschaftsgebiets des Küstenstaates auf das angrenzende Meer solle zur Sicherheit und Wohlfahrt des betreffenden Staates beitragen.[761] Zur Entwicklung im 20. Jahrhundert führt *Kirk* aus, dass die industrialisierte Fernfischerei zugenommen hat und die Überfischung traditioneller küstenstaatlicher Fischereigründe von zahlreichen Staaten als Gefahr wahrgenommen wurde. Als Reaktion wurde im Rahmen der SRÜ-Verhandlungen ein bevorzugtes Recht auf den Fischfang, auch außerhalb territorialer Gewässer, gefordert.[762] Ein Konzept des Staates Kenia[763] hat diese Rechtsansprüche formuliert. Zusätzlich zum Recht auf Fischfang wurde auch das küstenstaatliche Recht zur gesamten wirtschaftlichen Nutzung des Meeres innerhalb von 200 Seemeilen von der Basislinie gefordert und durch die Erklärungen entsprechender Zonen zahlreicher Staaten während der Verhandlungen der 3. Genfer Seerechtskonferenz, erstarkte das kenianische Konzept einer ausschließlichen Wirtschaftszone zu Völkergewohnheitsrecht.[764] Auf dieser gewohnheitsrechtlichen Grundlage wurde die AWZ in Teil V SRÜ kodifiziert und damit sind küstenstaatliche souveräne Rechte und deren Gerichtsbarkeit über lebende und nicht lebende Ressourcen auf eine Meeresfläche von rund 85 Millionen km^2 ausgeweitet worden.[765] Durch diesen seerechtlichen Entwicklungsschritt wurde die Freiheit der Meere von einer erheblichen Einschränkung erfasst: 35 % der gesamten Meeresoberfläche, in denen sich 90 %

---

760 In seinem Hauptwerk „Le Droit de Gens ou de la Loi Naturelle appliqués à la conduite et aux affaires des nations et des souverains" von 1758 beschreibt *de Vattel* diese ausschließlichen Nutzungsrechte.

761 *Papastavridis*, 2011, 55.

762 *Kirk*, 1999, 68.

763 Das Konzept wurde 1972 dem Committee on the Peaceful uses of the Sea-Bed and the Ocean Floor beyond the Limits of National Jurisdiction vorgelegt: UN Doc A/AC.138/SC.II/L.10 vom 7.8.1972, Draft Articles on Exclusive Economic Zone Concept.

764 *Marboe*, Das internationale Seerecht, 2013, 481; *Proelß*, Article 55, in: Proelß (Hg), United Nations Convention on the Law of the Sea: A Commentary, C.H. Beck/Hart/Nomos: München–Oxford–Baden-Baden 2017, 410 und 413 ff.

765 *Tuerk*, 2017, 265.

der weltweiten Fischressourcen befinden, wurden küstenstaatlichen Regulierungsbefugnissen unterworfen.[766]

Eine AWZ entsteht nicht automatisch, sondern hängt von einer konstitutiven Erklärung des Küstenstaates ab.[767] Alle fünf Anrainerstaaten[768] haben eine ausschließliche Wirtschaftszone proklamiert.[769] Wirtschaftlich gesehen liegt der überwiegende Anteil an prognostizierten arktischen Rohstoffreserven innerhalb der fünf ausschließlichen Wirtschaftszonen.[770] Die Grenzen der AWZ haben die Arktischen Fünf seit den 1970-er Jahren in verschiedenen bi- und trilateralen Abkommen festgelegt und sind bis auf einige Ausnahmen[771] unstrittig.[772] Jeder arktische Küstenstaat hat in seiner AWZ die Erdöl- und Erdgasförderung sowie die Entwicklung der Fischerei im zulässigen Rahmen des SRÜ reguliert.[773]

III.4.3.4.1 Grenzziehung zwischen Norwegen und Island um Jan Mayen

Im Kontext der Ausbeutung von Kohlenwasserstoffressourcen und unter Anwendung einer weiten arktischen Begriffsbestimmung anhand der *Nordenskjöld*-Linie verdient der *Jan Mayen*-Fall zwischen Island und Norwegen eine besondere Erwähnung.

Hinsichtlich ihrer ausschließlichen Fischereizonen konnten sich beide Staaten 1980 vertraglich auf eine Grenze einigen, welche der isländischen AWZ-Grenze von 200 Seemeilen folgt.[774] Mit dem Argument eines ausgeprägten wirtschaftlichen Interesses erhob Island zusätzlich den Anspruch auf einen Teil des Jan-Mayen-Rückens, als erweiterten isländischen Festlandsockel jenseits von 200 Seemeilen.[775] Zur Lösung der damit entstandenen überlappenden

---

766 *Breuer/Milt*, Die internationalen Fischereibeziehungen, Kurzdarstellung zur Europäischen Union, Februar 2021, https://www.europarl.europa.eu/ftu/pdf/de/FTU_3.3.6.pdf (17.3.2021), 1; *Marboe*, Das internationale Seerecht, 2013, 481.

767 *von Arnauld*, 2016, 354.

768 Auch die USA, als nicht SRÜ-Vertragsstaat, haben AWZs proklamiert. Damit kann eine gewohnheitsrechtliche Geltung von Teil V SRÜ angenommen werden.

769 *Berkman/Vylegzhanin/Young*, 2019, xxvi; *Skaridov*, 2020, 107.

770 *Gautier u. a.*, 2009, 1176 ff.

771 Siehe bspw. Kapitel: III.5.2.3 Beaufortsee (Vereinigte Staaten von Amerika vs. Kanada).

772 World Ocean Review[6], 2019, 246.

773 *Young*, 2016, 272.

774 Agreement between Norway and Iceland on fishery and continental shelf questions, Reykjavik, 28.5.1980, 2124 United Nations Treaty Series No. 30725; *McDorman/Schofield*, 2020, 131.

775 *Seelmann*, 2012, 46.

Festlandsockelforderungen wurde eine *Conciliation Commission*[776] angerufen.[777] In einem zusätzlichen bilateralen Abkommen haben Island und Norwegen festgelegt: „The delimitation line between the parties' parts of the continental shelf in the area between Iceland and Jan Mayen shall coincide with the delimitation line for the Parties' economic zones."[778] Zusätzlich wurde eine gemeinsame Wirtschaftszone für Kohlenwasserstoffe eingeführt, welche nach *McDorman* und *Schofield* ungleichmäßig über die vereinbarte Grenze erstreckt, nämlich zu 61 % auf norwegischer und zu 39 % auf isländischer Seite.[779] Während beide Staaten nach Art. 5 und Art. 6 *Agreement on the Continental Shelf between Iceland and Jan Mayen* Anspruch auf 25 % der Einnahmen aus der Ausbeutung von Erdöl und Erdgas auf der jeweils anderen Seite der Grenzziehung haben, sind Kohlenwasserstofffelder, die sich über die gemeinsame Zone und die isländischen Gewässer erstrecken, nach Art. 8 des betreffenden Abkommens vollständig im isländischen Besitz.[780] Aufgrund der evidenten Abhängigkeit Islands von allen marinen Ressourcen, kann die „selbstlose" Anerkennung der gesamten isländischen AWZ von 200 Seemeilen durch Norwegen, als eine Art Billigkeitslösung angesehen werden.[781]

Die nachfolgenden Abschnitte stellen die materiellrechtlichen Ausformungen des Teils V SRÜ dar. Art. 56 und 57 SRÜ kodifizieren eine mögliche küstenstaatliche Beanspruchung einer AWZ auf eine maximale Breite von 200 Seemeilen von der Basislinie, zur Wahrnehmung besonderer Interessen an der Erforschung, Ausbeutung, Erhaltung und Bewirtschaftung der lebenden und nicht lebenden Naturschätze des Meeresbodens und Meeresuntergrunds und darüber liegender Gewässer. Befindet sich der küstenstaatliche

776 „The Commission shall have as its mandate the submission of recommendations with regard to the dividing line for the shelf area between Iceland and Jan Mayen. In preparing such recommendations, the Commission shall take into account Iceland's strong economic interests in these sea areas, the existing geographical and geological factors and other special circumstances." Vgl. dazu: Art. 9 Agreement between Norway and Iceland on fishery and continental shelf questions, Reykjavik, 28.5.1980, 2124 United Nations Treaty Series No. 30725.

777 Vgl. dazu auch: *McDorman/Schofield*, 2020, 131; *Seelmann*, 2012, 46.

778 Vgl. dazu: Art. 1 Agreement on the Continental Shelf between Iceland and Jan Mayen, Oslo, 22.10.1981, 2124 United Nations Treaty Series No. 30726.

779 *McDorman/Schofield*, 2020, 131.

780 Ibid., 131.

781 *Seelmann*, 2012, 48.

Festlandsockel innerhalb der 200-Seemeilenzone, so ist dessen Ressourcennutzung integraler Bestandteil des AWZ-Regimes.[782]

Die Bezugnahme auf wirtschaftliche Tätigkeiten hinsichtlich lebender Ressourcen in der AWZ wird aufgrund der vorangestellten Forschungsfragen dieser Arbeit außen vorgelassen. Betreffend nicht lebender Ressourcen der AWZ, verweist Art. 56 Abs. 1 lit. a SRÜ beispielhaft auf die Energieerzeugung durch Wasser, Strömung und Wind. Andere wirtschaftliche Tätigkeiten in der AWZ sind, neben der genannten Energiegewinnung, die touristische Nutzung des Meeres, die Errichtung künstlicher Inseln, Anlagen und Bauwerke, die wissenschaftliche Meeresforschung, sowie der Schutz und die Bewahrung der Meeresumwelt durch die Küstenstaaten.[783] Diese nicht ressourcenwirtschaftliche Tätigkeiten nach Art. 56 Abs. 1 lit. a SRÜ weißen nach *Proelß* auf einen raumbezogenen legitimationspolitischen Charakter hin, indem den Küstenstaaten in den AWZs annähernd alle wirtschaftlich relevanten Nutzungsformen innerhalb der 200-Seemeilenzone zustehen. Im Ergebnis ist jedoch keineswegs eine überörtliche fachübergreifende Raumordnung auf die AWZ übertragen worden, da dem Küstenstaat lediglich funktional begrenzte Rechte und Hoheitsbefugnisse in der AWZ und keine allgemeinen Rechte aus der Gebietshoheit zuerkannt wurden.[784] Ferner sind lediglich eingeschränkte küstenstaatliche Durchsetzungsbefugnisse in der AWZ im Fall erheblicher Einleitungen nach Art. 220 Abs. 5 und 6 SRÜ denkbar.[785] Als Konsequenz kann der Küstenstaat in der AWZ, wie auch bereits im Küstenmeer, keine eigenen Umweltschutznormen für Schiffe erlassen, die strenger als internationale Verschmutzungskontrollnormen sind.[786] Allerdings kann der Küstenstaat, um seine AWZ vor einer Verschmutzung durch Schiffe zu schützen, die Ausweisung eines Meeresschutzgebietes in dieser Meereszone der IMO vorschlagen.[787] Ferner können Küstenstaaten für ihre AWZ „Vorschriften zur Verhütung, Verringerung und Überwachung der Meeresverschmutzung durch Schiffe in eisbedeckten Gebieten“ erlassen und durchsetzen. Dies folgt aus Art. 234 SRÜ,[788] welcher sich für

---

782 World Ocean Review[3], 2014, 121.

783 *Marboe*, Das internationale Seerecht, 2013, 482.

784 *Proelß*, 2016, 394.

785 *Proelß*, 2016, 393; Vgl. dazu: *Boyle*, 2006, 29; *VanderZwaag*, 2010, 50.

786 *Boyle*, 2006, 28 *VanderZwaag*, 2010, 50.

787 *Proelß*, 2016, 442; World Ocean Review[1], 2010, 207; Siehe Kapitel: V.2.3 Neue Schiffbarkeit der arktischen Gewässer.

788 Siehe Kapitel: V.2.2 Die arktische Klausel.

eine Art Treuhänderstellung für die Arktischen Anrainerstaaten zur Erhaltung der Meeresumwelt ausspricht.[789]

Für Drittstaaten gilt in der AWZ weiterhin die Freiheit der Hohen See. (Art. 58 Abs. 1 SRÜ). Allerdings stellt Art. 58 Abs. 2 SRÜ klar, dass das Regime der Hohen See nicht in unveränderter Weise auf die AWZ anwendbar ist. Art. 58 SRÜ, ergänzt um Art. 56 SRÜ, stellt nach *Proelß* den Kern des AWZ-Regimes dar: Von den vier Freiheiten der Hohen See, die im HSÜ kodifiziert wurden, unterliegt nur die Fischerei in der AWZ den küstenstaatlichen Hoheitsrechten und es ist daher augenscheinlich, dass der Hauptzweck von Art. 58 SRÜ die Interessenwahrung der großen Seestaaten verfolgt.[790] Trotzdem kommt *Proelß* zum Ergebnis, dass die Ausübung der Rechte anderer Staaten daher in der AWZ, im Vergleich zur Hohen See, strengeren Grenzen unterliegt und dazu wird ausgeführt, dass mit Art. 56 Abs. 2 und Art. 58 Abs. 3 SRÜ eine gegenseitige Rücksichtsregel vorgeschrieben wurde, die von Küstenstaaten und anderen Staaten bei der Ausübung ihrer Rechte und Pflichten in der AWZ einzuhalten ist. Zudem impliziert Art. 58 Abs. 3 SRÜ, dass weder die souveränen Rechte und Zuständigkeiten des Küstenstaates noch die Freiheiten anderer Staaten in der AWZ absolut rechtsgültig sind.[791] In praktischer Hinsicht können Drittstaaten in der AWZ beispielsweise nur Meeresforschungsaktivitäten betreiben, wenn eine Zustimmung des jeweiligen Küstenstaates eingeholt wurde.[792]

III.4.3.5 Festlandsockel

Ab dem Zweiten Weltkrieg setzte eine rasante technische Entwicklung im Bereich der Fördermethoden zur Ausbeutung der Ressourcen des Festlandsockels ein und löste den Fischfang als vormals wichtigste und fast ausschließliche Nutzungsart der See ab.[793] Die modernen Möglichkeiten mineralische Rohstoffe des Meeres, wie Erdöl- und Erdgasvorkommen, als auch metallische Reserven wie Nickel, Zinn und Gold sowie Rohdiamanten zu fördern, verstärkte das Bedürfnis der arktischen Küstenstaaten ihren territorialen Einflussbereich größtmöglich auszudehnen.[794] Die *Truman-Proclamation* für den

789 *Proelß*, 2016, 393.

790 *Proelß*, Article 58, in: Proelß (Hg), United Nations Convention on the Law of the Sea: A Commentary, C.H. Beck/Hart/Nomos: München–Oxford–Baden-Baden 2017, 445.

791 Ibid., 445 f.

792 World Ocean Review[1], 2010, 207.

793 *Görner*, 2018, 53.

794 Ibid., 53.

Festlandsockel (1945)[795] stellte Bodenschätze des Festlandsockels vor der US-amerikanischen Küste unter den Zuständigkeitsbereich und damit unter die Kontrolle der USA.[796] In Anlehnung an die *Truman-Proclamation* erklärten zahlreiche weitere Küstenstaaten einen seewärts erweiterten Kompetenzbereich.[797] Diese Tendenzen mündeten in der gewohnheitsrechtlichen Annahme der Lehre vom Festlandsockel und in der späteren Ausweitung selektiver Nutzungsrechte.[798] Das Erforschungs- und Ausbeutungsmonopol wurde vom IGH im *Nordsee-Festlandsockel*-Streit von 1969 als „natural prolongation of the land territory"[799] terminiert und einschlägige souveräne Rechte stünden dem jeweiligen Küstenstaat *ipso jure* zu.[800] Damit ist der Festlandsockel definitionsgemäß die natürliche Verlängerung des küstenstaatlichen Territoriums, aber kein Bestandteil des Staatsgebiets und auf dieser fußt die Anspruchsgrundlage souveräner Rechte über den Festlandsockel im Kontiguitätsgedanken.[801]

Die Begriffsbestimmung des Festlandsockels ist nicht, wie man vorschnell annehmen könnte, geowissenschaftlicher, sondern ausschließlich rechtswissenschaftlicher Natur und bestimmt nach Art. 76 SRÜ ein Gebiet des Meeresbodens, in dem Küstenstaaten souveräne Rechte zum Zweck der Erforschung und Ausbeutung natürlicher Ressourcen haben.[802] Während der Sitzungen im Rahmen der 3. Seerechtskonferenz wurde insbesondere die räumliche Abgrenzung des Festlandsockels erörtert, um feststellen zu können, ob die räumliche Entfernung ein nützliches Kriterium zur Eingrenzung des Festlandsockels ist, oder ob eine, wie bereits im *Nordsee-Festlandsockel*-Streit festgestellte, natürliche Verlängerung, angemessener erscheint.[803] Insbesondere die russische Delegation wollte das räumliche Ausmaß der Festlandsockel begrenzen, um extreme Ansprüche der Küstenstaaten zu vermeiden und schlug vor, dass der

795 Proclamation No. 2667, Truman Proclamation, 28.9.1945, 10 Federal Register 12, 303.

796 Siehe Kapitel: III.5.3.5 USA.

797 *Marboe*, Das internationale Seerecht, 2013, 482.

798 *Conforti*, Diritto internazionale, Editoriale Scientifica: Napoli 2013, 238.

799 North Sea Continental Shelf (Federal Republic of Germany v Norway), Judgement 20.2.1969, I.C.J. Reports 1969, Rn. 101.

800 Ibid., Rn. 43.

801 *von Arnauld*, 2016, 28 und 356.

802 *Blitza*, 2019, 57.

803 *Parson*, Article 76, in: Proelß (Hg), United Nations Convention on the Law of the Sea: A Commentary, C.H. Beck/Hart/Nomos: München–Oxford–Baden-Baden 2017, 590.

Festlandsockel nicht über eine Linie hinausgehen sollte, die mit 100 Seemeilen über die 2.500 Meter-Isobathe bestimmt wurde, bzw. in weiterer Modifikation, dass die Grenze des küstenstaatlichen Festlandsockels in Bereichen mit ozeanischer Bergrücken nicht weiter als 350 Seemeilen Entfernung betragen sollte.[804]

Das nachstehende Unterkapitel verfolgt die Darstellung der genauen Ausgestaltung des erweiterten Festlandsockels durch die SRÜ-Vertragsverhandler und dessen praktische Konsequenz auf den arktischen Meeresboden. Einleitend kann bereits festgestellt werden, dass die angenommene Abgrenzung des erweiterten Festlandsockels zu zahlreichen Streitigkeiten geführt hat.[805] Die sogenannten *delimitation disputes* sind von hoher Relevanz in der seevölkerrechtlichen Judikatur bzw. Literatur und auch den arktischen Küstenstaaten nicht fremd.[806]

Jedem Küstenstaat stehen jedenfalls bestimmte Rechte am jeweiligen Festlandsockel in seiner AWZ von bis zu 200 Seemeilen zu, sofern sich die natürliche Verlängerung des Festlandsockels auf diese Grenze ausdehnt (Art. 76 Abs. 1 i.V.m. Art. 77 SRÜ). Entgegen den Bestimmungen in der AWZ sind die küstenstaatlichen Rechte am Festlandsockel nach Art. 77 Abs. 3 SRÜ weder von einer „tatsächlichen oder nominellen Besitzergreifung noch von einer ausdrücklichen Erklärung abhängig".

Die ausschließlichen Rechte nach Art. 77 ff. SRÜ beziehen sich nur auf die Erforschung und Ausbeutung natürlicher Ressourcen des Meeresbodens und des Meeresuntergrundes und sind keineswegs mit souveränen Rechten auf dem Landgebiet vergleichbar.[807] Rechte an der Wasser- und Luftsäule stehen ausdrücklich allen Staaten zur Nutzung offen (Art. 78 Abs. 1 SRÜ).[808] Eine zusätzliche Einschränkung der küstenstaatlichen Rechte am Festlandsockel ergibt sich aus Art. 79 SRÜ i.V.m. Art. 81 SRÜ: Alle Staaten haben ein eingeschränktes Recht unterseeische Kabel und Rohrleitungen auf fremden Festlandsockel zu legen. Daneben begrenzt Art. 246 Abs. 6 SRÜ das küstenstaatliche Ermessen zur Untersagung von Vorhaben der wissenschaftlichen Meeresforschung anderer Staaten oder internationalen Organisationen im erweiterten Festlandsockel jenseits von 200 Seemeilen.

---

804 Ibid., 591.

805 *Kau*, 2016, 192; *Marboe*, Das internationale Seerecht, 2013, 482.

806 Siehe Kapitel: III.5.3 Anträge eines erweiterten Festlandsockels.

807 *Hossain*, 2021.

808 *Kraska*, 2010, 531.

Die ausschließlichen Nutzungsrechte des Festlandsockels gründen sich nach *Proelß* weder auf der Personalhoheit des angrenzenden Staates noch auf dem Institut seiner funktionellen Hoheit über die Schiffe unter staatlicher Flagge, sondern die Zuordnung des Festlandsockels basiert vielmehr auf der räumlich-politisch legitimierten Hoheit aus der Erforschung und Ausbeutung des Festlandsockels selbst.[809]

Auf der Kehrseite durchbrechen die ausschließlichen küstenstaatlichen Rechte zur Errichtung und Nutzung künstlicher Inseln, Anlagen und Bauwerke auf dem Festlandsockel (Art. 60 und Art. 80 SRÜ), zur Durchführung von Bohrarbeiten auf dem Festlandsockel (Art. 81 SRÜ) und zur Anlage von Tunneln im Festlandsockel (Art. 85 SRÜ) das Prinzip des Festlandsockels als Funktionshoheitsraum und verdeutlichen den Territorialisierungstrend des modernen Seevölkerrechts, in denen die gebietsbezogenen Aspekte nunmehr gegenüber nutzungsbezogenen überwiegen.[810]

Zudem sind proklamierte AWZs zu beachten, welche eine Ausdehnung küstenstaatlicher Rechte von einem tatsächlich vorhandenen geologischen Festlandsockel unabhängig machen.[811] In anderen Worten sind die Gewässer über dem Festlandsockel der Hohen See zuzuordnen, oder soweit eine AWZ erklärt wurde, bestehen entsprechende küstenstaatliche Befugnisse bis zur maximalen 200 Seemeilen-Grenze.[812]

III.4.3.5.1 Erweiterter Festlandsockel nach Art. 76 Abs. 4 SRÜ

Art. 76 Abs. 4 SRÜ ermöglicht eine küstenstaatliche Inanspruchnahme eines Festlandsockels, ausgehend von der Basislinie gemessenen, 200 Seemeilengrenze aufgrund geologischer Kriterien. Will ein Küstenstaat seine äußere Festlandsockelkante auf über 200 Seemeilen ausdehnen, muss er seine jeweiligen Ansprüche bei der Festlandsockelkommission (*United Nations Commission on the Limits of Continental Shelf*, CLCS)[813] gemäß Art. 76 Abs. 7 SRÜ anmelden und mit wissenschaftlichen und technischen Daten belegen, dass eine natürliche Verlängerung des Festlandsockels über 200 Seemeilen vorliegt (Art. 76 Abs. 8 SRÜ i.V.m. Anlage II Art. 4 SRÜ).[814]

---

809 *Proelß*, 2016, 373.
810 Ibid., 399.
811 *Tuerk*, 2017, 265.
812 World Ocean Review[3], 2014, 121.
813 Siehe Kapitel: III.4.3.5.2 Die Rolle der Festlandsockelkommission.
814 *Proelß*, 2016, 397; Vgl. dazu auch: *Parson*, Article 76, 2017, 589; *Skaridov*, 2020, 107.

Die Küstenstaaten haben bei der Ausbeutung von Ressourcen des Festlandsockels jenseits von 200 Seemeilen einen politischen Kompromiss zu akzeptieren, indem sie verpflichtet sind, eine jährliche Abgabe von bis zu sieben Prozent des Produktionswertes an die ISA zu entrichten (Art. 82 SRÜ). Diese Abgabe sieht *Proelß* als Sanktion der enormen räumlichen Ausdehnung des Festlandsockel-Regimes zulasten des CHM-Prinzips.[815]

Um die äußere Festlandsockelkante festzulegen, kann der Küstenstaat auf die Sedimentdickenformel zurückgreifen. Gemäß Art. 76 Abs. 4 lit. a (i) SRÜ begrenzt die Sedimentdicke den äußeren Rand des Kontinentalrandes durch eine Linie über feste Punkte, an denen die Dicke des Sedimentgesteins mindestens 1 % der Entfernung zum Fuß des Abhangs beträgt. Diese sogenannte *irische-* oder *Gardiner-Formel* basiert auf der Erkenntnis, dass die Anstiege der Kontinentalränder aus einem Sedimentkern bestehen, der sich am Fuße des Kontinentalhangs seewärts verdünnt.[816] Ebendiese Bestimmungsmethode steht in direktem Zusammenhang mit einem natürlichen geologischen Merkmal und berücksichtigt die physikalische Realität globaler Variationen in der geografischen Breite und Dicke kontinentaler Anstiege.[817] Allerdings erscheint es nach *Parson* als höchst unwahrscheinlich, dass eben diese Menge an Sedimentgestein exakt berechnet oder geschätzt werden kann, da insbesondere die Ausgangsparameter offen gelassen wurden.[818]

Daneben kann der Küstenstaat eine Linie von Festpunkten wählen, die nicht weiter als 60 Seemeilen vom Fuß des Festlandabhangs entfernt sind (Art. 76 Abs. 4 lit. a (ii) SRÜ). Diese beiden Methoden schließen einander nicht aus. Da die SRÜ-Vertragsverfasser, die weltweit unterschiedlichen geologischen und geomorphologischen Eigenschaften der Kontinentalränder erkannten, erhalten

---

815 *Proelß*, 2016, 397.

816 *Persand*, A Practical Overview of Article 76 of the United Nations Convention on the Law of the Sea, United Nations – The Nippon Foundation of Japan Fellow 2005, https://www.un.org/Depts/los/nippon/unnff_programme_home/fellows_pages/fellows_papers/persand_0506_mauritius.pdf (4.2.2021), 4; Vgl. dazu auch: *Parson*, Annex II to the Final Act, in: Proelß (Hg), United Nations Convention on the Law of the Sea: A Commentary, C.H. Beck/Hart/Nomos: München–Oxford–Baden-Baden 2017, 602; *Magnússon*, The Reject ion of a Theoretical Beauty: The Foot of the Continental Slope in Maritime Boundary Delimitations Beyond 200 Nautical Miles, 45 Ocean Development & International Law 1/2014, 43.

817 *Persand*, 2005, 4.

818 *Parson*, Annex II to the Final Act, 2017, 603; Vgl. dazu auch: *Magnússon*, 2014, 44.

die Küstenstaaten eine Wahlfreiheit oder gegebenenfalls die Möglichkeit einer Mischung dieser Formeln zu verwenden.[819]

Art. 76 Abs. 4 lit. b SRÜ bestimmt den Fuß des Festlandabhanges, ohne welchen weder Art. 76 Abs. 4 lit. a (i) noch lit. a (ii) SRÜ umgesetzt werden können: „Solange das Gegenteil nicht bewiesen ist, wird der Fuß des Festlandabhangs als der Punkt des stärksten Gefällwechsels an seiner Basis festgelegt." Eine Definition der Lagebestimmung des Fußes des Kontinentalabhangs, wenn Beweise für das Gegenteil angeführt werden, lässt sich Art. 76 SRÜ nicht entnehmen.[820] Nach *Parson* kommen zwei Lokalisierungsmethoden in Betracht: Eine spezifische und eine allgemeine. Die spezifische Methode stellt auf einen Punkt ab, der die maximale Änderung des Gefälles an seiner Basis bestimmt. Diese Methode erfordert eine genaue und relativ einfache mathematische Berechnung, welche die Neigung des Meeresbodens berücksichtigt und feststellt, an welchem Punkt die Gradientenänderung am größten ist. Die Klarstellung des Art. 76 Abs. 4 lit. b SRÜ mit dem Verweis auf den „... Fuß des Festlandabhangs [...] an seiner Basis" stellt sicher, dass kein Zweifel darüber besteht, welche maximale Änderung des Gradienten ausgewählt werden sollte.[821] Die genaue Lokalisierung des Fußes des Festlandabhangs an seiner Basis wurde von der Festlandsockelkommission folgendermaßen festgelegt: „The Commission defines the base of the continental slope as a region where the lower part of the slope merges into the top of the continental rise, or into the top of the deep ocean floor where a continental rise does not exist."[822] Solange die Berechnung der Gradientenänderung nicht möglich ist, lässt Art. 76 Abs. 4 lit. b SRÜ die Verwendung gegenteiliger Beweise zur Identifizierung des Fußes des Festlandabhangs zu (allgemeine Methode).[823] Die CLCS fasste die Daten zur Unterstützung gegenteiliger Beweise zusammen[824] und verweist insbesondere auf geologische und geomorphologische Nachweise der Plattentektonik.[825] Ein so abgeleiteter Fuß des Festlandabhangs befindet sich an der Grenze der

---

819 *Parson*, Article 76, 2017, 595; Vgl. dazu auch: *Persand*, 2005, 4.

820 *Magnússon*, 2014, 44.

821 *Parson*, Article 76, 2017, 596.

822 Scientific and Technical Guidelines of the Commission on the Limits of the Continental Shelf, 13.5.1999, https://www.un.org/Depts/los/clcs_new/documents/Gui delines/CLCS_11.htm (18.3.2021), Rn. 5.4.5.

823 *Parson*, Article 76, 2017, 596; Vgl. dazu: *Magnússon*, 2014, 44.

824 Scientific and Technical Guidelines of the Commission on the Limits of the Continental Shelf, 13.5.1999, Rn. 6.2.

825 Ibid., Rn. 6.3.12.

natürlichen Ausdehnung und scheint sich daher nicht am selben Punkt wie der Fuß des Festlandabhangs an seiner Basis (nach der spezifischen Berechnungsmethode) zu befinden.[826] Entsprechend hat die CLCS in ihren *Scientific and Technical Guidelines* den Sinn des Unterabsatzes umgekehrt und festgestellt, dass die allgemeine Methode zur Festlegung des Fußes des Festlandabhangs den „character of an exception to the rule“ besitzt und die Gradientenberechnung Vorrang haben sollte.[827]

Zusätzlich begrenzt Art. 76 Abs. 5 SRÜ die geologische Reichweite eines erweiterten Festlandsockels bis zu einer maximalen Ausdehnung von entweder 350 Seemeilen von der küstenstaatlichen Basislinie oder 100 Seemeilen seewärts der 2.500 Meter-Wassertiefenlinie. Die vorgenommene Limitierung stellt auf die Basislinie als Referenzpunkt ab und eine Abhängigkeit der Ausbeutung der Ressourcen des Festlandsockels, die einem rapiden technischen Wandel unterliegt, wird ausgeschlossen.[828]

Geht man von beweglichen Basislinien aufgrund des Schmelzens eisbedeckter Festpunkte[829] aus, so könnten sich möglicherweise die äußeren Grenzen des Festlandsockels von innerhalb der Grenze von 350 Seemeilen oder 100 Seemeilen von der 2.500 Meter-Wassertiefenlinie zu außerhalb dieser Grenzen verlagern und wäre die Konsequenz ein physischer Zuwachs eines Gebiets des Festlandsockels, der anhand der Inanspruchnahme des Verfahrens nach Art. 76 SRÜ nicht möglich gewesen wäre.[830] Nach *Blitza* löst die Grundkonzeption des Meeres (*mare liberum*) mit zulässigen Einschränkungen, wie den seerechtlichen Meereszonen, die aufgezeigte Diskrepanz zwischen der Veränderung aufgrund natürlicher Bedingungen und dem SRÜ auf, indem eine Rückversetzung in den ursprünglichen Zustand (*mare liberum*) des betreffenden Gewässers erfolgt. „The land dominates the sea“ erklärt in diesem Zusammenhang nicht den Charakter der Basislinie, sondern bezieht sich auf das übergeordnete seerechtliche Prinzip: *mare liberum*.[831] Es ist augenscheinlich, dass dieser Umstand von den arktischen Küstenstaaten nicht gewollt sein kann und eine Anpassung der Basislinien auf physische Gegebenheiten erfolgen wird.

826 *Parson*, Article 76, 2017, 594.

827 Scientific and Technical Guidelines of the Commission on the Limits of the Continental Shelf, 13.5.1999, Rn. 6.1.2; Vgl. dazu: *Parson*, Article 76, 2017, 596.

828 *Marboe*, Das internationale Seerecht, 2013, 484.

829 Siehe Kapitel: III.4.1.4 Festlegung der Basislinie bei eisbedeckter Küste.

830 *Blitza*, 2019, 58.

831 Ibid., 254.

Der arktische Ozean ist mit einer durchschnittlichen Wassertiefe von 1.200 Metern der weltweit flachste Ozean und aufgrund dieser geologischen Besonderheit können die arktischen Anrainerstaaten große Festlandsockelgebiete in Anspruch nehmen.[832] Dabei trennen unterschiedliche unterseeische Gebirgszüge den arktischen Ozean in mehrere Seebecken[833] und ihnen ist die arktische Krux der Inanspruchnahme eines erweiterten Festlandsockels immanent. Die unterschiedlichen Rechtsfolgen nach Teil VI SRÜ stellen auf die geologischen Beschaffenheiten eben dieser Gebirgszüge ab. Inwiefern die physiografischen Gegebenheiten der unterschiedlichen Rückensysteme die Inanspruchnahme eines erweiterten Festlandsockels der arktischen Küstenstaaten ermöglichen, will der nachstehende Abschnitt klären. Entsprechend werden die relevantesten Rückensysteme, namentliche der Lomonossow-Rücken, der Gakkel-Rücken und der Alpha-Mendelejew-Rücken, hinsichtlich der Immanenz eines berechtigten Anspruchs eines erweiterten Festlandsockels untersucht.

Ausgehend von den geologischen Strukturen des arktischen Meeresbodens als ozeanischer Bergrücken (*oceanic ridge*) (Art. 76 Abs. 3 SRÜ), unterseeischer Bergrücken (*submarine ridges*) oder unterseeische Erhebung (*submarine elevations*) (Art. 76 Abs. 6 SRÜ), ist eine Unterscheidung der beanspruchten erweiterten arktischen Festlandsockel gefordert.[834] Das SRÜ bezieht sich zwar auf mehrere geomorphologische Eigenschaften des Meeresbodens, definiert aber weder ozeanische Bergrücken noch unterseeische Bergrücken und unterseeische Erhebungen näher.[835] Für den ozeanischen Bergrücken bestimmt das konsolidierte Glossar zum SRÜ, dass eben diese „excluded form the continental margin“[836] sind. Entsprechend ist allgemein anerkannt, dass ein ozeanischer Bergrücken freistehend ist und sich dessen geologische Eigenschaften von jenen der Festlandsockel unterscheiden.[837] Aufgrund der fehlenden unmittelbaren Verbindung zum Festlandrand ist die Inanspruchnahme eines erweiterten Festlandsockels nach Art. 76 Abs. 4 SRÜ ausgeschlossen. Ein ozeanischer Bergrücken ist der Gakkel-Rücken, welcher fern der Festlandsockelgebiete und

---

832 *Görner*, 2018, 53 ff.

833 *Wiers*, 2020, 30.

834 *Proelß*, 2016, 398; World Ocean Review[6], 2019, 246.

835 *Hossain*, 2021.

836 The Law of the Sea: Baselines: An Examination of the Relevant Provisions of the United Nations Convention on the Law of the Sea – Appendix I: Consolidated Glossary of Technical Terms Used in the United Nations Convention on the Law of the Sea, UN DOALOS, New York, 1989, 53, 59.

837 *Hossain*, 2021.

Kontinentalabhänge in der Mitte des arktischen Ozeans liegt, wo die unterseeischen Kontinentalplatten auseinanderdriften.[838] Als praktische Konsequenz kann der Gakkel-Rücken keine Anspruchsgrundlage eines erweiterten Festlandsockels für die arktischen Anrainerstaaten sein.[839] Neben dem Gakkel-Rücken sind aufgrund der bereits beschrieben äußerst flachen Ausgestaltung des arktischen Ozeans lediglich kleine Gebiete von der küstenstaatlichen Inanspruchnahme eines erweiterten Festlandsockels ausgeschlossen.[840] Diese Gebiete liegen jenseits der 2.500 Meter Wassertiefenlinie.[841]

Für unterseeische Bergrücken gilt, im Gegensatz zu unterseeischen Erhebungen, nach Art. 76 Abs. 6 SRÜ nur die 350 Seemeilen-Regel und nicht die prinzipiell günstigere 2.500 Meter-Wassertiefenlinie.[842] Diese Unterscheidung ist dem Umstand geschuldet, dass unterseeische Bergrücken eine andere geologische Beschaffenheit als unterseeische Erhebungen, die in ihrer Zusammensetzung dem Festlandrand gleichen, aufweisen.[843] Es bestehen unterseeische Bergrücken in der Regel aus vulkanischem Gestein, welche unterschiedlichen Ursprungs als der Festlandsockel sind.[844] Könnte ein arktischer Anrainerstaat nachweisen, dass der ihm zugehörige Festlandsockel eine unterseeische Erhebung ist, fehlt die Befugnis der ISA diesen Raum im Sinne eines gemeinsamen Erbes der Menschheit zu verwalten. Die Ressourcen im Meeresboden könnten vielmehr exklusiv von den Küstenstaaten bis zu den maximalen Außengrenzen von 100 Seemeilen seewärts der 2.500 Meter-Wassertiefenlinie ausgebeutet werden.

Die USA behaupten, dass der Lomonossow-Rücken ein ozeanischer Bergrücken sei und somit keine Erweiterung des Festlandsockels eines Staates.[845] Laut russischer Ansicht sei der Lomonossow-Rücken eine unterseeische Erhebung

---

838 *Proelß*, 2014, 362; Siehe Kapitel: II.2 Physiografie des arktischen Ozeans.

839 *Proelß*, 2014, 362.

840 Maritime jurisdiction and boundaries in the Arctic region, IBRU: Centre of Borders Research Durham University, https://www.durham.ac.uk/media/durham-university/research-/research-centres/ibru-centre-for-borders-research/maps-and-databases/arctic-maps-2024-january/Map-1-IBRU-Arctic-map-04-01-24-(revised-Russia-claimed).pdf (22.4.2024).

841 World Ocean Review[1], 2010, 209.

842 *Proelß*, 2014, 362; World Ocean Review[1], 2010, 209.

843 *Proelß*, 2014, 362.

844 World Ocean Review[6], 2019, 246.

845 *Skaridov*, 2020, 109.

im Sinne des SRÜ.[846] Allerdings ist die geologische Identität mit dem russischen Festlandsockel anhand der bisher durchgeführten Untersuchungen eher auszuschließen.[847] Der Lomonossow-Rücken setzt sich zwar unterhalb des Nordpols fort, erreicht aber nicht die russische AWZ.[848] Daneben beanspruchen auch Kanada und Dänemark einen erweiterten Festlandsockel auf der Grundlage des Lomonossow-Rückens.[849]

Trotz des Abschmelzens der nördlichen Polkappe ist die Wassersäule über dem Alpha-Mendelejew-Rücken noch immer im Sommer zu großen Teilen mit Meereis bedeckt.[850] Entsprechend sind geologische Bohrungen besonders aufwendig und riskant, womit als Konsequenz das Alpha-Mendelejew-Rückensystem noch nicht ausreichend erforscht ist.[851] Der Alpha-Mendelejew-Rücken kann (noch) keine Anspruchsgrundlage eines erweiterten Festlandsockels der arktischen Anrainerstaaten sein.

Wenn Staaten das SRÜ nicht ratifiziert haben, kann nach dem FSÜ, die Außengrenze des Festlandsockels dort verlaufen, wo die Tiefe der über dem Meeresboden liegenden Gewässer, die Gewinnung der Naturschätze des Meeresbodens ermöglicht.[852] Diese unpräzise Abgrenzungsmöglichkeit ist nicht bindend für andere Staaten.[853] Da die USA das SRÜ nicht ratifiziert haben, kommt nur eine Beanspruchung des Festlandsockels nach dem FSÜ in Betracht.

---

846 Partial revised Submission of the Russian Federation to the Commission on the Limits of the Continental Shelf in respect of the continental shelf of the Russian Federation in the Arctic Ocean – Executive Summary, Ministry of Natural Resources and Environment of the Russian Federation/Federal Agency on Mineral Resources Ministry of Natural Resources and Environment of the Russian Federation/Ministry of Foreign Affairs of the Russian Federation/Ministry of Defence of the Russian Federation/Department of Navigation and Oceanography Ministry of Defence of the Russian Federation/Russian Academy of Sciences, 3.8.2015, https://www.un.org/depts/los/clcs_new/submissions_files/rus01_rev15/2015_08_03_Exec_Summary_English.pdf (15.2.2021), 6.

847 *Proelß*, 2014, 363.

848 *Hossain*, 2021.

849 Siehe die Kapitel: III.5.3.2 Kanada, III.5.3.4 Dänemark und III.5.4 Zwischenergebnis.

850 Satellitenmessung: Meereiskonzentration Arktis – monatlich, aufgerufen unter: https://data.meereisportal.de/gallery/index_new.php?lang=de_DE&active-tab1=method&active-tab2=satellite (31.1.2022), nach: *Spreen/Kaleschke/Heygster*, 2008.

851 World Ocean Review[6], 2019, 24.

852 *Görner*, 2018, 54.

853 Ibid., 54.

Der Northwind-Rücken, welcher nördlich der Küste Alaskas in Richtung des kanadischen-Beckens verläuft, steigt sehr steil ab und weist mehrere Abschnitte mit einer Neigung von größer 10 Grad über einen Tiefenunterschied von 3.000 Metern auf.[854] In dieser Hinsicht rückt ein Beitritt der USA zum SRÜ in weite Ferne, da der US-amerikanische Anspruch auf einen erweiterten Festlandsockel durch die Begrenzungen in Art. 76 Abs. 5 SRÜ äußerst gering ist.

Vielfach wird in öffentlichen Debatten der Begriff „claim" verwendet, um die Vorlage wissenschaftlicher Daten von Küstenstaaten bei der CLCS zu beschreiben.[855] Nach *Hossain* ist diese Wortwahl im juristischen Kontext irreführend, da angenommen werden könnte, dass der Küstenstaat das betreffende Gebiet als seinen Festlandsockel erklärt. Der Rechtsanspruch eines erweiterten Festlandsockels ist jedoch erst verwirklicht, wenn das Verfahren der Inanspruchnahme eines erweiterten Festlandsockels abgeschlossen ist.[856] In anderen Worten erhalten die Ansprüche eines erweiterten Festlandsockels erst den Status von Rechtsansprüchen, wenn die CLCS eben diese gebührend berücksichtigt und Empfehlungen abgibt, die entweder eine Abgrenzung von den Küstenstaaten selbst oder eine zwischenstaatliche Abgrenzung vorsieht.[857]

Eine zwischenstaatliche Abgrenzung wird bei Staaten mit gegenüberliegenden oder angrenzenden Küsten relevant. Da die CLCS nicht für überlappende Ansprüche zuständig ist (Anlage II Art. 9 SRÜ), gelten die Bestimmungen von Art. 76 SRÜ nicht für eben diese Abgrenzungsfragen des Festlandsockels (Art. 76 Abs. 10 SRÜ). Vielmehr fordert Art. 83 Abs. 1 SRÜ Verhandlungen zwischen den betreffenden Staaten mit dem Ziel einer völkerrechtlichen Übereinkunft, welche eine der Billigkeit entsprechenden Lösung enthält.

Wegen der flachen Gebirgsrücken im zentralarktischen Ozean, bei denen die Meerestiefe weniger als 2.500 Meter beträgt, kommt es zu einer Reihe von erheblichen Überschneidungsbereichen in Bezug auf erweiterte Festlandsockel und insbesondere ein Gebiet um den Nordpol, von 214.800 Quadrat-Seemeilen, ist sowohl in den kanadischen und dänischen, als auch den russischen

---

854 *Jakobsson/Macnab/Mayer/Anderson/Edwards/Hatzky/Schenke/Johnson*, 2008, 4.

855 Vgl. dazu beispielsweise: *Dodds*, 2010, 69; *Scovazzi*, 2016, 181; *Skaridov*, 2020, 108 f.; *Young*, 2009, 74.

856 Der gegenständliche Verfahrensabschluss ist erreicht, wenn bei überlappenden Ansprüchen die endgültige küstenstaatliche Festlegung der Grenzen des Festlandsockels in Übereinstimmung mit den Empfehlungen der CLCS vorliegt, oder bei nicht-überlappenden Ansprüchen der betreffende Staat selbst seinen Festlandsockel gemäß diesem Verfahren festlegt; Vgl. dazu: *Hossain*, 2021.

857 Ibid.

Einreichungen eines erweiterten Festlandsockels an die CLCS enthalten.[858] Dahingehend könnte die Abgrenzung der Festlandsockel im Hinblick auf den Lomonossow-Rücken auf der Grundlage einer völkerrechtlichen Einigung zwischen den drei arktischen Küstenstaaten relevant werden.[859] Diese Formel hat jedoch nicht immer funktioniert, und jedes Land hat seine eigene Geschichte erweiterter arktischer Festlandsockelansprüche und Abgrenzungsmethoden entwickelt,[860] welche zu einem späteren Zeitpunkt dieser Arbeit analysiert werden.

III.4.3.5.2 Die Rolle der Festlandsockelkommission

Gemäß Art. 76 Abs. 8 SRÜ i.V.m. Anlage II Art. 2 SRÜ setzt sich die CLCS aus 21 Mitgliedern nach einer gerechten geografischen Vertretung aus Fachleuten der Geologie, Geophysik oder Hydrografie zusammen.

Die Aufgabe der CLCS ist die Prüfung der vorgelegten Daten und die Abgabe einer Empfehlung, auf deren Grundlage die Küstenstaaten ihre Außengrenzen des Festlandsockels endgültig und verbindlich festlegen.[861] Eine Rechtskontrolle durch die CLCS ist nicht eingerichtet[862] und es wurde im SRÜ kein weiterer Mechanismus für den Fall, dass der Küstenstaat die Empfehlungen der CLCS nicht annimmt, ausgehandelt.[863] Trotzdem wird man den veröffentlichten Empfehlungen jedenfalls einen erheblichen politischen Druck zurechnen können.[864] In der Praxis ist die CLCS jedenfalls ein wichtiges Korrektiv, indem die Kommission, als eine Art Regulierungsbehörde, überzogene küstenstaatliche Ansprüche vermeiden soll.[865] Ferner ist die CLCS ein janusköpfiger Akteur in dem Sinne, dass diese Behörde nicht nur eine Empfehlung zu Einreichungen von Küstenstaaten veröffentlicht, sondern auf Anfrage auch die Küstenstaaten berät.[866] Dabei gilt es stets zu beachten, dass die Empfehlungen der CLCS,

---

858 Briefing notes for IBRU Arctic map series, IBRU: Centre of Borders Research Durham University, https://www.durham.ac.uk/media/durham-university/research-/research-centres/ibru-centre-for-borders-research/maps-and-databases/arctic-maps-2024-january/Briefing-notes-for-IBRU-Arctic-map-series-January-2024.pdf (13.6.2024), Note 1.

859 *Proelß*, 2014, 363.

860 *Skaridov*, 2020, 109.

861 World Ocean Review[1], 2010, 207.

862 Ibid., 207.

863 *Proelß*, 2014, 362.

864 World Ocean Review[1], 2010, 207.

865 *Tuerk*, 2017, 268.

866 *Dodds*, 2010, 68.

welche ein Gebiet den Status eines erweiterten Festlandsockels erkennt oder ablehnt, von Wissenschaftlern beeinflusst werden, die geologische Daten erheben und analysieren.[867]

In den Verhandlungen der 3. Seerechtskonferenz gingen die Parteien davon aus, dass rund 30–35 Staaten einen Anspruch auf einen erweiterten Festlandsockel erheben werden.[868] Nach derzeitigem Stand sind 92 Anträge (*submission*) von 85 Staaten auf einen erweiterten Festlandsockel eingereicht worden.[869] Von den erst 35 veröffentlichten CLCS-Empfehlungen wurden 10 Seekarten und sachbezogene Unterlagen auf dieser Grundlage beim Generalsekretär der Vereinten Nationen hinterlegt und damit völkerrechtlich fixiert (Art. 76 Abs. 9 SRÜ).[870] Nach *Tuerk* gäbe es Schätzungen, dass sich die Gesamtzahl der Küstenstaaten, die Ansprüche eines erweiterten Festlandsockels erheben könnten, auf 120 beläuft. Zusätzlich könnten weitere Staaten dem SRÜ beitreten und möglicherweise Ansprüche auf einen erweiterten Festlandsockel stellen.[871] Aus diesen Vermutungen schließt *Tuerk*, dass SRÜ-Vertragsverfasser nicht mit einem derartigen Ausmaß an eingebrachten Ansprüchen gerechnet haben und ausgehend von der geringen Anzahl veröffentlichter CLCS-Empfehlungen, wurde die CLCS mit ausreichenden Strukturen ausgestattet. Nur wenn alle weltweit betroffenen Küstenstaaten dem SRÜ beigetreten sind, ist eine endgültige verbindliche Festlegung des räumlichen Umfangs des Tiefseebodens möglich.[872]

Gemäß Anlage II Art. 4 SRÜ müssen jene Staaten, die einen erweiterten Festlandsockel beanspruchen, ihre Unterlagen innerhalb von zehn Jahren nach Beitritt der Festlandsockelkommission vorlegen. Für die möglichen Anträge der vier arktischen SRÜ-Mitgliedsstaaten sind diese Fristen bereits abgelaufen: Norwegen hat das SRÜ-Abkommen 1996, gefolgt von Russland 1997, Kanada 2003 und Dänemark 2004 ratifiziert.[873] Die Vereinigten Staaten sind

867 *Hossain*, 2021.

868 *Tuerk*, 2017, 266.

869 Submissions, through the Secretary-General of the United Nations, to the Commission on the Limits of the Continental Shelf, pursuant to article 76, paragraph 8, of the United Nations Convention on the Law of the Sea of 10 December 1982, 2.3.2022, https://www.un.org/Depts/los/clcs_new/commission_submissions.htm (2.4.2022).

870 Ibid.

871 *Tuerk*, 2017, 269.

872 Ibid., 270.

873 Chronological lists of ratifications, of accessions and successions to the Convention and the related Agreements, UN DOALOS, 2021.

außen vorgelassen, da sie dem SRÜ nicht beigetreten sind.[874] Allerdings negiert die USA die Stellung der CLCS keineswegs. Um die US-amerikanische Position zu wahren und ihre Ansichten zu technischen Fragen darzulegen, haben die USA verschiedene Beiträge kommentiert und an die CLCS gesendet.[875]

Seit der ersten russischen CLCS-Einreichung im Jahr 2001[876] ist offensichtlich, dass die Küstenstaaten die äußere Festlandsockelabgrenzung auf unterschiedliche Weise handhaben und eine Vielzahl von Strategien verfolgen, wie ein Vorbehalt von weiteren Einreichungen.[877] Bisher hat die CLCS nur abschließende Empfehlungen zur Festlegung der Außengrenzen des arktischen Festlandsockels von Norwegen veröffentlicht.[878]

Nach *Dodds* haben die Behauptungen eines erweiterten Festlandsockels in der Arktis nicht nur Rivalitäten zwischen den Küstenstaaten gefördert, sondern auch das Interesse anderer exterritorialer Parteien geweckt. Dahingehend ist die Rolle der CLCS nicht eindeutig feststellbar. Indem die CLCS tatsächlich zur Abgrenzung des internationalen Meeresbodengebiets beiträgt, gilt es zu hinterfragen, ob sie in erster Linie küstenstaatliche oder Interessen der internationalen Gemeinschaft im Allgemeinen vertritt.[879] Diese Frage wird wohl erst beantwortet werden können, wenn weitere CLCS-Empfehlungen zu den arktischen Festlandsockeln veröffentlicht wurden.

III.4.4 Staatengemeinschaftsräume

Im Gegensatz zu den küstenstaatlichen (funktionalisierten) Hoheitsräumen, sind globale Staatengemeinschaftsräume der Staatengemeinschaft insgesamt zugeordnet und die Verwaltung dieser Nichtstaatsgebiete wird einer internationalen Organisation unterstellt, die eine bestimmte Nutzungsordnung durchsetzen soll.[880]

---

874 *Görner*, 2018, 54.

875 *de La Fayette*, 2008, 539.

876 Submissions to the Commission: Submission by the Russian Federation, 20.12.2001, CLCS.01.2001.LOS, https://www.un.org/depts/los/clcs_new/submissions_files/submission_rus.htm (1.11.2021).

877 *Dodds*, 2010, 68; Siehe dazu auch: III.5.3 Anträge eines erweiterten Festlandsockels.

878 Submissions, through the Secretary-General of the United Nations, to the Commission on the Limits of the Continental Shelf, pursuant to article 76, paragraph 8, of the United Nations Convention on the Law of the Sea of 10 December 1982, 2022.

879 *Dodds*, 2010, 69 f.

880 *Proelß*, 2016, 400.

Durch das Konzept des *res communis omnium*[881] steht die Hohe See allen gemeinsam zur Nutzung offen. Unter der Prämisse, dass die Hohe See ein *res communis omnium* sei, erfolgt eine starke Unterscheidung zwischen der Hohen See und den Küstengewässern sowie zwischen den Begriffen der maritimen Herrschaft und der maritimen Gerichtsbarkeit.[882] Das Fehlen von souveränen Ansprüchen sieht *Guilfoyle* entweder positiv, als Merkmal der Weltordnung, die zu einem gemeinsamen Raum führt und von Natur aus gesetzlich reguliert ist, oder negativ, als Schaffung eines minimal regulierten Raumes, in dem Staaten nur handeln dürfen, wenn sie ausdrücklich vom Völkerrecht berechtigt sind, gesehen werden. Jedenfalls ist die Hohe See kein rechtliches Vakuum.[883] Eine neuere Spielart ergänzt das Konzept des Gemeineigentums mit einem Nachhaltigkeitsgedanken (CHM-Prinzip[884]). Dieses Konzept ist auf den Tiefseeboden anzuwenden, für den die Staatengemeinschaft eine gemeinsame Verantwortung trägt.[885] *Annweiler* führt dazu aus, dass der Tiefseeboden und seine Ressourcen weder staatliches Territorium noch einem solchen vorgelagert sind und versteht diesen Zwischenstatus als *sui generis*, dessen Zielvorstellungen den CHM-Elementen größtenteils entsprechen.[886]

In Hinblick auf die festzulegende Nutzungsordnung ergibt sich die Frage nach bestimmten Verteilungskriterien der Berechtigten. *Proelß* sieht eine liberale Distributionsregel, auf der Grundlage des Prioritätsprinzips kritisch, da faktische Monopolisierungen der Industriestaaten verwirklicht werden könnten und gleichzeitig ein Ressourcenraubbau auf Kosten künftiger Generationen erfolgen könnte. Speziell für den arktischen Ozean sind diese Befürchtungen aufgrund hoch technisierter und finanziell aufwendiger Bewirtschaftungsformen, sowie begrenzter Ressourcen berechtigt.[887] Das SRÜ versucht in seiner Präambel auf diese Herausforderung zu reagieren und fördert die besonderen Interessen und Bedürfnisse der Entwicklungsländer durch ein positiv diskriminierendes und nachhaltigkeitssicherndes Regime für den Tiefseeboden.[888]

---

881 Siehe Kapitel: III.4.4.1 Hohe See.

882 *Papastavridis* verweist auf: *Gentilis*, De Jure Belli Libri tres, 1588 und Hispanicae Advocationis Libri duo, 1605; *Papastavridis*, 2011, 50.

883 *Guilfoyle*, Art. 89, in: Proelß (Hg), United Nations Convention on the Law of the Sea: A Commentary, C.H. Beck/Hart/Nomos: München–Oxford–Baden-Baden 2017, 688.

884 Siehe Kapitel: III.1.4 *Common Heritage of Mankind*.

885 *von Arnauld*, 2016, 348.

886 *Annweiler*, 2017, 120.

887 *Proelß*, 2016, 400.

888 Ibid., 400.

Zusätzlich soll nach Art. 148 SRÜ eine wirksame Teilnahme der Entwicklungsstaaten an Tätigkeiten des Tiefseebodens gefördert werden und die ISA soll nach Art. 140 Abs. 2, 160 Abs. 2 lit. f (i) und lit. g und 162 lit. o (i) SRÜ für eine gerechte Verteilung der finanziellen und der sonstigen wirtschaftlichen Vorteile des Tiefseebodens sorgen.

Dementsprechend hat das SRÜ auf die Forderungen der Entwicklungsstaaten hinsichtlich der Schaffung einer größtenteils planwirtschaftlich ausgerichteten Ordnung mit verteilungspolitischen Konsequenzen für das Tiefseebodenregime reagiert.[889] Allerdings war dieser Ansatz für die Industriestaaten, welche die Prioritätsregel präferierten, untragbar und wurde beispielsweise im Rahmen eines Interessenausgleichs die Pflicht der Antragsteller bei der ISA und den Entwicklungsstaaten, die für den Tiefseebodenbergbau erforderliche Technologie zur Verfügung zu stellen, durch eine weiche Bemühungszusage im Durchführungsübereinkommen ersetzt.[890] Anhand der Ausführungen im vorangegangenen Kapitel zu erweiterten Festlandsockeln ist auch zu erwarten, dass es in der Arktis zu einer umfangreichen Nationalisierung des bisher internationalisierten Tiefseebodens kommen wird.

Mit der beschriebenen Kompromisslösung für den Tiefseeboden gehen Fragen hinsichtlich der Verteilungsgerechtigkeit zwischen Industrie- und Entwicklungsländer einher. Daneben sind für die Thematik dieser Arbeit die Ausgestaltung der Hohen See und der Antarktis, als Pendant zur Arktis, als Staatengemeinschaftsräume relevant und verdienen eine gesonderte Untersuchung hinsichtlich der Verteilungsgerechtigkeit ihrer etablierten Nutzungsordnungen. Anschließend an die Grundkonstruktionen dieser drei Rechtsräume verfolgt die Autorin die Klärung spezifischer Fragen im Kontext einer nachhaltigen Bewirtschaftung dieser internationalisierten Rechtsräume.

III.4.4.1 Hohe See

Art. 86 SRÜ definiert die Hohe See in räumlicher Hinsicht negativ. Die Hohe See besteht aus Teilen des Meeres: „die nicht zur ausschließlichen Wirtschaftszone, zum Küstenmeer oder zu den inneren Gewässern eines Staates oder zu

889 *Dingwall*, Commercial Mining Activities in the Deep Seabed beyond National Jurisdiction: the International Legal Framework, in: Banet (Hg), The Law of the Seabed, Brill/Nijhoff: Leiden–Boston 2020, 142; *Marboe*, Das internationale Seerecht, 2013, 490; *Proelß*, 2016, 404.

890 *Dingwall*, 2020, 144; *Marboe*, Das internationale Seerecht, 2013, 490; *Proelß*, 2016, 406.

den Archipelgewässern eines Archipelstaats gehören". In dieser Meereszone steht es allen Staaten offen, die Freiheiten der Hohen See, welche in Art. 87 SRÜ demonstrativ enumeriert[891] sind, auszuüben. Zu diesen Rechten zählen „unter anderem" die Freiheit der Schifffahrt und der Fischerei. Zusätzlich ist auch der Überflug, das Verlegen von unterseeischen Kabeln und Rohrleitungen, das Errichten künstlicher Inseln und andere nach dem Völkerrecht zulässige Anlagen sowie die wissenschaftliche Forschung für alle Staaten völkerrechtlich gewährleistet. Die Freiheiten der Hohen See sind im Hinblick auf das Gebot der gegenseitigen Rücksichtnahme nach Art. 87 Abs. 2 SRÜ auszuüben.

Die Rechte der Hohen See bestehen, unabhängig von der Klassifizierung der Staaten, als Küsten- oder Binnenstaat und Privatpersonen erhalten durch die Verleihung einer Flagge vom Flaggenstaat das Recht zur Nutzung der Freiheiten auf der Hohen See.[892] Da die Freiheiten der Hohen See überwiegend von privaten Schiffen ausgeübt werden, begünstigt Art. 87 SRÜ im Ergebnis private Handelsschiffe und nicht Staatsschiffe.[893] Auf der Kehrseite hat der Küstenstaat außerhalb der 200-Seemeilenzonen äußerst begrenzte Kontrollrechte, kann jedoch Sicherheitszonen um künstliche Inseln oder Strukturen errichten, um Aktivitäten zur Erkundung und Ausbeutung des Meeresbodens von anderen Staaten ohne eine küstenstaatliche Zustimmung zu unterbinden.[894] Dabei darf der Küstenstaat aber keinesfalls in die Freiheiten der Hohen See eingegriffen.[895]

Die Hohe See ist friedlichen Zwecken vorbehalten (Art. 88 SRÜ). Da bereits die Grundsätze des allgemeinen Völkerrechts die Androhung und Anwendung von Gewalt[896] verbieten, enthält Art. 88 SRÜ keine normative Verpflichtung, sondern ist als reine Wiederholung der SRÜ-Präambel die „Zielen und Grundsätzen der Vereinten Nationen fördern [...], wie sie in deren Satzung verkündet sind" zu interpretieren.[897] Trotzdem schließt die Formulierung in Art. 88 SRÜ militärische Aktionen nicht aus, sofern sie im Einklang mit den übrigen SRÜ-Prinzipien sind.[898] Souveränitätsansprüche sind ausdrücklich nach Art. 89 SRÜ

891 *Lorenzmeier*, 2012, 123; *Wacht*, Mariner Umweltschutz durch Meeresschutzgebiete im jurisdiktionsfreien Raum der Hohen See, Nomos: Baden–Baden 2018, 207.

892 *von Arnauld*, 2016, 359.

893 Ibid., 359.

894 *VanderZwaag*, 2010, 50.

895 Ibid., 50.

896 Art. 2 Z. 4 Satzung der Vereinten Nationen, BGBl. 1956/120.

897 *Proelß*, 2016, 402.

898 *Görner*, 2018, 55.

unzulässig. In anderen Worten kann diese Meereszone von Staaten nicht okkupiert werden.

Da bisher kein ernster juristischer Streit über die Konzeption der Hohen See stattgefunden hat, gibt es nach *Papastavridis* keine klare Eigentumszuordnung dieser Meereszone. Einerseits kann argumentiert werden, dass die Hohe See niemanden (*res nullius*), andererseits allen gemeinsam (*res communis*) gehört.[899] Schlüssig ist im Erachten der Autorin, die Argumentationsweise von *Politis*, welche bereits 1925 die Solidarität der Staaten, die den modernen Handelsverbindungen zugrunde liegen, in den Mittelpunkt stellt. („D'idée de la mer res nullius était jadis en harmonie avec la conception négative de la liberté. Elle ne s'accorde plus avec la conception positive de la solidarité, qui est à la base des relations internationales modernes. Des états ne sont plus libres d'agir à leur guise ; l'intérêt général indique dans quelle mesure ils peuvent le faire.")[900] Auch die formulierten Ziele des SRÜ, welche auf die Förderung der Kooperation und Koordination zwischen den Staaten abstellen, sprechen für die kollektive Ausübung der Meeresfreiheiten.[901] Im Ergebnis überzeugt die Einordnung der Hohen See als *res communis* wegen der weltweiten Verflechtungen wirtschaftlicher Aktivitäten und der engen internationalen Zusammenarbeit der Staaten im Zuge der Globalisierung. Ein gemeinschaftlicher Ansatz der Völkerrechtsgemeinschaft zur Etablierung einer Nutzungsordnung für die Hohe See ist zeitgemäß.

Eine gemeinsame Meeresressource befindet sich ab dem Zeitpunkt der Ausbeutung eben dieser im Eigentum des Verwerters, der daraus einen wirtschaftlichen oder sonstigen Nutzen zieht.[902] Auf der Kehrseite können alle Nutzungen der Hohen See, ob realisiert oder nicht, die Interessen anderer Nutzer einschränken und (willentlich oder nicht) die marine Umwelt schädigen.[903] Damit stellen *Warner* und *Rayfuse* im bestehenden Regime der Hohen See zwei grundlegende Probleme fest: Die Freiheit des offenen Zugangs führt zur Tragik der Allmende, in der Ressourcen nicht effizient genutzt werden und durch eine Übernutzung bedroht sind; zweitens sind die Zuständigkeiten der Flaggenstaaten unwirksam, um diese Entwicklung zu unterbinden oder umzukehren.

---

899 *Papastavridis*, 2011, 52.

900 *Politis* zitiert im Protokoll der Sitzung des Instituts für internationales Recht, gehalten am: 1.8.1925, in: 32 Annuaire de l'Institut de droit international, Den Haag, 1925, 526; Vgl. dazu auch: *Papastavridis*, 2011, 52.

901 *Wacht*, 2018, 207.

902 *Warner/Rayfuse*, 2008, 407.

903 Ibid., 407.

Eine weitere Ausdehnung der Eingriffsmöglichkeiten der Küstenstaaten ist nach *Warner* und *Rayfuse* abzulehnen und stattdessen hat die internationale Gemeinschaft bereits begonnen, andere Mechanismen wie Hafenstaatkontrollen einzuführen. Damit können Nichtflaggenstaaten gegen Schiffe vorgehen, deren Flaggenstaaten nicht willig oder nicht in der Lage sind, ihren Verpflichtungen zum Schutz und der Erhaltung der Meeresumwelt nachzukommen, als auch eine nachhaltige Ressourcenbewirtschaftung der Hohen See zu gewährleisten.[904]

Der arktische Ozean ist über weite räumliche Teile der Meereszone der Hohen See zuzurechnen. Durch die jüngsten klimatischen Entwicklungen und dem fragilen arktischen Ökosystem ist in näherer Zeit ein internationales Managementsystem gefordert, um grobe Schäden des arktischen Ozeans zu verhindern. Die Staatengemeinschaft hat auf diese Gefahr alsbald zu reagieren. Die Autorin erachtet, dass ein internationales eng verbundenes Netzwerk von sektoralen und regionalen Organisationen zielführend wäre, um wirtschaftliche Aktivitäten im arktischen Ozean unter moderne Verwaltungsinstrumente zu stellen. Damit wäre ein Schutz des arktischen Ökosystems gewährleistet. Demgegenüber würde ein Verbot des Zugangs zur Hohen See der Grundkonzeption des SRÜ widersprechen. Entsprechend soll vielmehr die bestmögliche Nutzungspraxis des arktischen Ozeans festgelegt und überwacht werden. Nur durch eine gemeinschaftliche und nachhaltige Bewirtschaftung des arktischen Ozeans kann das *res communis* fortbestehen.

III.4.4.2 Tiefseeboden

In Anbetracht dessen, dass sich der Tiefseeboden flächenmäßig auf 260 Millionen km^2 (72 % des weltweiten Meeresbodens) erstreckt,[905] ist dessen Bezeichnung als „Gebiet" nach Art. 136 SRÜ einleuchtend. Eine genaue räumliche Eingrenzung des Tiefseebodens ist dem SRÜ allerdings nicht zu entnehmen. Art. 1 Abs. 1 Z. 1 SRÜ definiert das Gebiet als Meeresboden und Meeresuntergrund jenseits der Grenzen des Bereichs nationaler Hoheitsbefugnisse. Damit beginnt die räumliche Ausdehnung des Gebiets ab den Außengrenzen der küstenstaatlichen Festlandsockel.[906] Zukünftig ist davon auszugehen, dass der Tiefseeboden außerhalb der nationalen Gerichtsbarkeit nach Einbringung aller

---

904 Ibid., 407 f.

905 *Dingwall*, 2020, 140.

906 World Ocean Review[3], 2014, 121.

möglichen Ansprüche eines erweiterten Festlandsockels 50 % der Weltoberfläche umfasst.[907]

Die Ressourcen des Tiefseebodens sind alle festen, flüssigen oder gasförmigen mineralischen Ressourcen *in situ*, einschließlich polymetallischer Knollen (Art. 133 lit. a SRÜ). Demgegenüber findet das Tiefseebodenregime keine Anwendung auf lebende Ressourcen, obwohl es bei der Förderung genetischer Ressourcen des Tiefseebodens[908] strittig ist, ob das SRÜ-Tiefseebodenregime anwendbar ist.[909]

Aufgrund der Ressourcenbestimmung des Tiefseebodenregimes, ist die wirtschaftlich gesehen relevanteste Bewirtschaftung in dieser Meereszone der Tiefseebodenbergbau, in dessen Zentrum die Genehmigungspflicht der ISA für alle Tätigkeiten im Gebiet (Art. 137 Abs. 2 SRÜ) steht.[910] Zu den Aktivitäten außerhalb des Mandats des ISA zählen die Meeresforschung, die historische und archäologische Forschung, das Verlegen von Pipelines und Kabeln, der Fang sesshafter Arten, die Nutzung thermischer Energie, die Kohlenstoffdioxid-Speicherung und gegebenenfalls die Förderung genetischer Ressourcen des Meeresbodens.[911]

Die ISA wurde durch Art. 156 ff. SRÜ errichtet. „Die Behörde ist die Organisation, durch welche die Vertragsstaaten […] die Tätigkeiten im Gebiet organisieren und überwachen, insbesondere im Hinblick auf die Verwaltung der Ressourcen des Gebiets" (Art. 157 Abs. 1 SRÜ). Das Durchführungsübereinkommen bestätigt in Anlage Abschnitt 1 (1) die ISA als Kontrollorgan des Tiefseebodens.

Die drei Stufen des Tiefseebodenbergbaus gliedern sich in die Prospektion, Erforschung (*exploration*) und Gewinnung (*exploitation*) in einem industriellen Maßstab und sollen umwelt-, ressourcen- und marktschonend erfolgen, damit auch nicht industrialisierte Staaten und künftige Generationen ihren Nutzen aus dem Tiefseeboden ziehen können.[912] Allein die Prospektion, die sich als Vorstufe mit der allgemeinen Suche nach mineralischen Ressourcen

---

907 *Tuerk*, 2017, 263 und 270.

908 Siehe Kapitel: V.1 Exkurs: Bioprospektion genetischer Ressourcen durch die Arktischen Fünf.

909 *Dingwall*, 2020, 140 f.

910 Siehe Kapitel: III.4.4.2.1 System der Vergabe von Lizenzen an Ressourcen des Tiefseebodens durch die Internationale Meeresbodenbehörde.

911 *Røsæg*, Framework Legislation for Commercial Activities in the Area, in: Banet (Hg), The Law of the Seabed, Brill/Nijhoff: Leiden–Boston 2020, 182.

912 *Jenisch*, 2013, 848; *Tuerk*, 2017, 273.

befasst, ist nicht genehmigungspflichtig und in diesem Stadium wird lediglich eine Anzeige an die ISA verlangt.[913] Damit ist die Behörde (ISA) mit der Verwaltung der vorhandenen Ressourcen im Tiefseeboden im Namen der gesamten Menschheit gemäß Art. 153 Abs. 1 SRÜ beauftragt. *Dingwall* sieht die ISA als ein einzigartiges und ungewöhnliches völkerrechtliches Konstrukt aufgrund ihrer Völkerrechtspersönlichkeit und ihrer weitreichenden institutionellen Befugnissen. Ihr Verantwortungsbereich betrifft die Regulierung und den Abschluss von Verträgen zur Exploration und Gewinnung von Ressourcen des Tiefseebodens.[914]

Das Tiefseebodenregime wurde unter der Annahme und Erwartung verhandelt, dass die Entwicklung des Tiefseebodenbergbaus bereits vor Ende des 20. Jahrhunderts tatsächliches wirtschaftliches Gehalt entfaltet.[915] Eine kommerzielle Ausbeutung des Tiefseebodens und seiner Ressourcen ist bis heute aber noch in der Entwicklungsphase.[916] Damit bleiben Zweifel an der praktischen Bedeutung des Meeresbodenregimes bestehen.[917] Zusätzlich kritisiert *Tuerk* am bestehenden System, dass der ISA keine Rolle im Verfahren über einen erweiterten Festlandsockel zugesprochen wurde. Ein ausgedehnter Festlandsockel verringert die geografische Ausdehnung des Tiefseebodens und beinhaltet eine Verringerung des Tätigkeitsumfangs der Behörde. Dementsprechend wäre eine angemessene Berücksichtigung der ISA im Verfahren angemessen.[918]

Aufgrund fehlender Tiefseebodenbergbauaktivitäten ist die ISA mit anderen Aufgaben betraut worden, die sich aus den Aktivitäten des Tiefseebodenbergbaus ergeben könnten: Dazu zählen der Technologietransfer in Entwicklungsländer (Art. 144 SRÜ), der Schutz des menschlichen Lebens in Bezug auf Tiefseebodenaktivitäten (Art. 146 SRÜ), sowie die Bereitstellung eines wirksamen Schutzes und die Erhaltung der natürlichen Ressourcen des Gebiets nach Art. 145 SRÜ. Explizit zu erwähnen ist, dass sich die Zuständigkeit der ISA nur auf Tätigkeiten im Bereich des Meeresbodens bezieht und die generelle Erhaltung der gesamten Meeresumwelt nicht von ihrem Kompetenzbereich gemäß Art. 144 bis 147 SRÜ umfasst ist.[919]

---

913 *Jenisch*, 2013, 848; *Tuerk*, 2017, 273.
914 *Dingwall*, 2020, 146 f.
915 *Tuerk*, 2017, 280.
916 *Dingwall*, 2020, 155; *Tuerk*, 2017, 280.
917 *Proelß*, 2016, 406.
918 *Tuerk*, 2017, 270.
919 Ibid., 273.

Nach wirtschaftlichen Prognosen erreicht der Tiefseebodenbergbau bis 2030 10 % des globalen Bergbaus und in jüngster Zeit positionieren sich verschiedene Staaten, staatliche Akteure und private Einrichtungen, um die wahrgenommenen Chancen zu nutzen, die sich aus den Ressourcen des Tiefseebodens ergeben.[920] Auch stellt die verstärkte Beteiligung der Interessengruppen und die stetig wachsende Zahl von nichtstaatlichen Organisationen als Beobachter in den jährlichen Sitzungen der ISA, ein klares Indiz für ein erneutes und wachsendes Interesse am Tiefseebodenbergbau dar.[921] Inwieweit die derzeitigen SRÜ-Normen den arktischen Tiefseeboden nachhaltig bewirtschaften können, soll der nachstehende Abschnitt aufzeigen. Dabei steht das ISA-Verteilungssystem der Gewinne, die aus dem Meeresbodenbergbau stammen, als auch die sonstigen wirtschaftlichen Vorteile in finanzieller Hinsicht, hinsichtlich der gerechten Aufteilung zwischen Industrie- und Entwicklungsstaaten auf dem Prüfstand.

III.4.4.2.1 System der Vergabe von Lizenzen an Ressourcen des Tiefseebodens durch die Internationale Meeresbodenbehörde

Einleitend soll die Grundkonstruktion des institutionellen Rahmens der ISA einen Überblick über die Arbeitsweise der ISA verschaffen. Die ISA-Hauptorgane bestehen nach Art. 158 SRÜ aus einer Versammlung, in der alle Beitrittsstaaten vertreten sind (Art. 159 SRÜ), einem Rat und einem Sekretariat (Art. 158 SRÜ). Der operative Arm der ISA ist das Unternehmen, welches unmittelbar Tätigkeiten im Gebiet, sowie die Beförderung, die Verarbeitung und den Absatz der aus dem Gebiet gewonnenen Mineralien durchführt (Art. 170 Abs. 1 SRÜ).[922] Ein Unterorgan der ISA ist die Rechts- und Fachkommission, die sich gemäß Art. 163 Abs. 2 SRÜ grundsätzlich aus 15 Mitgliedern zusammensetzt. In der Praxis hat sich die Kommission zu einem wichtigen Organ entwickelt, da sie neben der Vorbereitungen der Arbeit des Rates diesen auch wesentlich beeinflusst.[923] Nicht verwunderlich waren Forderungen einer erhöhten Mitgliederanzahl und der Rat hat gemäß Art. 163 Abs. 2 SRÜ die Vergrößerung der Rechts- und Fachkommission beschlossen.[924] Aktuell zählt die Kommission 30 Mitglieder, die für die Funktionsperiode bis 1. Jänner 2022

---

920 *Dingwall*, 2020, 151 und 157.
921 *Tuerk*, 2017, 281 ff.
922 *Dingwall*, 2020, 147.
923 *Tuerk*, 2017, 272.
924 Ibid., 272.

gewählt wurden.[925] Die Kommission befasst sich derzeit mit der Ausarbeitung von Standards und Richtlinien für Förderungsaktivitäten im Tiefseeboden und hat im März 2019 Vorschriftenentwürfe (*Draft regulations for exploitation of mineral resources in the Area*[926]) an den Rat übermittelt.[927]

Aufgrund einer erreichten Kompromisslösung[928] im Rahmen der 3. Seerechtskonferenz soll die Aufteilung von Betreibungsaktivitäten des Tiefseebodenbergbaus durch ein Lizenzierungssystem, auch als „Parallelsystem" bezeichnet, erfolgen.[929] Das Parallelsystem ist darauf ausgerichtet, dass Staaten und staatlich geförderte Einrichtungen zusammen mit dem Unternehmen Aktivitäten des Tiefseebodenbergbaus durchführen.[930] Zu diesem Zweck verpflichtet das in Anlage III Art. 8 SRÜ eingeführte *Site-Banking-System* den potenziellen Lizenznehmer einen Arbeitsplan mit einer angegebenen Gesamtfläche für die Suche oder Ausbeutung der Ressourcen des Tiefseebodens vorzulegen, indem die angegebene Fläche in räumlicher Größe ausreichend sein soll, damit der kommerziell geschätzte Wert der Gesamtfläche die Betreibung von zwei Tiefseebodenbergbauunternehmungen ermöglicht wird.[931] Wenn die ISA den Arbeitsplan für eine der beiden Teilflächen bestätigt, reserviert sie den anderen Teil für sich. Auf der rechtlichen Grundlage von Anlage III Art. 8 SRÜ i.V.m. Anlage Abschnitt 1 (10) Durchführungsübereinkommen bezeichnet die ISA einen Teil des eingereichten Gebiets als „reservierte Felder".[932] Durch

---

925 The Legal and Technical Commission, International Seabed Authority, https://www.isa.org.jm/authority/legal-and-technical-commission (21.3.2022); Vgl. dazu: Die Wahl der aktuellen Mitglieder der Kommission für die fünfjährige Funktionsperiode wurde zum Zeitpunkt der Verfassung dieser Arbeit noch nicht veröffentlicht.

926 Draft regulations for exploitation of mineral resources in the Area, International Seabed Authority, Twenty-fifth session 2019, ISBA/25/C/WP.1, https://www.isa.org.jm/wp-content/uploads/2022/06/isba_25_c_wp1-e_0.pdf (13.6.2024).

927 The Legal and Technical Commission, International Seabed Authority.

928 Während die Industrieländer prinzipiell ein System der Zugangsfreiheit mit einer Behörde, der geringe Befugnisse zukommen, befürworteten, waren die Entwicklungsländer der Ansicht, dass alleinig eine internationale Organisation eine starke und zentrale Rolle einnehmen sollte.

929 *Siegfried*, Article 153, in: Proelß (Hg), United Nations Convention on the Law of the Sea: A Commentary, C.H. Beck/Hart/Nomos: München–Oxford–Baden-Baden 2017, 1082 f.

930 *Dingwall*, 2020, 150; *Siegfried*, 2017, 1084.

931 *Dingwall*, 2020, 150; *Jenisch*, 2013, 845; *Siegfried*, 2017, 1084.

932 Vgl. dazu: *Jenisch*, 2013, 845.

dieses System erhält die ISA 50 % aller prospektierten Felder und kann diese gemäß Anlage III Art. 9 Abs. 1 SRÜ, die reservierten Felder entweder ungenützt lassen oder in Form einer gemeinschaftlichen Unternehmung (Joint Venture) zwischen dem Unternehmen und dem Antragsteller, der gemäß Anlage Abschnitt 2 (5) Durchführungsübereinkommen eine temporäre Priorisierung hinsichtlich des Abschlusses einer Vereinbarung über eine gemeinschaftliche Unternehmung zur Erforschung und Ausbeutung dieses Feldes mit dem Unternehmen erhält, zum Zwecke der Exploration und Ausbeutung bewirtschaften.[933] Sollte dieses Recht des Antragsstellers nicht ausgeübt werden, so kann das Unternehmen das reservierte Gebiet einem Antragsteller aus einem Entwicklungsland anbieten.[934]

Somit agiert die ISA als Lizenzgeber beziehungsweise ist allenfalls durch das ihr angehörige Unternehmen im Rahmen von Joint Venture-Vereinbarungen am Tiefseebodenbergbau beteiligt.

Legt das Unternehmen nicht innerhalb von fünfzehn Jahren nach seinem vom Sekretariat der Behörde unabhängigen Tätigwerden oder – sofern dies später ist – nicht innerhalb von fünfzehn Jahren nach dem Zeitpunkt, zu dem das Feld für die Behörde reserviert wurde, einen Antrag auf einen Arbeitsplan für Tätigkeiten in diesem reservierten Feld vor, so ist der Vertragsnehmer, der das Feld überlassen hat, gemäß Anlage Abschnitt 2 (5) Durchführungsübereinkommen berechtigt, einen Arbeitsplan für dieses Feld zu beantragen, sofern er nach Treu und Glauben anbietet, das Unternehmen als Partner in eine gemeinschaftliche Unternehmung einzubeziehen.

In Bezug auf die Exploration von polymetallischen Sulfiden und kobaltreichen Krusten[935] hat die ISA das *Site-Banking-System* weiter modifiziert, sodass ein Antragsteller die Beantragung eines reservierten Bereichs umgehen und im ersten Schritt eine Beteiligung an einer Joint Venture-Vereinbarung anbieten kann.[936]

---

933 *Dingwall*, 2020, 150.

934 *Dingwall*, 2020, 150; *Jenisch*, 2013, 845.

935 Vgl. dazu: Regulation 16, 19 Regulations on Prospecting and Exploration for Polymetallic Sulphides in the Area, International Seabed Authority, 15.11.2010, ISBA/16/A/12/Rev.1 und Regulation 16, 19 Regulations on Prospecting and Exploration for Cobalt-rich Ferromanganese Crusts in the Area, International Seabed Authority, 22.10.2012, ISBA/18/A/11; beide abgedruckt in: ISA, Consolidated regulations and recommendations on prospecting and exploration, 2015.

936 *Dingwall*, 2020, 150 f.

Die Verträge (auch Lizenzen genannt), die zwischen dem Antragsteller abgeschlossen werden, sind auf 15 Jahre befristet (Anlage Abschnitt 1 (9) Durchführungsübereinkommen). Derzeit hält die ISA mit 22 Antragstellern insgesamt 31 15-Jahres-Verträge zur Exploration von Manganknollen, polymetallischen Sulfiden und kobaltreichen Krusten im Tiefseeboden.[937] Für das arktische Gebiet gibt es keinen entsprechenden Lizenznehmer.[938] Das nicht reservierte Explorationsgebiet (*pioneer area*) soll flächenmäßig 150.000 Quadratkilometer nicht überschreiten und ist nach befristeten Zeiträumen von drei, fünf bzw. acht Jahren teilweise unter dem Begriff „relinquishment“ zu insgesamt 50 % an die ISA zurückzugeben.[939] Konkretisiert werden die Rückgabeverpflichtungen in den jeweiligen Miningcodes für Manganknollen, Sulfide und kobaltreiche Krusten.[940] Hintergrund dieser Bestimmungen ist nach *Jenisch*, dass sich der Vertragsnehmer auf eine möglichst geringe Fläche konzentriert und keine Flächen „horten“ soll. Die aufgegebenen Flächen fallen in die Meereszone des Tiefseebodens unter Verwaltung der ISA zurück und sind damit für die Erforschung am Anfang der Vertragsdauer erheblich größer als gegen Ende.[941] Zum Zeitpunkt der Verfassung dieser Arbeit ergaben sich keine Hinweise hinsichtlich der Regulierung für die weitere Verwendung der Explorationsfelder nach Rückgabe an die ISA.

Anlage Abschnitt 5 (1) Durchführungsübereinkommen definiert den Technologietransfer unter marktorientierten Gesichtspunkten, indem das Unternehmen gleichgestellt wird mit privatwirtschaftlichen Akteuren und diese Bestimmung steht im Einklang mit den übrigen Normen des Durchführungsübereinkommens, welche die Betreibung von Bergbaubetrieben im Rahmen

---

937 Exploration Contracts, International Seabed Authority, https://isa.org.jm/index.php/exploration-contracts (8.10.2021).

938 Ibid.

939 Ziffer 1 lit. e Resolution II: Governing preparatory investment in pioneer activities relating to polymetallic nodules, Final Act of the Third United Nations Conference on the Law of the Sea, Annex I, 21 I.L.M. 1254 (1982).

940 Regulation 25 Regulations on Prospecting and Exploration for Polymetallic Nodules in the Area, International Seabed Authority, 22.7.2013, ISBA/19/C/17, Regulation 27 Regulations on Prospecting and Exploration for Polymetallic Sulphides in the Area, International Seabed Authority, 15.11.2010, ISBA/16/A/12/Rev.1 und Regulation 27 Regulations on Prospecting and Exploration for Cobalt-rich Ferromanganese Crusts in the Area, International Seabed Authority, 22.10.2012, ISBA/18/A/11; alle abgedruckt in: ISA, Consolidated regulations and recommendations on prospecting and exploration, 2015.

941 *Jenisch*, 2013, 845.

von Joint Venture-Vorhaben mit dem Unternehmen vorschreibt.[942] Sollten die Bemühungen hinsichtlich der angemessenen und annehmbaren kommerziellen Beschaffung von Tiefseebergbautechnologien auf dem freien Markt nicht erfolgreich sein, kann die Behörde Auftragnehmer und ihren jeweiligen Förderstaat oder ihre jeweiligen Förderstaaten zur Zusammenarbeit nach Anlage Abschnitt 5 (1) lit. b Durchführungsübereinkommen auffordern. Hinsichtlich der Förderung der Zusammenarbeit auf den Gebieten der Meereswissenschaft und Meerestechnologie sowie des Schutzes und der Bewahrung der Meeresumwelt nach Anlage Abschnitt 5 (1) lit. c Durchführungsübereinkommen, erfolgt eine Förderung eben dieser Zusammenarbeit lediglich „in der Regel" und die wörtliche Interpretation dieser Bestimmung lässt nach *Vöneky* und *Beck* erahnen, dass Ausnahmen aus wichtigem Grund rechtmäßig sind. Entsprechend sind die Besorgnisse im Rahmen der Einführung des Technologietransfersystems durch das Durchführungsübereinkommen hinsichtlich eines modifizierten Regimes, welches den Tiefseeboden nicht im Sinne der gesamten Menschheit bewirtschaftet, berechtigt.[943]

Sobald die prognostizierte Ausbeutung der Ressourcen des Tiefseebodens beginnt, soll die ISA die Umverteilung der finanziellen und anderen wirtschaftlichen Vorteile aus den Ressourcen des Gebiets beaufsichtigen.[944] Ebendiese Vorteile sollen nach *Dingwall* durch einen Mechanismus, welcher von der ISA noch entwickelt werden muss, gerecht und ohne Diskriminierung aufgeteilt werden. Damit sind die potenziellen Tiefseebodenbergbau-Betreiber mit anhaltender Unsicherheit konfrontiert, da die Höhe der Gebühren und Lizenzgebühren sowie die genauen Bedingungen der Abbauverträge noch festgelegt werden müssen.[945]

Die derzeitige Position des Unternehmens kann dahingehend kritisiert werden, dass das vormals geplante „selbständige, Gewinn orientierte, privilegierte behördeneigene Unternehmen" der ISA,[946] (noch) nicht operativ tätig geworden ist, sondern in Anlage Abschnitt 2 Durchführungsübereinkommen in eine Art Warteposition versetzt wird.[947] Nach derzeit geltendem Seevölkerrecht

---

942 *Vöneky/Beck*, Article 144, in: Proelß (Hg), United Nations Convention on the Law of the Sea: A Commentary, C.H. Beck/Hart/Nomos: München–Oxford–Baden-Baden 2017, 1006.

943 Ibid., 1007.

944 Art. 140 Abs. 2 SRÜ; Vgl. dazu: *Dingwall*, 2020, 151.

945 *Dingwall*, 2020, 151.

946 *Jenisch*, 2013, 844.

947 *Dingwall*, 2020, 150.

besteht die ausschließliche Tätigkeit des Unternehmens lediglich im Abschluss von Joint Venture-Vereinbarungen mit anderen Antragstellern.[948] Durch die Streichung des Anspruchs auf Finanzierung wird in praktischer Hinsicht ein effektives Tätigwerden des Unternehmens versagt.[949] An der Arbeit der Rechts- und Fachkommission kritisiert *Tuerk* zudem die fehlende Transparenz und deckt die Zusammenstellung der Mitglieder der Rechts- und Fachkommission nicht alle geforderten Fachgebiete angemessen ab. Insbesondere im Bereich des Umweltmanagements fordert er Verbesserungen.[950] Gleichzeitig betont *Tuerk*, dass nicht vergessen werden darf, dass wahrscheinlich nur ein winziger Teil des Meeresbodens für Abbauaktivitäten genutzt werden wird und dadurch die genannten Herausforderungen abgeschwächt werden.[951]

Grundsätzlich kommt die Autorin zum Ergebnis, dass eine gerechte Verteilung der Ressourcen des Tiefseebodens zwischen Industrie- und Entwicklungsländer, mit geringen Abschlägen, auf dem Papier erreicht worden sind, da zumindest die Hälfte der Meeresbodengebiete für die Entwicklungsstaaten reserviert bleibt, sofern das Unternehmen im Rahmen seiner Befugnisse in den Joint Venture-Vereinbarungen tätig wird. Die Verifizierung dieses Ergebnisses und insbesondere Untersuchungsergebnisse zur Verteilungsgerechtigkeit der wirtschaftlichen Vorteile des Tiefseebodenbergbaus hängt allerdings von der praktischen Implementierung ab und wäre, ausgehend von den nachstehenden Untersuchungsergebnissen, zu diesem Zeitpunkt verfrüht.

Im Ergebnis ist ISA nach *Tuerk* an einem kritischen Punkt ihres Bestehens angelangt, da sie vor der Herausforderung steht die erwarteten finanzielle Vorteile gerecht aufzuteilen und die kritischen Umweltauswirkungen dementsprechender Aktivitäten zu bestimmen hat. Die ISA wird zum einen die Nutzungsrate des Gebiets festlegen müssen und zum anderen die Aufteilung unter den Mitgliedern der internationalen Gemeinschaft im Hinblick auf gegenwärtige, als auch zukünftige Generationen bestimmen.[952]

Positiv zu werten ist die Berechtigung der ISA einen umfassenden *Mining Code* zu erlassen.[953] Der *Mining Code* soll ein umfassendes Regelwerk darstellen, welches Vorschriften und Verfahren zur Regelung der Erforschung, Nutzung und Ausbeutung von Meeresmineralien im internationalisierten

---

948 *Jenisch*, 2013, 844.
949 *Carlsson*, 1997, 31; Vgl. dazu auch: *Jenisch*, 2013, 844.
950 *Tuerk*, 2017, 273.
951 Ibid., 282.
952 Ibid., 281 f.
953 *Dingwall*, 2020, 140.

Tiefseeboden enthält. Bisher hat ISA, die bereits erwähnten Vorschriften zur Suche und Erforschung von Manganknollen im Tiefseeboden (2000, mit einer Aktualisierung 2013) Vorschriften zur Suche und Erforschung von polimetallischen Sulfiten (2010) und Vorschriften zur Suche und Erforschung von kobaltreichen Krusten (2012) für den Tiefseeboden verabschiedet.[954] Zusammen mit den Empfehlungen der Rechts- und Fachkommission, sowie einer Bewertung von Umweltauswirkungen, werden diese Normen Teil des zukünftigen *Mining Codes* sein.[955]

Die aktuellen Bemühungen der ISA zur Erarbeitung praktikabler Abbauvorschriften im Rahmen der Konsultationsrunden, könnte eine einzigartige Möglichkeit bieten ein breitgefächertes Spektrum von Interessen der Akteure im Tiefseebodenbergbau zusammenzuführen. Damit wäre ein Ausbeutungsregime der Ressourcen, welches wirtschaftlich rentable Tiefseebodenbergbauaktivitäten ermöglicht und gleichzeitig angemessene Schutzmaßnahmen für die Umwelt, sowie die Grundsätze des gemeinsamen Erbes der Menschheit im Kern sicherstellt, in absehbarer Zeit denkbar.

III.4.4.2.2 Unilateraler Tiefseebodenbergbau

Nach geltendem Seevölkerrecht existiert innerhalb des SRÜ-Rahmens sowie den ISA-Vorschriften ein detaillierter Rechtsrahmen für Tiefseebergbauaktivitäten. Alle Tiefseebergbauaktivitäten in dem Gebiet finden somit unter der Schirmherrschaft des SRÜ-Regimes statt. Unilaterale Aktivitäten des Tiefseebodenbergbaus stehen ausdrücklich im Widerspruch zu Art. 137 SRÜ. Entsprechend ergibt sich die Frage, inwiefern die USA, als Nicht-Vertragsstaat des SRÜ, an den aufgezeigten internationalen Rechtsrahmen gebunden ist.

Die USA erklärte, dass die Freiheiten der Hohen See, als Gewohnheitsrecht, unilaterale Tiefseebodenbergbauaktivitäten ermöglichen.[956] Die USA leiten die Freiheit des Meeresbodens aus der taxativen Enumeration nach Art. 2 HSÜ ab und es besteht nach internationalem Gewohnheitsrecht kein Verbot eines unilateralen Tiefseebodenbergbaus.[957] Nach *Dingwall*, *Vöneky* und *Höfelmeier* verkennt die US-amerikanische Anspruchsgrundlage allerdings, dass bestimmte

---

954 The Mining Code, International Seabed Authority, https://www.isa.org.jm/mining-code (6.2.2021).

955 Ibid.

956 § 1401 section 12 Deep Seabed Hard Mineral Resources of 1980, 30 U.S.C. §§ 1441 et seq., https://uscode.house.gov/view.xhtml?path=/prelim@title30/chapter26&edition=prelim (23.3.2022).

957 *Carlsson*, 1997, 31.

allgemeine Merkmale des CHM-Prinzips in Bezug auf den Tiefseeboden zu Völkergewohnheitsrecht erstarkt sind.[958] Zusätzlich streitet die Resolution der UN Generalversammlung 2574 (XXIV) für das Argument völkerrechtswidriger unilateraler Tiefseebodenaktivitäten. „States and persons, physical or juridical, are bound to refrain from all activities of exploitation of the resources of the area of the sea-bed and ocean floor, and the subsoil there of, beyond the limits of national jurisdiction."[959]

III.4.4.3 Rechtsordnung in der Antarktis

Im Gegensatz zur Arktis ist die Antarktis ein eigenständiger Kontinent mit einer Festlandfläche von mehr als 85 %.[960] Art. VI Antarktis-Vertrag bestimmt die Antarktis als Gebiet südlich von 60° südlicher Breite. Daneben verwendet die *Convention on the Conservation of Antarctic Marine Living Resources*[961] zusätzlich die Abgrenzungslinie der antarktischen Konvergenz. Dabei wird eine Linie verwendet, welche die natürliche Grenze bildet, in der das warme Wasser der nördlichen Meere auf das kühle und weniger salzhaltige Wasser des südlichsten Ozeans trifft.[962] Aufgrund der vorherrschenden extremen Kälte in der Antarktis, die größtenteils auf eine flächenmäßige Vergletscherung von 98 % der Festlandfläche zurückzuführen ist,[963] sind die einzigen Bewohner des südlichsten Kontinents Wissenschaftler, wobei sich indigene Völker in der Antarktis nicht angesiedelt haben.[964] Trotz der aufgezeigten starken geografischen und demografischen Divergenz zwischen der Antarktis und der Arktis, könnten relevante Erkenntnisse aus der seit 60 Jahren bestehenden, antarktischen Rechtsordnung auf das arktische Gebiet adaptiert werden, da große Teile beider

---

958 *Dingwall*, 2020, 152; *Vöneky/Höfelmeier*, Article 137, in: Proelß (Hg), United Nations Convention on the Law of the Sea: A Commentary, C.H. Beck/Hart/Nomos: München–Oxford–Baden-Baden 2017, 963 f.

959 UNGA A/RES/2574 (XXIV) vom 15.12.1969, Question of the reservation exclusively for peaceful purposes of the sea-bed and the ocean floor, and the subsoil thereof, underlying the high seas beyond the limits of present national jurisdiction, and the use of their resources in the interests of mankind.

960 *Blümel*, 1999, 19.

961 Art. 1 Convention on the Conservation of Antarctic Marine Living Resources, Canberra, 20.5.1980, 1329 United Nations Treaty Series No. 22301.

962 *Koivurova*, 2010, 29 f.

963 *Blümel*, 1999, 19; World Ocean Review[6], 2019, 14.

964 Antarktis: Bewohner, Besucher und Forschungsstationen, Goruma, https://www.goruma.de/laender/arktis-antarktis/antarktis/bevoelkerung-staedte (31.1.2022).

polarer Gebiete als Nichtstaatsgebiete gelten. Anschließend an eine Darstellung der Grundkonzeption des antarktischen Rechtsrahmens, soll die potenzielle Schaffung eines arktischen Rechtssystems in Analogie zum Antarktis-Vertrag untersucht werden.

Zu Beginn des 20. Jahrhunderts stellten sieben Staaten Souveränitätsansprüche über große Gebiete in der Antarktis, ohne effektive Kontrolle auszuüben.[965] Einige stützten sich dabei auf die Sektorentheorie oder Kontiguitätstheorie, andere wiederum auf den Erwerb des Kontinents durch Entdeckung und führten diese inkompatiblen Anspruchserhebungen zu teilweise überlappende Gebietsansprüche.[966] Ausgehend von einer US-amerikanischen Initiative konnten zwölf Staaten,[967] mit bekundetem substanziellem Interesse an der Antarktis, eine vertragliche Vereinbarung am 1.12.1959 in Washington D.C. abschließen.[968] Der Antarktis-Vertrag[969] trat am 23.6.1961 in Kraft und bestimmt mit der Einfrierung der jeweiligen Gebietsansprüche nach Art. IV Abs. 1 Antarktis-Vertrag den rechtlichen Status der Antarktis. Zusätzlich schließt Art. IV Abs. 2 Antarktis-Vertrag die Erhebung neuer Ansprüche aus.[970] Aufgrund dieser zentralen Bestimmung im Antarktis-Vertrag konnten sich die Vertragsverfasser auf eine friedliche Nutzung des Kontinents für einen Ort der wissenschaftlichen Forschung einigen (Art. III Antarktis-Vertrag) und die Antarktis entmilitarisieren.[971] Repräsentatives Gewicht erlangt der Antarktis-Vertrag durch eine Beitrittsmöglichkeit nach Art. XIII, welche derzeit 54 Staaten[972] angenommen haben, wovon diese Staaten rund 80 % der Weltbevölkerung stellen.[973]

---

965 *Proelß*, 2016, 411; *Triggs*, The Antarctic Treaty System: A Model of Legal Creativity and Cooperation, in: Berkman/Lang/Walton/Young (Hg), Science Diplomacy: Antarctica, Science, and the Governance of International Spaces, Smithsonian Institution Scholarly Press: Washington D.C. 2011, 40 f.

966 *Marboe*, Polargebiete, 2013, 505.

967 Die zwölf Staaten, die den Antarktis-Vertrag 1959 unterzeichnet haben, sind Argentinien, Australien, Chile, Frankreich, Neuseeland, Norwegen, das Vereinigte Königreich, Belgien, Japan, die Sowjetunion und Südafrika und die USA.

968 *Marboe*, Polargebiete, 2013, 505; *Proelß*, 2016, 411; Vgl. dazu auch: *Barrett*, The Antarctic Treaty System, in: Scott/VanderZwaag (Hg), Research Handbook on Polar Law, Edward Elgar Publishing: Cheltenham–Northampton 2020, 41 f.

969 Antarctic Treaty, Washington, 1.12.1959, 402 United Nations Treaty Series No. 5778.

970 Vgl. dazu: *Marboe*, Polargebiete, 2013, 505; *Proelß*, 2016, 411.

971 *Koivurova*, 2010, 33.

972 Parties, Antarctic Treaty Secretariat, https://www.ats.aq/devAS/Parties?lang=e (10.10.2021).

973 *Proelß*, 2016, 413 f.

In anderen Worten kollidieren die erhobenen Souveränitätsansprüche von sieben Staaten (*claimants*),[974] welche faktisch nicht durchsetzbar sind, mit der Stellung der *non-claimants* Staaten, die die Antarktis als nicht aneignungsfähigen Staatengemeinschaftsraum qualifizieren.[975] Somit löste der Antarktis-Vertrag die Souveränitätsfrage über die Antarktis mit einem *agreement to disagree*.[976] Nach der These des Bifokalismus sind antarktisbezogene Rechtsnormen in der Form ausgestaltet, dass das Vorliegen oder Nichtvorliegen von wirksamen Gebietsansprüchen gleichermaßen erfasst ist, wobei primär die Prämisse des Nichtvorliegens staatlicher Souveränität gilt.[977] Nach *Scully* ist der bifokale Ansatz ein wesentliches Element in der antarktischen Regierungsführung und spiegelt die grundlegende Zurückhaltung aller Parteien wider. Die Frage, ob die hoheitlichen Kompetenzen in der Antarktis Vorrang haben, habe sich nicht nur als unnötig, sondern auch als unerwünscht herausgestellt, da die Prämisse des Bifokalismus potenzielle Konfliktquellen beseitige.[978]

Seit Inkrafttreten des Antarktis-Vertrags sind innerhalb dieses Rechtsrahmens bzw. damit eng verbunden, eine Reihe weiterer Verträge, Instrumente und Institutionen geschaffen worden, welche gemeinsam die Rechte und Pflichten der Staaten in Bezug auf die Antarktis in einem breiten Spektrum regulieren.[979] Nahezu alle menschlichen Aktivitäten in der Region, ausgehend von militärischen, über wissenschaftliche bis hin zu wirtschaftlichen Aktivitäten, darunter insbesondere auch Ressourcenausbeutungen, sind im Einklang mit den Normierungen des Antarktis-Vertrag-Systems auszuüben.[980] Ebenjenes Antarktis-Vertrags-System setzt sich aus dem Antarktis-Vertrag, der *Convention for*

974 Die claimant Staaten sind Argentinien, Australien, Chile, Frankreich, Großbritannien, Neuseeland und Norwegen.

975 *von Arnauld*, 2016, 374.

976 *Koivurova*, 2010, 33; *Marboe*, Polargebiete, 2013, 505; *Proelß*, 2016, 411.

977 *Proelß*, 2016, 411 ff.

978 *Scully*, The Development of the Antarctic Treaty System, in: Berkman/Lang/Walton/Young (Hg), Science Diplomacy: Antarctica, Science, and the Governance of International Spaces, Smithsonian Institution Scholarly Press: Washington D.C. 2011, 31.

979 *Golitsyn*, Balancing Sovereign Interests beyond National Jurisdictions, in: Berkman/Lang/Walton/Young (Hg), Science Diplomacy: Antarctica, Science, and the Governance of International Spaces, Smithsonian Institution Scholarly Press: Washington D.C. 2011, 52; *Rayfuse*, 2007, 199; *Triggs*, 2011, 44 ff.

980 *Barrett*, 2020, 40.

the Conservation of Antarctic Seals,[981] der bereits erwähnten *Convention on the Conservation of Antarctic Marine Living Resources*, zu dessen Fortentwicklung in Art. VII des betreffenden Übereinkommens die *Commission for the Conservation of Antarctic Marine Living Resources* eingerichtet wurde, und dem (Madrider) Umweltschutzprotokoll zum Antarktis-Vertrag[982] zusammen.[983] Die völkerrechtlichen Vereinbarungen sind allerdings hinsichtlich Mitgliedschaft, räumlichen Geltungsbereich und innerstaatliche Umsetzung nicht identisch[984] und zu dieser Konventionsmatrix kommen eine Reihe eng verwandter, aber unterschiedlicher Gremien hinzu.

Vergleichsweise wird in den *Antarctic Treaty Consultative Meetings* (ATCM) die ursprüngliche antarktische Politik der 12 Signatarstaaten umgesetzt.[985] Die Vertreter der beratenden Parteien (Konsultativstaaten) etablieren eine *Antarctic-Governance* durch Konsultationen über antarktisrelevante Themen und Maßnahmen, sowie Empfehlungen an deren Regierungen (Art. IX Antarktis-Vertrag). Art. IX Antarktis-Vertrag ist von größter Bedeutung, da er die Rechtsgrundlage einer antarktischen Verwaltung legt.[986] Die Vertragsverfasser haben nach *Koivurova* und *Proelß* keinesfalls einen exklusiven Antarktischen Klub angestrebt. Eine Möglichkeit zur Teilnahme der Vertragsparteien an ATCM nach Art. IX Abs. 2 Antarktis-Vertrag berechtigt „[…] so lange die betreffende Vertragspartei durch die Ausführung erheblicher wissenschaftlicher Forschungsarbeiten in der Antarktis […] ihr Interesse an der Antarktis bekundet." Andernfalls können Staaten nur als nicht beratende Partei an den

---

981 Convention for the Conservation of Antarctic Seals, London, 1.6.1972, 1081 United Nations Treaty Series No. 16529.

982 Protocol on Environmental Protection to the Antarctic Treaty, Madrid, 4. Oktober 1991, 2941 United Nations Treaty Series No. 5778.

983 Vgl. dazu: *Barrett*, 2020, 47 f.; *Golitsyn*, 2011, 52; *Rayfuse*, 2007, 199; *Stephens*, Ocean acidification at the Poles: regional responses to marine environmental change in the Anthropocene, in: Scott/VanderZwaag (Hg), Research Handbook on Polar Law, Edward Elgar Publishing: Cheltenham–Northampton 2020, 450; *Triggs*, 2011, 44 f.

984 *Barrett*, 2020, 40 f.

985 *Koivurova*, 2010, 33.

986 *Jacobsson*, Building the International Legal Framework for Antarctica, in: Berkman/Lang/Walton/Young (Hg), Science Diplomacy: Antarctica, Science, and the Governance of International Spaces, Smithsonian Institution Scholarly Press: Washington D.C. 2011, 10.

ATCM teilnehmen.[987] Ebendiese bevorrechtigten Konsultativstaaten belaufen sich zahlenmäßig auf 29 aus den 54 Antarktis-Vertrag-Staaten.[988]

Die rechtliche Basis der Entscheidungsfindung des ATCM in Art. IX Antarktis-Vertrag führte jedoch zu ineffizienten Ergebnissen und mangelnder Klarheit im Entscheidungsprozess, aufgrund fehlender Normierungen des Abstimmungsverfahrens.[989] Das ATCM selbst hat in *Decision 1*[990] reagiert und seine Tätigkeiten durch *Measures*, *Decisions* und *Resolutions* präzisiert.[991] Die genannte *Decision 1* bestimmt, dass interne organisatorische Angelegenheiten in der Form von *Decisions* erfolgen. In materiellrechtlicher Hinsicht interessant sind *Resolutions*, welche „hortatory"-Texte zu wesentlichen antarktischen Fragen darstellen, welche aber mit keiner verbindlichen Rechtsfolge[992] ausgestattet sind.[993] Das dritte Instrument, die konkrete *Measures*, dient der Umsetzung oder Weiterentwicklung materieller Verpflichtungen zur Förderung der Grundsätze und Ziele des Antarktis-Vertrags.[994] Diese Maßnahmen benötigen für ihre Wirksamkeit, ausgehend von der konsensualen Annahme der Konsultativstaaten, zusätzlich die Zustimmung all dieser Staaten.[995] Sollten diese Maßnahmen

987 *Koivurova*, 2010, 33; *Proelß*, 2016, 412; Vgl. dazu auch: *Jacobsson,* 2011, 7.

988 Parties, Antarctic Treaty Secretariat.

989 *Barrett*, 2020, 51; Vgl. dazu auch: Final Report of the Nineteenth Antarctic Treaty Consultative Meeting, Seoul, 8.–19.5.1995, https://documents.ats.aq/ATCM19/fr/ATCM19_fr001_e.pdf (10.10.2021), 19.

990 Final Report of the Nineteenth Antarctic Treaty Consultative Meeting, Seoul, 8.–19.5.1995, 89 f.

991 *Koivurova*, 2010, 33; *Triggs*, 2011, 44.

992 Trotzdem werden diese Empfehlungen von vielen Staaten als international rechtsverbindlich angesehen und haben sich zu einem wichtigen Mittel der Weiterentwicklung des antarktischen Regimes entwickelt. Vgl. dazu: *Koivurova*, 2010, 33.

993 *Barrett*, 2020, 51.

994 *Scully*, 2011, 31.

995 Rule 23 Rules of Procedure, Report of First Consultative Meeting, Canberra, 10.–24.7.1961, https://documents.ats.aq/ATCM1/fr/ATCM1_fr001_e.pdf (11.10.2021), 15; Vgl. die aktuelle Fassung: "Without prejudice to Rule 21, Measures, Decisions and Resolutions, as referred to in Decision 1 (1995), shall be adopted by the Representatives of all Consultative Parties present and will thereafter be subject to the provisions of Decision 1 (1995)"; Rule 24 Revised Rules of Procedure for the Antarctic Treaty Consultative Meeting (adopted in 2016), Rules of Procedure of the Antarctic Consultative Meeting and the Committee for Environmental Protection, 2019, https://documents.ats.aq/atcm42/ww/ATCM42_ww010_e.pdf (11.10.2021), 11.

wirksam werden, sind sie gleichzeitig völkerrechtlich bindend[996] und benötigen keinen Inkorporierungsakt. Entsprechend erkennt das ATCM, dass die Konsultativstaaten über eine inhärente Befugnis verfügen, Maßnahmen außerhalb von Art. IX zu erlassen.[997] *Scully* kommt zum Ergebnis, dass durch das konsensbasierte Entscheidungsverfahren die zentrale Norm Art. IV Antarktis-Vertrag eine wichtige politische Stärkung erfährt, indem Konsultativstaaten bei Souveränitätsfragen nicht überstimmt werden können. Auch führt die Bindung des konsensbasierte Entscheidungsverfahrens an die tatsächlichen Aktivitäten in der Antarktis durch das ATCM dazu, dass Entscheidungen über Aktivitäten in der Antarktis von denjenigen Akteuren getroffen werden, welche sie tatsächlich durchführen.[998] Entsprechend gründen die getroffenen Entscheidungen auf den gemeinsamen Erfahrungen der Konsultativstaaten in der Antarktis und können einen möglichen Missbrauch der Einspruchsbefugnis bei der Entscheidungsfindung im Konsens eindämmen.[999] Die praktische Konsequenz ist die Bildung einer sogenannten antarktischen Rechtsgemeinschaft (*ATS Community*), in der eine enge Kooperation und Koordination der Institutionen des Antarktis-Vertrag-Systems, ihren Gesetzen und politischen Entscheidungen vorherrscht.[1000] Würde hypothetisch gesehen der südlichste Ozean um die Antarktis als Hohe See angesehen werden, wäre dieser räumliche Bereich der wirtschaftlichen Nutzung aller Staaten zugänglich, irrelevant, ob diese Staaten Vertragsparteien des Antarktis-Vertrags sind.[1001] Damit kämen die speziellen antarktischen Schutznormen nicht zur Anwendung.

In allen einschlägigen Untersuchungsgängen des Geltungsbereiches des Antarktis-Vertrags ist aber zu bedenken, dass der völkerrechtliche Grundsatz, dass ein Vertrag für Dritte, ohne ihre Zustimmung, weder Rechte noch Pflichten begründet, bei den zuvor getroffenen Aussagen außen vor gelassen wurden.[1002] Entsprechend wurde versucht die antarktische Politik mit zusätzlich

---

996 "A text which contains provisions intended to be legally binding once it has been approved by all the Antarctic Treaty Consultative Parties will be expressed as a Measure recommended for approval in accordance with paragraph 4 of Article IX of the Antarctic Treaty, and referred to as a 'Measure'."; Final Report of the Nineteenth Antarctic Treaty Consultative Meeting, Seoul, 8.–19.5.1995, 89.

997 *Barrett*, 2020, 51.

998 *Scully*, 2011, 32.

999 Ibid., 32.

1000 *Barrett*, 2020, 57 und 62.

1001 *Koivurova*, 2010, 33.

1002 *Proelß*, 2016, 413 f.

internationalen Abkommen auszustatten, um auch anderen Staaten, die nicht in das Antarktis-Vertragssystem eingebunden sind, eine nachhaltige Teilnahme an der Bewirtschaftung des südlichen Ozeans zu gewähren.

Neben den bereits im Antarktis-Vertrags-System integrierten völkerrechtlichen Verträgen,[1003] wurde das *Agreed Measures for the Protection of Flora and Fauna*[1004] vom ATCM 1964 beschlossen, was bis 2011 teil des Antarktis-Vertrags-Systems war.[1005] Mit dem Umweltschutzprotokoll zum Antarktis-Vertrag haben sich die Vertragsparteien in Art. 2 zur „comprehensive protection of the Antarctic environment and dependent and associated ecosystems and hereby designate Antarctica as a natural reserve, devoted to peace and science" verpflichtet. Das *Agreed Measures for the Protection of Flora and Fauna* wurden aufgrund der weitreichenden Bestimmung des Umweltschutzprotokolls als obsolet erachtet und trat daher außer Kraft.[1006] An dieser Stelle ist auch ein Verweis auf den *Polar Code*[1007] sachgemäß und zeigt den erweiterten Anwendungsbereich des antarktischen umweltrechtlichen Schutzkreis auf Nicht-Antarktis-Vertrags-Parteien mit der Etablierung universeller Standards für Handelsschiffe in polaren Gewässern auf.

Zur Etablierung einer Regierungsführung des antarktischen Gebiets, sind auch internationale Verträge in Zusammenhang mit dem ursprünglichen Antarktis-Vertrag denkbar. Diese Vorgangsweise wurde erstmals angewandt, nachdem Frankreich und Australien die *Convention on the Regulation of Antarctic Mineral Resource Activities*[1008] als Lösung des Bergbauproblems abgelehnt haben und damit ein neues Regulierungsbedürfnis entstand.[1009] Das Ergebnis

---

1003 Convention for the Conservation of Antarctic Seals (1972); Convention on the Conservation of Antarctic Marine Living Resources (1980).

1004 Recommendation III–VIII Final Report of the Third Antarctic Treaty Consultative Meeting, Brüssel, 2.–13.6.1964, https://documents.ats.aq/ATCM3/fr/ATCM3_fr001_e.pdf (10.10.2021).

1005 *Joyner*, Potential Challenges to the Antarctic Treaty, in: Berkman/Lang/Walton/Young (Hg), Science Diplomacy: Antarctica, Science, and the Governance of International Spaces, Smithsonian Institution Scholarly Press: Washington D.C. 2011, 97.

1006 Final Report of the Thirty-fourth Antarctic Treaty Consultative Meeting, Buenos Aires, 20.6.–1.7. 2011, https://documents.ats.aq/ATCM34/fr/ATCM34_fr001_e.pdf (10.10.2021), 144, 211 und 214.

1007 Siehe Kapitel: V.2.3 Neue Schiffbarkeit der arktischen Gewässer.

1008 Der Vertragstext der abgelehnten Convention on the Regulation of Antarctic, Wellington, 1.6.1988 ist abgedruckt in: https://documents.ats.aq/recatt/Att311_e.pdf (13.10.2021).

1009 *Koivurova*, 2010, 33 f.; *Scully*, 2011, 35.

dieses Bestrebens ist das bereits erwähnte Umweltschutzprotokoll zum Antarktis-Vertrag vom 4.10.1991, welches 1998 in Kraft trat. Ein vereinbartes Bergbauverbot in Art. 7 verringert, im Gegensatz zu Entwicklungen im arktischen Raum, den Anreiz, die bisherigen hoheitsrechtlichen Ansprüche zu aktivieren und neue aufzubauen.[1010] Das betreffende Protokoll steht nur Vertragsparteien des Antarktis-Vertrags offen und nimmt keine Änderungen am Antarktis-Vertrag selbst vor, sondern ist eine reine Vertragsergänzung.[1011] Dahingehend hat sich das antarktische System durch das Umweltschutzprotokoll von einer fragmentierten zu einer integrierten Rechtsordnung gewandelt.[1012] Die Aushandlung des Protokolls gilt als fortschreitende Entwicklung in Bezug auf die Wirksamkeit des Antarktis-Vertragssystems.[1013]

Eine wesentliche Schwachstelle der antarktischen Regulierungen sieht *VanderZwaag* im Umstand, dass das Umweltschutzprotokoll zum Antarktis-Vertrag lediglich 42 Vertragsparteien,[1014] von insgesamt 54 Antarktis-Vertrags-Staaten zählt. Die Kontrolle der menschlichen Nutzung in den antarktischen Gewässern obliegt damit nach wie vor bestimmten Flaggenstaaten und es besteht die Gefahr, dass Nichtvertragsstaaten die Schiffe unter ihren Flaggen nicht den strengen Umweltverträglichkeitsprüfungen unterstellen.[1015] Zusätzlich gilt es sicherzustellen, dass die *claimant* Staaten mit ihrer innerstaatlichen Umsetzung das antarktische System nicht untergraben.[1016] Australien verabschiedete beispielsweise innerstaatliche Gesetze zum Verbot von Walfängen in seiner proklamierten AWZ, welche im antarktischen Gebiet liegen.[1017] Diese innerstaatlichen Gesetze stehen im Widerspruch zu japanischen[1018] Walfängen

---

1010 *Proelß*, 2016, 412; Scully, 2011, 36.

1011 *Koivurova*, 2010, 34.

1012 *Young*, 2011, 329.

1013 *Young*, 2011, 329; *Johnstone/Joblin*, Non-living resources and the Poles, in: Scott/VanderZwaag (Hg), Research Handbook on Polar Law, Edward Elgar Publishing: Cheltenham–Northampton 2020, 267.

1014 Parties, Antarctic Treaty Secretariat; Vgl. dazu: Beispielsweise wurde das Umweltschutzprotokoll zum Antarktis-Vertrag (Madrider Umweltschutzprotokoll) erst mit BGBl. 2021/121 in die österreichische Rechtsordnung eingefügt.

1015 *VanderZwaag*, 2010, 54.

1016 Ibid., 54.

1017 *Joyner*, 2011, 100; *VanderZwaag*, 2010, 54.

1018 Japan ist Vertragspartei des Antarktis-Vertrags, als auch des Umweltschutzprotokolls. Vgl. dazu: Parties, Antarctic Treaty Secretariat.

zu „Forschungszwecken".[1019] Allerdings verneinte der IGH, dass der japanische Walfang in der Antarktis Forschungszwecken diene.[1020]

Zusätzlich gilt es zu bedenken, dass das Umweltschutzprotokoll auf eine Laufzeit von 50 Jahren begrenzt ist und ab dem Jahr 2048 neu verhandelt werden könnte.[1021] Umweltschutzorganisationen befürchten, dass im Zuge dieser Verhandlungen der mineralische Rohstoffabbau in den antarktischen Gewässern ermöglicht werde.[1022] Theoretisch könnte aber bereits zum jetzigen Zeitpunkt ein Vertragsstaat eine Revision des Umweltschutzprotokolls vorschlagen, um Bergbauaktivitäten in der Antarktis zu ermöglichen.[1023] Sollte die Revision nicht innerhalb von drei Jahren angenommen werden, hat der Revisionswerber die Befugnis, das Umweltschutzprotokoll einseitig gem. Art. 25 Abs. 5 lit. b Umweltschutzprotokoll zu beenden.[1024]

Damit einhergehend sind Überlegungen anzustellen, wie der rechtliche Status der Antarktis ausgestaltet ist, wenn das Antarktis-Vertrags-System beendet wird bzw. wenn Staaten vom Antarktis-Vertrag unter Berücksichtigung des speziellen Verfahrens nach Art. XII Abs. 2 Antarktis-Vertrag zurücktreten.[1025] Es könnte zielführend sein, die politische Komponente von Souveränitätsüberlegungen, welche parallel zur rechtlichen besteht, zu analysieren. Nach *Scott* sind die unterschiedlichen Prioritäten und verschiedenen Akteure in der Antarktis, unter Berufung auf verschiedene Traditionen und Werte, in Einklang zu bringen. Nach Beendigung des Antarktis-Vertrags-Systems erscheint es daher durchaus möglich, dass die antarktische Regierungsführung durch *De-facto*-Souveränitätsvereinbarungen ebenso beeinflusst wird, wie durch derzeit festgelegte *De-jure*-Souveränität.[1026] Grundsätzlich bleibt damit die Qualifizierung der Antarktis als globaler Staatengemeinschaftsraum problematisch.

1019 *Joyner*, 2011, 100; *VanderZwaag*, 2010, 54.

1020 Whaling in the Antarctic (Australia v. Japan: New Zealand intervening), Judgement 31.3.2014, I.C.J. Reports 2014, Rn. 244.

1021 Sollte keine Neuverhandlung erfolgen, würde das Bergbauverbot gemäß Art. 25 Umweltschutzprotokoll bestehen bleiben.

1022 World Ocean Review[6], 2019, 254.

1023 *Nevitt/Percival*, Polar Opposites: Assessing the State of Environmental Law in the World's Polar Regions, in: 59 Boston College Law Review 4/2018, 1686.

1024 Ibid., 1686.

1025 *Johnstone/Joblin*, 2020, 267.

1026 *Scott*, Antarctic: competing claims and boundary disputes, in: Scott/VanderZwaag (Hg), Research Handbook on Polar Law, Edward Elgar Publishing: Cheltenham–Northampton 2020, 162.

Insbesondere wurde auch die gemeinschaftliche Verwaltung weder universell noch institutionell im Antarktis-Vertrag konkretisiert.[1027] Die Regierungsführungs-Elemente, welche sich aus dem Antarktis-Vertrag selbst ergeben, insbesondere der in Artikel IV umgesetzte bifokale Ansatz, sowie die konsensbasierte Entscheidungsfindung und das Aktivitätskriterium, bieten nach *Scully* wesentlich rechtliche Grundlagen für die Lösung von antarktischen Herausforderungen. Auch ist das Vertrauen in Ergebnisse der wissenschaftlichen Forschungen und Beobachtungen in der Antarktis eine wesentliche Voraussetzung für Maßnahmen der Konsultativparteien sowie die Bewertung der Wirksamkeit solcher Maßnahmen nach ihrer Umsetzung und damit ein wichtiger Impuls für die Akzeptanz der *Antarctic-Governance*.[1028]

Abschließend darf nicht vergessen werden, dass die Antarktis zwar kein herkömmliches maritimes Gebiet im Sinne des Seevölkerrechts ist, Art. 76 SRÜ aber sehr wohl im antarktischen Gebiet zur Anwendung kommt. Dementsprechend haben einige historische *claimant* Staaten (Argentinien, Australien, Chile, Frankreich, Neuseeland, Norwegen und das Vereinigte Königreich) ihre Interessen an einen erweiterten Festlandsockel über 200 Seemeilen erneut bestätigt.[1029] Zusätzlich bietet die *uti possidetis*[1030]-Doktrin einen sektoralen Ansatz für die Antarktis. Insbesondere für Argentinien und Chile ist dieser Ansatz in Bezug auf ihre jeweiligen territorialen Ansprüche in der Antarktis, nach *Rothwell* und *Hemmings* von entscheidender Bedeutung. Die betreffende Doktrin setzt die Grenzen fort, die in der fiktiven Aufteilung der neuen Welt zwischen dem spanischen und portugiesischen Reichen durch das vom Papst gewährte Recht und dem späteren Vertrag von Tordessillas (1494) festgelegt wurden und die Grenzziehung reichte angeblich bis zu den beiden Polen.[1031] Als Konsequenz können Argentinien und Chile (und möglicherweise auch andere südamerikanische Staaten) unter Berufung auf die *uti possidetis*-Doktrin ihre am Südpol konvergierenden sektoralen Forderungen sanktionieren.[1032]

1027 *Proelß*, 2016, 411 ff.

1028 *Scully*, 2011, 38.

1029 *Joyner*, 2011, 97 f.; *Loukacheva*, Introduction to Polar Law, in: Loukacheva (Hg), Polar Law Textbook (TemaNord 2010:538), Nordic Council of Ministers: Copenhagen 2010, 15.

1030 Ausführlich dazu: *Nesi*, Uti possidetis Doctrine, in: Wolfrum (Hg), The Max Planck Encyclopedia of Public International Law, opil.ouplaw.com/home/EPIL 2018.

1031 *Rothwell/Hemmings*, 2020, 460.

1032 Ibid., 460.

Hinsichtlich der Ausführungen zur abgelehnten Sektorentheorie[1033] kann davon ausgegangen werden, dass jene Staaten, die sich auf diese Gebietsaufteilung berufen, wenig Unterstützung durch die Staatengemeinschaft erfahren werden und somit keinen völkerrechtsgültigen Titel schaffen können.

III.4.4.3.1 Die Möglichkeit eines internationalen Arktisvertrags

Art. 197 SRÜ fordert eine zwischenstaatliche Kooperation bei der Ausarbeitung von internationalen Rechtsordnungen. Diese Zielbestimmung könnte in der Ausarbeitung eines umfassenden Arktisvertrags erreicht werden.

Im Völkerrecht sind *lex specialis*-Sätze in modifizierter Form anwendbar und das SRÜ verhält sich als völkerrechtlicher Vertrag, zu allgemeinen Rechtsgrundsätzen als spezielle vorgehende Rechtsnorm.[1034] Führt man diese Gedanken zu Ende, würde auch ein ausgehandelter Arktisvertrag im Sinne der *lex specialis*-Regel dem SRÜ vorgehen und den gesamten arktischen Rechtsrahmen grundlegend ändern. Diese Überlegungen zeigen die große Relevanz dieser theoretischen Frage im völkerrechtlichen Diskurs.

Die Feststellung der berechtigten Verhandlungsparteien eines Arktisvertrags ist der grundlegendste Schritt, um eine sinnvolle Ausarbeitung der Bedingungen eines Arktisvertrags zu erreichen.[1035] Im Rahmen der Ilulissat-Konferenz (2008) haben die Arktischen Fünf einen internationalen Schutzvertrag für die Arktis in Analogie zum Antarktis-Vertragssystem prinzipiell abgelehnt.[1036] *Berkman*, *Vylegzhanin* und *Young* halten es für wahrscheinlich, dass die Staats- und Regierungschefs der Arktischen Fünf von ihrer oppositionellen Stellung im weiteren Verhandlungsprozess nicht abweichen werden und einer analogen Schaffung eines Antarktisregimes im arktischen Raum kein Vertrauen entgegenbringen. Der Weg des CHM-Prinzips, der im Fall des Antarktis-Vertrags gewählt wurde, ist nicht jener, dem sie folgen möchten.[1037] Neben den arktischen Küstenstaaten, sollten auch die übrigen Mitglieder des Arktischen Rates (Finnland, Island und Schweden), sowie nichtstaatlicher Akteure, wie Organisationen indigener Völker, in den arktischen Rechtsetzungsprozess eingebunden werden.[1038] Ferner

1033 Siehe Kapitel: III.2.2 Sektorentheorie.

1034 *Graf Vitzthum*, 2016, 59; *von Arnauld*, 2016, 120.

1035 *Young*, 2011, 329.

1036 *Østerud/Hønneland*, Geopolitics and International Governance in the Arctic, in: Rottem/Soltvedt (Hg), Arctic Governance, Volume 1: Law and Politics, I.B. Tauris: London–New York 2017, 33 f.; *Rossi*, 2015, 9.

1037 *Berkman/Vylegzhanin/Young*, 2019, xxiv.

1038 *Young*, 2011, 329.

würde es nach *Young* keinen Sinn ergeben, verbindliche Regeln für eine Region aufzustellen, welche einige wichtige nicht-arktische Akteure, wie beispielsweise China,[1039] umgehen. In praktischer Hinsicht erscheint es derzeit unmöglich, eine klare Einigung über die Zusammensetzung der Mitgliedschaft für eine rechtsverbindliche allumfassende Vereinbarung zu erzielen, die darauf abzielt, eine beträchtliche Reihe von aktuellen *Arctic-Governance*-Anforderungen zu erfüllen.[1040] Vor dem Hintergrund der vielfachen Behinderungen durch die handelnden Akteure und insbesondere der Anwesenheit von acht territorialen Souveränen, die versuchen ihren Zuständigkeitsbereich auszuweiten,[1041] ist die Schaffung eines internationalen Arktisvertrags in weite Ferne gerückt.[1042]

Dessen ungeachtet sollte ein weitreichender Arktisvertrag nach *Rothwell* eine klare und eindeutige Erklärung zu den bereits bestehenden arktischen Souveränitätsansprüchen enthalten. Das potenzielle Vertragswerk soll in Analogie zum antarktischen *agreement to disagree* feststellen, dass keine Streitigkeiten über das Land, als auch die See bestehen oder bereits vorgebrachte Ansprüche in keiner Weise gemindert oder verbessert werden.[1043] *Sands* führt treffend aus, dass einige Elemente des Antarktis-Vertrag-Systems die arktische Zusammenarbeit formalisieren könnten: „The adoption of the Arctic Environmental Protection Strategy and the establishment of the Arctic Council provide a useful opportunity to develop new legal arrangements and institutions to govern an ecosystem which transcends national boundaries and requires international co-operation for its adequate protection to be assured. The soft law approach currently envisaged provides a first step; ultimately, it will be necessary to establish appropriate institutional arrangements and substantive rules, perhaps similar to those applied in the Antarctic, to ensure that agreed obligations are respected and enforced."[1044] Auch *Rothwell* kommt zum Ergebnis, dass die Festlegung der territorialen Souveränität zusätzlich von einem Ressourcenmanagement begleitet werden sollte, welches eine Reihe umweltrechtlicher Leitprinzipien beinhaltet, um eine nachhaltige Bewirtschaftung natürlicher Ressourcen zu

---

1039 Siehe Kapitel: IV.5.2 China.

1040 *Young*, 2011, 332.

1041 *Koivurova*, Alternatives for an Arctic Treaty – Evaluation and a New Proposal, 17 Review of European, Comparative & International Environmental Law 1/2008, 21.

1042 *Loukacheva*, Introduction to Polar Law, 2010, 20.

1043 *Rothwell*, 2008, 250.

1044 *Sands*, Principles of International Environmental Law[2], Cambridge University Press: Cambridge 2003, 731; Vgl. dazu auch: *Koivurova*, 2008, 18.

erreichen und die wissenschaftliche Forschung zu fördern.[1045] Um regulierend auf Aktivitäten nicht-arktischer Staaten in der Arktis einzuwirken, ist daher ein umfassendes Umweltmanagementsystem zu etablieren, das auf den gesamten arktischen Ozean einwirkt.[1046] Allerdings zeigt die vorangeschrittene völkerrechtliche Regulierung des arktischen Raumes auf, dass es kontraproduktiv wäre, mit der Ausarbeitung eines „neuen Rechtssystems" für die Arktis zu beginnen, da bestimmte Organisationen globale, als auch regionale Verträge, verwalten und (teilweise) überwachen.[1047] *Young* hebt den marginalen Nutzen einer arktisweiten Vereinbarung zum bestehenden SRÜ-Rechtsrahmen hervor. Die Bemühungen um Fortschritte bei der Verabschiedung eines Rahmenabkommens über den arktischen Ozean würden viel Zeit und Energie in Anspruch nehmen und könnten sich nachteilig auf die konstruktive und produktive Arbeitsweise der politischen Entscheidungsträger, hinsichtlich der Lösung spezifischerer Regierungsbedürfnisse in der Arktis, auswirken.[1048] Zum jetzigen Zeitpunkt sind ohnedies 97 % der Rohstoffressourcen im arktischen Ozean dem SRÜ-Rechtsregime unterworfen und es bleibt entsprechend wenig Konfliktpotenzial, falls Ressourcen entdeckt werden sollten.[1049] Anhand dieser Ausführungen stellt sich die Frage, ob überhaupt eine Notwendigkeit besteht, die institutionelle Fragmentation im arktischen Ozean zu lösen, da sich die Offshore-Förderaktivitäten im arktischen Ozean auf die AWZs konzentrieren und auch im Bereich des Umweltschutzes die gravierendsten Probleme (Abschmelzen der Polkappen, Versauerung der Meere) auf globaler Ebene geschaffen wurden und nach *Young* ein regionales Regulierungsregime nicht ausreicht, um auf diese Störung des Ökosystems einzuwirken. *De lege ferenda* schlägt er vor, dass eine Beobachtungsstelle eingerichtet werden sollte, welche die zunehmenden wirtschaftlichen Entwicklungen in diesem Gebiet genau verfolgt, Alternativen evaluiert und neue institutionelle Regulierungen hintanhält, bis klar ersichtlich ist, welche Regulierungen notwendig sind.[1050] *Koivurova* schlägt mit einem ausgearbeiteten Rahmenvertrag einen weiteren möglichen Weg vor. Anstatt haftungsrechtliche Thematiken und obligatorische Streitbeilegungsmechanismen zu artikulieren, sollte der von ihm vorgeschlagene Rahmenvertrag die bestehenden Mitgliedschafts- und Beschlussfassungsstrukturen des

1045 *Rothwell*, 2008, 250.
1046 Ibid., 250.
1047 *Corell*, 2009, 1071; Vgl. dazu auch: *Koivurova*, 2008, 21.
1048 *Young*, 2011, 333.
1049 *Ellemann*, 2010, 14.
1050 *Young*, 2016, 273 f.

Arktischen Rates formalisieren, sowie Leitprinzipien für den Umweltschutz und die nachhaltige Entwicklung aufnehmen. Größtenteils führt *Koivurova* seine Überlegungen auf zeitökonomische Aspekte zurück und zur Lösung der übrigen Problemfelder sollte sich ein politischer Wille entwickeln.[1051]

Jedenfalls wertet die Autorin ein einziges integriertes Regierungssystem für den arktischen Raum in der Ausgestaltung eines ratifizierten Vertrags in absehbarer Zeit als ein unwahrscheinliches Szenario. Aufgrund des schwer zu bestimmenden Kreises an Arktisvertragsstaaten und der divergierenden Interessen dieser Staaten, erscheint eine allumfassende Lösung arktischer Problemfelder auch nicht zweckmäßig, da eine Verbesserung der Effizienz der *Arctic-Governance* durch einen Arktisvertrag zu bezweifeln ist.

III.5 Territorialkonflikte im arktischen Raum

Die vorangegangenen Ausführungen nehmen vorweg, dass die räumliche Abgrenzung von nationalen zu internationalem Gewässer häufig unklar ist. Zusätzlich verstärken die eingerichteten AWZ und ein proklamierter erweiterter Festlandsockel staatliche Gebietsstreitigkeiten. Weitere komplexe Regeln, wie etwa binnenstaatliche Zugangsrechte zu bestimmten Gewässern ohne Entschädigungsleistung für das Passieren, heben Streitigkeiten über seerechtliche Angelegenheiten auf eine weitere Ebene.[1052] Von den weltweit rund 400 potenziellen Meeresgrenzen sind mehr als die Hälfte ungelöst und der arktische Raum nimmt in einer globalen Perspektive keine besondere Stellung hinsichtlich der Anzahl von unklaren Meeresgrenzen ein.[1053] Trotzdem könnte das Schmelzen der nördlichen Polkappe zur Entwicklung neuer und bedeutender Abgrenzungsstreitigkeiten führen.[1054]

III.5.1 Bestehende vertragliche Grenzen im arktischen Raum

Die Artikel 15, 74 und 83 SRÜ enthalten Grundregeln für die Festlegung von Seegrenzen in bilateralen Verhandlungen.[1055] Nachstehend werden relevante maritime Dispute des arktischen Raums behandelt, in denen das umstrittene Gebiet durch eine vertragliche Lösung aufgeteilt wurde. Es will untersucht

1051 *Koivurova*, 2008, 23 f.

1052 *Riddervold/Davis Cross*, 2019, 45.

1053 *Hoel*, 2009, 445.

1054 *Riddervold/Davis Cross*, 2019, 45.

1055 Vgl. dazu auch: *de La Fayette*, 2008, 540 f.

werden, welche politischen und/oder wirtschaftlichen Rahmenbedingungen die gegenständlichen Vertragsabschlüsse begünstigt haben.

III.5.1.1 Grenzziehung zwischen Russland und Norwegen in der Barentssee

In der Barentssee zwischen Russland und Norwegen liegt eine 175.000 km^2 große umstrittene Fläche, welche strategisch und wirtschaftlich hohe Relevanz besitzt.[1056] Sowohl das *Snøhvit*-, als auch das *Goliat*- und das *Shtokman*-Gasfeld befinden sich in der Barentssee.[1057] Der Zugang zu Russlands einzigem ganzjährig eisfreien Hafen in Murmansk an der Barentssee und dessen Eingang zur Nordostpassage spielt insbesondere für die Transportion von Erdöl und Erdgas aus der Ost-Barentssee und Karasee eine große Rolle.[1058] Auch das Zentrum der wertvollsten Fischerei im Norden Europas liegt in der Barentssee.[1059]

Die Ziehung von Grenzlinien in der Barentssee zwischen Russland und Norwegen erlangte erst praktische Relevanz, als die Küstenmeere auf 12 Seemeilen ausgedehnt und die AWZs eingeführt wurden.[1060] Trotz des 1957 ratifizierten Abkommens zwischen der UdSSR und Norwegen[1061] über die Seegrenzen zwischen den beiden Ländern konnte die maritime Grenze lediglich auf einer Gesamtlänge von weniger als 30 Seemeilen festgelegt werden und die Verhandlungen über ausschließliche Wirtschaftszonen und Festlandsockelgrenzen, welche weit in die Barentssee hineinreichen, wurden in der Folge nicht ausgesetzt.[1062] Von Beginn der offiziellen Verhandlungen an hatten die Sowjetunion und Norwegen zwei grundlegend verschiedene Standpunkte und waren nicht bereit Kompromisse einzugehen.[1063] Kernpunkt der Streitigkeiten war die Abgrenzungslinie zwischen den beiden AWZs und dem Festlandsockel.[1064] Norwegen stütze sich auf das Prinzip der Äquidistanzlinie, wonach eine „Grenzlinie die mittlere Linie durch alle Punkte festlegt, welche gleich weit entfernt sind

1056 *Moe/Fjærtoft/Øverland*, 2011, 145; Vgl. dazu auch: *Byers*, 2013, 39.
1057 *Byers*, 2013, 39.
1058 *Moe/Fjærtoft/Øverland*, 2011, 145.
1059 *Moe/Fjærtoft/Øverland*, 2011, 145; Vgl. dazu auch: *Byers*, 2013, 39.
1060 *Humrich*, Maritime Grenz- und Statusdispute im Arktischen Ozean, 2018, 17; Vgl. dazu auch: *Byers*, 2013, 40.
1061 Agreement concerning the sea frontier between Norway and the USSR in the Varangerfjord, Oslo, 15.2.1957, 312 United Nations Treaty Series No. 4523.
1062 *Seelmann*, 2012, 42.
1063 *Skaridov*, 2020, 111 f.
1064 *Moe/Fjærtoft/Øverland*, 2011, 147.

von den nächstgelegenen Punkten der Basislinien, von denen aus die Breite des Küstenmeeres jedes dieser Staaten gemessen wird" (Art. 6 Abs. 1 FSÜ).[1065] Auch die Sowjetunion verwies auf das FSÜ, betonte jedoch die „special circumstances", die das Übereinkommen als Gründe für die Abweichung von der Äquidistanzlinie zulässt.[1066] Die Sowjetunion und später ihr Rechtsnachfolger Russland berief sich auf demografische und militärische Überlegungen und verwies die Sowjetunion insbesondere auf ein Dekret von 1926,[1067] in dem die sowjetische Souveränität über alle Inseln innerhalb eines arktischen „Sektors" erklärt wurde.[1068] Die Divergenzen in den Abgrenzungsmethoden, als auch die Berücksichtigung des eigenständigen vertragsrechtlichen Regimes von Spitzbergen, reduziert das umstrittene Gebiet bis zum Ende der 200 Seemeilen Zone auf rund 64.000 km^2.[1069]

Nach dem norwegischen Antrag 1967 zur Führung von Verhandlungen begannen die formellen Verhandlungen zwischen norwegischen und sowjetischen Vertretern erst 1974.[1070] Beide Staaten haben frühzeitig erkannt, dass der beste Fischereiertrag in der Barentssee durch eine Kooperation der beiden Länder erwirtschaftet werden kann, damit unter anderem unerwünschte Drittparteien vom Fischfang in der betreffenden Region ausgeschlossen werden.[1071] Dementsprechend wurde 1975 eine gemeinsame Fischereikommission eingerichtet, 1976 der Rahmen für die Zusammenarbeit bei gemeinsamen Aktionen festgelegt und 1978 das *Grey Zone Agreement*, welches eine Lösung bisher unbeantworteter Fragen des Zugangs und der Nutzung von Ressourcen im umstrittenen Gebiet in der Barentssee enthält, abgeschlossen.[1072] Allerdings wurde die sowjetische und später auch russische Idee einer umfassenden Kooperationszone ohne feste Grenzziehung von Norwegen kontinuierlich abgelehnt.[1073]

Die russischen Verhandlungen mit Norwegen über den maritimen Grenzverlauf in der Barentssee endeten am 15. September 2010 mit dem *Treaty*

1065 *Byers*, 2013, 40; *Humrich*, Maritime Grenz- und Statusdispute im Arktischen Ozean, 2018, 17; *Moe/Fjærtoft/Øverland*, 2011, 147; *Seelmann*, 2012, 42.

1066 *Byers*, 2013, 40; *Moe/Fjærtoft/Øverland*, 2011, 147; *Seelmann*, 2012, 42.

1067 Siehe Kapitel: III.2.2 Sektorentheorie.

1068 *Byers*, 2013, 40; *Humrich*, Maritime Grenz- und Statusdispute im Arktischen Ozean, 2018, 17; *Moe/Fjærtoft/Øverland*, 2011, 147; *Seelmann*, 2012, 42.

1069 *Seelmann*, 2012, 42.

1070 *Moe/Fjærtoft/Øverland*, 2011, 147.

1071 *Brosnan/Leschine/Miles*, 2011, 195.

1072 *Brosnan/Leschine/Miles*, 2011, 195; *Byers*, 2013, 41 f.

1073 *Moe/Fjærtoft/Øverland*, 2011, 148.

Between the Kingdom of Norway and the Russian Federation Concerning Maritime Delimitation and Cooperation in the Barents Sea and the Arctic Ocean,[1074] wodurch das formell bezeichnete Gebiet überlappender Ansprüche durch acht Punkte flächenmäßig geteilt wurde.[1075] Damit wurde das *Grey Zone Agreement* ersetzt und ist nicht länger rechtsgültig.[1076]

Die zugrunde liegende Berechnung berücksichtigt die längere russische Küste, jedoch nicht andere Faktoren, auf die sich Russland zuvor berufen hatte.[1077] Der nördliche Endpunkt der Begrenzungslinie ist definiert als der Schnittpunkt der Linie, die durch die Punkte 7 und 8 gezogen wird, und der Linie, die den östlichsten Punkt und den westlichsten Punkt, der noch nicht definierten Außengrenzen der Festlandsockel der Staaten, verbindet.[1078] Der russisch-norwegische Grenzziehungsvertrag (2010) enthält neben der Festlegung der Seegrenze in Art. 1, das Verfahren für die Erschließung von Erdöl- oder Erdgasfeldern an der neuen Grenze in Annex II sowie die Fortsetzung des etablierten gemeinsamen Fischereimanagements in Annex I. Sollten in der Zukunft neue Ressourcen mit grenzüberschreitenden Lagerstätten entdeckt werden, sieht der bilaterale Vertrag in Art. 5 i.V.m. Annex II einen Konsultationsmechanismus vor.

Obwohl Russland bzw. die UdSSR bereits in den 1970-er Jahren erwogen hat eine Kompromisslösung zu erarbeiten, konnten die bilateralen Verhandlungen erst rund 40 Jahre später erfolgreich abgeschlossen werden. Der Vertragsabschluss mag nach *Moe*, *Fjærtoft* und *Øverland* teilweise auf technische Neuerungen für eine groß angelegte Erdölförderung, als auch die verbesserten norwegisch-russischen Beziehungen zurückzuführen sein, kann allerdings

1074 Treaty between the Russian Federation and the Kingdom of Norway concerning maritime delimitation and cooperation in the Barents Sea and the Arctic Ocean, Murmansk, 15.9.2010, 2791 United Nations Treaty Series No. 49095.

1075 *Byers*, 2013, 42; *Choi*, The Barents Sea: Equal Division of the Disputed Sea between Russia and Norway, in: 28 The Journal of East Asian Affairs 2/2014, 64 ff.; *List/Rolf*, Kultur in den internationalen Beziehungen: Völkerrecht – Nationalismus – Religion – Neoliberalismus, Grundwissen Politik, Springer VS: Wiesbaden 2018, 54.

1076 Frequently Asked Questions: The Treaty between Norway and Russia concerning maritime delimitation and cooperation in the Barents Sea and the Arctic Ocean, Norwegian Ministry of Foreign Affairs, 23.9.2010, https://www.regjeringen.no/en/topics/foreign-affairs/international-law/innsikt_delelinje/questions/id614010/ (1.2.2022).

1077 *Skaridov*, 2020, 112.

1078 Ibid., 112.

nicht zur Gänze erklären, warum die bilateralen Verhandlungen derart lange angedauert haben.[1079] Norwegen, als langjähriges NATO-Mitglied, und Russland waren jahrzehntelang auf entgegengesetzten Seiten des Kalten Krieges und die Lösung der letzten umstrittenen arktischen Grenze zwischen einem NATO-Staat und Russland ist ein wichtiger Beitrag zur „Wiederherstellung" der Beziehung zwischen den ehemaligen Gegnern.[1080] Entsprechend könnte im veränderten russischen Verständnis in außenpolitischen Beziehungen ein weiterer Grund für den gegenständlich bilateralen Vertragsabschluss liegen: Russland will als konstruktiver und völkerrechtskonformer internationaler Akteur wahrgenommen werden und der Umsetzungszusage des SRÜ im arktischen Raum in der *Ilulissat Declaration* entsprechen.[1081] Allgemein fördert der gegenständliche Vertrag eine Zusammenarbeit zwischen den beiden Ländern in der Arktis und stellt den bisherigen Höhepunkt der Kooperationsbestrebungen in der Barentssee dar.[1082]

III.5.1.2 Grenzziehung zwischen Kanada und Dänemark in der Lincolnsee

Bereits 1973[1083] wurde der Grenzverlauf zwischen Dänemark und Kanada von über 1.400 Seemeilen mit einzelnen nummerierten, durch geodätische Linien verbundenen, geografischen Punkten vertraglich festgelegt.[1084] Allerdings endeten die festgelegten Punkte dort, wo sich die Naresstraße in die Lincolnsee öffnet und es blieb als praktische Konsequenz eine fast 200 Seemeilen breite Festlandsockelgrenze, bzw. die später proklamierten AWZs, die nach Norden hin ungelöst waren.[1085] Bei der Festlegung der maritimen Grenze in der Lincolnsee 1973 einigten sich die Vertragsparteien gemäß Art. I auf die Grenzziehung nach dem Äquidistanzprinzip (*median line*).

1079 *Moe/Fjærtoft/Øverland*, 2011, 148 und 158.

1080 *Byers*, 2013, 45 f.

1081 *Moe/Fjærtoft/Øverland*, 2011, 146, 148 und 158.

1082 *Böttcher*, Die Entstehung einer gemeinsamen nordischen Sicherheitspolitik – Faktoren und Hindernisse auf dem Weg zur Nordallianz, Masterarbeit Leopold-Franzens-Universität Innsbruck 2016, 61.

1083 Agreement between the Kingdom of Denmark and Canada relating to the delimitation of the continental shelf between Greenland and Canada of 17 December 1973, Ottawa, 19.9.1974, 950 United Nations Treaty Series No. 13550.

1084 *Humrich*, Maritime Grenz- und Statusdispute im Arktischen Ozean, 2018, 16.

1085 *Byers*, 2013, 46; *Humrich*, Maritime Grenz- und Statusdispute im Arktischen Ozean, 2018, 16.

Die gemeinsamen kanadischen und dänischen Interessen in der Lincolnsee liegen in der Ressourcenförderung und einer grenzüberschreitenden nachhaltigen Fischereibewirtschaftung.[1086] 1977 beanspruchte Kanada eine 200-Seemeilen-Fischereizone entlang seiner Küstenlinie im arktischen Ozean, die im Osten durch eine Äquidistanzlinie begrenzt wurde und welche die Niedrigwasserlinie der Küsten der Ellesmere-Insel und Grönland sowie mehrere Randinseln als Basispunkte benutzte.[1087] Dänemark reagierte drei Jahre später, indem eine eigene Äquidistanzlinie, die nachträglich nach der Ziehung von geraden Basislinien und der Verwendung der Beaumont Insel als Basispunkt, angenommen wurde.[1088] Dänemark stehen bei der Anwendung gerader Basislinien, bei der die Beaumont Insel mit zwei Kaps auf dem grönländischen Festland verbunden wird, zwei kleine Gebiete entlang der äquidistanten Linie zwischen Grönland und Kanada zu.[1089] Nicht verwunderlich ist, dass die gezogene dänische Basislinie und insbesondere die Verwendung der Beaumont Insel als Basispunkt[1090] im streitgegenständlichen Gebiet von Kanada abgelehnt wurde.[1091]

Ende 2004 wurden die gezogenen Basislinien von Dänemark korrigiert und präzise Basispunkte verwendet.[1092] Die 40,9 Seemeilen lange Basislinie östlich der Insel Beaumont wurde durch eine Reihe kürzerer Basislinien ersetzt[1093] und es konnte somit insgesamt eine vorläufige Einigung zwischen den Streitparteien bei der Abgrenzung ihrer AWZ in der Lincolnsee erzielt werden.[1094] 2012 erklärten Kanada und Dänemark in einer Grundsatzvereinbarung,[1095] dass das Äquidistanzprinzip in der Lincolnsee zur Anwendung kommen sollte.[1096]

1086 *Brosnan/Leschine/Miles*, 2011, 195 f.

1087 *Byers*, 2013, 46.

1088 Ibid., 46 f.

1089 *Brosnan/Leschine/Miles*, 2011, 187; *Byers*, 2013, 47; Vgl. dazu auch: *Humrich*, Maritime Grenz- und Statusdispute im Arktischen Ozean, 2018, 17.

1090 *Byers*, 2013, 47.

1091 *Brosnan/Leschine/Miles*, 2011, 187; *Byers*, 2013, 47; *Humrich*, Maritime Grenz- und Statusdispute im Arktischen Ozean, 2018, 16 f.

1092 *Byers*, 2013, 47; *Humrich*, Maritime Grenz- und Statusdispute im Arktischen Ozean, 2018, 17.

1093 *Byers*, 2013, 47.

1094 *Humrich*, Maritime Grenz- und Statusdispute im Arktischen Ozean, 2018, 17.

1095 Tentative Agreement on Lincoln Sea Boundary between Canada and Kingdom of Denmark, 28.11.2012, https://www.canada.ca/en/news/archive/2012/11/canada-kingdom-denmark-reach-tentative-agreement-lincoln-sea-boundary.html (1.2.2022).

1096 *McDorman/Schofield*, 2020, 135.

Sowohl die dänische Antragstellung eines erweiterten Festlandsockels von 2014 als auch die kanadische von 2019 enthält Kartenmaterial, welches eine Äquidistanzlinie von innerhalb 200 Seemeilen abbildet.[1097]

Dass ein bilateraler Vertrag noch nicht ratifiziert wurde, liegt nach *Humrich* größtenteils an innenpolitischen Schwierigkeiten. Zwar vertritt Dänemark Grönland in außenpolitischen Angelegenheiten, doch steht den Grönländern seit 2009 ein Selbstbestimmungsrecht[1098] über ihre Ressourcen zu. Dieser Umstand schafft eine zusätzliche Verhandlungsebene, die eine Lösung des Grenzziehungsprozesses in der Lincolnsee hinauszögert.[1099] *Byers* geht zudem davon aus, dass der gegenständliche Disput eine geringe praktische Relevanz besitzt, da es zu keiner Zeit Meinungsverschiedenheiten über die örtliche Lage gegeben hat, an der die kanadische und dänische Gerichtsbarkeit nach 200 Seemeilen seewärts von der Küste zusammentreffen. Im Umkehrschluss bedeutet dies, dass jeder Streit innerhalb der 200-Seemeilenzone von geringer rechtlicher Relevanz für eine Abgrenzung des erweiterten Festlandsockels ist.[1100]

III.5.1.3 Grenzziehung zwischen Russland und der USA in der Beringsee

Bereits in Art. I des russisch-amerikanischen Grenzziehungsvertrags von 1867 wurde eine direkte Linie durch einen Punkt in der Beringstraße (65°, 30') gewählt, der durch die gezogene Äquidistanzlinie von der US-amerikanischen Krusenstern-Insel und der russischen Ratmanov-Insel geschnitten wird und entlang einer unbegrenzten Linie in Richtung Norden verläuft, bis sie vollständig im arktischen Ozean verschwindet.[1101] Dabei verweist Art. 1 des

1097 Partial Submission of the Government of the Kingdom of Denmark together with the Government of Greenland to the Commission on the Limits of the Continental Shelf regarding the Northern Continental Shelf of Greenland – Executive Summary, Geological Survey of Denmark and Greenland/Royal Danish Ministry of Climate, Energy and Building, 15.12.2014, https://www.un.org/Depts/los/clcs_new/submissions_files/dnk76_14/dnk2014_es.pdf (31.1.2022), 8 f.; Partial Submission of Canada to the Commission on the Limits of the Continental Shelf regarding its continental shelf in the Arctic Ocean – Executive Summary, Government of Canada, 23.5.2019, https://www.un.org/Depts/los/clcs_new/submissions_files/can1_84_2019/CDA_ARC_ES_EN_secured.pdf (15.2.2021) 15 f.; Vgl. dazu auch: *McDorman/Schofield*, 2020, 135 f. und 146.

1098 Siehe Kapitel: IV.3.9 Grönland – ein „neuer" arktischer Staat.

1099 *Humrich*, Maritime Grenz- und Statusdispute im Arktischen Ozean, 2018, 17.

1100 *Byers*, 2013, 54.

1101 „The western limit within which the territories and dominion conveyed, are contained, passes through a point in Behring's straits on the parallel of sixty-five

russisch-amerikanischen Abkommens von 1867 auf die sektorale (Meridian-) Linie, welche in der Anglo-Russischen Konvention (*Treaty of Saint Petersburg of 1825*[1102]) festgelegt wurde.[1103] Allerdings wurde diese Abgrenzungslinie nicht näher spezifiziert: Russland geht von einer loxodromen Linie in der Mercator Projektion aus, während die USA eine orthodrome Linie favorisieren.[1104]

Erst mit der russisch-amerikanischen Konvention von 1990[1105] wird die in Art. I im Jahr 1867 festgelegt Linie endgültig zur Seegrenze zwischen den USA und der Sowjetunion erhoben.[1106] Die Grenze verläuft gemäß Art. 2 Abs. 1 der russisch-amerikanischen Konvention von 1990 in der Beringstraße und weiter in der Tschuktschensee entlang 168° 58′ 37″ W bis zu der nördlichsten Grenze, wie es das Völkerrecht erlaubt. Zwar legt das Abkommen von 1990 die Abgrenzungslinie fest, diese ist jedoch nach *Skaridov* nicht ausreichend für die Abgrenzung des Meeresbodens. Der äußerste Abgrenzungspunkt in der Tschuktschensee nach dem Äquidistanzprinzip liegt etwas westlich von der geraden Linie, die den Abgrenzungspunkt in der Meerenge und den Nordpol verbindet, der früher mehrheitlich in Präsentationskarten und offiziellen Quellen angegeben wurde.[1107]

Auf realpolitischer Ebene hat die UdSSR in den Verhandlungen zur russisch-amerikanischen Konvention von 1990 den Forderungen seines Verhandlungspartners nachgegeben und im Gegenzug erhoffte sie sich eingeräumte

degrees thirty minutes north latitude, at its intersection by the meridian which passes midway between the islands of Krusenstern, or Ignalook, and the island of Ratmanoff, or Noonarbook, and proceeds due north, without limitation, into the same Frozen ocean." Vgl. dazu: Art. I Treaty Concerning the Cession of the Russian Possessions in North America by His Majesty the Emperor of all the Russias to the United States of America, abgedruckt in: *Berkman/Vylegzhanin/Young*, 2019, 60.

1102 The Anglo-Russian Convention Concerning the Limits of Their Respective Possessions on the Northwest Coast of America and the Navigation of the Pacific Ocean; englische Übersetzung in: *Berkman/Vylegzhanin/Young*, 2019, 56 ff.

1103 *Berkman/Vylegzhanin/Young*, 2019, xvii f.

1104 *Humrich*, Maritime Grenz- und Statusdispute im Arktischen Ozean, 2018, 18; Vgl. dazu auch: *Byers*, 2013, 33.

1105 Agreement between the United States of America and the Union of Soviet Socialist Republics on the maritime boundary, Washington, 1.6.1990, https://www.un.org/depts/los/LEGISLATIONANDTREATIES/PDFFILES/TREATIES/USA-RUS1990MB.PDF, (30.10.2020).

1106 *Seelmann*, 2012, 37.

1107 *Skaridov*, 2020, 119 f.

Nutzungsrechte für Fischbestände.[1108] Da die festgelegte Grenze von 1990 deutlich westlich einer Äquidistanzlinie lokalisiert wurde,[1109] hat die neue gesetzgebende Gewalt nach dem Zusammenbruch der UdSSR (russische Staatsduma) den völkerrechtlichen Vertrag nicht ratifiziert.[1110] Damit bleibt die vertragliche Grenzfestlegung in der Beringsee und der Tschuktschensee bis dato offen.[1111]

Trotzdem hält sich Russland in der Praxis an die Vertragsbedingungen.[1112] In der russischen Vorlage an die CLCS von 2001[1113] und ihrer erneuten Einreichung von 2015,[1114] weist Russland darauf hin, dass die Abgrenzungslinie aus dem Übereinkommen von 1990 sowohl die Seegrenze zwischen den beiden Staaten bis zu 200 Seemeilen, als auch in Bezug auf den Festlandsockel über 200 Seemeilen seewärts festlegt.[1115] Dahingehend sind unmittelbar überschneidende Ansprüche auf Energieressourcen im betreffenden Raum nicht zu erwarten.[1116] In diesem Kontext ist auf die Kooperation und das routinemäßige Sicherheitsmanagement zwischen dem *17th Coast Guard district* und des *Federal Border Service of Russia* als funktional intakte bilaterale Beziehung der beiden Staaten anzuführen.[1117] Ferner könnten potenzielle grenzüberschreitende

1108 *Humrich*, Maritime Grenz- und Statusdispute im Arktischen Ozean, 2018, 18; Vgl. dazu auch: *Byers*, 2013, 34.

1109 *Byers*, 2013, 34.

1110 *Humrich*, Maritime Grenz- und Statusdispute im Arktischen Ozean, 2018, 18.

1111 *Skaridov*, 2020, 119.

1112 *Brosnan/Leschine/Miles*, 2011, 187; *Byers*, 2013, 35; *de La Fayette*, 2008, 541.

1113 Submissions to the Commission: Submission by the Russian Federation, 20.12.2001, Legends to the attached maps (Unofficial translation from Russian by the Division for Ocean Affairs and the Law of the Sea), https://www.un.org/depts/los/clcs_new/submissions_files/rus01/RUS_page5_Legend.pdf (1.2.2022), MAP 3.

1114 Partial revised Submission of the Russian Federation to the Commission on the Limits of the Continental Shelf in respect of the continental shelf of the Russian Federation in the Arctic Ocean – Executive Summary, Ministry of Natural Resources and Environment of the Russian Federation/Federal Agency on Mineral Resources Ministry of Natural Resources and Environment of the Russian Federation/Ministry of Foreign Affairs of the Russian Federation/Ministry of Defence of the Russian Federation/Department of Navigation and Oceanography Ministry of Defence of the Russian Federation/Russian Academy of Sciences, 3.8.2015, 10.

1115 *McDorman/Schofield*, 2020, 137.

1116 *Brosnan/Leschine/Miles*, 2011, 196.

1117 *Kraska*, 2010, 532.

arktische Fischbestände eine Möglichkeit zur Kooperation zwischen Russland und den USA bieten.[1118]

III.5.1.4 Spitzbergen-Vertrag

Die rechtliche Behandlung der Inselgruppe Spitzbergen[1119] ist ein äußerst frühes und besonderes Beispiel arktischer Rechts- und Souveränitätsdurchsetzung.[1120] Mit der Bezeichnung „Gemeinschaftsräume" („fellesdistrikter") und einer gemeinsamen Nutzungsordnung vom 15. bis 18. Jahrhundert blicken Norwegen und Russland auf eine lange maritime Abgrenzungstradition in den jeweiligen Küstengrenzräumen zurück.[1121] In den 1871- und 1872-er Jahren tauschte die vereinte Regierung von Schweden und Norwegen Memoranden mit der russischen Regierung aus, um alle Staaten in der Nutzung natürlicher Ressourcen von Spitzbergen, als auch hinsichtlich der Durchführung von Forschungstätigkeiten, gleichzustellen.[1122] Spitzbergen wurde durch den gegenseitigen Memoranden-Austausch, auch das Russisch-Schwedische/Norwegische Abkommen von 1872[1123] genannt, der rechtliche Status *terra nullius* zugewiesen.[1124]

Allerdings konnte sich dieses bilaterale „Übereinkommen" nur bis zum Anfang des 20. Jahrhunderts durchsetzen, da verschiedene Staatenangehörige mit wirtschaftlichen Tätigkeiten auf Spitzbergen begannen, welche insbesondere eine prosperierende Kohleabbauindustrie zur Folge hatten.[1125] Damit war eine Klärung des rechtlichen Status gefordert. Auf der Pariser Friedenskonferenz 1919 wurde auf norwegischen Antrag eine Kommission eingesetzt, die diesbezüglich einen umfassenden Vertragstext ausgearbeitet hat.[1126] Das

---

1118 *Brosnan/Leschine/Miles*, 2011, 196 f.

1119 In englischer Sprache wird der Begriff Svalbard für diese Inselgruppe verwendet und Spitzberbergen ist dessen größte Insel. Vgl. dazu: *Byers*, 2013, 17; In Anlehnung an den Spitzbergen-Vertrag verwendet die Autorin nachfolgend den Begriff Spitzbergen für die gesamte Inselgruppe.

1120 *Rothwell/Hemmings*, 2020, 461.

1121 *Skaridov*, 2020, 111.

1122 Ibid., 111.

1123 Die betreffenden Memoranden von 1871 bis 1872 sind in französischer Sprache abgedruckt in: *Vylegzhanin/Zilanov*, ШПИЦБЕРГЕН: ПРАВОВОЙ РЕЖИМ ПРИЛЕГАЮЩИХ МОРСКИХ РАЙОНОВ, Moskau 2006, https://mgimo.ru/upload/2015/11/shpitzbergen-2006.pdf (19.10.2021), 100 ff.

1124 *Skaridov*, 2020, 111; Vgl. dazu auch: *Byers*, 2013, 17.

1125 *Byers*, 2013, 17; *Seelmann*, 2012, 38.

1126 *Seelmann*, 2012, 38.

Endergebnis ist der Spitzbergen-Vertrag von 1920,[1127] der die norwegische Souveränität anerkennt, die sie jedoch bestimmten vertraglichen Rechten des wirtschaftlichen Zugangs anderer Staaten unterwirft.[1128] Nicht vergessen werden darf dabei, dass der Spitzbergen-Vertrag von russischer Seite als ein Vertrag zu Lasten Dritter anzusehen ist, da die Regierung der Russischen Sozialistischen Föderativen Sowjetrepublik vom Vertragsverfassungsprozess vollständig ausgeschlossen wurde.[1129]

Die Vertragsverfasser des Spitzbergen-Vertrags lösten die Souveränitätsfrage über Spitzbergen durch die Zuweisung der „vollen und uneingeschränkten Staatshoheit" an Norwegen in Art. 1. Neben den ursprünglichen neun Vertragsparteien, traten weitere Staaten, darunter auch Russland, dem Spitzbergen-Vertrag zu einem späteren Zeitpunkt bei.[1130] Die norwegische Souveränität über Spitzbergen impliziert: „the right to adopt laws and regulations on Svalbard, and their enforcement. Norway has no more duty to consult with other States on the government of Svalbard than any other State about the management of its territory."[1131] Als Ausgleich zur Anerkennung der norwegischen Souveränität, haben alle Vertragsstaaten die gleichen Rechte und Pflichten hinsichtlich ihrer ökonomischen Tätigkeit[1132] erhalten (Art. 3 Spitzbergen-Vertrag).[1133] Das Diskriminierungsverbot des Spitzbergen-Vertrags hindert Norwegen aber nicht daran, Tätigkeiten wie den Bergbau, den Tourismus sowie die wissenschaftliche Forschung zu regeln oder sogar zu verbieten, sofern eben diese Regeln gleichermaßen für norwegische Staatsbürger gleichermaßen gelten.[1134] Trotzdem haben sich in Bezug auf die später eingerichtete AWZ und dem Festlandsockel

---

1127 Vertrag über Spitzbergen, BGBl. 1930/117.

1128 *Byers*, 2013, 17 f.

1129 *Seelmann*, 2012, 38.

1130 Vertrag über Spitzbergen, BGBl. 1930/117.

1131 *Ulfstein*, Spitsbergen/Svalbard, in: Wolfrum (Hg), The Max Planck Encyclopedia of Public International Law, opil.ouplaw.com/home/EPIL 2019, Rn. 23.

1132 Die Vertragsstaaten sind nunmehr im Anwendungsbereich des Spitzbergen-Vertrags in gleicher Weise an Jagd- und Fischereirechte beteiligt, haben eine Zugangs- und Aufenthaltsfreiheit erhalten und ist ihnen das Recht, sich in der Schifffahrt, in der Industrie, im Bergbau und Handel in völliger Gleichberechtigung zu betätigen zugesprochen worden. Vgl. dazu: *de La Fayette,* 2008, 540; *Johnstone/Joblin*, 2020, 257; *Ulfstein*, 2019, Rn. 25.

1133 *Liu*, Emerging and non-traditional actors at the Poles, in: Scott/VanderZwaag (Hg), Research Handbook on Polar Law, Edward Elgar Publishing: Cheltenham–Northampton 2020, 178.

1134 *Byers*, 2013, 18.

Uneinigkeiten über die Anwendbarkeit der im Spitzbergen-Vertrag gewährten Rechte ergeben.[1135]

Dieser seevölkerrechtliche Statusdisput fußt in der norwegischen Forderung hinsichtlich einer modernisierten Interpretation des Spitzbergen-Vertrags nach den nunmehr geltenden SRÜ-Kriterien.[1136] Mit dem Argument einer restriktiven wörtlichen Auslegung des Spitzbergen-Vertrags reduziert Norwegen den räumlichen Geltungsbereich und argumentiert dahingehend, dass der Spitzbergen-Vertrag lediglich die gleichen Rechte auf Fischfang und Bergbau auf Spitzbergen selbst und in dessen Küstenmeer verleihe und Spitzbergen damit weder eine 200-Seemeilenzone noch einen Festlandsockel besitze.[1137] Vielmehr läge Spitzbergen auf dem norwegischen Festlandsockel, welcher sich um Spitzbergen und darüber hinaus erstrecke.[1138] Entsprechend hat der norwegische *Supreme Court* 2019 die Berufung eines lettischen Fischereiunternehmens für Geldbußen für den Fang von Schneekrabben mit einer EU-Lizenz,[1139] mit der Begründung, dass Schneekrabben eine sesshafte Art sind und damit eine natürliche Ressource nach Art. 77 SRÜ, abgelehnt. Auf eben dieser Rechtsgrundlage wird Norwegen das ausschließliche Ressourcenverwertungsrecht für Schneekrabben auf dessen Festlandsockel vom norwegischen *Supreme Court*

1135 *de La Fayette*, 2008, 540; *Johnstone/Joblin*, 2020, 257.

1136 *Humrich*, Maritime Grenz- und Statusdispute im Arktischen Ozean, 2018, 16.

1137 *Churchill/Ulfstein*, The Disputed Maritime Zones Around Svalbard, in: Nordquist/Moore/Heidar (Hg), Changes in the Arctic Environment and the Law of the Sea, Brill/Nijhoff: Leiden 2010, 565; *Humrich*, Maritime Grenz- und Statusdispute im Arktischen Ozean, 2018, 19 f.

1138 *Churchill/Ulfstein*, 2010, 566.

1139 2016 hat die norwegische Regierung ihren Fischern exklusive Fangrechte für Schneekrabben vergeben und damit, nach unionaler Interpretation, gegen den Spitzbergen-Vertrag verstoßen. Die Vertragsstaaten, die teilweise auch Mitgliedstaaten der EU sind, haben gegen diese Lizenzen protestiert. Unter Berücksichtigung der Tatsache, dass 21 EU-Mitgliedstaaten Vertragsparteien des Spitzbergen-Vertrags sind, sah sich die EU 2017 verpflichtet, ihrerseits Lizenzen für den Fang von Schneekrabben in den Seegebieten, um Spitzbergen an EU-Bürger zu gewähren. Die unionale Auslegung des Spitzbergen-Vertrags gesteht Norwegen jedenfalls die alleinige Regelungsbefugnis zu. Allerdings wollte ein unionales Zeichen gegen die Anerkennung der norwegischen Lizenzvergabe setzen. Zum jetzigen Zeitpunkt ist noch nicht ersichtlich, inwieweit Norwegen und die EU eine pragmatische Lösung finden werden, um ihre jeweiligen Interessen zu wahren. Vgl. dazu: *Humrich*, Maritime Grenz- und Statusdispute im Arktischen Ozean, 2018, 20; *Liu*, 2020, 178.

zugesprochen.[1140] Auch die CLCS unterstützt die restriktive norwegische Auslegung des Spitzbergen-Vertrags, indem sie den von Norwegen beanspruchten Festlandsockel um Spitzbergen[1141] anerkennt. Damit hat die CLCS gleichzeitig Norwegen die Ausweitung der Meereszonen nach dem SRÜ zugestanden.[1142]

Zusätzlich versucht Norwegen seinen Anspruch auf die umliegenden Gewässer von Spitzbergen durch eine *Fisheries Protection Zone*, welche Nutzungsrechte Dritter ausschließt, sicherzustellen, indem eben diese Zonen die AWZ minimieren und daher SRÜ-Vorschriften zum Erhalt der lebenden Ressourcen in einer Fischereischutzzone anwendbar sind.[1143] Ob Norwegen entsprechende Befugnisse aus dem SRÜ zukommen, hängt von der strittigen Frage ab, ob der Spitzbergen-Vertrag in der Fischereischutzzone anwendbar ist.[1144]

Die Fischereischutzzone ist ein *ad-hoc*-Begriff, der im SRÜ selbst nicht vorkommt.[1145] Auch geht der Spitzbergen-Vertrag der Erstellung des Konzepts einer 200-Seemeilen-AWZ in zeitlicher Hinsicht voraus, womit eine rein textuelle Analyse des Spitzbergen-Vertrags nahelegt, dass Norwegen keinen Anspruch auf eine AWZ, sowie eine spezielle Fischereizone um Spitzbergen hat.[1146] Zudem gilt es nach *Churchill* und *Ulfstein* zu bedenken, dass die Bestimmung des norwegischen Festlandsockels vom norwegischen Festland aus erfolgt, falls Spitzbergen keinen eigenen Festlandsockel hätte. Entsprechend ist die Etablierung einer *Fisheries Protection Zone* ohne den damit einhergehenden Festlandsockel für Spitzbergen inkonsistent.[1147] Für dieses Argument

---

1140 A and SIA North Star Ltd v. The public prosecution authority, Judgement 14.2.2019, Supreme Court of Norway, HR-2019-282-S, case no. 18-064307STR-HRET, Rn. 58.

1141 Große räumliche Gebiete des westlichen Nansen Beckens liegen innerhalb der 200-Seemeilen Grenze von Spitzbergen. Die CLCS hat diese Gebiete nunmehr als norwegischen Festlandsockel anerkannt. Vgl. dazu: Summary of the recommendations of the Commission on the Limits of the Continental Shelf in regard to the submission made by Norway in respect of areas in the arctic ocean, the Barents Sea and the Norwegian Sea on 27 November 2006, 27.3.2009, https://www.un.org/depts/los/clcs_new/submissions_files/nor06/nor_rec_summ.pdf (14.2.2021), 13.

1142 *Churchill/Ulfstein*, 2010, 565 ff.; *Humrich*, Maritime Grenz- und Statusdispute im Arktischen Ozean, 2018, 16 f. und 20.

1143 *Vöneky/Beck*, Schutz der antarktischen und arktischen Umwelt, in: Proelß (Hg), Internationales Umweltrecht, Walter de Gruyter: Berlin–Boston 2017, 563.

1144 Ibid., 563 f.

1145 *Kraska*, 2010, 526.

1146 Ibid., 526 f.

1147 *Churchill/Ulfstein*, 2010, 568.

streitet Art. 8 Spitzbergen-Vertrag, indem Steuern, Gebühren und Abgaben jeder Art, die von Erdölunternehmen eingehoben werden, ausschließlich Spitzbergen zufließen.[1148] Diese Vertragsausgestaltung schränkt die norwegische Souveränität erheblich ein und entsprechend ist die rechtswirksame Errichtung einer norwegischen AWZ und eines Festlandsockels, um Spitzbergen zu verneinen.[1149] Norwegen könnte somit andere Staaten auch nicht von der Ausbeutung lebender Ressourcen gemäß Art. 56 Abs. 1 lit. a, Art. 62 Abs. 1, Art. 58 Abs. 1 und Art. 87 SRÜ ausschließen.[1150] Besonders brisant könnte der aufgezeigte Statusdisput in der spitzbergischen AWZ auch für die potenzielle Förderung von Erdöl und Erdgasressourcen in der nördlichen Barentssee werden.[1151]

III.5.2 Ungelöste Grenzverläufe im arktischen Raum

Die prospektive Ausrichtung der Arktischen Fünf hinsichtlich der eigenen Sicherung des Zugangs zu arktischen Meeresgebieten mit hohem Rohstoffpotenzial, hat zur Folge, dass die Verhandlungsprozesse zur abschließenden Festlegung der Grenzverläufe im arktischen Ozean verhaltend sind.[1152] Als praktische Konsequenz bleiben einige Grenzverläufe im arktischen Ozean unklar. Welche räumlichen Bereiche eine bilaterale Aufteilung vermissen, inwiefern diese in naher Zukunft zu erwarten sind und welche derzeitigen seevölkerrechtlichen Regeln in den betreffenden Gebieten zur Anwendung kommen, sollen die nachstehenden Abschnitte klären. Vorab bleibt auf den nach wie vor ungelösten Inselstreit um Hans im Kennedy-Kanal (als einziges umstrittenes Landgebiet in der Arktis[1153]) zu verweisen.

III.5.2.1 Nordostpassage

Fortwährende Relevanz besitzt die Sicherung der Kontrolle über die Nordostpassage in der russisch-sowjetischen Gesetzgebung. Bereits mit dem Edikt des russischen Kaisers Alexander I aus dem Jahr 1821[1154] verlieh sich Russland

---

1148 *Proelß*, 2016, 377.
1149 Ibid., 377.
1150 *Vöneky/Beck*, Schutz der antarktischen und arktischen Umwelt, 2017, 564.
1151 World Ocean Review[6], 2019, 250.
1152 *Seelmann*, 2012, 51.
1153 *McDorman/Schofield*, 2020, 135.
1154 Edict to the Governing Senate, Concerning enforcement of the ordinance on limits of navigation and order for interaction in maritime affairs along the coasts of the East Siberia, North-West America and the Aleutian Islands, the Kuril

selbst, als auch seiner Bevölkerung, ausschließliche Rechte in arktischen Gebieten. Dabei standen verstärkt die Bereiche des Handels und des Fischfangs entlang der Nordostpassage im Mittelpunkt der Regulierungsmaßnahmen.[1155] Obwohl weitere Dekrete, unter anderem 1883 und 1869 folgten, war in ihnen keine Ausweitung der russischen Souveränität auf Teile des arktischen Ozeans vorgesehen.[1156] Offiziell hat die Sowjetunion Teile der Nordostpassage als innere Gewässer mit der Deklaration 4604 vom 7.2.1984 beansprucht.[1157] Eben jene Anspruchserhebung auf arktische maritime Gebiete im weißen Meer und in der Baidaratabucht, wurde mit der Festlegung gerader Basislinien in der Deklaration verbunden.[1158] Im Endergebnis sind die inneren Gewässer der UdSSR massiv ausgeweitet worden.[1159]

Das später eingeführte Verfahren zur Befahrung der Nordostpassage unter sowjetischer Benachrichtigung und Begleitung inklusiver Erhebung von Nutzungsgebühren[1160] werfen Fragen auf, ob die russischen Bestimmungen mit dem internationalen Völkerrecht vereinbar sind. Vor dem Hintergrund, dass Nutzungsgebühren gemäß Art. 26 SRÜ nur im Küstenmeer als Vergütung für bestimmte, dem Schiff geleistete Dienste erhoben werden dürfen,[1161] könnte

---

Islands and others, 4.9.1821; englische Übersetzung in: *Berkman/Vylegzhanin/Young*, 2019, 207 ff.

1155 *Berkman/Vylegzhanin/Young*, 2019, xiv.

1156 *Gavrilov*, 2015, 258.

1157 Declaration of the Council of Ministers of the USSR, 7.2.1984, abgedruckt in: United States Department of State: Bureau of Oceans and International Environmental and Scientific Affairs, Limits in the Seas No. 107 – Straight Baselines: U.S.S.R., 1987, https://www.state.gov/wp-content/uploads/2019/12/LIS-107.pdf (26.10.2021).

1158 Decision of the Council of Ministers of the USSR, 15.1.1985; englische Übersetzung in: *Berkman/Vylegzhanin/Young*, 2019, 224 f.

1159 Vgl. dazu die interaktive Karte: Russia MRGID 5690, https://www.marineregions.org/eezdetails.php?mrgid=5690 (1.4.2022).

1160 Rules for Navigation on the Seaways of the Northern Sea Route, approved by the USSR Minister of Merchant Marine, 14.9.1990; englische Übersetzung in: *Berkman/Vylegzhanin/Young*, Baseline of Russian Arctic Laws, Springer International Publishing: Cham 2019, 225 ff.

1161 Vgl. dazu: *Koivurova/Kleemola-Juntunen/Kirchner*, Arctic regional agreements and arrangements, in: Scott/VanderZwaag (Hg), Research Handbook on Polar Law, Edward Elgar Publishing: Cheltenham–Northampton 2020, 78; *Farré u. a.*, 2014, 310.

indirekt suggeriert werden, dass eine sowjetische Anspruchserhebung für innere Gewässer, die auf der Nordostpassage liegen, erfolgte.

Mit dem russischen *Federal Law N 132-FZ* vom 28. Juli 2012[1162] wurde in Art. 2, Art. 14 *Federal Law N 155-FZ* vom 31. Juli 1998 über staatliche Regelungen der Handelsschifffahrt im Wassergebiet der Nordostpassage festgelegt und die Nordostpassage als „a historically developed national transportation communication of the Russian Federation" deklariert. Somit hat Russland, als Rechtsnachfolgerin der Sowjetunion, eine neue Verwaltung der Nordostpassage eingerichtet und die umstrittensten Regeln geändert, indem die Eisbrecher-Unterstützung nicht mehr obligatorisch vorgesehen sind und die Festsetzung von Gebühren auf der Grundlage des Zahlungspotenzials, welches nach Art. 26 SRÜ angefochten wurde, wurde gestrichen.[1163] Die momentanen Zahlungen jener Schiffe, welche die Nordostpassage befahren, sollen dem erbrachten Leistungsumfang entsprechen.[1164]

Trotzdem werfen weitere Bestimmungen der russischen Verwaltung der Nordostpassage Fragen auf, ob diese mit dem Völkerrecht vereinbar sind, wie beispielsweise, dass die Schifffahrt vorherigen Genehmigungen unterliegt, obligatorische Meldepflichten gefordert werden, obwohl der IMO kein obligatorisches Schiffsmeldesystem vorgeschlagen hat und von ihr angenommen wurde und dass die Durchfahrt weiterhin Gebühren für Dienstleistungen unterliegt, die von russischen Behörden auferlegt werden.[1165]

Obwohl die aktuelle russische Gesetzgebung die volle Souveränität nicht ausdrücklich auf das gesamte Gebiet der Nordostpassage ausgedehnt hat, wird *de facto* die ausländische Schifffahrt unter absoluter russischer Kontrolle gestellt.[1166] Diese eingerichtete russische Verwaltung der Nordostpassage

1162 Federal Law N 132-FZ, On Amendments to Certain Legislative Acts of the Russian Federation Concerning State Regulation of Merchant Shipping on the Water Area of the Northern Sea Route, 28.7.2012; englische Übersetzung unter: http://www.nsra.ru/en/ofitsialnaya_informatsiya/zakon_o_smp.html (29.10.2021).

1163 *Farré u. a.*, 2014, 308.

1164 *Farré u. a.*, 2014, 308; Vgl. dazu: Decree 1487 by the Russian Federation Government, Rules of navigation in the water area of the Northern Sea Route, 18.9.2020, Decree, http://www.nsra.ru/files/fileslist/137-en5894-2020-11-19_rules.pdf (26.10.2021).

1165 *Bartenstein/Chircop*, 2020, 384.

1166 *Gavrilov*, 2015, 257; *Gavrilov* führt aus, dass sich die russische Kontrolle nicht nur auf die Meeresgebiete der inneren Gewässer und des Küstenmeeres, in denen einem Küstenstaat gemäß dem Völkerrecht das Recht auf eine solche Kontrolle eingeräumt wird, erstreckt, sondern auch auf Meereszonen, in denen die Freiheit

könnte einen *mare clausum*-Streit mit anderen Seemächten, wie insbesondere der USA, provozieren.[1167]

Die USA haben der Erklärung Russlands zum Status der inneren Gewässer für bestimmte arktische Meerengen, welche auf der Nordostpassage liegen, bisher abgelehnt[1168] und berufen sich insbesondere darauf, dass die Nordostpassage eine internationale Meerenge sei, welche der internationalen Schifffahrt diene (Teil III SRÜ).[1169] In rechtsdogmatischer Hinsicht ist feststellbar, dass Meerengen, die historische innere Gewässer sind, keine Meerengen, die der internationalen Schifffahrt dienen, sein können.[1170] Sollte es sich bei diesen Gewässern hingegen nicht um historische innere Gewässer handeln, müssen zwei Kriterien, welche im *Korfu-Kanal*-Fall 1949 vom IGH festgelegt wurden, erfüllt sein: Die Qualifikation einer Meerenge nach Teil III SRÜ hängt davon ab, ob: (a) eine geografische Position solcher Meerengen vorliegt, die zwei Teile des Landes als Verbindung zwischen verschiedenen Teile des offenen Meeres trennt; und (b) eine funktionale Verwendung für die internationale Navigation nachweisbar ist.[1171]

Die Position der EU zum rechtlichen Status stimmt mit der US-amerikanischen Argumentationsweise überein.[1172] Erwähnenswert sind auch die chinesischen Entwicklungsinteressen in der arktischen Schifffahrt entlang der Nordostpassage.[1173]

Zum Zeitpunkt der Verfassung dieser Arbeit haben im Jahr 2021 65 Schiffe die Nordostpassage durchquert, wovon 54 internationale Transitschiffsfahrten waren.[1174] Aus Sicht der Autorin lässt dieses Ergebnis eine etablierte internationale Navigationspraxis schwer verneinen. Im Ergebnis bleibt der rechtliche Status der Nordostpassage jedoch ungelöst.

---

der Schifffahrt gemäß dem SRÜ sichergestellt wäre (AWZ und die friedliche Durchfahrt im Küstenmeer).

1167 *Rossi*, 2015, 28.

1168 *Gavrilov*, 2015, 259.

1169 *de La Fayette*, 2008, 545; *Liu*, 2020, 167.

1170 *Gavrilov*, 2015, 259 f.

1171 Corfu Channel case (United Kingdom v Albania), Judgement 9.4.1949, I.C.J. Reports 1949, 4, 28.

1172 *Liu*, 2020, 176.

1173 Ibid., 168.

1174 Transit voyages on the NSR in 2021: The results as of the current date, https://arctic-lio.com/transit-voyages-on-the-nsr-in-2021-the-results-as-of-the-current-date/ (26.10.2021).

III.5.2.2 Nordwestpassage

Im Vergleich zur Schifffahrt in der Nordostpassage ist jene entlang der Nordwestpassage bedeutend kleiner. Vergleichsweise haben fünf Schiffe die Nordwestpassage im Jahr 2021 befahren.[1175] Trotzdem hat die abtauende nördliche Polkappe, als eindrucksvolles Exempel der praktischen Konsequenz des Klimawandels und die damit einhergehende Möglichkeit einer schiffbaren Nordwestpassage,[1176] die Kontrollfrage über eben diese auftauenden arktischen Gewässer in den Mittelpunkt der kanadischen Politik gerückt.

Erste Hinweise zur Stellung (indirekter) kanadischer Souveränitätsansprüche im arktischen Ozean können sich aus der, von Kanada vorgeschlagenen, Sektorentheorie ableiten lassen.[1177] Daneben hat Kanada Gebiete der Nordwestpassage, in Anlehnung an das russische Pendant, überwiegend als Teile seiner inneren Gewässer deklariert und macht die Durchfahrt staatsfremder Schiffe von einer kanadischen Erlaubnis abhängig.[1178] Auch leitet Kanada seinen Souveränitätsanspruch von historischen Überlegungen ab. Der größte Teil des Archipels ist von britischen Entdeckungsreisen vor Übertragung des Rechtstitels an Kanada kartografiert worden und das darin befindliche Packeis wurde durch das indigene Volk der Inuit seit Jahrhunderten genutzt.[1179] Diese Nutzung suggeriere den Status der Nordwestpassage als historisches Gewässer[1180] und Kanada will, unter Anwendung der innerstaatlichen Gesetzgebung, ein ausschließliches Recht bei dessen Kontrollausübung beanspruchen.[1181] Die beiden betreffenden Gesetze, sowie die seevölkerrechtliche Festlegung gerader Basislinien, werden in der Folge auf ihren rechtlichen Gehalt und ihre praktische Umsetzung untersucht. Dabei will geklärt werden, ob die kanadische Kontrolle über navigierende Schiffe in der Nordwestpassage bestehen kann, oder ob das Gebiet unter Teil III SRÜ (Meerengen, die der internationalen Schifffahrt dienen) zu subsumieren ist.

1175 Transits Complete Data, Headland R.K. and colleagues, Scott Polar Research Institute, University of Cambridge, http://thenorthwestpassage.info/transit-statistics/transits-complete-data (1.4.2022).

1176 *Summerhayes/Zalasiewicz/Vidas/Williams*, 2020, 24.

1177 *Byers*, 2007, 148.

1178 *Görner*, 2018, 52 f.

1179 *Byers*, 2007, 150.

1180 *Seelmann*, 2012, 55.

1181 *de La Fayette*, 2008, 544; *Loukacheva*, Introduction to Polar Law, 2010, 18.

Die „fremde“ Durchfahrung der Nordwestpassage durch den US-amerikanischen Öltanker (*SS Manhattan*) im Jahr 1969 ist der Ausgangspunkt kanadischer Regulierungsmaßnahmen zur Sicherung dessen Kontrolle auf dieser Schifffahrtsroute.[1182] Nachdem sich die *SS Manhattan* im Packeis der Nordwestpassage festgefahren hatte, leisteten kanadische Eisbrecher Unterstützungsleistungen, obwohl eine vorherige Einholung einer kanadischen Erlaubnis zur Befahrung der Nordwestpassage von den USA versäumt wurde.[1183] Dem Argument, dass diese Maßnahmen eine nachträgliche indirekte kanadische Erlaubnis suggeriere, begegnete Kanada damit, dass die US-amerikanische Annahme der kanadischen Eisbrecher-Unterstützung eine Untergrabung des kanadischen Gebietsanspruches verhindere.[1184] Gerade wegen der implizierten kanadischen Erlaubnis und der Inanspruchnahme der Unterstützung durch die kanadische Küstenwache, hat nach *Byers* die Durchfahrung der Nordwestpassage durch die *SS Manhattan* nicht zur Entwicklung einer internationalen Meerenge beigetragen.[1185] Die kanadische Reaktion auf den entstandenen Statusdisput der Nordwestpassage ist die weitreichende Einschränkung der Durchfahrt von Schiffen in den kanadischen arktischen Gewässern durch den verabschiedeten *Arctic Waters Pollution Prevention Act* 1970.[1186] Das betreffende kanadische Gesetz enthielt genaue Umweltbestimmungen für den gesamten Schiffsverkehr in einem räumlichen Anwendungsbereich nach Art. 3 von 100 Seemeilen um die kanadisch-arktische Küste. Allerdings kannte das damalig gültige Völkerrecht keine Ausdehnung von küstenstaatlichen Rechten außerhalb ihrer Hoheitsgewässer und die kanadische Regierung hatte sich einzugestehen, dass dieser Gesetzesakt völkerrechtswidrig war.[1187] Trotzdem konnten Proteststaaten, wie die USA, wenig gegen das kanadische *Arctic Waters Pollution Prevention Act* unternehmen. Die kanadische Regierung hatte vorausschauend ihre Anerkennung zur obligatorischen Gerichtsbarkeit des IGH im *Arctic Waters Pollution Prevention Act* 1985 neu formuliert[1188] und eben diese maritimen

---

1182 *Bartenstein/Chircop*, 2020, 372; *Franckx/Boone*, 2017, 1569.

1183 *Byers*, 2007, 149.

1184 Ibid., 149.

1185 *Byers*, 2007, 135 f.

1186 Arctic Waters Pollution Prevention Act 1970; abgedruckt in: *Bilder*, 1970, 38 ff.; Vgl. dazu auch: *Bartenstein/Chircop*, 2020, 372; *Byers*, 2007, 149; *Franckx/Boone*, 2017, 1569.

1187 *Byers*, 2007, 149 f.

1188 Vgl. dazu: Art. 22 Abs. 1 Arctic Waters Pollution Prevention Act, 1.1.1985, R.S.C., 1985, c. A-12, https://laws-lois.justice.gc.ca/PDF/A-12.pdf (26.9.2021).

Dispute ausgeschlossen.[1189] Auch gilt zu bedenken, dass der *Arctic Waters Pollution Prevention Act* im Rahmen des SRÜ rechtlich legitimiert wurde und nunmehr seevölkerrechtlich erlaubt ist, dass Küstenstaaten nationale Gesetze gegen Meeresverschmutzungen bis 200 Seemeilen vor der Küste erlassen, wenn Packeis, das nahezu das ganze Jahr lang vorhanden ist (Art. 234 SRÜ[1190]). Die küstenstaatliche Zuständigkeit für Verschmutzungen in eisbedeckten Gebieten ist zu einem einflussreichen seerechtlichen Prinzip erstarkt.[1191] Kanada hat den *Arctic Waters Pollution Prevention Act* 1985 dahingehend adaptiert, dass seine gesamte AWZ als „arktische Gewässer" den Anwendungsbereich des *Arctic Waters Pollution Prevention Act* eröffnen.[1192]

Zusätzlich erweitert das kanadische Gesetz (*Act to Amend the Territorial Sea and Fishing Zones Act*) das kanadische Küstenmeer von drei auf zwölf Seemeilen. Dabei liegen die Referenzpunkte der Festlegung der Niedrigwasserlinie, von welcher das kanadische Küstenmeer gemessen wird, nicht nur auf dem Festland, sondern auch auf trockenfallenden Erhebungen.[1193] Nach dem betreffenden kanadischen Gesetz verläuft die Nordwestpassage daher größtenteils durch Zonen, die sich völlig in den kanadischen inneren Gewässern befinden, wodurch sämtliche kanadische Gesetze zur Anwendung kommen.[1194] Da zur Zeit des Inkrafttretens durch 60 weitere Länder ähnliche Ansprüche erhoben wurden, war der *Act to Amend the Territorial Sea and Fishing Zones Act* weniger umstritten als der *Arctic Waters Pollution Prevention Act*.[1195]

In weiterer Folge war das einzige Schiff, dass die Nordwestpassage ohne kanadische Erlaubnis passierte, 1985 ein US-amerikanischer Eisbrecher und Kanada hat als Reaktion auf diesen Vorfall gerade Basislinien um die arktischen Inseln gezogen sowie die Gewässer landwärts der Basislinien zu inneren Gewässern erklärt.[1196] Durch die Ziehung von geraden Basislinien weitete

---

1189 *Boyle*, 2006, 17.

1190 Siehe Kapitel: V.2.2 Die arktische Klausel.

1191 *Boyle*, 2006, 17; *Byers*, 2007, 149 f.; *Rothwell*, 2008, 242.

1192 Art. 2 Arctic Waters Pollution Prevention Act, 1.1.1985, R.S.C. 1985, c. A-12; Vgl. dazu: *Chircop*, 2009, 368.

1193 Vgl. dazu: Art. 3 Abs. 1 i.V.m. Art. 5 Territorial Sea and Fishing Zones Act, 1.1.1964, R.S., c. T-7, s. 1, https://www.fao.org/faolex/results/details/en/c/LEX-FAOC001082/ (29.10.2021).

1194 *Byers*, 2007, 150.

1195 Ibid., 150.

1196 *de La Fayette*, 2008, 544 f.; Vgl. dazu: Territorial Sea Geographical Coordinates (Area 7) Order, 10.9.1985, SOR/85-872, https://laws-lois.justice.gc.ca/eng/regulations/SOR-85-872/index.html (1.11.2021).

Kanada seine inneren Gewässer auf bis zu 100 Seemeilen.[1197] *Macnab* gesteht zu, dass die kanadische Ziehung von geraden Basislinien als Versuch angesehen werden könnte, das Recht der friedlichen Durchfahrt in ungerechtfertigter Weise zu beschränken. Allerdings sind dem SRÜ (Art. 10 und Art. 47 SRÜ) keine Einschränkungen hinsichtlich der Festlegung gerader Basislinien entlang der Nordwestpassage zu entnehmen, weshalb Kanada rechtmäßige gerade Basislinien nach nationalen Bedürfnissen festgelegt hat.[1198] Es bleibt zu erwähnen, dass wenn die Nordwestpassage als bestehende Meerenge, welche der internationalen Schifffahrt diene, deklariert werde, ebendiese nicht durch die Bestimmung von geraden Basislinien abgeriegelt werden kann.[1199]

Die kanadischen und US-amerikanischen Positionen hinsichtlich der Nutzung der Nordwestpassage konnten 1988 in einem Kompromissabkommen über die Zusammenarbeit in der Arktis stabilisiert werden.[1200] Mit dem ausgehandelten *Arctic Cooperation Agreement*[1201] wurde ein *agreement to disagree* fixiert, um den Weg für pragmatische Alltagslösungen zu ebnen.[1202] International gesehen wird daher die kanadische Kontrolle über die Navigation durch die Nordwestpassage toleriert – wobei keine gerichtliche Überprüfung vorliegt – obwohl Behauptung der kanadischen Souveränität über die Gewässer, die zwischen den Inseln des kanadisch-arktischen Archipels liegen, nach wie vor umstritten sind.[1203] Insbesondere behaupten die USA, dass die Nordwestpassage eine internationale Meerenge sei, welche der internationalen Schifffahrt diene.[1204] Auch die EU unterstützt die US-amerikanische Position.[1205] Damit gilt es in Anlehnung an das zweite Kriterium des *Korfu-Kanal*-Falls von 1949 festzustellen, ob eine funktionale Verwendung für die internationale Navigation nachweisbar ist:

1197 *Macnab*, 2009, 6 f.; Vgl. dazu auch die interaktive Karte: Canada MRGID 8493, https://www.marineregions.org/eezdetails.php?mrgid=8493&zone=eez (1.4.2022).

1198 *Macnab*, 2009, 7.

1199 *Byers*, 2007, 153.

1200 *de La Fayette*, 2008, 565.

1201 Agreement between the Government of Canada and the Government of the United States of America on Arctic Cooperation, Ottawa, 11.1.1988, 1852 United Nations Treaty Series No. 31529.

1202 *Humrich*, Maritime Grenz- und Statusdispute im Arktischen Ozean, 2018, 20.

1203 *Rothwell*, 2008, 246.

1204 *Brosnan/Leschine/Miles*, 2011, 187; *Byers*, 2007, 151; *Görner*, 2018, 52; *Loukacheva*, Introduction to Polar Law, 2010, 18; *McDorman/Schofield*, 2020, 128.

1205 *Liu*, 2020, 176.

Von 2013 bis 2019 ist die Anzahl der Schiffe, die in den Gewässern der Nordwestpassage verkehren, um 44 % von 112 auf 160 Schiffe angestiegen.[1206] Allerdings ist der größte Anteil des Schiffsverkehrs in den Gewässern der Nordwestpassage alltäglicher Art und erfolgt meist unter kanadischer Flagge.[1207] Zusätzlich muss erwähnt werden, dass die Nordwestpassage keine offiziell ausgewiesene Route ist, sondern ermöglicht die Ansammlung von Kanälen durch etwa 36.000 kanadisch-arktischen Inseln und der Festlandküste ein weitflächiges Navigationsgebiet für die Schifffahrt.[1208] Aufgrund der extrem variablen Eisbedingungen, einer erhöhten Anzahl an Eisbergen, wegen des Abschmelzens und Abbrechens von Eisplatten und Gletschern sowie das Abdriften des mehrjährigen Eises in die Schifffahrtswege, wird die Schifffahrt durch das Auftauen der nördlichen Polkappe in näherer Zeit nicht sicherer.[1209] Diese Ausführungen erlauben den Schluss, dass die Nordwestpassage als Gebiet *sui generis* einzuordnen wäre.

De *lege ferenda* würde nach *Macnab* eine angemessene Überwachung und Verwaltung des Schiffsverkehrs eine vernünftige Durchsetzung der kanadischen *Arctic Waters Pollution Prevention Act*-Bestimmungen sicherstellen und ein bedeutendes Maß an Kontrolle über die Schifffahrt in der Nordwestpassage verleihen. Eine verstärkte internationale Nutzung der Wasserstraße im Einklang mit den kanadischen Gesetzen und Vorschriften beeinträchtigt paradoxerweise nicht die kanadische Souveränität, sondern unterstreicht die kanadische Autorität in der Region.[1210] Entsprechend sollte Kanada nicht den internationalen Schiffsverkehr verhindern oder behindern, sondern vielmehr garantieren, dass die Schifffahrtsinteressen in der Nordwestpassage umweltschonend und wirtschaftlich nachhaltig verfolgt werden, sowie das Wohlbefinden der Einwohner der Region nur minimal beeinträchtigen.[1211] Möglicherweise

---

1206 Shipping in the Northwest Passage: Arctic Shipping Status Report (ASSR) #3, PAME, April 2021, https://www.pame.is/document-library/pame-reports-new/pame-ministerial-deliverables/2021-12th-arctic-council-ministerial-meeting-reykjavik-iceland/795-assr-3-shipping-in-the-northwest-passage-comparing-2013-to-2019/file (2.4.2022), 16.

1207 *Rosen*, More ships are traveling longer distances in Canada's Northwest Passage, in: Arctic Today, 3.5.2021, https://www.arctictoday.com/more-vessels-are-traveling-longer-distances-in-canadas-northwest-passage/ (27.10.2021).

1208 *Rosen*, Arctic Today, 2021; Shipping in the Northwest Passage: Arctic Shipping Status Report (ASSR) #3, PAME, April 2021.

1209 *de La Fayette*, 2008, 544.

1210 *Macnab*, 2009, 7 f.

1211 Ibid., 7.

könnten der Klimawandel und neue Möglichkeiten für eine sichere und effiziente Navigation eine endgültige Klärung des rechtlichen Status einläuten, indem die Interessen der kanadischen Souveränitätsbestrebungen, als auch des freien Zugangs zur Nordwestpassage vereint werden. Anhand der aufgezeigten Argumente erscheint die Weiterentwicklung der kanadischen Kontrolle in diesem Kontext zielführender als die Subsumierung der Nordwestpassage als Meerenge, die der internationalen Schifffahrt dient.

III.5.2.3 Beaufortsee (Vereinigte Staaten von Amerika vs. Kanada)

Die Gebietsansprüche von Kanada und den USA in der Beaufortsee überlappen sich nördlich der Küsten von Alaska und der Yukon-Northwest Territorien um 6.250 Quadratseemeilen.[1212] Auch in diesem Gebiet werden potenziell große Vorkommen an Erdöl und -gas erwartet.[1213]

Zur Durchsetzung ihrer Ansprüche greifen die beiden Staaten auf unterschiedliche Auslegungen des bilateralen Vertrags (*Treaty of Saint Petersburg of 1825*[1214]) zwischen dem Vereinigten Königreich und Russland zurück. Der betreffende Vertrag definiert in Art. 3 eine Grenze, die sich entlang der 141° westlichen Länge „as far as the frozen Ocean" erstreckt. Kanada befürwortet die Einbeziehung des „gefrorenen Ozeans", in der sich die Grenze entlang der Sektorenlinie bis zum äußeren Punkt der kanadischen Festlandgrenze, aber mindestens bis zum Ende ihrer AWZ, erstreckt, während die USA von der Leseart „bis zum gefrorenen Ozean" ausgehen.[1215] Nach der US-amerikanischen Ansicht endet die Grenze zwischen Alaska und Yukon an deren Küsten und die USA schlugen eine Äquidistanzlinie als maritime Grenzziehung vor.[1216] Die unterschiedlichen Lesearten befürworten jeweils ein größeres Meeresgebiet für den jeweiligen Staat in Gebiete innerhalb ihrer AWZ – kehren sich aber jenseits

---

1212 *McDorman/Schofield*, 2020, 137 f.

1213 *Loukacheva*, Introduction to Polar Law, 2010, 17; Vgl. dazu auch: *Gautier u. a.*, 2009, 1176 ff.

1214 The Anglo-Russian Convention Concerning the Limits of Their Respective Possessions on the Northwest Coast of America and the Navigation of the Pacific Ocean; englische Übersetzung in: *Berkman/Vylegzhanin/Young*, 2019, 56 ff.

1215 *Brosnan/Leschine/Miles*, 2011, 187; *Humrich*, Maritime Grenz- und Statusdispute im Arktischen Ozean, 2018, 18; *McDorman/Schofield*, 2020, 139.

1216 *Brosnan/Leschine/Miles*, 2011, 187; *Humrich*, Maritime Grenz- und Statusdispute im Arktischen Ozean, 2018, 18.

der 200-Seemeilenzone um.[1217] Nach der kanadischen Einreichung eines erweiterten Festlandsockels bei der CLCS im Jahr 2019, erstrecke sich eben dieser nördlich über die 200-Seemeilenzone[1218] und entsprechend hat Kanada die US-amerikanische Position unterstützt.[1219] Der eingereichte kanadische Antrag kann damit als kontraproduktiv angesehen werden, da zuvor die USA keine offizielle Stellungnahme[1220] über ihre Meeresgrenzen jenseits von 200 Seemeilen abgegeben hat.[1221] Ein diesbezüglicher Verhandlungsausgleich über die Abgrenzung des beanspruchten kanadischen Festlandsockels zwischen den USA und Kanada ist völkerrechtstechnisch nicht möglich, da das SRÜ von den USA nicht ratifiziert wurde und kein US-amerikanischer Anspruch auf Anerkennung eines seevölkerrechtlichen Festlandsockels bestehen kann.[1222]

McDorman und *Schofield* gehen davon aus, dass das *Inuvialuit Final Agreement* (IFA)[1223] den völkerrechtlichen Abgrenzungsprozess zusätzlich verkompliziert, obwohl das IFA-Abkommen für die USA nicht rechtsverbindlich und auch Kanada, unabhängig vom kanadischen Verfassungsdokument, einen bilateralen Vertrag mit den USA abschließen kann. Das IFA weist den kanadischen indigenen Völkern verfassungsrechtlich anerkannte Landnutzungsrechte in westlicher Richtung begrenzt auf 141°westliche Länge zu und diese Linie fällt mit der definierten Abgrenzung nach dem *Treaty of Saint Petersburg of 1825* zusammen.[1224] Unter der Annahme, dass Kanada und die USA eine Kompromisslösung ihrer ungeklärten Grenzziehung in der Beaufortsee zwischen ihren gegensätzlichen Positionen aushandeln würden, könnte nach *McDorman* und *Schofield* eine Änderung des IFA-Abkommens erforderlich sein. Auch betont die kanadische Regierung wiederholt die Relevanz indigener Themen und es

1217 *Humrich*, Maritime Grenz- und Statusdispute im Arktischen Ozean, 2018, 18; *McDorman/Schofield*, 2020, 139.

1218 Partial Submission of Canada to the Commission on the Limits of the Continental Shelf regarding its continental shelf in the Arctic Ocean – Executive Summary, Government of Canada, 23.5.2019, 15 f.

1219 *McDorman/Schofield*, 2020, 139.

1220 Partial Submission of Canada to the Commission on the Limits of the Continental Shelf regarding its continental shelf in the Arctic Ocean – Executive Summary, Government of Canada, 23.5.2019, 11.

1221 *McDorman/Schofield*, 2020, 139.

1222 *Humrich*, Maritime Grenz- und Statusdispute im Arktischen Ozean, 2018, 18.

1223 Inuvialuit Final Agreement, Tuktoyaktuk, 5.6.1984, https://irc.inuvialuit.com/wp-content/uploads/2023/10/Inuvialuit_Final_Agreement_2005.pdf (13.6.2024); Siehe Kapitel: IV.3.8 *Inuvialuit Final Agreement* 1984.

1224 *McDorman/Schofield*, 2020, 139.

erscheint daher äußerst wahrscheinlich, dass die indigenen Vertreter in den Verhandlungsprozess eingebunden werden, da sie jedenfalls ein unmittelbares Interesse am potenziellen Abgrenzungsvertrag besitzen.[1225]

Im Ergebnis bleiben juristische Problemfelder bei der Ziehung seewärtiger Grenzen in der Beaufortsee bis dato bestehen. Darüber, dass sich Kanada und die USA hinsichtlich der räumlichen Grenzen ihrer Souveränitätsausübung uneinig sind, kann auch das *Joint Statement on Climate, Energy and Arctic Leadership*[1226] nicht hinwegtäuschen. Abgesehen von der Unterstreichung der bedeutenden Rolle indigener Völker bei der Durchsetzung von Souveränitätsansprüchen im arktischen Raum, kann dem *Joint Statement* keine positive Zusage der Festlegung bilateraler Grenzen in der Beaufortsee entnommen werden.

In praktischer Hinsicht sind die Anreize beider Staaten zu gering, um konstruktive Abgrenzungslösungen beziehungsweise eine Ratifizierung des SRÜ durch die USA voranzutreiben, da weder die klimatischen Verhältnisse noch die technischen Möglichkeiten zum jetzigen Zeitpunkt eine ökonomisch sinnvolle Rohstofferschließung in der Beaufortsee erwarten lassen.[1227]

III.5.3 Anträge eines erweiterten Festlandsockels

Vorhandene Erdöl- und Erdgasreserven im Meeresboden führen zwangsläufig dazu, dass die Festlegung der arktischen Festlandsockelgrenzen erschwert wird, obwohl in den umstrittenen Gebieten das Potenzial für die Aushandlung gemeinsamer Entwicklungszonen besteht.[1228] Vier der fünf arktischen Anrainerstaaten Kanada, Dänemark, Norwegen und Russland haben Art. 76 SRÜ in Anspruch genommen und bei der Festlandsockelkommission eine Erweiterung ihres Festlandsockels in Richtung arktischer Gewässer beantragt.[1229] Daneben

---

1225 Ibid., 144.

1226 Joint Statement of the President of the United States and the Prime Minister of Canada on Climate, Energy, and Arctic Leadership, Washington D.C., 10.6.2016, https://obamawhitehouse.archives.gov/the-press-office/2016/03/10/US-canada-joint-statement-climate-energy-and-arctic-leadership, https://pm.gc.ca/en/news/statements/2016/03/10/us-canada-joint-statement-climate-energy-and-arctic-leadership (1.11.2021).

1227 *Brosnan/Leschine/Miles*, 2011, 196; *Humrich*, Maritime Grenz- und Statusdispute im Arktischen Ozean, 2018, 18.

1228 *Rothwell*, 2008, 245.

1229 Submissions, through the Secretary-General of the United Nations, to the Commission on the Limits of the Continental Shelf, pursuant to article 76,

versuchen auch die USA Rechte eines erweiterten Festlandsockels durchzusetzen.[1230] Alle arktischen Festlandsockel überschneiden sich mindestens einmal mit benachbarten Festlandsockeln. Der von der CLCS empfohlene erweiterte norwegische Festlandsockel überschneidet sich mit dem dänischen Anspruch. Letzterer überschneidet sich mit dem benachbarten kanadischen und dem gegenüberliegenden russischen Anspruch. Auch der russische Anspruch überschneidet sich neben dem dänischen mit dem kanadischen. Würde die USA dem SRÜ beitreten, überschneidet sich ihr derzeit potenzieller Anspruch eines erweiterten Festlandsockels mit dem benachbarten kanadischen.[1231]

In wirtschaftlicher Hinsicht sind Ansprüche eines erweiterten Festlandsockels aber von geringer Relevanz für die arktischen Anrainerstaaten. Die Wahrscheinlichkeiten potenzieller Erdöl- und Erdgasfelder mit mehr als 50 Millionen Barrel Öläquivalent, deren Wert eine sinnvolle kommerzielle Förderung impliziert, befinden sich überwiegend in räumlicher Küstenlage.[1232] Ebendiese arktischen Küstengebiete unterliegen bereits der vollen nationalen Souveränität. Dementsprechend könnte argumentiert werden, dass es bei der Einbringung von Anträgen eines erweiterten Festlandsockels nur *prima facie* um die Förderung von Ressourcen des arktischen Meeresbodens geht. Die Autorin geht davon aus, dass die eingebrachten Anträge überwiegend als politische Signale anzusehen sind und lediglich eine zukünftige Absicherung darstellen, falls sich die Prognosen eines wertvollen Gebiets im Bereich der erweiterten arktischen Festlandsockel bewahrheitet.

Entsprechend verfolgt der nachstehende Abschnitt die Intention die derzeitige Aufteilung des arktischen Meeresbodens darzustellen und eine Prognose über die zukünftige seevölkerrechtlich legitimierte Aufteilung dieses Gebietes zu liefern. Auch wollen potenziell überzogene Einreichungen und dessen internationale Akzeptanz bzw. Reaktion aufgezeigt werden.

---

paragraph 8, of the United Nations Convention on the Law of the Sea of 10 December 1982, 2022.

1230 *Skaridov*, 2020, 107.

1231 Maritime jurisdiction and boundaries in the Arctic region, IBRU: Centre of Borders Research Durham University, 2024.

1232 Siehe Kapitel: II.5.1 Der arktische Rohstoffsektor und seine Exporte auf externen Märkten: Chancen und Risiken; Vgl. dazu auch: *Gautier u. a.*, 2009, 1176 ff.

III.5.3.1 *Russland*

2001 übermittelte Russland den ersten Antrag eines erweiterten Festlandsockels im arktischen Ozean an die CLCS.[1233] Auf die „überzogenen" Angaben Russlands reagierten Dänemark, Norwegen, Kanada, Japan, und die USA mit scharf ablehnenden Stellungnahmen.[1234] Auch die CLCS hat Russland aufgefordert weitere Informationen und Nachforschungen nachzureichen.[1235] Damit sind die übermittelten Daten Russlands aus dem Jahr 2001 ohne rechtlichen Belang.[1236]

Gemäß Anlage II Art. 8 SRÜ brachte Russland 2015 eine teilweise Überarbeitung seines ursprünglichen Antrages eines erweiterten Festlandsockels im arktischen Ozean ein. Dabei wurde eine Ausweitung von circa 100.000 km^2 des russischen Festlandsockels im Vergleich zum Antrag aus 2001 vorgeschlagen.[1237] Die überarbeitete Teileinreichung umfasst Gebiete der russisch-arktischen Randmeere, deren geomorphologischer Festlandsockel sich im eurasischem-Becken (Nansen- und Amundsen-Becken sowie dem Gakkel-Rücken) erstreckte. Im amerasischen-Becken beansprucht Russland auf der Grundlage von Art. 76 Abs. 6 SRÜ den Komplex der Zentralarktis als unterseeische Erhebung für sich. Damit seien der Lomonossow-Rücken, der Alpha-Mendelejew-Rücken und bei Aufspaltung des Chukchi-Plateaus, das Podvodnikov-Becken und das Chukchi-Becken kontinentalen Ursprungs und unterliegen als natürliche Bestandteile des Kontinentalrandes nicht einer Entfernungsbegrenzung von 350 Seemeilen von der Basislinie. Darüber hinaus enthält die russische Teileinreichung einen Anspruch eines erweiterten Festlandsockels im Makarov-Becken.[1238]

1233 Submissions to the Commission: Submission by the Russian Federation, 20.12.2001, CLCS.01.2001.LOS.

1234 Submissions to the Commission: Submission by the Russian Federation, 20.12.2001, Reaction of States to the submission made by the Russian Federation to the Commission on the Limits of Continental Shelf, https://www.un.org/depts/los/clcs_new/submissions_files/submission_rus.htm (1.2.2022).

1235 *Marboe*, Polargebiete, 2013, 504.

1236 *Proelß*, 2016, 398.

1237 *Hossain*, 2021.

1238 Partial revised Submission of the Russian Federation to the Commission on the Limits of the Continental Shelf in respect of the continental shelf of the Russian Federation in the Arctic Ocean – Executive Summary, Ministry of Natural Resources and Environment of the Russian Federation/Federal Agency on Mineral Resources Ministry of Natural Resources and Environment of the Russian Federation/Ministry of Foreign Affairs of the Russian Federation/Ministry of

Derzeit wird Russlands Einreichung eines erweiterten Festlandsockels im arktischen Ozean aus dem Jahr 2015 von der CLCS geprüft.[1239] Am 31. März 2021 hat Russland erneut eine Überarbeitung,[1240] welche eine weitere Ausdehnung des beanspruchten Gebiets im arktischen Ozean um rund 705.000 km^2 enthält, eingebracht.[1241] Der vorgeschlagene erweiterte russische Festlandsockel umfasst demnach 70 % des arktischen Ozeans jenseits der übrigen arktischen AWZs der Küstenstaaten und es überlappen sich insbesondere die russischen und dänischen Ansprüche eines erweiterten Festlandsockels um circa 800.000 km^2.[1242] In der 52. Tagung der CLCS hat die Unterkommission beschlossen, dass ihre Mitglieder während der Übergangszeit zur nächsten Tagung weiterhin individuell an der Prüfung der russischen Angaben arbeiten und die Prüfung der Einreichung auf der 53. Tagung, die im Juli 2020 hätte stattfinden sollen, wieder aufnehmen.[1243] In der 53. Tagung, die aufgrund der Coronapandemie von Oktober bis November 2021 abgehalten wurde, hat die CLCS den überarbeiteten russischen Antrag von 2021 überprüft und zusätzliche Daten angefordert.[1244] Damit wird eine abschließende Empfehlung der CLCS zum russischen Teilantrag noch erwartet.

In praktischer Hinsicht hat der russische CLCS-Antrag von 2001 eine deutliche Reaktion der übrigen Arktischen Fünf hervorgerufen. Einerseits ist ein starker Anreiz für weitere Investitionen in den arktischen Raum entstanden, andererseits haben die Arktischen Fünf ihre strategischen Handlungen

---

Defence of the Russian Federation/Department of Navigation and Oceanography Ministry of Defence of the Russian Federation/Russian Academy of Sciences, 3.8.2015, 6.

1239 Submissions to the Commission: Partial revised Submission by the Russian Federation, 4.8.2015, CLCS.1.Rev.2015.LOS, https://www.un.org/depts/los/clcs_new/submissions_files/rus01_rev15/2015_08_04_UN_NV_AS_001.eng.pdf (14.2.2021).

1240 Submissions to the Commission: Partial revised Submission by the Russian Federation, 1.4.2021, CLCS.1.Rev.2015.LOS.Add.1, https://www.un.org/depts/los/clcs_new/submissions_files/rus01_rev15/20210401UnNvAs0021e.pdf (31.1.2022).

1241 *Hossain*, 2021.

1242 Ibid.

1243 Progress of Work in the Commission on the Limits of the Continental Shelf – Statement by the Chair, Fifty Second Session, New York, 27.1.–13.3.2020, CLCS/52/2, 25.3.2020, http://undocs.org/en/clcs/52/2 (14.2.2021), 4/13.

1244 Progress of Work in the Commission on the Limits of the Continental Shelf – Statement by the Chair, Fifty Third Session, New York, 6.10.–23.11.2021, CLCS/53/1, 10.12.2021, http://undocs.org/en/CLCS/53/1 (1.2.2022), Rn. 8.

koordiniert.[1245] Russland hat etwa das Abgrenzungsabkommen in der Barentssee ausdrücklich mit dem wahrscheinlich wesentlichsten Thema der russischen Arktispolitik in Verbindung gebracht: seinen Anspruch eines erweiterten Festlandsockels im zentralarktischen Ozean.[1246] Selbst das geringste Risiko, den Prozess der CLCS zu stören, könnte ein Argument für die Entstehung des Grenzvertrags in der Barentssee sein.[1247] Auf der Grundlage des Grenzvertrags in der Barentssee hat Russland Ende 2016 beim Generalsekretär der Vereinten Nationen Seekarten und sachbezogene Unterlagen hinterlegt, welche die äußeren Grenzen seines erweiterten Festlandsockels in der südlichen und nördlichen Barentssee dauerhaft beschreiben.[1248] Damit ist abschließend feststellbar, dass das russische Vorgehen bei der Festlegung der Außengrenzen des Festlandsockels die völkerrechtliche Verpflichtung eines angemessenen Verfahrens, durch die Vorlage wissenschaftlicher Beweise bei der CLCS, erfüllt.[1249]

III.5.3.2 Kanada

Da für Kanada das SRÜ seit 2003 in Kraft ist, wurde 2013 die zehnjährige Frist zur Einreichung eines erweiterten Festlandsockels bei der CLCS versäumt.[1250] Die bisherige Praxis weist allerdings nicht darauf hin, dass eine spätere Inanspruchnahme eines erweiterten Festlandsockels als unwirksam erachtet wird, da die SRÜ-Vertragsparteien als ausreichend erachten, wenn ein Küstenstaat dem UN-Generalsekretär fristgemäß vorläufige Angaben zu den voraussichtlichen Außengrenzen des erweiterten Festlandsockels übermittelt.[1251] Schließlich legte Kanada am 23. Mai 2019 der CLCS Informationen über die Grenzen eines erweiterten Festlandsockels im arktischen Ozean vor,[1252] lieferte aber nur

1245 *Dodds*, 2010, 70.

1246 *Moe/Fjærtoft/Øverland*, 2011, 155.

1247 Ibid., 155.

1248 Submissions, through the Secretary-General of the United Nations, to the Commission on the Limits of the Continental Shelf, pursuant to article 76, paragraph 8, of the United Nations Convention on the Law of the Sea of 10 December 1982, 2022, MZN 124.

1249 *Hossain*, 2021.

1250 Chronological lists of ratifications, of accessions and successions to the Convention and the related Agreements, UN DOALOS, 2021.

1251 *Proelß*, 2014, 363.

1252 Submissions to the Commission: Partial Submission by Canada, 23.5.2019, CLCS.84.2019.LOS, https://www.un.org/Depts/los/clcs_new/submissions_files/submission_can1_84_2019.html (14.2.2021).

eine teilweise Einreichung.[1253] Die Prüfung der kanadischen Teilvorlage sollte auf der 52. Tagung der CLCS behandelt werden.[1254] Allerdings wird in keinem Artikel des *Statement of the Chair* zur 52. Tagung explizit auf den kanadischen Antrag eingegangen.[1255] Auch auf der 53. Tagung wird eine Behandlung des kanadischen Antrags vermisst.[1256]

Die in der kanadischen Teileinreichung definierten kanadischen Außengrenzen des Festlandsockels im arktischen Ozean umfassen zwei Segmente: eines im kanadischen-Becken und das andere im Amundsen-Becken. Im kanadischen-Becken werden die äußeren Grenzen des Festlandsockels durch 813 Fixpunkte definiert. Diese festen Punkte sind entweder Punkte, welche nach der *irischen* oder *Gardiner-Formel* (Art. 76 Abs. 4 lit. a (i) SRÜ) berechnet wurden, Punkte auf denen gemäß Art. 76 Abs. 5 SRÜ festgelegten Abstands- oder Tiefenbeschränkungslinien oder gemäß Art. 76 Abs. 7 SRÜ ein Punkt auf dem Schnittpunkt der Linie, welche den äußeren Rand des kanadischen Festlandsockels mit der 200-Seemeilen-Grenze der USA abgrenzt. Diese Fixpunkte sind gemäß Art. 76 Abs. 7 SRÜ durch gerade Linien mit einer Länge von höchstens 60 Seemeilen verbunden. Im Amundsen-Becken werden die äußeren Grenzen des Festlandsockels durch 64 Fixpunkte definiert. Diese Fixpunkte sind entweder durch Formelpunkte, die gemäß Art. 76 Abs. 4 lit. a (i) und (ii) festgelegt wurden, Punkte auf der Tiefenbeschränkungslinie gemäß Art. 76 Abs. 5 SRÜ oder ein Punkt auf dem Schnittpunkt der Linie, welche den äußeren Rand des Festlandsockels mit der dänischen 200-Seemeilen-Grenze abgrenzt. Auch diese Fixpunkte sind gemäß Art. 76 Abs. 7 SRÜ durch gerade Linien mit einer Länge von höchstens 60 Seemeilen verbunden. Ferner erkennt Kanada an, dass die Festlegung der Außengrenzen des kanadischen Festlandsockels im

---

1253 Partial Submission of Canada to the Commission on the Limits of the Continental Shelf regarding its continental shelf in the Arctic Ocean – Executive Summary, Government of Canada, 23.5.2019, 8 f.

1254 Submissions to the Commission: Partial Submission by Canada, 23.5.2019, CLCS.84.2019.LOS.

1255 Progress of Work in the Commission on the Limits of the Continental Shelf – Statement by the Chair, Fifty Second Session, New York, 27.1.–13.3.2020, CLCS/52/2, 25.3.2020.

1256 Progress of Work in the Commission on the Limits of the Continental Shelf – Statement by the Chair, Fifty Third Session, New York, 6.10.–23.11.2021, CLCS/53/1, 10.12.2021.

arktischen Ozean von der Abgrenzung zwischen Dänemark, Russland und den USA abhängt.[1257]

Die geologische Ausgestaltung des kanadischen-Beckens gehört zu den am wenigsten untersuchten Ozeanbecken der Welt. Erst im Zeitraum zwischen 2006 und 2016 konnten mehr als ein Dutzend Eisbrecher-Expeditionen in die Ebenen und kontinentalen Randregionen des kanadischen-Beckens entsendet werden.[1258] Die Forschungsergebnisse liefern seismische Beweise, die belegen, dass sich unter dem kanadischen-Becken kein ozeanischer Bergrücken befindet und diese Entdeckung ist in Übereinstimmung mit einer Achse der Ausbreitungsrichtung einer begrenzten ozeanischen Kruste innerhalb des kanadischen-Beckens.[1259] Allerdings haben sich trotz der begrenzten tektonischen Entwicklung der ozeanischen Kruste Meinungsverschiedenheiten zu den tektonischen Modellen gebildet, da das kanadische-Becken nicht aus einem einheitlichen Extensionsszenario entstanden ist und eine mangelnde Alterskontrolle die Korrelation mit globalen Ereignissen hemmt.[1260] Auch bedeutende Teile des Amundsen-Beckens bleiben trotz der großen Menge an seismischen Untersuchungen russischer Forscher unberührt und entsprechend zeigen seismische Schnitte eine sehr raue Oberfläche des akustischen Rumpfgebirges ohne kohärente Reflexionen im Inneren.[1261]

Eine Prognose über eine CLCS-Empfehlung, die den kanadischen Anspruch eines erweiterten Festlandsockels unterstützt, kann aufgrund der geringen geologischen Forschungsergebnisse und des kanadischen Teilantrags, zum jetzigen Zeitpunkt nicht abgegeben werden.

III.5.3.3 Norwegen

Der 2006 bei der CLCS eingebrachte norwegische Antrag eines erweiterten Festlandsockels enthält die arktischen Gebiete des *Loop Holes* in der Barentssee,

---

1257 Partial Submission of Canada to the Commission on the Limits of the Continental Shelf regarding its continental shelf in the Arctic Ocean – Executive Summary, Government of Canada, 23.5.2019, 8 f.

1258 *Mosher/Hutchinson*, Canada Basin, in: Piskarev/Poselov/Kaminsky (Hg), Geologic Structures of the Arctic Basin, Springer International Publishing: Cham 2019, 296 f.

1259 *Kaminsky/Piskarev/Poselov/Mosher*, 2019, 375.

1260 Ibid., 375.

1261 *Savin/Avetisov/Artem'eva/Bezumov/Chernykh/Glebovsky/Kazanin/Piskarev*, Eurasian Basin, in: Piskarev/Poselov/Kaminsky (Hg), Geologic Structures of the Arctic Basin, Springer International Publishing: Cham 2019, 128.

das westliche Nansen-Becken und das *Banana Hole* in der norwegischen und grönländischen See.[1262] Sowohl Russland als auch Island und Dänemark betonten im Antwortschreiben des norwegischen Antrags an die CLCS, dass sie die betreffenden Verhandlungsprozesse zur Abgrenzung eines erweiterten Festlandsockels mit Norwegen hinsichtlich der maritimen Grenzziehung nicht beeinträchtigen werden.[1263]

Für das *Loop Hole* erkennt die CLCS alle Daten des norwegischen Antrags, welcher nach Art. 76 Abs. 8 und Anhang II Art. 4 SRÜ eingebracht wurde, vollständig an. Die einzige Empfehlung der CLCS für das *Loop Hole* ist die Festlegung einer bilateralen Grenzziehung mit Russland, um eine abschließende Lösung der überlappenden Festlandsockel auszuhandeln. In diesem Abkommen sollten beide Staaten ihre gegenseitigen Ansprüche auf den Meeresboden und den -untergrund im betreffenden Teil der Barentssee jenseits von 200 Seemeilen zusichern.[1264] Bereits 2010 konnte ein bilaterales Abkommen in der Barentssee[1265] abgeschlossen werden. Allerdings wurden die Außengrenzen des norwegischen Festlandsockels noch nicht nach Art. 76 Abs. 9 SRÜ fixiert.[1266] Im Anschluss an den Abgrenzungsvertrag wurde 2018 ein Abkommen mit Russland über die Erhebung seismischer Daten bis und entlang der russisch-norwegischen Abgrenzungslinie des Festlandsockels in der Barentssee und im arktischen Ozean unterzeichnet.[1267]

1262 Statement by the Chairman of the Commission on the Limits of the Continental Shelf on the progress of work in the Commission, Twenty Third session, New York, 2.3.–9.4. 2009, CLCS/62, 20.4.2009, https://undocs.org/en/clcs/62 (14.2.2021), Rn. 15.

1263 Submissions to the Commission: Submission by the Kingdom of Norway, 27.11.2006, Reaction of States to the submission made by the Russian Federation to the Commission on the Limits of Continental Shelf, https://www.un.org/depts/los/clcs_new/submissions_files/submission_nor.htm (1.2.2022).

1264 Summary of the recommendations of the Commission on the Limits of the Continental Shelf in regard to the submission made by Norway in respect of areas in the arctic ocean, the Barents Sea and the Norwegian Sea on 27 November 2006, 27.3.2009, 9.

1265 Siehe Kapitel: III.5.1.1 Grenzziehung zwischen Russland und Norwegen in der Barentssee.

1266 Submissions, through the Secretary-General of the United Nations, to the Commission on the Limits of the Continental Shelf, pursuant to article 76, paragraph 8, of the United Nations Convention on the Law of the Sea of 10 December 1982, 2022.

1267 The Norwegian Government's Arctic Policy, Norwegian Ministry of Foreign Affairs, 26.1.2021, Abs. 3.5 Russia; Vgl. dazu auch: News story, Norwegian

Im Gebiet des westlichen Nansen-Beckens empfiehlt die CLCS, die Abgrenzung der äußeren Festlandsockel nach Art. 76 Abs. 7 SRÜ vorzunehmen. Entsprechend soll Norwegen gerade Linien festlegen, die nicht länger als 60 Seemeilen sind und die Festpunkte verbinden, welche durch Koordinaten der Breite und Länge angegeben werden. Ferner stimmt die CLCS den Grundsätzen zu, die bei der Abgrenzung der Außengrenzen des Festlandsockels, einschließlich der übermittelten Fixpunkte (Annex I Table 2) im westlichen Nansen-Becken von Norwegen angewendet werden. Die CLCS erkennt, dass die endgültigen Außengrenzen des norwegischen Festlandsockels östlich des Festpunkts AO1 von der russischen Abgrenzung abhängen kann.[1268]

Auch für das *Banana Hole* stimmt die CLCS den in Annex I Table 1 aufgelisteten Fixpunkte, mit denen der äußere Rand des Festlandsockels festgelegt wird, zu und empfiehlt die Festlegung der äußeren Festlandsockelgrenze mit geraden Linien nach Art. 76 Abs. 7 SRÜ vorzunehmen. Die CLCS erkennt, dass die Festlegung der endgültigen Außengrenzen des norwegischen Festlandsockels in Teilen des *Banana Holes* von einem völkerrechtlichen Abkommen abhängt.[1269] Bereits 2019 konnte Norwegen mit Island und Dänemark zwei Abkommen über die Abgrenzung des Festlandsockels jenseits von 200 Seemeilen im südlichen Teil des *Banana Holes* aushandeln.[1270]

Im Ergebnis wurde der norwegische Antrag auf einen erweiterten Festlandsockel in Teilen der Arktis von der CLCS gebilligt.[1271] Nach Art. 76 Abs. 9 SRÜ sind allerdings noch keine Seekarten und geodätischen Daten, welche die äußeren Grenzen des norwegischen Festlandsockels dauerhaft beschreiben,

---

Ministry of Petroleum and Energy, 25.10.2018, https://www.regjeringen.no/en/historical-archive/solbergs-government/Ministries/oed/news/2018/agreement-on-mutual-rights-to-aquire-seismic-data/id2616965/ (2.4.2022).

1268 Summary of the recommendations of the Commission on the Limits of the Continental Shelf in regard to the submission made by Norway in respect of areas in the arctic ocean, the Barents Sea and the Norwegian Sea on 27 November 2006, 27.3.2009, 15 f.

1269 Ibid., 30.

1270 The Norwegian Government's Arctic Policy, Norwegian Ministry of Foreign Affairs, 2021, Abs. 2.2 Norway's sea areas; Vgl. dazu auch: Press release, Norwegian Ministry of Foreign Affairs, 30.10.2019, https://www.regjeringen.no/en/historical-archive/solbergs-government/Ministries/ud/news1/2019/norge-undertegnet-maritime-avgrensningsavtaler-med-island-og-danmarkfaroyene/id2675744/ (2.4.2022).

1271 *Marboe*, Polargebiete, 2013, 504.

hinterlegt worden.[1272] Dementsprechend sind die norwegischen erweiterten Festlandsockel (noch) nicht völkerrechtsverbindlich.

III.5.3.4 Dänemark

Insgesamt wurden fünf dänische Anträge bei der CLCS eingebracht. Zwei Anträge betreffen Gebiete um die Färöer-Inseln. Die restlichen Gebietsansprüche wurden für Gebiete um Grönland gestellt.[1273] Einen Tag vor Ende der Einreichungsfrist – am 15. Dezember 2014 – übermittelte das Königreich Dänemark der CLCS Informationen über die Abgrenzung eines erweiterten nördlichen Festlandsockels Grönlands und es handelt sich dabei um eine teilweise Vorlage der Regierung des Königreichs Dänemark zusammen mit der Regierung von Grönland.[1274]

Der nördlichste Gebietsanspruch eines erweiterten Festlandsockels um Grönland beinhaltet auch den Nordpol. Dabei stützt sich der dänische Antrag auf den Lomonossow-Rücken als Erweiterung des grönländischen Festlandes. Im Antrag wird ein riesiges Gebiet beansprucht, dass sich auf der eurasischen Seite des Lomonossow-Rückens in nördlicher Richtung bis zur 200-Seemeilen Linie Norwegens (Spitzbergen) bzw. am anderen Ende bis zur 200-Seemeilen-Linie Russlands erstreckt. Auf der amerasischen Seite soll sich die äußere Grenze des erweiterten grönländischen Festlandsockels ebenfalls bis zur 200-Seemeilen-Linie Kanadas an einem Ende und bis zur 200-Seemeilen-Linie Russlands am anderen Ende erstrecken.[1275]

1272 Submissions, through the Secretary-General of the United Nations, to the Commission on the Limits of the Continental Shelf, pursuant to article 76, paragraph 8, of the United Nations Convention on the Law of the Sea of 10 December 1982, 2022.

1273 Submissions, through the Secretary-General of the United Nations, to the Commission on the Limits of the Continental Shelf, pursuant to article 76, paragraph 8, of the United Nations Convention on the Law of the Sea of 10 December 1982, 2022, Nr. 28, 54, 61, 68 und 76.

1274 Submissions to the Commission: Submission by the Kingdom of Denmark, 15.12.2014, CLCS.76.2016.LOS, https://www.un.org/Depts/los/clcs_new/submissions_files/submission_dnk_76_2014.htm (15.2.2021).

1275 Partial Submission of the Government of the Kingdom of Denmark together with the Government of Greenland to the Commission on the Limits of the Continental Shelf regarding the Northern Continental Shelf of Greenland – Executive Summary, Danmark und Nationale Geologiske Undersøgelser for Danmark og Grønland/Geological Survey of Denmark and Greenland/Royal Danish Ministry of Climate, Energy and Building, 15.12.2014, 8 und 16.

Die CLCS bestätigt die eingereichten Daten hinsichtlich der Abgrenzung des erweiterten Festlandsockels nördlich der Färöer-Inseln 2009.[1276] Nach Art. 76 Abs. 9 SRÜ sind allerdings noch keine Seekarten und geodätischen Daten, welche die äußeren Grenzen des dänisch-grönländischen Festlandsockels dauerhaft beschreiben, hinterlegt worden.[1277] Die weiteren Anträge eines erweiterten Festlandsockels im arktischen Ozean warten auf CLCS-Empfehlungen.[1278] Der Zeitpunkt der Veröffentlichung eben dieser ist nicht ersichtlich. Da sich die dänisch-grönländischen Daten hinsichtlich der Inanspruchnahme eines erweiterten Festlandsockels ausschließlich auf den Lomonossow-Rücken konzentrieren und die seismische Untersuchung eben dieses Gebietes im arktischen Ozean noch nicht in wissenschaftlich befriedigender Weise abgeschlossen ist, kann die Autorin keine Prognose über die potenzielle Entscheidung der CLCS abgeben.

III.5.3.5 USA

Jensen führt aus, dass trotz des Umstandes, dass die USA keine SRÜ-Vertragspartei ist, die US-amerikanische Regierungsführung auf die inhaltliche Definition des Festlandsockels nach Art. 76 SRÜ bei der Abgrenzung ihres Festlandsockels im arktischen Ozean zurückgreift. Bereits im Rahmen der 3. Seerechtsverhandlung argumentierte die USA, dass das Chukchi-Plateau, das an die Nordküste Alaskas anschließt, unter den Begriff der „submarine elevations" fällt und dementsprechend nicht der 350-Seemeilen-Begrenzung nach Art. 76 Abs. 6 SRÜ unterliegt.[1279] Ungeachtet dessen, haben die USA keine Antragslegitimation zur CLCS und könnten allenfalls anderweitig ihren Anspruch auf einen erweiterten Festlandsockel durchsetzen.[1280] Neben einer

---

1276 Recommendations of the Commission on the Limits of the Continental Shelf in regard to the partial submission made by the government of the Kingdom of Denmark together with the government of the Faroes in respect of the continental shelf north of the Faroes Islands on 29 April 2009, 12.3.2014, https://www.un.org/Depts/los/clcs_new/submissions_files/dnk28_09/2014_03_14_SCDNK_REC_COM_20140521.pdf (15.2.2021), 14.

1277 Submissions, through the Secretary-General of the United Nations, to the Commission on the Limits of the Continental Shelf, pursuant to article 76, paragraph 8, of the United Nations Convention on the Law of the Sea of 10 December 1982, 2022.

1278 Ibid.

1279 *Jensen*, 2017, 117.

1280 Briefing notes for IBRU Arctic map series, IBRU: Centre of Borders Research Durham University, Note 7.

völkervertraglichen Konstellation, wäre für die USA in diesem Kontext auch ein Rückgriff auf Völkergewohnheitsrecht denkbar.

Die *Truman-Proclamation* (*Proclamation 2668*[1281]), welche bereits seit 1945 eine US-amerikanische Inanspruchnahme eines erweiterten Festlandsockels ermöglicht, kann als international anerkanntes Instrument die US-amerikanischen Ansprüche arktischer Festlandsockel durchsetzen.[1282] *Watt* führt die Schaffung der *Truman-Proclamation* auf die unklaren wirtschaftlichen Machtkonstellationen nach dem Zweiten Weltkrieg zurück, da die Kontrolle über ausländische Rohölquellen, zur Sicherung der US-amerikanischen Unabhängigkeit, erlangt werden wollte.[1283] In der *Truman-Proclamation* betrachten die USA „the natural resources of the subsoil and the seabed of the continental shelf beneath the high seas but contiguous to the coasts of the United States as appertaining to the United States, subject to its jurisdiction and control."[1284] Diese Proklamation erging zusammen mit einer weiteren über die Küstenfischerei in bestimmten Gebieten der Hohen See.[1285] So wurde die scharfe Unterscheidung zwischen dem Festlandsockel und den darüberliegenden Gewässern nicht nur durch die ausdrückliche Sprache der *Truman-Proclamation* betont, sondern auch darin, dass die Fischerei in den Gewässern, die über dem Festlandsockel liegen, in einem separaten Instrument behandelt wurde.[1286]

1281 Proclamation No. 2667, Truman Proclamation, 28.9.1945, 10 Federal Register 12, 303.

1282 *de Moraes*, The parting of the seas: norms, material power and state control over the ocean, in: 62 Revista Brasileira de Política Internacional 1/2019, 9; *Dodds*, 2010, 71; *Nguyen*, UNCLOS Tribunals and the Development of the Outer Continental Shelf Regime, in: 67 International and Comparative Law Quarterly 2/2018, 425.

1283 *Watt*, First Steps in the Enclosure of the Oceans – the Origins of Truman's Proclamation on the Resources of the Continental Shelf, 28 September 1945, in: 3 Marine Policy 3/1979, 212 f.

1284 Proclamation No. 2667, Truman Proclamation, 28.9.1945, 10 Federal Register 12, 303.

1285 Proclamation No. 2668, 28.9.1945, 10 Federal Register 12, 304, https://cil.nus.edu.sg/wp-content/uploads/2019/02/1945-Truman-Proclamation-No.-2668.pdf (2.4.2022).

1286 *Maggio*, Article 77, in: Proelß (Hg), United Nations Convention on the Law of the Sea: A Commentary, C.H. Beck/Hart/Nomos: München–Oxford–Baden-Baden 2017, 607.

Als Rechtfertigungsgrund der *Truman-Proclamation* sieht *Watt* bereits geltend gemachte Ansprüche von weiteren Staaten,[1287] welche eine Ausdehnung küstenstaatlicher Hoheitsrechte im Küstenmeer, dem Festlandsockel und dem Meeresboden verfolgten.[1288] Zusätzlich stütze sich die USA bei ihrer Argumentation eines rechtswirksam erweiterten Festlandsockels auf das Recht der Errichtung von Leuchttürmen und Feuerschiffen, die jeweils dauerhaft außerhalb des eigenen Küstenmeeres liegen.[1289] Trotzdem war die *Truman-Proclamation* als unilaterale Aktion nicht mit geltendem Seevölkerrecht vereinbar. Aufgrund der internationalen Anerkennung der US-amerikanischen Ausdehnung von Hoheitsrechten erstarkte das ausschließliche Recht der Küstenstaaten zur Kontrolle und Förderung von Naturressourcen der Küste und des Festlandsockels schließlich zu Völkergewohnheitsrecht.[1290] Die Proklamation ist der Ausgangspunkt des positiv in Art. 2 FSÜ kodifizierte Rechts der Küstenstaaten über den Festlandsockel.[1291] Vor diesem Hintergrund könnte ein US-amerikanischer SRÜ-Beitritt zur seevölkerrechtlichen Inanspruchnahme eines erweiterten Festlandsockels als obsolet betrachtet werden.

III.5.4 Zwischenergebnis

Die primär genannten regionalen völkerrechtlichen Dispute im arktischen Ozean belaufen sich in der Anzahl auf Acht, welche die Autorin in drei Kategorien einteilt. Die erste Kategorie enthält bilaterale maritime Grenzdispute hinsichtlich der räumlichen Abgrenzung küstenstaatlicher Meereszonen voneinander. Der einzig beigelegte Grenzdisput in dieser Kategorie ist die Abgrenzung in der Barentssee zwischen Russland und Norwegen durch einen ratifizierten Vertrag. Im Grenzdisput Russland gegen die USA (Beringsee) konnte ein völkerrechtlicher Vertrag ausgearbeitet werden, der allerdings nicht in Kraft getreten ist. Im Streit zwischen Kanada und Dänemark in der Lincolnsee wurde eine vorläufige Einigung erzielt. Der Streit um die Insel Hans wird noch verhandelt und die Grenze in der Beaufortsee zwischen Kanada und der USA bleibt weiterhin umstritten. Die zweite Kategorie bilden die Statusdispute,

---

1287 Vgl. dazu die Anträge von Sri Lanka und Indien, Irland, dem Mittelmeer und entlang der Küste Australiens.

1288 *Watt*, 1979, 218.

1289 Ibid., 218.

1290 *Boyle*, 2006, 15 f.

1291 North Sea Continental Shelf (Federal Republic of Germany v Norway), Judgement 20.2.1969, I.C.J. Reports 1969, Rn. 47; Vgl. dazu auch: *Boyle*, 2006, 15 f.

die sich mit der rechtlichen Zuordnung des umstrittenen Gebiets befassen. In diese Kategorie fallen die Streitigkeiten über die beiden Schifffahrtswege, sowie jene über die Inselgruppe Spitzbergen. Schließlich ist die Aufteilung der äußeren Grenzen der Festlandsockel als dritte Kategorie zu nennen. Die genaue äußere Abgrenzung des russischen, dänischen und kanadischen Festlandsockels befindet sich noch in der Vorverhandlung. Einzig der norwegische Antrag hinsichtlich eines erweiterten Festlandsockels wurde von der CLCS gebilligt, allerdings noch nicht völkerrechtlich festlegt. Aufgrund der fehlenden US-amerikanischen Antragslegitimation bei der CLCS verbleibt für die USA ein Rückgriff auf Völkervertrags- bzw. Völkergewohnheitsrecht.

Im Ergebnis bleibt das Problem der Zuweisung des arktischen Meeresbodens größtenteils ungeklärt. Dass sich auch in naher Zukunft keine zufriedenstellende Aufteilungslösung für die arktischen Küstenstaaten ergeben wird, implizieren die jeweiligen CLCS-Anträge, welche zu überlappenden Gebietsansprüchen des arktischen Meeresbodens führten. Die Ansprüche eines erweiterten Festlandsockels der arktischen Staaten Kanada, Russland und Dänemark, überschneiden sich im räumlichen Gebiet des Nordpols und des Lomonossow-Rückens. Dabei umfassen die kanadischen Außengrenzen das kanadische Becken und das Amundsen-Becken. Der russische Teilantrag bezieht sich auf das eurasische Becken (Nansen- und Amundsen-Becken sowie den Gakkel-Rücken). Darüber hinaus beantragt Russland im amerasischen-Becken den Komplex der Zentralarktis als unterseeische Erhebung für sich. Dieser umfasst den Lomonossow-Rücken, den Alpha-Mendelejew-Rücken und das Chukchi-Plateau. Der dänische Antrag stützt sich wiederum fast ausschließlich auf den Lomonossow-Rücken. Damit behaupten alle drei Staaten, dass der Lomonossow-Rücken eine Erweiterung ihres Festlandsockels darstelle. Darüber hinaus streiten Kanada und Dänemark um die Abgrenzungslinie auf der Insel Hans, welche wiederum auf dem Lomonossow-Rücken liegt. Betreffend die Lincolnsee,[1292] sind sich die Streitparteien grundsätzlich einig, dass eine Grenzziehung anhand der Äquidistanzlinie vorgenommen werden sollte. Demgegenüber behaupten die USA, dass der Lomonossow-Rücken ein ozeanischer Bergrücken sei und alle Ansprüche eines erweiterten Festlandsockels werden abgelehnt.

1292 In der Lincolnsee befindet sich eine Verbindungszone mit dem Lomonossov-Rücken. Vgl. dazu: *Avetisov/Butsenko/Chernykh/Firsov/Glebovsky/Gusev/Kireev/Krylov/Zinchenko*, The Current State of the Arctic Basin Study, in: Piskarev/Poselov/Kaminsky (Hg), Geologic Structures of the Arctic Basin, Springer International Publishing: Cham 2019, 42.

Nach *Girshovich* wäre die bestmögliche Entwicklung für nicht-arktische Staaten zur Ressourcennutzung des arktischen Tiefseebodens, wenn Dänemark den Streit um die Gebietsherrschaft der Insel Hans gewinnt und gleichzeitig mit dem Antrag eines erweiterten Festlandsockels hinsichtlich des Lomonossow-Rückens scheitert.[1293]

Nach *Berkman*, *Vylegzhanin* und *Young* werden die allgemeinen Bestimmungen des SRÜ auch in Zukunft mit großer Wahrscheinlichkeit angewandt und nur wenige regionale Anpassungen erfolgen. Im selben Atemzug führen die Rechtswissenschaftler aus, dass die Rolle des SRÜ in Bezug auf das Rechtssystem des arktischen Meeresbodens nicht überschätzt und die Bedeutung des Völkergewohnheitsrechts, sowie bilaterale und regionale Verträge nicht unterschätzt werden dürfen. Dies gilt umso mehr vor dem Hintergrund, dass der US-Senat Teil XI SRÜ den Status des Völkergewohnheitsrechts versagt.[1294] Damit sollten die Abgrenzung arktischer Festlandsockel im Rahmen einer regionalen Kooperation erfolgen und nicht anhand der Kriterien nach Art. 76 SRÜ vorgenommen werden.[1295] *Skaridov* argumentiert, dass die Bestimmungen des SRÜ die arktischen Länder jedenfalls nicht daran hindern, bilaterale Abkommen auf der Grundlage ihrer eigenen Abgrenzungsmethode zu verwenden, bei denen geografische Kriterien die Abgrenzung benachbarter Gebiete bis zum Nordpol erheblich vereinfachen würden.[1296] Abgesehen davon sind die arktischen Küstenstaaten sicherlich berechtigt, die Sektorgrenzen zu berücksichtigen, die in den oben genannten Konventionen von 1825 und 1867 und anderen Rechtsakten (obwohl nicht speziell für die Abgrenzung des arktischen Festlandsockels entworfen) vorgesehen sind und können zusätzlich die aktuellen Grundsätze und Methoden, einschließlich der Äquidistanzmethode, zur Abgrenzung des Festlandsockels jedenfalls als Rechtfertigung küstenstaatlicher Ansprüche herangezogen werden.[1297]

Skaridov hat drei rechtliche Theorien bestimmt, welche die Abgrenzungsfragen des arktischen Meeresbodens lösen könnten: (a) den Bestimmungen des SRÜ zu folgen, (b) durch bilaterale Vereinbarung ein spezifisches Regime außerhalb des SRÜ-Rahmens zu schaffen oder (c) die Abgrenzungsstreitigkeiten für periodische Ausbrüche politischer Spannungen in der Region zu nutzen. Für

---

1293 *Girshovich*, Neue Zürcher Zeitung, 2007.
1294 *Berkman/Vylegzhanin/Young*, 2019, xxxii.
1295 Ibid., xxxii.
1296 *Skaridov*, 2020, 124.
1297 *Berkman/Vylegzhanin/Young*, 2019, xxxii.

erstere Theorie spreche die *Ilulissat Declaration,* in der sich die Arktischen Fünf auf die Einhaltung völkerrechtlicher Bestimmungen für Aktivitäten im arktischen Ozean aussprechen und die das SRÜ als Rechtsgrundlage für die Lösung arktischer Ansprüche ansieht. Für das System der Grenzfestlegung durch bilaterale Abkommen außerhalb des SRÜ-Vertragsrahmens würden bereits angenommene bilaterale Abkommen streiten. Daneben könnten Abkommen zur gegenseitigen Nutzung der Ressourcen jenseits der 200-Seemeilen-Grenzen im arktischen Meeresboden im Rahmen eines gemeinsamen Entwicklungsabkommens abgeschlossen werden. Eine solche Vereinbarung würde es ermöglichen, die ausschließlichen Rechte in Bezug auf natürliche Ressourcen in den umstrittenen Gebieten gegenseitig zu teilen, ohne ihre Ansprüche aufzugeben und eine endgültige Lösung aller rechtlichen Fragen zur Abgrenzung der äußeren Grenzen wäre nicht erforderlich.[1298]

Wenn es wider Erwarten, aber doch von einigen Klimamodellen prognostiziert, zu einer regelmäßigen Phase des globalen Gefrierens und einer Zunahme der eisbedeckten Gebiete im arktischen Ozean kommt, werden regionale, bilaterale und innerstaatliche Normen, die von den arktischen Staaten erlassen werden, noch stärker nachgefragt.[1299] Zusätzlich können diese Fallkonstellation zur Entstehung einer normativen Grundlage einer arktischen Rechtsordnung und die sich dadurch entwickelnde Stärkung der rechtlichen Identität der Arktis führen.[1300] In praktischer Hinsicht sind die Folgen des Klimawandels für die Arktis mannigfaltig und zwingen die Umweltveränderungen zu rechtlichen und wirtschaftlichen Entwicklungen, die wiederum gravierende ökologische und soziale Folgen haben werden.[1301] Trotzdem geht *de La Fayette* davon aus, dass das arktische Konfliktpotenzial stark übertrieben ist. Alle Fragen im Zusammenhang mit maritimen Handlungen in den Seezonen des arktischen Ozeans unterliegen dem SRÜ und alle Landgebiete, samt seiner Ressourcen, unterliegen der nationalen Gerichtsbarkeit.[1302]

III.6 Seerechtliches Streitbeilegungssystem

Art. 83 SRÜ legt als Grundregel bei der Abgrenzung bei gegenüberliegenden oder benachbarten Festlandsockeln die Verhandlung eines bilateralen

1298 *Skaridov*, 2020, 122 ff.
1299 *Berkman/Vylegzhanin/Young*, 2019, xxxii.
1300 Ibid., xxxii.
1301 *de La Fayette*, 2008, 531 f.
1302 Ibid., 532.

Abkommens fest. Erst wenn kein Konsens über die Grenzen erreicht werden kann, soll nach Absatz 2 auf ein Streitbeilegungsverfahren nach Teil XV SRÜ zurückgegriffen werden. Nach Art. 279 befasst sich Teil XV SRÜ mit der Beilegung von Streitigkeiten über seine Auslegung und Anwendung und es besteht die grundsätzliche Pflicht zur friedlichen Beilegung von Streitigkeiten, die durch die Querverweise auf die UN-Ch. verstärkt werden.[1303] Folglich wurde Teil XV SRÜ in das allgemeine Streitbeilegungssystem der Vereinten Nationen eingebettet und *Serdy* geht davon aus, dass sich, aufgrund der Konzeption des SRÜ-Streitbeilegungssystems, die Behandlung und das Ergebnis von Streitigkeiten nicht wesentlich von dem unterscheiden, was andernfalls im Rahmen der UN-Ch. zu erwarten gewesen wäre.[1304] Die Relevanz des SRÜ-Streitbeilegungssystems für den arktischen Raum zeigt sich insbesondere hinsichtlich der bereits ausgehandelten Vertragstexte, welche nach wie vor von Rechtsdisputen über maritime Grenzziehungen oder über die rechtlichen Stellungen von Meereszonen begleitet werden.

Teil XV SRÜ ermöglicht den Vertragsparteien Streitigkeiten über die Auslegung und Anwendung des SRÜ mit friedlichen Mitteln ihrer Wahl nach Art. 280 SRÜ beizulegen. Sollte eine friedliche Streitbeilegung nicht möglich sein, können die Beitrittsstaaten zwischen gerichtlichen oder schiedsgerichtlichen Verfahrensformen nach Art. 287 SRÜ wählen. Die Behandlung verschiedenster schiedsgerichtlicher Formationen oder die Inanspruchnahme friedlicher Mittel der eigenen Wahl würde den Umfang dieser Arbeit sprengen. Die Autorin will aus Gründen der Vollständigkeit trotzdem eine kurze Ausführung zur Funktionsweise der friedlichen Streitbeilegung liefern und das Verhältnis zwischen ersterer Form sowie der schiedsgerichtlichen und gerichtlichen Streitbeilegung zueinander untersuchen.

III.6.1 Das Verhältnis der friedlichen Streitbeilegung und streitabschließenden Entscheidungsverfahren

Obwohl Völkerrechtsverstöße häufig ohne Sanktion bleiben, muss jeder Staat, der gegen völkerrechtliche Normen verstößt, auch mit deren Nichteinhaltung ihm gegenüber rechnen und auf der Grundlage des Verständnisses des Rechtsgehorsams setzt das Völkerrecht in besonderem Maße auf freiwillige

---

1303 *Serdy*, Article 279, in: Proelß (Hg), United Nations Convention on the Law of the Sea: A Commentary, C.H. Beck/Hart/Nomos: München–Oxford–Baden-Baden 2017, 1813.

1304 Ibid., 1814.

Befolgung.[1305] Dementsprechend zählt die friedliche Streitbeilegung zu den Maximen internationaler Beziehungen (Art. 2 Nr. 3 UN-Ch.) und ist aufgrund der Vertragsbindung an die UN-Ch. als universelles Völkergewohnheitsrecht zu werten.[1306] Dabei darf nicht vergessen werden, dass ein funktionierendes Streitbeilegungssystem eine wesentliche Vorbedingung für die Beachtung des Gewaltverbots nach Art. 2 Nr. 4 UN-Ch. ist.[1307] Die Pflicht zur friedlichen Streitbeilegung verlangt einen aktiven Einsatz, welcher ein „ernsthaften Bemühen der Parteien zur Beilegung des Konflikts" ist.[1308] Dieser aktive Einsatz fordert aber kein bestimmtes Ergebnis in Form normierter völkerrechtlicher Regeln und Streitigkeiten können daher auch mit einem *agreement to disagree*, wie beispielsweise der Antarktisvertrag,[1309] offen gelassen werden.[1310]

Eine grundlegende Klassifikation der Streitbeilegungsformen kann durch eine Unterteilung in diplomatische Verfahren und streitabschließende Entscheidungsverfahren erfolgen.[1311] Das SRÜ – wie auch das allgemeine Völkerrecht – enthält aber keine generelle Pflicht, zwischenstaatliche Konflikte einem unparteiischen Dritten zu unterbreiten, denn ein rechtlicher Vorrang bestimmter Streitbeilegungsformen würde dem Souveränitätsverständnis der Staaten widersprechen.[1312] *Serdy* kommt zum Ergebnis, dass sich die SRÜ-Vertragsverfasser selbst die größtmögliche Flexibilität lassen wollten, um die Akzeptanz von Teil XV zu maximieren. In Art. 280 wird die freie Wahl der Streitbeilegungsmittel im Wesentlichen dadurch erreicht, dass der gesamte Teil XV als Ausfallmechanismus konzipiert ist, der jederzeit von den Streitparteien abgelöst werden kann und der nur funktioniert, wenn das System nicht durch ein Abkommen verdrängt wird, um andere friedliche Mittel zur Streitbeilegung zu

---

1305 *Graf Vitzthum*, 2016, 20 f.

1306 *Schröder*, Verantwortlichkeit, Völkerstrafrecht, Streitbeilegung und Sanktionen, in: Graf Vitzthum/Proelß (Hg), Völkerrecht[7], Walter de Gruyter: Berlin–Boston 2016, 569; *von Arnauld*, 2016, 188.

1307 *Bothe*, Friedenssicherung und Kriegsrecht, in: Graf Vitzthum/Proelß (Hg), Völkerrecht[7], Walter de Gruyter: Berlin–Boston 2016, 618; *Schröder*, 2016, 570.

1308 *Schröder*, 2016, 570; Vgl. dazu: *Schröder* verweist auf North Sea Continental Shelf (Federal Republic of Germany v Norway), Judgement 20.2.1969, I.C.J. Reports 1969, Rn. 47 f.

1309 Siehe Kapitel: III.4.4.3 Rechtsordnung in der Antarktis.

1310 *Krajewski*, 2017, 178.

1311 *Krajewski*, 2017, 178 f.; *Schröder*, 2016, 572; *von Arnauld*, 2016, 188 f.

1312 *Schröder*, 2016, 572.

verfolgen, die entweder *ad hoc* zur Anwendung gelangen oder die Vertragsparteien aus Teil XV SRÜ austreten, bevor Streit entstanden ist.[1313]

Nach Art. 287 Abs. 1 SRÜ ist eine schriftliche Erklärung über die Wahl eines oder mehrerer streitabschließenden Entscheidungsverfahren abzugeben. Die Alternativen setzen sich gemäß Art. 287 Abs. 1 SRÜ aus dem internationalen Seegerichtshof (ISGH), dem IGH, einem internationalen Schiedsgericht (nach Anlage VII SRÜ) oder ein für bestimmte Arten von Streitigkeiten gebildetes besonderes Schiedsgericht (nach Anlage VIII SRÜ) zusammen und können einzeln oder kumuliert angerufen werden.

Haben die Streitparteien demselben Verfahren zugestimmt, werden sie nur diesem Verfahren unterworfen, sofern keine andere Vereinbarung getroffen wurde.[1314] Sollte keine Übereinstimmung der Streitbeilegungsform vorliegen oder wurde von den Streitparteien keine gültige Erklärung abgegeben, kann gemäß Art. 287 Abs. 3 SRÜ nur ein Schiedsverfahren nach Anlage VII SRÜ infrage kommen. Nach *Marboe* hat das SRÜ, vorbehaltlich der Anwendung friedlicher Mittel, eine obligatorische Gerichts- bzw. Schiedsgerichtsbarkeit eingeführt. Eine Prüfung der Zuständigkeit für den konkreten Einzelfall bleibt allerdings unumgänglich, da das SRÜ in Art. 297 und 298 zahlreiche Ausnahme-, Wahl- und Rücknahmemöglichkeiten enthält.[1315] *Bothe* kritisiert an der Verwirklichung des see-(völker-) rechtlichen Streitbeilegungssystems dessen Uneinheitlichkeit und auch dessen voraussichtliche träge Entwicklung aufgrund des Konsensprinzips.[1316] Der diversifizierte Ansatz des SRÜ-Streitbeilegungssystems führt zu einer prozessualen Aufspaltung einheitlicher Sachverhalte durch Schiedsgerichte und der ISGH, als spezialisiertes Gericht, wird nicht zentralisiert angerufen.[1317] Trotzdem befürchtet *von Arnauld* keine Fragmentierung des Völkerrechts, da ein lebendiger interjustizieller Dialog zwischen den internationalen Gerichten besteht.[1318]

Die EU hat bis heute abgelehnt ein spezifisches Verfahren nach Art. 287 Abs. 1 SRÜ zu wählen.[1319] Bei Streitigkeiten, in denen die EU und einer oder

---

1313 *Serdy*, Article 280, in: Proelß (Hg), United Nations Convention on the Law of the Sea: A Commentary, C.H. Beck/Hart/Nomos: München–Oxford–Baden-Baden 2017, 1818.

1314 *Krajewski*, 2017, 357; *Marboe*, Das internationale Seerecht, 2013, 491.

1315 *Marboe*, Das internationale Seerecht, 2013, 491.

1316 *Bothe*, 2016, 618.

1317 *von Arnauld*, 2016, 371.

1318 Ibid., 192.

1319 Council Decision 98/392/EC of 23 March 1998 Concerning the Conclusion by the European Community of the United Nations Convention of 10 December

mehrere unionale Mitgliedstaaten gemeinsame Streitparteien oder Parteien mit gleichem Interesse sind, wird die Akzeptanz der EU zum gleichen Streitbeilegungsverfahren, das der Mitgliedstaat gewählt hat, gemäß Anlage IX Art. 7 Abs. 3 SRÜ angenommen.[1320] Sollte jedoch vom EU-Mitgliedstaat der IGH[1321] gewählt worden sein, wird gemäß der Normierung im genannten Artikel ein Schiedsverfahren nach Anlage VII SRÜ als Standardmittel festgelegt, sofern die Parteien keine abweichende Vereinbarung getroffen haben.[1322] Angesichts der Tatsache, dass die Hälfte der EU-Mitgliedstaaten primär den ISGH für maritime Streitbeilegungen, welche das SRÜ betreffen, gewählt haben oder als gleichberechtigtes Entscheidungsgremium neben seiner ersten Wahl anerkannt haben, wäre es wünschenswert, wenn die EU selbst eine dementsprechende Erklärung abgibt und den ISGH zur ersten Wahl nach Art. 287 Abs. 1 SRÜ erklärt.[1323]

III.6.2 Internationaler Gerichtshof

Gemäß den vorangegangenen Ausführungen können zur Lösung von SRÜ-Anwendungsfragen allgemeine UN-Verfahren herangezogen werden und der IGH wurde in seerechtlichen Materien bereits mehrmals angerufen.[1324] Dabei wendet der IGH das Völkerrecht ohne Beschränkung auf einen bestimmten völkerrechtlichen Vertrag und ohne Bindung an Spezialmaterien an.[1325]

Grundsätzlich soll die Abgrenzung benachbarter Festlandsockel und ausschließlicher Wirtschaftszonen gemäß Art. 83 SRÜ durch völkerrechtliche Vereinbarungen erfolgen. *Moe*, *Fjærtoft* und *Øverland* sehen diese Bestimmung als

1982 on the Law of the Sea and the Agreement of 28 July 1994 Relating to the Implementation of Part XI thereof, Council of the European Union, 23.6.1998, OJ L 179, Präambel.

1320 Anlage IX Art. 7 Abs. 3 SRÜ; Vgl. dazu auch: *Long*, Law of the Sea Dispute Settlement and the European Union, in: Barrett/Barnes (Hg), Law of the sea: UNCLOS as a living treaty, The British Institute of International and Comparative Law: London 2016, 425 und 430.

1321 Siehe Kapitel: III.6.2 Internationaler Gerichtshof.

1322 Vgl. dazu auch: *Long*, Law of the Sea Dispute Settlement and the European Union, in: Barrett/Barnes (Hg), Law of the sea: UNCLOS as a living treaty, The British Institute of International and Comparative Law: London 2016, 425.

1323 Ibid., 431.

1324 List of All Cases, International Court of Justice, https://www.icj-cij.org/en/list-of-all-cases (13.11.2020).

1325 *Schröder*, 2016, 577.

Verweis auf den IGH, der in einer Reihe von Entscheidungen die maßgeblichen Bestandteile von Art. 83 SRÜ herausgearbeitet hat. Der IGH beschränkt den Anwendungsbereich der betreffenden Norm auf dauerhafte, natürliche Merkmale benachbarter Gebiete, welche insbesondere auf die Länge der jeweiligen Küsten abstellen und es ist speziell hervorzuheben, dass keine IGH-Entscheidung auf der Sektorentheorie beruht.[1326] In diesem Kontext ist die Entscheidung des IGH über die Aufteilung des Schwarzen Meeres zwischen Rumänien und der Ukraine relevant.[1327] Die bedeutendste IGH-Entscheidung im arktischen Ozean wird die Streitbeilegung zwischen Dänemark und Norwegen über Grönland und Jan Mayen[1328] sein.

Sollte die Zuständigkeit des IGH gegeben sein, kann der betreffende Staat jedenfalls eine Verletzung seiner eigenen Rechtspositionen vor dem IGH geltend machen.[1329] Problematisch sind nach *Schröder* multilaterale Fälle, in denen ein Staat eine Vertragsverletzung eines anderen Staates ohne eigene Rechtsverletzung einklagen will. Jedenfalls akzeptiert der IGH die Klagebefugnis, wenn ein Recht mit *erga omnes* Wirkung verletzt ist. Unklar bleibt aber weiterhin die Verletzung von vertraglichen Schutznormen zugunsten internationalisierter Räume, wie der Antarktis,[1330] als auch der Hohen See und dem Tiefseeboden.

Insbesondere der isländische unilaterale Versuch seine küstenstaatliche Zuständigkeit durch eine exklusive Fischereizone auf 50 Seemeilen auszuweiten, ist ein einschlägig relevantes Beispiel hinsichtlich der IGH Zuständigkeit über maritime Streitigkeiten.[1331] 1961 wurde ein Notenwechsel[1332] zwischen den

---

1326 *Moe/Fjærtoft/Øverland*, 2011, 149.

1327 Maritime Delimitation in the Black Sea (Romania v. Ukraine), Judgement 3.2.2009, I.C.J. Reports 2009, 61; Siehe dazu Kapitel: III.4.1 Die Basislinie als territoriale Grenzziehung.

1328 Maritime Delimitation in the Area between Greenland and Jan Mayen (Denmark v Norway), Judgement 14.6.1993, I.C.J. Reports 1993.

1329 *Schröder*, 2016, 580.

1330 Ibid., 580.

1331 *Boyle*, 2006, 16 f.

1332 The Icelandic Government will continue to work for the implementation of the Althing Resolution of May 5, 1959, regarding the extension of fisheries jurisdiction around Iceland, but shall give to the United Kingdom Government six months' notice of such extension and, in case of a dispute in relation to such extension, the matter shall, at the request of either party, be referred to the International Court of Justice; Vgl. dazu: Exchange of notes constituting an agreement settling the fisheries dispute between the Government of Iceland and the Government of the United Kingdom of Great Britain and Northern Ireland, Reykjavik, 11.3.1961, 397 United Nation Treaty Series No. 5710.

Regierungen von Island und Großbritannien beim Sekretariat der Vereinten Nationen registriert, welcher bestimmt, dass bei Streitigkeiten über eine isländische Ausdehnung von Hoheitsbefugnissen der Fischerei die Zuständigkeit des IGH gegeben ist. Großbritannien hat die erweiterte isländische Fischereizone nicht akzeptiert und entsprechend den IGH angerufen.[1333] Island wiederum verneinte die IGH Zuständigkeit, mit dem Argument, dass der Notenaustausch von 1961 nicht von „permanent nature“ sei.[1334] Grundsätzlich geht der IGH davon aus, dass Erklärungen über die Annahme der obligatorischen Gerichtsbarkeit jedenfalls einseitig kündbar sind, wenn keine ausdrückliche Bestimmung über ihre Dauer oder Beendigung vorliegt. Allerdings enthält der Notenwechsel von 1961 die eindeutige Klausel, dass die IGH-Zuständigkeit gegeben ist, sofern die konkret beschriebene Streitigkeit entstanden ist. Der Streit um die Ausdehnung von Hoheitsbefugnissen wurde von den Parteien vorhergesehen und ausdrücklich vorweggenommen. Entsprechend kommt der IGH zum Ergebnis, dass die Behauptung, wonach die betreffende Klausel hinfällig oder kündbar ist, nicht bestehen kann und die IGH-Entscheidungsbefugnis aufgrund des eingetretenen Streitfalls weder berührt noch gehemmt wird.[1335]

Die IGH-Entscheidungskompetenz könnte im arktischen Kontext durch US-amerikanische Vorbehalte ausgeschlossen werden. Mit dem *Connally*-Vorbehalt hat die USA ihre inneren Angelegenheiten der Entscheidungskompetenz des IGHs entzogen.[1336] Die Kompetenz darüber zu urteilen, was eine innere Streitigkeit ist, verleiht sich die USA selbst und entsprechend könnte argumentiert werden, dass der *Connally*-Vorbehalt dem Sinn und Zweck der Unterwerfung zum IGH widerspricht und damit als unzulässig zu qualifizieren ist.[1337] Auch der IGH hat im einschlägigen *Interhandel*-Fall die Anwendung des *Connally*-Vorbehalts verneint. Die USA argumentierten im Streit um die Frage der Rechtmäßigkeit der Konfiszierung von vermeintlich feindstaatlichem Vermögen während des Zweiten Weltkriegs, dass ebendiese Maßnahmen nationalrechtlichen Ursprungs seien und daher die Zuständigkeit des IGH versagt

---

1333 Fisheries Jurisdiction (United Kingdom v. Iceland), Judgement 2.2.1973, I.C.J. Reports 1973, Rn. 8.

1334 Ibid., Rn. 25.

1335 Ibid., Rn. 29.

1336 *Krajewski*, 2017, 185; *Schröder*, 2016, 579; ausführlich: *Wilcox*, The United States Accepts Compulsory Jurisdiction, in: 40 The American Journal of International Law 4/1946, 710 ff.

1337 Zustimmend: *Lorenzmeier*, 2012, 226; *Krajewski*, 2017, 185; ablehnend: *Wilcox*, 1946, 712 f.

sei.[1338] Der IGH entgegnete, dass sich die US-amerikanische Forderung auf einem völkerrechtlichen Abkommen stützt, zu dessen Auslegung das Völkerrecht selbst heranzuziehen ist und nicht, wie von der USA angenommen, dem nationalen Recht.[1339] Demgegenüber ist die US-amerikanische Berufung auf den *Vandenberg*-Vorbehalt weniger strittig. Nach diesem Vorbehalt ist der IGH bei multilateralen Vertragssystemen nur zuständig, sofern alle Vertragsparteien gleichzeitig Streitparteien vor dem IGH sind.[1340] Allerdings akzeptierte der IGH auch im Fall *Nicaragua v. USA* die vorgebrachte Zuständigkeitseinrede der USA nicht. Nicaragua hat sich nämlich nicht auf die Verletzung eines multilateralen Vertrags berufen, sondern auf die US-amerikanische Verletzung von Völkergewohnheitsrecht.[1341]

Auch gilt es zu beachten, dass der IGH kein Menschenrechtsgerichtshof ist. Obwohl der IGH nicht über Fälle verhandeln kann, die von Einzelpersonen, Gruppen oder Völkern eingeleitet wurden, können im Rahmen von staatlichen Streitfällen oder beantragten Stellungnahmen von UN-Organen, menschenrechtliche Thematiken vor den IGH gebracht werden.[1342] Ferner hat die EU als internationale Organisation keine Klagebefugnis vor dem IGH[1343] und auch die CLCS kann als Streitpartei vor dem IGH (als auch dem ISGH) nicht auftreten.[1344] Im Falle strittiger Abgrenzungslinien bei benachbarten oder gegenüberliegenden Staaten, kann die CLCS allenfalls eine gerichtliche Überprüfung auf Übereinstimmung der Anträge eines erweiterten Festlandsockels mit Art. 76 SRÜ beantragen, oder die Versammlung könnte den Rat der Meeresbodenbehörde bei der Kammer für Meeresbodenstreitigkeiten gemäß Art. 191 SRÜ um ein entsprechendes Rechtsgutachten ansuchen.[1345]

1338 Interhandel (Switzerland v. United States of America), Judgement 21.3.1959, I.C.J. Reports 1959, 11

1339 Ibid., 23 f.

1340 *Krajewski*, 2017, 185; *Schröder*, 2016, 579; ausführlich: *Wilcox*, 1946, 714 ff.

1341 Military and Paramilitary Activities in and against Nicaragua (Nicaragua v. United States of America), Judgement 26.11.1984, I.C.J. Reports 1984, Rn. 73.

1342 *Alfredsson*, Human Rights and Indigenous Rights, in: Loukacheva (Hg), Polar Law Textbook (TemaNord 2010:538), Nordic Council of Ministers: Copenhagen 2010, 165 f.

1343 *Long*, 2016, 425.

1344 *König/Neumann*, 2008, 22.

1345 Ibid., 22.

III.6.3 Internationaler Seegerichtshof

Der ISGH mit Sitz in Hamburg[1346] kann für die Entscheidung von Auslegungs- und Anwendungsfragen des SRÜ angerufen werden (Art. 287 SRÜ). Seit seiner Tätigkeitsaufnahme im Jahr 1997 hat der ISGH Entscheidungen in 29 Fällen getroffen.[1347] In jüngerer Zeit enthält die ISGH Rechtsprechung neben Schiffsfreigabeverfahren auch Judikate von materiell-rechtlichem Gehalt und *Proelß* sieht diese Entwicklung als Beleg für die steigende Akzeptanz des ISGH als spezialisiertes und eigenständiges Streitbeilegungsorgan.[1348]

In diesem Kontext gilt es auf den Fall der *Arctic Sunrise* zu verweisen. *Greenpeace*-Aktivisten versuchten im September 2013 in der russischen AWZ (Petschorasee) eine Erdölplattform des russischen Produzenten *Gazprom* zu besetzten.[1349] Die Aktivisten wollten die Öffentlichkeit auf das fragile arktische Ökosystem und die mangelnden russischen Sicherheitsvorkehrungen aufmerksam machen.[1350] Der *Greenpeace*-Eisbrecher *Arctic Sunrise* wurde von der russischen Küstenwache aufgebracht und die gesamte an Board befindliche Aktivistengruppe wurde verhaftet.[1351] Wie bereits ausgeführt, hatte Russland ein System geschaffen, das den Zugang zur Navigation durch die Nordostpassage von einer russischen Erlaubnis abhängig macht. Die dreifachen Anträge auf Zugang zur Nordostpassage für den *Greenpeace*-Eisbrecher wurden von Russland, mit der Begründung technischer Mängel der *Arctic Sunrise*, die das Schiff für arktische Gewässer ungeeignet machten, abgelehnt.[1352] Allerdings gäbe es Hinweise, dass diese Erlaubnisverweigerung eher politisch motiviert war.[1353]

1346 Anlage VI Art. 1 Abs. 2 SRÜ.

1347 List of Cases, International Tribunal for the Law of the Sea, https://www.itlos.org/en/main/cases/list-of-cases/ (29.4.2021).

1348 *Proelß*, 2016, 386.

1349 *Braun*, 2014, 24.

1350 *Höfelmeier/Vöneky*, Rechtsfragen bei Forschungsaktivitäten über dem Festlandsockel der Arktis und Antarktis, in: Ordnung der Wissenschaft 2/2014, 43.

1351 *Braun*, 2014, 24.

1352 *Farré u. a.*, 2014, 310.

1353 Ibid., 310.

Da der Heimathafen der *Arctic Sunrise* Amsterdam ist,[1354] leiteten die Niederlande unter Anhang VII zum SRÜ ein Schiedsverfahren[1355] ein und stellten parallel dazu beim ISGH einen Antrag nach Art. 290 Abs. 5 SRÜ auf Erlass einer einstweiligen Anordnung Schiff und Mannschaft freizugeben.[1356] Der ISGH ordnete die sofortige Freigabe von Schiff und Mannschaft im Ausgleich von einer Kaution von 3,6 Millionen Euro an.[1357] Russland wiederum blieb unbeeindruckt und lehnte, unter Berufung auf einen bei Ratifikation des SRÜ erklärten Vorbehalts, beide Verfahren im Vorhinein ab.[1358] Das Schiedsgericht urteilte im Ergebnis, dass das russische Vorgehen gegen die *Arctic Sunrise* und ihre Besatzung Rechte der Niederlande aus Art. 56 Abs. 2, Art. 58 Abs. 1 und 2, Art. 87 Abs. 1 lit. a und Art. 92 Abs. 1 SRÜ verletzt. Zusätzlich verstößt die russische Ablehnung der einstweiligen ISGH-Anordnung gegen Art. 290 Abs. 6 und Art. 296 Abs. 1 SRÜ.[1359]

III.6.3.1 Kammer für Meeresbodenstreitigkeiten

Dem Tiefseebodenbergbau wird eine Sonderstellung in der gerichtlichen Streitbeilegung eingeräumt. Entgegen den übrigen Streitfällen, in denen die Staaten freie Wahl der Streitbeilegungsverfahren, als auch die Möglichkeit einer friedlichen Einigung außerhalb gerichtlicher Systeme genießen, ist bei Streitigkeiten im Bereich des Tiefseebodenbergbaus gem. Art. 187 SRÜ grundsätzlich die obligatorische ISGH-Entscheidungsbefugnis gegeben und um seiner Zuständigkeit nachzukommen, hat der ISGH die Kammer für Meeresbodenstreitigkeiten eingerichtet.[1360] Anlage VI Art. 35 SRÜ bestimmt die Zusammensetzung der elf Mitglieder der Kammer für Meeresbodenstreitigkeiten, die von den

---

1354 Arctic Sunrise, in: Wikipedia, 1.7.2020, https://de.wikipedia.org/w/index.php?title=Arctic_Sunrise&oldid=201463631 (14.8.2020).

1355 The Arctic Sunrise Arbitration (The Kingdom of the Netherlands v. The Russian Federation), Award on the Merits 14.8.2015, PCA Case N° 2014-02, https://pcacases.com/web/sendAttach/1438 (8.11.2021).

1356 The "Arctic Sunrise" Case (Kingdom of the Netherlands v. Russian Federation) Case no. 22, Order 22.11.2013, ITLOS Reports 2013, 252.

1357 The "Arctic Sunrise" Case (Kingdom of the Netherlands v. Russian Federation) Case no. 22, Order 22.11.2013, ITLOS Reports 2013, 252, Rn. 105.

1358 *von Arnauld*, 2016, 369.

1359 The Arctic Sunrise Arbitration (The Kingdom of the Netherlands v. The Russian Federation), Award on the Merits 14.8.2015, PCA Case N° 2014-02, Rn. 401.

1360 *Burke*, Article 187, in: Proelß (Hg), United Nations Convention on the Law of the Sea: A Commentary, C.H. Beck/Hart/Nomos: München–Oxford–Baden-Baden 2017, 1260; *Jenisch*, 2013, 846; Vgl. dazu auch: *Tuerk*, 2017, 271.

21 Mitgliedern des ISGH aus deren Mitte gewählt werden. In anderen Worten wurde ein Tribunal im Tribunal geschaffen.[1361]

Wenn die Bestimmungen des Teils XI SRÜ grob verletzt werden, können Vertragsstaaten gemäß Art. 185 SRÜ auf Empfehlung des Rates von der Ausübung der Rechte und Privilegien der Mitgliedschaft durch die Versammlung suspendiert werden. Die Kammer für Meeresbodenstreitigkeiten ist für die Feststellung einer dementsprechenden Vertragsverletzung zuständig. Die Rechtskraft von Entscheidungen der Kammer sind auf gleiche Weise vollstreckbar wie Urteile oder Anordnungen des obersten Gerichts eines Vertragsstaates, in dem die Vollstreckung beantragt wird (Anlage VI Art. 39 SRÜ).

Gemäß Art. 191 und Art. 159 Abs. 10 SRÜ gibt die Kammer auf Antrag der ISA-Organe (der Versammlung oder des Rates) rechtswissenschaftliche Gutachten ab, die sich aus dem Tätigkeitsbereich dieser Organe ergeben, beziehungsweise die Kammer prüft, ob die Vorschläge in der Versammlung dem SRÜ entsprechen. Unklar bleibt nach *Burke*, ob die Kammer für Meeresbodenstreitigkeiten berechtigt ist, über die Zulässigkeit eines Antrags zu entscheiden, oder wenn die Kammer nach Feststellung ihrer Beratungszuständigkeit verpflichtet ist, eine Stellungnahme abzugeben. Diese Frage stellt sich aufgrund der Unterschiede in der Formulierung in Art. 191 SRÜ („shall give") und Art. 65 Abs. Statut des Internationalen Gerichtshofes („may give").[1362] Die Haltung der Kammer zu diesem Thema ist nach *Burke* zweideutig: Sie hat auf die Beantwortung dieser Frage verzichtet, gleichzeitig ist der ISGH im Gutachten *Responsibilities and Obligations of States Sponsoring Persons and Entities with respect to Activities in the Area*[1363] nicht auf die Zulässigkeit des Antrags eingegangen.[1364]

Das betreffende Gutachten der Kammer ist insbesondere dahin relevant, dass die Zustimmung zur Durchführung von Aktivitäten des Tiefseebodenbergbaus durch die jeweiligen Vertragsstaaten nach Art. 153 Abs. 2 lit. b SRÜ als zentrales Element des Tiefseebodenbergbaus erkannt werden.[1365] Somit sind Tiefseebodenaktivitäten von staatlichen oder privaten

1361 *Tuerk*, 2017, 271.

1362 *Burke*, Article 191, in: Proelß (Hg), United Nations Convention on the Law of the Sea: A Commentary, C.H. Beck/Hart/Nomos: München–Oxford–Baden-Baden 2017, 1276.

1363 Responsibilities and obligations of States with respect to activities in the Area, Advisory Opinion 1.2.2011, ITLOS Reports 2011, 32, Rn. 74.

1364 *Burke*, Article 191, 2017, 1276.

1365 Responsibilities and obligations of States with respect to activities in the Area, Advisory Opinion 1.2.2011, ITLOS Reports 2011, 32, Rn. 74.

Unternehmen nur im Rahmen des SRÜ-Regimes antragsberechtigt, wenn diese die von ihrem Heimatstaat, dem sogenannten *sponsoring state*,[1366] befürwortet werden.[1367] Diese Voraussetzungen zielen darauf ab, das Potenzial des Vertragsstaats zu gewährleisten und die betreffende Einrichtung tatsächlich zu kontrollieren.[1368]

In der Praxis ist aber auf die vorangegangenen Ausführungen auf derzeit noch nicht existenter Tiefseebodenaktivitäten zu verweisen.[1369] Dementsprechend ist die Vorlage eines strittigen Falls im Bereich des Tiefseebodens an die Kammer für Meeresbodenstreitigkeiten noch nicht erfolgt.[1370]

1366 Siehe Kapitel: IV.6 Die Rechtsverbindlichkeit seevölkerrechtlicher Normen auf privatrechtlichen Unternehmen.

1367 *Jenisch*, 2013, 846; *Siegfried*, 2017, 1084.

1368 *Siegfried*, 2017, 1084.

1369 Siehe Kapitel: III.4.4.2 Tiefseeboden.

1370 *Tuerk*, 2017, 272.

IV. Die verschiedenen Ebenen des arktischen Rechts

Angetrieben durch den Klimawandel hat sich der arktische Raum in vielfacher Weise verändert und das Regulierungsinteresse der Anspruchsberechtigten ist an diesem peripheren Gebiet angestiegen. *Young* stellt Forderungen einer Anpassung der bestehenden arktischen Rechtsnormen, da die Reaktion auf zunehmende Aktivitäten im arktischen Raum die Schaffung neuer Vereinbarungen notwendig macht.[1371] Insofern verlangt der Untersuchungsgegenstand einer arktischen Rechtsordnung unter neuer rechtlicher Entwicklungen aufgrund klimatischer Veränderungen einen größeren Blickwinkel, welcher über den vorangegangenen gebietsrechtlichen Diskurs hinausgeht. Neben den ermittelten Lösungsvorschlägen zu territorialen Aufteilungsfragen des arktischen Ozeans, auf der Grundlage des Seevölkerrechts beziehungsweise bilateralen und multilateralen Abredens, hat die vorliegende Arbeit den Anspruch, die bereits umgesetzten Rechtsinstrumente der arktischen Hauptakteure auf ihre Rechtswirksamkeit im internationalen Kontext zu untersuchen, als auch *de lege ferenda* einen Interessenausgleich zu finden, der allen arktischen Anspruchsberechtigten genügt.

Um dieses Vorhaben umzusetzen, bestimmt die Autorin nachfolgende Ebenen des arktischen Rechts, die in diesem Kontext einer näheren Untersuchung unterzogen werden. Zu Beginn gilt es die wesentlichen Interessen der arktischen Hauptakteure (die Arktischen Fünf) zu identifizieren, um potenzielle Entwicklungen des innerstaatlichen Rechtsrahmens zu ermitteln. Dabei greift die Autorin auf die arktischen Strategieerklärungen der betreffenden Staaten zurück und versucht das Zusammenwirken von Recht und Politik zu analysieren. Anschließend sollen die Auswirkungen innerstaatlicher Lizenzvergaben der nationalen Erdöl- und Erdgasindustrie als Exempel die *lege lata* innerstaatliche arktische Rechtsebene charakterisieren. Dabei sollen keinesfalls die Schutzmechanismen der Interessensicherung ansässiger indigener Völker vergessen werden. Im weiteren Verlauf verdient die zwischenstaatliche Zusammenarbeit in Organisationen auf einer *Soft Law* Basis, welche spezielle arktisrelevante Themen behandeln, eine Untersuchung hinsichtlich ihrer

---

1371 *Young*, Whither the Arctic? Conflict or Cooperation in the Circumpolar North, in: 45 Polar Record 1/2009, 75.

Wirkungsweise. Dabei stellt sich die Frage, ob der Ansatz von rechtsunverbindlichen Maßnahmen genügt und falls dies zutrifft, ob Inkonsistenzen und/oder Regierungslücken vorliegen. Ferner führt der steigende Einfluss externer (nicht-arktischer) Akteure zu einer Gemengelage in der arktischen Rechtsordnung und soll auf dessen Einflussbereich untersucht werden. Die Analyse der Rechtswirksamkeit geltender arktischer Rechtsnormen auf privatwirtschaftliche Akteure soll diesen Untersuchungsgang abrunden. Als Resultat wollen bereichsspezifische Interessenüberschneidungen der arktischen Anspruchsberechtigten gefunden werden, um potenzielle Kooperationsformen aufzuzeigen und die Entwicklungstendenzen der *Arctic-Governance* zu bestimmen.

IV.1 Die Verflechtung von Politik und Rechtswissenschaften der Arktischen Fünf

Die Einreichung der Anträge eines erweiterten Festlandsockels bei der CLCS und deren Empfehlungen belegen, dass die Abgrenzungen zwischen Geopolitik, Recht und Wissenschaft keineswegs unproblematisch sind.[1372] Auch sind verschiedene aktuelle und aufkommende Sicherheitsprobleme, die Anpassung oder Verminderung der Folgen des Klimawandels sowie bi- oder multilaterale Diplomatie bei der Lösung von offenen Rechtsstreitigkeiten in der Arktis Querschnittmaterien.[1373] Das arktische Recht entwickelt sich zu einer multidisziplinären Disziplin von übergreifender Informationsnutzung, welche aus den verschiedenen Geistes- und Sozialwissenschaften gewonnen wurden, und der Aufrechterhaltung dieser Verbindungen.[1374] Damit ist eine strikte Trennung der rechtlichen und politischen Komponenten des innerstaatlichen arktischen Rechtsrahmens weder möglich noch gewollt.

Knecht argumentiert unter Bezugssetzung außenpolitischen Handelns zu geografischen und territorialen Determinanten, dass die internationalen Beziehungen in der Arktis eine geopolitische Dimension entfalten. Neben politischen Ambitionen nach Raumgewinnen sind die Zugänglichkeit der arktischen Gewässer[1375] und Ressourcenvorkommen[1376] die Determinanten für das

---

1372 *Dodds*, 2010, 69.

1373 *Loukacheva*, Introduction to Polar Law, 2010, 16 f.

1374 Ibid., 17.

1375 Ein neues Rekordtief der arktischen Meereisbedeckung im Referenzmonat September wurde seit den Satellitenaufzeichnungen im Jahr 1979 gemessen.

1376 Der USGS hat 2007 13 bzw. 30 % der weltweit noch unentdeckten Erdöl- und Erdgasvorkommen in den arktischen Gewässern prognostiziert.

geopolitische Paradigma, welches sich 2007 mit dem russischen Flaggenhissen auf dem Meeresgrund unterhalb des Nordpols realisiert hat.[1377] Beobachter der internationalen Politik haben einen neuen Kalten Krieg in der Arktis vorausgesagt,[1378] da die wiederauflebenden arktisbezogenen Interessen die anhaltende Präsenz des Kalten Krieges verdeutlichen.[1379] Obwohl sich keines der prognostizierten geopolitischen Konfliktszenarien manifestiert hat, werden nach *Knecht* weiterhin militärische Auseinandersetzungen in der Arktis als geopolitisches Paradigma reproduziert. Gründe hierfür könnten das gestiegene Interesse nicht-arktischer Akteure,[1380] die angespannte Situation zwischen Russland und dem Westen, als Reaktion auf die Krimkrise und eine russische (Re-) Militarisierung entlang der Nordostpassage sein.[1381] Entsprechend könnte angenommen werden, dass eine unmittelbare Beeinflussung der weltpolitischen Lage auf die Zusammenarbeit der arktischen Staaten erfolgt.[1382] Dieses Ergebnis könnte die Betonung der einzigartigen Stellung der Arktischen Fünf bei der Lösung von Zukunftsfragen des arktischen Ozeans in der *Ilulissat Declaration* erklären.[1383]

Ironischerweise nutzen die arktischen Staaten in den Verhandlungen zur Festlegung der seerechtlichen Außengrenzen, entgegen der medialen Berichte[1384] über Konflikte und Rivalitäten hinsichtlich der Kontrolle des arktischen Ozeans, den Weg der Zusammenarbeit und die Akzeptanz der Uneinigkeit.[1385] Im Kontrast zu anderen Regionen wird in der Arktis ein Konflikt grundsätzlich vermieden und es ist erkennbar, dass heikle Fragen zur Souveränität, zu Souveränitätsrechten und zu ressourcenbasierten Anliegen von direkt nationalem Interesse in der Regel in Kooperationsformen behandelt werden.[1386] Inwiefern

1377 *Knecht*, 2015, 122 f.

1378 *de la Fayette*, 2008, 532; *Humrich*, 2015, 143; *Knecht*, 2015, 122 f.; *Roberts*, Jets, Flags, and a New Cold War?: Demystifying Russia's Arctic Intentions, in: 65 International Journal (Toronto) 4/2010, 958.

1379 *Powell*, 2010, 74.

1380 Siehe beispielsweise Kapitel: IV.5.2 China.

1381 *Knecht*, 2015, 122.

1382 World Ocean Review[6], 2019, 293 f.

1383 Ilulissat Declaration, 2008.

1384 Vgl. dazu beispielsweise: *Gamillscheg*, Die Presse 2011; *Veser*, Frankfurter Allgemeine Zeitung, 2010; *Kramer*, In the Russian Arctic, the First Stirrings of a Very Cold War, in: The New York Times, 22.5.2021, https://www.nytimes.com/2021/05/22/world/russia-us-arctic-military.html (9.11.2021).

1385 *McDorman/Schofield*, 2020, 145 f.

1386 Ibid., 146.

die nationalen Strategieerklärungen Kooperationsformen im arktischen Ozean unterstützen, versuchen die nachstehenden Abschnitte aufzuzeigen.

IV.4.1 Russland

Jahrzehntelang haben die UdSSR und später Russland an der Sektorentheorie festgehalten.[1387] Mit dem anschließenden Beitritt zum SRÜ-Regime 1997[1388] hat Russland eine Kehrtwende seiner Anspruchsbegründung im arktischen Ozean vollzogen. Anhand der vorangegangenen Ausführungen zur Sektorentheorie bzw. zum russischen Antrag eines erweiterten Festlandsockels kann die Autorin feststellen, dass die UdSSR beziehungsweise Russland stets versucht haben und aufgrund der nachstehenden Untersuchungsergebnisse auch wahrscheinlich weiterhin versuchen werden, die staatliche Souveränität in nördlicher Richtung auszudehnen.

Medienberichten zufolge wurden die russischen Aktivitäten in der Arktis unter der politischen Herrschaft *Putins* intensiviert und es wurde wiederkehrend betont, dass die Arktis ein Meer *sui generis* mit besonderer kultureller, historischer und wirtschaftlicher Bedeutung sei.[1389] Die russische Arktisstrategie aus dem Jahr 2008 (*Foundations of Russian Federation Policy in the Arctic until 2020 and Beyond*[1390]), welche 2009 veröffentlicht wurde, hebt die Etablierung einer neuen Streitmacht zum Schutz der russischen Interessen in der russisch-arktischen „Zone" hervor, die in Punkt 11 lit. c als primäre strategische Ressourcenbasis bis 2020 bezeichnet wurde.[1391] Dabei sollte nach Punkt 2 Arktisstrategie 2008 eine internationale Zusammenarbeit mit den küstenstaatlichen Anrainern die maritimen Gebiete auf einer völkerrechtlichen Grundlage abgrenzen. Allerdings ist lediglich die russische Präsenz auf dem Spitzbergen-Archipel in Art. 7 lit. f Arktisstrategie 2008 genauer definiert. Demgegenüber sind alle übrigen Abgrenzungen in der russischen Strategie 2008 vage beschrieben, obwohl in Art. 9 lit. c die Grundlage für die Ausarbeitung russischer

---

1387 Siehe Kapitel: III.2.2 Sektorentheorie.

1388 Chronological lists of ratifications, of accessions and successions to the Convention and the related Agreements, UN DOALOS, 2021.

1389 *Girshovich*, Neue Zürcher Zeitung, 2007.

1390 Vgl. dazu die englische Übersetzung: *Burgess*, Foundations of the Russian Federation's State Policy in the Arctic until 2020 and beyond, 18.9.2008, https://icr.arcticportal.org/index.php?option=com_content&view=article&id=1791%3 (30.3.2021).

1391 *Kraska*, 2010, 528; *Pay/Calvo*, Arctic Diplomacy: A Theoretical Evaluation of Russian Foreign Policy in the High North, in: 5 Russian Politics 1/2020, 117.

Rechtsakte zur Festlegung geografischer Grenzen in der Arktis enthalten sind.[1392] Entsprechend agiert Russland im Gegensatz zu seinen provokanten Militärübungen[1393] und der kriegerischen öffentlichen Diplomatie[1394] hinsichtlich der Wahrung des Friedens und der Einhaltung der Rechtsstaatlichkeit im arktischen Ozean bemerkenswert ausgeglichen.[1395]

Diese politische Vorgangsweise ist im Einklang mit der völkerrechtsfreundlichen Verfassung von Russland, welche in Art. 15 Abs. 4[1396] das gesamte Völkerrecht zum Bestandteil der russischen Rechtsordnung erklärt. Nach *Kunig* ist allerdings zu beachten, dass die russische Verfassung zwischen völkerrechtlichen Verträgen und sonstigem Völkerrecht unterscheidet. Völkerrechtliche Verträge haben nach Art. 15 Abs. 4 Satz 2 einen Anwendungsvorrang bei Normkollisionen hinsichtlich innerstaatlicher einfacher Gesetze. Demgegenüber bleibt dem Völkergewohnheitsrecht und den allgemeinen Rechtsgrundsätzen ein entsprechender Anwendungsvorrang versagt.[1397] Der Beitritt zum SRÜ-Abkommen ist im Sinne der Rechtssicherheit als positiv zu werten. Jedenfalls sind die SRÜ-Maxime von Russland einzuhalten.

Vor dem Hintergrund der 2008 veröffentlichten *Ilulissat Declaration*, kann die Vereinbarung in der Barentssee 2010 zusätzlich in gewissem Maße als Teil einer konzertierten Anstrengung von Russland und Norwegen angesehen werden, welche den Mythos eines „geopolitischen Kampfes“ in der Arktis zu zerstreuen versucht.[1398]

Die Erhebung und Ausdehnung des Anspruchs eines erweiterten Festlandsockels nach dem SRÜ sind daher streng von militärischen Aktivitäten zu trennen, da erstere völkerrechtlich legitimiert sind und neben Russland auch anderen Staaten offen stehen.[1399] Ferner gibt es Anzeichen, dass Russland sich

---

1392 *Skaridov*, 2020, 114 f.

1393 Vgl. dazu: *Hoppe/Rogova*, 2020, 254; *Kramer*, The New York Times, 2021.

1394 *Pay/Calvo*, 2020,119 und 127.

1395 *Kraska*, 2010, 531.

1396 Vgl. dazu die deutsche Übersetzung des Lehrstuhls von *Fincke*, Passau: Die Verfassung der Russischen Föderation, 12.12.1993, http://www.constitution.ru/de/ (10.11.2021)

1397 *Kunig*, 2016, 87.

1398 *Moe/Fjærtoft/Øverland*, 2011, 158.

1399 *Kramer*, Russia Presents Revised Claim of Arctic Territory to the United Nations, in: The New York Times, 19.1.2018, https://www.nytimes.com/2016/02/10/world/europe/russia-to-present-revised-claim-of-arctic-territory-to-the-united-nati ons.html (24.2.2019).

einer internationalen Auslegung der Seegerichtsbarkeit annähert: In Art. 3 *Federal Law N 132-FZ* schließt Russland insbesondere eine erweiterte Gerichtsbarkeit über ein Schiff, welches die Nordostpassage verlässt, aus und der russische Genehmigungsantrag wurde auf Befahrung der Nordostpassage gestrafft und fordert die Einhaltung des Völkerrechts.[1400] Allerdings darf im gleichen Zug nicht vergessen werden, dass Russland nachweislich Dissonanzen zwischen Gesetzgebung und Umsetzung hat.[1401]

2013 ist eine neue Arktisstrategie veröffentlicht worden, in der Russland dem Schutz der Souveränität und den nationalen Interessen Priorität einräumte.[1402] Mit dieser adaptierten Arktispolitik verfolgt Russland nach *Haftendorn* vier Hauptziele: (a) die Absicherung der langen arktisch-russischen Küste,[1403] (b) die Verbesserung der Lebensbedingungen der russischen und indigenen Bewohner im arktischen Raum, sowie die Absicherung der ökonomischen Interessen Russlands, (c) die Wahrnehmung der russischen Pflichten, welche durch das SRÜ, dem Arktischen Rat und dem Seenotrettungsübereinkommen auferlegt wurden und (d) die Untermauerung der bisher nicht anerkannten Ansprüche eines erweiterten Festlandsockels, sowie einer globalen Machtprojektion.[1404] Allerdings vermisst die russische Arktisstrategie 2013 genau definierte Zielbestimmungen. Entsprechend könnte spekuliert werden, dass Russland absichtlich ein gewisses Maß an strategischer Ambiguität beibehalten hat, um die Koexistenz unterschiedlicher wissenschaftlicher Argumente zu ermöglichen, die Russlands Ziel einer erweiterten Autorität in den arktischen Gewässern stützen und die vage Formulierung soll stärkere Proteste anderer Staaten verhindern.[1405] Die derzeit letzte Entwicklung ist die im Oktober 2020 veröffentlichte, neue russische Arktisstrategie bis 2035,[1406] welche auf ihrem Vorgängermodell von 2013 aufbaut. Wiederum erhält die Verbesserung der Lebensbedingungen

---

1400 *Farré u. a.*, 2014, 310.

1401 Ibid., 310.

1402 Vgl. dazu die englische Übersetzung: The development strategy of the Arctic zone of the Russian Federation, 20.2.2013, https://www.research.kobe-u.ac.jp/gsics-pcrc/sympo/20160728/documents/Keynote/Russian%20Arctic%20strategy%202013.pdf (13.6.2024).

1403 In der asiatisch-russischen Arktis gibt es wenige Tiefseehäfen und kein leistungsfähiges Eisbahn- und Straßennetz.

1404 *Haftendorn*, 2016, 103 f.

1405 *Farré u. a.*, 2014, 310.

1406 Vgl. dazu die englische Übersetzung: *Davis/Vest*, Foundations of the Russian Federation's State Policy in the Arctic for the Period up to 2035, 2020.

für die arktischen Bewohner als erste Zielbestimmung in Punkt 9 Strategieerklärung 2020 einen besonderen Stellenwert. Gleichzeitig hat die Strategieerklärung 2020 in Punkt 7 die unzureichende Entwicklung der Infrastruktur im nördlichsten Russland als eine der größten Probleme identifiziert. Nach *Kluge* und *Paul* sind die neuen Großprojekte der Erdöl- und Erdgasunternehmungen, die über 90 % der russischen Erdgas- und 17 % der russischen Erdölförderung ausmachen, die zentralen Anreize des lokalen Ausbaus der Infrastruktur. Im westlichen Teil der russischen Arktis soll der Bau von Schienen und Straßennetzen durch privates Kapital, in Form von Konzession oder öffentlich-privaten Partnerschaften realisiert werden.[1407] Darüber hinaus will Russland in die Offshore-Förderung von Erdöl- und Erdgas in der Arktis investieren und die Häfen auf der Nordostpassage an die russischen Industriegebiete anschließen.[1408] Russland verweist in seinem Strategiepapier in Punkt 16 ausdrücklich auf eine internationale Abstimmung von umweltrechtlichen Schutzmaßnahmen und in diesem Zusammenhang auf die Etablierung einer nachhaltigen Entwicklung natürlicher Ressourcen unter Einhaltung hoher Umweltstandards.

In seiner Rede vor dem Nordischen Rat am 30. Oktober 2014 nahm der ehemalige norwegische Außenminister *Stoltenberg* explizit Bezug auf die russischen Entwicklungen und deren Auswirkungen auf die nordische Kooperation in der Sicherheitspolitik. Die von ihm bezeichnete „offensive Russian demonstration policy" sollte nicht als ein feindliches Bild verwendet werden, um die Rhetorik des Kalten Krieges wiederzubeleben. Ohne die Förderung bilateraler Beziehungen mit Russland kann die nordische Kooperation, nach *Stoltenberg* nicht bestehen.[1409] Allerdings gilt es zu beachten, dass obwohl ein Streit über die Arktis als nicht wahrscheinlich einzustufen ist, die Gefahr eines militärischen Konflikts aufgrund von Auswirkungen politischer Auseinandersetzungen in einer anderen Region sehr wohl gegeben ist.[1410] Insbesondere die Ukraine Krise beeinflusst die Beziehungen der arktischen Staaten zu Russland und könnte zu einer Militarisierung der Arktis führen.[1411] Die auferlegten westlichen Sanktion

1407 *Kluge/Paul*, 2020, 2.

1408 Ibid., 2.

1409 Thorvald Stoltenberg: Set up a Nordic Defence and Security Commission, The Nordic Council and the Nordic Council of Ministers (Nordic Co-operation), 30.10.2014, https://www.norden.org/en/news/thorvald-stoltenberg-set-nordic-defence-and-security-commission (28.12.2020).

1410 *Haftendorn*, 2016, 116.

1411 Ibid., 116; Vgl. dazu: Das steigende Konfliktpotential, ausgelöst durch den Einmarsch russischer Truppen in die Ukraine am 24.2.2022 wurde von der Autorin

infolge der Ukraine Krise haben die russischen Investitionen in der Arktis massiv eingedämmt und führten zu einer Ausrichtung der russischen Wirtschaftsbeziehungen nach Osten.[1412] Bisher zeigte sich aber, dass die Nutzung der asiatisch-ökonomischen Entwicklungsdynamik mit dem innenpolitischen Ziel einer nachhaltigen regionalen Entwicklung nicht vereinbar ist und daher muss vorerst offenbleiben, wie nachhaltig sich diese vorsichtige Annäherung angesichts konkurrierender Integrationsprojekte für die arktische Region erweisen wird.[1413] Ferner kann der asiatische Hauptpartner China als „westlicher Ersatz“ nur im begrenzten Umfang technologische Mittel und Kapital zur Verfügung stellen, da neben der kapitalintensiven Offshore-Förderung schwer zugänglicher Ressourcen die wirtschaftliche Entwicklung vom Ölpreis und internationalen Klimaschutzbemühungen abhängt.[1414] Der Grad der russischen Ausrichtung gen Osten wird nach *Hoppe* und *Rogova* von der Entwicklung der russischen Beziehungen zur EU, den USA sowie den zukünftigen Sanktionen beeinflusst. Damit ist eine Verbesserung der politischen Beziehungen aufgrund westlicher Sanktionen zu den asiatischen Partner feststellbar, obwohl paradoxerweise eine Vertiefung der ökonomischen Integration im asiatisch-pazifischen Raum ohne westliches Sanktionsregime leichter zu realisieren wäre.[1415] Ungeachtet dessen will Russland gemäß Punkt 28 Arktisstrategie bis 2035 an einem hohen Maß an Zusammenarbeit mit den übrigen arktischen Staaten erreichen, um von einem gewissen Maß an Stabilität in der Arktis profitieren zu können.

IV.1.2 Kanada

„The Arctic is fundamental to Canada's national identity.“ Dieser Einführungssatz des Dokuments *Statement on Canada's Arctic Foreign Policy* zeigt, dass die Ausübung und Aufrechterhaltung der kanadischen Souveränität einen zentralen Aspekt der arktischen Innen- und Außenpolitik darstellt.[1416] Zur Verbesserung der Überwachung der dünn besiedelten nördlichen Territorien und der Nordwestpassage wollte von der kanadischen Regierung kleine flexible

nicht miteinbezogen, da noch keine konkreten Auswirkungen für den arktischen Raum festgestellt werden konnten.

1412 *Kluge/Paul*, 2020, 2.

1413 *Hoppe/Rogova*, 2020, 248.

1414 *Kluge/Paul*, 2020, 2.

1415 *Hoppe/Rogova*, 2020, 256.

1416 Statement on Canada's Arctic Foreign Policy, Government of Canada, 12.5.2017, https://www.international.gc.ca/world-monde/assets/pdfs/canada_arctic_foreign_policy-eng.pdf (23.3.2021), 3.

Einheiten eingesetzt werden.[1417] Allerdings konnten diese anspruchsvollen Modernisierungspläne nur teilweise umgesetzt werden und so führt *Haftendorn* diesen Umstand auf die fehlenden notwendigen budgetären Mittel für ein entsprechendes Aufrüstungsprogramm zurück, als auch darauf, dass sich das kanadische Sicherheitsverlangen nicht explizit gegen eine konkrete Bedrohung richtet, da Kanada wesentlich vom US-amerikanischen Verteidigungsschirm profitiert. Somit traten andere Kernaufgaben der kanadischen Arktispolitik praktisch in den Vordergrund.[1418] Vielmehr legt die kanadische Arktisstrategie ihren politischen Fokus auf die Förderung der wirtschaftlichen und sozialen Entwicklung in den Territorien Nunavut, Nordwest und Yukon, die Wahrnehmung der ökologischen Verantwortung und die Entwicklung einer *Northern-Governance*, um der im Norden ansässigen Bevölkerung einen größeren Einfluss über ihr wirtschaftliches und politisches Schicksal einzuräumen.[1419]

2019 wurde die vormalige arktische Strategie durch das *Canada's Arctic and Northern Policy Framework*[1420] ersetzt, das die politischen Prioritäten, Aktivitäten und Investitionen in der Arktis bis 2030 und darüber hinaus vorgibt. Das *Framework* wurde gemeinsam mit Territorial- und Provinzregierungen, sowie zahlreichen indigenen Organisationen entwickelt und die eingerichtete Stelle *Global Affairs Canada* soll eine Arktispolitik im internationalen Kontext umsetzen, welche auf die Stärkung der internationalen Rechtsordnung, der Verbesserung der Zusammenarbeit zwischen arktischen und nicht-arktischen Staaten und auf eine klare maritime Grenzziehung in der kanadischen Arktis abzielt.[1421] Zur Umsetzung von Souveränitätsansprüchen in der Arktis bedient sich Kanada in der Praxis meist innerstaatlichen Gesetzgebungs- bzw. Verwaltungsakten.[1422] Beispielsweise wurde am 1. August 2019 die Errichtung eines neuen großflächigen Meeresschutzgebietes (*marine protected area*)

1417 *Haftendorn*, 2016, 106.

1418 Ibid., 107 f.

1419 Statement on Canada's Arctic Foreign Policy, Government of Canada, 2017, 3 f. und 22.

1420 Canada's Arctic and Northern Policy Framework, Government of Canada, 10.9.2019, https://www.rcaanc-cirnac.gc.ca/eng/1562782976772/1562783551358 (12.11.2021).

1421 Canada and the Circumpolar Arctic, Government of Canada, 18.2.2021, https://www.international.gc.ca/world-monde/international_relations-relations_internationales/arctic-arctique/index.aspx?lang=eng (30.3.2021).

1422 Vergleichsweise in Kapitel: III.5.2.2 Nordwestpassage.

vor der Nordwestküste der Ellesmere-Insel erklärt.[1423] Das betreffende Meeresschutzgebiet *Tuvaijuittuq* erstreckt sich über eine Fläche von knapp unter 320.000 Quadratkilometern.[1424] Nach *McDorman* und *Schofield* ist besonders bemerkenswert, dass die kanadische Regierungsführung in Zusammenarbeit mit dem Premierminister von Nunavut und dem Präsidenten der *Qikiqtani Inuit Association* das Meeresschutzgebiet erklärt haben. Damit wurde neben dem Versuch der Sicherstellung der kanadischen Souveränität, auch dessen Verwaltung durch die Inuit Bevölkerung unterstützt.[1425] Die Grenzen des eingerichteten Meeresschutzgebiets stimmen mit der bereits festgelegten Seegrenze zu Grönland und den kanadischen seerechtlichen Ansprüchen einer AWZ von 200 Seemeilen in Richtung Norden überein.[1426] Die Etablierung von Meeresschutzgebieten in der kanadischen Arktis soll die Schaffung von internationalen umweltrechtlichen Schutznormen in der Arktis vorantreiben, welche Kanada in seiner 5. Zielbestimmung seiner arktischen Strategieerklärung als wesentlich für die zukünftige Entwicklung der Arktis ansieht. Zusätzlich erachtet Kanada in der 6. Zielbestimmung die Kooperation mit arktischen-, als auch nicht arktischen Hauptakteuren als wesentlich, um auf neue Herausforderungen zu reagieren und wirtschaftliche Chancen in der Arktis wahrnehmen zu können.[1427]

IV.1.3 Norwegen

The Norwegian Government's Arctic Policy,[1428] veröffentlicht im Jänner 2021, konzentriert sich neben der wirtschaftlichen und sozialen Entwicklung Nord-Norwegens auf die Förderung bilateraler bzw. multilateraler Beziehungen zu

---

1423 New protections for High Arctic to boost climate change resiliency and create opportunities for Inuit, Prime Minister of Canada, 1.8.2019, https://pm.gc.ca/en/news/news-releases/2019/08/01/new-protections-high-arctic-boost-climate-change-resiliency-and (1.2.2022).

1424 *McDorman/Schofield*, 2020, 142.

1425 Ibid., 142.

1426 Ibid., 142.

1427 Canada's Arctic and Northern Policy Framework, Government of Canada, 2019.

1428 The Norwegian Government's Arctic Policy, Norwegian Ministry of Foreign Affairs, 2021; Vgl. dazu: Die gesamten Informationen dieses Kapitels stammen aus der norwegischen Strategieerklärung selbst. Aufgrund des geringen Zeithorizonts zwischen der Veröffentlichung des Strategiepapieres und der Verfassung dieser Arbeit konnte keine wissenschaftliche Abhandlung über die praktische Implementierung der Zielbestimmungen erfolgen.

Nachbarländern in einem geografisch nahen Bereich. Enge Beziehungen will Norwegen mit der Barentskooperation (*Barents Euro-Arctic Cooperation*), sowie den nördlichsten Gebieten Finnlands und Schweden halten. Im Dokument hat sich Norwegen erneut zur Einhaltung des SRÜ-Rechtsrahmens bekannt. Bezüglich seines Festlandsockels führt Norwegen an, dass sich dessen Festlandsockel mindestens 200 Seemeilen vom Festland von Spitzbergen und Jan Mayen erstrecke. Im *Banana Hole*, *Loop Hole* und im nördlichen Gebiet Spitzbergens erstreckt sich der norwegische Festlandsockel über die 200 Seemeilen Grenze, wie von der CLCS bestätigt, hinaus. Auch auf die russische Kooperation wird im Dokument verwiesen und deren lange Zusammenarbeit in verschiedenen wirtschaftlichen Bereichen, wie unter anderem der Fischerei, aber auch der nuklearen Sicherheit und Umwelt, erwähnt. Jedoch hat Norwegen die bilaterale militärische Zusammenarbeit aufgrund völkerrechtlicher Verstöße im Rahmen der Krim Annexion ausgesetzt. Trotzdem wurde die politische Beziehung zwischen den beiden Ländern erneut aufgebaut, um militärische Aktivitäten in der Arktis vorzubeugen. Hinsichtlich westlicher Ausrichtung beschreibt Norwegen die USA als engsten Verbündeten. Spezielle Beachtung findet insbesondere die Einhaltung des langfristigen Temperaturziels des Pariser Abkommens[1429] durch die Reduktion der norwegischen Treibhausgas-Emissionen.

IV.1.4 USA

Seit mehr als 40 Jahren hat die US-Regierung ihre Arktisstrategie in einer Reihe von Dokumenten[1430] zum Ausdruck gebracht. Die jeweiligen umfassenden Richtlinien der arktischen US-Politik spiegeln die damaligen geostrategischen Realitäten wider.[1431] Die USA, obwohl eine traditionelle Seemacht, und Russland,

1429 Paris Agreement, Paris, 12.12.2015, FCCC/CP/2015/L.9/Rev.1.

1430 National Security Decision Memorandum – NSDM-144, 22.12.1971, the White House, https://irp.fas.org/offdocs/nsdm-nixon/nsdm-144.pdf (1.2.2022); National Security Decision Directive – NSDD-90, 14.4.1983, the White House, https://irp.fas.org/offdocs/nsdd/nsdd-090.htm (1.2.2022); National Security Presidential Directive 66 und Homeland Security Presidential Directive 25, 1.9.2009, the White House, http://fas.org/irp/offdocs/nspd/nspd-66.htm (12.11.2021); Report to Congress from the of Defense on Strategy to Protect United States National Security Interests in the Arctic Region, 20.10.2016, Department of Defense, https://dod.defense.gov/Portals/1/Documents/pubs/2016-Arctic-Strategy-UNCLAS-cleared-for-release.pdf (1.2.2022).

1431 *Conley/Melino*, The Implications of U.S. Policy Stagnation toward the Arctic Region, Center of Strategic and International Studies, Mai 2019,

der Inbegriff einer Landmacht, teilten Gemeinsamkeiten strategischer Meeresinteressen.[1432] Allerdings überlebte die bilaterale Zusammenarbeit zur Schaffung eines Regimes ungehinderter Navigation durch Küstengebiete den Zusammenbruch der UdSSR nicht und die USA sahen im „geschwächten“ Russland keinen gleichwertigen Partner, der für die Aufrechterhaltung des Navigationsregimes geeignet war.[1433] Zusätzlich gewichtete die USA im weiteren Verlauf nationale Interessen höher als die strategische Sicherheit der Meere.[1434] Nach dem abflauenden militärstrategischen Interesse nach Ende des Kalten Krieges erlangte die Arktis ab 2007, wie bei den übrigen arktischen Staaten, zunehmend politische Aufmerksamkeit. Die vom damaligen Präsident *Bush* 2009 erlassene Arktisstrategie[1435] wurde unter der Regierungsführung von *Obama* modifiziert.[1436] Ein wesentliches Ziel der US-amerikanischen arktischen Strategie bleibt die Sicherung der Freiheit der Meere und der damit verbundene ungehinderter Schiffsverkehr in den arktischen Gewässern.[1437] Entsprechend führt *Skaridov* aus, dass die USA die Arktis in erster Linie als maritimen Bereich ansieht.[1438] Hinsichtlich der Festlegung der äußeren Festlandsockelgrenze erklärte die US-amerikanische Regierungsführung unter *Obama*, dass in Übereinstimmung mit dem internationalen Seerecht Maßnahmen ergriffen werden, um die äußere Grenze des Festlandsockels in der Arktis festzulegen.[1439] Eine klare Bestimmung hinsichtlich der Wahl der Maßnahmen wird allerdings vermisst.[1440]

---

https://csis-website-prod.s3.amazonaws.com/s3fs-public/publication/191009_ConleyMelino.pdf (24.2.2021), 1.

1432 *Kraska*, 2010, 519.

1433 Ibid., 520.

1434 Ibid., 520.

1435 National Security Presidential Directive 66 und Homeland Security Presidential Directive, 2009.

1436 National Strategy for the Arctic Region, the White House, Mai 2013, https://obamawhitehouse.archives.gov/sites/default/files/docs/nat_arctic_strategy.pdf (12.11.2021); Implementation Plan for the National Strategy for the Arctic Region, the White House, Jänner 2014, https://obamawhitehouse.archives.gov/sites/default/files/docs/implementation_plan_for_the_national_strategy_for_the_arctic_region_-_fi....pdf (12.11.2021).

1437 Vgl. dazu: National Security Presidential Directive 66 und Homeland Security Presidential Directive 25, 2009, III.B.1. National Security and Homeland Security Interests in the Arctic; National Strategy for the Arctic Region, 2013, 1. Advance United States Security Interests, 6 f.

1438 *Skaridov*, 2020, 114.

1439 National Strategy for the Arctic Region, the White House, Mai 2013, 9 f.

1440 *Skaridov*, 2020, 114.

Damit einhergehend ist die Beschaffung der erforderlichen Infrastruktur und Logistik von wesentlichem Interesse.[1441] Eine weitere Zielbestimmung der US-amerikanischen Arktisstrategie unter *Obama* ist die nachhaltige Umweltverwaltung der Region, in der wissenschaftliche Erkenntnisse und indigenes Wissen einfließen sollen.[1442] Auch arbeitet die USA auf eine Stärkung der bilateralen sowie multilateralen Zusammenarbeit im Arktischen Rat hin, um von einer stabilen geopolitischen Situation in der Arktis profitieren zu können.[1443] Neben Bestrebungen zur Förderung der Zusammenarbeit mit arktischen Staaten soll eine internationale Kooperation auch nicht arktische Staaten einschließen.[1444] Allerdings vermisst die betreffende arktische Strategieerklärung jede Bemühungszusage zur Förderung der sozioökonomischen Entwicklung in Alaska.

Inwieweit die arktischen Interessen der *Trump*-Regierungsführung mit den vorangegangenen Strategieerklärungen divergieren, will der nachstehende Abschnitt untersuchen. Speziell der Klimawandel und die internationale Zusammenarbeit dienen der Autorin, aufgrund der konträren Auffassungen beider ehemaliger US-Präsidenten, als Exempel.

Durch die Veränderungen in der Arktis, als alarmierendes und überzeugendes Beispiel, hat die *Obama*-Regierung seit 2009 die Notwendigkeit erkannt, auf den Klimawandel zu reagieren, um damit einhergehend die nationale Sicherheit aufzuwerten.[1445] Dazu schaffte die damalige US-Regierung neue Positionen (z. B. *U.S. special representative to the Arctic Region* und *Executive director of the Arctic Executive Steering Committee*), um den Vorsitz des Arktischen Rates von 2015 bis 2017 zu verwalten, die Arktisfrage in der Öffentlichkeit transparenter zu machen und enger mit dem arktischen Bundesstaat Alaska zusammenzuarbeiten.[1446] Mit der Unterzeichnung des Pariser Abkommens (2016)[1447] und der Erweiterung des US-amerikanischen Engagements für die Arktis durch die Betonung der weltweiten Bedrohung durch den Klimawandel, wollte ein

---

1441 *Haftendorn*, 2016, 109 f.

1442 National Strategy for the Arctic Region, the White House, Mai 2013, 7 f.; Implementation Plan for the National Strategy for the Arctic Region, the White House, Jänner 2014, 20.

1443 *Haftendorn*, 2016, 108 ff.

1444 National Strategy for the Arctic Region, 2013, 9 f.

1445 *Conley/Melino*, 2019, 3.

1446 Ibid., 3.

1447 Paris Agreement, Paris, 12.12.2015, FCCC/CP/2015/L.9/Rev.1.

nachhaltiger Umweltschutz für zukünftige Generationen erreicht werden.[1448] Die US-amerikanischen Prioritäten während des Vorsitzes im Arktischen Rat (2015–2017) waren neben der Bekämpfung der Auswirkungen des Klimawandels die Verbesserung der Wirtschafts- und Lebensbedingungen in arktischen Gemeinden und die Sicherheit und Verwaltung des arktischen Ozeans.[1449]

Nach *Weingartner* und *Orttung* zeugt die Einrichtung ein neues nationales Panel zur Klimabewertung unter der *Trump*-Regierung, sowie der Rücktritt vom Pariser Abkommen die Abkehr von den bisherigen wissenschaftlichen Untersuchungen zum Klimawandel auf. Auch die Einschränkungen von Aktivitäten der Erdöl- und Erdgasförderung in der Arktis unter *Obama*, wurden von *Trump* größtenteils außer Kraft gesetzt.[1450] Da die wirtschaftliche nationale Entwicklung nunmehr als wichtigstes Ziel erhoben wurde,[1451] traten Maßnahmen zur Eindämmung der Klimaerwärmung in der arktischen Region in den Hintergrund.[1452] Trotzdem nahmen die US-Außenminister auch weiterhin an den Ministertreffen des Arktischen Rates teil.[1453]

Mit der arktischen Strategieerklärung 2013 wurde die Stärkung der internationalen Zusammenarbeit für die arktische Region angestrebt.[1454] *Trump* brach mit dem bisher verfolgten Schwerpunkt der Diplomatie und etablierte eine aggressivere Politik. Insbesondere China wurde als Feind der US-amerikanischen Interessen wahrgenommen.[1455] Die Abneigung russischer und chinesischer Aktivitäten in der Arktis wurde ausdrücklich kommuniziert.[1456] Beim Ministertreffen des Arktischen Rates 2019 sprach der damalige US-Außenminister *Pompeo* eine ernste Warnung aus: „Respect American interests in the

---

1448 *Weingartner/Orttung*, 2019, 403.

1449 *Conley/Melino*, 2019, 3.

1450 *Weingartner/Orttung*, 2019, 403.

1451 Report to Congress from the of Defense on Strategy to Protect United States National Security Interests in the Arctic Region, 29.5.2019, Department of Defense, https://media.defense.gov/2019/Jun/06/2002141657/-1/-1/1/2019-DOD-ARCTIC-STRATEGY.PDF (1.2.2022), 7 f.

1452 *Conley/Melino*, 2019, 3.

1453 Ibid., 3.

1454 National Strategy for the Arctic Region, 2013, 3. Strengthen International Cooperation, 8 f.

1455 "civilian research efforts, [...] could support a strengthened, future Chinese military presence in the Arctic Ocean", Report to Congress from the of Defense on Strategy to Protect United States National Security Interests in the Arctic Region, 2019, 4.

1456 *Weingartner/Orttung*, 2019, 406 und 408.

arctic, or face the consequences."[1457] Zusätzlich hat die USA einen Versuch unternommen, militärische Erwägungen in die Diskussionen des Rates einzubeziehen und seine kooperative Struktur und Organisationsprinzipien zu verändern.[1458] Wären diese Vorschläge umgesetzt worden, wäre die starke Position des Arktischen Rates selbst untergraben worden.[1459]

An beiden arktischen Politikausrichtungen kritisieren *Conley* und *Melino*, dass sowohl *Obama* als auch *Trump* die strategischen Auswirkungen des Großmachtwettbewerbs in der Arktis nicht verstanden haben. Demgegenüber haben die Konkurrenzstaaten Russland und China den strategischen Wert der Arktis frühzeitig erkannt und ihr Militär und ihren wirtschaftlichen Einfluss in der Arktis vergrößert. Der Mangel an US-amerikanischen Eisbrechern ist eines der auffälligsten Defizite.[1460]

Das derzeit amtierende US-amerikanische Regierungsoberhaupt *Biden* hat hinsichtlich der Anerkennung des Klimawandels ein klares Zeichen gegen seinen Amtsvorgänger gesetzt. Unmittelbar nach Amtsantritt erfolgte die Rückkehr zum Pariser Klimaabkommen.[1461] Auch die Berufung der indigenen Politikerin *Haaland* zur Innenministerin ist ein klares Zeichen für den Umweltschutz und ein starkes Signal gegen die Erdöl- und Erdgasindustrie.[1462] Zusätzlich setzt die *Biden*-Regierung mit der Reaktivierung des *Arctic Executive Steering Committee* verstärkt auf die Behandlung umweltrechtlicher Fragen und die Zusammenarbeit mit der indigenen Bevölkerung in Alaska.[1463]

1457 *Herrmann*, A Diplomatic Appointment Goes to a Man with the Wrong Kind of Experience, in: Scientific American, 12.8.2020, https://www.scientificamerican.com/article/a-diplomatic-appointment-goes-to-a-man-with-the-wrong-kind-of-experience/ (12.11.2021).

1458 *Weingartner/Orttung*, 2019, 408.

1459 Ibid., 408.

1460 *Conley/Melino*, 2019, 2 ff.

1461 Paris Agreement, Paris, 12.12.2015, C.N.10.2021.TREATIES-XXVII.7.d (Depositary Notification), 20.1.2021.

1462 *Endres*, US-Regierung: Das sind Bidens Klimakämpfer, in: Die Zeit, 23.1.2021, https://www.zeit.de/wissen/umwelt/2021-01/us-regierung-joe-biden-klima politik-klimaschutz-usa-klimawende/komplettansicht?utm_referrer=https %3A%2F%2Fde.wikipedia.org%2F (19.2.2021).

1463 Press Release, the White House, 24.9.2021, https://www.whitehouse.gov/ostp/news-updates/2021/09/24/biden-harris-administration-brings-arctic-policy-to-the-forefront-with-reactivated-steering-committee-new-slate-of-research-com missioners/ (13.11.2021).

Inwiefern *Biden*, der in der *Obama*-Regierung Vizepräsident war,[1464] auf eine stärkere Kooperation mit den arktischen Anrainerstaaten, als auch nicht-arktischen Staaten wie China setzt, bleibt abzuwarten. Russland[1465] und China[1466] verfolgen ihre arktischen Ziele aktiv und diese könnten mit nationalen US-amerikanischen Interessen kollidieren. Dahingehend könnten einige politische Relikte aus der *Trump*-Zeit fortbestehen.

IV.1.5 Dänemark

Das Königreich Dänemark erhält durch die Insel Grönland den rechtlichen Status eines arktischen Küstenstaates. Obwohl die dänische Arktisstrategie aus dem Jahr 2011[1467] für das Königreich selbst und seine selbstverwaltenden Länder Färöer und Grönland eine gemeinsame Strategie vorsieht, stellen die wirtschaftlichen und gesellschaftlichen Entwicklungen Grönlands den Kern der dänischen Arktisstrategie dar.[1468] Die Nutzung der arktischen Ressourcen ist das wichtigste Ziel der dänischen Arktispolitik[1469] und entsprechend enthält das Dokument konkrete Angaben über einen konsequenten Ausbau des Erdöl- und Erdgassektors.[1470] Gleichzeitig ist eine nachhaltige Bewirtschaftung Grönlands mit einer verstärkten Nutzung von erneuerbaren Energien angedacht und die sozioökonomische Entwicklung der Bevölkerung, das Gesundheits- und Bildungssystem sowie der Ausbau der Infrastruktur in der dänischen Arktisstrategie besitzen Relevanz.[1471] Zusätzlich sollen internationale Dialoge über den Klimawandel, Umweltschutz, die maritime Sicherheit und den Schutz der Rechte der indigenen Völker eine enge Kooperation aller arktischen Akteure

1464 Joe Biden, in: Wikipedia, 19.2.2021, https://de.wikipedia.org/w/index.php?title=Joe_Biden&oldid=209008-717 (19.2.2021).

1465 Siehe Kapitel: IV.1.1 Russland.

1466 Siehe Kapitel: IV.5.2 China.

1467 Kingdom of Denmark Strategy for the Arctic 2011–2020, Government of Denmark/Government of Greenland/Government of Faroes, August 2011, http://library.arcticportal.org/1890/1/DENMARK.pdf (12.11.2021).

1468 *Haftendorn*, 2016, 113.

1469 *Schulze*, Arktisstrategien Überblick, Deutsche Arktisbüro am Alfred-Wegener-Institut/Helmholtz-Zentrum für Polar- und Meeresforschung 2017, https://www.arctic-office.de/fileadmin/user_upload/www.arctic-office.de/PDF_uploads/Arktisstrategien_DE_10.11.17.pdf (19.7.2020), 6.

1470 Kingdom of Denmark Strategy for the Arctic 2011–2020, Ministry of Foreign Affairs Denmark/Department of Foreign Affairs Greenland/Ministry of Foreign Affairs Faroes, 2011, 24 ff.

1471 *Haftendorn*, 2016, 114; *Schulze*, 2017, 6.

fördern.[1472] Die Arktis hat seit dem dänischen Strategiepapier von 2011, obwohl die geplante Erneuerung des zehnjährigen Strategiepapiers noch ausständig ist, an zunehmender politischer Bedeutung gewonnen, indem die Arktis als eine der außenpolitischen Prioritäten Dänemarks anerkannt wurde. 2022 identifiziert Dänemark die steigende russisch-militärische Präsenz und eine große chinesische Einflussnahme im arktischen Raum als Bedrohung für die dänische Souveränität und setzt auf eine verstärkte Zusammenarbeit mit den USA als „most important security policy ally“ sowie die verstärkte Überwachung des arktischen Raums durch die NATO.[1473] Obwohl Dänemark Grönland auch in Zukunft nicht selbstständig verteidigen kann und insbesondere auf die US-amerikanische sicherheitspolitische Unterstützung angewiesen ist, hat sich Dänemark einer US-amerikanischen Diktion zu entziehen.[1474] Auffallend ist, dass der Schutz des arktischen Ökosystems in der *Foreign and Security Policy Strategy* 2022 geringe Beachtung erfährt.

Innenpolitisch unterstützt Dänemark die Unabhängigkeitsbestrebungen Grönlands. *Paul* führt diese Unterstützung auf das dänische Ziel zurück, weiterhin eine herausragende geopolitische Stellung als arktischen Anrainerstaat wahrnehmen zu können und es gilt dazu die Akzeptanz der grönländischen Bevölkerung beizubehalten. Beispielsweise wurde 2018 ein dänisches Finanzpaket präsentiert, dass unter anderem den Ausbau der Flughäfen in Grönland, als auch weitere Förderungsprojekte der grönländischen Wirtschaft verfolgt.[1475] Zusätzlich befürwortet Dänemark die Verleihung eines Beobachterstatus asiatischer Staaten im Arktischen Rat, um insbesondere für Grönland Investoren zu lukrieren.[1476] Auf der Kehrseite werden mit den dänischen Initiativen zur Verbesserung der Beziehungen zu Grönland die zentrifugalen Kräfte innerhalb Dänemarks geschwächt und Dänemark befindet sich in einer schwierigen Position, da ein Gleichgewicht zwischen der innenpolitischen Förderung seiner

---

1472 *Haftendorn*, 2016, 114.

1473 Foreign and Security Policy Strategy, The Danish Government, Jänner 2022, https://um.dk/en/-/media/websites/umen/foreign-policy/uss-2022/uss-en-web-220215-1-final-a.ashx (3.4.2022), 23; Vgl. dazu: Bereits in der dänischen Arktisstrategie 2011 vertraut Dänemark hinsichtlich sicherheitspolitischer Erwägungen auf die NATO Vertragspartnerschaft; Kingdom of Denmark Strategy for the Arctic 2011–2020, Ministry of Foreign Affairs Denmark/Department of Foreign Affairs Greenland/Ministry of Foreign Affairs Faroes, 2011, 20.

1474 *Paul*, 2021, 7 f.

1475 Ibid., 2.

1476 Ibid., 8.

autonomen Gebiete und der Verhinderung einer wirtschaftlichen Abhängigkeit, insbesondere der chinesischen, gefunden werden muss.[1477] Dementsprechend fordert Dänemark eine Verrechtlichung des Arktisregimes und setzt sich in seiner Arktisstrategie insbesondere dafür ein, dass der Arktische Rat verbindliche Normen erlassen kann.[1478] Als wichtigen Schritt sollen maritime Grenzstreitigkeiten völkerrechtskonform beigelegt werden, die Sicherheit auf See und die Beachtung eines polaren Navigationsregelwerks zu gewährleisten.[1479] In diesem Kontext setzt die dänische Arktisstrategie auf den *Polar Code*.[1480]

Insgesamt verfolgt die dänische Arktisstrategie als oberstes Ziel eine friedliche und sichere Arktis durch eine enge Zusammenarbeit mit den Nachbarstaaten zu gewährleisten.[1481]

IV.1.6 Zwischenergebnis

Zum jetzigen Zeitpunkt sprechen alle arktischen Staaten in ihren Strategieerklärungen der wirtschaftlichen Entwicklung politische Relevanz zu. Auch die sozioökonomische Entwicklung der Region ist, bis auf die US-amerikanische Strategieerklärung,[1482] eine ausdrücklich genannte Zielbestimmung. Die mit dem Klimawandel einhergehenden Umweltschutzmaßnahmen sind von allen arktischen Anrainerstaaten gewünscht. Russland, Kanada, Norwegen und Dänemark erachten die Förderung der internationalen Zusammenarbeit innerhalb der arktischen Anrainerstaaten als wesentliche Vorbedingung zur Durchsetzung ihrer arktischen Interessen.[1483] Ob sich die US-amerikanische Regierung unter *Biden* an die veröffentlichte Strategieerklärung aus dem

1477 Ibid., 8.

1478 Kingdom of Denmark Strategy for the Arctic 2011–2020, Ministry of Foreign Affairs Denmark/Department of Foreign Affairs Greenland/Ministry of Foreign Affairs Faroes, 2011, 52.

1479 *Haftendorn*, 2016, 113.

1480 Kingdom of Denmark Strategy for the Arctic 2011–2020, Ministry of Foreign Affairs Denmark/Department of Foreign Affairs Greenland/Ministry of Foreign Affairs Faroes, 2011, 18.

1481 Kingdom of Denmark Strategy for the Arctic 2011–2020, Ministry of Foreign Affairs Denmark/Department of Foreign Affairs Greenland/Ministry of Foreign Affairs Faroes, 2011, 10 f.

1482 Dies könnte dem Umstand geschuldet sein, dass sich die US-amerikanische Identität nicht über die Arktis definiert. Die USA werden dementsprechend auch als „arktische Macht wider Willen" bezeichnet. Vgl. dazu *Haftendorn*, 2016, 108.

1483 Russland verfolgt die Etablierung eines stabilen politischen Umfelds zum Vorteil aller arktischen Staaten. Kanada geht noch einen Schritt weiter und schließt auch

Jahr 2013 orientieren wird und wie angekündigt einen „science-based approach to tackling climate change, enhancing the United States' national and economic security, and fostering coordination – particularly with indigenous peoples – in the arctic region“[1484] umsetzen kann, wird sich zeigen.

Die arktischen Staaten dominieren die arktische Geopolitik und Regierungsführung und spielen eine entscheidende Rolle bei der Kontrolle der Region. Das Interesse an der Sicherung der Vormachtstellung in der Arktis kann unter anderem durch das Ziel der Vermeidung von Einflüssen nicht-arktischer Staaten, die an der arktischen Entwicklung interessiert sind, erklärt werden. Aufgrund dieser einheitlichen Zielbestimmung weist der arktische Raum eine hohe geopolitischen Stabilität und konstruktive Zusammenarbeit unter den Arktischen Fünf auf, wobei die staatliche Souveränität fest legitimiert ist. Zusätzlich kann das Interesse an der Dominanz der Arktischen Fünf in der Region auf die Globalisierung und den rasch fortschreitenden Klimawandel zurückgeführt werden. Diese Entwicklungen implizieren einen verbesserten Zugang zu arktischen Ressourcen und damit höhere Chancen für wirtschaftliche Entwicklungen. Vor dem Hintergrund der identifizierten Vermeidung von Einflüssen nicht-arktischer Staaten kann die Autorin keinen Willen zu einer Globalisierung der arktischen Politik ableiten, sondern lediglich eine Akzeptanz an die Anpassung an diese Transformation feststellen.

IV.2 Das innerstaatliche arktische Recht im Hinblick auf die Erdöl- und Erdgasförderung

Als zukünftig potenziell wesentliches Marktsegment der arktischen Wirtschaftsleistung identifiziert die Autorin die Branche der Erdöl- und Erdgasförderungen. Da sich die von *US-Geological Survey* prognostizierten Offshore-Erdöl- und Erdgasvorkommen größtenteils innerhalb unbestrittener Hoheitsgewässer der arktischen Anrainerstaaten befinden,[1485] ist die Frage nach

---

nicht arktische Hauptakteure in seine Kooperationsbemühungen ein. Norwegen will die Beziehungen zu seinen unmittelbaren Nachbarstaaten fördern. Auch Dänemark setzt auf eine enge Kooperation den arktischen Staaten, um eine friedliche und sichere Arktis zu gewährleisten. Vgl. dazu die Ausführungen zu den jeweiligen Arktisstrategien in den vorangegangenen Unterkapiteln.

1484 Press Release, the White House, 24.9.2021.

1485 Siehe Kapitel: II.5.1 Der arktische Rohstoffsektor und seine Exporte auf externen Märkten: Chancen und Risiken; Vgl. dazu auch: *Gautier u. a.*, 2009, 1176 ff.

dem Eigentum über die genannten Ressourcen und die Vergabe von Explorations- und Produktionslizenzen in dieser Arbeit grundlegend.

IV.2.1 Russland

In Russland die Regulierung des Eigentums und die Nutzung natürlicher arktischer Ressourcen auf verschiedenen Rechtsebenen. Die höchste Rechtsstufe nimmt die russische Verfassung mit den wichtigsten Normierungen über Eigentumsrechte an natürlichen Ressourcen ein.[1486] Gemäß Art. 72 Abs. 1 lit. c russische Verfassung fallen die natürlichen Ressourcen in die gemeinsame Zuständigkeit des Bundes, den Regionen, bundesbedeutsamen Städten, dem autonomen Gebiet und autonomen Bezirken und sollen nach Art. 9 als Lebensgrundlage der Menschen in den Gebieten, aus denen diese Ressourcen stammen, genutzt und geschützt werden.[1487] Daneben konkretisieren Bundesgesetze die Nutzung der Ressourcen im russischen Meeresboden, Meeresuntergrund und Festlandsockel.[1488] Das relevante Gesetz (*federal Act on Subsoil No. 2395-1*[1489]) bestimmt in Art. 1.2, dass die russische Föderation alleiniger Eigentümer der geologischen Ressourcen (des Untergrundes) ist und eben dieses Eigentumsrecht unveräußerlich ist.

Für die Nutzung seiner natürlichen Bodenschätze sieht Russland ein Lizenzierungssystem, als auch ein Produktionsbeteiligungssystem vor, wobei das Lizenzierungssystem vorrangig angewendet wird und in erster Linie dem zuvor genannten innerstaatlichen russischen Gesetz unterliegt.[1490] Grundsätzlich basiert das Lizenzierungssystem nach Art. 1.2 *federal Act on Subsoil* auf den Verwaltungsbeziehungen zwischen dem Staat, als Eigentümer des Meeresbodens sowie des Meeresuntergrunds und den Nutznießern dieses Gebiets, die private juristische Personen, als auch Einzelunternehmer sein können.[1491]

1486 *Morozova*, 2020, 281.

1487 *Britcyna/Nystén-Haarala/Pappila*, Extractive Industries and Public Participation in Russia: The Case of the Oil Industry in Izhemskii District, Komi Republic, in: Alfredsson/Koivurova (Hg), The Yearbook of Polar Law[9] 2017, Brill/Nijhoff: Leiden–Boston 2018, 145; Vgl. dazu die deutsche Übersetzung des Lehrstuhls von *Fincke*, Passau: Die Verfassung der Russischen Föderation, 12.12.1993, http://www.constitution.ru/de/ (10.11.2021).

1488 *Morozova*, 2020, 281.

1489 Federal Law N 2395-I, On Subsoil, 21.2.1992; Vgl. dazu die englische Übersetzung unter: https://cis-legislation.com/document.fwx?rgn=1494 (13.11.2021).

1490 *Morozova*, 2020, 284.

1491 Ibid., 284.

Die erworbene Lizenz bescheinigt das Recht auf Mineralgewinnung für ein bestimmtes geografisches Gebiet und für einen bestimmten Zeitraum.[1492] Im betreffenden *Subsoil Law* werden als Ausgleich in den Art. 20, 23 und 24 arbeitnehmerschutzrechtliche und umweltschutzrechtliche Normen festgelegt.[1493]

Allerdings versagt das russische Lizenzierungssystem regionalen und lokalen Behörden grundlegende Entscheidungsbefugnisse.[1494] Auch das zweiteilige russische System von Umweltverträglichkeitsprüfungen (UVP),[1495] als eine der wenigen Option der Mitwirkung öffentlicher Beteiligung, hat einen vagen rechtlichen Status.[1496] Auf der ersten Stufe der UVP sollen Informationsbeschaffungen, Folgenabschätzungen und öffentliche Anhörungen zusammengefasst und analysiert werden.[1497] Anschließend soll das erstellte Ergebnisprotokoll von einer sachverständige Entscheidung (*Ecological Expertise*) nach dem *Federal Law N 174-FZ*[1498] bewertet und die Rechtmäßigkeit der vorgeschlagenen Projekte festgestellt werden.[1499] Ein positives *Ecological Expertise Review* ist die Voraussetzung für den Fortgang eines Projekts.[1500] Gemäß Art. 11 *Federal Act on Environmental Review* erfordern Explorationsarbeiten und Ölbohrungen ein *Ecological Expertise Review* auf Bundesebene, wenn Bohrungen innerhalb

---

1492 *Britcyna/Nystén-Haarala/Pappila,* 2018, 146.

1493 The Law of the Russian Federation on Subsoil: Policies, International Energy Agency, 12.2.2020, https://www.iea.org/policies/8827-the-law-of-the-russian-federation-on-subsoil (23.11.2020).

1494 *Britcyna/Nystén-Haarala/Pappila,* 2018, 146.

1495 Order No. 372 of 2000 of the Federal Committee on Environmental Protection regarding the Validation of the Regulation on the Assessment of environmental Impact of the projected Economic and other types of Activity, 16.5.2000, Federal EIA Decree No. 372; in russischer Sprache unter: http://base.garant.ru/12120191/#ixzz5VcOS9Zwy (14.11.2021).

1496 *Britcyna/Nystén-Haarala/Pappila,* 2018, 146 und 156 f.

1497 Ibid., 146.

1498 Federal Law N 174-FZ, About environmental Assessment, 23.11.1995, englische Übersetzung unter: https://cis-legislation.com/document.fwx?rgn=1521 (14.11.2021).

1499 *Britcyna/Nystén-Haarala/Pappila,* 2018, 146; *Nenasheva/Bickford/Lesser/Koivurova/Kankaanpää*, Legal tools of public participation in the Environmental Impact Assessment process and their application in the countries of the Barents Euro-Arctic Region, in: 1 Barents Studies: Peoples Economies and Politics 3/2015, 28.

1500 *Britcyna/Nystén-Haarala/Pappila,* 2018, 146; *Nenasheva/Bickford/Lesser/Koivurova/Kankaanpää*, 2015, 28.

eines Naturschutzgebietes, innerhalb einer AWZ stattfinden, oder wenn im Bohrgebiet die Entsorgung gefährlicher Abfälle durchgeführt werden soll.[1501]

In der Praxis finden aber äußerst selten Projektdiskussionen statt, da die Unternehmen ihre geplanten Aktivitäten nicht offen kommunizieren und keine Vorberatungen mit der ansässigen Bevölkerung führen, dessen Interessen durch das Projekt beeinträchtigt werden könnten.[1502] Daher haben lokale Gemeinden in der Regel keine Informationen über zukünftige Ölbohrungen, bis die Vorbereitungsarbeiten tatsächlich begonnen haben.[1503] Eine positive Änderung erwarten *Britcyna*, *Nystén-Haarala* und *Pappila* durch *Federal Act No. 219-FZ*,[1504] der nationale Umweltgesetze dahingehend ändert, dass ab 2018 eine verpflichtende Aufnahme von *Ecological Expertise Reviews* für alle Bauvorhaben im Zusammenhang mit Erdöl- und Erdgasprojekten normiert sind.[1505] Damit werden zwar umweltschutzrechtliche Maßnahmen erhöht, eine aktive Beteiligung der ansässigen Bevölkerung am Erdöl- und Erdgasförderprozess wird in der Praxis aber nicht gewährleistet.

IV.2.2 Kanada

Erdöl- und Erdgasfördertätigkeiten unterstehen im Norden Kanadas, im Gegensatz zur Kompetenzverteilung über die kanadische Ostküste, dem *National Energy Board*, dem *Federal Department of Fisheries* und dem *Ministry of Aboriginal Affairs and Northern Development*.[1506] Dem betreffenden Ministerium obliegt ferner die Aufgabe, die finanziellen Einnahmen aus der Offshore-Förderung zu verteilen und kanadische Unternehmen bei der Lizenzvergabe zweckmäßig zu berücksichtigen.[1507]

Für Fördertätigkeiten von Erdöl und Erdgas, müssen die Unternehmen Rechte an den Mineralien besitzen oder im Besitz eines, mit dem Eigentümer

---

1501 *Britcyna/Nystén-Haarala/Pappila*, 2018, 147.

1502 *Nenasheva/Bickford/Lesser/Koivurova/Kankaanpää*, 2015, 28.

1503 *Britcyna/Nystén-Haarala/Pappila*, 2018, 147 f.

1504 Federal Law N 219-FZ, On Amendments to the Federal Law on Environment Protection, 21.7.2014; in russischer Sprache unter: http://www.consultant.ru/document/cons_doc_LAW_165823/?resource=conx&target=doc (14.11.2021).

1505 *Britcyna/Nystén-Haarala/Pappila*, 2018, 147.

1506 *Spurn/Haines/Camara*, Canada, in: Strong (Hg), The Oil and Gas Law Review[3], Law Business Research Ltd: London 2015, 15.

1507 *Todorov*, Approaches of Foreign Countries to Legal Regulation of the Oil and Gas Development on the Arctic Continental Shelf, in: 30 Arctic and North 2018, 37.

der Mineralrechte abgeschlossenen Pachtvertrages, sein.[1508] Dabei kommen nach *Spurn*, *Haines* und *Camara* grundsätzlich drei Vertragspartner in Betracht: (1) die Provinz- und Bundesregierungen (*crown rights*), (2) die First Nations-Gruppierungen (*aboriginal rights*), oder (3) Einzelpersonen oder Unternehmen (*freehold rights*). Der Eigentümer von *freehold rights* kann, vorbehaltlich der von der Regierung zum Wohle der Gemeinde, Provinz oder des Landes auferlegten Beschränkungen, nach eigenem Ermessen verkaufen, verpachten oder belasten.[1509]

Bestimmte Beschränkungen hinsichtlich der Art oder des Umfangs von Erdöl- und Erdgasaktivitäten sind auf nationaler Ebene festgelegt worden. Grundsätzlich sind UVPs und damit verbundene Genehmigung im Vorfeld eines Baubeginns erforderlich und in der Regel Voraussetzung für die Erteilung von Nebengenehmigungen und Genehmigungen durch Bund und Länder.[1510] Das wichtigste Umweltgesetz des Bundes ist der *Impact Assessment Act*,[1511] der im Vergleich zur vorangegangenen Regulierung eine frühere Planungs- und Beteiligungsphase einführt und erweiterte Möglichkeiten der öffentlichen Beteiligungen mit neuen gesetzlichen Fristen geschaffen hat.[1512] Da das betreffende Gesetz erst seit 2019 in Kraft ist und, ausgehend von den nachstehenden Untersuchungsergebnissen, die Erdöl- und Erdgasförderung in der kanadischen Arktis praktisch nicht existent ist, erfolgt keine weitere rechtliche Beurteilung des *Impact Assessment Acts*.

Die hohen Umweltstandards und strengen Sicherheitsanforderungen könnten nach *Todorov* einer der Gründe sein, warum sich das Interesse an Förderprojekten im kanadischen Festlandsockel dezimiert hat. Beispielsweise legte das Unternehmen *Shell* 2016, aufgrund der kanadischen Weigerung, die gesetzlichen Anforderungen für Bohrungen in der Arktis zu verringern, seine Lizenzen im kanadischen Teil der Beaufortsee zurück.[1513] Für die kanadische Arktis wurden letztmalig 2014 Offshore-Explorationslizenzen vergeben und

---

1508 *Spurn/Haines/Camara*, 2015, 16.

1509 Ibid., 16.

1510 *Spurn/Haines/Camara*, 2015, 19; *Todorov*, 2018, 38.

1511 Impact Assessment Act, 28.8.2019, S.C.2012, c. 19, s. 52, https://laws.justice.gc.ca/PDF/I-2.75.pdf (14.11.2021).

1512 *Manning/Tamura-O'Connor*, Oil and gas regulation in Canada: overview, in: Thomson Reuters Practical Law, https://uk.practicallaw.thomsonreuters.com/3-633-1728?transitionType=Default&contextData=(sc.Default)&firstPage=true#kh_relatedContentOffset (14.11.2021).

1513 *Todorov*, 2018, 38 f.

die kanadische Regierung hat im Jahr 2016 die Vergabe von zukünftigen Öl- und Gaslizenzen für alle Gewässer der kanadischen Arktis auf unbestimmte Zeit gesperrt.[1514] Diese Begrenzung soll alle 5 Jahre durch eine wissenschaftlich fundierte Ökobilanz überprüft werden.[1515] Ferner wurde 2019 die staatliche Anordnung erteilt, dass alle Erdöl- und Erdgasaktivitäten vor der kanadisch-arktischen Küste verboten sind.[1516]

Das betreffende *Order Prohibiting Certain Activities in Arctic Offshore Waters* entfaltet seine rechtliche Wirkung bis Ende des Jahres 2021 und bestimmt:

> "It is prohibited for any person, including an interest owner of a licence set out in the schedule, to commence or continue any work or activity authorized under the *Canada Oil and Gas Operations Act* on the frontier lands that are situated in Canadian Arctic offshore waters and in respect of which the Minister of Northern Affairs has administrative responsibility for natural resources."[1517]

IV.2.3 Norwegen

Der norwegische Staat hält das Eigentum an Erdöl- und Erdgasressourcen im norwegischen Festlandsockel und die norwegische Regierung verleiht ausschließliche Rechte durch verwaltungsrechtliche Entscheidungen.[1518] Alle Phasen des Förderprozesses von Erdöl und Erdgas im norwegischen Festlandsockel[1519] erfordern offizielle staatliche Genehmigungen.[1520] Davon ausgenommen sind staatseigene Unternehmen, welche Erdölaktivitäten ohne eine

---

1514 Offshore Drilling, Canada Energy Regulator, 30.9.2020, https://www.cer-rec.gc.ca/en/about/north-offshore/offshore-drilling.html (22.2.2021).

1515 Ibid.

1516 Ibid.

1517 Order Prohibiting Certain Activities in Arctic Offshore Waters, 30.7.2019, SOR/2019-280, https://laws-lois.justice.gc.ca/PDF/SOR-2019-280.pdf (14.11.2021).

1518 *Leerberg/Berntsen*, Norway, in: Burns/Derrick (Hg), International Comparative Legal Guides: Oil & Gas Laws and Regulations[16], Global Legal Group Ltd: London 2021, 168 f.

1519 Diese Aktivitäten reichen von der Vergabe von Explorations- und Produktionslizenzen im Kontext der Erfassung seismischer Daten und Explorationsbohrungen, bis hin zu Entwicklungs-, Operations-, Produktions- und Stilllegungsplänen. Vgl. dazu: *Bustnesli*, 2020, 253.

1520 *Bustnesli*, 2020, 253; *Leerberg/Berntsen*, 2021, 170.

spezielle Lizenz durchführen können.[1521] Trotzdem unterliegen sie den entsprechenden zugehörigen Genehmigungen und Zustimmungen gemäß geltendem Recht.[1522]

Der Staat Norwegen weist die zustehenden Erdöl- und Erdgasressourcen in einem Lizenzierungssystem privaten und staatlichen Unternehmen zu, die im Rahmen der Lizenzen und festgelegten Grundsätzen Erkundungs-, Entwicklungs- und Förderaktivitäten durchführen.[1523] Bei den Lizenzvergaben ist eine obligatorische Beteiligung an einer nicht rechtsfähigen Joint Venture-Unternehmung, mit einer gemeinsamen Standardbetriebsvereinbarung und einer Rechnungslegungsvereinbarung, vorgesehen.[1524] Dabei basiert der rechtliche Rahmen grundsätzlich auf dem *Petroleum Act No. 72*[1525] und den darin erlassenen Sicherheitsvorschriften für Erdölaktivitäten.[1526] Detailliertere Gesetze, welche das Ressourcenmanagement, als auch Bereiche der Gesundheit, Sicherheit und Umwelt regulieren, ergänzen den *Petroleum Act No. 72*.[1527] Die Einnahmen aus den Erdöl- und Erdgasressourcen reinvestiert Norwegen über einen öffentlichen Fond in das Land selbst.[1528] Dabei wird das sogenannte „Total Government take" überwiegend durch die Körperschaftssteuer, die Mineralöl-Sondersteuer, die direkte Beteiligung des Staates an den einzelnen Produktionslizenzen und einer indirekten staatlichen Beteiligung eingetrieben, womit das norwegische Steuersystem nach Steuerneutralität strebt, um rentable Investitionsprojekte nach Steuerabzug zu schaffen.[1529]

1521 *Leerberg/Berntsen*, 2021, 169.

1522 Ibid., 169.

1523 *Bustnesli*, 2020, 255.

1524 Ibid., 255.

1525 Petroleum wird in section 1–6 lit. a als: „all liquid and gaseous hydrocarbons existing in their natural state in the subsoil, as well as other substances produced in association with such hydrocarbons" definiert. Vgl. dazu: Act No. 72 relating to petroleum activities, 29.11.1996, https://www.npd.no/en/regulations/acts/act-29-november-1996-no2.-72-relating-to-petroleum-activities/#Section-1-1 (24.3.2021).

1526 *Leerberg/Berntsen*, 2021, 170.

1527 *Bustnesli*, 2020, 252 und 258 f.

1528 *Bustnesli*, 2020, 252; *Pelaudeix*, Governance of offshore hydrocarbon activities in the Arctic and energy policies: A comparative approach between Norway, Canada and Greenland/Denmark, in: Pelaudeis/Basse (Hg), Governance of Arctic Offshore Oil and Gas, Routledge: London 2018, 118.

1529 *Leerberg/Berntsen*, 2021, 170 f.

Dieses attraktive Besteuerungssystem von Investitionsmöglichkeiten ist nicht verwunderlich.[1530] Die hohen norwegischen Umweltstandards, insbesondere eine uneingeschränkte und verschuldensunabhängige Haftung für Schäden von Erdöl- und Erdgasgewinnungsanlangen,[1531] basieren in erster Linie auf Fachwissen und finanzieller Leistungsfähigkeit.[1532] Um dieses System aufrecht erhalten zu können, werden den Investoren Anreize geboten.[1533]

Spezielle Rechte hinsichtlich der öffentlichen Beteiligung bei der Durchführung von Förderprojekten werden den im nördlichsten Teil Norwegen lebenden indigenen Völkern nicht eingeräumt.[1534] Allerdings ist anzumerken, dass sich die Situation in Finnmark im Vergleich zum Rest Norwegens unterscheidet. Finnmark beheimatet größtenteils das indigene Volk der Sami, und mit der Verabschiedung des *Finnmark Acts*[1535] erhielten die Sami mehr Rechte und Entscheidungsbefugnisse über unbebautes Land, wodurch das Sami-Parlament gehört werden muss, sofern ihr Einflussbereich durch die Industrieprojekte betroffen ist.[1536]

IV.2.4 USA

Mit der *Truman-Proclamation* hat sich die US-amerikanische Regierung selbst mit hoheitlichen Rechten und Kontrollrechten über die natürlichen Ressourcen des Meeresuntergrundes und Meeresbodens des Festlandsockels unter der Hohen See, angrenzend an die US-amerikanische Küste, zugesprochen.[1537] Der US-amerikanische *Supreme Court* bestätigte 1947,[1538] dass die Bundesregierung Hoheitsbefugnisse (*paramount rights*) für alle von der Küste ausgehenden

---

1530 Fundamental Regulatory Principles, Norwegian Petroleum Directorate, https://www.norskpetroleum.no/en/framework/fundamental-regulatory-principles/ (15.11.2021).

1531 Vgl. dazu: Chapter 7 Act No. 72 relating to petroleum activities, 29.11.1996.

1532 *Pelaudeix*, 2018, 118.

1533 Ibid., 118.

1534 *Nenasheva/Bickford/Lesser/Koivurova/Kankaanpää*, 2015, 22 f.; *Pelaudeix*, 2018, 118.

1535 Act No. 85, Finnmark Act, 17.6.2005, https://lovdata.no/dokument/NLE/lov/2005-06-17-85 (15.11.2021).

1536 *Nenasheva/Bickford/Lesser/Koivurova/Kankaanpää*, 2015, 22 f.; dazu unterschiedlich: *Pelaudeix*, 2018, 118.

1537 Proclamation No. 2667, Truman Proclamation, 28.9.1945, 10 Federal Register 12, 303.

1538 United States v. State of California, Judgement 23.6.1947, 332 US 19.

Meeres(-untergrund)gebiete besitze.[1539] Auf dieser Rechtsgrundlage aufbauend, normiert der *Outer Continental Shelf Lands Act* von 1953[1540] die Hoheitsgewalt über den US-amerikanischen *Outer Continental Shelf* (OCS)[1541] gemäß *section 1333* folgendermaßen: „The Constitution and laws and civil and political jurisdiction of the United States are extended, to the same extent as if the outer continental shelf were an area of exclusive federal jurisdiction located within a state."

Entsprechend obliegt dem US-amerikanischen Innenministerium die Hauptverantwortung über die Verwaltung von offiziellen Marinekatastern seewärts der drei-Seemeilen-Grenze eines Bundesstaates.[1542] Die Marinekataster bilden die Grundlage für Leasingprozesse, die durch das *Bureau of Ocean Energy Management* vergeben werden.[1543] Landwärts der Drei-Seemeilen-Grenze in der US-amerikanischen Arktis, besitzt Alaska die Zuständigkeit für Unterwasserressourcen gemäß dem *Submerged Lands Act*[1544] von 1953.[1545] Art. VIII *Constitution of the state of Alaska*[1546] normiert wesentliche Grundprinzipien, die für die Gewinnung natürlicher Ressourcen in der Arktis von entscheidender Bedeutung sind. Darunter der Verkauf oder die Gewährung von Staatsland und die Vergabe von Leasingverträgen für Öl, Gas und Ölschiefer.[1547]

1539 *Canuel*, Alaska and offshore hydrocarbon extraction – A legal and socio-economic review, in: Pelaudeix/Basse (Hg), Governance of Arctic Offshore Oil and Gas, Routledge: London 2018, 96.

1540 Outer Continental Shelf Lands Act of 1953, 43 U.S.C. §§ 1331 et seq., https://www.boem.gov/sites/default/files/oil-and-gas-energy-program/Leasing/Outer-Continental-Shelf/Lands-Act-History/Outer-Continental-Shelf-Lands-Act.pdf (17.11.2021).

1541 Mit *Outer Continental Shelf* sind nach § 1331 (a) folgende Gebiete definiert: „all submerged lands lying seaward and outside of the area of lands beneath navigable waters [...] and of which the subsoil and seabed appertain to the United States and are subject to its jurisdiction and control".

1542 *Vandegraft*, A Boundary Delineation System for the Bureau of Ocean Energy Management, in: 42 Cartography and Geographic Information Science Supplement 1/2015, 58.

1543 Ibid., 58.

1544 Submerged Lands Act of 1953, 43 U.S.C. §§ 1301–1315, https://www.boem.gov/sites/default/files/uploadedFiles/BOEM/Oil_and_Gas_Energy_Program/Leasing/Outer_Continental_Shelf/Lands_Act_History/submerged.pdf (17.11.2021).

1545 *Canuel*, 2018, 97; *Vandegraft*, 2015, 58.

1546 Constitution of the State of Alaska, 5.2.1956, https://ltgov.alaska.gov/information/alaskas-constitution/ (17.11.2021).

1547 *Canuel*, 2018, 96.

Die US-amerikanische Erdöl- und Erdgasbranche hatte in der Vergangenheit auf fortlaufend veränderte Rahmenbedingungen zu reagieren, welche Förderprojekte im US-amerikanischen arktischen Festlandsockel unterstützten, als auch einschränkten:

Beginnend mit dem Bau der rund 1.300 Kilometer langen *Transalaska-Pipeline* entwickelte sich in den 1970-er Jahren eine prosperierende US-amerikanische Ölbranche.[1548] Allerdings hat die Havarie des Erdöltankers *Exxon Valdez* 1989 vor der unmittelbaren Küste Alaskas ebenjenen Boom, aufgrund der anschließenden umweltschutzrechtlichen Bestimmungen, eingedämmt.[1549] Die USA waren etwa der erste Staat, der Einhüllen-Tankschiffe aus ihren Häfen verbannten und diese präventive Maßnahme diente[1550] dem Hafenstaat (USA) zur Sicherstellung des Friedens und der guten Ordnung in den Häfen, um Unfälle und Umweltverschmutzung zu verhindern.[1551] Kein Staat hat gegen ebendiese hafenstaatliche Gerichtsbarkeit Einspruch erhoben.[1552] Weitestgehend eingeschränkt wurde die Erdöl- und Erdgasbranche durch *Executive Order 13754*[1553] und *Presidential Memorandum of December 20, 2016,*[1554] welche in bestimmten Gebieten des OCS Erdöl- und Erdgasfördertätigkeiten komplett ausgeschlossen haben.

Allerdings wurde unter der Regierungsführung von *Trump* das *Executive Order 13754* widerrufen und der Wortlaut des *Presidential Memorandum of December 20, 2016* dahingehend abgeändert, dass es nur auf jene OCS-Gebiete Anwendung findet, welche seit 2008 als Meeresschutzgebiete ausgewiesen sind.[1555] Zusätzlich wurde das Innenministerium ermächtigt, einen Plan für

1548 Ibid., 96.

1549 *Seelmann*, 2012, 20 f.

1550 Oil Pollution Act of 1990, 33 U.S.C. §§ 2701–2761, https://uscode.house.gov/view.xhtml?path=/prelim@title33/chapter40&edition=prelim (18.11.2021).

1551 *Boyle*, 2006, 24.

1552 Ibid., 24.

1553 Executive Order 13754, Northern Bering Sea Climate Resilience, 9.12.2016, https://www.govinfo.gov/content/pkg/FR-2016-12-14/pdf/2016-30277.pdf (19.11.2021).

1554 Presidential Memorandum, Withdrawal of Certain Portions of the United States Arctic Outer Continental Shelf From Mineral Leasing, 20.12.2016, https://obamawhitehouse.archives.gov/the-press-office/2016/12/20/presidential-memorandum-withdrawal-certain-portions-united-states-arctic (19.11.2021).

1555 Executive Order 13795, Implementing an America-First Offshore Energy Strategy, 28.4.2017, https://www.boem.gov/sites/default/files/oil-and-gas-energy-program/Leasing/Five-Year-Program/2019-2024/DPP/EO-13795.pdf (19.11.2021).

den Verkauf von Leasingverträgen in OCS-Gebieten aufzustellen.[1556] Im Rahmen des fünfjährigen *National Outer Continental Shelf Oil and Gas Programs* sollen die Größe, der Zeitpunkt und der Ort potenzieller Leasingaktivitäten vom Innenministerium, auf Grundlage der bestmöglichen Deckung des nationalen Energiebedarfs, bestimmt werden.[1557] Für den erweiterten arktischen Festlandsockel wurden bis dato 33 Leasingverkäufe mit einer Gesamtzahl von 63.097,98 Hektar abgeschlossen und namhafte Leasingnehmer sind *ENI PETROLEUM US LLC, SHELL OFFSHORE INC* und *BP Exploration (Alaska) Inc.*[1558] Zusätzlich hat die *Trump*-Regierung im August 2020 einen Plan[1559] über die Öffnung der Erdöl- und Erdgasentwicklung eines Teils des *Arctic National Wildlife Refuge* in Alaska präsentiert und obwohl jede Ölförderung in diesem Gebiet in frühestens einem Jahrzehnt möglich ist, konnten Unternehmen mit der Einholung von Genehmigungen zur Suche nach Erdöl und Erdgas beginnen.[1560] Die US-amerikanische Agentur *Bureau of Land Management in Alaska* führte am 6. Jänner 2021 den ersten Leasingverkauf für die Küstenebene des *Alaskas Arctic National Wildlife Refuge* durch.[1561] Demgegenüber wurde mit der Übernahme der US-amerikanischen Regierungsgeschäfte durch *Biden* ein vorübergehendes Moratorium für Öl- und Gasleasing im *Arctic National Wildlife Refuge* in Alaska (*Executive Order 13990*) veröffentlicht.[1562] *Biden* hat

---

1556 Ibid.

1557 National OCS Oil and Gas Leasing Program, Bureau of Ocean Energy Management, https://www.boem.gov/national-ocs-oil-and-gas-leasing-program (18.11. 2021).

1558 Detailed Listing of Active Leases – Alaska OCS Region, Bureau of Ocean Energy Management, 16.4.2020, https://www.boem.gov/sites/default/files/documents/environment/Detailed-Listing-of-Active-Leases.pdf (4.10.2020).

1559 Coastal Plain Oil and Gas Leasing Program Record of Decision, U.S. Department of the Interior Bureau of Land Management, August 2020, https://eplanning.blm.gov/public_projects/102555/200241580/20024135/250030339/Coastal%20Plain%20Record%20of%20Decision.pdf (3.4.2022).

1560 *Plumer/Fountain*, Trump Administration Finalizes Plan to Open Arctic Refuge to Drilling, in: The New York Times, 17.8.2020, https://www.nytimes.com/2020/08/17/climate/alaska-oil-drilling-anwr.html (4.10.2020).

1561 Alaska Oil and Gas Lease Sales, U.S. Department of the Interior Bureau of Land Management, https://www.blm.gov/programs/energy-and-minerals/oil-and-gas/leasing/regional-lease-sales/alaska (3.4.2022).

1562 *Bohrer*, Biden plans temporary halt of oil activity in Arctic refuge, in: AP NEWS, 20.1.2021, https://apnews.com/article/joe-biden-us-news-alaska-wildlife-arctic-cdd89af06cb892e042782ace3abca8eb (23.2.2021).

sich gegen Bohrungen in der Region ausgesprochen und das Innenministerium aufgefordert: „to immediately review and, as appropriate and consistent with applicable law, take action to address the promulgation of federal regulations and other actions during the last 4 years that conflict with these important national objectives“. Zusätzlich wurde das *Executive Order 13795* außer Kraft gesetzt und gemäß § 1341 (a) *Outer Continental Shelf Lands Act* das *Executive Order 13754* und das *Presidential Memorandum of December 20, 2016*, in ihren ursprünglichen Formen rechtskräftig wiedereingesetzt.[1563] Heftig kritisiert wurde das *Executive Order 13990* durch die republikanische Kongressdelegation, welche die Vergabe von Leasingverträgen als essenziellen Bestandteil der wirtschaftlichen Entwicklung Alaskas ansehen.[1564] Vor dem Hintergrund der politisch schwierigen Regierungszeit, insbesondere aufgrund der Corona-Pandemie und den Einmarsch russischer Truppen in die Ukraine, können Auswirkungen der Bestrebungen der *Biden*-Regierung, die US-amerikanische Förderung von Kohlenwasserstoffressourcen einzudämmen, allerdings erst in der Zukunft ernsthaft diskutiert werden.

Auch darf in diesem Kontext der größere Einflussbereich, der in Alaska lebenden, indigenen Völker nicht vergessen werden, welcher sich auf Festlandsockel-Förderprojekte auswirken. Eine eingehende Untersuchung der rechtlichen und praktischen Umsetzung indigener Landansprüche in Alaska[1565] erfolgt zu einem späteren Zeitpunkt dieser Arbeit.

IV.2.5 Grönland

Seit Beginn der Erdölsuche in den 1970-er Jahren in Grönland, hat dessen Bevölkerung intensiv um die Übertragung der Hoheitsbefugnisse für Bodenschätze von Dänemark an Grönland gekämpft.[1566] Allerdings erlangte Grönland erst

1563 Executive Order 13990, Protecting Public Health and the Environment and Restoring Science to Tackle the Climate Crisis, 20.1.2021, https://www.whitehouse.gov/briefing-room/presidential-actions/2021/01/20/executive-order-protecting-public-health-and-environment-and-restoring-science-to-tackle-climate-crisis/ (23.2.2021), Sec. 4. Arctic Refuge.

1564 *Bohrer*, AP NEWS, 2021.

1565 Siehe Kapitel: IV.3.7 *Alaska Native Claims Settlement Act* 1971.

1566 *Kleist*, Greenland's Self-Government, in: Loukacheva (Hg), Polar Law Textbook (TemaNord 2010:538), Nordic Council of Ministers: Copenhagen 2010, 185.

durch Art. 7 *Act on Greenland Self-Government*[1567] die volle Verwaltungs- und Gesetzgebungskompetenz über dessen Bodenschätze und kann somit Erforschungs- und Nutzungslizenzen für mögliche Erdöl- und Erdgasressourcen vergeben.[1568]

Einen rechtlichen Rahmen zum Erwerb von Rechten an Erdöl und Erdgas, als auch Bergbaurechten legt das am 1. Jänner 2010 in Kraft getretene *Mineral Resources Act*[1569] fest. Das Gesetz überträgt die früher gemeinsame grönländisch und dänische Verantwortung für die natürlichen Ressourcen in Grönland alleinig auf grönländische Behörden.[1570] Änderungen des bestehenden Gesetzes wurde hinsichtlich der Verpflichtung zu Umweltverträglichkeitsprüfungen, öffentlichen Anhörungen und sozialer Nachhaltigkeit vorgenommen.[1571] Gemäß Art. 2 *Mineral Resources Act* hat die grönländische Selbstverwaltungsregierung „the right to control and use mineral resources in the subsoil of Greenland". Da mit dem grönländischen *Mineral Resources Act* ein Rahmengesetz geschaffen wurde, ist die grönländische Regierung berechtigt bestimmte Vergaben festzulegen.[1572]

Ein von dem *Geological Survey of Denmark and Greenland*, dem nationalen Öl Unternehmen *NUNAOIL* und dem grönländischen Ministerium für auswärtige Angelegenheiten und Energie initiiertes Projekt soll einen Plan für die zukünftigen Lizenzierungsrunden erarbeiten und die betreffende Industriebranche über die potenziellen Ressourcenvorkommen informieren.[1573] Rund um die Küste Grönlands wurden alle Sedimentbecken in sieben Bewertungseinheiten mit einer Fläche von mehr als 2.4 Millionen km^2 eingeteilt und auf ihr vorhandenes Kohlenwasserstoffpotenzial untersucht, wobei fünf *Assessments Units* bereits abgeschlossen sind.[1574] Allerdings existiert derzeit, obwohl

---

1567 Act No. 473, Act on Greenland Self-Government, 12.6.2009, www.ilo.org/dyn/natlex/docs/ELECTRONIC/110442/137381/F-520745313/DNK110442 Eng.pdf (20.11.2021).

1568 *Kleist*, 2010, 185.

1569 Act No. 7, Mineral Resources Act, 7.12.2009, https://govmin.gl/wp-content/uploads/2020/05/Unofficial-translation-of-unofficial-consolidation-of-the-Mineral-Resources-Act.pdf (20.11.2021).

1570 *Bankes*, 2010, 113.

1571 *Meyer*, Greenland, in: Strong (Hg), The Oil and Gas Law Review[8], Law Business Research Ltd: London 2020, 167.

1572 Ibid., 168.

1573 Project Description, Greenland Resource Assessment Data Portal, https://greenland-resource-assessment.gl/ (9.6.2022).

1574 Ibid.

mehrere Explorationslizenzen vergeben wurden, keine aktive Erdöl- und Erdgasförderung in Grönland.[1575] Im Juli 2021 hat die grönländische Selbstverwaltungsregierung verkündet, dass sie keine neuen Lizenzen für die Erdöl- und Erdgasförderung vergeben wird und ihre Entscheidung ist zurückzuführen auf ökologische und ökonomische Gesichtspunkte.[1576]

IV.2.6 Zwischenergebnis

Keineswegs besteht im Explorationsprozess arktischer Ressourcen ein einheitliches System der Eigentumszuweisung an staatliche oder private Stellen. Vielmehr befassen sich die arktischen innerstaatlichen Rechtssysteme auf verschiedenen Rangstufen mit dem Eigentum an natürlichen Ressourcen. Russland hat etwa den Weg über die Verfassung gewählt. Der arktische Usus folgt jedoch der Eigentumszuweisung in der Form eines innerstaatlichen Gesetzes. Dabei hängt der Eigentumsanspruch des Staates vom historischen Erwerbstitel und der anschließenden Gewährung in Bezug auf einen bestimmten Landesteil ab.

Im Kern öffnen die arktischen Regierungen in Rahmen von Genehmigungsprozessen die betreffenden Regionen für wirtschaftliche Aktivitäten der Erdöl- und Erdgasproduktion. Dahingehend entscheiden die Regierungen selbst, wann das Gebiet für Explorations- und Fördertätigkeiten zur Verfügung stehen soll. Diese Vorgangsweise könnte Möglichkeiten schaffen, Umwelt- und sozioökonomische Probleme auf regionaler Ebene zu identifizieren, bevor mit der eigentlichen Exploration begonnen wird. Ein potenzieller integrierter Managementplan könnte dabei einen Interessenausgleich zwischen den Interessengruppen liefern. Allerdings werden, nach Ansicht der Autorin, insbesondere in Russland, weiterhin wirtschaftliche Argumente ausschlaggebend bei der Vergabe zukünftiger Förderprojekte sein. Inwiefern die Landnutzungsrechte der indigenen Bevölkerung in den Bieterverfahren eingebunden sind, soll der nachstehende Abschnitt klären.

IV.3 Indigene Territorialansprüche

Die negativen Einflüsse der Implementierung von wirtschaftlichen Entwicklungsstrategien auf indigenem Land, ohne vorherige Zustimmung, führen zu

1575 *Meyer*, 2020, 166.

1576 *McGwin*, Greenland halts new oil exploration, in: Arctic Today, 16.7.2021, https://www.arctictoday.com/greenland-issues-halt-to-new-oil-exploration/ (3.4.2022).

Beschränkungen indigener Territorialrechte, als auch zu Veränderungen der indigenen Lebensstile.[1577] So impliziert die Gewinnung natürlicher Ressourcen auf indigenem Territorium durch industrielle Großprojekte Vertreibungen, Landenteignungen und Umweltzerstörungen sowie eine daraus resultierende kulturelle Zerrüttung mit geringer Aufmerksamkeit für die Rechte indigener Völker.[1578] Unter dieser sogenannten Entwicklungsaggression[1579] leiden die indigenen Völker weltweit.[1580]

Eine positiv zu wertende Gegenentwicklung sieht *Carstens* im Präzedenzurteil *Mayagna (Sumo) Awas Tingni v. Nicaragua*[1581] des interamerikanischen Gerichtshofs für Menschenrechte, indem indigene Territorialrechte erstmals höchstrichterlich mit Geltung für den amerikanischen Kontinent anerkannt wurden.[1582] An diese gerichtliche Entscheidung anschließend, sprach sich auch die interamerikanische Kommission für Menschenrechte im Bericht zu den Maya Südbelize für den Schutz indigener Landrechte aus[1583] und diese Anerkenntnisse führten zu einer international relevanten Weiterentwicklung im internationalen Indigenrecht.[1584]

In der Folge erkannten auch die Vereinten Nationen ein indigenes Recht auf kollektiven Landbesitz in der Präambel ihrer Erklärung über die Rechte der indigenen Völker aus dem Jahr 2007 (UNDRIP) an: „indigenous peoples possess collective rights which are indispensable for their existence, well-being and integral development as peoples [...] the inherent rights of indigenous peoples which derive [...] from their cultures [...] especially their rights to their lands

---

1577 UN Doc E/CN.4/2003/90, Add.3 vom 5.3.2003, The situation of human rights and fundamental freedoms of indigenous people – Mission to the Philippines, Rn. 30.

1578 *Larsen/Gilbert*, Indigenous rights and ILO Convention 169: learning from the past and challenging the future, in: 24 The International Journal of Human Rights 2–3/2020, 86.

1579 UN Doc E/CN.4/2003/90, Add. 3 vom 5.3.2003, Rn. 30.

1580 *Larsen/Gilbert*, 2020, 86.

1581 Case Mayagna (Sumo) Awas Tingni Community v. Nicaragua, Judgement 31.8.2001, I/A Court H.R. Series C No. 79.

1582 *Carstens*, Indigene Territorialrechte in Lateinamerika nach dem Awas Tingni-Urteil von 2001. Folgeurteile und -berichte im interamerikanischen Menschenrechtssystem, in: 42 Verfassung und Recht in Übersee / Law and Politics in Africa, Asia and Latin America 3/2009, 399 f.

1583 Maya Indigenous Communities of the Toledo District vs. State of Belize, Abschlussbericht 12.10.2004, IACHR, Report No. 40/04, Case 12.053, Rn. 130.

1584 *Carstens*, 2009, 415.

[…]".[1585] In der rechtlichen Ausgestaltung als Erklärung der UN-Generalversammlung, ist das UNDRIP-Dokument aber kein völkerrechtsverbindliches Instrument und im UNDRIP selbst konnten keine neuen indigenen Rechte geschaffen werden.[1586] Das UNDRIP-Dokument ist vielmehr eine Darstellung und Interpretation der Menschenrechte, welche in anderen internationalen Instrumenten universelle Resonanz erlangt hat.[1587]

Das Urteil des *Supreme Courts of Belize* aus dem Jahr 2007[1588] zugunsten zweier Maya-Dörfer ist die erste innerstaatliche Gerichtsentscheidung, welche das UNDRIP einbezieht und kollektive Rechte indigener Gemeinschaften an Land und Ressourcen, welche diese traditionell genutzt und besessen haben, anerkennt.[1589] Zusätzlich verweist die gegenständliche Gerichtsentscheidung in Rn. 130 auf die Konvention Nr. 169 über eingeborene[1590] und in Stämmen lebende Völker in unabhängigen Ländern der internationalen Arbeitsorganisation (ILO-Konvention 169[1591]). Obwohl die ILO-Konvention 169 von Belize nicht ratifiziert wurde, erkennt der *Supreme Court of Belize* in Rn. 130 die Bestimmungen über indigene Territorialrechte gemäß Art. 14 ILO-Konvention 169 als allgemeinen Grundsatz des Völkerrechts in Bezug auf indigene Völker an.

1585 UNGA A/RES/61/295 vom 13.9.2007, United Nations Declaration on the Rights of Indigenous Peoples.

1586 Frequently Asked Questions: Declaration on the Rights of Indigenous Peoples, United Nations Permanent Forum on Indigenous Issues, https://www.un.org/esa/socdev/unpfii/documents/faq_drips_en.pdf (4.1.2022).

1587 Ibid.

1588 Cal/Teul v. Attorney General of Belize and Minister of Natural Resources and Environment & Coy/Caal v. Att. Gen. of Belize and Minister of Natural Resources and Environment, Judgement 18.10.2007, Supreme Court of Belize A.D. 2007, Claim No. 171 of 2007 & Claim No. 172 of 2007.

1589 *Carstens*, 2009, 418 f. und 422; *Isa*, The UNDRIP: an increasingly robust legal parameter, in: 23 The International Journal of Human Rights 1–2/2019, 15.

1590 Die deutsche Übersetzung der ILO-Konvention 169 von „indegenous people" durch „eingeborene Völker" wird von der Autorin nicht übernommen, sondern der Begriff „indigene Völker#2 verwendet. Vgl. dazu: Übereinkommen über eingeborene und in Stämmen lebende Völker in unabhängigen Ländern, https://www.ilo.org/wcmsp5/groups/public/@ed_norm/@normes/documents/publication/wcms_100900.pdf (21.7.2021).

1591 Convention concerning Indigenous and Tribal Peoples in Independent Countries, International Labour Organization Convention C169, Genf, 27.6.1989, http://www.ilo.org/dyn/normlex/en/f?p=NORMLEXPUB:12100:0::NO::P12100_ILO_CODE:C169 (15.6.2021).

Der Untersuchungsgang hinsichtlich indigener Territorialrechte im arktischen Raum als Pendant zu den zuvor zitierten Gerichtsentscheidungen verdeutlicht die Dringlichkeit, die Umsetzung der rechtsverbindlichen ILO-Konvention 169, als auch dessen Verbindung zum rechtsunverbindlichen UNDRIP im arktischen Kontext auf den Prüfstand zu stellen. Da die Rechtsprechung und rechtswissenschaftliche Literatur zu indigenen Territorialrechten im Zusammenhang mit der amerikanischen Menschenrechtskonvention (AMRK), entgegen der Situation in der Arktis, weit vorangeschritten sind, eröffnet sich die Frage, inwiefern ebendiese Ergebnisse hinsichtlich der indigenen Ansprüche auf Land und Ressourcen in der Arktis Anwendung finden. Gleichzeitig wirft dieser Untersuchungsgang die Frage auf, ob die arktisch-indigenen Völker eine Sonderstellung im internationalen Indigenrecht einnehmen. Zusätzlich könnte weiteres einschlägiges Völkergemeinschaftsrecht, als auch Implikationen aus (verbindlichen) universellen und regionalen Menschenrechtsschutzinstrumente in Bezug auf Schutznormen für arktisch-indigene Völkern an Land zur Anwendung gelangen und verdienen einen rechtswissenschaftlichen Diskurs.

IV.3.1 Arktisch-indigene Völker

Einleitend ist es notwendig, eine Begriffsbestimmung der arktisch-indigenen Völker festzulegen, welche ebendiese Gruppe von der übrigen Gesellschaft abgrenzt. Vorausschickend stellt *Göcke* im globalen Kontext fest, dass schon eine allgemein anerkannte Definition des „indigenen Volkes", welche sämtliche Eigenarten aller indigenen Völker beinhaltet, aufgrund deren Anzahl und Vielfältigkeit nahezu unmöglich ist,[1592] und es kann für die arktisch-indigenen Völker nichts anderes gelten.[1593] Auch können indigene Volksstämme nicht gebietsrechtlich abgegrenzt werden, da die arktischen indigenen Völker in der Regel über die staatlichen Grenzen von sieben arktischen Länder hinaus

---

1592 *Göcke*, Indigene Landrechte im internationalen Vergleich: Eine rechtsvergleichende Studie der Anerkennung indigener Landrechte in Kanada, den Vereinigten Staaten von Amerika, Neuseeland, Australien, Russland und Dänemark/Grönland, Springer: Berlin–Heidelberg 2016, 9.

1593 In der Arktis selbst leben über 40 indigene Volksgruppen, welche rund 10 % der arktischen Gesamtbevölkerung ausmachen. Vgl. dazu: Arctic Indigenous Peoples, Arctic Centre University of Lapland, https://www.arcticcentre.org/EN/arcticregion/Arctic-Indigenous-Peoples (28.11.2021).

transnational ansässig sind.[1594] Das indigene Volk der Inuit bewohnt beispielsweise grenzüberschreitend Teile von Grönland, Kanada und den USA[1595] und auch die Samen sind in Finnland, Norwegen, Russland und Schweden ansässig.[1596] Die indigenen Völker selbst, lehnen grundsätzlich eine einheitliche Begriffsbestimmung ab, da damit einige Gruppen zwangsläufig ausgeschlossen wären und berufen sich vielmehr auf ihr Recht auf Selbstbestimmung.[1597]

Obwohl das indigene Volk als eigenständige Rechtskategorie, mit den Argumenten, dass es sich dabei um einen postkolonialen Anachronismus und ein irrelevantes Konstrukt handle, teilweise zurückgewiesen wurde,[1598] betont die ILO-Konvention 169 das Recht auf Selbstbestimmung und die Zuweisung der gleichen Rechte an indigene und in Stämmen lebenden Völker[1599] und liefert einen integrativen Ansatz, um den Herausforderungen der vielfältigen und tief liegenden sozialen, politischen und kulturellen Ungleichheiten gerecht zu werden.[1600] Die ILO-Konvention 169 greift in Art. 1 Z. 2 das Recht auf Selbstbestimmung wie folgt auf: „Self-identification as indigenous or tribal shall be regarded as a fundamental criterion for determining the groups to which the provisions of this convention apply".

Allerdings betonte die internationale Arbeitsorganisation (ILO) bereits während der Formulierung der ILO-Konvention 169, dass sie eine neutrale Position zum Selbstbestimmungsrecht einnähme, da sie keine diesbezügliche

---

1594 *Hossain*, Securitizing the Arctic indigenous peoples: A community security perspective with special reference to the Sami of the European high north, in: 10 Polar Science 3/2016, 420.

1595 Eskimo, in: Encyclopaedia Britannica, https://www.britannica.com/topic/Eskimo-people (19.6.2021).

1596 Sami, in: Encyclopaedia Britannica, https://www.britannica.com/topic/Sami (19.6.2021).

1597 *Göcke*, 2016, 9 f.

1598 *Larsen/Gilbert*, 2020, 84; Vgl. dazu auch: *Stavenhagen*, Cultural Rights: A Social Science Perspective, in: Eide/Krause/Rosas (Hg), Economic, Social and Cultural Rights, Brill/Nijhoff: Leiden–Boston 2001, 103 und 107.

1599 Art. 1 ILO-Konvention 169 etabliert eine Doppelnatur von indigenen Völkern und in Stämmen lebenden Völkern. Hinsichtlich der auferlegten Schutznormen unterscheidet ILO-Konvention 169 nicht zwischen beiden Gruppen. Anlehnend an diese Völkerrechtsnorm verwendete die Autorin zur Vereinfachung nachstehend alleinig den Begriff „indigene Völker".

1600 *Larsen/Gilbert*, 2020, 84.

Kompetenz besitze.[1601] Entsprechend gründet sich nach *Malezer* die langjährige politische Infragestellung der ILO-Konvention 169 durch Teile der indigenen Völker in eben dieser Haltung der ILO und er qualifiziert diese neutrale Position als „fatal failure“ zur Zeit der Formulierung der Konvention.[1602] Erst das UNDRIP bestätigt in Art. 3 das Selbstbestimmungsrecht für indigene Völker und wiederholt die vorangestellten Artikel des IPbpR und des internationalen Pakts über wirtschaftliche, soziale und kulturelle Rechte (IPwskR)[1603] in Bezug auf indigene Völker wie folgt: „Indigenous peoples have the right to self-determination. By virtue of that right, they freely determine their political status and freely pursue their economic, social and cultural development.“ Somit bekräftigt die UN-Generalversammlung im UNDRIP, dass indigene Völker ein Recht auf Selbstbestimmung haben, welches allen anderen Völkern der Welt gleichgestellt ist und dies hat den Widerstand der indigenen Völker gegenüber der ILO-Konvention 169 beseitigt.[1604]

Aufgrund der abstrakten Definition des Selbstbestimmungsrechts umfasst dieses ein breites Spektrum von Themen und völkerrechtlichen Normen, wobei Bereiche der sozialen Wohlfahrt, der wirtschaftlichen Entwicklung, der Menschenrechte, der Rechte auf Zugang zu Boden und natürlichen Ressourcen, als auch die kulturellen Rechte der indigenen Völker den Bezugsrahmen bilden.[1605] Damit wird den indigenen Völkern ein Schutzanspruch gegenüber Staaten vor Beraubung ihrer nationalen Identität und ihres kulturellen Erbes verliehen,[1606] welcher die rechtliche Grundlage von Dekolonisationsforderungen schafft.[1607] Der UN-Menschenrechtsausschuss hat es aber abgelehnt, Beschwerden in Bezug auf das Selbstbestimmungsrecht zu überprüfen, weil dieses, entsprechend den

1601 *Dorough*, Perspective on Convention 169, its significance to Inuit and some troubling developments, in: 24 The International Journal of Human Rights 2–3/2020, 293.

1602 *Malezer*, Perspective on the Convention 169: its significance to Aboriginal peoples, in: 24 The International Journal of Human Rights 2–3/2020, 297.

1603 International Covenant on Economic, Social and Cultural Rights, New York, 16.12.1966; Vgl. dazu die deutsche Fassung: Internationaler Pakt über wirtschaftliche, soziale und kulturelle Rechte, BGBl. 1978/590.

1604 *Malezer*, 2020, 297.

1605 *Loukacheva*, Arctic Governance, 2010, 136 f.

1606 *Dolzer/Kreuter-Kirchhof*, Wirtschaft und Kultur im Völkerrecht, in: Graf Vitzthum/Proelß (Hg), Völkerrecht[7], Walter de Gruyter: Berlin–Boston 2016, 527 f.

1607 *Alfredsson*, 2010, 159.

vorangegangenen Ausführungen, ein kollektives Recht ist und der Beschwerdeprozess rein Einzelpersonen zusteht.[1608]

Mit der Annahme des IPbpR, dessen Gegenstück (IPwskR) und dem Internationalen Übereinkommen über die Beseitigung aller Formen rassischer Diskriminierung,[1609] wurde es zunehmend deutlich, dass das Selbstbestimmungsrecht nicht nur für kolonisierte Völker gelten kann.[1610] Der UN-Menschenrechtsausschuss hat den Anwendungsbereich des Selbstbestimmungsrechts in postkolonialen Situationen interpretiert und für die Ausübung des Selbstbestimmungsrechts „constitutional and political processes"[1611] als relevant erachtet. Eben diese Interpretation des Selbstbestimmungsrechts beruht nach *Cambou* weitgehend auf einem demokratischen Verständnis, welches sich auf das Recht des Einzelnen, am Entscheidungsprozess seiner Staaten teilzunehmen, konzentriert und im Einklang mit Artikel 25 IPbpR steht.[1612]

Weiters hat der UN-Menschenrechtsausschuss durch das *Committee on the Elimination of Racial Discrimination* eine innere Komponente[1613] des Selbstbestimmungsrechts identifiziert, welches jedem Volk zusteht, unabhängig davon,

---

1608 *Johnstone*, Indigenous rights in the marine Arctic, in: Pelaudeix/Basse (Hg), Governance of Arctic Offshore Oil and Gas, Routledge: London 2018, 77.

1609 UNGA A/RES/2106 (XX) vom 21.12.1965, International Convention on the Elimination of All Forms of Racial Discrimination.

1610 *Cambou*, Enhancing the Participation of Indigenous Peoples at the Intergovernmental Level to Strengthen Self-Determination: Lessons from the Arctic, in: 87 Nordic Journal of international Law 2018, 30.

1611 General Comment 12: Article 1, Human Rights Council, Twenty-first session 1984, HRI/GEN/1/Rev.1, Rn. 4.

1612 Vgl. dazu Art. 25 IPbpR: „Every citizen shall have the right and the opportunity to take part in the conduct of public affairs, directly or through freely chosen representatives; to vote and to be elected at genuine periodic elections; and to have access, on general terms of equality, to public service in their country"; *Cambou*, 2018, 31.

1613 Das innere Selbstbestimmungsrecht lässt ein Volk frei und ohne Einmischung von außen über seinen politischen Status entscheiden, sowie seine wirtschaftliche, soziale und kulturelle Entwicklung frei gestalten. Zusätzlich erhält das Volk mit dem inneren Selbstbestimmungsrecht einen Anspruch auf die Erhaltung und Pflege seiner Identität. Ein potenzielles Sezessionsrecht wird nur anerkannt, wenn die Existenz eines Volkes durch ein Verbleiben im Staatsverband bedroht ist. Dementsprechend soll das innere Selbstbestimmungsrecht nur in Ausnahmefällen schwerer Diskriminierungen und Menschenrechtsverletzungen um das Sezessionsrecht als *ultima ratio* ergänzt werden. Vgl. dazu: *Kau*, 2016, 185 f.

ob es kolonialisiert wurde.[1614] Im Gegensatz zur kolonialen Variante der Selbstbestimmung muss die innere Form der Selbstbestimmung innerhalb der Grenzen bestehender Staaten ausgeübt werden, wobei das Prinzip der territorialen Integrität souveräner Staaten zu respektieren ist.[1615] Entsprechend kann das Selbstbestimmungsrecht aber nicht als alleiniges Abgrenzungsmerkmal der indigenen Völker von der übrigen Gesellschaft dienen.

Weltweit fordern indigene Völker nicht nur gleiche Rechte mit der übrigen Bevölkerung, in dessen Staat sie leben, sondern auch die Anerkennung ihrer eigenen kollektiven Identitäten, welche sich insbesondere aus der kulturellen Identität, den sozialen Organisationen, sowie der Berücksichtigung ihrer territorialen Verbindungen zusammensetzen.[1616] Auch die arktisch-indigenen Völker fordern nach *Hossain* einen rechtlichen Rahmen, der über die individuellen Menschenrechtsnormen hinausgeht. Dabei verfolgen sie die Zuerkennung von Rechten auf Territorien, welche eine kollektive Komponente enthalten und die Grundlage für den weiteren Lebensunterhalt ebendieser Bevölkerungsgruppe bildet, sowie ein Recht auf sinnvolles politisches Engagement, um die indigene Kultur ihn ihren Grundzügen zu sichern.[1617] In den arktischen Randregionen nehmen die indigenen Völker aufgrund der überwiegenden subsistenzwirtschaftlichen Lebensweise innerhalb der geoökonomischen Struktur dieser Region eine einzigartige Stellung ein.[1618] Beispielsweise identifizieren sich die Inuit als „maritime people" und ihre gesamte Kultur und Identität basiert auf der freien Nutzung des Meeres und dessen Eisschilde.[1619] Ein Yupik-Schriftsteller führt dazu aus: „Our subsistence lifestyle is our culture. Without subsistence we will not survive as people. If our culture, our subsistence lifestyle should disappear, we will be no more."[1620] Verallgemeinert definieren sich

---

1614 General Recommendation XXI (48), Committee on the Elimination of Racial Discrimination, 1147th meeting 1996, CERD/48/Misc.7/Rev.3, Rn. 4.

1615 *Cambou*, 2018, 30 f.

1616 *Stavenhagen*, 2001, 102.

1617 *Hossain*, 2016, 418.

1618 Ibid., 420.

1619 *Khan*, Rebalancing state and Indigenous sovereignties in international law: An Arctic lens on trajectories for global governance, in: 32 Leiden Journal of International Law 4/2019, 682.

1620 *Active*, Why Subsistence is a Matter of Cultural Survival: A Yup'ik Point of View, in: Cultural Survival Quarterly Magazine 1998, https://www.culturalsurvival.org/publications/cultural-survival-quarterly/why-subsistence-matter-cultural-survival-yupik-point-view (27.11.2021).

viele indigene Völker weltweit über die kollektive Nutzung des Landes und die genealogische Abstammung von ihren angestammten Gebieten und ihre Kulturen können losgelöst von ihren traditionell genutzten Ländern und Ressourcen nicht bewahrt werden.[1621] Daher sind indigene Territorialrechte für die uneingeschränkte Wahrnehmung des Selbstbestimmungsrechts wesentlich.[1622] Demnach sieht die Autorin die kulturelle Identität der indigenen Völker als Hauptabgrenzungsmerkmal der indigenen Völker von der übrigen Gesellschaft.

Erneut fehlt der Begriffsbestimmung Kultur aber eine einheitliche und konkrete Definition, beinhaltet aber jedenfalls eine Komponente der ethnischen Zugehörigkeit, Sprache und Religion.[1623] Auch internationale Menschenrechtsverträge enthalten kein exklusives Recht auf kulturelle Integrität, sondern die kulturellen Rechte der indigenen Völker verwirklichen sich vielmehr in einem Bündel unterschiedlicher Menschenrechte, welche aber alle den Schutz der indigenen Territorialrechte unterstützen.[1624] Der IGH hat in seiner Entscheidung *Costa Rica v. Nicaragua*[1625] für bestimmte Gemeinschaften anerkannt, dass der Begriff Kultur auch die Pflege des traditionellen Wissens und andere ökologische und lokale Kenntnisse über Flächennutzung und die Erhaltung der biologischen Vielfalt enthält. Entsprechend hat der IGH auch teilweise die Erhaltung einer traditionellen Subsistenzwirtschaft unter dem Begriff der Kultur indigener Völker subsumiert.[1626] Der interamerikanische Gerichtshof für Menschenrechte ist in seiner Entscheidung *Yakye Axa Indigenous Community v Paraguay* noch weiter gegangen und hat entschieden, dass „the close ties of indigenous peoples with their traditional territories and the natural resources therein associated with their culture, as well as the components derived from them“, was unter den Eigentumsschutz von Art. 21 AMRK fällt.[1627] Bemerkenswert an

---

1621 *Göcke*, 2016, 9.

1622 *Koivurova/Kleemola-Juntunen/Kirchner*, 2020, 67 f.

1623 *Hossain*, 2016, 419.

1624 *Monteiro de Matos*, Indigenous Land Rights in the Inter-American System, Brill/Nijhoff: Leiden–Boston 2021, 4.

1625 Dispute regarding Navigational and Related Rights (Costa Rica v. Nicaragua), Judgement 13.7.2009, I.C.J. Reports 2009, Rn. 134–144; Vgl. dazu: *Hossain*, 2016, 419.

1626 *Hossain*, 2016, 419.

1627 Case of the Yakye Axa Indigenous Community v. Paraguay, Judgement 17.6.2005, I/A Court H.R. Series C No. 125, Rn. 137.

dieser Entscheidung ist, dass das indigene Volk zum Zeitpunkt der Entscheidung nicht mehr auf dem Land gelebt hat.[1628]

Grundsätzlich kannte das interamerikanische Menschenrechtssystem zum Zeitpunkt der zuvor zitierten Entscheidungen aber keine spezifischen Normen über die Rechte indigener Völker.[1629] Um diese Rechtslücke zu schließen, griff der interamerikanische Gerichtshof auf eine breite Auslegung des ursprünglich individualistischen Eigentumsrechts nach Art. 21 AMRK[1630] zurück, um bei der rechtlichen Beurteilung auch kollektive Eigentums- oder Nutzungskonzepte indigener Völker zusprechen zu können.[1631] Entsprechend hat auch die interamerikanische Kommission für Menschenrechte auf das Recht auf Eigentum gemäß Art. XXIII *American Declaration of the Rights and Duties of Man* (ADRDM)[1632] in ihren Entscheidungen zu Individualbeschwerden zurückgegriffen.[1633] In einem offiziellen Bericht weitete die interamerikanische Kommission für Menschenrechte den Schutzanspruch indigener Völker nach Art. 21 AMRK und Art. XXIII ADRDM auf natürliche Ressourcen aus, welche keinen staatlichen Eigentumstitel besitzen. „States violate indigenous peoples' right to property when they grant concessions for the exploration or exploitation of the natural resources present in ancestral territories which have not been titled, delimited or demarcated."[1634] Im Ergebnis entfaltet das Eigentumsrecht nach AMRK als auch nach ADRDM im interamerikanischen Menschenrechtssystem einen rechtlichen Schutzrahmen für indigenes Land und Ressourcen mit individuellen und kollektiven Komponenten. Auch ist die

1628 *Carstens*, 2009, 405 f.

1629 *Monteiro de Matos*, 2021, 4.

1630 American Convention on Human Rights, San José, 22.11.1969, https://www.cidh.oas.org/basicos/english/basic3.american%20convention.htm (8.12.2021).

1631 *Monteiro de Matos*, 2021, 4; Vgl. dazu auch: Case of the Kichwa Indigenous People of Sarayaku v. Ecuador, Judgement 27.6.2012, I/A Court H.R. Series C No. 245, Rn. 145.

1632 American Declaration of the Rights and Duties of Man, Bogotá, 2.5.1948, https://www.cidh.oas.org/basicos/english/basic2.american%20declaration.htm (13.12.2021).

1633 *Göcke*, 2016, 593; Vgl. dazu: Maya Indigenous Communities of the Toledo District vs. State of Belize, Abschlussbericht 12.10.2004, IACHR, Report No. 40/04, Case 12.053, Rn. 132.

1634 Indigenous and Tribal Peoples' Rights over Their Ancestral Lands and Natural Resources: Norms and Jurisprudence of the Inter-American Human Rights System, Inter-American Commission on Human Rights, 30.12.2009, OEA/Ser.L/V/II. Doc.56/09, Rn. 187.

interamerikanische Rechtsprechung offen für die Anerkennung kultureller Landrechte in Ermangelung eines rechtlich anerkannten Eigentumstitels.

Insgesamt bestätigt das interamerikanische Menschenrechtssystem zu indigenen (Territorial-) Rechten ausdrücklich die besondere Verletzlichkeit indigener Völker und betont das Bedürfnis nach Wiederherstellung und Schutz des kommunalen Landes indigener Völker für das dauerhafte spirituelle, kulturelle und ökonomische Überleben ebendieser Völker.[1635] Damit verbindet die Rechtsprechung des interamerikanischen Gerichtshofs nach *Gilbert* die kulturelle Identität indigener Völker mit traditionell genutztem Land und Ressourcen. Auch wurde die Verbindung zwischen kulturellen Rechten und Territorialrechten indigener Völker vom UN-Menschenrechtsausschuss in seiner Auslegung zu Art. 27 IPbpR[1636] anerkannt, um einen spezifischen internationalen Schutzrahmen für bestimmte Lebensformen indigener Völker durch Territorialrechte zu etablieren.[1637]

Im Ergebnis stellen die zuvor diskutierten Interpretationen und gerichtliche Entscheidungen, außerhalb der Arktis, auf kollektive Nutzungspraktiken indigener Gemeinschaften an Land und Ressourcen ab. Die Bedrohungen der arktisch-indigenen Subsistenzwirtschaft durch wirtschaftliche Großprojekte und die Verminderung ihres Lebensraumes durch das Abschmelzen der nördlichen Eisschilde kann, nach Ansicht der Autorin, keine unterschiedliche Behandlung erfahren. Aufgrund der Verbindung der Territorialrechte mit der kulturellen Identität der indigenen Völker, welche zusätzlich zur internationalen und interamerikanischen Rechtsprechung auch vom UN-Menschenrechtsausschuss bestätigt wurde, können ebendiese rechtlichen Beurteilungsmaßstäbe auf arktische Subsistenzwirtschaften übertragen werden und erfahren keine rechtliche Sonderbehandlung.

1635 *Carstens*, 2009, 423.

1636 „With regard to the exercise of the cultural rights protected under article 27, the Committee observes that culture manifests itself in many forms, including a particular way of life associated with the use of land resources, especially in the case of indigenous peoples. That right may include such traditional activities as fishing or hunting and the right to live in reserves protected by law. The enjoyment of those rights may require positive legal measures of protection and measures to ensure the effective participation of members of minority communities in decisions which affect them." Vgl. dazu: General Comment 23 (50): Article 27, UN Human Rights Committee, 1314th meeting 1994, CCPR/C/21/Rev.1/Add.5, Rn. 7.

1637 *Gilbert*, Land Rights as Human Rights: The Case for a Specific Right to Land, in: 10 International Journal on Human Rights 18/2013, 120.

IV.3.2 Internationale Schutznormen indigener Territorialansprüche

Konkret enthalten die bereits erwähnten rechtsverbindlichen UN-Menschenrechtspakte (IPwskR und IPbpR), obwohl sie grundsätzlich individuelle Menschenrechte schützen, kollektive Komponenten.[1638] Zusätzlich bietet das Internationale Übereinkommen über die Beseitigung aller Formen rassischer Diskriminierung wichtige Schutznormen für indigene Völker.[1639] Alle acht arktischen Staaten[1640] sind Vertragsparteien dieser drei universellen Menschenrechtsinstrumente. Einzige Ausnahme ist die USA, welche das IPwskR nicht ratifiziert haben.[1641]

Entsprechend der vorangegangenen Ergebnisse, eröffnet sich der Anwendungsbereich universeller Menschenrechtsinstrumente und die arktischen Staaten sind verpflichtet, indigene Territorialansprüche in der Arktis durchzusetzen.

Die Auslegung von Art. 27 IPbpR hinsichtlich der Ausübung aller Formen, in denen sich kulturelle Identitäten manifestieren, „including a particular way of life associated with the use of land resources, especially in the case of indigenous peoples“, verpflichtet die Vertragsstaaten dazu, die Ausübung der kulturellen Identität durch positiv rechtliche Schutzmaßnahmen zu gewährleisten.[1642] Somit hat der UN-Menschenrechtsausschuss einen spezifischen Schutz für die Landrechte indigener Völker entwickelt, indem er anerkannt hat, dass für indigene Gemeinschaften eine bestimmte Lebensweise mit der Nutzung ihres Landes verbunden ist.[1643]

In ähnlicher Weise hat der UN-Ausschuss für wirtschaftliche, soziale und kulturelle Rechte Art. 15 IPwskR entsprechend ausgelegt und setzt folgende staatliche Verpflichtung voraus: „States parties should take measures to guarantee that the exercise of the right to take part in cultural life takes due account of the values of cultural life, which may be strongly communal or which can only be expressed and enjoyed as a community by indigenous peoples. States parties

---

1638 *Hossain/Ballardini*, Protecting Indigenous Traditional Knowledge Through a Holistic Principle-Based Approach, in: 39 Nordic Journal of Human Rights 1/2021, 61.

1639 *Göcke*, 2016, 571 f.

1640 Status of Ratification: Interactive Dashboard, United Nations Human Rights Office of the High Commissioner, https://indicators.ohchr.org/ (27.11.2021).

1641 Ibid.

1642 General Comment 23 (50): Article 27, UN Human Rights Committee, 1314th meeting 1994, CCPR/C/21/Rev.1/Add.5, Rn. 6.1, 7 und 9.

1643 *Gilbert*, 2013, 119.

should respect the principle of free, prior and informed consent of indigenous peoples in all matters covered by their specific rights."[1644] Allerdings ist dieser Interpretation kein spezieller Bezug auf Landrechte zu entnehmen.

Der UN-Ausschuss für wirtschaftliche, soziale und kulturelle Rechte hat reagiert und *General comment No. 26 (2021) on land and economic, social and cultural rights*[1645] befindet sich derzeit in der Entwicklungsphase. Zweck dieser allgemeinen Stellungnahme ist es, die spezifischen Verpflichtungen der Vertragsstaaten in Bezug auf Land und die Verwaltung der Bodennutzungsrechte im Rahmen des internationalen Pakts über wirtschaftliche, soziale und kulturelle Rechte klarzustellen.[1646] Im Entwurfsdokument nimmt der Ausschuss auf völkerrechtlich anerkannte Rechte der indigenen Völker an Land und Ressourcen Bezug und spricht dem Standard des *free, prior and informed consent* (FPIC) völkerrechtliche Relevanz zu.[1647] Inwiefern dieses Dokument zu einem erweiterten Schutzanspruch indigener Territorialrechte in der Arktis beitragen wird, oder ob es sich dabei lediglich um eine Wiederholung von bereits völkerrechtsverbindlichen Standards handeln wird, kann aber erst in der Zukunft anhand der endgültigen Annahme des *General comment no. 26* ernsthaft diskutiert werden.

Auch der Ausschuss für die Beseitigung von Rassendiskriminierung hat sich indigenen Territorialrechten geäußert und die Vertragsstaaten aufgefordert eben diese Rechte anzuerkennen und zu schützen.[1648] Damit tragen die Interpretationen dieser genannten universellen Bestimmungen von zuständigen

---

1644 General Comment 21: Right of everyone to take part in cultural life (Art. 15, para. 1 (a) of the International Covenant on Economic, Social and Cultural Rights), Committee on Economic, Social and Cultural Rights, Forty-third session 2009, E/C.12/GC/21, Rn. 36 f.

1645 Draft: General comment No. 26 (2021) on land and economic, social and cultural rights, Committee on Economic, Social and Cultural Rights, Sixty-ninth session 2021, E/C.12/69/R.2.

1646 Ibid., Rn. 8.

1647 Ibid., Rn. 18 und 23.

1648 „The Committee especially calls upon States parties to recognize and protect the rights of indigenous peoples to own, develop, control and use their communal lands, territories and resources and, where they have been deprived of their lands and territories traditionally owned or otherwise inhabited or used without their free and informed consent, to take steps to return those lands and territories." Vgl. dazu: General Recommendation 23 on the rights of indigenous peoples, Committee on the Elimination of Racial Discrimination, Fifty-first session 1997, A/52/18 Annex V, Rn. 5.

Kontrollgremien, zur Stärkung der internationalen Standards für Territorialansprüche indigener Völker bei, indem die Vertragsstaaten verpflichtet werden Schutzmaßnahmen für indigene Völker zu ergreifen.

Zusätzlich hat jedes genannte Vertragswerk einen Überwachungsausschuss, dem die Aufgabe innewohnt, die staatlichen Leistungen in Bezug auf das jeweilige Übereinkommen durch regelmäßige Berichte zu überprüfen.[1649] Daneben können die Überwachungsausschüsse aufgrund von Mitteilungen von Personen oder Gruppen, wie den indigenen Völkern, welche behaupten in ihren Rechten verletzt zu sein, ein Beschwerdeverfahren führen, sofern der jeweilige rechtsverletzende Staat die Kompetenz des Überwachungsausschusses akzeptiert hat.[1650] Wiederum sind die USA der einzige arktische Staat, der Personen unter seiner Gerichtsbarkeit nicht erlaubt, Mitteilungen an den Menschenrechtsausschuss im Rahmen des IPbpR zu senden.[1651] Weiters unterbinden die USA, als auch Kanada, Beschwerden im Rahmen des Internationalen Übereinkommens über die Beseitigung aller Formen rassischer Diskriminierung.[1652] Demgegenüber ist der Überwachungsprozess im Rahmen des IpwskR viel jünger und im arktischen Raum hat einzig Finnland[1653] das *Optional Protocol to the International Covenant on Economic, Social and Cultural Rights*[1654] akzeptiert.[1655]

Auf regionaler Ebene konnte die Autorin, ausgehend von den regionalen Rechtsprechungen zu Eigentumsbestimmungen, in den afrikanischen,[1656]

1649 *Connors*, United Nations, in: Moeckli/Shah/Sivakumaran (Hg), International Human Rights Law³, Oxford University Press: Oxoford 2018, 388 f.; *Johnstone*, 2018, 75.

1650 *Connors*, 2018, 393; *Johnstone*, 2018, 75.

1651 Status of Ratification: Interactive Dashboard, United Nations Human Rights Office of the High Commissioner; Vgl. dazu: *Johnstone*, 2018, 75.

1652 *Johnstone*, 2018, 75.

1653 Status of Ratification: Interactive Dashboard, United Nations Human Rights Office of the High Commissioner.

1654 UNGA A/63/435 vom 10.12.2008, Optional Protocol to the International Covenant on Economic, Social and Cultural Rights, New York.

1655 *Johnstone*, 2018, 75.

1656 Art. 14 African Charter on Human and Peoples' Rights, Nairobi, 27.6.1981, AU Doc. CAB/LEG/67/3 rev. 5, 21 I.L.M. 58 https://au.int/sites/default/files/treaties/36390-treaty-0011_-_african_charter_on_human_and_peoples_rights_e.pdf (13.6.2024); Vgl. dazu: Centre for Minority Rights Development (Kenya) and Minority Rights Group International on behalf of Endorois Welfare Council v. Kenya, Decision 25.11.2009, African Commission on Human and Peoples' Rights, 276/2003, https://www.hrw.org/sites/default/files/related_material/2010_africa_commission_ruling_0.pdf (8.12.2021), Rn. 191.

amerikanischen[1657] und europäischen[1658] Menschenrechtsinstrumenten indirekt indigene Land- und Ressourcenrechte ableiten. Aufgrund der räumlichen Distanz des Kontinents Afrika zur Arktis und der jüngeren Rechtssetzung und Rechtsprechung zu Menschenrechten im Vergleich zu „westlichen" Ländern, qualifiziert die Autorin einen Rechtsvergleich afrikanisch-indigener Territorialrechte als nicht zielführend, wodurch eine weitere rechtswissenschaftliche Abhandlung afrikanisch-indigener Territorialrechte in dieser Arbeit unterbleibt.

Für die amerikanisch-arktischen Staaten gilt es anzumerken, dass weder Kanada noch die USA Vertragsstaaten der AMRK[1659] sind und damit die gerichtliche Zuständigkeit des interamerikanischen Gerichtshofs für Menschenrechte ausgeschlossen ist.[1660] Allerdings sind die beiden zuvor genannten Staaten Mitglieder der *Organization of American States*[1661] und diese werden von der interamerikanischen Kommission für Menschenrechte überwacht, welche die Einhaltung der ADRDM Standards überprüft.[1662]

Nach *Dorough* hat das interamerikanische Menschenrechtssystem seit 2016, mit der Annahme der *American Declaration on the Rights of Indigenous Peoples* (ADRIP),[1663] eine dreigliedrige Weiterentwicklung indigener spezifisch internationaler Menschenrechtsinstrumente vollzogen. Das ADRIP soll, neben dem

---

1657 Vgl. dazu: Die vorangestellten Ausführungen zu den Entscheidungen Yakye Axa Indigenous Community v Paraguay und Kichwa Indigenous People of Sarayaku v. Ecuador des Interamerikanischen Gerichtshofs, sowie dem Bericht zu den Maya Südbelize der Interamerikanische Kommission für Menschenrechte.

1658 Art. 8 und Protokoll 1 Art. 1 European Convention for the Protection of Human Rights and Fundamental Freedoms, Rom, 4.11.1950, 213 United Nations Treaty Series No. 2889; Chiragov and others v. Armenia, Judgement 16.11.2015, Europäischer Gerichtshof für Menschenrechte, Application no. 13216/05, Rn. 149; *Lundmark*, The European Court of Human Rights and the Protection of Arctic Indigenous Peoples, in: Alfredsson/Koivurova (Hg), The Yearbook of Polar Law[9] 2017, Brill/Nijhoff: Leiden–Boston 2018, 39.

1659 American Convention on Human Rights: Signatories and Ratifications, https://www.cidh.oas.org/basicos/english/Basic4.Amer.Conv.Ratif.htm (8.12.2021).

1660 *Johnstone*, 2018, 75.

1661 Charter of the Organization of American States, Bogota, 30.4.1948, 119 United Nations Treaty Series No. 1609, https://treaties.un.org/pages/showDetails.aspx?objid=0800000280154040 (13.12.2021).

1662 *Johnstone*, 2018, 75.

1663 American Declaration on the Rights of Indigenous People, Santo Domingo, 15.6.2016, AG/RES. 2888 (XLVI-O/16), https://www.oas.org/en/sare/documents/DecAmIND.pdf (13.12.2021).

UNDRIP und der ILO-Konvention 169, soziale Gerechtigkeit für indigene Völker auf dem amerikanischen Kontinent gewährleisten und die ADRIP-Präambel beruft sich sowohl auf die ILO-Konvention 169 als auch auf das UNDRIP.[1664] In wörtlicher Übereinstimmung mit Art. 3 UNDRIP legt Art. III ADRIP die Definition des Selbstbestimmungsrechts indigener Völker fest. Auch schließt sich das ADRIP des FPIC-Prinzips nach dem UNDRIP in bestimmten Bereichen an.[1665] Zusätzlich enthält das ADRIP innovative Bestandteile, wie das „Right to protection of a healthy environment" in Art. XIX und das Recht indigener Völker im Zustand der „voluntary isolation or initial contact" zu verbleiben (Art. XXVI ADRIP).

Auch bezieht sich das ADRIP in Art. XXV auf die vorliegende Forschungsthematik von indigenen Territorialansprüchen. Nach *Monteiro de Matos* ähnelt Art. XXV ADRIP den Artikeln 25 bis 27 UNDRIP. Art. XXV Abs. 3 ADRIP weitet die Rechte indigener Völker „to own, use, develop and control" neben dem Land auch auf Ressourcen aus und verbindet diese miteinander. Zusätzlich enthält Abs. 4 leg. cit. staatliche Verpflichtungen zur rechtlichen Anerkennung und zum Schutz indigener Gebiete. Für die rechtliche Anerkennung des indigenen Eigentums, sowie deren wirksame Abgrenzung und Betitelung erweitert Art. XXV Abs. 5 ADRIP die staatlichen Verpflichtungen, um spezielle Rechtsnormen zu etablieren, wobei letztere Art. 14 ILO-Konvention 169 ähnelt.[1666] Allerdings normiert Art. XXV Abs. 5 ADRIP, dass die rechtliche Anerkennung indigenen Eigentums den innerstaatlichen Gesetzen und den einschlägigen internationalen Übereinkünften entsprechen sollte und diese Beschränkung kann als assimilationistisch kritisiert werden.[1667]

Für die Arktis wird das ADRIP in naher Zukunft keine relevanten Auswirkungen haben, da sowohl Kanada als auch die USA Einwände gegen den Vertragstext erhoben haben, mit der Begründung, dass sich die *Organization of American States* auf die Umsetzung des UNDRIPs konzentrieren sollte.[1668] Dieser Umstand könnte sich ändern, wenn das ADRIP in der Zukunft das Völkergewohnheitsrecht beeinflussen würde.[1669]

1664 *Dorough*, 2020, 294.

1665 Vgl. dazu: Art. 11 Abs. 2 UNDRIP und Art. XIII Abs. 2 ADRIP; Art. 19 UNDRIP und Art. XXIII Abs. 2 ADRIP.

1666 *Monteiro de Matos*, 2021, 25.

1667 Ibid., 25.

1668 American Declaration on the Rights of Indigenous People, Santo Domingo, 15.6.2016, AG/RES. 2888 (XLVI-O/16), Fn. 1–2.

1669 *Johnstone*, 2018, 76.

Das europäische Menschenrechtssystem beruht auf der 1950 durch den Europarat verabschiedeten und 1953 in Kraft getretenen Europäischen Menschenrechtskonvention (EMRK)[1670] und reicht weit über den europäischen Raum hinaus. Alle 47 Mitgliedstaaten[1671] des Europarats sind Vertragsparteien der EMRK und jede natürliche Person, als auch jede Menschengruppe kann, wie die indigenen Völker, eine Individualbeschwerde an den EGMR richten, um zu behaupten, dass die arktischen Küstenstaaten Norwegen, Dänemark oder Russland ein ihnen zugesichertes Recht nach EMRK oder einem Zusatzprotokoll verletzt haben.[1672] Speziell für indigene Landrechte stellt der EGMR, neben dem Benachteiligungsverbot in Art. 14 EMRK, schwerpunktmäßig auf das in Art. 1 des Zusatzprotokolls Nr. 1 (ZP-1)[1673] verankerte Recht auf Eigentum ab.[1674]

Im Vergleich zum interamerikanischen Gerichtshof für Menschenrechte[1675] und der interamerikanischen Kommission für Menschenrechte,[1676] welche ihre

---

1670 European Convention for the Protection of Human Rights and Fundamental Freedoms, Rom, 4.11.1950, 213 United Nations Treaty Series No. 2889; Vgl. dazu die deutsche Fassung: Konvention zum Schutze der Menschenrechte und Grundfreiheiten, BGBl. 1958/210.

1671 Entsprechend gelangt die EMRK im arktischen Kontext für Norwegen, Grönland und Russland zur Anwendung. Vgl. dazu: Chart of signatures and ratifications of Convention for the Protection of Human Rights and Fundamental Freedoms (ETS No. 005), Council of Europe, http://conventions.coe.int/Treaty/Commun/ChercheSig.asp?NT=005&CM=&DF=&CL=ENG (18.12.2021).

1672 *Göcke*, 2016, 593.

1673 Protocol to the Convention for the Protection of Human Rights and Fundamental Freedoms, Paris, 20.3.1952, 213 United Nations Treaty Series No. 2889; Vgl. dazu die deutsche Fassung: Konvention zum Schutze der Menschenrechte und Grundfreiheiten, BGBl. 1958/210.

1674 *Göcke*, 2016, 595.

1675 Die traditionelle Verbindung der indigenen Völker bildet die materielle Basis für die indigene Identität. Solange ebendiese indigene Verbindung zum Land besteht, sind indigenen Landansprüche durchsetzbar und unterliegen damit indigene Entschädigungsansprüche grundsätzlich keiner zeitlichen Beschränkung. Sollte diese besondere Verbindung zum Land durch Gründe, welche außerhalb der Kontrolle indigener Gemeinschaften liegen, tatsächlich behindert werden, so bestehen ebenjene Entschädigungsansprüche bis zum Wegfall der Hindernisse fort. Vgl. dazu: Case of the Sawhoyamaxa Indigenous Community v. Paraguay, Judgement 29.3.2006, I/A Court H.R. Series C No. 146, Rn. 131 f.

1676 Wenn eine anhaltende Verletzung indigener Eigentumsansprüche mit gegenwärtigen Auswirkungen besteht, ist der Staat verpflichtet Abhilfe im Umfang der

ratione temporis-Zuständigkeiten eher weit auslegen, vertritt der EGMR grundsätzlich eine zurückhaltende Position, da letzterer Eigentumsentzug infolge einer Enteignung als keine andauernde Rechtsverletzung wertet und damit regelmäßig die Beschwerden aufgrund fehlender *ratione temporis*-Zuständigkeit zurückweist.[1677] Beispielhaft hat der EGMR die Einschränkung der Fischerei und Jagdrechte des indigenen Volkes der Inughuit durch die Errichtung der *Thule Air Base*, sowie deren Umsiedelung 1953 als „instantaneous acts" gewertet und das Klagebegehren aufgrund fehlender *ratione temporis*-Zuständigkeit abgewiesen.[1678] Auch besteht das europäische Menschenrechtssystem, entgegen dem interamerikanischen Menschenrechtssystem, welche offen für die Anerkennung kultureller Landrechte in Ermangelung eines rechtlich anerkannten Eigentumstitels ist, auf einen traditionellen Eigentumstitel, der westlicher, rechtlicher oder schriftlicher Natur ist.[1679]

Zudem wird der spezielle Eigentumsschutz gemäß ZP-1 Art. 1 im betreffenden Artikel selbst eingeschränkt und gelangt nur in Fallkonstellationen zur Anwendung, wo „das öffentliche Interesse es verlangt, und nur unter den durch Gesetz und durch die allgemeinen Grundsätze des Völkerrechts vorgesehenen Bedingungen." Ferner kann der Eigentumsschutz gemäß ZP-1 Art. 1 in keiner Weise das Recht des Staates beeinträchtigen „diejenigen Gesetze anzuwenden, die er für die Regelung der Benutzung des Eigentums im Einklang mit dem Allgemeininteresse [...] für erforderlich hält." Im Fall *Connors* erlaubte das europäische Menschenrechtssystem einen weiten staatlichen Ermessensspielraum hinsichtlich des Eigentumsbegriffes unter ZP-1, wohingegen Art. 8 EMRK vom EGMR restriktiver interpretiert wurde, und zwar mit der Begründung, dass der

---

aktuellen völkerrechtlichen Menschenrechtstandards zu leisten. Vgl. dazu: Mary and Carrie Dann v. United States, Abschlussbericht 27.12.2002, Report No. 75-02, Case 11.140, Rn. 167.

1677 *Bankes*, Protection of the Rights of Indigenous Peoples to Territory through the Property Rights Provisions of International Regional Human Rights Instruments, in: Alfredsson/Koivurova (Hg), The Yearbook of Polar Law[3] 2011, Brill/Nijhoff: Leiden–Boston 2011, 75 und 92; *Göcke*, 2016, 693 f.

1678 Hingitaq 53 v. Denmark, Decision on Admissibility 12.1.2006, Europäischer Gerichtshof für Menschenrechte, Application no. 18584/04; Vgl. dazu: *Bankes*, 2011, 74.

1679 *Johnstone*, 2018, 78; Vgl. dazu abweichend: Dogan and others v. Turkey, Judgement 29.6.2004, Europäischer Gerichtshof für Menschenrechte, Application nos. 8803–8811/02, 8813/03 and 8815–8819/02, Rn. 139.

Schutz der Wohnung oder der Privatsphäre „concerns rights of central importance to the individual's identity, self-determination, physical and moral integrity, maintenance of relationships with others and a settled and secure place in the community."[1680]

Der europäische Menschenrechtsschutz ist kein System, welches Gruppenrechte und indigene Rechte miteinbezieht und der EGMR hat als regionaler Gerichtshof noch nicht bewiesen, dass er Rechte indigener Völker gewährleistet.[1681] Auch die Europäische Kommission für Menschenrechte lehnte Minderheitenrechte unter dem EGMR ab.[1682] Trotz der Subsumierung der Kommission und des EGMR von exklusiven Jagd- und Fischereirechten,[1683] als auch gewohnheitsrechtlicher Ansprüche auf gemeinsame Nutzung von Land und Ressourcen ohne formalen Eigentumstitel[1684] unter dem Eigentumsschutz nach Art. 1 ZP-1, sind in der Vergangenheit regelmäßig keine Entscheidung hinsichtlich indigener Landansprüche in der Hauptsache ergangen.[1685] In einer Reihe von Fällen, in denen die innerstaatlichen Rechtsmittel erschöpft waren und die nationalen Gerichte zu dem Ergebnis gekommen sind, dass die Beschwerdeführer basierend auf ihrer traditionellen Landnutzung kein Eigentum besitzen, in das der Staat hätte eingreifen können, hat sich die Kommission diesem Ergebnis ohne weiteres angeschlossen und die Beschwerde für unzulässig erklärt.[1686]

1680 Connors v. The United Kingdom, Judgement 27.5.2004, Europäischer Gerichtshof für Menschenrechte, Application no. 66746/01, Rn. 82; Vgl. dazu: *Bankes*, 2011, 87.

1681 *Lundmark*, 2018, 51.

1682 *Johnstone*, 2018, 81.

1683 Könkämä and 38 other Saami Villages v. Sweden, Decision on Admissibility 25.11.1996, Europäische Kommission für Menschenrechte, Application no. 27033/95.

1684 Dogan and others v. Turkey, Judgement 29.6.2004, Europäischer Gerichtshof für Menschenrechte, Application nos. 8803–8811/02, 8813/03 and 8815–8819/02, Rn. 139.

1685 *Bankes*, 2011, 76–84.

1686 G. and E. v. Norway, Decision on Admissibility 3.10.1983, Europäische Kommission für Menschenrechte, Application nos. 9278/81 & 8415/81, „the applicants do not appear to have any 'property rights' to this area in the traditional sense of that concept"; O.B. and others v. Norway, Decision on Admissibility 8.1.1993, Europäische Kommission für Menschenrechte, Application no. 15997/90, „In so far as the applicants complain that they have been deprived of their exclusive right to reindeer husbandry in the area in question the Commission recalls that the courts found that they had no such right. Furthermore, the Commission recalls

Die Autorin kommt zu dem Ergebnis, dass regionale Schutznormen für indigene Territorialrechte im gesamten arktischen Raum jedenfalls existieren. Allerdings leiten sich diese aus allgemeinen Menschenrechtsinstrumenten ab und sind, mit Ausnahme des ADRIPs, nicht speziell auf indigene Völker zugeschnitten. In der direkten Gegenüberstellung des interamerikanischen mit dem europäischen Menschenrechtssystem ist erstere Rechtsprechung über indigene Eigentumsansprüche weiter fortgeschritten, indem das kollektive Eigentumskonzept gefördert wird. Demgegenüber existiert keine europäische Rechtsprechung zu indigenen Territorialansprüchen.

Da das ADRIP im arktischen Raum, wie ausgeführt, zum jetzigen Zeitpunkt eine geringe Relevanz besitzt, stellt sich vielmehr die Frage, wie die speziellen globalen Regelwerke zum Schutz indigener Völker, ILO-Konvention 169 und UNDRIP, einen einheitlichen Schutzanspruch im arktischen Raum gewährleisten können.

IV.3.3 Umsetzung ILO-Konvention 169 und UNDRIP im arktischen Kontext

Das UN-Hochkommissariat für Menschenrechte hat die ILO-Konvention 169 in ihrer Liste der universellen Menschenrechtsinstrumente aufgenommen.[1687] Damit gilt die ILO-Konvention 169 heute als wichtigstes, rechtlich verbindliches, internationales Dokument über indigene Rechte.[1688] Die ILO-Konvention 169 brachte grundlegende Neuerungen in der Regelungsstruktur indigener Schutznormen, da anstelle von individuellen, kollektive Rechte zur Selbstbestimmung indigener Völker, ihrer Lebensweise und Kultur in den Vordergrund

---

that the applicants do indeed have a right—although not an exclusive one—to reindeer husbandry […]“; Handölsdalen Sami Village and others v. Sweden, Decision on Admissibility 17.2.2009, Europäische Kommission für Menschenrechte, Application no. 39013/04 […] „the right claimed by the applicants did not vest in them without the intervention of the courts. Their property interest was accordingly in the nature of a claim and cannot therefore be characterised as an ‘existing possession’ within the meaning of the Court’s case-law“; Vgl. dazu: *Bankes*, 2011, 76–84.

1687 Universal Human Rights Instruments, United Nations Human Rights: Office of the High Commissioner, https://www.ohchr.org/en/instruments-listings#tab-2 (22.6.2022).

1688 *Hanna/Vanclay*, Human Rights, Indigenous Peoples and the Concept of Free, Prior and Informed Consent, in: 31 Impact Assessment and Project Appraisal 2/2013, 147.

traten.[1689] Aufgrund des holistischen Menschenrechtsansatzes der ILO-Konvention 169, wurde das Regelwerk von indigenen Bewegungen und Organisationen grundsätzlich positiv aufgenommen,[1690] obwohl sie im Verhandlungsprozess, wie bei Vorgängerinstrumenten, nicht in einem wesentlichen Ausmaß an der Ausarbeitung der Konvention beteiligt waren.[1691]

Hinsichtlich indigener Territorialansprüche ist der II. Teil ILO-Konvention 169 relevant. In Art. 13 Abs. 1 ILO-Konvention 169 werden die Mitgliedstaaten aufgerufen, die besondere Bedeutung des Landes für indigene Kulturen und geistige Werte, insbesondere die kollektiven Aspekte dieser Beziehung zu achten. Art. 14 Abs. 1 ILO-Konvention 169 fordert die Mitgliedstaaten zur Anerkennung von Eigentums- und Besitzrechten indigener Völker an dem Land auf, welches sie von alters her besiedeln, als auch nutzen. Dass die geforderte Anerkennung rein deklaratorischer Natur ist, leitet *Göcke* aus dem Sachverständigenausschuss der ILO in einer Bemerkung zur Anwendung der ILO-Konvention 169 von Peru ab, in dem ausgeführt wird, dass „under the Convention traditional occupation conferred a right to the land, whether or not such a right was recognized".[1692]

Die Mitgliedstaaten der ILO haben die indigenen Schutznormen der ILO-Konvention 169 mit einer absoluten Ratifizierungsanzahl von lediglich 24[1693] in einem geringen Ausmaß unterstützt. Dabei könnte der rechtsverbindliche Charakter der Konvention ein wesentlicher Grund für dessen geringen Vertragsstaatenkreis sein.[1694] Von den arktischen Staaten haben Norwegen und Dänemark die ILO-Konvention 169 ratifiziert.[1695] Entsprechend sind nur diese beiden arktischen Staaten zur Einhaltung von Schutznormen, als auch zur Implementierung indigener Interessen in ihre Politikführung gebunden.

1689 *Göcke*, 2016, 554.

1690 *Larsen/Gilbert*, 2020, 85 f.

1691 *Göcke*, 2016, 554.

1692 Observation Indigenous and Tribal Peoples Convention, 1989 (No. 169) – Peru, International Labour Organization: Committee of Experts on the Application of Conventions and Recommendations, veröffentlicht im Rahmen der 91. ILO-Sitzung (2003), Rn. 7; Vgl. dazu: *Göcke*, 2016, 554.

1693 Ratifications of C169, International Labour Organization, https://normlex.ilo.org/dyn/normlex/en/f?p=NORMLEXPUB:11300:0::NO::P11300_INSTRUMENT_ID:312314 (13.6.2024).

1694 *Hanna/Vanclay*, 2013, 151.

1695 Ratifications of C169, International Labour Organization.

Speziell die norwegische Verfahrensweise zum Schutz indigener Territorialansprüche hebt *Hossain* positiv hervor. Die norwegische Verfassung erkennt in Art. 108 die indigene Gruppe der Samen als ein Volk an, welches wesentliche Rechte genießt, die mit traditionellen Ländereien verbunden sind und ihre Kultur im Großen und Ganzen bilden.[1696] Zur Umsetzung der ILO-Konvention 169 wurde der *Finnmark Act*[1697] erlassen, um zusätzliche Rechte der Samen im nördlichsten Landesteil zu garantieren.[1698] In Anlehnung an das norwegische Pendants üben die finnischen und schwedischen Samen einen starken Druck aus, um Schweden und Finnland dazu zu bewegen, die ILO-Konvention 169 ebenfalls zu ratifizieren und damit die Autonomie ihrer parlamentarischen Vertretungen zu erweitern.[1699]

Im Vergleich zur ILO-Konvention 169 erfuhr das UNDRIP eine weitergehende Unterstützung. Bereits zu Beginn wurde das rechtsunverbindliche Abkommen von 144 Ländern verabschiedet.[1700] Auch wurden bei der Ausarbeitung der Deklaration indigene Völker erstmals aktiv miteinbezogen[1701] und dieser Umstand könnte zur überwiegenden weltweiten Akzeptanz beigetragen haben. Die internationale Unterstützung des UNDRIPs kann als ein klares Bekenntnis der internationalen Gemeinschaft angesehen werden, die in der Erklärung verankerten Rechte zu schützen und deren Einhaltung zu fördern.[1702] In der völkerrechtlichen Entwicklung stellt das UNDRIP nach *Glenn* nicht alleinig eine Anwendung des Völkerrechts unter neuartigen Umständen dar, sondern ist vielmehr eine wesentliche Änderung in der Natur und Richtung des Völkerrechts selbst.[1703]

1696 The Constitution of the Kingdom of Norway, 17.5.1814, LOV-1814-05-17, https://lovdata.no/dokument/NLE/lov/1814-05-17 (11.4.2022); Vgl. dazu: *Hossain*, 2016, 419.

1697 Act No. 85, Finnmark Act, 17.6.2005.

1698 *Hossain*, 2016, 422; Vgl. dazu auch: *Nenasheva/Bickford/Lesser/Koivurova/Kankaanpää*, 2015, 22 f.

1699 *Hossain*, 2016, 422.

1700 United Nations Declaration on the Rights of Indigenous Peoples, UN Department of Economic and Social Affairs Indigenous Peoples, https://www.un.org/development/desa/indigenouspeoples/declaration-on-the-rights-of-indigenous-peoples.html (21.7.2021).

1701 *Göcke*, 2016, 557.

1702 *Khan*, 2019, 685.

1703 *Glenn*, The Three Ironies of the UN Declaration on the Rights of Indigenous Peoples, in: Allen/Xanthaki (Hg), Reflections on the UN Declaration on the Rights of Indigenous Peoples, Hart: Oxford–Portland 2011, 174.

Allerdings kann die Autorin die Feststellung der weltweiten Anerkennung nicht uneingeschränkt für den arktischen Raum gelten lassen. Von den arktischen Staaten hat sich Russland der Stimme enthalten und die USA und Kanada haben gegen die Annahme des UNDRIP gestimmt.[1704] 2021 implementiert Kanada durch *Bill C-15* das UNDRIP in die nationale Rechtsordnung.[1705] Demgegenüber unterstützt die USA nach jüngster Stellungnahme zwar das UNDRIP und erkennt dem Regelwerk „moral and political force" zu, versagt der Erklärung aber den Status des geltenden Völkerrechts.[1706] Insgesamt sprachen sich die arktischen Staaten jüngst in einer gemeinsamen Erklärung (*Reykjavík Declaration*) für die Unterstützung des UNDRIP aus.[1707]

Das UNDRIP enthält Bestimmungen, welche für Staaten Referenzparameter über den Umfang und Inhalt ihrer bestehenden Verpflichtungen gegenüber indigenen Völker nach dem Völkergewohnheitsrecht darstellen könnten.[1708] Eine bestehende Völkerrechtsquelle ist das UNDRIP nach der *International Law Association* aber nicht.[1709] Entsprechend kann das gegenständliche rechtsunverbindliche Instrument nicht mehr als eine Motivation für die innerstaatliche Umsetzung von indigenen Schutznormen sein.[1710] Trotzdem deklarieren Rechtswissenschaftler bestimmte positivnormierte Grundsätze als bereits anerkanntes Völkergewohnheitsrecht und etablieren somit einen internationalen Mindeststandard[1711] für die Menschenrechte indigener

---

1704 United Nations Declaration on the Rights of Indigenous Peoples, UN Department of Economic and Social Affairs Indigenous Peoples.

1705 Bill C-15, 25.5.2021, https://parl.ca/DocumentViewer/en/43-2/bill/C-15/third-reading (29.11.2021).

1706 Explanation of Position on "Rights of Indigenous Peoples", United States Mission to the United Nations, 7.11.2019, https://usun.usmission.gov/united-states-explanation-of-position-on-rights-of-indigenous-peoples/ (29.11.2021).

1707 Reykjavík Declaration, Reykjavík, 20.5.2021, https://oaarchive.arctic-council.org/bitstream/handle/11374/2600/declaration%202021%20web%20EN.pdf?sequence=9&isAllowed=y (30.11.2021), 5.

1708 *Göcke*, 2016, 558 f.; Vgl. dazu: *Göcke* kommt aufgrund der breiten staatlichen Unterstützung des UNDRIP-Dokuments, sowie dessen Heranziehung von internationalen Organisationen zur Auslegung staatlicher Verpflichtungen, zum Ergebnis, dass sich die UNDRIP-Normen zu allgemein anerkannten Standards entwickeln könnten.

1709 Resolution 5/2012, International Law Association, 75th Conference 26.–30.8.2012, Rn. 2.

1710 *Glenn*, 2011, 180.

1711 *Cambou*, The UNDRIP and the legal significance of the right of indigenous peoples to self-determination: a human rights approach with a multidimensional

Völker.[1712] Neben dem Selbstbestimmungsrecht nach Art. 3 i.V.m. Art. 4 UNDRIP hat die *International Law Association* folgende Rechte der indigenen Völker als Gewohnheitsrecht deklariert: das Recht, an Entscheidungsprozessen mitzuwirken, welche Angelegenheiten betreffen, die ihre Rechte berühren könnten (Art. 18 UNDRIP); die Umsetzung des FPIC-Prinzips in allen Handlungen, welche indigene Rechte und Lebensweisen erheblich beeinträchtigen; das Recht auf kulturelle Identität in all seinen Ausformungen; das Recht auf Land, Gebiete und Ressourcen, welche traditionell von den indigenen Völkern besessen, innegehabt oder auf andere Weise genutzt oder erworben wurden (Art. 26 UNDRIP); das Recht auf Einrichtung und Kontrolle von indigenen Bildungssystemen und -institutionen und Medien (Art. 14 und 16 UNDRIP); sowie das Recht auf Wiedergutmachung für das Unrecht, das sie erlitten haben (Art. 28 UNDRIP).[1713] Damit ist der materielle Anwendungsbereich des UNDRIPs im Vergleich zur ILO-Konvention 169 bedeutend größer.[1714] Entsprechend stellt sich die Frage, inwiefern die rechtsverbindliche ILO-Konvention 169 die Umsetzung des UNDRIP unterstützt bzw. ob die völkergewohnheitsrechtlichen Bestimmungen des UNDRIPs die Relevanz der ILO-Konvention 169 schmälern.

Gemäß Art. 35 ILO-Konvention 169 darf sich dessen Anwendung auf die Rechte und Vorteile der indigenen Völker „aus anderen Übereinkommen und Empfehlungen, internationalen Übereinkünften, Verträgen oder innerstaatlichen Gesetzen, Schiedssprüchen, Bräuchen oder Vereinbarungen nicht nachteilig auswirken." Somit kann auch das UNDRIP unter diese Norm subsumiert werden,[1715] wobei sich beide Instrumente gegenseitig ergänzen, wie von der ILO selbst bestätigt.[1716] Art. 3 Abs. 1 ILO-Konvention 169 bestimmt, dass die

---

perspective, in: 23 The International Journal of Human Rights 1–2/2019, 39; Vgl. dazu: Obwohl die Selbstbestimmung der indigenen Völker aufgrund deren unterschiedlichen Bedürfnissen und Regelungsstrukturen keine Einheitsgröße darstellen kann, ist das Selbstbestimmungsprinzip durch die staatliche Praxis zu Völkergewohnheitsrecht erstarkt.

1712 *Göcke*, 2016, 558; *Hossain*, 2016, 419; *Isa*, 2019, 13; 419; *Khan*, 2019, 685.

1713 Resolution 5/2012, International Law Association.

1714 Handbook for ILO Tripartite Constituents: Understanding the Indigenous and Tribal Peoples Convention, 1989 (No. 169), International Labour Organization, 2013, https://www.ilo.org/wcmsp5/groups/public/---ed_norm/---normes/documents/publication/wcms_205225.pdf (3.12.2021), 10.

1715 *Dorough*, 2020, 294.

1716 Handbook for ILO Tripartite Constituents: Understanding the Indigenous and Tribal Peoples Convention, 1989 (No. 169), International Labour Organization, 2013, 10.

indigenen Völker in den vollen Genuss der Menschenrechte und Grundfreiheiten ohne Behinderung oder Diskriminierung kommen. Damit wäre auch das völkergewohnheitsrechtliche Menschenrecht auf Selbstbestimmung nach Art. 3 UNDRIP eingeschlossen.

Trotzdem führt die ILO selbst die gemeinsame Leseart der ILO-Konvention 169 und des UNDRIPs in der Praxis nicht konsequent durch und die Interpretation der ILO-Konvention 169 greift in gewissen Fällen zu kurz bzw. die ILO-Vertreter in verschiedenen Ländern unterminieren die rechtliche Bedeutung der ILO-Konvention 169.[1717]

Art. 6 Abs. 2 ILO-Konvention 169 fordert bei Konsultationen zwischen Regierungen und indigenen Völkern in Bezug auf Maßnahmen, welche sie direkt betreffen, diese „in good faith and in a form appropriate to the circumstances" durchzuführen, mit dem Ziel „of achieving agreement or consent to the proposed measures." Art. 6 ILO-Konvention 169 verlangt nach seiner Wortinterpretation aber keinen „consent", obwohl die Regierungen dazu verpflichtet sind, indigene Völker zu konsultieren.[1718] Damit erlegt die ILO-Konvention 169 eine moralische Verpflichtung der Staaten zur Einholung der Zustimmung indigener Völker auf.[1719] Diese Interpretation und auch die Anwendung des FPIC-Prinzips nach Art. 16 ILO-Konvention 169[1720] entspricht aber nicht der vollen Wirkung des „free prior and informed consent" (FPIC-Prinzip), nach dem UNDRIP.[1721] Das FPIC-Prinzip wird im UNDRIP an mehreren Stellen behandelt. Neben Umsiedlungen (Art. 10 UNDRIP) gelangt das FPIC-Prinzip auch bei Gesetzgebungs- und Verwaltungsmaßnahmen, welche indigene Völker betreffen (Art. 19 UNDRIP), bei der Lagerung von gefährlichen Stoffen auf

---

1717 *Dorough*, 2020, 294.

1718 Report III (Part 1A): Report of the Committee of Experts on the Application of Conventions and Recommendations (articles 19, 22 and 35 of the Constitution), International Labour Conference, 100th Session 2011, 783 f.

1719 *MacKay*, Indigenous People's Right to Free, Prior and Informed Consent and the World Bank's Extractive Industries Review, 2004, http://pdf.wri.org/ref/mackay_04_indigenous_ppl.pdf (4.12.2021), 20.

1720 Art. 16 ILO-Konvention 169 gelangt nur im Rahmen von Umsiedlungsmaßnahmen zur Anwendung: „such relocation shall take place only with their free and informed consent"; Vgl. dazu: Report III (Part 1A): Report of the Committee of Experts on the Application of Conventions and Recommendations (articles 19, 22 and 35 of the Constitution), International Labour Conference, 100th Session 2011, 785.

1721 *Dorough*, 2020, 294.

indigenem Land (Art. 29 UNDRIP), als auch bei der Nutzung von indigenen Ressourcen (Art. 32 UNDRIP) zur Anwendung.

Bereits 2004 hat die interamerikanische Kommission für Menschenrechte die fehlende informierte Zustimmung und wirksame Konsultation des Maya-Volkes bei der staatlichen Vergabe von Holz- und Öllizenzen an Dritte kritisiert. Die interamerikanische Kommission für Menschenrechte kommt zu dem Schluss, dass der indigenen Bevölkerung Eigentumsrechte und Teilnahmerechte zustehen, um kommerzielle Einflüsse, wie etwa jene der Ölförderung, zumindest in ihrem Interesse mitgestalten zu können.[1722] Entsprechend sollte, in Übereinstimmung mit den vorherigen Ergebnissen, das FPIC-Prinzip in allen vom UNDRIP bestimmten Anwendungsbereichen als Mindestmaßstab bei allen Beratungen gefordert werden.

Neben der völkergewohnheitsrechtlichen Bestimmung Art. 26 UNDRIP bezieht sich das UNDRIP, im Vergleich zur ILO-Konvention 169, auch eindeutiger auf indigene Territorialansprüche. Bereits im 7. Absatz der UNDRIP-Präambel wird die Notwendigkeit betont, die angestammten Rechte der indigenen Völker [...] auf ihr Land, ihre Gebiete und ihre Ressourcen, zu achten und zu fördern. Zusätzlich verweist Absatz 10 der UNDRIP Präambel auf die Kontrolle der indigenen Völker über Entwicklungen, die sie und ihr Land, ihre Gebiete und ihre Ressourcen betreffen, sie in die Lage versetzen wird, ihre Institutionen, ihre Kultur und Traditionen zu bewahren und zu stärken. Die Entwicklung der indigenen Völker soll im Einklang mit ihren Bestrebungen und Bedürfnissen gefördert werden. In Art. 25 UNDRIP wird das Recht indigener Völker normiert, ihre besondere spirituelle Beziehung zu traditionell genutzten Gebieten zu bewahren und zu stärken.

Verschiedene internationale Institutionen messen völkervertragliche Verpflichtungen gegenüber indigenen Völkern am Maßstab des UNDRIP.[1723] Beispielsweise zieht die Rechtsprechung des interamerikanischen Gerichtshof für Menschenrechte im Fall *Saramaka people v. Suriname* Art. 32 Abs. 2 UNDRIP als Rechtsquelle heran.[1724] Auch im Fall *Ángela Poma Poma v. Peru* wandte der UN-Menschenrechtsausschuss, das FPIC-Prinzip an und stellte fest, dass jede

---

1722 Maya Indigenous Communities of the Toledo District vs. State of Belize, Abschlussbericht 12.10.2004, IACHR, Report No. 40/04, Case 12.053, Rn. 143 f.

1723 *Kingsbury*, Indigenous Peoples, in: Wolfrum (Hg), The Max Planck Encyclopedia of Public International Law, opil.ouplaw.com/home/EPIL 2011, Rn. 15; Vgl. dazu auch: *Göcke*, 2016, 558.

1724 Case of the Saramaka People v. Suriname, Judgement 28.11.2007, I/A Court H.R. Series C No. 172 Rn. 131 und 134; Vgl. dazu auch: Case of the Kichwa Indigenous

Rechtfertigung einer Einmischung in die Rechte der Kultur einer indigenen Gemeinschaft von einer vorherigen effektiven Beteiligung der Gemeinschaft am Entscheidungsprozess abhänge.[1725] Die Autorin kommt zum Ergebnis, dass die Anwendung und Umsetzung des UNDRIP durch eine Reihe von internationalen Gerichten und Instanzen, innerhalb und außerhalb der Vereinten Nationen, sowie den Staaten selbst der Erklärung ein hohes Maß an Legitimität verleiht, welche die Einhaltung des UNDRIPs insgesamt erhöhen kann.

Trotz dieser positiven Entwicklungstendenzen für die indigenen Völker, weist *Khan* darauf hin, dass vielerorts nach wie vor keine Anerkennung der indigenen Autonomie existiert, die weitestgehend im Völkerrecht und innerstaatlichem Recht verankert ist. Während bestimmte Rechte der indigenen Völker durchaus bestätigt wurden, erkennt das Völkerrecht indigene Völker noch immer nicht als vollwertige und gleichberechtigte Teilnehmer an der internationalen Rechtsetzung an.[1726] Insbesondere zeichnet sich eine negative Entwicklung in der arktischen USA ab. Ein Teil der alaskischen Bevölkerung besteht darauf, dass die Verfassung einen gleichberechtigten Zugang zu Staatsressourcen gewähren sollte und die Anerkennung besonderer indigener Rechte auf die Jagd und die Fischerei eine nicht rechtfertigbare Privilegierung schaffe.[1727] Diese Ansicht verzerrt allerdings die Geschichte Alaskas und leugnet grundlegende Menschenrechte der indigenen Völker.[1728] Sollte diese Forderung nach einem gleichberechtigten Zugang zu Staatsressourcen durchgesetzt werden, wären unter anderem Art. 26 UNDRIP verletzt, dessen Schutzbereich indigene Territorialrechte sind.

Nach *Larsen* und *Gilbert* hat sich in den letzten Jahren hinsichtlich der rechtlichen und politischen Stellung der indigenen Völker und speziell im arktischen Raum, eine wesentliche Verbesserung abgezeichnet. Die schutzbedürftige Gruppe wird nicht mehr nur als Subjekt internationaler Normen angesehen, sondern (endlich) als völkerrechtliche Akteure und die Vertreter der indigenen Völker erhalten einen zentralen Platz in internationalen Foren, die indigene Rechte behandeln.[1729] Die Strukturen innerhalb des Arktischen Rates mit den

---

People of Sarayaku v. Ecuador, Judgement 27.6.2012, I/A Court H.R. Series C No. 245, Rn. 180 und 185.

1725 Ángela Poma v. Peru, Communication 24.4.2009, No. 1457/2006, CCPR/C/95/D/1457/2006, Annex, Rn. 7.6.

1726 *Khan*, 2019, 685.

1727 *Dorough*, 2010, 214.

1728 Ibid., 214.

1729 *Larsen/Gilbert*, 2020, 87.

indigenen Völkern, als ständige Teilnehmer, positionieren letztere als aufstrebende politische Akteure, indem sie zunehmend in die arktischen Agenden des Umweltschutzes und der menschlichen Sicherheit konsultiert werden.[1730] Die arktischen Staaten haben sich kürzlich erneut zur kooperativen Arbeitsweise mit den ständigen Teilnehmern bekannt, um eine verantwortungsvolle Regierungsführung im arktischen Raum zu erreichen.[1731]

Der *Saami Council*, bestehend aus finnischen, russischen, norwegischen und schwedischen Vertretern, bemüht sich um die Förderung der samischen Interessen in der gesamten *Sápmi*-Region.[1732] Ziel des *Saami Council* ist die Stärkung des Zusammengehörigkeitsgefühls unter den Samen, die Anerkennung als eigenständige gesellschaftliche Gruppe zu erlangen und ihre wirtschaftlichen, sozialen und kulturelle Rechte in den Gesetzen dieser vier Staaten zu wahren.[1733] Zusätzlich haben die nordischen Länder Finnland, Schweden und Norwegen einen Entwurf einer nordischen *Saami*-Konvention Anfang 2017 mit Vertretern der indigenen Samen, mit dem Ziel der Förderung der Rechte der Samen und die Beseitigung von Problemen abgeschlossen.[1734] Die *Saami*-Konvention zielt darauf ab spezifische Rechte der transnationalen Samen zu erweitern. In ihren Grundzügen verfolgt die Konvention die Entwicklung der transnationalen Samen ab und spricht der indigenen Sprache, Kultur, Lebensunterhalt und Lebensweise der Menschen eine stärkere Rolle zu. Insbesondere soll die indigene Volksgruppe in die Regierungsführung stärker eingebunden werden.[1735] Die Übertragung einer solchen Befugnis erfolgt jedoch nicht automatisch, sondern ist von den Staaten in Ausübung ihrer Hoheitsgewalt erteilt.[1736] Die *Saami*-Konvention ist zum Zeitpunkt der Verfassung dieser Arbeit noch nicht in Kraft getreten.

Eine weitere relevante und positive Entwicklung für die Rechte indigener Völker ist die *2030 Agenda for Sustainable Development*,[1737] dessen Relevanz in

---

1730 *Hossain*, 2016, 416.

1731 Reykjavík Declaration, 20.5.2021, 4.

1732 *Hossain*, 2016, 423; Vgl. dazu auch: The Saami Council, Sámiráđđi, https://www.saamicouncil.net/en/the-saami-council (13.4.2022).

1733 *Hossain*, 2016, 423.

1734 *Koivurova/Kleemola-Juntunen/Kirchner*, 2020, 77.

1735 Nordic Saami Draft Convention, 13.1.2017, https://www.sametinget.se/105173 (15.6.2021).

1736 *Hossain*, 2016, 423.

1737 UNGA A/RES/70/1 vom 21.10.2015, Transforming our world: the 2030 Agenda for Sustainable Development.

den Präambeln der *Reykjavík Declaration*[1738] bekräftigt wurde. *Dorough* argumentiert, dass viele Zielbestimmungen der *Sustainable Development Agenda* effektiv erreicht werden könnten, wenn die miteinander verbundene, unteilbare und voneinander abhängigen Menschenrechtsstandards des UNDRIP und der ILO-Konvention 169 von den Mitgliedstaaten bekräftigt, uneingeschränkt respektiert und anerkannt würden.[1739]

IV.3.4 Exkurs: Menschenrecht auf Umwelt

Das Recht auf die Erhaltung der Natur und der biologischen Vielfalt ist nach *Diatchkova* eine wichtige Grundlage für den Aufbau von Partnerschaften zwischen den Regierungen, Forschungseinrichtungen und indigenen Völkern sowie die traditionelle Selbstversorgung, die auf indigenem Wissen und nachhaltigen Landnutzungsformen beruht und die Stabilität des Ökosystems fördert. Die Beteiligung der indigenen Völker an Umweltprogrammen und -projekten begrüßt sie als Förderung von modernen Methoden des Umwelt- und Kulturschutzes.[1740]

Ein Recht auf Umwelt kann dort gewährleistet werden, wo eine gesundheitliche Schädigung denkbar ist, doch mangelt es an der Existenz eines speziellen Menschenrechts auf eine saubere Umwelt an einer entsprechenden Grundlage auf universeller Ebene.[1741] Demgegenüber findet sich ein entsprechendes Menschenrecht auf Umwelt auf regionaler Ebene.[1742] Speziell für die indigenen Völker formuliert Art. XXV Abs. 1 ADRIP deren spezielle umweltrechtliche Stellung folgendermaßen: „Indigenous peoples have the right […] to uphold their responsibilities to preserve them for themselves and for future generations.“ Damit könnten indigene Völker als eine Art Umweltverwalter angesehen werden und dies im Einklang mit weiteren internationalen Instrumenten wie

1738 Reykjavík Declaration, 20.5.2021, 5.

1739 *Dorough*, 2020, 295.

1740 *Diatchkova*, Chukotka's Indigenous Peoples: Issues and Prospects for Development, in: Loukacheva (Hg), Polar Law Textbook (TemaNord 2010:538), Nordic Council of Ministers: Copenhagen 2010, 228.

1741 *Proelß*, 2016, 415; *Vöneky/Beck*, Umweltschutz und Menschenrechte, in: Proelß (Hg), Internationales Umweltrecht, Walter de Gruyter: Berlin–Boston 2017, 141.

1742 „All peoples shall have the right to a general satisfactory environment favourable to their development“; Vgl. dazu: Art. 24 African Charter on Human and Peoples‘ Rights; *Proelß*, 2016, 431; *Vöneky/Beck*, Umweltschutz und Menschenrechte, 2017, 179 f.

Art. 8 (j) *Convention on biological diversity* (CBD)[1743] und dem 22. Prinzip *Rio Declaration on Environment and Development* (Rio-Erklärung)[1744] stehen.[1745] Damit kommt die Autorin in Übereinstimmung mit *Vöneky* und *Beck* zum Ergebnis, dass Querverbindungen des Rechts auf Umwelt bereits zu Menschenrechten der dritten Generation (kollektive Menschenrechte) bestehen, da es sich bei der Umwelt um ein kollektives Gut handelt.[1746]

Darüber hinaus sichern auch die Menschenrechte der ersten und zweiten Generation ein mittelbares Recht auf Umwelt (vgl. Art. 6 IPbpR Recht auf Leben, Art. 12 IPwskR Recht auf Gesundheit).[1747] Diese menschenrechtlichen Grundlagen können nach *Vöneky* und *Beck* aber nicht den Schutz von Umwelt und Natur als solchen rechtfertigen, sondern gründen in der Erhaltung der menschlichen Umwelt im Sinne der menschlichen Lebensgrundlagen. „Anlass zu verstärkten Umweltschutzbemühungen geben anthropozentrische Ansätze daher immer erst dann, wenn negative Umweltveränderungen auch negative Auswirkungen auf den Menschen haben."[1748]

Zusätzlich scheitert die Durchsetzung einer Verletzung des Menschenrechts auf Umwelt aufgrund staatlichen Handelns oder Untätigkeit, welche zu einer erheblichen Verschlechterung des Zustands der menschlichen Umwelt führen, häufig am Kausalitätsproblem.[1749] Ein veranschaulichender Fall ist ein im Jahre 2005 von den Inuit Alaskas und Kanadas gestellter Antrag bei der interamerikanischen Menschenrechtskommission aufgrund Menschenrechtsverletzungen infolge US-amerikanischen Treibhausgasemissionen. Der Antrag wurde aufgrund Beweislastschwierigkeiten abgelehnt.[1750]

Trotzdem zeichnet sich insbesondere im deutschsprachigen Rechtskreis eine positive Entwicklung hinsichtlich der Implementierung eines Menschenrechts

---

1743 Convention on Biological Diversity, Rio de Janeiro, 5.6.1992, 1760 United Nations Treaty Series No. 30619; Vgl. dazu: *Monteiro de Matos*, 2021, 25; *Vöneky/Beck*, Umweltschutz und Menschenrechte, 2017, 175.

1744 UNGA A/Conf.151/26/Vol. I (1992) vom 12.8.1992, Annex I: Rio Declaration on Environment and Development, Rio de Janeiro.

1745 *Monteiro de Matos*, 2021, 25.

1746 *Vöneky/Beck*, Umweltschutz und Menschenrechte, 2017, 179.

1747 *Proelß*, 2016, 431 f.

1748 *Vöneky/Beck*, Umweltschutz und Menschenrechte, 2017, 180.

1749 *Proelß*, 2016, 432.

1750 Vgl. dazu: Sheila Watt. Cloutier, et al., Petition N° P-1413-05, Schreiben des stellvertretenden Geschäftsführers der interamerikanischen Kommission für Menschenrechte vom 16.11.2006, http://graphics8.nytimes.com/packages/pdf/science/16commissionletter.pdf (9.1.2022); Vgl. dazu: *Proelß*, 2016, 432.

auf Umwelt ab. Der Jurist *von Schirach* fordert unter anderem ein einklagbares Grundrecht auf eine gesunde und geschützte Umwelt im europäischen Kontext.[1751] Kurze Zeit später hat auch die UN in der rechtsunverbindlichen UN-Resolution 48/13[1752] die Forderungen nach einem „right to a safe, clean, healthy and sustainable environment as a human right" anerkannt.

Trotz der positiven Entwicklungen hinsichtlich der Anerkennung eines Menschenrechts auf Umwelt, kann die Autorin zum jetzigen Zeitpunkt keine dementsprechende Rechtsnorm auf universeller bzw. für den arktischen Raum regionaler Ebene ausmachen, welche einem Menschenrecht auf Umwelt zur Durchsetzung verhilft.

Vöneky und *Beck* kommen insgesamt zum Ergebnis, dass die Reichweite vorhandener und bestimmter Menschenrechte in umweltbezogenen Rechtskonflikten eine Frage der Einzelfallbewertung bleibt. Die Festlegung der Prämissen einer intakten, lebenswerten oder gesunden Umwelt sowie etwaige Umweltveränderungen, die diesem Standard gerecht werden können, kann keine generelle Entscheidung sein.[1753] Die Gewichtung und Abwägung der widerstreitenden Interessen in umweltrechtlichen Belangen fällt entsprechend in die souveräne Sphäre der Staaten. Die Gewährleistung der Rechtsstaatlichkeit eben dieser Entscheidungsprozesse und die Beteiligung der Betroffenen ist demgegenüber ein gemeinsames Interesse der Staatengemeinschaft und der internationale Menschenrechtsschutz ist nur wirksam, wenn den Betroffenen effektive Instrumente zur Rechtsdurchsetzung gegenüber dem Staat zur Verfügung stehen.[1754]

IV.3.5 Die arktische Selbstverwaltung

Gemäß Art. 4 UNDRIP haben die indigenen Völker bei der Ausübung des Rechts auf Selbstbestimmung das Recht auf Autonomie oder Selbstverwaltung in Fragen, die ihre inneren und lokalen Angelegenheiten betreffen. Nach *Göcke* ist die indigene Autonomie die innere Selbstverwaltung einer Region oder Gruppe in teilweiser Unabhängigkeit von der nächsthöheren staatlichen Ebene und aus der völkergewohnheitsrechtlichen Norm folgt Art. 4 UNDRIP.[1755] Das

---

1751 *von Schirach*, Jeder Mensch, Luchterhand Literaturverlag: München, 2021, 10; Vgl. dazu auch: *Steinbeis*, Nicht jeder Mensch, in Verfassungsblog, 9.4.2021, https://verfassungsblog.de/nicht-jeder-mensch/ (6.5.2021).

1752 UNGA A/HRC/48/L.23/Rev.1 vom 5.10.2021, The human right to a safe, clean, healthy and sustainable environment.

1753 *Vöneky/Beck*, Umweltschutz und Menschenrechte, 2017, 181.

1754 Ibid., 181.

1755 *Göcke*, 2016, 729.

UNDRIP fördert die Verwirklichung des Selbstbestimmungsrechts indigener Völker innerhalb der Grenzen bestehender Staaten, um die Beziehung zwischen den indigenen Völkern und dem Staat zu definieren.[1756] Somit verfolgt der Normzweck von Art. 4 UNDRIP nicht die Schaffung autonomer Regionen zugunsten indigener Völker, sondern verpflichtet die Staaten stattdessen zur Achtung der personalen, kulturellen oder institutionellen Autonomie indigener Völker.[1757] In anderen Worten haben die indigenen Völker einen Anspruch auf ein Selbstverwaltungsrecht, welches eine effektive und demokratisch-politische Beteiligung indigener Völker und Minderheiten sicherstellen soll, um einen Großteil ihrer lokalen Angelegenheiten selbst zu regeln, ohne die Souveränität und territoriale Integrität eines Staates zu gefährden.[1758] Damit ist das Selbstverwaltungsrecht ein Bestandteil des Selbstbestimmungsrechts indigener Völker.[1759] Der Anwendungsbereich des Selbstbestimmungsrechts geht aber deutlich über das Selbstverwaltungsrecht hinaus. Mit dem Selbstbestimmungsrecht können die indigenen Völker ihren politischen Status sowie ihre wirtschaftliche, soziale und kulturelle Entwicklung frei bestimmen.[1760] Das Selbstverwaltungsrecht beschränkt sich auf innere lokale Angelegenheiten, die für eine bestimmte Gruppe in einem abgegrenzten räumlichen Bereich von Relevanz sind.[1761]

Die Schaffung von Landnutzungsvereinbarungen zwischen den arktischen Staaten und den indigenen Völkern wurde notwendig, um die zahlreichen Territorialansprüche zu lösen.[1762] Ob indigene Territorialansprüche als eine Form der Selbstverwaltung angesehen werden können, ist nach *Loukacheva* eine Einzelfallentscheidung und davon abhängig, ob eben diese Ansprüche hauptsächlich wirtschaftliche Gesichtspunkte verfolgen und beispielsweise auf die Erschließung von Land und Ressourcen, sowie auf Eigentumsrechte abzielen.[1763] *Shadian* sieht den noch andauernden Verhandlungsprozess von Landnutzungsvereinbarungen und die daraus resultierenden indigenen

1756 *Kingsbury*, 2011, Rn. 51.

1757 *Göcke*, 2016, 730.

1758 *Alfredsson*, 2010, 162.

1759 *Cambou*, 2018, 33; *Loukacheva*, Arctic Governance, 2010, 136; *Göcke*, 2016, 731.

1760 *Cambou*, 2018, 32 f.; *Loukacheva*, Arctic Governance, 2010, 136.

1761 *Loukacheva*, Arctic Governance, 2010, 136.

1762 *Johnstone/Joblin*, 2020, 255; *Shadian*, Differences in local governance, in: Conference Report (26 May 2010): Arctic – Changing Realities (ANP 2010:758), Nordic Council of Ministers: Copenhagen 2010, 35.

1763 *Loukacheva*, Arctic Governance, 2010, 136 und 138.

Regierungsführungen nicht als Reaktion auf oder gegen die wirtschaftliche Entwicklung. Die Vereinbarungen sollen eine Steuerungsmöglichkeit des florierenden Ressourcenabbaus für die lokale indigene Bevölkerung schaffen und gleichzeitig den Ausgangspunkt einer Selbstverwaltung bilden.[1764] *Koivurova*, *Kleemola-Juntunen* und *Kirchner* gehen noch einen Schritt weiter und sehen die Landrechte indigener Völker als notwendig für die volle Wahrnehmung des Selbstbestimmungsrechts an.[1765]

Inwieweit und in welcher Form die Ansprüche indigener Völker an Land und Ressourcen in einer indigenen Selbstverwaltung gemündet sind bzw. diese das indigene Selbstbestimmungsrecht verwirklichen, wollen die nachstehenden Abschnitte anhand drei, von der Autorin ausgewählten, staatlicher Verfahrensweisen zur Umsetzung indigener Territorialansprüche beurteilen. Die potenzielle Umwandlung der grönländischen Selbstverwaltung zu einem autonomen Staat soll den Untersuchungsgang dieses Kapitels abschließen.

Demgegenüber werden Entwicklungen indigener Territorialansprüche in der europäischen Arktis außen vorgelassen, da bereits zuvor die Arbeit des *Saami Councils* als Vorzeigemodell für die übrigen indigenen Vertretungen identifiziert worden ist. Zusätzlich werden die parlamentarischen Vertreter der Samen in der europäischen Arktis in Verwaltungsverfahren zur Erteilung von Bergbaugenehmigungen miteinbezogen,[1766] was als Realisierung des Selbstbestimmungsrechts indigener Völker angesehen werden kann, da die indigenen Völker am innerstaatlichen Entscheidungsprozess teilnehmen.[1767] Allerdings variieren die Vertretungen indigener Gemeinschaften bei der Entscheidungsfindung auf nationaler Ebene und diese unterschiedlichen Einbindungen in nationale Entscheidungsprozesse kann das Gefühl der Volkseinheit der Samen beeinträchtigen.[1768]

IV.3.6 Indigene Selbstverwaltung in Russland

Lange Zeit hatten die kulturellen Werte der indigenen Völker in Russland einen entscheidenden Einfluss auf das vorliegende Rechtssystem und dies wurde in den Regionen, in welchen die russisch-indigenen Völker ansässig sind, überwiegend als Gewohnheitsrecht angewandt.[1769] Im Rahmen der russischen

---

1764 *Shadian*, 2010, 35.
1765 *Koivurova/Kleemola-Juntunen/Kirchner*, 2020, 67.
1766 *Nenasheva/Bickford/Lesser/Koivurova/Kankaanpää*, 2015, 22 f.
1767 *Koivurova/Kleemola-Juntunen/Kirchner*, 2020, 67 f.
1768 Ibid., 68.
1769 *Diatchkova*, 2010, 222 f.

Kolonialisierung wurde die Verwaltung der indigenen Völker Sibiriens in der *Charter of the Russian Empire on Aliens* (1822)[1770] normiert. Die betreffende Charta verband die zustehenden indigenen Rechte mit den lokalen Territorien und Ressourcen und die indigenen Völker konnten, obwohl sie den rechtlichen und wirtschaftlichen Bedingungen des Russischen Reichs ausgesetzt waren, ihre traditionellen Subsistenzsysteme aufrechterhalten.[1771] *Diatchkova* sieht diesen Ansatz für die damalige Zeit als äußerst fortschrittlich an, verweist aber gleichzeitig auf die Auswirkungen der Russischen Revolution 1917. Die erzwungene Kollektivierung und die Auflösung der indigenen Rechte auf Land und natürliche Ressourcen haben die traditionellen Selbstverwaltungen zerstört.[1772]

Zu Zeiten der kommunistischen Sowjetunion hat die schwache russische Rechtsumsetzung, mit ebenso schwachen formalen Institutionen, informelle Institutionen gestärkt und diese privaten Netzwerke haben Lücken im offiziellen Verwaltungsrahmen geschlossen.[1773] Russland, als Rechtsnachfolger, hat eine komplette wirtschaftliche Umstrukturierung durchlaufen, wobei wiederum informelle Institutionen die russische Gesellschaft durch diese Umstrukturierungszeit getragen haben.[1774] Insbesondere im Bergbausektor wird von den privatwirtschaftlichen russischen Unternehmen nach wie vor erwartet, dass sie zur sozialen und wirtschaftlichen Entwicklung der russischen Gesellschaft beitragen. Sie erhalten als Ausgleich weniger strenge Vorschriften von regionalen oder kommunalen Behörden.[1775] Dieser Vorteilausgleich im Bereich der privaten Verwaltung überlässt die lokale Bevölkerung dem karitativen Willen der privatwirtschaftlichen Unternehmen und diese Vereinbarungen können als eine Art semiformale Institution innerhalb der privaten Verwaltung angesehen werden, welche die Lücken im öffentlichen Wohlfahrtssystem schließen.[1776]

Positiv hat sich der Demokratisierungsprozess, nach Ende der Sowjetunion, auf den Willen der indigenen Bevölkerung ausgewirkt, Institutionen zu gründen, welche unter anderem Instrumente zur Unterstützung der traditionellen

1770 The 1822 Charter of the Russian Empire on Aliens, russische Fassung: Положение об инородцах. – Том II. Издание 1892 г. С.-Петербург // Свод законов Российской империи. – Свод губернских учреждений.

1771 *Diatchkova*, 2010, 223.

1772 Ibid., 223 f.

1773 *Britcyna/Nystén-Haarala/Pappila*, 2018, 140 f.

1774 Ibid., 141.

1775 Ibid., 155.

1776 Ibid., 160.

Landnutzung und die Erhaltung der indigenen Kultur entwickeln sollen.[1777] Die russische Regierung hat auf das Versäumnis der Einrichtung von Reservaten in Zeiten der Sowjetunion reagiert und erließ Gesetze zur Einrichtung von Schutzgebieten indigener Völker.[1778] Das bedeutendste Gesetz ist das *Federal Law N 49-FZ,*[1779] welches die Rechtsgrundlage zur Einrichtung von Schutzgebieten zugunsten kleiner indigener Völker des Nordens, Sibiriens und des Fernen Ostens der Russischen Föderation schafft.[1780]

Diese einzurichtenden indigenen Schutzgebiete, offiziell bezeichnet als „erritoriya traditsionnogo prirodopol'zovaniya" (*Territories of Traditional Nature Use* (TTNUs)), sollen 40 kleinen Gruppen indigener Völker im russischen Norden, deren angestammte Heimatländer mit den Gebieten von 28 russischen Regionen zusammenfallen,[1781] Nutzungs- und Besitzrechte an diesen Gebieten zuweisen.[1782] Allerdings vermisst das *Federal Law N 49-FZ* konkrete Details zu Verfahren und Prozessen zur Etablierung von TTNUs und schafft lediglich einen rechtlichen Rahmen zur Einrichtung von TTNUs.[1783] Durch diesen Rahmencharakter und den verfassungsrechtlich verankerten Bestimmungen in Art. 72 lit. m russische Verfassung[1784] über die gemeinsame Verantwortung für die Sicherung indigener Gebiete ist die Annahme von regionalen Rechtsvorschriften erzwungen worden.[1785] Beispielsweise verabschiedeten einige Regionen Gesetze bzw. Dekrete und Bestimmungen, um den indigenen Völkern bestimmte Landnutzungsrechte zu garantieren und um den Mangel an

1777 *Diatchkova*, 2010, 224 f.

1778 *Göcke*, 2016, 320.

1779 Federal Law N 49-FZ, About the territories of traditional environmental management of indigenous ethnic groups of the North, Siberia and the Far East of the Russian Federation, 7.5.2001, in russischer Sprache unter: https://www.fao.org/faolex/results/details/en/c/LEX-FAOC042175/ (6.1.2022).

1780 *Göcke*, 2016, 324.

1781 *Fondahl/Parlato/Filippova/Savvinova*, The Difference Place Makes: Regional Legislative Approaches to Territories of Traditional Nature Use in the Russian North, in: 12 Arctic Review on Law and Politics 2021, 110.

1782 *Göcke*, 2016, 320.

1783 *Fondahl/Parlato/Filippova/Savvinova*, 2021, 110.

1784 „Zur gemeinsamen Zuständigkeit der Rußländischen Föderation und der Subjekte der Rußländischen Föderation gehören: die Festlegung allgemeiner Organisationsprinzipien für das System der Organe der Staatsgewalt und der örtlichen Selbstverwaltung"; Vgl. dazu die deutsche Übersetzung des Lehrstuhls von *Fincke*, Passau: Die Verfassung der Russischen Föderation, 12.12.1993.

1785 *Fondahl/Parlato/Filippova/Savvinova*, 2021, 110.

konkreten Bestimmungen im Bundesgesetz, sowie das anhaltende Versäumnis der Bundesregierung, detaillierter Teilrechtsakte zu TTNUs erlassen, zu begegnen.[1786] Demgegenüber haben sich andere Regionen dazu entschlossen auf die Einrichtung föderaler TTNUs zu warten bzw. diese Regionen haben die Rechte der indigenen Bevölkerung völlig vernachlässigt.[1787] Damit haben in praktischer Hinsicht einige russische Untereinheiten den indigenen Völkern das Land in Gestalt regionaler TTNUs zugewiesen.[1788] Von der absoluten Zahl regional eingerichteter 578 TTNUs liegt dessen Großteil mit 475 im autonomen Kreis der Chanten und Mansen/Jugra und damit außerhalb der Arktis.[1789] In der Republik Sacha (Jakutien), als Region mit der zweitgrößten Anzahl eingerichteter TTNUs, wurden lediglich 62 TTNUs vonseiten der regionalen Regierung eingerichtet.[1790]

Durch die unterschiedliche regionale Umsetzung des föderalen Gesetzes *Federal Law N 49-FZ* ist ein Fleckenteppich von unterschiedlicher regionaler Behandlung indigener Territorialrechte gekommen.

Göcke kommt zum Ergebnis, dass obwohl Nutzungs- und Besitzrechte in den eingerichteten regionalen TTNUs den indigenen Völkern zukommen, das eigentliche Eigentum am Land in treuhänderischer Verwaltung durch den Staat verbleibt. Diese Regierungseinheiten sind allerdings nicht berechtigt über das Eigentum des Bundes zu verfügen und die indigenen Völker haben im Ergebnis keinen gesicherten rechtlichen Status über das ihnen zugewiesene Land.[1791] Ebendieser rechtliche Status der regionalen TTNUs, welcher der prekären Norm der regionalen Autonomie unterliegt, wurde in der russischen Rechtsprechung noch nicht behandelt.[1792]

Auf föderaler Ebene wurde, trotz zahlreicher eingebrachter Anträge, bis heute kein einziges TTNU durch die russische Regierung eingerichtet.[1793] In den Ablehnungsgründen wurde angeführt, dass ein Statut ausständig sei, welche das rechtliche Regime zur Einrichtung und Nutzung der TTNUs festlege.[1794]

1786 Ibid., 110.
1787 Ibid., 110.
1788 *Göcke*, 2016, 324.
1789 *Fondahl/Parlato/Filippova/Savvinova*, 2021, 113 f.
1790 Ibid., 113 f.
1791 *Göcke*, 2016, 320 und 324 f.
1792 *Fondahl/Parlato/Filippova/Savvinova*, 2021, 125.
1793 *Fondahl/Parlato/Filippova/Savvinova*, 2021, 125; *Göcke*, 2016, 324.
1794 *Göcke*, 2016, 324.

Die sechs Revisionsentwürfe des *Federal Law N 49-FZ*, welche überwiegend die Aufhebung aller nicht-föderalen TTNUs verfolgen, werden grundsätzlich von den indigenen Vertretern mit Besorgnis verfolgt.[1795] Insbesondere in der Republik Sacha (Jakutien) hat die regionale Regierung die Einrichtung von TTNUs erleichtert und gefördert, um den Verlust der regionalen Kontrolle über Land aufgrund von Bundesprogrammen zu verhindern.[1796] Die Aufhebung der regionalen TTNUs in diesem Gebiet könnte einen weitreichenden Eingriff der Russischen Föderation in indigene Territorialrechte darstellen.

Auch ist die zukünftige Verleihung föderaler TTNUs an indigene Völker als unwahrscheinlich zu werten, da in Bezug auf die russische Arktisstrategie und dem potenziell großen Rohstoffvorkommen in der sibirischen Arktis der Schutz der traditionellen Siedlungs- und Nutzungsgebiete indigener Völker voraussichtlich in der russischen Politik in den Hintergrund treten wird.[1797]

Eine entsprechende Verbesserung der gesellschaftlichen Stellung indigener Völker ist, nach Ansicht derer Vertretern, von der Gewährung eines Selbstverwaltungsrechtes abhängig.[1798] Dahingehend müssen die indigenen Institutionen notwendigerweise den Status einer politischen Organisation erreichen und von den Behörden anerkannt werden.[1799] Allerdings haben die Verwaltungsreformen von 2004 die Zusammenarbeit zwischen indigenen Organisationen und Regierungsinstitutionen wesentlich unterbunden und es ist, mit Ausnahme des Kulturministeriums, keine Regierungsbehörde mit Aufgaben der Sicherstellung der Rechte indigener Völker betraut.[1800] Die Autorin kommt zu dem Ergebnis, dass, ausgehend von dem nicht gesicherten rechtlichen Status regional eingerichteter TTNUs, die indigenen Land- und Ressourcennutzungsrechte in Russland in praktischer Hinsicht nicht existent sind.

IV.3.7 Alaska Native Claims Settlement Act 1971

Durch die Entdeckung großer Vorkommen an Erdölreserven im North Slope von Alaska und damit einhergehenden massiven Lobbying-Tätigkeiten

1795 *Fondahl/Parlato/Filippova/Savvinova*, 2021, 125.
1796 Ibid., 125.
1797 *Göcke*, 2016, 324 ff.
1798 *Diatchkova*, 2010, 225.
1799 Ibid., 225.
1800 *Göcke*, 2016, 450.

zugunsten der Erdölwirtschaft, wurde der *Alaska Native Claims Settlement Act* 1971[1801] angenommen.[1802] Die betreffenden Interessensvertreter seitens der USA als Staat, den jeweiligen Bundesstaaten und privatwirtschaftliche Unternehmen waren der Ansicht, dass die Gesetzgebung des Kongresses der Vereinigten Staaten ihre Interessen besser berücksichtigen und erfüllen würde, als rechtliche Schritte vonseiten der indigenen Bevölkerung Alaskas, welche dem wiederum starke und zwingend rechtliche Argumente gehabt hätten, ihre Behauptungen von Eigentum, Rechten und Titel durchzusetzen.[1803] Entsprechend verkennt der betreffende Gesetzesakt nach *Dorough* zwingende rechtliche Argumente zur Unterstützung und Durchsetzung von Eigentumsrechten der indigenen Bevölkerung.[1804] Beispielsweise negiert § 1603 (b) *Alaska Native Claims Settlement Act* folgende Rechte indigener Völker in Alaska: „All aboriginal titles, if any, and claims of aboriginal title in Alaska based on use and occupancy, including submerged land underneath all water areas, both inland and offshore and including any aboriginal hunting or fishing rights that may exist, are hereby extinguished."

Der *Alaska Native Claims Settlement Act* zielt weitgehend darauf ab, auf Subsistenzsysteme basierende Gemeinschaften in das kapitalistische Hauptsystem zu integrieren.[1805] Nach intensiven Debatten hat auch der US-amerikanische *Supreme Court* in der Entscheidung *Alaska v. Native Village of Venetie*[1806] festgestellt, dass das indigene Land in Alaska nicht existiert und bestätigt, dass der Wortlaut des *Alaska Native Claims Settlement Act* den Status von Stammesland der indigenen Bevölkerung in Alaska „extinguished" hat.[1807] Diese Entscheidung bleibt zumindest vorerst das letzte juristische Wort in der Frage der Souveränität, und die konservative Haltung des *US-Supreme Courts* bietet nach

---

1801 Alaska Native Claims Settlement Act of 1971, 43 U.S.C. §§ 1601–1624, https://uscode.house.gov/view.xhtml?path=/prelim@title43/chapter33&edition=prelim (7.1.2022).

1802 *Dorough*, 2010, 202.

1803 Ibid., 202.

1804 Ibid., 202.

1805 *Huhndorf/Huhndorf*, Alaska Native Politics Since the Alaska Native Claims Settlement Act, in: Warrior (Hg), The world of indigenous North America, Routledge: London 2014, 67.

1806 Alaska v. Native Village of Venetie Tribal Government, Judgement 25.2.1998, Supreme Court of the United States, 522 US 520.

1807 *Dorough*, 2010, 206.

Huhndorf und *Huhndorf* wenig Hoffnung auf positive Veränderungen für die indigene Bevölkerung.[1808]

Auf völkerrechtlicher Ebene könnte die Auslöschung der Jagd- und Fischereirechte der *Alaska Natives* durch den *Alaska Native Claims Settlement Act* grundlegende Rechte (sogenannte *core rights*) verletzen.[1809] Der UN-Ausschuss für wirtschaftliche, soziale und kulturelle Rechte stellte in seinem Kommentar Nummer 3 fest: „[…] that a minimum core obligation to ensure the satisfaction of, at the very least, minimum essential levels of each of the [IPwskR] rights is incumbent upon every state party."[1810] Nach Ansicht des betreffenden UN-Ausschusses erfüllt ein Vertragsstaat durch die Beraubung lebenswichtiger Lebensmittel von einer beträchtlichen Anzahl von Individuen, *prima facie* seine Verpflichtungen aus dem betreffenden Menschenrechtspakt nicht.[1811] Die Formulierung dieser Kernverpflichtungen in Bezug auf die Grundbedingungen des menschlichen Lebens entspricht den gleichlautenden Sätzen in Art. 1 Abs. 2 beider internationaler Menschenrechtspakte (IPbpR und IPwskR), indem in keinem Fall ein Volk seiner eigenen Existenzmittel beraubt werden darf, womit grundlegende Subsistenzrechte, welche das Leben von Individuen und Völkern bestimmen, als *core rights* betrachtet werden können.[1812] Zwar sind die USA dem IPwskR nicht beigetreten und haben erst im Jahr 1992 das IPbpR ratifiziert,[1813] so argumentiert *Dorough*, dass die USA nunmehr das Recht der *Alaska Natives* an der Subsistenzjagd als grundlegendes Menschenrecht anzuerkennen haben.[1814]

Auch das Konferenzkomitee im Kongress der Vereinigten Staaten hat in seinem Bericht zum *Alaska Native Claims Settlement Act* festgestellt, dass obwohl den indigenen Völkern keine Jagd und Fischereirechte zuerkannt werden, die indigene Subsistenzwirtschaft in jenen Gebieten durch den Staat

---

1808 *Huhndorf/Huhndorf*, 2014, 78.

1809 *van Boven*, Categories of Rights, in: Moeckli/Shah/Sivakumaran (Hg), International Human Rights Law³, Oxford University Press: Oxoford 2018, 142.

1810 General Comment 3: The Nature of States Parties' Obligations (Art. 2, Para. 1, of the Covenant), Committee on Economic, Social and Cultural Rights, Fifth session 1990, CESCR/E/1991/23, Rn. 10.

1811 *van Boven*, 2018, 143.

1812 Ibid., 143.

1813 Status of Ratification: Interactive Dashboard, United Nations Human Rights Office of the High Commissioner.

1814 *Dorough*, 2010, 213.

aufrechterhalten werden soll, in denen die *Alaska Natives* kein Recht am Land selbst besitzen.[1815]

Entsprechend wurden die *Alaska Natives* vom Anwendungsbereich mehrerer Bundesgesetze zu Tierschutzzwecken[1816] ausgenommen, sofern und solange diese mit den Zwecken der betreffenden Übereinkommen nicht kollidieren und der Deckung des Subsistenzbedarfs oder kulturellen Zwecken dienen.[1817] Zusätzlich erlaubt der *Alaska National Interest Land Conservation Act*[1818] von 1980 in § 3126 (a) neben dem Sammeln, Jagen und Fangen von grundsätzlich allen Tieren auch die Nutzung sonstiger erneuerbarer Ressourcen zu Subsistenzzwecken auf dem gesamten, im Eigentum der USA stehenden, Land innerhalb Alaskas. Dabei soll ein Subsistenznutzungsvorrang vor den übrigen Ressourcennutzungen beachtet werden.[1819] Die Nutzungsrechte unterliegen aber weiterhin einem allgemeinen Natur- und Ressourcenschutzvorbehalt.[1820] Zudem weist *Göcke* darauf hin, dass der *Alaska National Interest Land Conservation Act* nicht nur *Alaska Natives* begünstigt, sondern gemäß § 3111 (a) *Alaska National Interest Land Conservation Act* allen *rural residents* Ressourcennutzungsrechte zu Subsistenzzwecken eingeräumt werden. Das bedeutet aber auch, dass *Alaska Natives,* die nicht in ländlichen Gebieten leben, von diesen Zugeständnissen ausgeschlossen sind. Im Ergebnis wird der indigenen Bevölkerung von Alaska kein Sonderstatus alleinig aufgrund ihrer indigenen Abstammung eingeräumt.[1821]

1815 House Conference Report No. 92–746, 13.12.1971, H.R.CONF.REP.92-746, https://www.adfg.alaska.gov/static/regulations/regprocess/gameboard/pdfs/2016-2017/cb/rcs/rc018_Nick_Jackson_House_Conference_Report_No._92-746_Dec_1971.pdf (7.1.2022), 5.

1816 Migratory Bird Treaty Act of 1918, 16 U.S.C. §§ 703–712, http://uscode.house.gov/view.xhtml?req=granuleid%3AUSC-prelim-title16-chapter7-subchapter2&saved=%7CKHRpdGxlOjE2IHNlY3Rpb246NzAzIGVkaXRpb246cHJlbGltKSBPUiAoZ3JhbnVsZWlkOlVTQy1wcmVsaW0tdGl0bGUxNi1zZWN0aW9uNzAzKQ%3D%3D%7CdHJlZXNvcnQ%3D%7C%7C0%7Cfalse%7Cprelim&edition=prelim (7.1.2022); Marine Mammal Protection Act of 1972, 16 U.S.C. §§ 1361–1423h, https://uscode.house.gov/view.xhtml?path=/prelim@title16/chapter31&edition=prelim (7.1.2022).

1817 Vgl. dazu: 16 U.S.C. § 712 und § 1371 (b).

1818 Alaska National Interest Land Conservation Act of 1980, 16 U.S.C. §§ 3101–3233, https://uscode.house.gov/view.xhtml?path=/prelim@title16/chapter51&edition=prelim (7.1.2022).

1819 16 U.S.C. § 3112 (2) und § 3114; Vgl. dazu: *Göcke*, 2016, 446 f.

1820 *Göcke*, 2016, 446.

1821 Ibid., 447.

Auch wurde in Einklang mit den Vorgaben des *Alaska National Interest Land Conservation Act* ein *Federal Subsistence Board*[1822] geschaffen, welches die Verwaltung der Subsistenznutzung und die Durchsetzung des Subsistenzvorrangs übernimmt.[1823] Tatsächliche Entscheidungsbefugnisse hinsichtlich des öffentlichen Landes kommen den *Alaska Natives* im Rahmen des *Federal Subsistence Board* allerdings nicht zu.[1824]

Nach *Dorough* sind in praktischer Hinsicht die indigenen Vertreter gefordert, die Rechte der indigenen Völker in Alaska voranzutreiben. Die Bemühungen indigener Vertreter führten unter anderem zum *Administrative Order No. 186,*[1825] welches die Existenz von Stämmen in Alaska bestätigt und ihre unterschiedlichen rechtlichen und politischen Behörden anerkennt.[1826] Der Verordnung folgte das *Millennium Agreement* (2001),[1827] das zwischen den Stammesregierungen und dem Staat Alaska abgeschlossen wurde. Diese Grundprinzipienerklärung enthält wesentliche verfahrenstechnische und inhaltliche Leitlinien für den Dialog der Stämme mit dem Staat Alaska.[1828] In Art. 8 lit. a *Millennium Agreement* wurde beispielsweise den Stämmen das Recht auf Selbstverwaltung und Selbstbestimmung zugesprochen. Die Stämme haben das Recht, ihre eigenen politischen Strukturen zu bestimmen und ihre Stammesvertreter gemäß ihrer jeweiligen Stammesverfassungen, Bräuche, Traditionen und Gesetze auszuwählen. *Dorough* konnte weitere Fälle identifizieren, wo indigene Vertreter direkt, proaktiv und konkret miteinander reagiert haben, indem sie bestehende und neue Instrumente zur Wahrung und Förderung des politischen Rechts auf Selbstbestimmung sowie andere wirtschaftliche, soziale, kulturelle und spirituelle Rechte weiterentwickelt und geschaffen haben. In dieser Hinsicht sind die Bestimmungen des *Alaska Native Claims Settlement Act*

1822 Subsistence Management Regulations for Public Lands in Alaska, 50 C.F.R. 100.10, https://www.govinfo.gov/content/pkg/CFR-2020-title50-vol9/pdf/CFR-2020-title50-vol9-part100.pdf (7.1.2022).

1823 *Göcke*, 2016, 498.

1824 Ibid., 500.

1825 Administrative Order No. 186 by former State of Alaska Governor Tony Knowles, 29.9.2000, https://gov.alaska.gov/admin-orders/administrative-order-no-186/ (8.1.2022).

1826 *Dorough*, 2010, 206.

1827 Millennium Agreement between the Federally Recognized Sovereign Tribes of Alaska and the State of Alaska, 11.4.2001, http://dot.alaska.gov/tribalrelations/assets/Millennium-agree.PDF (15.9.2020).

1828 *Dorough*, 2010, 206.

durch die Verwendung von indigenen Vertretern bei Regierungsverhandlungen mit dem Staat ein gutes Modell dafür, wie das Dokument politische und rechtliche Beziehungen zwischen lokalen und indigenen Regierungen umgestaltet hat.[1829]

IV.3.8 Inuvialuit Final Agreement 1984

Da der *Supreme Court of Canada* in der *Calder*-Entscheidung[1830] das potenzielle Fortbestehen originärer indigener Territorialrechte in allen Gebieten Kanadas, in denen in der Vergangenheit keine Landabtretungsverträge mit den indigenen Völkern ausgehandelt wurden, in Aussicht gestellt hat, entwickelte sich als unmittelbare Reaktion die kanadische Landpolitik (*Comprehensive Land Claims Policy*[1831]).[1832] Obwohl Kanada im Gegensatz zu den USA einen differenzierten Ansatz verfolgt und konkrete kollektive Eigentumsrechte auf indigene Völker überträgt, hat sich die kanadische Landpolitik doch an den Prinzipien des *Alaska Native Claims Settlement Act* orientiert.[1833] Durch die *Comprehensive Land Claims Policy* sollen alle noch potenziell bestehenden unbestimmten originären Territorialrechte am gesamten traditionell genutzten Gebiet aufgelöst werden. Im Gegenzug werden nach Verhandlungen zwischen Regierungsvertretern und einzelnen indigenen Gruppen kollektive Eigentumsrechte an einem Teil der betreffenden Fläche an indigene Völker übertragen.[1834]

1829 Ibid., 209.

1830 Calder et al. v. Attorney-General of British Columbia, Judgement 31.1.1973, Supreme Court of Canada, S.C.R. 313, 328, 375 und 390; Der *Supreme Court of Canada* kommt in seiner Entscheidung zum Ergebnis, dass „die indigenen Völker British Columbias zum Zeitpunkt der Kolonisierung originäre indigene Rechte in Form kollektiver Besitz- und Nutzungsrechte am Land innegehabt hätten, unabhängig von der Anerkennung dieser Rechte durch die Kolonialherren in Form von Verträgen oder exekutiven oder legislativen Bestimmungen, und dass diese Rechte mit Souveränitätserwerb durch die britische Krone nicht automatisch erloschen seien." Vgl. dazu: *Göcke*, 2016, 234.

1831 Comprehensive Land Claims Policy 1987, Canadian Minister of Indian Affairs and Northern Development, 1986, https://publications.gc.ca/collections/collection_2017/aanc-inac/R32-81-1987-eng.pdf (13.6.2024).

1832 *Göcke*, 2016, 353.

1833 Ibid., 353 f.

1834 Comprehensive Land Claims Policy 1987, Canadian Minister of Indian Affairs and Northern Development, 1986, 9 f. und 12.

Das IFA[1835] ist ein dementsprechendes Übereinkommen, das im Rahmen der kanadischen Landpolitik abgeschlossen wurde.[1836] Die *Inuvialuit* haben sich im IFA bereit erklärt, die ausschließliche Nutzung ihres angestammten Landes aufzugeben und haben im Gegenzug innerhalb ihres traditionell genutzten Gebietes den Eigentumstitel auf bestimmte Landflächen erhalten. Gemäß 7(l) (a) IFA sind die *Inuvialuit* nunmehr Eigentümer von etwa 5.000 Quadratmeilen Land- und Untergrundbesitz mit den dazugehörigen Ressourcen, sowie gemäß (l)(b) IFA über 30.000 Quadratmeilen Land, welche allerdings die Ressourcen an Erdöl, Erdgas und Mineralien ausschließt.

Die *Inuvialuit* haben eine Reihe von Regeln und Verfahren für die verschiedenen Arten kommerzieller Ressourcennutzung auf ihrem abgestammten Land entwickelt und obwohl die privatwirtschaftlichen Vereinbarungen nicht einsehbar sind, basieren einige Bedingungen dieser Konzessionsmodelle auf öffentlich zugänglichen Ausschreibungsunterlagen, welche eine Mustervereinbarung enthalten.[1837] Nach *Bankes* ist insbesondere die 2000-er Verhandlungsrunde interessant, da das Hauptmerkmal ein monetäres Zuschlagssystem bei Ausschreibungsverfahren enthält und die *Inuvialuit* gemäß den Ausschreibungsunterlagen bei der Erklärung einer Entdeckung, eine Betriebsbeteiligung von 25 % an jedem Block erwerben können. Dabei sind die *Inuvialuit* für ihren Anteil an den Entwicklungs- und Produktionskosten verantwortlich, die ab dem Zeitpunkt der Entdeckung anfallen.[1838] Allerdings machen es die arktischen Besonderheiten, wie die entlegenen Produktionsgebiete, das raue Klima und die damit verbundenen hohen Kosten, praktisch unmöglich, die wirtschaftlichen, finanziellen und personellen Infrastruktur für eine von der Zentralregierung unabhängige Verwaltung bereitzustellen und die Vereinbarungen können über die Aufteilung von Ressourcen daher kein Allheilmittel für die finanzielle Autonomie der kanadisch-indigenen Völker sein.[1839]

IV.3.9 Grönland – ein „neuer“ arktischer Staat

Obwohl Grönland außenpolitisch von der dänischen Regierung vertreten wird, unterscheiden sich die Verwaltung und Einbindung in internationale Kooperationen und Vertragswerke maßgeblich vom Kernland.[1840] Die Anerkennung der

1835 Inuvialuit Final Agreement, Tuktoyaktuk, 5.6.1984.

1836 *Bankes*, 2010, 118.

1837 Ibid., 119.

1838 Ibid., 119 f.

1839 *Loukacheva*, Arctic Governance, 2010, 142 ff.

1840 *Böttcher*, 2016, 43.

Grönländer als Volk mit einem Recht auf externe Selbstbestimmung in Verbindung mit einem rein grönländischen Unabhängigkeitsreferendum, ohne Änderung der dänischen Verfassung, ist nach *Alfredsson* ein bedeutender Entwicklungsschritt für die Schutzinteressen indigener Völker. *De lege ferenda* könnte *Act on Greenland Self-Government*[1841] die Vorstufe eines neuen arktischen Staates darstellen.[1842] Den grönländischen Weg der Entkolonialisierung, bis zu einem potenziell vollständig unabhängigen Staat untersucht der nachstehende Abschnitt.

Die territoriale Zugehörigkeit Grönlands wurde im *Ostgrönland*-Fall 1933 endgültig durch den StIGH festgestellt.[1843] Beide Streitparteien (Norwegen und Dänemark) erkannten die ausgeübte Souveränität, der seit tausenden von Jahren auf Grönland lebenden Inuit vor Kolonialzeiten nicht an und auch der StIGH hat in keinem Zeitpunkt des Rechtsstreits die Inuit in Souveränitätsüberlegungen miteinbezogen und die eigenen Jagd- und Fischereigesetze der Inuit negiert.[1844] Insbesondere die Gründung dänischer Souveränitätsansprüche auf spärliche Erkundungstouren einzelner dänischer Staatsbürger, zeigt nach *Göcke* die Geringschätzung indigener Siedlungen und Landnutzungen.[1845] Der StIGH folgte dem dänischen Vorbringen und erkannte den dänischen Gebietserwerb Grönlands durch Okkupation, aufgrund einer friedlichen und ununterbrochenen Ausübung dänischer Staatsgewalt, an.[1846] Neben den (bereits im vorangegangenen Kapitel[1847] behandelten) geringeren Anforderungen an die effektive Inbesitznahme eines Gebietes, hat die einseitige rechtsgeschäftliche Handlung des norwegischen Außenministers *Ihlen* dazu geführt, dass Grönland unter dänische Souveränität gestellt wurde. In einer Erklärung aus dem Jahr 1919 bestätigte dieser als rechtmäßiger Vertreter Norwegens, „that the Norwegian Government would not make any difficulties in the settlement of

1841 Act No. 473, Act on Greenland Self-Government, 2009.

1842 *Alfredsson*, 2010, 160.

1843 Legal Status of Eastern Greenland (Denmark v Norway), Judgement 5.4.1933, PCIJ, Series A./B. Nr. 53; Vgl. dazu: *Göcke*, 2016, 98.

1844 Legal Status of Eastern Greenland (Denmark v Norway), Judgement 5.4.1933, PCIJ, Series A./B. Nr. 53, 22 und 44; Vgl. dazu: *Göcke*, 2016, 98 und 102.

1845 *Göcke*, 2016, 102; Legal Status of Eastern Greenland (Denmark v Norway), Judgement 5.4.1933, PCIJ, Series A./B. Nr. 53, 62–64.

1846 Legal Status of Eastern Greenland (Denmark v Norway), Judgement 5.4.1933, PCIJ, Series A./B. Nr. 53, 62–64.

1847 Siehe Kapitel: III.2 Möglicher Gebietserwerb in der Arktis.

this question".[1848] Der StIGH wertete diese Verzichtserklärung auf norwegische territoriale Ansprüche in Grönland als völkerrechtliche Selbstbindung.[1849]

Der ursprüngliche Gebietserwerb nach dem *terra nullius*-Prinzip und die daraus ableitbare Abhängigkeit des erworbenen Gebietes sind aus völkerrechtlicher Sicht überholt. Nach dem Zweiten Weltkrieg hat Dänemark die Insel Grönland als Hoheitsgebiet ohne Selbstregierung nach Kapitel XI UN-Ch. gelistet.[1850] In der Resolution 849 (IX) vom 22. November 1954[1851] hat die UN-Generalversammlung zur Kenntnis genommen, dass Grönland als gleichberechtigter Teil Dänemarks im Wege einer dänischen Verfassungsänderung anerkannt wurde. Trotzdem blieb der Prozess der Entkolonialisierung nach *Alfredsson* mangelhaft und äußerst einseitig. Die geforderten regelmäßigen Übermittlungen nach Art. 73 lit. e UN-Ch. an den Generalsekretär der UN über das Wirtschafts-, Sozial- und Erziehungswesen stellten sich im Nachhinein als unrichtig, wenn nicht gar irreführend heraus.[1852] Auch nach der Beendigung des grönländischen Kolonialstatus wurden die Territorialrechte der indigenen Bevölkerung von Dänemark nach *Göcke* konsequent ignoriert. Dänemark setzte etwa 1960 eine Kommission (*Minelovskommissionen*) ein, die ein Gesetz zur Ressourcenausbeutung in Grönland vorbereiten sollte. In der Kommission wurden Vertreter der grönländischen Einwohner vermisst. Der Kommissionsreport unterstellte das grönländische Land und all seine Ressourcen dem dänischen Staatseigentum.[1853] Auch Umsiedlungsmaßnahmen im Rahmen der dänischen Modernisierungsoffensive in den 1950-er und 1960-er Jahren, welche ein landesweites Gesundheits- und Bildungssystem sowie die Verbesserung der Wohnsituation und der Infrastruktur auf Grönland erreichen wollten, ignoriert indigene Landeigentums- und Landnutzungsrechte vollständig, da

---

1848 Legal Status of Eastern Greenland (Denmark v Norway), Judgement 5.4.1933, PCIJ, Series A./B. Nr. 53, 18.

1849 *von Arnauld*, 2016, 113 f.

1850 List of former Trust and Non-Self-Governing Territories, United Nations, https://www.un.org/dppa/decolonization/en/history/former-trust-and-nsgts (8.1.2022).

1851 UNGA A/RES/849 (IX) vom 22.11.1954, Cessation of the transmission of information under Article 73 e of the Charter in respect of Greenland, Rn. 7; Vgl. dazu: „Considers that due to these circumstances the Declaration regarding Non-Self-Governing Territories with the provisions established under it in Chapter XI of the Charter can no longer be applied to Greenland".

1852 *Alfredsson*, 2010, 160 und 162.

1853 *Göcke*, 2016, 212 f.

die Inuit ihre traditionellen Jagd- und Lebensgewohnheiten aufgeben und ihre Gebiete verlassen sollten, um in zentralen Siedlungen zusammenzuleben.[1854]

Erst der *Home Rule Act,*[1855] der am 1. Mai 1979 in Kraft trat, behandelte Grönland nicht als Teil des dänischen Territoriums und dient zugleich als Ausgangspunkt einer grönländischen Selbstverwaltung.[1856] Die in Grönland lebenden Staatsbürger sollten weitreichende Selbstregierungs- und Autonomierechte durch ein eingerichtetes Parlament (*Landsting*) und einer eigenen Regierung (*Landsstyre*) erhalten.[1857] Allerdings stellen die Inuit knapp 90 % der grönländischen Bevölkerung und daher besteht seit dem *Home Rule Act* ein *de facto* Selbstverwaltungsregime dieser indigenen Volksgruppe.[1858] Das grönländisches Parlament und die grönländische Regierung übernahmen erstmals gesetzgebende und verwaltende Aufgaben und bis in die späten 1990-er Jahre wurde der autonomen Regierung schrittweise fast alle 17 Zuständigkeitsbereiche, die im Anhang zum *Home Rule Act* gelistet sind, übertragen.[1859] Hinsichtlich der Verwaltungszuständigkeit Grönlands und der originären Eigentumsrechte ist festzuhalten, dass der *Home Rule Act* explizit in *section 8* (1) die fundamentalen Rechte der grönländischen Bevölkerung an natürlichen Ressourcen kodifiziert. Dem wiederum sollte die Ausbeutung unterirdische Ressourcen gemäß *section 8* (2) *Home Rule Act* im Einvernehmen mit der dänischen und grönländischen Regierung erfolgen.

Zur Jahrtausendwende wurde die *Greenland Home Rule Commission* eingerichtet, welche nach mehrjährigen Verhandlungsrunden als *Greenland-Danish Self-Government Commission* 2008 einen Bericht veröffentlichte, der einen Gesetzesentwurf zur Selbstverwaltung Grönlands enthielt.[1860] Die grönländische Bevölkerung stimmte in einem anschließenden Referendum mit

1854 Ibid., 213 f.

1855 Act No. 577, Greenland Home Rule Act, 29.11.1978, https://www.cvce.eu/en/obj/home_rule_act_of_29_november_1978_entered_into_force_on_1_may_1979-en-541d1d6c-e3e9-4b81-b844-d95679e2e304.html (9.1.2022).

1856 *Kleist*, 2010, 173.

1857 Vgl. dazu: section 1 (2) und section 4 Greenland Home Rule Act.

1858 *Göcke*, 2016, 513.

1859 *Kleist*, 2010, 173.

1860 The Greenland-Danish Self-Government Commission's Report on Self-Government in Greenland, 2008, https://img9.custompublish.com/getfile.php/953432.1529.dwfvyfwtyy/Report+on+Self-Government+in+Greenland+-+Executive+Summary.pdf?return=arcticgovernance.custompublish.com (22.6.2022); Vgl. dazu auch: *Kleist*, 2010, 171.

einer Beteiligung von 72 % mit 75,5 % für das Selbstverwaltungsgesetz.[1861] In der Folge verabschiedete das dänische Parlament 2009 den *Act on Greenland Self-Government*[1862] und schränkte den Einfluss Dänemarks innerhalb Grönlands erheblich ein.[1863] Die Anhänge des Selbstverwaltungsgesetzes listen insgesamt 33 Zuständigkeitsbereiche auf, die Grönland einzeln vom dänischen Staat gemäß Art. 2 i.V.m. Art. 3 *Act on Greenland Self-Government* übernehmen kann. Bei einer dementsprechenden Übernahme fallen gemäß Art. 1 *Act on Greenland Self-Government* die Gesetzgebungs- und Exekutionsgewalt, die Rechtsprechung und die Finanzierung (Art. 6 *Act on Greenland Self-Government*) in den grönländischen Zuständigkeitsbereich. Darüber hinaus wird die grönländische Sprache in Art. 20 *Act on Greenland Self-Government* als einzige Amtssprache anerkannt. Die Stärkung der Inuit Identität wurde mit einem Sezessionsrecht und der damit einhergehenden Gründungsmöglichkeit eines unabhängigen, souveränen Staates im Art. 21 *Act on Greenland Self-Government* selbst gestärkt. Diese Entscheidung kommt alleinig der grönländischen Bevölkerung zu.

In den Gesetzeserläuterungen zum *Act on Greenland Self-Government* sind auch Zuständigkeiten[1864] angeführt, die nur im Falle der vollen grönländischen Unabhängigkeit selbst geregelt werden können und bis auf Weiteres im dänischen Kompetenzbereich verbleiben.[1865]

Trotzdem haben sich Kompetenzstreitigkeiten zwischen Dänemark und Grönland ergeben: Obwohl die grönländische Regierung gemäß dem *Act on Greenland Self-Government* die ausschließliche Zuständigkeit besitzt, den Bergbau innerhalb des Territoriums zu regeln, sah Dänemark den Export von gefördertem Uran in Süd-Grönland als Sicherheitsangelegenheit an, nach der Dänemark gemäß des Verfassungsrechts und des internationalen Nichtverbreitungsrechts zuständig sei.[1866] 2016 konnte eine Vereinbarung getroffen werden,

1861 *Alfredsson*, 2010, 160; *Kleist*, 2010, 179.

1862 Act No. 473, Act on Greenland Self-Government, 2009.

1863 *Göcke*, 2016, 515.

1864 Neben der obersten Gerichtsbarkeit und Staatsangehörigkeits-Angelegenheiten, unterliegen verfassungsrechtliche, außenpolitische, verteidigungs- und sicherheitspolitische, sowie währungs- und geldpolitische Themenbereiche weiterhin dem dänischen Zuständigkeitsbereich.

1865 *Kleist*, 2010, 185.

1866 *Johnstone/Joblin*, 2020, 256.

wonach die grönländische Zuständigkeit über den Abbau von Uran anerkannt wurde, wobei Dänemark die Exportaufsicht übertragen wurde.[1867]

Der *Act on Greenland Self-Government* ist ein dänisches Gesetz ohne Verfassungsrang. Damit stellt sich die Frage, ob das dänische Parlament dieses Gesetz nachträglich einseitig aufheben oder abändern kann. Unabhängig von dieser rechtsdogmatischen Frage, ist man sich in der Praxis darüber einig, dass die politische Möglichkeit eines einseitigen Handelns von Seiten der dänischen Regierung nicht möglich ist.[1868] Dementsprechend ist die Untersuchung einer rechtmäßigen einseitigen Gesetzesänderung von Seiten Dänemarks ohne Gehalt.

Um die Finanzierung der übernommenen Kompetenzbereiche sicherzustellen, gewährt Dänemark den grönländischen Behörden gemäß Art. 5 *Act on Greenland Self-Government* jährliche Pauschalzuschüsse. In der Zusammenschau des Kapitel 3 *Act on Greenland Self-Government* ist Grönland durch die ihnen zustehenden Einnahmen aus der Ausbeutung von Rohstoffvorkommen aber gefordert, eine größere wirtschaftliche Verantwortung zu übernehmen und damit in einem geringeren Ausmaß von den dänischen Pauschalzuschüssen abhängig zu sein.[1869] Sollte Grönland erhebliche Einnahmen aus mineralischen Aktivitäten generieren, werden sich die pauschalen Zuweisungen von Dänemark um 50 % der jährlichen Einnahmen aus den mineralischen Aktivitäten verringern. Dieser spezielle Ausgleichsmechanismus erlangt Anwendung, sobald die ersten 75 Millionen dänischen Kronen eingenommen wurden, was jährlich angepasst wird.[1870] Das derzeitige jährliche *block grant* beträgt ungefähr 585 Millionen US-Dollar und stellt damit mehr als die Hälfte der öffentlichen Einnahmen Grönlands dar, welche aus dänischen Beihilfen stammen.[1871] Daneben kommen Grönlands Einnahmen größtenteils aus dem Fischfang und

---

1867 *Vestergaard/Thomasen*, New uranium deal between Denmark and Greenland clarifies competences, in: Danish Institute for International Studies, 1.2.2016, https://www.diis.dk/en/research/new-uranium-deal-between-denmark-and-greenland-clarifies-competences (13.4.2022); Vgl. dazu auch: *Johnstone/Joblin*, 2020, 256.

1868 *Göcke*, 2016, 516 f.

1869 *Göcke*, 2016, 515; *Kleist*, 2010, 179 f.

1870 *Kleist*, 2010, 186.

1871 Denmark – Country Commercial Guide: Other Areas in the Kingdom of Denmark, International Trade Administration, 10.10.2020, http://www.trade.gov/country-commercial-guides/denmark-other-areas-kingdom-denmark (22.4.2021).

der Tourismusbranche, welche die pauschalen Zuschüsse Dänemarks nach *Paul* aber nicht ausgleichen können. Alleinig die potenzielle Förderung von Rohstoffen könnte einen Ausfall der dänischen Subventionen kompensieren, womit die Höhe der zukünftig gewährten dänischen Finanzierungsmittel ausschlaggebend für die grönländische Unabhängigkeit ist.[1872] Zusätzlich umwirbt China[1873] Grönland mit Finanzierungsmitteln, wobei eine chinesische Abhängigkeit Grönlands im Raum steht. Insgesamt befürchten aber die grönländischen Politiker, dass auch die nächste Generation nicht aus der herrschenden Versorgungsmentalität herausfindet.[1874]

Neben der grönländischen Unabhängigkeitsoption schlagen die Erläuterungen zum Selbstverwaltungsgesetz die Möglichkeit einer Zusammenarbeitsform (*free association*) vor, in der ein kleinerer Staat, wie eine ehemalige Kolonie, mit dem größeren Metropolstaat kooperiert und Unterstützungsleistungen in einigen Bereichen erhält.[1875] Nach *Kleist* wäre Grönland unter dieser freien Vereinigung unabhängig, würde jedoch weiterhin eine formalisierte Zusammenarbeit mit Dänemark, in der Form eines bilateralen Abkommens, genießen. Dadurch wäre weder Grönland noch Dänemark durch die Verfassung des jeweils anderen Vertragspartners beeinträchtigt.[1876] Die Option alle inneren Angelegenheiten eigenständig und ohne externe Einmischung zu regeln, sowie die Aussicht auf eine finanzielle Unabhängigkeit durch Einnahmen aus dem Rohstoffabbau und die Besetzung von Schlüsselpositionen in der Verwaltung, weist eine Richtung, in der die Grönländer auch ohne Ausübung ihres Sezessionsrecht die Insel selbstverantwortlich regieren könnten.[1877]

Im Ergebnis erscheint die Schaffung eines unabhängigen grönländischen Staates in absehbarer Zeit als unwahrscheinlich und die Abhängigkeit zum Kernland Dänemark wird bestehen bleiben.[1878] Allerdings hat sich nach *Kleist* klar herausgestellt, dass das System der autonomen Regierung zu eng gefasst ist und entweder aktualisiert oder ersetzt werden muss, um eine größere Autorität

1872 *Paul*, 2021, 3.

1873 Siehe Kapitel: IV.5.2 China.

1874 *Paul*, 2021, 1; Vgl. dazu: *Paul* zitiert den ehemaligen dänischen Premierminister *Kuupik Kleist* aus einem Interview: *Köhne*, Grönland und die Unabhängigkeit, in: Deutschlandfunk, 27.2.2020, https://www.deutschlandfunk.de/weiter-ohne-daenemark-groenland-und-die-unabhaengigkeit-100.html (13.4.2022).

1875 *Kleist*, 2010, 193.

1876 Ibid., 193.

1877 *Göcke*, 2016, 517.

1878 *Paul*, 2021, 8; Vgl. dazu auch die Interviews in: *Köhne*, Deutschlandfunk, 2020.

und Kontrolle über die eigenen Angelegenheiten zu erhalten. Wollen die Grönländer den Weg in die Unabhängigkeit gehen, müssen sie dieses Ziel selbst vorantragen.[1879]

IV.3.10 Zwischenergebnis

Den drei Exempeln indigener Landnutzungsvereinbarungen von Russland, Alaska und Kanada ist eines gemeinsam: Die Rückgewinnung indigener Kontrolle über Land und Ressourcen und damit auch die Übertragung der Selbstverwaltung ist nicht erreicht worden und reicht weit hinter dem Status der grönländischen indigenen Bevölkerung zurück.

Häufig verlassen sich die indigenen Völker auf positivrechtliche Maßnahmen der Staaten, wie der Einbeziehung in institutionelle Mechanismen, sowie eine umfassendere Rolle im Rahmen des Menschenrechtsregimes durch Ausübung des Rechts auf Selbstbestimmung.[1880] Allerdings wird dieser Ansatz nicht ausreichend sein, da die Einflussnahme der übrigen Interessengruppen im arktischen Raum ausgesprochen stark ist und indigene Anliegen selbst vorangetrieben werden müssen. Eine wesentliche Unterstützungsleistung können dabei die internationalen NGOs bieten, um auf globaler Ebene Druck auszuüben und die Missstände in den Schutzmechanismen indigener Völker in der Arktis aufzuzeigen. Da die ILO-Konvention 169 das einzige rechtsverbindliche Abkommen ist, das speziell indigene Schutzansprüche behandelt, und vor dem Hintergrund, dass von den Arktischen Fünf nur zwei Staaten der ILO-Konvention 169 beigetreten sind, sollten weitere rechtsverbindliche Instrumente implementiert werden, um indigene Völker als legitime politische Einheiten und als Teil der globalisierten Welt anzuerkennen.

Auch werden die Gelegenheiten zur Beteiligung an Entscheidungsprozessen zu Industrieprojekten, wie etwa öffentliche Anhörungen, nicht genügen, um von einem demokratisch, legitim und gerechtfertigten Verfahren sprechen zu können und den Menschenrechtsstandard in der Arktis zu erfüllen. Hier sollten Konzepte, wie das FPIC-Prinzip nach dem UNDRIP oder ein Menschenrecht auf Umwelt zur Anwendung gelangen, um der Partizipation der betroffenen Bevölkerung eine größere Substanz zu verleihen. Eben diese Praktiken werden allerdings selten und speziell in Russland, nicht in den Entscheidungsprozess zu Industrieprojekten eingebunden.

1879 *Kleist*, 2010, 176 f.
1880 *Hossain*, 2016, 416.

Bereits in den Zielbestimmungen Art. 1 Z. 2 UN-Ch. wurde eine „freundschaftliche, auf der Achtung vor dem Grundsatz der Gleichberechtigung und Selbstbestimmung der Völker beruhende Beziehungen zwischen den Nationen zu entwickeln […]" gefordert. In späterer Folge hat sich speziell das UNDRIP auf die Rechte indigener Völker zur Selbstbestimmung bezogen und das FPIC-Prinzip als wesentlichen Bestandteil des indigenen Rechts auf Selbstbestimmung qualifiziert.[1881] Durch die Einbeziehung des FPIC-Prinzips in Entscheidungsprozesse über Großprojekte wird ein inhärentes Recht der indigenen Völker an ihrem Land und ihren Ressourcen anerkannt und dritte Parteien werden verpflichtet eine gleichberechtigte und respektvolle Beziehung basierend auf dem FPIC-Prinzip mit indigenen Völkern einzugehen.[1882]

Im Kontext indigener Eigentumsansprüche in der Arktis und der Aufrechterhaltung von Subsistenzsystemen indigener Völker stellt sich insbesondere die Frage, inwiefern die jeweiligen Festlandsockel zu behandeln sind, da ebendiese einen hohen Anteil an Rohstoffressourcen enthalten. Für die Autorin erscheint es hinsichtlich der arktischen Strategieerklärungen der jeweiligen Küstenstaaten offensichtlich, dass diese Staaten ein geringes Interesse an der Anerkennung indigener Ansprüche an eben diesen Gebieten haben, in denen Erdöl und Erdgas gefördert werden (könnten). Nach *Johnstone* muss eine Förderaktivität aber nicht direkt auf die betreffende Ressource abzielen, die für die indigene Gemeinschaft von zentraler Bedeutung ist, um Land-, Eigentums- und Ressourcenrechte zu verletzen. Erdöl und Erdgas Förderaktivitäten können negative Auswirkungen auf Ressourcen, wie etwa den Fischfang, haben, von denen die benachbarten indigenen Gemeinschaften traditionell abhängig sind.[1883] Eine negative Auswirkung auf die Subsistenzwirtschaft kann aber die Entwicklung eines Wirtschaftsbereiches nicht ausschließen.[1884] Trotzdem muss es nach *Johnstone* zu einer Erschwerung des Entscheidungsprozesses hinsichtlich der Durchführung von Industrieprojekten kommen, indem eine vollständige Bewertung vom betreffenden Förderprojekt durchgeführt wird. Die indigene Gemeinschaft muss jedenfalls in den Entscheidungsprozess eingebunden und bei etwaigen Verlusten kompensiert bzw. an den Vorteilen des Förderprojekts beteiligt werden.[1885]

1881 *Hanna/Vanclay*, 2013, 150.
1882 Ibid., 146 und 154.
1883 *Johnstone*, 2018, 78.
1884 Ibid., 78.
1885 Ibid., 78 f.; Vgl. dazu: *Johnstone* verweist auf die Entscheidung: Case of the Saramaka People v. Suriname, Judgement 28.11.2007, I/A Court H.R. Series C No. 172.

Jedenfalls sind von der arktischen Regierungsführung neokolonialistische Strömungen zu vermeiden, um den internationalen Menschenrechtsstandard zu erfüllen. Dabei ist ein angemessener Ausgleich zwischen nachhaltigen Lebensformen und Investitionen in Großprojekte zu finden. Wissenschaftliche Erkenntnisse sollen partnerschaftlich mit indigenen Abschätzungen zu Folgeauswirkungen von Großprojekten weiterentwickelt werden.

IV.4 Arktisches *Soft Law*

Einige Wissenschaftler[1886] als auch der Sicherheitsrat der Vereinten Nationen[1887] sehen das Prinzip der Rechtsstaatlichkeit als eine wesentliche und wohl auch notwendige Voraussetzung für die Herstellung einer guten Regierungsführung. Für die arktische Region stellt sich allerdings die Frage, ob dieser Ansatz zielführend ist.

Investitionen in Infrastruktur und Energie in der Arktis sind oft kapitalintensiv und grenzüberschreitend und die Regulierung eben dieser Investitionen durch nationale Gesetzgebungsakte einzelner arktischer Staaten ist meist nicht in der Lage, ein ganzheitliches Regulierungssystem zu schaffen.[1888] Auch gehen die zunehmenden Aktivitäten im arktischen Raum mit der Wahrscheinlichkeit von Konflikten zwischen verschiedenen Akteuren und entsprechenden Bedarf an Regulierung einher.[1889] Anhand der vorangegangenen Untersuchungsergebnisse dieser Arbeit sind gesicherte Prognosen über die rechtliche, wirtschaftliche, als auch ökologische Entwicklung des arktischen Raumes praktisch unmöglich.

Vor dem Hintergrund des möglicherweise jahrzehntelangen Entstehungsprozesses von verbindlichem Völkerrecht,[1890] kann dessen starrer Charakter den beschriebenen Entwicklungen und Investitionen nicht gerecht werden. Der Mangel an Klarheit, Sicherheit und Berechenbarkeit von verbindlichen Rechtsnormen hat bereits jetzt zur Entstehung von *Soft Law* Instrumenten, insbesondere aus den jeweiligen Unternehmensbereichen und den arktischen

1886 *Bingham*, The Rule of Law, Penguin Books: London 2011, 214; *Young*, 2011, 331.

1887 UN Doc S/2004/616 vom 23.8.2004, The rule of law and transitional justice in conflict and post-conflict societies, Bericht des Generalsekretärs der Vereinten Nationen, Rn. 5.

1888 *Lim*, Soft law instruments on Arctic investment and sustainable development, in: 56 Polar Record e11/2020, 1.

1889 *Koivurova/Kleemola-Juntunen/Kirchner*, 2020, 81.

1890 *Proelß*, 2016, 453; *Shadian*, 2010, 36.

Stakeholdern, geführt, um arktisspezifische Standards für eine nachhaltige Entwicklung zu etablieren.[1891] Speziell in der Arktis, aber doch weltweit, ist die größte und voraussichtlich weiterhin steigende Relevanz von *Soft Law* Instrumenten in Bereichen des Umweltvölkerrechts zu erblicken[1892] und spielen insbesondere Formen einer institutionalisierten Umwelt-*Governance* eine immer bedeutendere Rolle.[1893] Der Ansatz, auf die drängendsten arktischen Umweltprobleme mittels *Soft Law* und politischer Zielvorgaben zu reagieren, gründet sich in der charakterisierenden Flexibilität dieser Maßnahmen, sowie der Autonomie der arktischen Interessengruppen, durch ein offenes Koordinierungsregime die gemeinsamen Interessen zu verfolgen.[1894]

Dieser Abschnitt verfolgt das Ziel, das Bestehen, die normativen Wirkungen und institutionellen Ausprägungen des relevanten arktischen *Soft Law* zu diskutieren, um etwaige geopolitische Spannungen zwischen den relevanten Staaten aufzuzeigen und zu ermitteln, inwiefern die Interessen der Arktischen Fünf die jeweiligen *Soft Law* Regelungen vorgeben.

In einem ersten Schritt ist es dabei essenziell allgemein auf die Rechtsstruktur und den Wirkungsgrad von *Soft Law* einzugehen und dieses vom „harten" Recht abzugrenzen. Der Begriff *Soft Law* bezeichnet einen Teil der völkerrechtlichen Praxis, welcher durch bestimmte Verhaltensvorgaben oder Absichtserklärungen versucht, Völkerrechtssubjekte zu einem bestimmten Verhalten aufzufordern.[1895] Die Bezeichnung *Soft Law* kann nach *von Arnauld* grundsätzlich irreführend sein, da mit diesem Begriff keineswegs Recht im herkömmlichen Sinne gemeint ist, sondern es sich um nicht rechtsverbindliche Resolutionen, Erklärungen und Übereinkünfte handelt. Die beteiligten Akteure wollen sich mit *Soft Law* gerade nicht rechtlich binden.[1896] Damit

---

1891 *Lim*, 2020, 1; *Nadarajah*, Prevalence of Soft Law in the Arctic, in: Alfredsson/Jabour/Koivurova/Shibata (Hg), The Yearbook of Polar Law12 2020, Brill/Nijhoff: Leiden–Boston 2021, 287.

1892 *Proelß*, 2016, 415; *Epiney*, Gegenstand, Entwicklung, Quellen und Akteure des internationalen Umweltrechts, in: Proelß (Hg), Internationales Umweltrecht, Walter de Gruyter: Berlin–Boston 2017, 19 und 26.

1893 *Proelß*, 2016, 415.

1894 *Bai/Hu*, Transcending Divisions and Harmonizing Interests: How the Arctic Council Experience Can Inform Regional Cooperation on Environmental Protection in the South China Sea, in: 15 Chinese Journal of International Law 4/2016, 939; *Rossi*, 2015, 22.

1895 *Epiney*, 2017, 25.

1896 *von Arnauld*, 2016, 117.

begründet *Soft Law* auch keine eigenständige Rechtsquellenkategorie.[1897] Trotz der völkerrechtlich nicht-verbindlichen Qualität, kann diesen Dokumenten aber doch „a certain proximity to the law“ und die Wirkung „to produce certain legal effects“ zugesprochen werden.[1898] Die genauen (Rechts-)Wirkungen derartiger *Soft Law* Quellen variieren aber je nach Erscheinungsform, Inhalt, den beteiligten Staaten sowie sonstigen Umständen.[1899]

Soft Law kann etwa als Initiator oder Katalysator zur Herausbildung von (verbindlichem) Völkerrecht beitragen, indem sich beispielsweise im Laufe der Rechtspraxis von *Soft Law* eine Rechtsüberzeugung entwickelt hat.[1900] Der rechtliche Gehalt von *Soft Law* als Indikator einer Rechtsüberzeugung, lässt sich aber nur andernorts, im Rahmen anerkannter Rechtsquellen, finden. Damit kann *Soft Law* stets „zur Auslegung der überkommenen Rechtsquellen und ihren ‚Erzeugnissen‘ herangezogen werden. Darüber hinausgehende rechtliche Wirkungen kraft des Vertrauensprinzips sind denkbar, sind aber aus dessen Gesetzmäßigkeiten ableitbar.“[1901] Der IGH hat beispielsweise umweltrechtliche Resolutionen und Richtlinien der internationalen Walfangkommission in seine Streitentscheidung miteingebunden.[1902]

A priori können reine *Soft Law* Dokumente auch als eine Art faktische Kodifizierung von Völkergewohnheitsrecht angesehen werden, wenn geltendes Völker-(gewohnheits-)recht in ihnen formuliert ist.[1903] Gleichzeitig sind für dessen Rechtsverbindlichkeit, als *opinio iuris*, über die Kodifizierung hinaus die Voraussetzungen für das Vorliegen von Völkergewohnheitsrecht notwendig.[1904] Beispielsweise fällt nach *Proelß* der Kern des Vorsorgeprinzips, wie er in Prinzip 15 Rio-Erklärung[1905] kodifiziert ist, aus normstrukturellen Gründen

---

1897 *Epiney*, 2017, 25; *Graf Vitzthum*, 2016, 58.

1898 *Thürer*, Soft Law, in: Wolfrum (Hg), The Max Planck Encyclopedia of Public International Law, opil.ouplaw.com/home/EPIL 2009, Rn. 9; Vgl. dazu auch: *von Arnauld*, 2016, 79.

1899 *Epiney*, 2017, 26.

1900 *von Arnauld*, 2016, 117.

1901 *Graf Vitzthum*, 2016, 58.

1902 Whaling in the Antarctic (Australia v. Japan: New Zealand intervening), Judgement 31.3.2014, I.C.J. Reports 2014, Rn. 144 und 206; Vgl. dazu: *Schmalenbach*, Friedliche Streitbeilegung, in: Proelß (Hg), Internationales Umweltrecht, Walter de Gruyter: Berlin–Boston 2017, 251.

1903 *Epiney*, 2017, 26.

1904 *Epiney*, 2017, 26; *Thürer*, 2009, Rn. 32.

1905 Siehe Kapitel: V.2.1.1 Die Anwendung des Vorsorgeprinzips im Bereich des Tiefseebodens.

unter dieser Kategorie von *Soft Law* Grundsätzen.[1906] *Proelß* gibt aber gleichzeitig zu, dass diese Ansicht strittig ist.[1907] Da eine einheitliche Staatenpraxis über den genauen Inhalt des Vorsorgeprinzips nicht im Vorfeld feststeht, kommt es maßgeblich auf die Ausgestaltung im jeweiligen völkerrechtlichen Vertrag an.[1908] *Nadarajah* verwendet für *Soft Law* Dokumente, welche völkerrechtlich verbindliche Bestandteile enthalten, den Begriff *Soft Treaty*[1909] und die Autorin schließt sich dieser Begriffsverwendung an.

Ferner können *Soft Law* Resolutionen von internationalen Organisationen häufig den rechtlichen Rahmen bilden, welcher die Erarbeitung völkerrechtlicher Verträge ermöglicht.[1910] Prinzip 10 Rio-Erklärung umfasst den Zugang der Öffentlichkeit zu umweltrelevanten Informationen und die Beteiligung der Bürger an einschlägigen Verwaltungs- und Gerichtsverfahren und sind diese umweltrechtlichen Gewährleistungen als *Soft Law* nicht im vollen Sinne völkerrechtlich anerkannt worden.[1911] In der *Aarhus Convention*[1912] fand die Verpflichtung der Gewährleistung des Zugangs zu Umweltinformationen (Art. 4 und 5), die Öffentlichkeitsbeteiligung in Entscheidungsverfahren mit Umweltbezug (Art. 6 bis 8), sowie die Eröffnung gerichtlicher Überprüfungsmöglichkeiten solcher Entscheidungen (Art. 9 Abs. 2 und 3), als beispielhafte Weiterentwicklung des Umweltvölkerrechts, Eingang in einen völkerrechtlichen Vertrag.[1913]

1906 *Proelß*, Prinzipien des internationalen Umweltrechts, 2017, 87.

1907 Bejahend auch: *Warner*, Principles of environmental protection at the Poles, in: Scott/VanderZwaag (Hg), Research Handbook on Polar Law, Edward Elgar Publishing: Cheltenham–Northampton 2020, 331; Bejahend für den Staatengemeinschaftsraum Tiefseeboden: Responsibilities and obligations of States with respect to activities in the Area, Advisory Opinion 1.2.2011, ITLOS Reports 2011, Rn. 125.

1908 *Proelß*, Das Umweltvölkerrecht vor den Herausforderungen des Klimawandels Ansätze zu einer bereichsübergreifenden Operationalisierung des Vorsorgeprinzips, in: 66 JuristenZeitung 10/2011, 498.

1909 *Nadarajah*, 2021, 287.

1910 *Epiney*, 2017, 32; *von Arnauld*, 2016, 388.

1911 *Vöneky/Beck*, Umweltschutz und Menschenrechte, 2017, 156.

1912 Convention on Access to Information, Public Participation in Decision-Making and Access to Justice in Environmental Matters, Aarhus, 25.6.1998, 2161 United Nations Treaty Series 447.

1913 *Vöneky/Beck*, Umweltschutz und Menschenrechte, 2017, 156.

Für den arktischen Raum eröffnet sich der Anwendungsbereich der *Aarhus Convention* für Norwegen und Dänemark, mit Ausnahme Grönlands.[1914]

Der Verstoß gegen das *Soft Law* führt nicht unbedingt zu einem verbindlichen Streitbeilegungsverfahren, da die erfolgreiche Umsetzung dieser Regeln in erster Linie vom Konsens der jeweiligen Staaten abhängt.[1915] Dieser Durchsetzbarkeitsmangel kann zu einer verringerten Effizienz der Bestimmungen führen.[1916] Auch könnte die Anwendung von *Soft Law* Instrumenten „as a ploy by the powers [...] to strengthen their own position, to the detriment of others" missbraucht werden.[1917] Die arktischen Regierungen können durch das Eingehen von *Soft Law* Vereinbarungen die Möglichkeit ausnützen „to avoid parliamentary or other democratic influence on, or interference with, the elaboration of international agreements".[1918] *Soft Law* kann demnach innerstaatliche Einflüsse hintanhalten, als auch entsprechende Erwartungshaltungen weiterer Völkerrechtssubjekte auf der internationalen Ebene umgehen.[1919] Selbst das SRÜ ist von den Handlungsspielräumen arktischer Staaten in politischen Regionalisierungstendenzen der Meereszonen nicht befreit. Mit den Empfehlungen der CLCS, zur Festlegung der Grenzen erweiterter Festlandsockeln gemäß Art. 76 SRÜ, als *Soft Law*, gehen berechtigte Zweifel einher, dass Staaten, dessen Interessen betroffen sind, oder weitere Küstenstaaten mit vergleichbaren Bestrebungen hinsichtlich erweiterter Festlandsockel nicht in die Verhandlungen der Abgrenzung miteingebunden werden.[1920]

Auf der Kehrseite ist aber auch augenscheinlich, dass das Vertrauen in rechtsverbindliche Vereinbarungen weder notwendig noch ausreichend ist, um eine erfolgreiche Entwicklung internationaler *Governance*-Systeme zu schaffen.[1921] Alle acht arktischen Staaten sind Teil einer gemeinsamen Kultur-, Norm- und

---

1914 Declarations and Reservations of Aarhus Convention, https://treaties.un.org/Pages/ViewDetails.aspx?src=IND&mtdsg_no=XXVII-13&chapter=27 (16.1.2022).

1915 *Bai/Hu*, 2016, 939.

1916 *Young*, 2011, 332.

1917 *Klabbers*, The Undesirability of Soft Law, in: 67 Nordic Jounral of International Law 4/1998, 387.

1918 *Thürer*, 2009, Rn. 31.

1919 *Humrich*, Souveränitätsdenken und Seerecht. Regionalisierung von Meerespolitik in der Arktis als neue Staatsräson, in: Albert/Deitelhoff/Hellmann (Hg), Ordnung und Regieren in der Weltgesellschaft, Springer VS: Wiesbaden 2018, 219.

1920 *Rossi*, 2015, 27.

1921 *Young*, 2011, 332.

Wertegemeinschaft, die auf verschiedenen Ebenen miteinander verzahnt sind, obwohl der arktische Raum drei Kontinente umfasst.[1922] Dementsprechend könnte argumentiert werden, dass alle acht Staaten die selbst auferlegten *Soft Law* Maßnahmen für eben diese Wertegemeinschaft einhalten werden.

Staaten wählen häufig *Soft Law* Instrumente, wenn sie das Fortbestehen ihrer Autonomie befürchten oder sie Herausforderungen von unsicheren oder schnell ändernden Rahmenbedingungen zu bewältigen haben.[1923] Anhand der vorangegangenen Untersuchungsergebnisse verwirklichen sich eben diese Umstände im arktischen Raum und wurden entsprechend zahlreicher *Soft Law* Instrumente erarbeitet.

Humrich argumentiert, dass die arktischen Staaten verbindliches Völkerrecht wählen, wenn neben ihnen weitere Staaten in die jeweiligen Abkommen eingebunden werden wollen, oder eben diese Abkommen ihre Rechtswirkung auf internationaler und nicht regionaler Ebene entfalten sollen und verweist zur Bestätigung auf die völkerrechtlich verbindlichen Abkommen *Agreement on Cooperation on Aeronautical and Maritime Search and Rescue in the Arctic* (2011)[1924] und *Agreement on Cooperation on Arctic Marine Oil Pollution Preparedness and Response* (2013)[1925.1926]

Das Paradebeispiel eines arktischen *Soft Law* Instruments erblickt die Autorin in der *Ilulissat Declaration*, da die darin enthaltene Selbstbindung zu einem großen Teil autonomieschonend erfolgt ist. Die fünf arktischen Küstenstaaten haben sich ihren Handlungsspielraum dadurch gesichert, dass sie SRÜ-Elemente betonten, welche ihre Souveränität stärken und gleichzeitig Ansprüche Dritter unerwähnt ließen.[1927] Kooperationspflichten, welche überwiegend den Umweltschutz betreffen, wurden primär auf ihren Kreis begrenzt und die

---

1922 World Ocean Review[6], 2019, 242.

1923 *Rossi*, 2015, 22.

1924 Agreement on Cooperation on Aeronautical and Maritime Search and Rescue in the Arctic, Nuuk, 12.5.2011, https://oaarchive.arctic-council.org/bitstream/handle/11374/531/EDOCS-3661-v1-ACMMDK07_Nuuk_2011_SAR_Search_and_Rescue_Agreement_signed_EN_FR_RU.PDF?sequence=5&isAllowed=y (17.1.2022).

1925 Agreement on Cooperation on Arctic Marine Oil Pollution Preparedness and Response, Kiruna, 15.5.2013, https://oaarchive.arctic-council.org/bitstream/handle/11374/529/EDOCS-2068-v1-ACMMSE08_KIRUNA_2013_agreement_on_oil_pollution_preparedness_and_response_signedAppendices_Original_130510.PDF?sequence=6&isAllowed=y (17.1.2022).

1926 *Humrich*, Souveränitätsdenken und Seerecht, 2018, 226 f.

1927 *Dodds*, 2010, 71 f.

Arktischen Fünf sahen darüber hinaus keinen weiteren Bedarf „to develop a new comprehensive international regime to govern the Arcitc Ocean".[1928]

Da eine eingehende Diskussion aller, im arktischen Raum anwendbaren, *Soft Law* Instrumente den Rahmen dieser Arbeit jedenfalls sprengen würde, und vereinzelt in diesem Abschnitt bereits erwähnt wurden, konzentriert sich die Autorin nachstehend eingehend mit *Soft Law* Instrumenten, die speziell von den arktischen Küstenstaaten konzipiert wurden. Ausgehend von der Auflistung entsprechender Normen nach *Nadarajah*, sind *Soft Law* Instrumente überwiegend im institutionellen Rahmen des Arktischen Rates abgeschlossen worden[1929] und dienen Erklärungen des Arktischen Rates seit langem als Instrumente des *Soft Law* für die internationale *Governance* der Arktis.[1930] Zu den jüngsten zählt die bereits im vorangegangenen Kapitel erwähnte *Reykjavík Declaration*, welche die Verpflichtungen bekräftigt, die Arktis als friedliche Region zu erhalten und erneut die „unique position" der arktischen Staaten „to promote responsible governance in the region and on Arctic affairs" betont. Dabei liegt der Schwerpunkt der *Reykjavík Declaration* auf der Bewältigung der Klimakrise und der nachhaltigen Nutzung der Region.[1931] Zuvor waren 2019 die politischen Unterschiede so eklatant,[1932] dass bei einem Außenministertreffen der acht arktischen Staaten im Rahmen des Arktischen Rates erstmals keine Erklärung angenommen wurde. Vielmehr schloss das Ministertreffen mit der *Rovaniemi Joint Ministerial Statement*.[1933] In diesem Dokument wird eine größere Aufmerksamkeit auf eine Reihe von Arbeiten gelenkt, die vom Arktischen

---

1928 Ilulissat Declaration, 2008; Siehe Kapitel: III.3 Die Stellung der Arktischen Anrainerstaaten zum SRÜ.

1929 *Nadarajah*, 2021, 294 ff.

1930 *Koivurova/Kleemola-Juntunen/Kirchner*, 2020, 73; Vgl. dazu: Declarations and SAO reports of the Arctic Council, Arctic Council, https://oaarchive.arctic-council.org/handle/11374/83 (17.1.2022).

1931 Reykjavík Declaration, 20.5.2021.

1932 Die USA waren gegen jegliche Bezugnahme hinsichtlich der Anerkennung der Risiken, welche der Klimawandel in der Arktis birgt. Damit konnte eine Erklärung in den institutionellen Strukturen des Arktischen Rates mangels Konsens nicht angenommen werden, obwohl die verbleibenden sieben Staaten darauf beharrten, die Veränderungen des Klimawandels im arktischen Raum in der Erklärung anzusprechen. Vgl. dazu: *Nadarajah*, 2021, 303.

1933 Rovaniemi Joint Ministerial Statement, Rovaniemi, 7.5.2019, https://oaarchive.arctic-council.org/bitstream/handle/11374/2342/Rovaniemi%20Joint%20Ministerial%20Statement_2019_Signed.pdf?sequence=1&isAllowed=y (17.1.2022).

Rat anlässlich der Ministertagung zu drängenden Fragen veröffentlicht wurden, denen sich die arktischen Gemeinschaften und Staaten gegenübersahen.

Prinzipiell haben die vom Arktischen Rat erarbeiteten wissenschaftlichen Ergebnisse[1934] das Potenzial, künftige politische Entscheidungen zu beeinflussen.[1935] Tatsächliche rechtsverbindliche Wirkungen entfalten alleinig die unter der Schirmherrschaft des Arktischen Rates abgeschlossenen *Agreement on Cooperation on Aeronautical and Maritime Search and Rescue in the Arctic* (2011), *Agreement on Cooperation on Arctic Marine Oil Pollution Preparedness and Response* (2013) sowie *Agreement on Enhancing International Scientific Cooperation*[1936] und sind eben diese Abkommen als *Soft Treaty* zu qualifizieren.[1937] Alle drei Vertragswerke weisen starke ökologische Dimensionen auf.

Daneben ist die *Arctic Environmental Protection Strategy* (AEPS),[1938] als *Soft Law* Dokument der späteren acht Gründerstaaten des Arktischen Rates relevant. Im institutionellen Rahmen des *Barents-Euro Arctic Council* und dem *Northern Forum* wurden 1993 bzw. 1994 *Soft Law* Instrumente veröffentlicht,[1939] erfahren aber aufgrund der abgesteckten Forschungsthematik dieser Arbeit keine eingehende Behandlung. Das einzig *Soft Law* Instrument, welches nicht von arktischen angenommen wurde, ist das *Joint Statement the Third Trilateral High-Level Dialogue on the Arctic* zwischen China, Japan und Südkorea. Die drei asiatischen Staaten erachten die veränderten Rahmenbedingungen im arktischen Raum als Chance, insbesondere hinsichtlich ihrer wissenschaftlichen

---

1934 Vgl. dazu beispielsweise: Expert Group on Black Carbon and Methane: Summary Of Progress And Recommendations 2019, Arctic Council, 2019, https://oaarchive.arctic-council.org/bitstream/handle/11374/2411/Expert%20Group%20on%20Black%20Carbon%20and%20Methane%20-%20Summary%20Progress%20and%20Recommendations%202019.pdf?sequence=1&isAllowed=y (17.1.2022); Alternative fuels in the Arctic, PAME, 27.2.2019, https://oaarchive.arctic-council.org/bitstream/handle/11374/2422/Alternative%20fuels%20in%20the%20Arctic%20%28Norway-WWF%29%20March%202019_final.pdf?sequence=1&isAllowed=y57 (17.1.2022); State of the Arctic Freshwater Biodiversity: Key Findings and Advice for Monitoring, CAFF, 2019, https://oaarchive.arctic-council.org/bitstream/handle/11374/2423/SAFBR_summary_key_findings_Advice_May_2019pdf.pdf?sequence=1&isAllowed=y (17.1.2022).

1935 *Koivurova/Kleemola-Juntunen/Kirchner*, 2020, 73.

1936 Agreement on Enhancing International Scientific Cooperation, Fairbanks, 11.05.2017, https://oaarchive.arctic-council.org/handle/11374/1916 (17.1.2022).

1937 *Nadarajah*, 2021, 295 f.

1938 Arctic Environmental Protection Strategy, 1991.

1939 *Nadarajah*, 2021, 295.

Forschungen, und zielen auf einen erweiterten Einflussbereich innerhalb des Arktischen Rates ab.[1940]

In diesem Kontext dürfen *Soft Law* Instrumente nicht vergessen werden, welche darauf abzielen Unternehmen und Investitionen in der Arktis in eine nachhaltige Entwicklungsausrichtung zu dirigieren. Innerhalb des institutionellen Rahmens des *World Economic Forum* und des *Arctic Economic Council* wurden das *Arctic Investment Protocol*[1941] und der *Code of Ethics*[1942] angenommen. *Lim* kommt zum Ergebnis, dass beide Instrumente parallel die von den Arktischen Staaten anerkannte Rechtsprechung der nachhaltigen Entwicklung durch private Akteure widerspiegeln. Dabei haben beide Instrumente vier gemeinsame Themen zur Förderung der nachhaltigen Entwicklung zum Inhalt: (i) langfristige Perspektiven auf Unternehmen und Investitionen, (ii) Achtung lokaler Gemeinschaften, (iii) Förderung guter Geschäftspraktiken und (iv) Stärkung der Zusammenarbeit.[1943] Der Einfluss beider Instrumente wird zunehmen, wenn der *Arctic Economic Council* ihren Mitgliederkreis über die Arktis hinaus ausdehnt und Unternehmen als auch Investoren, welche das Protokoll und den Ethikkodex akzeptieren oder ihnen zustimmen, ein berechtigtes Vertrauen schaffen, dass sie den Inhalt solcher Instrumente angemessen berücksichtigen.[1944]

Insgesamt sind *Soft Law* Instrumente zur Lösung sowohl technischer als auch sozialer Fragen im arktischen Kontext grundsätzlich im Rahmen internationaler Organisationen oder Koordinierungsbemühungen ausgearbeitet worden und diese sind für den aufgezeigten Regulierungszweck geeignet.[1945] *Soft Law* Institutionen halten eine Verselbstständigung hintan, wenn eine möglichst kontrollierte Einbindung institutioneller oder institutionell legitimierter Akteure angestrebt wird, die lediglich als Empfänger von politischem Interessen fungieren.[1946] Vor dem Hintergrund, dass unter dem Arktischen Rat *Soft Treaties* erarbeitet wurden, widmet sich der nachstehende Abschnitt der Frage,

---

1940 Joint Statement of the Third Trilateral High-Level Dialogue on the Arctic, Shanghai, 8.6.2018, https://www.mofa.go.jp/mofaj/files/000371802.pdf (17.1.2022), Rn. 7 und 9; Vgl. dazu auch: *Nadarajah*, 2021, 296.

1941 Arctic Investment Protocol: Guidelines for Responsible Investment in the Arctic, World Economic Forum, 2015.

1942 Code of Ethics, Arctic Economic Council, 2018.

1943 *Lim*, 2020, 4.

1944 Ibid., 5.

1945 *Koivurova/Kleemola-Juntunen/Kirchner*, 2020, 81.

1946 *Humrich*, Souveränitätsdenken und Seerecht, 2018, 218.

ob der Arktische Rat tatsächlich eine entsprechende *Soft Law* Institution darstellt, oder ob vielmehr die arktischen Staaten autonomiebetont, unter dem Deckmantel des Arktischen Rates, die *Arctic-Governance* vorgeben.

IV.4.1 Der Arktische Rat

Zwischen Russland und den USA war der Kampf um die Vorherrschaft im arktischen Raum zu Beginn der zweiten Hälfte des 20. Jahrhunderts besonders stark ausgeprägt.[1947] Als die Sowjetunion in den 1980-er Jahren die Idee einer gemeinsamen Sicherheitspolitik und Stärkung der Zusammenarbeit zwischen den arktischen Staaten, insbesondere in Fragen des Umweltschutzes, verwirklichen wollte, entschärften sich die politischen Spannungen zwischen beiden Großmächten teilweise.[1948] In seiner Murmansk Rede schlug *Gorbatschow* erstmals die Idee einer arktisweiten Zusammenarbeit in verschiedenen Bereichen vor und proklamierte den arktischen Raum als Friedenszone.[1949] *Gorbatschows* Internationalisierungstendenzen in der Arktis hatten das Ziel, die globale Geopolitik neu zu schreiben.[1950] Insbesondere Russland und die USA waren an einem umfassenden arktischen Umweltschutz interessiert und wurde ein regionales Bewusstsein zur Integration von Umweltschutzbemühungen auch von den übrigen arktischen Anrainerstaaten getragen.[1951] Eben diese Initiativen beschleunigten den arktischen Kooperationsprozess.[1952]

Koivurova, *Vöneky* und *Beck* sehen erste Strukturen der arktisweiten Zusammenarbeit in der von Finnland 1989 einberufenen Konferenz der acht arktischen Staaten. Erfolge zum Schutz des arktischen Ökosystems konnten durch die Ausarbeitung des *Soft Law* Dokuments AEPS 1991[1953] erzielt werden.

1947 *Bai/Hu*, 2016, 938.

1948 *Bai/Hu*, 2016, 938; *Koivurova*, 2010, 30.

1949 *Gorbachev*, Speech in Murmansk at the ceremonial meeting on the occasion of the presentation of the Order of Lenin and the Gold Star Medal to the city of Murmansk, 1.10.1987, https://www.barentsinfo.fi/docs/gorbachev_speech.pdf (18.1.2022); *Nilsson/Koivurova*, 2016, 184.

1950 *Powell*, 2010, 74.

1951 *Bai/Hu*, 2016, 938.

1952 Ibid., 938.

1953 „The Arctic is highly sensitive to pollution and much of its human population and culture is directly dependent on the health of the region's ecosystems. […] This vulnerability of the Arctic to pollution requires that action be taken now, or degradation may become irreversible." Vgl. dazu: Arctic Environmental Protection Strategy, 1991.

Im Dokument verpflichten sich die acht Signatarstaaten Russland, Kanada, Dänemark, Island, Finnland, Schweden, Norwegen und die USA zu einem gemeinsamen Aktionsplan, um auf die sechs festgestellten Umweltprobleme (persistenter organischer Schadstoffe, Ölverschmutzung, Schwermetalle, Lärm, Radioaktivität und Versauerung) zu reagieren.[1954]

Die AEPS liefert die Rechtsgrundlage und den vorläufigen Rahmen für die internationale Zusammenarbeit in der Region, welche in der Errichtung des Arktischen Rates, als Forum für Diskussionen und Zusammenarbeit zwischen den arktischen Staaten, im September 1996 in Ottawa mündeten.[1955] Art. 1 lit. a *Ottawa Declaration* beschreibt den Zweck der Schaffung des Arktischen Rates prägnant: „The Arctic Council is established as a high level forum to: provide a means for promoting cooperation, coordination and interaction among the Arctic States, with the involvement of the Arctic indigenous communities and other Arctic inhabitants on common Arctic issues, in particular issues of sustainable development and environmental protection in the Arctic."[1956] Die ursprüngliche Intention der Schaffung des Arktischen Rates stellt nach *Rossi* eine „region building initiative" dar, welche sich mit den Schwerpunkten der AEPS befasst und ein Gleichgewicht zwischen Nutzungs- und Erhaltungsfragen, sowie Forderungen indigener Gemeinschaften herzustellen versucht. *Rossi* versteht den Arktischen Rat in seiner Grundkonzeption als eine epistemische Gemeinschaft, in der Gestalt, dass die Gründungsstaaten gemeinsame, primär wissenschaftliche, Ansätze verfolgen, um bestimmte, einvernehmliche, nicht-politische Ziele zu erreichen, welche aus funktionalen Umweltbelangen herrühren.[1957]

1954 „We commit ourselves to a joint Action Plan of the Arctic Environmental Protection Strategy which includes: Cooperation in scientific research to specify sources, pathways, sinks and effects of pollution, in particular, oil, acidification, persistent organic contaminants, radioactivity, noise and heavy metals as well as sharing of these data." Vgl. dazu: Arctic Environmental Protection Strategy, 1991, 2; *Koivurova*, 2010, 30; *Vöneky/Beck*, Schutz der antarktischen und arktischen Umwelt, 2017, 556.

1955 *Bai/Hu*, 2016, 938; *Koivurova*, 2010, 31; *Nevitt/Percival*, 2018, 1664; *Rossi*, 2015, 19.

1956 Declaration on the Establishment of the Arctic Council (Ottawa Declaration), Ottawa, 19.9.1996, https://oaarchive.arctic-council.org/bitstream/handle/11374/85/EDOCS-1752-v2-ACMMCA00_Ottawa_1996_Founding_Declaration.PDF?sequence=5&isAllowed=y (19.8.2020).

1957 *Rossi*, 2015, 19 f.

Die vier AEPS-Arbeitsgruppen (*Arctic Monitoring and Assessment Programme* (AMAP); *Conservation of Arctic Flora and Fauna* (CAFF); *Protection of Marine Environment* (PAME); *Emergency Prevention, Preparedness and Response*), wurden nach Art. 1 *Ottawa Declaration* unter der Schirmherrschaft des Arktischen Rates weitergeführt und gemäß Art. 6 *Ottawa Declaration* reorganisiert.

Die Formen der Zusammenarbeit des Arktischen Rates haben sich nach *Bai* und *Hu* in seiner Entwicklungsgeschichte deutlich über den Schwerpunkt des Umweltschutzes hinausentwickelt, wobei diese Entwicklung insbesondere Art. 1 lit. c *Ottawa Declaration* zuzuschreiben ist. Der betreffende Artikel ermächtigt den Arktischen Rat, sich mit gemeinsamen arktischen Fragen der nachhaltigen Entwicklung in der Arktis zu beschäftigen und ist diese Formulierung sehr weit gefasst,[1958] wodurch fast jedes international-politische Thema aufgegriffen werden kann.[1959] Um den erweiterten Aufgabenkreis bedienen zu können und die Zusammenarbeit im Bereich der nachhaltigen Entwicklung im Arktischen Rat voranzutreiben, wurde die Arbeitsgruppe *Sustainable Development Working Group* (SDWG) geschaffen.[1960] Zusätzlich komplettiert die weitere Arbeitsgruppe (*Arctic Contaminants Action Program*) die Erarbeitung wissenschaftlicher Forschungsergebnisse zu Umweltverschmutzungen im arktischen Raum.[1961]

Gemäß Art. 2 *Ottawa Declaration* können Organisationen indigener Völker den Status von ständigen Teilnehmern, nach Art. 7 *Ottawa Declaration*, ohne Stimmrecht erhalten. Obwohl den ständigen Mitgliedern keine formelle Entscheidungskompetenz zuerkannt wird, haben sie in der Praxis aufgrund ihrer aktiven Teilnahme im Arktischen Rat durch Konsultationen einen großen Einfluss auf dessen Beschlussfassung.[1962] *Koivurova*, *Kleemola-Juntunen* und *Kirchner* loben den Arktischen Rat für die innovative institutionelle Beteiligung der indigenen Völker. Die indigenen Völker besitzen, exklusive dem Stimmrecht, alle Teilnehmerrechte, die auch den arktischen Staaten zustehen,[1963] wobei der

---

1958 „The Arctic Council is established as a high-level forum to: adopt terms of reference for, and oversee and coordinate a sustainable development program." Vgl. dazu: Art. 1 lit. c Declaration on the Establishment of the Arctic Council (Ottawa Declaration), Ottawa, 19.9.1996.

1959 *Bai/Hu*, 2016, 937.

1960 *Koivurova*, 2010, 31.

1961 Working Groups, Arctic Council, https://arctic-council.org/about/working-groups/ (18.1.2022).

1962 *Hossain*, 2016, 416; *Koivurova*, 2010, 32.

1963 *Humrich*, 2015, 145.

Arktische Rat damit einen Maßstab festgelegt hat, der von anderen Organisationen nicht ignoriert werden kann.[1964]

Dem Gründungsdokument von 1996 zufolge sind *Inuit Circumpolar Council*, *Saami Council* und der *Russian Association of Indigenous Peoples of the North* ständige Teilnehmer des Arktischen Rates, wobei dieser Kreis auf zusätzliche arktische Organisationen indigener Völker ausgeweitet werden kann, sofern der Arktische Rat selbst feststellt, dass eine solche Organisation, die in Art. 2 *Ottawa Declaration* festgelegten Kriterien erfüllt.[1965] Die derzeitigen sechs Gruppen ständiger Teilnehmer ohne Stimmrecht setzten sich aus den *Arctic Athabaskan Council*, *Aleut International Association*, *Gwich'in Council International*, *Inuit Circumpolar Council*, *Russian Association of Indigenous Peoples of the North*,[1966] and *Saami Council* zusammen.[1967]

Wie in der *Ottawa Declaration* angedacht, spielt der Arktische Rat in der Praxis eine wichtige Rolle bei der Bildung und Stärkung von Beziehungen zwischen transnationalen Akteuren, welche sich nicht nur aus den Mitgliedstaaten und indigenen Organisationen zusammensetzen, sondern auch weitere Staaten und Organisationen, wie insbesondere dem *World Wide Fund for Nature, Arctic Programme*,[1968] der als Beobachter des Rates miteinbezogen wird.[1969] Dementsprechend charakterisiert sich die Arktispolitik im Arktischen Rat als regionale Interdependenz von ökologischen Sicherheitsthemen, welche die Interessen von staatlichen und nicht staatlichen Akteuren in Einklang bringen will.[1970] In absoluten Zahlen sind 13 Nichtanrainerstaaten, 14 zwischenstaatliche Nichtregierungsorganisationen und 12 internationale Nichtregierungsorganisationen an den Ratssitzungen zugelassen.[1971] Unter den 13 Nichtanrainerstaaten, welche einen Beobachterstatus erhalten haben, befinden sich unter anderem China, Japan, und Südkorea.[1972]

1964 *Koivurova/Kleemola-Juntunen/Kirchner*, 2020, 76.

1965 *Berkman/Vylegzhanin/Young*, 2019, xxix.

1966 In der *Ottawa Declaration* wird die Organisation als *Association of Indigenous Minorities of the North, Siberia and the Far East of the Russian Federation* bezeichnet.

1967 *Farré u. a.*, 2014, 306.

1968 Observers, Arctic Council, https://arctic-council.org/about/observers/ (20.1.2022).

1969 *Nilsson/Koivurova*, 2016, 182.

1970 Ibid., 182.

1971 Observers, Arctic Council.

1972 Ibid.

Der große Teilnehmerkomplex, durch die Anerkennung nicht-arktischer Staaten als Beobachter des Arktischen Rates, kann aber zu einer gegenseitigen Konkurrenzstellung führen und die geopolitische Gefahrenlage erhöhen.[1973] Der Arktische Rat hat sich dem Konsensus der Arktischen Fünf hinsichtlich der *Ilulissat Declaration* angeschlossen, indem er sich für die Anwendbarkeit des SRÜ-Regimes im arktischen Raum ausgesprochen hat.[1974] In Hinblick auf die Schaffung geeigneter Verfahren einer arktischen Ressourcenbewirtschaftung sehen die mächtigsten nicht-arktischen Staaten, welche SRÜ-Rechteinhaber sind, keinen Grund, ihre Degradierung zu bloßen Beobachterstaaten im Arktischen Rat hinzunehmen.[1975] Die nicht-arktischen Beobachterstaaten könnten ihre primär wirtschaftlichen Interessen in der Arktis durch militärische und zivile Mitteln unterstreichen.[1976]

Sicherheitsrechtliche Fragen wurden in der Fußnote der *Ottawa Declaration*[1977] explizit ausgeklammert. Diese Selbstbeschränkung des Arktischen Rates in Agenden der militärischen Sicherheiten geht auf die unerschütterlichen Ansichten der USA und Russlands zurück.[1978] *Haftendorn* führt aus, dass der Arktische Rat in der Praxis zu einem Forum des gegenseitigen Austausches von Informationen, Konsultationen und Abstimmungen gewachsen ist und ermöglicht dieses Forum eine effiziente vertrauensbildende Institution. Dementsprechend sieht sie den Arktischen Rat sehr wohl als quasi „Sicherheitsregime" an.[1979] Nach *Humrich* nütze es der regionalen Sicherheit, wenn auch in Krisenzeiten auf den Arktischen Rat als Forum für Kommunikation und Kooperation zurückgegriffen wird. Allerdings ist und bleibt die militärische Sicherheitsfrage in der bisherigen Praxis und Struktur des Rates ein

---

1973 *Conley/Melino*, An Arctic Redesign: Recommendations to Rejuvenate the Arctic Council, Center of Strategic and International Studies: Europe Program, Februar 2016, https://csis-website-prod.s3.amazonaws.com/s3fs-public/legacy_files/files/publication/160302_Conley_ArcticRedesign_Web.pdf (14.6.2024), 2; *Knecht*, 2015, 125.

1974 Annex 2 Art. 6 lit. c Arctic Council Rules of Procedure, as adopted by the Arctic Council at the First Arctic Council Ministerial Meeting, Iqaluit, 17.–18.9.1998, revised by the Arctic Council at the Eight Ministerial Meeting, Kiruna, 15.5.2013, https://oaarchive.arctic-council.org/bitstream/handle/11374/940/2015-09-01_Rules_of_Procedure_website_version.pdf?sequence=7&isAllowed=y (20.1.2022).

1975 *Young*, 2016, 274.

1976 *Knecht*, 2015, 125.

1977 Art. 1 lit. a Ottawa Declaration, 1996.

1978 *Rossi*, 2015, 19.

1979 *Haftendorn*, 2016, 116 f.

Fremdkörper und könnte die restliche Arbeit beeinträchtigen.[1980] Militärische, aber auch sicherheitspolitische Themen, werden stattdessen in Foren wie dem *Arctic Security Forces Roundtable* und dem *Arctic Coast Guard Forum* oder beim Runden Tisch zur Arktischen Sicherheit diskutiert.[1981] *Conley* und *Melino* führen aber aus, dass die Auslagerung von sicherheitspolitischen Fragen, wie beispielsweise im *Arctic Coast Guard Forum*, welches insbesondere zur Umsetzung der rechtsverbindlichen Abkommen *Agreement on Cooperation on Aeronautical and Maritime Search and Rescue in the Arctic* (2011) und *Agreement on Cooperation on Arctic Marine Oil Pollution Preparedness and Response* (2013) geschaffen wurde, die Untergrabung einer einheitlichen Arbeitsweise des Arktischen Rates impliziere. Es läge ein Koordinierungsmangel aufgrund fehlender institutioneller Verbindungen zum Arktischen Rat vor und die gleiche Kritik könnte am *Arctic Economic Council* geübt werden, da auch letzterer Rat eine eigenständige Einheit ist.[1982]

Zusätzlich können nach *Bailes* militärische Fragen und weitere Sicherheitsaspekte an Organisationen, wie der NATO, dem NATO-Russland-Rat oder der, in militärischen Fragen nicht selbstbeschränkten, Organisation für Sicherheit und Zusammenarbeit in Europa, adressiert werden. Obwohl die arktischen Staaten einige allgemeine Positionen zum Schutz der (hauptsächlich indigenen) Rechte zum Ausdruck gebracht haben, zeigten sie sich hinsichtlich der Eingriffe in die inneren Angelegenheiten der jeweils anderen arktischen Staaten innerhalb dieser Organisationen äußerst vorsichtig.[1983] Diese Feststellung der fehlenden Dominanz der militärischen Sicherheit in der Arktis bedeutet auf der Kehrseite eine Verfestigung der indigenen Völker als politische Akteure in dieser Region.[1984]

Der Arbeitsweise des Arktischen Rates liegt eine dreigliedrige Architektur zugrunde, namentlich die Koordinierungs- und Entscheidungsfindung, die Exekutive und die Verwaltung.[1985] Die Entscheidungen sollen im Konsens der Arktischen Acht erfolgen.[1986] Ferner hat eine vorangegangene umfassende Konsultation mit den ständigen Mitgliedern des Arktischen Rates stattzufinden.[1987]

1980 *Humrich*, 2015, 147.

1981 World Ocean Review[6], 2019, 242.

1982 *Conley/Melino*, 2016, 8.

1983 *Bailes*, Understanding The Arctic Council: A 'Sub-Regional' Perspective, in: 15 Journal of Military and Strategic Studies 2/2013, 32 f.

1984 *Hossain*, 2016, 416.

1985 *Bai/Hu*, 2016, 943.

1986 Art. 7 Ottawa Declaration, 1996.

1987 Art. 2 Ottawa Declaration, 1996.

Eben diese Arbeitsweise hat zum Ziel, den Wissensstand der Arbeitsgruppen in verschiedenen Themenbereichen zu sammeln und auszutauschen, um im Laufe der Zeit ein gemeinsames Verständnis unter den Teilnehmern zu schaffen.[1988] Die im Arktischen Rat entstandenen Regulierungsvorschläge, sollen auf nationaler Ebene, als auch in Form von Beschlussfassungen in regionalen und internationalen Organisationen, umgesetzt werden.[1989] Dabei entfalten die Richtlinien und Empfehlungen des Arktischen Rates grundsätzlich keine rechtsverbindliche Wirkung.[1990] Ob die Maßnahmen umgesetzt werden, obliegt den einzelnen Mitgliedstaaten. Dieser Umstand kann, anhand der Ergebnisse im vorangegangenen Kapitel, nicht alleinig als Schwäche aufgefasst werden. Speziell der arktische Raum benötigt flexible und zeitnahe Anpassungsmechanismen, um auf die rasanten Umweltveränderungen reagieren zu können.

Vor dem Hintergrund der Erarbeitung der rechtsverbindlichen *Agreement on Cooperation on Aeronautical and Maritime Search and Rescue in the Arctic* (2011), *Agreement on Cooperation on Marine Oil Pollution Preparedness and Response in the Arctic* (2013), *Agreement on Enhancing International Scientific Cooperation* (2017) könnte man argumentieren, dass der Arktische Rat seine ursprüngliche Gründungsintention als politisches Forum überwunden hat und sich in Richtung einer Organisation entwickelt, die mit den Mitgliedstaaten und ständigen Teilnehmern zusammenarbeiten, um verbindliche arktische Rechtsnormen einzuführen.[1991] Eben diese Völkerrechtssetzung ist innerhalb von *Governance*-Strukturen erfolgt und baut, anders als in der Antarktis, nicht auf einem Vertragsregime auf.[1992]

Da die rechtsverbindlichen Abkommen aber nicht als jene des Arktischen Rates verabschiedet wurden, sondern lediglich unter der Schirmherrschaft des Arktischen Rates,[1993] erscheint der zuvor festgestellte Entwicklungsschritt fragwürdig. Zwar sind die von den Vertragsparteien akzeptierten Verpflichtungen relativ begrenzt und dienen in erster Linie als Rahmen für die grenzüberschreitende Zusammenarbeit in der Arktis,[1994] doch die acht arktischen Staaten

---

1988 *Hoel*, 2009, 447.

1989 *Ellemann*, 2010, 15.

1990 *Nadarajah*, 2021, 295 f.

1991 *Bai/Hu*, 2016, 939; *Koivurova/Kleemola-Juntunen/Kirchner*, 2020, 73; *Nevitt/Percival*, 2018, 1665 f.

1992 *Vöneky/Beck*, Schutz der antarktischen und arktischen Umwelt, 2017, 557 f.

1993 *Humrich*, Souveränitätsdenken und Seerecht, 2018, 227; *Koivurova/Kleemola-Juntunen/Kirchner*, 2020, 74.

1994 *Koivurova/Kleemola-Juntunen/Kirchner*, 2020, 74.

fühlten sich für die abgesteckten Bereiche der rechtsverbindlichen Abkommen zuständig und haben diese unter Ausschluss von Beteiligungsrechten der indigenen Völker ausgehandelt.[1995] *Humrich* kommt zu dem Ergebnis, dass diese Abkommen primär gegen die Internationalisierung der Arktis gerichtet sind.[1996] Diese Feststellung wird beispielsweise durch eine einhergehende Betrachtung des *Agreement on Cooperation on Aeronautical and Maritime Search and Rescue in the Arctic* evident. Zwar verweist das betreffende Abkommen in Art. 1 und 6 auf das Hauptabkommen der internationalen Zivilluftfahrtorganisation aus dem Jahr 1944 (*Chicago Convention*), die nachfolgenden Entwicklungen des arktischen Rechtsrahmens hängen aber nicht von den Weiterentwicklungen der Internationale Zivilluftfahrtorganisation ab.[1997] Damit bleibt der fahle Beigeschmack, dass ebendiese rechtsverbindlichen Übereinkommen von einem „club within a club" ausgearbeitet wurden, da angenommen werden könnte, dass sich die arktischen Küstenstaaten mit den Abkommen aus dem Jahr 2011 und 2013 um die Absicherung der arktischen Küste „creeping jurisdictional interests" bemüht haben.[1998]

Auf die veränderten örtlichen Rahmenbedingungen und neuen Herausforderungen, ausgelöst durch das Abschmelzen der nördlichen Polkappe, haben die Arktischen Staaten im Gremium des Arktischen Rates nur langsam reagiert.[1999] Diese Entwicklung führt *Lim* auf die begrenzten Kompetenzen des Arktischen Rates zurück, die sich in erster Linie auf ökologische, soziale und wissenschaftliche Fragen konzentrieren und Angelegenheiten der Sicherheit und Wirtschaft nicht umfassen. Versuche, die ursprünglichen Ziele des Arktischen Rates zu erweitern, wurden von mächtigen Arktischen Staaten[2000] abgelehnt und dies zeugt von einer allgemeinen Abneigung der Arktischen Staaten, ihre souveränen Interessen und die Ausübung der Macht im Arktischen Rat unterzuordnen.[2001]

1995 *Humrich*, Souveränitätsdenken und Seerecht, 2018, 227.

1996 Ibid., 227.

1997 *Koivurova/Kleemola-Juntunen/Kirchner*, 2020, 74; Vgl. dazu auch: Convention on International Civil Aviation, Chicago, 7.12.1944, Doc 7300–Doc 7300/9, https://www.icao.int/publications/pages/doc7300.aspx (19.1.2022).

1998 *Rossi*, 2015, 10.

1999 *Lim*, 2020, 2; *Rossi*, 2015, 21.

2000 Insbesondere die USA stehen einer Kompetenzausweitung des Arktischen Rates kritisch gegenüber und lehnen eine weitere Übertragung von Regelungsaspekten ab. Vgl. dazu: *Bai/Hu*, 2016, 939 f.

2001 *Lim*, 2020, 2.

Prinzipiell hat der Arktische Rat seine Arbeit, als Forum zur Bildung einer allumfassenden *Arctic-Governance*, nicht erfüllt.[2002] Trotz der verschiedenen politischen Maßnahmen zur nachhaltigen Entwicklung, die von den Arktischen Staaten und dem Arktischen Rat angenommen wurden, besteht also weiterhin Unsicherheit über die Umsetzung eben dieser Politiken vor Ort.[2003] Obwohl der Arktische Rat 2015 die *Task Force on Arctic Marine Cooperation* eingerichtet hat, haben die Arktischen Fünf wiederholt Themen der Bewirtschaftung des arktischen Ozeans außerhalb dieses Forums behandelt.[2004] 2015 wurde die *Oslo Declaration on Arctic High Seas Fishing*,[2005] als *Soft Law* Regelung,[2006] von den Arktischen Fünf, ohne Rücksprache der übrigen Mitglieder des Arktischen Rates (Finnland, Island und Schweden) und ohne Beteiligung von Organisationen der indigenen Völker abgegeben.[2007] Insbesondere Island hat auf den Verhandlungsausschluss mit heftigem Protest reagiert.[2008] In der *Oslo Declaration* gehen die arktischen Küstenstaaten eine Selbstverpflichtung dahingehend ein, dass sie ihre nationalen Fischereiflotten nur unter Anwendung von verabschiedeten regionalen und internationalen Regelungen auf der Hohen See fischen lassen. Zusätzlich verpflichten sie sich ein gemeinsames wissenschaftliches Forschungsprogramm auszuarbeiten, ihre Fischereiüberwachung zu koordinieren und zu gewährleisten, dass auch die nicht-kommerzielle Fischerei entsprechende Regeln verfolgt.

Hintergrund der Schaffung der *Oslo Declaration* war die auferlegte Kooperationspflicht hinsichtlich der Ressourcenbewirtschaftungen außerhalb der 200-Seemeilenzone im SRÜ und dem konkretisierenden

2002 *Young*, 2016, 274.

2003 *Lim*, 2020, 2.

2004 *Young*, 2016, 274.

2005 Declaration Concerning the Prevention of Unregulated High Seas Fishing in the Central Arctic Ocean, Oslo, 16.7.2015, https://www.wto.org/english/tratop_e/rulesneg_e/fish_e/2015_oslo_declaration.pdf (19.1.2022).

2006 Dass es sich bei dem betreffenden Dokument um *Soft Law* handelt, folgt aus dem Begriff *Declaration* selbst, als auch den verwendeten Phrasen „recognize", „recall", acknowledge" usw. in der betreffenden Präambel. Vgl. dazu: *Liu*, The 2015 Oslo Declaration on Arctic High Seas Fisheries: The Starting Point Towards Future Fisheries Management in the Central Arctic Ocean, in: Arctic Yearbook 2017, https://arcticyearbook.com/images/yearbook/2017/Scholarly_Papers/21_The_2015_Oslo_Declaration_on_Arctic_High_Seas_Fisheries.pdf (20.1.2022), 6.

2007 *Young*, 2016, 274.

2008 *Humrich*, Souveränitätsdenken und Seerecht, 2018, 234; *Young*, 2016, 274.

Implementationsabkommen (*UN Fish Stocks Agreement* 1995).[2009] *Humrich* kritisiert, dass zwar entsprechende Kooperationspflichten aus den zuvor genannten Dokumenten zu entnehmen sind, nicht aber ein Initiativrecht hinsichtlich der Eingehung einer Selbstbindung vor Verhandlung in einem erweiterten Kreis. Vielmehr sei die *Oslo Declaration* „eine Zuständigkeitsverlagerung auf ein Substitut mit einer agenda-setting-Strategie für Folgepflichten, um die maximale Handlungsfreiheit der A5 [Arktischen Fünf] trotz der Verpflichtung und gegenüber den Ansprüchen Dritter zu sichern."[2010] Die arktischen Küstenstaaten haben die Zuständigkeit für Fischerei erfolgreich aus dem Arktischen Rat verlagert und konnten damit die rechtlich verbürgte Internationalisierung teilweise aufhalten, indem jegliche Diskussion kommerzieller Fischerei in der Arktis ausgehend von der *Oslo Declaration* zu bewerkstelligen sein wird.[2011] Das *Agreement to prevent unregulated High Seas Fisheries in the Central Arctic Ocean*[2012] zwischen Kanada, Island, Dänemark, Norwegen, Russland, den USA, China, Japan, Südkorea und der Europäischen Union trat am 25.6.2021 in Kraft[2013] und verweist entsprechend den vorangegangenen Ausführungen in der Präambel auf die *Oslo Declaration*.

Neben diesen eindrücklichen Darstellungen der Umgehung des Arktischen Rates durch die arktischen Küstenstaaten, kann dem Arktischen Rat selbst vorgeworfen werden, dass er Interessen wichtiger Akteure für den arktischen Raum nicht angemessen miteinbezieht. Beispielhaft ist die Mitgliedschaft der ständigen Teilnehmer auf die arktischen Staaten beschränkt, welche ausdrücklich festgelegt wurden.[2014] Geheime Treffen der Delegationen der Arktischen

---

2009 *Humrich*, Souveränitätsdenken und Seerecht, 2018, 233; *Liu*, 2017, 6; Vgl. dazu: UNGA A/Conf.164/37 vom 8.9.1995, Agreement for the Implementation of the Provisions of the United Nations Convention on the Law of the Sea of 10 December 1982 relating to the Conservation and Management of Straddling Fish Stocks and Highly Migratory Fish Stocks, New York.

2010 *Humrich*, Souveränitätsdenken und Seerecht, 2018, 234.

2011 Ibid., 234.

2012 Agreement to prevent unregulated High Seas Fisheries in the Central Arctic Ocean, Ilulissat, 3.10.2018, https://www.dfo-mpo.gc.ca/international/documents/pdf/EN-CAO.pdf (20.1.2022).

2013 An introduction to: the International Agreement to prevent unregulated High Seas Fisheries in the Central Arctic Ocean, Arctic Council, 25.6.2021, https://arctic-council.org/news/introduction-to-international-agreement-to-prevent-unregulated-fishing-in-the-high-seas-of-the-central-arctic-ocean/ (20.1.2022).

2014 Part I Art. 1 Arctic Council Rules of Procedure.

Staaten sind ausdrücklich erlaubt;[2015] die Bemühungen der Arbeitsgruppen sind weitgehend unbekannt;[2016] die indigenen Gruppierungen dürfen zahlenmäßig gemäß Art. 2 *Ottawa Declaration* die Mitglieder des Arktischen Rates nicht übersteigen; Chinas Stellung als Beobachter wurde erst 2013, nach dreimaliger Ablehnung bewilligt;[2017] weiterhin wird der Antrag der EU[2018] auf einen Beobachterstatus abgelehnt[2019] und große NGOs, wie *Greenpeace*, sind vom Arktischen Rat gemäß Art. 3 *Ottawa Declaration* nicht als Beobachter zugelassen.[2020] Selbst die ehemalige Premierministerin von Grönland hat 2013 ein Treffen des Arktischen Rates boykottiert, da sie nicht als gleichberechtigter Verhandlungspartner neben Dänemark gegolten hat.[2021]

Neben der Intransparenz der Arbeitsweise in den jeweiligen Arbeitsgruppen kritisieren *Conley* und *Melino* auch die Zusammensetzung der *Senior Arctic Officials*[2022] dahingehend, dass dieses Gremium größtenteils selbst von Ministern der Mitgliedsstaaten besetzt wird und eine einheitliche arktische Politik häufig in den Hintergrund tritt, da innerstaatliche Ziele verfolgt werden. Zusätzlich fehlt es den Arbeiten in den verschiedenen Gremien an interner als auch externer Transparenz und Koordination.[2023] Um diesen Umstand zu begegnen, wurde zwar das *Arctic Council Secretariat* geschaffen, das Sekretariat verfolgt jedoch das Ziel einer gemeinsamen Arktispolitik inkonsistent und hat Probleme bei der Durchsetzung der Verpflichtungen arktischer Mitgliedstaaten.[2024]

2015 Part II Art. 6 Arctic Council Rules of Procedure.

2016 *Conley/Melino*, 2016, 12.

2017 Arctic diplomacy: A warmer welcome, in: the Economist, 18.5.2015, https://www.economist.com/international/2013/05/18/a-warmer-welcome (20.1.2022).

2018 Da die Maßnahmen der EU von entscheidender Bedeutung für die Bemühungen zur Regulierung globaler Prozesse sind, ist jegliche Negierung ihres arktischen Interesses und die Verweigerung des Beobachterstatus für die Zusammenarbeit im Arktischen Rat kontraproduktiv und für die EU frustrierend. Vgl. dazu: *Young*, 2009, 80.

2019 Siehe Kapitel: IV.5.1.3 Europäische Arktisstrategie.

2020 Observers, Arctic Council.

2021 Greenland's premier boycotts the Arctic Council in "drastic" protest, in: Nunatsiaq News 15.5.2013, https://nunatsiaq.com/stories/article/65674greenland_walks_away_from_the_arctic_council/ (20.1.2022).

2022 Die Gruppe *Senior Arctic Officials* der agiert als Intermediär, zwischen den Ministern, den Arbeitsgruppen, sowie den *ad hoc* gebildeten *Task Forces* und soll eine leitende, koordinierende und überwachende Funktion einnehmen.

2023 *Conley/Melino*, 2016, 6.

2024 Ibid., 14.

Hinsichtlich der Beteiligung indigener Gruppierungen, geht vom Arktischen Rat die Gefahr aus, dass dieses regionale Bündnis missbraucht werden kann, wenn sich die Teilnehmer aus eigenem Antrieb als Treuhänder der internationalen Gemeinschaft begreifen.[2025] Sollte der Einflussbereich der nicht-arktischen Beobachterstaaten gesteigert werden, könnte auf der Kehrseite der Einfluss der indigenen Organisationen geschwächt werden und vom eigentlichen Zweck der Schaffung des Arktischen Rates abweichen.[2026] Dahingehend kann kritisiert werden, dass die arktischen Entscheidungsträger, unter Beeinflussung nicht-arktischer Beobachterstaaten, Rechtsnormen schaffen, welche nicht im Sinne der indigenen Völker wäre. Formen der Landnutzung indigener Völker könnten etwa aufgrund wirtschaftlicher Gesichtspunkte eingeschränkt werden.

Darüber hinaus ergeben sich grundlegende Herausforderungen aus dem Umstand, dass die wichtigsten Kräfte, die die Gesundheit der arktischen Ökosysteme und die Integrität der arktischen Kulturen beeinflussen (z. B. Klimawandel, Bedrohung der biologischen Vielfalt, Verbreitung persistenter organischer Schadstoffe), durch globale Handlungen ausgelöst werden und die für die Arktis verantwortlichen Akteure im globalen Kontext größtenteils eine schwache Verhandlungsposition besitzen.[2027] Nach *Young* benötigt die Arktis einen Verfechter, der in der Lage ist, die Anliegen der Region in der globalen *Governance* effektiv zu vertreten. Gegenwärtig dürfte ein entsprechend reformierter Arktischer Rat der beste verfügbare Mechanismus sein, um diese Rolle wahrzunehmen.[2028] Durch diese Querschnitteinflüsse innerhalb und außerhalb des Arktischen Rates, verstärkt durch die *sui generis* Implikationen der *Ilulissat Declaration*, hinsichtlich einer selbsternannten „unique position“ der arktischen Küstenstaaten, eröffnet sich die Fragestellung, welche Position der Arktische Rat in der Zukunft einnehmen wird.

Jedenfalls kommt die Autorin zum Ergebnis, dass das Engagement arktisrelevanter Themen lokal geschehen sollte, um sicherzustellen, dass die arktischen Gemeinschaften eine Stimme für ein verantwortungsvolles Wirtschaftswachstum haben und die Widerstandsfähigkeit in lokalen Gemeinschaften gefördert wird.

2025 *von Arnauld*, 2016, 123.
2026 *Rossi*, 2015, 14.
2027 *Young*, 2011, 334.
2028 Ibid., 334.

Durch eine erneute rechtsvergleichende Diskussion des arktischen und antarktischen Rechtsregimes, welche die Autorin vereinfacht aus der Prüfung des vorrangig nicht zwingenden Rechts des Arktischen Rates und des rechtsverbindlichen Antarktis-Vertragssystems[2029] ableitet, zeigt, dass beide Rechtsordnungen ambitionierte Zielen zum Schutz von Ökosystemen verfolgen, welche eine schwache internationale Regulierung von gefährlichen Chemikalien und Abfällen entgegenzuwirken versucht.[2030] Auch stehen beide Rechtsregime vor einer ähnlichen Herausforderung, nämlich der effektiven Koordinierung von Institutionen und Vereinbarungen.[2031] In der Arktis haben die acht arktischen Staaten beispielsweise die letztendliche Verantwortung für die Einrichtung von *marine protected areas*[2032] in ihren eigenen Meereszonen.[2033] Entsprechend besteht die Schwierigkeit des arktischen *Soft Law* Regimes darin, Lücken und Ineffizienzen infolge eines unabhängigen Handelns dieser acht Staaten zu vermeiden.[2034] Demgegenüber ist die Antarktis dem Risiko einer verminderten Wirksamkeit, insbesondere aufgrund sich überschneidender Mandate oder Zuständigkeiten zwischen der ATCM und der *Commission for the Conservation of Antarctic Marine Living Resources* ausgesetzt.[2035] Zusätzlich benötigt das Antarktis-Vertragssystem eine Anpassung an die geänderten Rahmenbedingungen, wie den steigenden externen wirtschaftlichen Einflüssen und den Auswirkungen des Klimawandels.[2036]

Die Stärkung der grundlegenden Prinzipien, welche flexible politische Entscheidungen ermöglichen, könnte nach *Proelß* ein resilientes (arktisches) Ökosystem gewährleisten. Damit eben diese Anpassung des Umweltvölkerrechts erfolgreich ist, müssten zugleich Änderungen des zugrundeliegenden Managementregimes im arktischen Raum, ausgelöst durch interne oder externe

---

2029 Siehe die Kapitel: III.4.4.3 Rechtsordnung in der Antarktis und V Umweltvölkerrecht in der Arktis.

2030 *Khan/Romppanen*, Global trajectories of chemical pollution: legal gaps and complexities in the Polar context, in: Scott/VanderZwaag (Hg), Research Handbook on Polar Law, Edward Elgar Publishing: Cheltenham–Northampton 2020, 411.

2031 *Lalonde*, Marine protected area networks at the Poles, in: Scott/VanderZwaag (Hg), Research Handbook on Polar Law, Edward Elgar Publishing: Cheltenham–Northampton 2020, 369; *Koivurova*, 2010, 27 f.

2032 Siehe beispielsweise Kapitel: IV.1.2 Kanada.

2033 *Lalonde*, 2020, 354.

2034 *Lalonde*, 2020, 369; Vgl. dazu auch: *Rossi*, 2015, 25.

2035 *Lalonde*, 2020, 369.

2036 *Koivurova*, 2010, 42.

Einflüsse, wie beispielsweise veränderte Landnutzungsanforderungen, hintan gehalten werden.[2037]

Die Einführung eines rechtsverbindlichen Abbauverbots von Ressourcen im arktischen Raum, sowie eine Entmilitarisierung der Arktis nach dem Vorbild des antarktischen Systems, sind anhand der vorangegangenen Forschungsergebnisse als unrealistisch zu werten. Trotz der aufgezeigten Schwächen im antarktischen Vertragsregime, könnte dessen vorsorglicher Ansatz, wie beispielsweise das Bergbauverbot im Madrider Umweltschutzprotokoll zum Antarktis-Vertrag, eine geeignete Vorlage für die weitere Zusammenarbeit im Arktischen Rat sein.

Auch könnte der Arktische Rat mittels *Soft Law* und Vertragsinitiativen den speziellen Schutz der arktischen Umwelt normativ weiter verankern und die Situation in der Arktis stabilisieren.[2038] *Vöneky* und *Beck* führen ihre Überlegungen auf die berechtigten Interessen vieler Staaten an wirtschaftlichen Kooperationen und Forschungszusammenarbeiten in der Arktis zurück und ihrer Ansicht nach sollte der Arktische Rat weiter gestärkt werden. Die Durchsetzung rein nationaler Ziele würde demgegenüber gemeinsame Interessen und Güter, wie den Schutz der Umwelt, schädigen und gefährden.[2039]

Nach *Conley* und *Melino* sind, neben einer abwartenden Strategie, drei Reformkonstellationen des Arktischen Rates absehbar: Eine Umwandlung des Rates in einen *policymaking body* ist denkbar. Dabei ist die Rolle der Beobachterstaaten zu analysieren und beispielsweise ein regionales Rotationsprinzip einzuführen. Demgegenüber sehen sie eine Begrenzung der Mitgliedschaft beziehungsweise Teilhabe an der Arbeit im Arktischen Rat durch eben diese Staaten als kontraproduktiv. Vielmehr sollten Regeln zur finanziellen Beteiligung, zur Umsetzung von Vorschlägen und zur Einhaltung eines Verhaltenskodex erarbeitet werden, da die direkte Konfrontation etwaiger Verstöße vielmehr im Sinne der Entwicklung eines arktischen Rechtssetzungsorgans sei. Gleichzeitig erachten *Conley* und *Melino* den Zusammenschluss und die Komprimierung von Institutionen als zielführend, um effektivere Lösungen für den arktischen Raum voranzutreiben. Daneben sehen sie in einer Aufteilung von Kompetenzen einen möglichen Reformansatz, wobei sich der Arktische Rat alleinig auf seine Gründungsintention, nämlich der Bewältigung von Herausforderungen für die arktische Umwelt, konzentrieren sollte. Wenn sich

---

2037 *Proelß*, 2016, 453.

2038 *Vöneky/Beck*, Schutz der antarktischen und arktischen Umwelt, 2017, 565.

2039 Ibid., 565.

der Arktische Rat vollständig in Richtung einer *Arctic Security and Cooperation Organisation*, welche der Rolle der Organisation für Sicherheit und Zusammenarbeit in Europa ähnle, entwickeln würde, müssten seine Aufgaben um eine sicherheitspolitische Komponente erweitert werden. In Übereinstimmung mit den vorangegangenen Forschungsergebnissen erachten *Conley* und *Melino* die Realisierung dieser Anpassungsstrategie am unwahrscheinlichsten. Insgesamt kommen *Conley* und *Melino* zum Ergebnis, dass die angedachten Reformkonstellationen von allen Mitgliedstaaten angenommen werden müssten und befinden, dass ein geringer Handlungsspielraum bestehe. Jedenfalls ist nach ihrer Ansicht eine Reformierung des Arktischen Rates notwendig, um die vielfältigen Herausforderungen einheitlich bewältigen zu können und rein reaktive Maßnahmen würden die Bedeutung des Arktischen Rates verringern.[2040]

IV.4.2 Die nordische Kooperationsbewegung

Eine weitere wichtige Kooperationsbewegung in der Arktis sieht die Autorin in der Zusammenarbeit der (europäisch) nordischen Staaten.[2041] Dabei stellt sich die Frage, ob der Nordische Rat zu einer gesetzgebenden Institution weiterentwickelt werden soll oder eine rein politische Zusammenarbeit der nordischen Abgeordneten für den abgegrenzten Raum ausreichend ist, um auf die auftretenden Herausforderungen im abgegrenzten Raum der nordischen Kooperationsbewegung zu reagieren.

Die gemeinsame historische Vergangenheit und die Wahrnehmung, dass die nordischen Länder einen homogenen Kulturraum[2042] besitzen, verbinden Dänemark, Norwegen, Finnland, Schweden und Island.[2043] Transnationale

2040 *Conley/Melino*, 2016, 3 f.

2041 In dieser Arbeit werden die Begriffe nordisch, skandinavisch sowie nordische Länder und skandinavische Länder als Synonym verwendet und stehen für die Länder Dänemark, Norwegen, Finnland, Schweden und Island.

2042 *Böttcher* weist darauf hin, dass sich Finnland durch die zeitweise historische Zugehörigkeit zu Russland, von den übrigen vier nordischen Staaten in sprachlicher und kultureller Hinsicht abgrenzt; Vgl. dazu: Böttcher 2016, 75 f.; Demgegenüber haben sich nach *Jochem* Finnisch-Ungarische Stämme um 500 nach Christus von der Kaukasusregion über das Baltikum in Finnland angesiedelt und erkläre sich daher die unterschiedliche Sprache. Darüber hinaus leitet *Jochem* die Entwicklung eines homogenen nordischen Kulturraumes aus den ausbleibenden Bevölkerungswanderungen im 19. und 20. Jahrhundert in Richtung Norden ab; Vgl. dazu: *Jochem*, 2012, 34.

2043 *Böttcher*, 2016, 75 f.

Kooperationsbestrebungen in den nordischen Ländern reichen bis zur Kalmarer Union (1397–1523) zurück.[2044] Entsprechend kann nach *Böttcher* das Konzept der strategischen Kultur als konstruktivistische Begründungstheorie einer nordischen Allianz dienen.[2045]

Der größte Erfolg der nordischen Kooperationsbewegung ist die Gründung des Nordischen Rates zwischen Dänemark, Island, Norwegen und Schweden 1952.[2046] 1955 traten Finnland, 1970 die Färöer-Inseln und Åland und schlussendlich 1984 Grönland dem Nordischen Rat bei.[2047] Eine wesentliche Zielbestimmung des Nordischen Rates ist die Angleichung der Politikstrategien der nordischer Länder.[2048] Durch eine eindeutigere Positionierung in den internationalen Beziehungen erfuhr der anfänglich schwache Nordische Rat eine zunehmende Politisierung und der Nordische Rat konnte sich seit Ende des Ost-West-Konflikts auch zunehmend außen- und sicherheitspolitisch äußern.[2049]

Eine neue Agenda der nordischen Zusammenarbeit legte der Bericht des norwegischen Politikers *Stoltenberg* (*Nordic cooperation on foreign and security policy 2009*[2050]) fest und verfolgte die Weiterentwicklung der nordischen Kooperation in außen- und sicherheitspolitischen Materien. Der *Stoltenberg*-Bericht enthält sieben Arbeitsbereiche mit insgesamt 13 Lösungsvorschlägen. Dabei bezieht sich der Bericht auf die Förderung der nordischen Kooperation innerhalb eines größeren europäischen Rahmens, als auch innerhalb des NATO-Regimes.

Nach *Haugevik* und *Sverdrup* konnte die Schaffung einer nordischen Ideologie mit dem *Stoltenberg*-Bericht geschickt umgangen werden, da relevante politische Optionen, die vormals als innenpolitische Agenden wahrgenommen wurden, in einem größeren europäischen und NATO-Rahmen aufgezeigt wurden.[2051] Die Juristen weisen darauf hin, dass hinsichtlich der Implementierung

---

2044 *Jochem*, 2012, 40.

2045 *Böttcher*, 2016, 7 f.

2046 The Nordic Council, The Nordic Council and the Nordic Council of Ministers (Nordic Co-operation), https://www.norden.org/en/information/nordic-council (10.6.2022).

2047 Ibid.

2048 *Böttcher*, 2016, 23.

2049 *Böttcher*, 2016, 23; Vgl. dazu auch: *Jochem*, 2012, 212 ff.

2050 *Stoltenberg*, Nordic cooperation on foreign and security policy, 9.2.2009, https://www.regjeringen.no/globalassets/upload/ud/vedlegg/nordicreport.pdf (29.12.2020); Vgl. dazu: Dieses Dokument wird in der Folge *Stoltenberg*-Bericht genannt.

2051 *Haugevik/Sverdrup* (Hg), 2019, 4.

der Vorschläge aus 2009, aufgrund der veränderten geopolitischen Rahmenbedingungen, Vorsicht geboten ist. Die politischen Prioritäten der nordischen Länder haben sich verschoben und es ist wahrscheinlich, dass ein dementsprechender Bericht zum jetzigen Zeitpunkt andersartig formuliert worden wäre.[2052]

Hinsichtlich der weiteren Entwicklung der nordischen Kooperationsbemühungen, ist die ambitionierte Deklaration des Nordischen Rates von 2019 erwähnenswert: Die nordische Region soll bis 2030 zur nachhaltigsten und integriertesten Region weltweit ausgebaut werden. Die Prioritäten liegen auf der Schaffung einer Entwicklungsförderung des gesellschaftlichen Nachhaltigkeitsgedankens, die auf eine Kohlenstoffdioxid-Neutralität und eine nachhaltige Kreislauf- und biobasierte Wirtschaft hinarbeiten. Dabei soll sich die nordische Region zu einem wettbewerbsfähigen Wirtschaftsraum entwickeln, der insbesondere auf Mobilität und digitale Integration setzt. Eine integrative, gleichberechtigte und miteinander verbundene Region mit gemeinsamen Werten und einem verstärkten kulturellen Austausch sowie der Förderung der Wohlfahrt flankiert diese Zielbestimmungen.[2053] Abschließend darf nicht vergessen werden, dass die Stärken der nordischen Kooperation in der informellen Zusammenarbeit und der engen Verwaltungsquerverbindungen liegen und sich dementsprechend die Schaffung neuer nordischer Einheiten oder Institutionen als nicht zielführend erweist.[2054]

Die regionale Zusammenarbeit der nordischen Staaten ist auf vielen Ebenen gefestigt und geht jener Kooperation der Arktischen Fünf voraus. Die nordischen Staaten zeigen richtungsweisend, wie eine nachhaltige und integrierte Region auszubauen ist. Um alle *Arctic-Governance* Akteure einzubinden, könnte der Arktische Rat, der bereits heute ein wichtiges Forum der Koordinierung darstellt, eine zielführende Institution sein, die sich an der nordischen Identifikation orientieren könnte, damit die Arktis als einheitlicher Raum verwaltet werden kann.

2052 Ibid., 21.

2053 Declaration: Our Vision 2030, The Nordic Council and the Nordic Council of Ministers (Nordic Co-operation), 20.8.2019, https://www.norden.org/en/declaration/our-vision-2030 (20.1.2021).

2054 *Haugevik/Sverdrup* (Hg), 2019, 21.

IV.4.2.1 Die Weiterentwicklung durch den Stoltenberg-Bericht

Für den abgesteckten Themenbereich dieser Arbeit misst die Autorin dem sechsten Vorschlag (*Nordic cooperation on Arctic*) im Arbeitsbereich *maritime monitoring and arctic issues* des *Stoltenberg*-Berichts die größte Relevanz bei und untersucht eben diesen auf dessen Implementierung in den nordischen Ländern.

Die *Nordic cooperation on Arctic* schlägt die Entwicklung einer Zusammenarbeit aller nordischen Länder in arktischen Fragen vor.[2055] Bereiche der Umwelt, des Klimawandels und der Sicherheit im Seeverkehr, insbesondere hinsichtlich Such- und Rettungsdienste, sind von *Stoltenberg* als geeignet für Kooperationsbemühungen identifiziert worden. Neben den nordischen Staaten, sollen auch Kanada, Russland und die USA – somit alle Mitgliedstaaten des Arktischen Rates – enger koordinieren, um durch eine einheitliche Vorgangsweise ihre Interessen im und für den geografischen Norden durch eine einheitliche Stimme in einem Gremium durchzusetzen.[2056] In der Praxis liegen nach *Haugevik* und *Sverdrup* allerdings divergierende Interessen der nordischen Staaten vor. Bezugnehmend auf die geografische Aufteilung der Arktis sind Schweden und Finnland Binnenstaaten und lassen sich häufig von globalen Ansichten zu Biodiversität, Umwelt und Klima leiten.[2057] Im Kontrast verfolgen Norwegen und Dänemark das Ziel, ein nachhaltiges Gleichgewicht zwischen der Ausbeutung und des Schutzes von arktischen Ressourcen zu erreichen, in deren Mittelpunkt die Verbesserung der Lebensbedingungen der arktischen Bevölkerung steht.[2058] Island setzt auf einen gemischten Ansatz der nachhaltigen Nutzung der Ressourcen und der Bekämpfung des Klimawandels, sowie die Durchsetzung ihrer Sicherheits- und Handelsinteressen.[2059] Laut dem *Stoltenberg*-Bericht ist der Arktische Rat das effizienteste Kooperationsforum in der Arktis und somit das betreffende Gremium.[2060] Gelegentlich haben die aufgezeigten Unterschiede[2061] in dem allgemeinen politischen Ausrichten aber zu einem Wettbewerb der nordischen Agenda im Arktischen Rat geführt.[2062]

2055 *Stoltenberg*, 2009, 19.

2056 Ibid., 19 f.

2057 *Haugevik/Sverdrup* (Hg), 2019, 13.

2058 Ibid., 13.

2059 Ibid., 13.

2060 *Stoltenberg*, 2009, 20.

2061 Siehe die Kapitel: IV Die verschiedenen Ebenen des arktischen Rechts und IV.4.1 Der Arktische Rat.

2062 *Haugevik/Sverdrup* (Hg), 2019, 13.

Hinsichtlich sicherheitspolitischer Gesichtspunkte ist der 13. Vorschlag des *Stoltenberg*-Berichts (*declaration on solidarity*), in dem eine verpflichtende gegenseitige Reaktion der nordischen Staaten auf externe Angriffe oder die Anwendung unangemessenen Druckes auf eines dieser Länder gefordert wird, relevant. Die nordische Verteidigungszusammenarbeit soll einen Punkt erreichen, in dem sich einige oder alle nordischen Länder auf bestimmte Aufgaben spezialisieren und unterschiedliche (aber doch) ergänzende Rollen übernehmen. Dabei könnte sich nach *Stoltenberg* allerdings die Verteidigungsfähigkeit des einzelnen Landes für sich genommen verringern. Zusätzlich gilt zu beachten, dass eine formelle sicherheitspolitische Garantie, in Form einer Erklärung, keineswegs im Widerspruch zu den bereits bestehenden Verpflichtungen der nordischen Länder mit der EU, der UN oder der NATO steht.[2063] Die nordischen Länder sind diesem Vorschlag nachgekommen und haben 2011 eine nordische Solidaritätserklärung ausgearbeitet, die eine überraschend verbindliche Verpflichtung enthält: „On the basis of common interest and geographical proximity, it is natural for the Nordic countries to cooperate in meeting the challenges in the area of foreign and security policy in a spirit of solidarity. Should a Nordic country be affected, the others will, upon request from that country, assist with relevant means."[2064]

Böttcher weist darauf hin, dass die nordische Solidaritätserklärung stark an den gegenseitigen Beistand der NATO Staaten im Verteidigungsfall gemäß Art. 5 des Nordatlantikvertrags erinnert[2065] und die nordische Solidaritätserklärung hat zusätzlich Ähnlichkeit mit der unionalen Beistandsklausel nach Art. 42 Abs. 7 Vertrag über die Europäische Union.[2066] Hinsichtlich des Sprachgebrauchs unterscheidet sich die nordische Solidaritätserklärung allerdings deutlich von den EU- und NATO-Gegenstücken.[2067] Zu Beginn der Erklärung wird die starke Wertegemeinschaft[2068] der fünf nordischen Staaten

---

2063 *Stoltenberg*, 2009, 34 f.

2064 Nordic Declaration of Solidarity, Helsinki, 5.4.2011, https://www.regjeringen.no/globalassets/upload/ud/vedlegg/nordisk-samarbeid/the_nordic_declaration_on_solidarity.pdf (28.2.2021).

2065 North Atlantic Treaty, Washington, 4.4.1949, 34 United Nations Treaty Series No. 541.

2066 Vertrag über die Europäische Union, BGBl. 1999/85.

2067 *Böttcher*, 2016, 34.

2068 „The Ministers emphasized a strong community of values between Denmark, Finland, Iceland, Norway and Sweden." Vgl. dazu: Agreement on Nordic Declaration of Solidarity, 2011.

ausdrücklich betont, auf dessen Grundlage sich die sicherheitspolitische Implikation des Beistandes ergibt und daher sind die nordischen Werte konstruktiv für die nordische Solidaritätserklärung.[2069] Auf realpolitischer Ebene liegt der nordischen Solidaritätserklärung allerdings eine starke Asymmetrie zugrunde, da die nordischen NATO-Staaten aufgrund Art. 5 Nordatlantikvertrag ein geringes Interesse an einer weiteren Solidaritätserklärung haben.[2070] Die sicherheitspolitische Schutzfunktion der NATO erstreckt sich (zwar in deutlich abgestufter Form, aber doch) auf Schweden und Finnland und diese Staaten sind in der Form einer erweiterten Kooperation mit der Bezeichnung „Partnerschaft für den Frieden" an der NATO beteiligt.[2071]

Die Bezugnahme auf einen externen Angriff oder einen unangemessenen Druck, wie es vom *Stoltenberg*-Bericht vorgeschlagen wird, kann der nordischen Solidaritätserklärung nicht entnommen werden. Diese Ausgestaltung der betreffenden Erklärung könnte dem Umstand geschuldet sein, dass die Situation zur Zeit der Veröffentlichung eben dieser Solidaritätserklärung weniger angespannt war.[2072] Allerdings hat sich die Situation verändert und die nordischen Außenminister haben mit einer formulierten Verteidigungsstrategie 2018 (*Nordic Defense Cooperation Vision 2025*) dementsprechend reagiert: „We will improve our defence capability and cooperation in peace, crisis and conflict. We ensure a close Nordic political and military dialogue on security and defence."[2073] Eine verbindliche Solidaritätsverpflichtung kann dem Verb „improve" nicht entnommen werden.[2074]

Böttcher geht davon aus, dass die Vorschläge des *Stoltenberg*-Berichts hinsichtlich einer starken nordischen sicherheitspolitischen Kooperation die Grundlage einer neuen Vision der nordischen Zusammenarbeit gelegt hat, obwohl sich kein einheitliches System der nordischen Sicherheitskooperation entwickelt hat.[2075] Beispielsweise verweist Norwegen in seinem Sicherheitspapier[2076] auf die

---

2069 *Böttcher*, 2016, 34.

2070 *Haugevik/Sverdrup*, (Hg), 2019, 20.

2071 *Böttcher*, 2016, 73.

2072 *Haugevik/Sverdrup* (Hg), 2019, 20.

2073 Nordic Defence Cooperation Vision 2025, Oslo, 13.11.2018, https://www.nordefco.org/Files/nordefco-vision-2025-signed.pdf (1.3.2021).

2074 *Haugevik/Sverdrup* (Hg), 2019, 20.

2075 *Böttcher*, 2016, 80.

2076 Setting the Course for Norwegian Foreign and Security Policy, Norwegian Ministry of Foreign Affairs, 21.4.2017, Meld. St. 36 (2016–2017) Report to the Storting (White Paper), https://www.regjeringen.no/en/dokumenter/meld.-st.-36-20162017/id2549828/ (22.6.2022), 48.

Ausrichtung nach NATO-Strukturen und es ist kein norwegisches Interesse an einer einheitlichen nordischen Zusammenarbeit in sicherheitspolitischen Agenden erkennbar. Demgegenüber ist die nordische Sicherheitskooperation in den übrigen vier Staaten zumindest eine Säule ihrer sicherheitspolitischen Strategie und eine Entwicklungsmöglichkeit.[2077] Trotzdem können die übrigen vier Staaten des Nordischen Rates nicht an Norwegen vorbei entscheiden, da nach *Böttcher* das intergouvernementale Prinzip zu beachten ist.[2078] Ferner setzt kein nordischer Staat auf eine rein regionale Lösung. Die Kontakte von Finnland und Schweden in der NATO wurden ausgeweitet und Finnland unterstützt zusätzlich den Ausbau der gemeinsamen Außen- und Sicherheitspolitik der EU.[2079] Insgesamt ergibt sich das Bild, dass die nordische Sicherheitspolitik ein ausbaufähiges Kooperationsbemühen darstellt.

IV.5 Verbindung arktischer Staaten mit nicht-arktischen Akteuren

Eine Reihe von nicht-arktischen Staaten, wie China und Japan, als auch supranationale Einheiten wie die EU, bekunden ihr Interesse an einer stärkeren Einbindung in die Entscheidungsfindungen über arktisrelevante Thematiken.[2080] Nicht überraschend ist, dass die „alten" arktischen Staaten dieser Entwicklung misstrauisch gegenüberstehen und abgeneigt sind, den neuen Akteuren einen Beobachterstatus im Arktischen Rat zuzuerkennen.[2081]

Da die Behandlung aller arktischen *Stakeholder* den Rahmen dieser Arbeit sprengen würde, untersucht die Autorin nachstehend die Einflussnahme der EU und Chinas auf das arktische Rechtssystem.

IV.5.1 Die Europäische Union

Im Vorfeld sind die geografischen Regionen zu identifizieren, in denen die EU Einfluss nehmen kann. Durch den Erlass von Richtlinien und Verordnungen wirkt die EU auf die Rechtssysteme ihrer arktischen Mitgliedstaaten Finnland, Schweden und Dänemark ein.[2082] Zusätzlich erstreckt sich die Wirkung

---

2077 *Böttcher*, 2016, 82.

2078 Ibid., 80.

2079 Ibid., 79.

2080 *Loukacheva*, Arctic Governance, 2010, 131.

2081 Siehe Kapitel: IV.4.1 Der Arktische Rat.

2082 *Bailes/Ólafsson*, The EU Crossing Arctic Frontiers: The Barents Euro-Arctic Council, Northern Dimension, and EU-West Nordic Relations, in: Liu/Kirk/

unionaler Normen auch auf Staaten des Europäischen Freihandelsabkommens.[2083] Island und Norwegen sind dem Europäischen Wirtschaftsraum (EWR) beigetreten und verpflichten sich damit einen Teil der unional erlassenen Normen innerstaatlich umzusetzen.[2084] In diesem Kontext verdienen die unionalen Beziehungen Dänemarks, mit den autonomen Gebieten, und Norwegen, eine eingehende Darstellung.

Die dänische Haltung gegenüber der EU war anfänglich von Zurückhaltung geprägt und eine weitreichende politische Integration wird bis heute abgelehnt.[2085] Auch sind die autonomen Gebiete Dänemarks, entgegen ihrem „Mutterland", keine EU-Mitglieder: Die Färöer traten der EU nie bei und Grönland gab die Mitgliedschaft in der Europäischen Gemeinschaft (EG) 1985 auf.[2086] Entsprechend wird Dänemark nach *Kleist* häufig nicht als einheitlicher EU-Mitgliedstaat wahrgenommen. Dieser Umstand kann zu einer großen Herausforderung für die EU werden, wenn sie auf internationaler Ebene für ihre Mitgliedsstaaten verhandelt, da es nahe liegt, dass die Interessen beider autonomen Gebiete nicht im notwendigen Umfang berücksichtigt werden.[2087] Insbesondere weist *Kleist* auf die globalen Klimaverhandlungen hin, in denen Dänemark die unionale Position vertritt, obwohl Grönland den Gebieten der Entwicklungsländer gleicht. Völkerrechtliche Vereinbarungen könnten (aufgrund der weiterbestehenden dänischen Kompetenz in außenpolitischen Angelegenheiten[2088]) ohne Zustimmung der grönländischen Regierung, wie sie im Selbstverwaltungsgesetz vorgesehen ist, abgeschlossen werden.[2089]

Das Königreich Norwegen stellte bereits zweimal Beitrittsanträge zur EU-Mitgliedschaft, wobei sich das norwegische Volk in den anschließenden Referenden 1972 und 1994 knapp gegen die Teilnahme am europäischen

---

Henriksen (Hg), The European Union and the Arctic, Publications on ocean development[85], Brill/Nijhoff: Leiden–Boston 2017, 40; *Jochem* spricht von einer nordischen Dimension der EU; Vgl. dazu: *Jochem*, 2012, 220.

2083 *Dolzer/Kreuter-Kirchhof*, 2016, 506.

2084 *Bailes/Ólafsson*, 2017, 40; Vgl. dazu auch: *Jochem*, 2012, 210.

2085 *Jochem*, 2012, 216 und 221.

2086 Greenland and the Faroe Islands, The Danish Parliament – EU Information Center, https://www.thedanishparliament.dk/en/eu-information-centre/greenland-and-the-faroe-islands (15.4.2022).

2087 *Kleist*, 2010, 190.

2088 Siehe Kapitel: IV.3.9 Grönland – ein „neuer" arktischer Staat.

2089 *Kleist*, 2010, 190.

Integrationsprojekt entschied.[2090] Trotzdem ist Norwegen weitreichend durch die Teilnahme am EWR und der Nordischen Passunion mit der EU verbunden.[2091] Zusätzlich zeigt Norwegen großes Interesse an der gemeinsamen Außen- und Sicherheitspolitik der EU.[2092] Diese unklare unionale Stellung Norwegens bezeichnet *Udgaard* im negativen Sinn als „participation without direction".[2093] Für Spitzbergen gilt gemäß EWR-Protokoll 40 das EWR-Abkommen nicht und die Insel ist somit vom EWR ausgeschlossen.[2094]

IV.5.1.1 Das Verhältnis der Europäischen Union zum SRÜ

Obwohl die Europäische Wirtschaftsgemeinschaft (EWG) in den 3. Seerechtsverhandlungen der Beobachterstatus zugesprochen wurde, geht *Long* davon aus, dass sie ihr volles Potenzial bei der SRÜ-Vertragsgestaltung nicht ausschöpfen konnte, da die EWG nicht offiziell an den internationalen Verhandlungen teilgenommen hat. Die unterschiedlichen, materiellrechtlichen und verfahrenstechnischen Standpunkte der damaligen zehn EWG-Mitgliedsstaaten und die traditionelle Ablehnung der Ostblockstaaten der EWG einen eigenen Rechtsstatus zu gewähren, blockierten den Verhandlungsstatus.[2095] Zusätzlich wurden Bedenken bezüglich der Teilnahme der EWG aufgrund der undefinierten Zuständigkeit in der maritimen Politik, das Problem der Doppelvertretung, als auch die Frage der Verantwortlichkeit bei Nichteinhaltung des SRÜ-Übereinkommens von den übrigen SRÜ-Teilnehmerstaaten erhoben.[2096] Als Ausgleich wurde die Beitrittsmöglichkeit von internationalen Organisationen in der Anlage IX SRÜ selbst geschaffen und die EWG unterzeichnete das SRÜ am 10. Dezember 1984.[2097] Nachdem eine Einigung über die Neuverhandlung

---

2090 *Pettersen/Jenssen/Listhaug*, The 1994 EU Referendum in Norway Continuity and Change, in: 19 Scandinavian Political Studies 3/1996, 257.

2091 *Groß/Rotholz*, Das politische System Norwegens, in: Ismayr (Hg), Die politischen Systeme Westeuropas[3], VS Verlag für Sozialwissenschaften: Wiesbaden 2006, 162; *Udgaard*, The Norwegian predicament in European defence: participation without direction, in: Bailes/Herolf/Sundelius, (Hg), The Nordic Countries and the European Security and Defence Policy, Oxford, Oxford University Press: Oxoford 2006, 325.

2092 *Udgaard*, 2006, 325.

2093 Ibid., 323 und 327.

2094 Abkommen über den Europäischen Wirtschaftsraum (EWR Abkommen): Protokoll 40 über Svalbard, BGBl. 1993/909.

2095 *Long*, 2016, 419 f.

2096 *Boelaert-Suominen*, 2008, 664.

2097 Ibid., 665.

von Teil XI erzielt worden war, unterzeichnete die EG, die bis dahin die EWG abgelöst hatte, am 29. Juli 1994 das Durchführungsübereinkommen.[2098] Die EG hat in der Folge das SRÜ ratifiziert und eben dieses ist am 1. April 1998 für die EG in Kraft getreten.[2099] Nach der Ratifizierung wurde der EG der Status eines vollständigen Teilnehmers der ISA eingeräumt.[2100] Die EU-Mitgliedstaaten ermöglichten den Beitritt, da sie der EU in einigen Bereichen die alleinige Regelungskompetenz übertragen haben und die EU trat dem SRÜ schlussendlich 2003 bei.[2101] Die Erfahrungen aus der unionalen Umsetzung des SRÜ haben gezeigt, dass ein dynamisches und hoch entwickeltes Rahmeninstrument für das Seevölkerrecht geschaffen wurde, welches den Bedürfnissen der EU, als internationale Gemeinschaft, gerecht wird.[2102]

Heute ist die EU die einzige Organisation, die dem SRÜ beigetreten ist und dieses Abkommen wurde von allen Mitgliedstaaten der EU ratifiziert.[2103] Das SRÜ ist wesentlicher Bestandteil des Unionsrechts und auch die Rechtsprechung des Gerichtshofs der Europäischen Union (EuGH) verweist auf das völkerrechtliche Übereinkommen.[2104] So bestätigt der EuGH in den Fällen *Mondiet*[2105] und *Poulsen*[2106] große Teile des SRÜ als bereits geltendes Völkergewohnheitsrecht. Eine Abkehr von den zwingenden Normen des internationalen Seevölkerrechts wird abgelehnt und dessen Grundprinzipien müssen von der EU eingehalten werden.[2107]

Durch die Vorabentscheidungen, die von nationalen Gerichten getroffen werden, ist der EuGH in beiden zuvor genannten Rechtsfällen der Anfechtungen privater Parteien gegen Rechtsakte der Union, welche die fundamentalen

2098 Ibid., 665.

2099 Chronological lists of ratifications, of accessions and successions to the Convention and the related Agreements, UN DOALOS, 2021.

2100 *Boelaert-Suominen*, 2008, 665.

2101 *Scheffler*, Die Europäische Union als rechtlich-institutioneller Akteur im System der Vereinten Nationen, Springer: Berlin–Heidelberg 2011, 339; Vgl. dazu auch: IV.5.1.2 Kompetenzen der Europäischen Union im Seerecht.

2102 *Long*, 2016, 419.

2103 Chronological lists of ratifications, of accessions and successions to the Convention and the related Agreements, UN DOALOS, 2021.

2104 *Boelaert-Suominen*, 2008, 712; *Long*, 2016, 422.

2105 EuGH 24.11.1993, C-405/92, Etablissements Armand Mondiet SA v Armement Islais SARL, Slg. 1993, I-6133, Rn. 13.

2106 EuGH 24.11.1992, C-286/90, Anklagemyndigheden v Peter Michael Poulsen and Diva Navigation Corp., Slg. 1992, I-6019, Rn. 10.

2107 *Boelaert-Suominen*, 2008, 712; *Long*, 2016, 422.

Prinzipien des Seevölkerrechts verletzen, bedeutend nahe gekommen.[2108] Allerdings hat der EuGH im späteren Urteil *Intertanko* deutlich ausgesprochen, dass das SRÜ keine Rechtsgrundlage für die Antragslegitimation natürlicher Personen liefert, um die Gültigkeit von EU-Rechtsvorschriften anzufechten.[2109] In seiner rechtlichen Beurteilung kommt der EuGH somit zum Ergebnis, dass das SRÜ keine Rechtsgrundlage für die Antragslegitimation natürlicher Personen liefert, um die Gültigkeit von EU-Rechtsvorschriften anzufechten.

Auch im Urteil *MOX Plant*[2110] hat der EuGH seine starke Haltung gegen Handlungen, welche die Rechtsautonomie der EU untergraben, bestätigt. Ungeachtet der Rechtsquelle müssen die Mitgliedstaaten das verbindliche Streitbeilegungssystem der Union respektieren.[2111] Ebenso hat sich der EuGH geweigert, eine Rechtfertigung von der Abkehr sekundären Unionsrechts durch Völkerrecht zu billigen und hat der EuGH im Ergebnis das Argument, dass das SRÜ als völkerrechtliches Übereinkommen zwischen der EU und den Mitgliedstaaten zu verstehen sei, zurückgewiesen.[2112] Dementsprechend hat der EuGH festgestellt, dass das unionale Streitbeilegungssystem das wichtigste Rechtsmittel für die Beilegung seerechtlicher Streitigkeiten zwischen zwei EU-Mitgliedsstaaten ist.[2113] Diese Entscheidung zeigt nach *Long* eindrucksvoll die Bedeutung von Art. 282 SRÜ zu Verpflichtungen aus einer regionalen Übereinkunft. Die Rechtsprechungsautonomie des EuGH bleibt im Ergebnis gewahrt.[2114]

Bezugnehmend auf die Nichteinhaltung von SRÜ-Normen ist auf Art. 216 Abs. 2 Vertrag über die Arbeitsweise der Europäischen Union (AEUV)[2115] zu verweisen, der bestimmt, dass internationale Abkommen, die in Übereinstimmung mit den primärrechtlichen Verträgen der EU geschlossen wurden, die Organe der Union als auch die Mitgliedstaaten binden. Der EuGH stellte fest,

---

2108 *Boelaert-Suominen*, 2008, 712.

2109 „individuals are in principle not granted independent rights and freedoms by virtue of UNCLOS"; Vgl. dazu: EuGH 3.8.2008, C-308/06, The Queen, on the application of International Association of Independent Tanker Owners (Intertanko) and Others v Secretary of State for Transport, Slg. 2008, I-4057, Rn. 59; *Long*, 2016, 446.

2110 EuGH 30.5.2006, C-459/03, Commission of the European Communities v Ireland (Mox Plant), Slg. 2006, I-4635, Rn. 80–85.

2111 Ibid., Rn. 123.

2112 *Boelaert-Suominen*, 2008, 712 f.

2113 *Long*, 2016, 422.

2114 Ibid., 422.

2115 Vertrag über die Arbeitsweise der Europäischen Union, BGBl. 1999/86.

dass die EU einer Solidarhaftung mit den Mitgliedstaaten für die Erfüllung des SRÜ unterliegt, ungeachtet der Tatsache, dass aus innerer Sicht eine ausschließliche Zuständigkeit des Mitgliedstaates vorliegt.[2116] Entsprechend kann die EU von einem Drittland wegen Nichteinhaltung der SRÜ-Bestimmungen durch einen EU-Mitgliedsstaat geklagt werden.[2117] Im Innenverhältnis ist nach *Long* ein Vollstreckungsverfahren der Europäischen Kommission gegen einen Mitgliedstaat wegen Nichteinhaltung seiner internationalen Verpflichtungen denkbar. Ähnlich verhält es sich seiner Ansicht nach bei einem SRÜ-Verstoß durch ein Drittland, wenn die Zuständigkeit der EU gegeben und ein EU-Mitgliedsstaat in seinen Rechten verletzt ist. Dabei hat sich die EU auf die Bestimmungen zur Streitbeilegung in Teil XV SRÜ zu berufen, um die Rechte seines Mitgliedstaates zu verteidigen.[2118]

Ob unionales Sekundärrecht prinzipiell den Bestimmungen des SRÜ widerspricht, soll der nachfolgende Absatz klären. Grundsätzlich enthält das SRÜ keinen Ausschluss regionaler Vereinbarungen. Allerdings beschränkt Art. 311 Abs. 3 SRÜ den Abschluss von Übereinkünften, die von SRÜ-Bestimmungen abweichen, den Zielen und Zwecken des SRÜ entgegenstehen, wesentliche Grundsätze beeinträchtigen oder andere Vertragsstaaten bei der Ausübung ihrer Rechte und Pflichten beeinträchtigen.

Die unionalen Verordnungen werden nach offizieller Ansicht der EU-Mitgliedstaaten nicht als Übereinkünfte von Vertragsstaaten angesehen, da sie nicht bei der UN registriert werden.[2119] Wenn aber Resolutionen des Sicherheitsrates als Verpflichtungen eines internationalen Abkommens nach Art. 103 UN-Ch. angesehen werden können, ist ein dementsprechender Präzedenzfall nach *Boyle* auch für andere Formen von verbindlichen subsidiären Rechtsakten denkbar. Im Ergebnis stellt er auf eine Einzelfallbeurteilung ab, um feststellen zu können, ob die betreffende EU-Verordnung gegen die Ziele des SRÜ verstößt.[2120] *Boyle*

2116 EuGH 2.3.1994, C-316/91, European Parliament v Council of the European Union, Slg. 1994, I-625, Rn. 29.

2117 *Long*, 2016, 443.

2118 Ibid., 443.

2119 *Boyle*, 2006, 30; Vgl. dazu: *Boyle* führt aus, dass in praktischer Hinsicht die Verordnungen sehr wohl von den EU-Mitgliedstaaten ausgehandelt und verabschiedet, wenn auch unter Mitentscheidung des Parlaments und ergibt sich ihre Rechtskraft aus dem AEUV selbst.

2120 Ibid., 30 f.; Vgl. dazu: *Boyle* führt beispielshaft an, dass ein Verbot von Einhüll-Tankschiffen die EU-Häfen ansteuern, den Anwendungsbereich von Art. 311 SRÜ nicht eröffnen würde.

kommt zum Ergebnis, dass die EU-Verordnung keine Rechte von Drittstaaten verletzt, nicht gegen das SRÜ verstößt und nicht im Widerspruch zu Ziel und Zweck des SRÜ steht. Würde dieses Verbot allerdings auf das Küstenmeer oder die AWZ der EU-Mitgliedstaaten ausgeweitet werden, wäre ein Verstoß gegen Art. 311 Abs. 3 SRÜ denkbar.[2121]

IV.5.1.2 Kompetenzen der Europäischen Union im Seerecht

Im Allgemeinen zögert die EU förmliche Erklärungen abzugeben, die den Umfang ihrer Kompetenzen hinsichtlich internationaler Abkommen festlegen. Selbst der EuGH hat 1978 festgestellt, dass „[...] die genaue Beschaffenheit dieser Verteilung eine interne Frage ist, in die sich die dritten Länder nicht einzumischen haben."[2122]

Allerdings forderten die SRÜ-Vertragsverfasser in Art. 2 Anlage IX SRÜ eine Kompetenzerklärung als formale Beitrittsvoraussetzung. 1984 hat die EG eine außerordentlich knappe Erklärung[2123] abgegeben, die den Umfang der seerechtlichen EG-Kompetenzen festlegt.[2124] Aus der Erklärung geht hervor, dass die Zuständigkeiten der EG „naturgemäß einer ständigen Weiterentwicklung" unterliegen und sich die EG das Recht vorbehält, diese Erklärung bei Bedarf nach Art. 5 Abs. 4 der Anlage IX SRÜ zu ergänzen oder abzuändern.[2125] Trotz der Möglichkeit von neuen Kompetenzübertragungen gemäß dem genannten SRÜ-Artikel könnte sich die damit einhergehende Notifizierungspflicht aller Änderungen der Kompetenzverteilung hemmend auf den Übergang von Zuständigkeiten der Mitgliedstaaten auf die EU auswirken.[2126] Eine Abänderung der gegenständlichen Kompetenzerklärung ist seit ihrer erstmaligen Einreichung nicht erfolgt.[2127] Allerdings hat der EuGH in der

---

2121 Ibid., 31.

2122 *Boelaert-Suominen*, 2008, 671; Vgl. dazu auch: EuGH 14.11.1978, Beschluss 1/78, nach Artikel 103 Absatz 3 EAG-Vertrag, Slg. 1978, 2151, Rn. 35.

2123 Erklärung zur Zuständigkeit der Europäischen Gemeinschaft für die durch das Seerechtsübereinkommen der Vereinten Nationen vom 10. Dezember 1982 und das Übereinkommen vom 28. Juli 1994 zur Durchführung des Teils XI des Seerechtsübereinkommens geregelten Angelegenheiten, in: Annex II des Beschlusses des Rates, 23.3.1998, 98/392/EG, ABl EU 1998 Nr. L 179/129.

2124 *Graf Vitzthum*, Die Europäische Gemeinschaft und das Internationale Seerecht, in: 111 Archiv des öffentlichen Rechts 1/1986, 36.

2125 *Long*, 2016, 421; ABl EU 1998 Nr. L 179/130.

2126 *Graf Vitzthum*, 1986, 36 f.

2127 *Boelaert-Suominen*, 2008, 673; *Long*, 2016, 421.

Schlüsselentscheidung *MOX Plant* das Verhältnis zwischen nationalem Recht und Unionsrecht beurteilt und den widerruflichen Charakter der Kompetenzerklärung betont.[2128] Trotzdem dürfen die Rechte und Pflichten der Europäischen Union in der Zielorganisation nicht die Summe der Rechte und Pflichten der EU-Mitgliedstaaten übersteigen.[2129] In Art. 4 Abs. 4 Anlage IX SRÜ findet sich dazu folgende Bestimmung: „Die Teilnahme einer solchen internationalen Organisation bewirkt in keinem Fall eine Vergrößerung der Vertretung, zu der ihre Mitgliedstaaten, die Vertragsstaaten sind, sonst berechtigt wären, einschließlich der Rechte bei der Beschlussfassung."

Die ausschließlichen Zuständigkeiten der EU (unter anderem die gemeinsame Fischereipolitik) und die gemeinsamen Zuständigkeiten der EU mit ihren Mitgliedstaaten, sind in der Kompetenzerklärung eindeutig festgelegt. Zusätzlich stellt die Kompetenzerklärung klar, dass die Bestimmungen der Teile X und XI SRÜ und das Durchführungsübereinkommen von 1994 über den internationalen Handel in die ausschließliche Zuständigkeit der EU aufgrund ihrer Handels- und Zollpolitik fällt. Explizite Ausnahmen sind das Registrieren von Schiffen und die Durchsetzung von Straf- und Verwaltungssanktionen durch die Mitgliedsstaaten. Bei Angelegenheiten, die zu den gemeinsamen Zuständigkeitsbereichen gehören (beispielsweise die Forschung und technologische Entwicklung) können sowohl die EU als auch die Mitgliedstaaten tätig werden. Die Kompetenzerklärung bestimmt des Weiteren, dass in Angelegenheiten, wo unionale Vorschriften bestehen, aber nicht berührt werden, die Mitgliedstaaten, unbeschadet der Zuständigkeit der EU, in diesem Bereich regulierende Maßnahmen treffen können. Diese Fallkonstellation ergibt sich aus den festgelegten Mindeststandards der EU.[2130]

Den EU-Mitgliedstaaten obliegt somit weiterhin die ausschließliche Zuständigkeit der Abgrenzung ihrer Meereszonen nach dem SRÜ und es ist darauf hinzuweisen, dass es zu mehreren seerechtlichen Abgrenzungsstreitigkeiten zwischen den EU-Mitgliedstaaten gekommen ist, die sich direkt und indirekt auf das Unionsrecht ausgewirkt haben.[2131] *Long* weist darauf hin, dass die betroffenen Mitgliedstaaten auf ein Streitbeilegungssystem außerhalb der unionalen Rechtsordnung zurückgegriffen haben[2132] und führt dies darauf zurück,

2128 EuGH 30.5.2006, C-459/03, Commission of the European Communities v Ireland (Mox Plant), Slg. 2006, I-4635, Rn. 108 f.

2129 *Scheffler*, 2011, 325.

2130 ABl EU 1998 Nr. L 179/130.

2131 *Long*, 2016, 448.

2132 Vgl. dazu beispielsweise Kapitel: III.4.1.4.1 Exkurs: *Jan Mayen*-Fall.

dass der EU eine allgemeine Zuständigkeit als auch Gerichtsbarkeit bei der Festlegung seerechtlichen Grenzen fehlt. Ferner besitzt der EuGH keine Rechtsprechungsbefugnis bei Streitigkeiten über die Abgrenzung von Seezonen zwischen Mitgliedstaaten und Drittländern.[2133]

IV.5.1.3 Europäische Arktisstrategie

Aufgrund der drei nordischen EU-Mitgliedstaaten versteht sich die EU als „Arctic entity".[2134] Die Rolle der EU in der Arktis beschränkt sich aber nicht nur auf ihre Beziehungen zu ihren europäischen Mitgliedsstaaten, sondern die EU ist auch Mitglied regionaler Gremien, wie dem Euro-arktischen Barentssee Rat, einer Ebene der *Barents Euro-Arctic Cooperation* zwischen den Fünf nordischen Staaten, Russland und der EU, und der *Northern Dimension*, zwischen Russland, Norwegen, Island und der EU.[2135] Die Struktur- und Funktionsweise dieser Foren, als *Soft Law* Institutionen, bieten der EU Möglichkeiten „to operate in de-securitized and almost de-politicized mode even amidst serious strategic tensions."[2136]

Die Europäische Kommission hat die Interessen der EU im internationalen Kontext folgendermaßen mitgeteilt: „Beyond areas of national jurisdiction, the Arctic Ocean contains parts pertaining to the high seas and the seabed managed by the International Seabed Authority; [...] 'No country or group of countries have sovereignty over the North Pole or the Arctic Ocean around it."[2137] Somit geht die EU nicht davon aus, dass die Arktischen Fünf das Recht besitzen, bei gegenüberliegenden oder aneinander angrenzenden Küsten ihre Festlandsockel im arktischen Ozean auf der völkerrechtlichen Grundlage von Art. 6 FSÜ oder Art. 83 SRÜ auszuhandeln.[2138] Vielmehr verlangt die EU, dass die Arktischen Staaten ihren eigenen Festlandsockel nach Art. 76 SRÜ bestimmen und daher trennt die unionale Ansicht nach *Berkman*, *Vylegzhanin* und *Young* das Regime des Festlandsockels vom Tiefseeboden zugunsten westlicher

---

2133 *Long*, 2016, 450.

2134 A Balanced Arctic Policy for the EU, European Parliament: Policy Department for External Relations, 2020, PE 603.498, https://www.europarl.europa.eu/RegData/etudes/IDAN/2020/603498/EXPO_IDA(2020)603498_EN.pdf (21.1.2022), 34.

2135 *Bailes/Ólafsson*, 2017, 46–56.

2136 Ibid., 60.

2137 COM (2008) 763 final vom 20.11.2008, The European Union and the Arctic Region, 1. Introduction und 4. Contributing to enhanced Arctic multilateral Governance.

2138 *Berkman/Vylegzhanin/Young*, 2019, xxvii.

Unternehmen.[2139] Dabei beruht die EU-Arktispolitik auf den gemeinsamen wirtschaftlichen Interessen der EU-Mitgliedstaaten bei der Sicherung offener Seewege und des Zugangs zu natürlichen Ressourcen.[2140] Finnland und Schweden sind EU-Mitgliedstaaten, die keinen direkten Zugang zum arktischen Ozean besitzen und diese Staaten sind daher an der Umsetzung dieses unionalen Ansatzes interessiert.[2141]

Zusätzlich haben die Kommission und der Hohe Vertreter für Außen- und Sicherheitspolitik 2008 ein gemeinsames Papier mit dem Thema „climate change and international security“ vorgelegt und dabei auf eine gemeinsame EU-Arktispolitik plädiert.[2142] Dabei überrascht der eindeutige Bezug auf geopolitische und geoökonomische Gesichtspunkte. Anstatt mit Umweltaspekten zu argumentieren, wie es der Titel des gemeinsamen Dokuments erahnen lassen könnte, dominieren zwischenstaatliche Streitigkeiten und Konflikte über natürliche Ressourcen das Dokument.[2143] Diesen Ansatz kritisieren *Riddervold* und *Davis Cross* dahingehend, dass die EU die Argumentationsweise einer nachhaltigen Bewirtschaftung als Augenwischerei verwendet, um materielle Interessen einer traditionellen Großmacht zu verfolgen.[2144]

2009 verabschiedeten die EU-Außenminister die Schlussfolgerung des Rates, in der die Möglichkeit einer EU-Arktispolitik bestätigt wurde.[2145] Aufgrund der vagen und begrenzten Formulierung sind die EU-Mitgliedstaaten den Aufforderungen der EU-Organe vorerst aber nicht nachgekommen.[2146] Eine Änderung der unionalen Politikausrichtung schaffte die Ukraine-Krise, da die EU die Sicherheit ihrer Mitgliedstaaten bedroht sah.[2147] 2014 sprach sich der Rat, im Gegensatz zu 2009, für eine Weiterentwicklung einer integrierten

2139 Ibid., xxvii.

2140 *Riddervold/Davis Cross*, 2019, 49.

2141 *Berkman/Vylegzhanin/Young*, 2019, xxvii.

2142 Climate Change and International Security: Paper from the High Representative and the European Commission to the European Council, 14.3.2008, S113/08, https://www.consilium.europa.eu/uedocs/cms_data/docs/pressdata/en/reports/99387.pdf (21.1.2022), 11.

2143 Ibid., 8.

2144 *Riddervold/Davis Cross*, 2019, 52.

2145 Council conclusions on Arctic Issues, Council of the European Union, 2985th Foreign Affairs Council Meeting, Brüssel, 8.12.2009, https://www.consilium.europa.eu/uedocs/cms_Data/docs/pressdata/EN/foraff/111814.pdf (14.6.2024).

2146 *Riddervold/Davis Cross*, 2019, 53.

2147 Ibid., 54 f.

und kohärenten Arktispolitik aus.[2148] Dass die westliche Abwendung von Russland eine europäische Arktispolitik vorangetrieben hat, unterstreicht nach *Riddervold* und *Davis Cross* der Umstand, dass die Schlussfolgerungen des Rates aus dem Jahr 2014 Russland nicht explizit erwähnen und somit Russland nicht mehr als arktischer Partner wahrgenommen wird.[2149]

Die erste unionale Arktispolitik wurde in einer gemeinsamen Mitteilung von 2016 kommuniziert, in der die Entwicklung einer nachhaltigen Arktis verstärkt betont wird. Ausgewiesene Ziele der EU in der Arktis sind: (a) die Arktis im Einklang mit der lokalen Bevölkerung zu schützen und zu bewahren, (b) Ressourcen verantwortlich und nachhaltig zu fördern und zu nutzen und (c) die internationale Zusammenarbeit in der Arktis zu fördern und zu stärken. In allen drei genannten Bereichen spielen die Forschung, Wissenschaft und Innovation eine Schlüsselrolle.[2150] In der betreffenden Mitteilung versteht die Kommission die arktische Region aufgrund der harten klimatischen Bedingungen als einen idealen Standort für innovative Technologien und Dienstleistungen und die EU setzt sich das Ziel einer nachhaltigen Entwicklung überwiegend in Bereichen der Aquakultur, Fischerei, Meerestourismus, Meeresbiotechnologie und Offshore-Technologie, sowie erneuerbare Energien.[2151]

Erfreulich für den Schutz indigener Gemeinschaften ist die starke selbstauferlegte Verpflichtung der EU, die „traditionellen Existenzgrundlagen" der arktischen Bevölkerung zu berücksichtigen, um „einen Beitrag zur Stärkung der wirtschaftlichen, sozialen und ökologischen Widerstandsfähigkeit der Gemeinschaften in der Arktis [zu] leisten."[2152] Damit gewichtet die EU eben diese Gemeinschaften als wichtige Interessenvertreter, was im Gegensatz zu dem unionalen Verbot des Verkaufs von Robbenprodukten aus 2009 steht. Dieses Verbot betraf sowohl innerhalb der EU hergestellte Robbenprodukte als auch importierte.[2153] Obwohl das unionale Verbot eine Ausnahme in Art. 3

2148 Council conclusions on developing a European Union Policy towards the Arctic Region, Council of the European Union, Foreign Affairs Council Meeting, Brüssel, 12.5.2014, https://www.consilium.europa.eu/uedocs/cms_data/docs/pressdata/EN/foraff/142554.pdf (21.1.2022).

2149 *Riddervold/Davis Cross*, 2019, 55.

2150 JOIN (2016) 21 final vom 27.4.2016, An integrated European Union policy for the Arctic, 4.

2151 Ibid., 9.

2152 Ibid., 3.

2153 Verordnung (EG) Nr. 1007/2009 des Europäischen Parlaments und des Rates vom 16 September 2009 über den Handel mit Robbenerzeugnissen, ABl EG 2009 Nr. L 286/36.

der betreffenden Verordnung für die Inuit und andere Gemeinschaften enthält, die Robbenprodukte durch traditionelle Jagdweisen gewonnen haben, protestierten die indigenen Gemeinschaften in Europa und Kanada gegen das unionale Verbot und behaupteten, dass durch diese Regulierung ihr Handel, als auch ihre Kultur und Tradition beeinträchtigt werde, welche gemäß Art. 20 Abs. 1 UNDRIP und Art. 27 IPbpR anerkannt sei.[2154] Neben der Anerkennung der kanadischen Inuit, subsumiert die Verordnung alle übrigen indigenen Völker unter die vage Kategorie der „anderen indigenen Gemeinschaften" und dieser Sprachgebrauch führte zu weiteren Konflikten, da insbesondere die skandinavischen Samen eine wesentliche Stellung innerhalb der innerstaatlichen Rechtssysteme der jeweiligen Staaten innehaben.[2155] Zusätzlich haben Kanada und Norwegen die *World Trade Organization* angerufen und behauptet, die EU habe die Handelsnormen der Institution verletzt, indem sie ihre Produzenten diskriminiert hätte. Die WTO entschied jedoch für das unionale Verkaufsverbot, wies aber gleichzeitig die EU an, bestimmte Ausnahmen für die indigenen Gemeinschaften einzuführen.[2156] Die EU hat reagiert und erlaubt gemäß Art. 2 der geänderten EU-Verordnung von 2015 das Inverkehrbringen von Robbenerzeugnissen zum persönlichen Gebrauch von Reisenden oder ihren Familien.[2157]

Trotzdem hat die EU durch ihre eigenen Regulierungsbemühungen sichtbare Auswirkungen außerhalb ihrer Mitgliedsstaaten herbeigeführt. Das unionale Verbot hat erhebliche wirtschaftliche Verluste für die kanadische und norwegische Industrie zur Folge, da zuvor rund ein Drittel der weltweiten Robbenprodukte für den europäischen Binnenmarkt bestimmt waren.[2158]

2154 *Poojary/Ramdas*, European union and its scramble for the north pole: the quest for an integrated Arctic policy, in: 10 The Polar Journal 1/2020, 106 f.

2155 Ibid., 106.

2156 European Communities – Measures Prohibiting the Importation and Marketing of Seal Products, Reports of the Panel 25.11.2013, WT/DS400/R, WT/DS401/R, 183 ff.; Vgl. dazu auch: *Poojary/Ramdas*, 2020, 106 f. und *Liu*, 2020, 176.

2157 Durchführungsverordnung (EU) Nr. 1850/2015 der Kommission vom 13. Oktober 2015 mit Durchführungsvorschriften zur Verordnung (EG) Nr. 1007/2009 des Europäischen Parlaments und des Rates über den Handel mit Robbenerzeugnissen, ABl EU 2015 Nr. L 271/1.

2158 *Liu*, 2020, 176.

Im Juli 2020 haben die Kommission und der Europäische Auswärtige Dienst eine öffentliche Konsultation eingeleitet, um ihre Politik zu aktualisieren.[2159] Eine adaptierte unionale Arktispolitik ist im Oktober 2021 veröffentlicht worden. Ausgehend von den Ergebnissen in den öffentlichen Konsultationen zur EU-Arktispolitik ist an der unionalen Förderung einer langfristigen nachhaltigen wirtschaftlichen Entwicklung in der Arktis festgehalten worden, um umweltschädliche wirtschaftliche Tätigkeiten, die arktische Ökosysteme und Bewohner gefährden, hintanzuhalten, wobei die EU ihren Antrag auf den Status eines offiziellen Beobachters im Arktischen Rat wiederholt.[2160] Es ergibt sich das Bild, dass die EU ausgehend von sektoralen Politikmaßnahmen, ihren Einflussbereich auf die gesamte Arktis ausweiten will.[2161]

Bei Überlegungen über die unionale Arktispolitik darf prinzipiell nicht vergessen werden, dass die EU nach *Riddervold* und *Davis Cross* nicht einfach ein Agent der Mitgliedstaaten ist, sondern sehr wohl eigene Interessen verfolgt. Die Kommission hat als „purposeful opportunist" verschiedene Instrumente zur Förderung einer unionalen Integration in verschiedenen Bereichen, einschließlich der Außenpolitik, angewandt.[2162] Aufgrund dieser Überlegungen ist die jüngste Entwicklung der EU-Arktispolitik weniger mit normativen Erwägungen oder wirtschaftlichen und strategischen Interessen der Mitgliedstaaten zu verbinden, sondern das Interesse der EU-Organe entspringt einer tieferen außen- und sicherheitspolitischen Integration der EU.[2163] *Poojary* und *Ramdas* weisen darauf hin, dass die Strukturen und Machtverhältnisse der EU, ausgehend von den unterschiedlichen Interessen der Mitgliedstaaten, sowie der zusätzlichen Dynamik in den unionalen Institutionen, eine nicht zu unterschätzende Herausforderung hinsichtlich einer harmonisierten Arktispolitik

---

2159 Summary of the Results of the Public Consultation on the EU Arctic Policy, European Union, Publications Office Luxemburg, 2021, https://data.europa.eu/doi/10.2771/623044 (2.3.2021).

2160 JOIN (2021) 27 final vom 13.10.2021, A stronger EU engagement for a peaceful, sustainable and prosperous Arctic.

2161 „This Joint Communication commits the EU to increased engagement in and around the Arctic region, in response to the geopolitical, environmental, economic, security and social challenges they face, and to working with others to manage new opportunities there. It presents a range of EU actions in the Arctic, building on ongoing work and in new areas of expertise." Vgl. dazu: JOIN (2021) 27 final vom 13.10.2021.

2162 *Riddervold/Davis Cross*, 2019, 49.

2163 Ibid., 49.

darstellt. Dementsprechend kann und sollte die unionale Arktispolitik nicht nur als Folge der Prioritäten der Kommission und des Parlaments verstanden werden, sondern als Ergebnis eines Koordinierungsprozesses, welcher die Interessen aller Mitgliedstaaten miteinbezieht.[2164]

Trotz der unionalen Bemühungen bleibt deren Einfluss auf den Arktischen Rat gering. Den Status eines ständigen Beobachters wurde der EU bislang nicht verliehen.[2165] Dies ist neben der Befürchtung einer Internationalisierung der Arktis von Seiten der Mitgliedsstaaten des Arktischen Rates[2166] und dem unionalen Sanktionsregime gegen Russland aufgrund der Krimkrise, überwiegend dem unionalen Importverbot von Robbenprodukten geschuldet.[2167] Der Ehrgeiz der EU auf den arktischen Markt einzuwirken, stellt ein massives Hindernis für die weitere Beteiligung der EU in Agenden des Arktischen Rates dar.[2168] Insbesondere Dänemark, als einziger EU-Mitgliedstaat innerhalb der arktischen Küstenstaaten, beschreibt das Verhalten der EU im arktischen Kontext prägnant: „it will be important that the EUs involvement in the Arctic takes place on the Arctic populations' own terms. We must seek to avoid further cases where the laws, traditions, cultures and needs of Arctic societies are neglected, as for example in the EU's ban on the import of seal products."[2169]

Die EU wird in naher Zukunft wahrscheinlich weiterhin der Beobachterstatus im Arktischen Rat verwehrt bleiben, da die Mitgliedstaaten des Arktischen Rates grundsätzlich nicht empfänglich für eine erweiterte Einflussnahme der EU in deren Konsultationen sind.[2170] Um die unionale Präsenz in der Arktis zu erhöhen, schlagen *Poojary* und *Ramdas* vor, dass die EU vielmehr eine Arktispolitik wählen sollte, die in Summe mit den Interessen ihrer Mitgliedstaaten abgestimmt ist. Insbesondere weisen sie darauf hin, dass die derzeitige Behandlung der indigenen Völker, die in der EU leben, vor dem Hintergrund des unionalen Verbots von Robbenprodukten einen anspruchsvolleren Ansatz

---

2164 *Poojary/Ramdas*, 2020, 110.

2165 Observers, Arctic Council.

2166 Siehe Kapitel: IV.4.1 Der Arktische Rat.

2167 *Liu*, 2020, 176 f.; *Poojary/Ramdas*, 2020, 107.

2168 *Liu*, 2020, 176.

2169 Kingdom of Denmark Strategy for the Arctic 2011–2020, Ministry of Foreign Affairs Denmark/Department of Foreign Affairs Greenland/Ministry of Foreign Affairs Faroes, 2011, 52.

2170 *Etzold/Steinicke*, Die Europäische Union und die Arktis. Status quo und Handlungsperspektiven, in: 33 Sicherheit & Frieden 3/2015, 130; Liu, 2020, 176 f.; *Poojary/Ramdas*, 2020, 111.

erfahren sollte. Zusätzlich könnte ein erweiterter zirkumpolarer Einflussbereich der EU durch die Stärkung ihrer regionalen Position im Euro-arktischen Barentssee Rat und der *Northern Dimension* erreicht werden sowie der weiteren Aufnahme von EU-Mitgliedsstaaten im Arktischen Rat.[2171]

IV.5.2 China

Damit China weiterhin seine enorme Wirtschaft bedienen kann, müssen große Mengen an Rohstoffen importiert werden. China verbrauchte etwa 2019[2172] circa 3,68[2173] mal mehr Erdöl als innerhalb des Landes selbst gefördert wurde. Beim Rohstoff Erdgas ist das Verhältnis nicht ganz so eklatant, aber doch verbrauchte China 2019 circa 1,73[2174] mal mehr Erdgas als gefördert wurde.[2175] Die Suche nach neuen Rohstoffquellen ist damit für die chinesische Politikführung von grundsätzlicher Relevanz und China richtet sein Augenmerk auf die Teilhabe an der Förderung arktischer Rohstoffe.

Ein Kernelement der chinesischen Einflussnahme in der Arktis ereignete sich 2013, als China ständiger Beobachter des Arktischen Rates wurde.[2176] Weitere Impulse der chinesischen Durchsetzung wirtschaftlicher, diplomatischer und wissenschaftlicher Interessen schaffte die Umsetzung der transnationalen *Belt and Road – Initiative*[2177] unter dem chinesischen Präsidenten *Xi Jinping*.[2178] In

---

2171 *Poojary/Ramdas*, 2020, 111.

2172 Der Referenzzeitraum 2019 wurde gewählt, um etwaige Auswirkungen der Coronapandemie nicht miteinzubeziehen.

2173 Erdölverbrauch in China in den Jahren 1969 bis 2019, Statista, https://de.statista.com/statistik/daten/studie/40340/umfrage/china---erdoelverbrauch-in-tausend-barrel-pro-tag/ (27.3.2021); Erdölproduktion in China in den Jahren 1965 bis 2019, Statista, https://de.statista.com/statistik/daten/studie/40107/umfrage/china---erdoelproduktion-in-tausend-barrel-pro-tag/(27.3.2021).

2174 Erdgasverbrauch in China in den Jahren 1965 bis 2019, Statista, https://de.statista.com/statistik/daten/studie/41020/umfrage/china---erdgasverbrauch-in-milliarden-kubikmeter/ (27.3.2021); Erdgasförderung in China in den Jahren 1970 bis 2019, Statista, https://de.statista.com/statistik/daten/studie/40792/umfrage/china---erdgasproduktion-in-milliarden-kubikmeter/ (27.3.2021).

2175 Es wurden die Daten von 2019 herangezogen um die Verfälschung der chinesischen Wirtschaftsleistung, ausgelöst durch die Coronapandemie, nicht darzustellen.

2176 Observers, Arctic Council.

2177 Vgl. dazu: Belt and Road Initiative, https://www.beltroad-initiative.com/belt-and-road/ (22.1.2022).

2178 *Conley/Melino*, 2019, 2 f.

einem 2018 veröffentlichten *White Paper* hat der chinesische Staatsrat die arktische Politik vorgegeben. Hauptaugenmerk wird dabei auf die Entwicklung von Gemeinschaftsunternehmen zur Ressourcengewinnung von fossilen Brennstoffen und Rohstoffen gelegt. Im gleichen Positionspapier versucht China in Teilen der arktischen Region das Recht auf Fischerei, Seefahrten, Überflüge sowie das Verlegen von Pipelines zu erlangen. Darüber hinaus verspricht das chinesische Investitionsprogramm *Polar Silk Road* den arktischen Staaten neue Chancen für ihre wirtschaftliche Entwicklung.[2179] Damit fordert China einen uneingeschränkten Zugang und Rechte zur Entwicklung und Regierungsführung im arktischen Ozean als CHM in Übereinstimmung mit dem SRÜ.[2180]

Trotzdem kann die, als teilweise aggressiv eingestufte,[2181] chinesisch-arktische Rohstoffförderungspolitik als grundsätzlich völkerrechtlich legitim eingestuft werden.[2182] Im *White Paper* erklärt sich China zur Einhaltung des bestehenden Rechtsrahmens, der durch das SRÜ, den *Polar Code*, und der (eingeschränkten) Souveränität der arktischen Staaten durch den Arktischen Rat, vorgegeben ist.

Durch die Erklärung der Einhaltung völkerrechtlicher Rahmenbedingungen kann China wirtschaftliche Entwicklungsstrategien in der arktischen Region verfolgen, in denen China den übrigen arktischen Staaten gleichgestellt ist.[2183] Diese Entwicklungsstrategien, die sich aus zunehmenden Investitionen in arktische Staaten, sowie der Festigung Chinas als kooperierendes und friedensuchendes Land zusammensetzt, zeugen von einer geplanten chinesischen Politikstrategie und einem verbesserten Diplomatieverständnis, indem China versucht seine bilateralen Beziehungen zu den arktischen Staaten aufzubauen und zu festigen.[2184]

Konkret richtet China sein Interesse auf in der russischen Arktis ansässige Mineralölkonzerne, mit denen bereits Lieferverträge über 2-stellige beziehungsweise 3-stellige Milliarden US-Dollar abgeschlossen wurden.[2185] Daneben interessiert sich China für den Ausbau der nördlichen Schifffahrtswege,

---

2179 China's Arctic Policy, 2018.

2180 *Volpe*, The Tortuous Path of China's Win-Win Strategy in Greenland, in: The Arctic Institute (blog), 24. März 2020, https://www.thearcticinstitute.org/tortuous-path-china-win-win-strategy-greenland/ (2.3.2021).

2181 *Braun*, 2014, 20; *Lechner*, Wiener Zeitung, 2019.

2182 World Ocean Review[6], 2019, 257.

2183 *Volpe*, The Arctic Institute (blog), 2020.

2184 Ibid.

2185 *Farré u. a.*, 2014, 303 f.; World Ocean Review[6], 2019, 257.

um einen schnelleren Zugriff auf die nachgefragten Ressourcen zu erlangen und China wird zu einem der Hauptnutzer der Nordostpassage werden.[2186] Mit Finnland wurde ein gemeinsames Abkommen[2187] über die künftige Zusammenarbeit in den Bereichen Polarforschung, Umweltschutztechnologie und Schifffahrt sowie Sicherheit im Seeverkehr unterzeichnet.[2188] Nach der finanziellen Schieflage Islands, aufgrund der Wirtschaftskrise 2008, wurden hohe monetäre Mittel in die isländische Wirtschaft investiert.[2189] Die megalomanische Aktion einer Einrichtung eines Botschaftsgebäudes für 500 chinesische Mitarbeiter in der isländischen Hauptstadt Reykjavík, soll Chinas Eintritt in den interessanten Schwellenmarkt sicherstellen.[2190] Richtungsweisend haben sich die *China National Offshore Oil Corporation* und das isländische Unternehmen *Eykon Energy* auf gemeinsame Ölexplorationsaktivitäten nordöstlich von Island geeinigt.[2191] Ferner wurde in die kanadische Nickelschifffahrt investiert und ein gemeinsames Fünf-Parteien-Entwicklungsabkommen mit dem Gouverneur von Alaska unterzeichnet, das chinesische Investitionen von 43 Milliarden US-Dollar in Alaskas LNG-Entwicklung beinhaltet.[2192] Daneben darf das steigende Interesse Chinas an Grönland nicht vergessen werden. China hat sich Vorkommen von seltenen Erden in Grönland gesichert[2193] und China sieht die Insel aufgrund ihrer kleinen und schwachen Wirtschaftsleistung als zukünftig wichtigstes Glied einer erfolgreichen Umsetzung ihrer *Polar Silk Road*.[2194] Die chinesischen Investitionstätigkeiten liefern nach *Volpe* große Chancen einer Diversifikation für die grönländische Volkswirtschaft, die überwiegend vom Fischfang geprägt ist. Allerdings stießen chinesische Bergbauprojekte auf Widerstand der

---

2186 World Ocean Review[6], 2019, 257.

2187 Joint Declaration between the Republic of Finland and the People's Republic of China on Establishing and Promoting the future-oriented new-type cooperative partnership, Helsinki, 5.4.2017, https://www.presidentti.fi/en/news/joint-declaration-between-the-republic-of-finland-and-the-peoples-republic-of-china-on-establishing-and-promoting-the-future-oriented-new-type-cooperative-partnership/ (22.1.2022).

2188 *Volpe*, The Arctic Institute (blog), 2020.

2189 Ibid.

2190 *Braun*, 2014, 20.

2191 CNOOC to Search for Oil Offshore Iceland – Offshore Energy, Offshore Energy, 5.6.2013, https://www.offshore-energy.biz/cnooc-to-search-for-oil-offshore-iceland/ (14.7.2020).

2192 *Volpe*, The Arctic Institute (blog), 2020.

2193 *Lechner*, Wiener Zeitung, 2019.

2194 *Paul*, 2021, 4; Siehe Kapitel: IV.3.9 Grönland – ein „neuer“ arktischer Staat.

grönländischen Bevölkerung, da die Grönländer eine enorme Nachfrage an erfahrenen und qualifizierten ausländischen Arbeitskräften, erhebliche Auswirkungen auf das arktische Ökosystem aufgrund extrem umweltschädlicher Ausbeutungsprozesse und die Bedrohung ihrer traditionellen Existenzgrundlagen befürchteten.[2195] Trotzdem geht *Volpe* davon aus, dass in naher Zukunft die Beteiligung chinesischer Unternehmen am grönländischen Bergbausektor eintreten wird und dies führt auf die dringende grönländische Notwendigkeit, seine natürlichen Ressourcen zu nutzen, gepaart mit dem Willen der grönländischen Bevölkerung, sich zu entwickeln, zurück.[2196] Sobald die chinesischen Bergbauprojekte operativ tätig sind, würden chinesische Staatsunternehmen zu den wichtigsten ausländischen Investoren für die natürlichen Ressourcen Grönlands werden.[2197]

Bei Überlegungen zur Umsetzung chinesischer Investitionen in Grönland sind nach *Lanteigne* neben den üblichen Herausforderungen im arktischen Raum,[2198] die inländische Politik und die angeschlagenen internationalen Beziehungen zu Dänemark und den USA miteinzubeziehen. Dass die chinesische Einflussnahme auf die arktische Wirtschaft von der dänischen und insbesondere der US-amerikanischen Regierung nicht willkommen geheißen wird, überrascht nicht.[2199] Vor diesem Hintergrund wird bei Aufnahme der wirtschaftlichen Tätigkeiten zu erörtern sein, inwiefern die chinesischen Investitionen eine Sicherheitsproblematik darstellen, für die Dänemark zuständig ist und ob die chinesischen ökonomischen Interessen in diesem Gebiet eine Rolle bei den grönländischen Unabhängigkeitsbestrebungen spielen.[2200]

Ausgehend von der mannigfaltigen chinesischen Einflussnahme in den arktischen Raum geht die Autorin davon aus, dass nicht nur die Steigerung der wirtschaftlichen Gewinne das verfolgte Ziel der chinesischen Arktispolitik ist, sondern fokussiert China auch die Einflussnahme auf die *Arctic-Governance*.

2195 *Volpe*, The Arctic Institute (blog), 2020.

2196 Ibid.

2197 *Conley/Melino*, 2019, 5.

2198 Siehe Kapitel: II.5 Die arktische Wirtschaft: Chancen und Risiken.

2199 *Lanteigne*, China Steps up Its Mining Interests in Greenland, in: The Diplomat, 12.2.2019, https://thediplomat.com/2019/02/china-steps-up-its-mining-interests-in-greenland/ (14.7.2020).

2200 Ibid.

IV.6 Die Rechtsverbindlichkeit seevölkerrechtlicher Normen auf privatrechtlichen Unternehmen im Tiefseeboden

Neben einer zunehmenden Anzahl von Staaten, nichtstaatlicher Akteure und internationalen Organisationen, bekunden zunehmend privatrechtliche Akteure, wie insbesondere Schifffahrtsunternehmen, ein verstärktes Interesse am arktischen Wirtschaftsraum.[2201] Innerhalb dieser Gruppe privatrechtlicher Akteure sind primär Großunternehmen, die auf multinationaler Ebene agieren, in der Arktis tätig und *Larsen* führt diese Entwicklung auf die kostenintensive arktische Ressourcenförderung sowie die fehlenden finanziellen Mittel in der Region zurück.[2202]

Das Seerecht selbst enthält verbindliche Normen, die wirtschaftliche Tätigkeiten privater Akteure im internationalen Tiefseeboden regulieren. Die ISA-Normen über die Erforschung des Tiefseebodens wiederholen die Erfordernisse einer Staatsangehörigkeit oder Kontrolle nach Art. 153 Abs. 2 lit. b SRÜ.[2203] Nichtstaatliche Akteure, wie private Unternehmen, die sich am Tiefseebodenbergbau beteiligen wollen, müssen von allen Staaten, deren Staatsangehörige sie sind oder von jenen Staaten oder seinen Staatsangehörigen, die eine wirksame Kontrolle ausüben, eine Befürwortung ihrer Aktivitäten ansuchen.[2204] Nur durch diese staatliche Zustimmung des Heimatstaates (*sponsoring state*) können eben diese Interessenten einen Antrag auf Durchführung von Explorationsmaßnahmen im Tiefseeboden bei der ISA stellen.[2205] Der *sponsoring state* ist für die Einhaltung der SRÜ-Anforderungen im Tiefseeboden „seiner" Unternehmen nach Art. 139 und 153 Abs. 4 SRÜ zuständig und haftet für dessen finanzielle und technische Leistungsfähigkeit.[2206]

2201 *Riddervold/Davis Cross*, 2019, 46.

2202 *Larsen*, 2010, 89 und 94.

2203 Vgl. dazu: Regulation 9 lit. b Regulations on Prospecting and Exploration for Polymetallic Nodules in the Area, International Seabed Authority, 22.7.2013, ISBA/19/C/17, Regulation 9 lit. b Regulations on Prospecting and Exploration for Polymetallic Sulphides in the Area, International Seabed Authority, 15.11.2010, ISBA/16/A/12/Rev.1 und Regulation 9 lit. b Regulations on Prospecting and Exploration for Cobalt-rich Ferromanganese Crusts in the Area, International Seabed Authority, 22.10.2012, ISBA/18/A/11; Vgl. dazu auch: *Dingwall*, 2020, 148.

2204 *Dingwall*, 2020, 148.

2205 Ibid., 149.

2206 *Jenisch*, 2013, 846.

2011 hat der ISGH in seinem Gutachten *Responsibilities and Obligations of States Sponsoring Persons and Entities with respect to Activities in the Area*[2207] die Pflichten des *sponsoring state* präzisiert. *Jenisch* sieht das Gutachten als Meilenstein für die Sicherheit und den Umweltschutz im Meeresbodenbergbau, indem das Dokument klarstellt, dass der *sponsoring state* für die Einhaltung der entsprechenden Sorgfalt (*Due Diligence*) bei der Auswahl und Überwachung von Unternehmen aus seinem Land haftet.[2208] Unter den Ziffern 125–150 und 184 betont der ISGH die direkten Verpflichtungen der *sponsoring state* zur Beachtung des Vorsorgeansatzes nach Prinzip 15 Rio-Erklärung,[2209] der bewährten Umweltverfahren, Umweltverträglichkeitsprüfungen, Notfallvorsorge und Schadensersatzpflicht, parallel zur Haftung des privatwirtschaftlichen Unternehmens selbst.[2210] Eben diese aktive Überwachungsverpflichtung hat durch innerstaatliche Gesetze zu erfolgen, welche die internationale Sicherheitsstandards des Seevölkerrechts oder die ISA-Normen nicht unterschreiten dürfen.[2211] Ausdrücklich wird im Gutachten unter Ziffer 159 eine Gleichbehandlung von Entwicklungs- und Industriestaaten gefordert. *Jenisch* führt die Ausgestaltung der Ziffer 159 des Gutachtens auf das Ziel zurück, das Auftreten von *sponsoring states of convenience*, wie man sie in der Schifffahrt als Billigflaggen[2212] kennt, zu verhindern. Trotzdem sind sowohl der Transport und die Verarbeitung der geförderten Ressourcen nach Ziffer 96 des betreffenden Gutachtens keine Aktivitäten, die dem Tiefseebodenregime unterliegen.[2213]

Zusätzlich werden mit der Vertragsschließung zwischen der ISA und nichtstaatlichen Akteuren, letztere direkt an verschiedene internationale Regelungen

2207 Responsibilities and obligations of States with respect to activities in the Area, Advisory Opinion 1.2.2011, ITLOS Reports 2011.

2208 *Jenisch*, 2013, 846.

2209 Siehe Kapitel: V.2.1.1 Die Anwendung des Vorsorgeprinzips im Bereich des Tiefseebodens.

2210 *Jenisch*, 2013, 846.

2211 Dies folgt aus der Zusammenstellung nationaler Vorschriften von Staaten, die im Meeresbergbau aktiv sind: Laws, regulations and administrative measures adopted by sponsoring States and other members of the International Seabed Authority with respect to the activities in the Area, International Seabed Authority, 22.5.2013, ISBA/19/C/12 und Laws, regulations and administrative measures adopted by sponsoring States and other members of the International Seabed Authority with respect to the activities in the Area, International Seabed Authority, 4.5.2012, ISBA/18/C/8; Vgl. dazu auch: *Jenisch*, 2013, 846.

2212 Siehe Kapitel: III.3.3 Flaggenstaaten.

2213 *Jenisch*, 2013, 846.

gebunden, die den Tiefseebodenbergbau betreffen und diese sind für internationale Vertragswerke und privatrechtliche Unternehmen verbindlich.[2214]

Neben der seerechtlichen Regulierung von Tiefseebodenaktivitäten von privatrechtlichen Unternehmen, stellt sich die Frage, inwiefern Projekte der Erdöl- und Erdgasförderung auf und in Nähe der küstenstaatlichen Festlandsockel völkerrechtlich reguliert sind, um negative Auswirkungen der Großprojekte auf die lokale Bevölkerung und die Umwelt hintanzuhalten.

Die fortschreitende Technologie ist jedenfalls eine treibende Kraft der Globalisierung und auf der Kehrseite eine Herausforderung für das Völkerrecht.[2215] *Graf Vitzthum* führt aus, dass die internationale Wirtschaftsordnung von steigenden Direktbeziehungen zwischen Staaten und privatrechtlichen Unternehmen geprägt ist. Insbesondere miteinander verbundene Unternehmen, die einem einheitlichen Willen unterworfen und in verschiedenen Staaten ansässig sind, schließen „quasi-völkerrechtliche" Verträge mit Staaten, wie etwa über die Rohstofferschließung, ab.[2216] Diese Verträge sind aber keine Rechtsquelle des Völkerrechts im eigentlichen Sinn, da den transnationalen Unternehmen die Stellung als partielle Völkerrechtssubjekte nicht zuerkannt wird und die Verträge keinen völkerrechtlichen Charakter besitzen.[2217] Sie können sich aber zu einer Völkerrechtsquelle entwickeln, wenn sich die Unternehmen freiwillig den völkerrechtlichen Regeln für ihre transnationalen Rechtsbeziehungen unterwerfen.[2218] Ob eine dementsprechende Quelle des Völkerrechts im arktischen Raum existiert, konnte die Autorin nicht eruieren, ist aber jedenfalls denkbar.

Die Globalisierung verbreitet Ideen von sozialer und ökologischer Gerechtigkeit und zeichnet sich eine hohe Sensibilität gegenüber Umweltmängeln, die durch die Ölindustrie verursacht wurden, ab.[2219] Wiederholt wurden Forderungen geäußert, transnationale Unternehmen an Selbstverpflichtungen zu binden, um eine *Corporate Social Responsibility* (CSR) zu schaffen und damit transnationale Unternehmen durch Selbstverpflichtungen zum gewünschten Verhalten zu bewegen.[2220] Allerdings hat die Anerkennung eines allgemeingültigen Verhaltenskodex für derartige Unternehmen keine Unterstützung durch

2214 *Dingwall*, 2020, 149.
2215 *Koivurova/Kleemola-Juntunen/Kirchner*, 2020, 81.
2216 *Graf Vitzthum*, 2016, 11.
2217 Ibid., 58.
2218 Ibid., 58.
2219 *Britcyna/Nystén-Haarala/Pappila*, 2018, 163.
2220 *Kau*, 2016, 150.

die internationale Staatenpraxis erlangt und nur in bestimmten Regelungsmaterien, wie etwa dem Umweltschutz und dem Arbeitsschutz, werden durch *Soft Law* Instrumente und dessen vertragliche Einbeziehungen oder Verweise rechtsverbindliche internationale Schutzstandards etabliert.[2221] In den letzten Jahren hat das Verständnis von CSR als privates Handeln, das vollständig im Ermessen der Unternehmen liegt, abgenommen, während die soziale Verantwortung von Unternehmen zunehmend als eine Regelungsthematik von öffentlichen, *Soft Law*, rechtsverbindlichen, sowie gemischten Instrumenten verstanden wird.[2222]

Die lokale Bevölkerung findet mediale Unterstützung bei der Durchsetzung ihrer Beteiligungsrechte, als auch durch NGOs, was sich auf wirtschaftlicher Ebene mit einer Beschränkung der Rechte der lokalen Bevölkerung langfristig negativ auswirkt.[2223] Bezugnehmend auf Relevanz von *Soft Law* Institutionen, haben auch die Wirtschaftsforen des *World Economic Forum* und des *Arctic Economic Council* Diskussionen zwischen arktischen Akteuren, Unternehmen und Investoren über nachhaltige Entwicklung in der Arktis ermöglicht und die *Soft Law* Instrumente *Arctic Investment Protocol* und *Code of Ethics* verabschiedet.[2224] Zusätzlich hat das *World Economic Forum* einen *Global Agenda Council on the Arctic* 2012–2014[2225] mit Mitgliedern aus dem öffentlichen und privaten Sektor initiiert, um unter anderem die zukünftige Agenda der Arktisentwicklung mitzugestalten. Der *Arctic Economic Council* verfolgt das strategische Ziel, die Arktis zu einem günstigen Standort für Unternehmen zu etablieren, um eine nachhaltige wirtschaftliche Entwicklung zu fördern.[2226] Da die Mitgliedschaft und Beteiligung in den zuvor genannten Foren für alle Akteure, einschließlich Interessengruppen aus nicht-arktischen Regionen, offensteht,

---

2221 Ibid., 150.

2222 *Buhmann*, International Law and Corporate Social Responsibility: The Potential of OECD'S MNE Guidelines for Advancing Social Benefits in the Context of Natural Resource Exploitation in the Arctic, with Particular Regard to Greenland, in: Alfredsson/Koivurova (Hg), The Yearbook of Polar Law[9] 2017, Brill/Nijhoff: Leiden–Boston 2018, 165.

2223 *Britcyna/Nystén-Haarala/Pappila,* 2018, 161 f.

2224 *Lim*, 2020, 3.

2225 Global Agenda Council on the Arctic 2012–2014, World Economic Forum, https://www3.weforum.org/docs/GAC/2013/Connect/WEF_GAC_Arctic_2012-2014_Connect.pdf (22.1.2022).

2226 Strategic Planning Document: 2019–2021, Arctic Economic Council, https://arcticeconomiccouncil.com/wp-content/uploads/2019/05/AEC-StrategicPlanBrochure-2018_Screen.pdf (22.1.2022).

könnte die nachhaltige Entwicklung der Arktis von dieser ermöglichten globalen Dimension profitieren.[2227]

Zusätzlich zeigt *Buhmann* auf, dass ein möglicherweise effektives Instrument zur Untersuchung und Regulierung von potenziellen negativen Auswirkungen auf den Arbeitsmarkt am Standort des Projekts, sowie die Umweltauswirkungen des Projekts durch *impact benefit agreements* sein könnte. Dabei werden Vereinbarungen über die sozialen Auswirkungen am Projektstandort zwischen den Selbstverwaltungen, den lokalen Gemeinden und dem privatwirtschaftlichen Unternehmen abgeschlossen.[2228] Die *impact benefit agreements* werden häufig aus vertragsrechtlicher Sicht betrachtet, auch wenn sie Themen betreffen, die typischerweise nicht vertraglich geregelt sind und ein wesentlicher Streitpunkt könnte die ausreichende präzise Formulierung des *impact benefit agreement* sein, um sich für eine gerichtliche Durchsetzung zu eignen.[2229] Die Autorin kommt zum Ergebnis, dass *impact benefit agreements* flexibler als die staatliche Gesetzgebung sind und der kooperative Charakter effektiver sein könnte, als einseitige Initiativen zur CSR von Unternehmen. Allerdings müsste speziell für den arktischen Raum ein einheitlicher Rahmen verpflichtend eingeführt werden, um von einem erfolgreichen Instrument sprechen zu können, welche allen Interessenberechtigten von Großprojekten genügt. Zumindest sollte jedes *impact benefit agreement* eine Entschädigungsbestimmung enthalten, welche für nachteilige Auswirkungen eines Vereinbarungspartners aufkommt und gerichtlich durchsetzbar ist.

IV.7 Die arktische Kooperation als wichtiger Faktor für die Entwicklung einer *Arctic-Governance*

Primär manifestiert sich die Entwicklung einer *Arctic-Governance* in wiederholten Forderungen nach Reformen des Arktischen Rates, als auch der Schaffung eines umfassenden Arktisvertrags.[2230] Eben diese Forderungen hinsichtlich eines arktischen Regimewechsels wurden bereits in den vorausgegangenen Kapiteln behandelt.

Die Bezeichnung *Arctic-Governance*, wie sie vielfach in politischen Diskursen und internationalen Beziehungen verwendet wird, ist nach *Loukacheva* an sich keine allgemein anerkannte Legaldefinition. Der Begriff *Governance*

2227 *Lim*, 2020, 3.
2228 *Buhmann*, 2018, 179.
2229 Ibid., 179.
2230 *Nilsson/Koivurova*, 2016, 190.

wird größtenteils als ein Prozess der politischen Machtausübung unter Berücksichtigung der Grundsätze der Legitimität, der Rechenschaftspflicht und der Transparenz verstanden und eine häufige Gleichsetzung mit dem Begriff „Regierung" ist erkennbar.[2231] Zusätzlich verbinden Rechtsdiskurse das *Governance*-Konzept mit dem Recht auf Autonomie, das im Konzept der Selbstbestimmung enthalten ist.[2232] Die Autorin versteht den Begriff *Arctic-Governance* als die gesetzgebende Reaktion auf die Summe aller Herausforderungen im arktischen Raum, mit dem Ziel eine einheitliche arktische Rechtsordnung zu schaffen. Damit stellt sich die Frage, durch welche Mittel und inwieweit *Stakeholder* Interessen ausgeglichen werden können. Der nachfolgende Abschnitt soll die verschiedenen Akteure und Rahmenbedingungen, die an einer (größteils einheitlichen) arktischen Regierungsführung mitwirken und neue Ansätze einer *Arctic-Governance* aufzeigen.

Brosnan, *Leschine* und *Miles* führen aus, dass das Dilemma eines gemeinsamen Interesses ein Regime schafft, in denen die Akteure zusammenarbeiten, um einen Mittelweg ihrer Interessenverfolgung zu finden. Diese kollaborierten Regime werden tendenziell formalisierter und in internationale Organisationen eingebettet sein.[2233] Sollte hingegen ein Dilemma der gemeinsamen Abneigung vorliegen, so sind die Akteure gewillt, die Herausforderungen durch Koordinierung zu lösen, die weniger formell sind.[2234] Die publizierten Strategien der Arktischen Fünf zeugen nach *Brosnan*, *Leschine* und *Miles* überwiegend von einem Dilemma gemeinsamer Interessen: Umweltbedenken; Ressourcenentwicklung; Souveränitätsfragen; Etablierung einer *Arctic-Governance*; wissenschaftliche Forschung; Seeschifffahrt.[2235] In diesen Bereichen sollten die Arktischen Fünf entsprechend den vorangegangenen Ausführungen in formellen internationalen Regimen zusammenarbeiten, um Ergebnisse zu erzielen, die ihre Interessen schützen und fördern. Es gilt aber zu beachten, dass obwohl die arktische Zusammenarbeit in internationalen Foren immer wieder die gegenseitigen friedlichen Absichten betont, die Arktischen Fünf in der politischen Praxis nicht gewillt sind, Kompromisse bei der Verteidigung ihrer nationalen Interessen einzugehen.[2236] Somit könnten Fragen der Ressour-

---

2231 *Loukacheva*, Arctic Governance, 2010, 125.

2232 Ibid., 125.

2233 *Brosnan/Leschine/Miles*, 2011, 174 f

2234 Ibid., 175.

2235 Ibid., 180.

2236 *Skaridov*, 2020, 122.

cenentwicklung und der Souveränität effektiver auf bilateraler Ebene behandelt werden.[2237]

Unter Einbeziehung der übrigen arktischen Stakeholder könnte die Einordnung der verschiedenen institutionellen Ausformungen einer *Arctic-Governance* nach *Loukacheva* auf vier Stufen erfolgen: (a) Es hat sich eine weltweite Zusammenarbeit, durch die Beteiligung der arktischen Akteure in den Vereinten Nationen, als auch der Welthandelsorganisation entwickelt. (b) Die regionale Zusammenarbeit ist durch unterschiedliche Organisationen und Foren gebildet worden. Die wichtigsten Formen sind hierbei jedenfalls der Arktische Rat, der Nordische Rat, als auch die grenzüberschreitende Zusammenarbeit (bspw. Arbeiten des *Saami Council*) der arktischen Regionen untereinander. (c) Die funktionelle Zusammenarbeit setzt sich aus der supranationalen (EU), zwischenparlamentarischen (Gipfeltreffen von Regierungsvertretern der arktischen Länder), zwischenstaatlichen als auch nichtstaatlichen (indigene Foren) Formen zusammen. (d) Zuletzt wird in verschiedenen sektoralen Bereichen wie der Umwelt, der wissenschaftlichen Forschung und des internationalen Handels eng zusammengearbeitet.[2238] Insgesamt versucht die *Arctic-Governance* potenzielle wirtschaftliche Aktivitäten in der Arktis durch eine Vielzahl unterschiedlicher institutioneller Strukturen zu regulieren.

Trotz der zunehmenden Verstärkung der arktischen Zusammenarbeit durch die aufgezeigten regionalen Netzwerke ist die bereits fragmentierte *Arctic-Governance* erst am Beginn ihrer Entwicklung, da die *Governance*-Agenda eine Reihe von Themen enthält, die auffallend unterschiedlich sind und die handelnden Hauptakteure verfahren bei der Lösung spezifischer Probleme häufig uneinheitlich.[2239] *Young* führt hinsichtlich arktisrelevanter Regelungsmaterien zusätzlich aus, dass häufig Verwaltungsmechanismen auf einer *ad hoc* Basis eingeführt worden sind, die sich aus den resultierenden Wechselwirkungen einer bürokratischen Politik und der Verhandlungsmacht der Hauptakteure zusammensetzt. Diesen Ansatz sieht er dahingehend problematisch, dass die wirtschaftlichen Aktivitäten im arktischen Raum voraussichtlich zunehmen werden und sich dadurch das Problem des institutionellen Zusammenspiels verstärken wird.[2240] Daneben kollidieren auch die unterschiedlichen arktischen Rechtsnormen auf vielfältige Weise: Indigene Normen können etwa mit

---

2237 *Brosnan/Leschine/Miles*, 2011, 202 f.

2238 *Loukacheva*, Arctic Governance, 2010, 128.

2239 *Young*, 2011, 330; Vgl. dazu auch: *Rossi*, 2015, 28.

2240 *Young*, 2016, 273.

innerstaatlichen Bestimmungen im Konflikt stehen bzw. komplett von staatlicher Seite ignoriert werden.[2241] Auch eine Kollision völkerrechtlicher Normen ist nach *Hafner* denkbar. Diese Fragmentierung des Völkerrechts ist aber nicht rein negativ behaftet, da Staaten sich auch dazu veranlasst sehen, regionale Völkerrechtsnormen einzuhalten, welche die besondere politische Situation eben dieser Staaten in der betreffenden Region widerspiegeln.[2242]

Nilsson und *Koivurova* kommen zum Ergebnis, dass das Abtauen der nördlichen Polkappe nicht die arktischen Regierungsstrukturen in ihren Grundzügen erschüttert hat, sondern vielmehr das Gegenteil ist der Fall. Das politische Engagement richtet sich auf die Stärkung bestehender Rechtsstrukturen, um den Einfluss externer Akteure zu begrenzen.[2243] *Skaridov* führt aus, dass die Verringerung der Intensität des arktischen Ressourcenkampfes trivial erscheint, wobei ihr doch der Grund für alle übrigen Friedensbemühungen immanent ist, da ohne politische Erwärmung die Abgrenzungsmechanismen des arktischen Raumes nutzlos sind. Jenseits der 200 Seemeilen Grenze sollte die Anwendung des SRÜ die Besonderheiten im arktischen Raum berücksichtigen und die Küstenstaaten nicht mit allen übrigen Staaten gleichgestellt werden.[2244]

Nach *Corell* können Dissonanzen hinsichtlich der Schaffung eines kohärenten rechtsverbindlichen Systems insbesondere dann entstehen, wenn Staaten völkerrechtliche Verträge auf internationaler Ebene aushandeln, da die Verhandlungsdelegationen häufig Anweisungen von verschiedenen Ministerien auf nationaler Ebene erhalten. Dahingehend steigt mit der Anzahl internationaler Abkommen, das Risiko widersprüchlicher Verpflichtungen, die wiederum zu Schwierigkeiten bei der Umsetzung und Anwendung eben dieser Verpflichtungen führen.[2245] *Young* argumentiert, dass globale Regulierungsvorhaben, die beispielsweise von UN-Sonderorganisationen[2246] ausgehen, hinsichtlich eines umfassenden arktischen Bewirtschaftungssystems limitiert sind. Auch rein

---

2241 Siehe Kapitel: IV.3 Indigene Territorialansprüche.

2242 *Hafner*, Pros and Cons Ensuing from Fragmentation of International Law, in 25 Michigan Journal of International Law 4/2004, 849 f.; *Koivurova/Kleemola-Juntunen/Kirchner*, 2020, 81; Vgl. dazu auch die rechtliche Beurteilung des IGH: „Law exists, […] to serve a social need“ in: South West Africa Cases (Ethiopia v. South Africa; Liberia v. South Africa), Judgement 18.7.1966, I.C.J. Reports 1966, Rn. 49.

2243 *Nilsson/Koivurova*, 2016, 179.

2244 *Skaridov*, 2020, 122.

2245 *Corell*, 2009, 1074.

2246 Vgl. dazu beispielsweise: UNGA A/RES/61/295 vom 13. September 2007 (UNDRIP).

sektorale Maßnahmen der bedeutendsten Industrien, decken den arktischen Bedarf einer integrierten *Governance* nicht ab.[2247] So enthält beispielsweise der *Polar Code* im arktischen Ozean kein Verbot für das Verbrennen von verwendeten Schwerölen für die Schiffe der IMO-Mitgliedstaaten.[2248] Vielmehr ist die Homogenität der Interessen und Rechtsvorstellungen in einem territorial abgegrenzten Gebiet stärker als auf globaler Ebene.[2249] Dahingehend sollte eine arktische Integration der Interessen der bisher aufgezeigten Akteure angestrebt werden, um ein breites Spektrum spezifischer Anliegen erfassen zu können. Allerdings könnten Probleme bezüglich der Akzeptanz der Arktischen Fünf entstehen. Diese Staaten sind in der Regel nicht gewillt, die Regelungsbefugnis der nicht-arktischen Staaten auf die gleiche Stufe zu heben.

Auch ist auf die, in ökonomischer Hinsicht, starke Resilienzabnahme innerhalb der arktischen Bevölkerung zu reagieren und eine rechtliche Transformation hat zu erfolgen, um das Wohlergehen der regionalen Bevölkerung gewährleisten zu können.[2250] Ferner haben sich die institutionellen Strukturen der Regierungsführung durch indigene Selbstverwaltungs- und Landanspruchsabkommen geändert und es wird in einigen Gebieten, in denen die indigenen Völker die Mehrheit der Bevölkerung ausmachen, die Regierungsführung sogar als *de facto* indigen angesehen.[2251] Bezugnehmend auf die vorangegangenen Forschungsergebnisse geht die Autorin davon aus, dass die indigene Bevölkerung aufgrund ihrer zunehmenden Rechtsfähigkeit im Völkerrecht Ansprüche auf eine stärkere und direkte Beteiligung in Entscheidungsfindungsprozessen, durch unabhängige Vertretungen in internationalen Foren, sowie durch Mitgliedschaften in internationalen Organisationen, erheben wird.

Teilweise könnten auf die angesprochenen Herausforderungen durch bereits bestehende politische und rechtliche Strukturen reagiert werden. Hinsichtlich der Mitglieder und Beobachter des Arktischen Rates würden *de lege ferenda* hybride Abkommen, welche ihre Teilnehmer in zwei Kategorien mit unterschiedlichen Rechten und Pflichten einteilen, ein befriedigender Interessenausgleich ermöglicht werden.[2252] *Young* weist auf bereits bestehende

---

2247 *Young*, 2016, 275.

2248 Ibid., 275.

2249 *Klein/Schmahl*, Die Internationalen und die Supranationalen Organisationen, in: Graf Vitzthum/Proelß (Hg), Völkerrecht[7], Walter de Gruyter: Berlin–Boston 2016, 257.

2250 *Nilsson/Koivurova*, 2016, 190.

2251 *Loukacheva*, Arctic Governance, 2010, 140.

2252 *Young*, 2016, 276.

Präzedenzfälle[2253] hin, die eine solche Vorgangsweise für den arktischen Raum bestätigen. Gleichzeitig führt er aus, dass diese Beispiele keine Musterlösung für die Regulierung von arktischen Belangen enthalten. Vielmehr soll aufgezeigt werden, dass Abkommen geschaffen werden könnten, die ein mehrstufiges System von Mitgliedsstaaten einführen.[2254] In wissenschaftlicher Hinsicht wäre eine Zusammenarbeit aller arktischen Staaten im Rahmen eines arktischen Überwachungsnetzwerkes und akustischer Telemetrie-Reihen, die sich über das gesamte arktische Gebiet erstrecken, wünschenswert.[2255] Forschern wäre es dadurch möglich, umfassende Beobachtungen und Datensätze auszuwerten, damit die Basislinien abschließend festgelegt werden könnten und würden wissenschaftliche grenzüberschreitende Ergebnisse zu einem umfassenden Verständnis der biologischen, physikalischen und chemischen Eigenschaften des arktischen Ozeans und der Atmosphäre beitragen.[2256]

Die Arktis wird im Rahmen dieser Arbeit als eine zunehmend eigenständige Region wahrgenommen, in denen die acht arktischen Staaten mit weiteren Staaten und nichtstaatlichen Akteuren zusammenarbeiten, um die gemeinsamen arktischen Werte und Interessen auf globaler Ebene zu stärken. Dadurch ist eine mehrstufige *Governance*-Struktur mit einer transnationalen Zusammenarbeit entstanden, die durch multilaterale Kooperationsvereinbarungen einen institutionellen Komplex von umfassender Diplomatie zwischen den verschiedenen arktischen *Stakeholdern* schafft. Die gebührende Berücksichtigung der indigenen Bevölkerung und die subnationalen Verbindungen tragen wesentlich zu den arktischen Kooperationsformen bei. Ziel der *Arctic-Governance* wird es sein, diese mannigfaltige Konstruktion in einer zentralen Stelle zu koordinieren, um einen bestmöglichen Interessenausgleich herzustellen, der allen arktischen Akteuren genügt. Ob der Arktische Rat eben diese Koordinierungsstelle sein kann, wird sich anhand seiner angedachten Reformation zeigen. Jedenfalls könnte eine Ausrichtung an die nordische Kooperationsbewegung eine arktische Identität stärken und der *Arctic-Governance* zur regionalen Akzeptanz verhelfen.

2253 Richtungsweisend hat der Antarktis-Vertrag ein dementsprechendes System etabliert. Beratende Parteien haben das Stimmrecht in Angelegenheiten, die sich in Antarktis Vertragsstaatenkonferenzen ergeben. Nichtberatende Parteien können den Konferenzen beiwohnen sind allerdings vom Stimmrecht ausgeschlossen. Vgl. dazu Kapitel: III.4.4.3 Rechtsordnung in der Antarktis.

2254 *Young*, 2016, 276.

2255 *Brosnan/Leschine/Miles*, 2011, 192.

2256 Ibid., 192.

V. Umweltvölkerrecht in der Arktis

An unterschiedlichen Stellen dieser Arbeit ist darauf hingewiesen worden, dass das ökologische Gleichgewicht im arktischen Raum äußerst fragil ist und dessen Störung, insbesondere durch wirtschaftliche Aktivitäten, globale Auswirkungen haben kann. Neben der Offshore-Erdöl- und Erdgasförderung und zusätzlichen Abbauformen nicht-lebender Ressourcen des Meeresbodens, stellen bestehende und aufkommende Ozeannutzungen weitgreifende Bedrohungen für die arktische Meeresumwelt dar, wie die Verschmutzung durch Schifffahrt, der Bau künstlicher Inseln und Pipelines, Ozeandüngungen, Bioprospektionen, sowie wissenschaftliche Meeresforschungstätigkeiten.[2257] Ferner sind die überfischten Bestände und die damit verbundenen Ökosysteme auf unangemessenes Management, zerstörerische Fischereipraktiken und illegale, unregulierte und nicht gemeldete Fischerei zurückzuführen.[2258] Speziell die negativen Umweltauswirkungen von Großprojekten in der Arktis können, aufgrund der fragilen Umwelt und der Abhängigkeit indigener Völker sowie lokaler Gemeinschaften von arktischen Ressourcen drastisch sein.[2259] Insbesondere stören Bergbautätigkeiten die Permafrost Schicht, schränken den Zugang zu Nahrungsmitteln für Nutztiere ein und Luftschadstoffe können in die arktische Nahrung gelangen, die die Gesundheit der arktischen Bevölkerung gefährden.[2260] Auch schwebt das Damoklesschwert großer Umweltkatastrophen über dem arktischen Ozean. Erst im Mai 2020 sind 20.000 Tonnen Diesel aus dem Tank eines Kraftwerks nahe der nordsibirischen Industriestadt Norilsk ausgelaufen und in den Pjassinosee gelangt.[2261] Aus dem See fließt der Fluss Pjassina in die Karasee, die Teil des arktischen Ozeans ist.[2262] Diese Katastrophe wird medial als das wohl schlimmste Umweltunglück in der Geschichte der

---

2257 *Warner/Rayfuse*, 2008, 401; Vgl. dazu auch: *Vöneky/Beck*, Schutz der antarktischen und arktischen Umwelt, 2017, 553 f.

2258 *Warner/Rayfuse*, 2008, 401 f.

2259 *Larsen*, 2010, 94 f.

2260 *Larsen*, 2010, 94 ff.

2261 *Schmidt*, Umweltunglück in Russland: Der Pjassinosee war schon vorher tot, in: Frankfurter Allgemeine Zeitung, 11.6.2020, https://www.faz.net/1.6811042 (23.7.2020).

2262 Ibid.

russischen Arktis beschrieben.[2263] In der Arktis sind diese Unfälle von schwerwiegendem Ausmaß, da das kalte Klima einen längeren Reparationszyklus nach Umweltkatastrophen erfordert.[2264] Nicht zu vergessen ist auch der Einfluss der Klimaerwärmung[2265] auf das arktische maritime System, sowie militärische Aktivitäten. Die militärische Präsenz im arktischen Raum, zwischen der NATO und Russland, kann Umweltverschmutzungen durch die Nutzung von U-Booten, Abfallentsorgungen und radioaktive Kontaminationen zur Folge haben.[2266] Aufgrund der mannigfaltigen Ausgestaltungen der Einwirkungsparameter auf die arktische Umwelt sind genaue Prognosen über dessen Veränderung äußerst schwierig[2267] und damit kommt entsprechend den vorangegangenen Ausführungen vermehrt eine *Soft Law* Herangehensweise zur Begegnung von arktischen Umweltproblemen in Betracht.

Die Verringerung negativer Auswirkungen wirtschaftlicher Aktivitäten auf die arktische Umwelt sollte daher in den Mittelpunkt jeglicher Bewirtschaftungsmaßnahmen des arktischen Raumes gestellt werden. Entsprechend setzt sich dieses Kapitel zum Ziel, den rechtlichen Rahmen des arktischen Umweltschutzes zu analysieren und die verbindlichen umweltvölkerrechtlichen Schutznormen, Soft Law Regelungen des Arktischen Rates und die küstenstaatlichen Politiken auf deren Kompatibilität zu überprüfen. Auf (potenzielle) Herausforderungen will hingewiesen werden, um etwaige Chancen zur Erweiterung des rechtlichen Schutzrahmens der arktischen Umwelt aufzuzeigen.

Eine allgemein anerkannte Definition des Umweltvölkerrechts existiert nicht. *Proelß* versteht den Begriff Umwelt als ein komplexes Gesamtgefüge unabhängiger Wirkungsbereiche, die sich aus der Geosphäre, Hydrosphäre, Biosphäre und Atmosphäre, einschließlich ihrer Ökosysteme, zusammensetzt. Die unterschiedlichen Raumkategorien, auf die der Mensch einwirkt, die Umweltmedien und -güter, sowie deren Beziehungen zueinander, sind nach ihm die zu ermittelnden Größen und es sind kritische Schwellenwerte festzulegen, die nicht überschritten werden dürfen, um das ökologische Gleichgewicht zu gewährleisten.[2268] Dieser Schutzrahmen ist überwiegend (aber vor allem

2263 *Schmidt*, Frankfurter Allgemeine Zeitung, 2020; Arctic Circle oil spill prompts Putin to declare state of emergency, in: BBC News, 4.6.2020, https://www.bbc.com/news/world-europe-52915807 (31.1.2022).

2264 *de La Fayette*, 2008, 548; *Larsen*, 2010, 95.

2265 Siehe Kapitel: II.4 Auswirkung der Klimaerwärmung.

2266 *Vöneky/Beck*, Schutz der antarktischen und arktischen Umwelt, 2017, 554.

2267 *de La Fayette*, 2008, 547.

2268 *Proelß*, 2016, 414.

in der Arktis) grenzüberschreitender Natur und somit Aufgabe des Völkerrechts.[2269] Auch das Umweltvölkerrecht ist, in Korrelation zur Begriffsfindung der Umwelt, eine systematisierungsbedürftige Querschnittmaterie und kein geschlossenes Rechtssystem.[2270] Die gesamte internationale Gemeinschaft wird durch eine Vielzahl von relativ schnell entwickelter multilateraler Umweltabkommen verpflichtet.[2271]

In der Arktis ist bis dato kein völkervertragliches Sonderregime zur Anwendung gelangt und die Autorin sieht die Ausarbeitung eines völkerrechtsverbindlichen Arktisvertrags für Umweltbelange in naher Zukunft als unrealistisch.[2272] Trotzdem ist die Arktis in eben diesen Belangen kein rechtsfreier Raum. Der Anwendungsbereich von völkerrechtlichen Verträgen und Völkergewohnheitsrecht ist neben innerstaatlichen Rechtsnormen, welche nur im Hoheitsgebiet des jeweiligen Staates gelten, in der gesamten Arktis eröffnet.[2273] Viele der nachstehend beschriebenen völkerrechtlichen Umweltvereinbarungen gelten global, haben aber in der Arktis eine überproportionale Wirkung.[2274] Daneben haben sich einige wichtige Grundsätze herausgebildet, die alle Staaten auf der Grundlage des Völkerrechts, oder zumindest politisch binden, wenn das jeweilige Prinzip den Status des Völkergewohnheitsrechts (noch) nicht erreicht hat.[2275]

Im arktischen Umweltvölkerrecht spielt das SRÜ erneut eine zentrale Rolle. Neben diesen positiv rechtlich verankerten Verpflichtungen zum Schutz der arktischen Umwelt, welche nachstehend behandelt werden, sind sektorielle völkerrechtliche Verträge, die in der Regel mittelbar den Schutz bestimmter Tierarten bzw. insgesamt jenen der biologischen Vielfalt beinhalten oder auf die Bekämpfung der Meeresumweltverschmutzung sowie des Klimawandels abzielen, relevant.[2276] Auch die universellen Menschenrechtsverträge enthalten umweltpolitische Gesichtspunkte, die für die Arktis zur Anwendung kommen könnten.[2277] Bereits diese allgemeine Einführung lässt erahnen, wie komplex

---

2269 Ibid., 414.

2270 Ibid., 415.

2271 *Koivurova*, 2010, 26.

2272 Siehe Kapitel: III.4.4.3.1 Die Möglichkeit eines internationalen Arktisvertrags.

2273 *Keskitalo/Koivurova/Bankes*, Climate Governance in the Arctic: Introduction and Theoretical Framework, in: Koivurova/Keskitalo/Bankes (Hg), Climate Governance in the Arctic, Environment Policy[50], Springer Netherlands: Dordrecht 2009, 7.

2274 *Nevitt/Percival*, 2018, 1673.

2275 *Koivurova*, 2010, 26.

2276 *Vöneky/Beck*, Schutz der antarktischen und arktischen Umwelt, 2017, 558 f.

2277 Vgl. dazu beispielsweise Kapitel: IV.3.4 Exkurs: Menschenrecht auf Umwelt.

das arktische Umweltvölkerrecht ausgestaltet ist und wie weitreichend die Handlungsspielräume der relevanten Akteure gehen. Ausgehend von diesen Feststellungen identifizieren *Vöneky* und *Beck* den arktischen Umweltschutz „defizitär", da er häufig eine „stabilisierende und „einhegende" Wirkung" auf die relevanten Akteure vermisst,[2278] wie das nachstehende Implementierungsbeispiel der Walfangkonvention aufzeigt:

Das Schutzbedürfnis lebender Meeresressourcen in den Polargebieten wurde frühzeitig von der internationalen Staatengemeinschaft erkannt. 1931 wurde die Walfangkonvention zur Vermeidung der Vernichtung von Walbeständen in Spitzbergen und des Südatlantiks beschlossen.[2279] Dieses Abkommen wurde durch ein zweites (1937) und ein weiteres noch heute rechtsverbindliches Abkommen (1946)[2280] ersetzt.[2281] Der in Art. III des betreffenden Übereinkommens eingerichtete Verwaltungskörper, die internationale Walfangkommission, hat das *Moratorium on Commercial Whaling* (1982)[2282] verabschiedet. Die damit eingeführte Aussetzung des kommerziellen Walfangs für alle Walbestände gilt bis heute.[2283] Entgegen dem Antarktis-Vertragssystem, das sicherstellt, dass das globale Walfangregime auch im südlichsten Ozean umgesetzt wird, wurde dieser weitreichende Tierschutz im arktischen Raum nicht entsprechend implementiert und beispielsweise Kanada ist wegen des Moratoriums gänzlich aus der Walfangkonvention ausgetreten.[2284] Norwegen und Island sind zwar Teil der internationalen Walfangkommission, fangen aber, aufgrund ihrer Widersprüche bzw. Vorbehalte gegenüber dem Moratorium, kommerziell Wale.[2285] Russland hat ebenfalls Einspruch eingelegt, übt diesen allerdings nicht aus.[2286] Eine weitere Ausnahme ist der indigene Subsistenzwalfang, der

2278 *Vöneky/Beck*, Schutz der antarktischen und arktischen Umwelt, 2017, 561.

2279 *Proelß*, 2016, 417.

2280 International Convention for the Regulation of Whaling, Washington, 2.12.1946, https://archive.iwc.int/pages/download.php?ref=3607&size=&ext=pdf&k=&alternative=-1&usage=-1&usagecomment= (25.1.2022).

2281 *Proelß*, 2016, 417 f.

2282 Chairman's Report of the Thirty-Fourth Annual Meeting, International Whaling Commission, Brighton, 1982, https://iwc.int/private/downloads/-bZcXV5nQQeQlKLcwmXsVA/1982_Chairs_Report.pdf (24.1.2022), Agenda 6.

2283 *Koivurova*, 2010, 35.

2284 Ibid., 35.

2285 Commercial Whaling, International Whaling Commission, https://iwc.int/commercial (23.11.2020).

2286 Ibid.

explizit im Schedule der Walfangkonvention vorgesehen ist.[2287] Auf dieser Rechtsgrundlage betreiben die indigenen Völker von Alaska, Grönland und Russland den Walfang weiterhin.[2288] Ein erfolgreicheres Abkommen für den arktischen Schutz bestimmter Tierarten ist das *Agreement on the Conservation of Polar Bears*[2289] zwischen den USA, Kanada, Russland, Norwegen und Dänemark. Dieses völkerrechtliche Übereinkommen zwischen den Verbreitungsstaaten der Eisbären ist speziell für die Arktis konzipiert und das einzige unmittelbare Vertragswerk des arktischen Umweltvölkerrechts.[2290] Daneben sind im Bereich des Schutzes verschiedener arktischer Tierarten, das *UN Fish Stocks Agreement* (1995)[2291] sowie die Bonner Konvention (1979)[2292] relevant.

Weitere sektoral völkerrechtlich relevante Verträge, die mittelbare umweltschutzrechtliche Verpflichtungen in der Arktis auferlegen, sind unter anderem das *UN*-Klimarahmenübereinkommen[2293] und das Stockholmer Übereinkommen über persistente organische Schadstoffe.[2294] Eine neue Entwicklung ist mit der *Minamata Convention on Mercury*[2295] geschaffen worden, die insbesondere

---

2287 Schedule to the International Convention on the Regulation of Whaling, International Whaling Commission, Florianópolis, September 2018, https://archive.iwc.int/pages/download.php?ref=3606&size=&ext=pdf&k=&alternative=-1&usage=-1&usagecomment= (16.4.2022).

2288 *Koivurova*, 2010, 36.

2289 Agreement on the Conservation of Polar Bears, Oslo, 15.11.1973, 2898 United Nations Treaty Series No. 50540.

2290 *Keskitalo/Koivurova/Bankes*, 2009, 8; Vgl. dazu auch: *Nevitt/Percival*, 2018, 1673 f.

2291 UNGA A/Conf. 164/37.

2292 Convention on the Conservation of Migratory Species of Wild Animals, Bonn, 23.6.1979, https://www.cms.int/sites/default/files/instrument/CMS-text.en_.PDF (25.1.2022).

2293 United Nations Framework Convention on Climate Change, New York, 9.5.1992, 1771 United Nations Treaty Series No. 30822.

2294 Stockholm Convention on Persistent Organic Pollutants, Stockholm, 22.5.2001, 2256 United Nations Treaty Series No. 40214; Das Stockholmer Übereinkommen über persistente organische Schadstoffe ist das einzige multilaterale umweltvölkerrechtliche Vertrag der speziell die Arktis erwähnt. In dessen Präambel sind die Arktis und ihre eingeborene Gemeinschaft als anfällig für persistente organische Schadstoffe identifiziert worden. Vgl. dazu: *Keskitalo/Koivurova/Bankes*, 2009, 8.

2295 Minamata Convention on Mercury, Kumamoto, 10.10.2013, https://www.mercuryconvention.org/sites/default/files/2021-06/Minamata-Convention-booklet-Sep2019-EN.pdf (24.1.2022).

für die Arktis relevant ist, da sie von allen arktischen Anrainerstaaten unterzeichnet wurde.[2296]

Dolzer und *Kreuter-Kirchhof* weisen darauf hin, dass Art. XX lit. b und g GATT in internationalen Handelsbeziehungen die gegensätzlichen Zielrichtungen des freien Handels und des Umweltschutzes zu überwinden versucht. Dieses Vorhaben wird allerdings vom GATT-Panel untergraben, da eben diese Ausnahmebestimmungen restriktiv ausgelegt werden und das Prinzip des freien Handels präferiert wird.[2297] *De lege ferenda* ist nach *Dolzer* und *Kreuter-Kirchhof* eine Änderung von Art. XX GATT anzustreben, um die handels- und umweltpolitischen Zielsetzungen anzugleichen. Auch ein möglicher Ausgleich gegenläufiger Interessen im Sinne einer Kohärenzklausel zu Art. XX GATT könnte zielführend sein, um umweltschutzrechtliche Maßnahmen zu verstärken.[2298]

Bei Ressourcenbewirtschaftungen im arktischen Raum ist speziell das CBD relevant. Das Abkommen versucht, mit einem ehrgeizigen Ansatz, eine nachhaltige Nutzung von Komponenten der biologischen Vielfalt zu fördern und eine gerechte Aufteilung der Vorteile, die sich aus der Nutzung genetischer Ressourcen ergeben, zu erreichen.[2299] Der *Strategic Plan for Biodiversity for the Period 2011–2020*, angenommen im Rahmen der 10. Vertragsstaatenkonferenz der CBD in Nagoya (2010), stellte ernüchternd fest, dass „the 2010 biodiversity target has not been achieved, at least not at the global level".[2300] Inwieweit der völkerrechtliche Rahmen zum Schutz genetischer Ressourcen der Arktis ausreicht, will nachstehend analysiert werden.

2296 *Vöneky/Beck*, Schutz der antarktischen und arktischen Umwelt, 2017, 560.

2297 *Dolzer/Kreuter-Kirchhof*, 2016, 499.

2298 Ibid., 501.

2299 *Keskitalo/Koivurova/Bankes*, 2009, 8.

2300 Strategic Plan for Biodiversity 2011–2020, Decision adopted by the Conference of the Parties to the Convention on Biological Diversity at ist Tenth Meeting, 29.10.2010, UNEP/CBD/COP/DEC/X/2, https://www.cbd.int/decision/cop/?id=12268 (25.1.2022), Rn. 7; Proelß, 2016, 452; Vgl. dazu: Ein neuer Strategieplan für die Zeit nach 2020 wurde zum Zeitpunkt der Verfassung dieser Arbeit noch nicht veröffentlicht.

V.1 Exkurs: Bioprospektion genetischer Ressourcen durch die Arktischen Fünf

Die Vertragsstaatenkonferenz des CBD hat die Bioprospektion folgendermaßen definiert: „'Biodiversity prospecting' or 'bioprospecting,' is the exploration of biodiversity for commercially valuable genetic and biochemical resources. It can be defined as the process of gathering information from the biosphere on the molecular composition of genetic resources for the development of new commercial products."[2301] Die genetischen Ressourcen sind von großem wirtschaftlichen Wert, da sie besonders widerstandsfähige Organismen sind und die medizinische Forschung hofft neuartige Medikamente, deren Bestandteil diese Substanzen sind, entwickeln zu können.[2302]

Obwohl Art. 15 CBD den Zugang zu genetischen Ressourcen in die Souveränität der Staaten stellt, haben jene Vertragsparteien, auf dessen Territorium sich der Großteil der weltweit vorhandenen genetischen Ressourcen befindet, gleichzeitig anderen Staaten den Zugang zu eben diesen Ressourcen auf einer vorherigen Einwilligung zu einvernehmlich festgelegten Bedingungen zu gewähren.[2303] Die Anerkennung dieser souveränen Rechte über genetische Ressourcen, sollte einen Anreiz für die Staaten liefern, innerstaatliche Gesetze nach Vorgabe des CBD zu erlassen.[2304] Allerdings hat die vage Formulierung des Art. 15 CBD dazu geführt, dass wenige Staaten einschlägige Normen hinsichtlich eines Zugangs- und Verteilungsregimes (*access and benefit sharing*, ABS) erlassen haben.[2305] Als Reaktion wurden 2002 die rechtlich unverbindlichen *Bonn Guidelines on Access to Genetic Resources and Fair and Equitable Sharing of the Benefits Arising out of their Utilization*[2306] verabschiedet.

2301 Information on marine and coastal genetic resources, including bioprospecting, Conference of the Parties to the Convention on Biological Diversity at its Fifth Meeting, 20.4.2000, UNEP/CBD/COP/5/INF/7.

2302 *Vöneky*, Bioprospecting – Gerechte Verteilung genetischer Ressourcen, in: Nida-Rümelin/Wloka (Hg), Internationale Gerechtigkeit und institutionelle Verantwortung, Walter de Gruyter: Berlin–Boston 2019, 341 f.

2303 Vgl. dazu auch: *Leary*, Bioprospecting at the Poles, in: Scott/VanderZwaag (Hg), Research Handbook on Polar Law, Edward Elgar Publishing: Cheltenham–Northampton 2020, 278.

2304 *Annweiler*, 2017, 110.

2305 *Proelß*, 2016, 452.

2306 Bonn Guidelines on Access to Genetic Resources and Fair and Equitable Sharing of the Benefits Arising out of their Utilization, Secretariat of the Convention on Biological Diversity, 2002, https://www.cbd.int/doc/publications/cbd-bonn-gdls-en.pdf (25.1.2022).

Allerdings konnten auch diese Richtlinien keine Zugangsverbesserung schaffen.[2307] Schlussendlich konnte, nach langen Verhandlungen, das Nagoya-Protokoll (2010)[2308] Aufteilungsfragen der Vorteile genetischer Ressourcen in einem völkerrechtlich bindenden Vertrag regeln.[2309]

Das Nagoya-Protokoll baut auf den CBD-Normen auf, indem der Zugang zu genetischen Ressourcen in Art. 6 Abs. 1 eine „auf Kenntnis der Sachlage gegründeten vorherigen Zustimmung der Vertragspartei, die diese Ressourcen zur Verfügung gestellt hat […]" bedarf. Zusätzlich legt Art. 6 Abs. 2 Nagoya-Protokoll fest, dass eine vorherige Zustimmung indigener und ortsansässiger Gemeinschaften für den Zugang zu genetischen Ressourcen einzuholen ist, sofern Letzteren durch innerstaatliche Gesetze das Recht eingeräumt wird Zugang zu den genetischen Ressourcen zu gewähren.[2310] Der Geltungsbereich des Nagoya-Protokolls umfasst nach Art. 3 neben genetischen Ressourcen, auch traditionelles Wissen, welche sich auf genetische Ressourcen bezieht. Sollte der Zugang zu traditionellem Wissen über genetische Ressourcen verlangt werden, so ist gemäß Art. 7 Nagoya-Protokoll wiederum die vorherige Zustimmung und Billigung der indigenen und ortsansässigen Gemeinschaften, im Einklang mit dem innerstaatlichen Recht einzuholen. Mit dieser Erweiterung des CBD-Regelungsumfangs durch das Nagoya-Protokoll haben die Vertragsstaaten nach *Markus* versucht der Tatsache gerecht zu werden, dass es in vielen Fällen das traditionelle Wissen indigener Völker ist, dass den Wert genetischer Ressourcen erkennbar werden lässt und damit Ausgangspunkt ihrer Nutzung ist.[2311]

2307 *Proelß*, 2016, 452.

2308 Nagoya Protocol on Access to Genetic Resources and the Fair and Equitable Sharing of Benefits Arising from their Utilization to the Convention on Biological Diversity, Decision adopted by the Conference of the Parties to the Convention on Biological Diversity at its Tenth Meeting, 29.10.2010, UNEP/CBD/COP/DEC/IX/1; deutsche Fassung: Protokoll von Nagoya über den Zugang zu genetischen Ressourcen und die ausgewogene und gerechte Aufteilung der sich aus ihrer Nutzung ergebenden Vorteile zum Übereinkommen über die biologische Vielfalt, https://www.cbd.int/abs/doc/protocol/Nagoya-Protocol-German.pdf (16.4.2022).

2309 *Proelß*, 2016, 451 f.; *Annweiler*, 2017, 105.

2310 Vgl. dazu: *Markus*, Erhaltung und nachhaltige Nutzung der Biodiversität, in: Proelß (Hg), Internationales Umweltrecht, Walter de Gruyter: Berlin–Boston 2017, 346.

2311 Ibid., 346 f.

Daneben hat jede Vertragspartei gemäß Art. 15 Abs. 1 und Art. 16 Abs. 1 Nagoya-Protokoll innerstaatliche Regelungen zu erlassen, um sicherzustellen, dass indigene und lokale Gemeinschaften, die Rechte an genetischen Ressourcen besitzen, eine vorherige informierte Einwilligung erteilen.[2312] Somit wird im Ergebnis der Nutzerstaat verpflichtet sicherzustellen, dass die entsprechenden Gesetze des Geberlandes eingehalten werden.[2313] Auch für den Zugang zu traditionellem Wissen im Zusammenhang mit genetischen Ressourcen ist eine vorherige Einwilligung nach Aufklärung erforderlich und die Vertragsstaaten sind daher verpflichtet, Gewohnheitsrecht, Protokolle und Verfahren der indigenen und lokalen Gemeinschaften in Bezug auf traditionelles Wissen im Zusammenhang mit genetischen Ressourcen zu berücksichtigen.[2314]

Allerdings sind Kanada, Island, Russland und die USA keine Vertragsparteien des Nagoya-Protokolls,[2315] haben dementsprechend keine spezifischen Gesetze zur Umsetzung der Verpflichtungen aus dem Protokoll erlassen und überraschen insbesondere die fehlenden kanadischen innerstaatlichen Normen zur gemeinsamen Nutzung genetischer Ressourcen, da Kanada das CBD-Sekretariat beherbergt.[2316] Zwar existiert in Kanada eine *Tri-Council Policy*,[2317] welche Leitlinien für die öffentlich geförderte Forschung in Kanada eingeführt hat, doch dieses Regelwerk ist im Vergleich zum Nagoya-Protokoll in dessen Umfang auf mehreren Ebenen beschränkt und vermisst insbesondere direkte ABS-Leitlinien für die Nutzung genetischer Ressourcen aus indigenen Gemeinschaften.[2318] Auch in Russland existiert kein konsolidiertes ABS-Gesetz.

2312 *Leary*, 2020, 279.

2313 *Markus*, 2017, 347.

2314 *Leary*, 2020, 279.

2315 Signatories: Nagoya Protocol on Access to Genetic Resources and the Fair and Equitable Sharing of Benefits Arising from their Utilization to the Convention on Biological Diversity, https://treaties.un.org/pages/ViewDetails.aspx?src=IND&mtdsg_no=XXVII-8-b&chapter=27&clang=_en (16.4.2022).

2316 *Leary*, 2020, 287.

2317 Die Tri-Council Policy wurden vom Social Sciences and Humanities Research Council of Canada, Natural Sciences and Engineering Research Council of Canada und vom Canadian Institutes of Health Research erarbeitet. Vgl. dazu: Tri-Council Policy Statement: Ethical Conduct for Research Involving Humans, Government of Canada, 2018, TCPS 2, https://ethics.gc.ca/eng/documents/tcps2-2018-en-interactive-final.pdf (25.1.2022).

2318 *Oguamanam/Jain*, Access and Benefit Sharing, Canadian and Aboriginal Research Ethics Policy After the Nagoya Protocol: Digital DNA and Transformations in Biotechnology, in: 31 Journal of Environmental Law and Practice 1/2017, https://ssrn.com/abstract=3085574 (25.1.2022), 97 und 101.

Individuelle Zugangsanträge werden *ad hoc* auf der Grundlage von verschiedenen Gesetzen, die von einer Reihe von Ministerien und Behörden verwaltet werden, bearbeitet, wobei eben diese russischen Gesetze die Rechte und Interessen der indigenen und lokalen Bevölkerung kaum berücksichtigen.[2319] Jedoch wird von russischer Seite berichtet, dass aktuell Gesetze zur Zugangs- und Vorteilausgleichung entwickelt werden, um die wahrscheinliche Ratifizierung des Nagoya-Protokolls vorzubereiten.[2320] In den USA ist nach *Leary* generell keine Entwicklung hinsichtlich eines gesetzlich verankerten ABS-Systems erkennbar. Weder auf staatlicher noch auf subnationaler Ebene (Alaska) existiert kein dementsprechendes System für den US-amerikanisch arktischen Raum.[2321]

Die Autorin kommt zu dem Ergebnis, dass genetische Ressourcen eng mit staatlichen Souveränitätsansprüchen verbunden sind. Dahingehend sind im gesamten arktischen Raum, aufgrund der uneinheitlichen Anwendung bzw. nicht Ratifizierung des CBD, die arktischen Staaten gefordert einen nachhaltigen Ansatz für die Nutzung genetischer Ressourcen zu finden. Ob ein internationales System im Sinne eines Vorteilausgleichs entwickelt werden kann, wird insbesondere aufgrund der oppositionellen Stellung der USA zum SRÜ und CBD zu bezweifeln sein.

Sollten entsprechende Tätigkeiten der Bioprospektion im arktischen Ozean, jenseits nationaler Jurisdiktion, durchgeführt werden, unterscheidet sich die rechtliche Beurteilung gravierend. In Staatengemeinschaftsräumen ist das CBD auf genetische Ressourcen nicht anwendbar, da sich dessen Anwendungsbereich auf Gebiete innerhalb nationaler Hoheitsgewalt beschränkt.[2322] Die Bewirtschaftung genetischer Meeresressourcen des Tiefseebodens hat vielmehr im SRÜ-Rahmen zu erfolgen. Der Begriff Bioprospektion ist im SRÜ selbst nicht zu finden, da er sich erst in den 1990-er Jahren im Rahmen der Einführung des CBD etablierte.[2323] Nach *Rayfuse* und *Matz-Lück* könnten Aktivitäten der Bioprospektion als wissenschaftliche Forschungstätigkeit, unter die Freiheiten der Hohen See subsumiert werden und dürften als Konsequenz nicht begrenzt werden. Dieser Ansatz ist aber strittig und konkurriert mit der Ansicht, dass Bioprospektion eine wirtschaftliche Tätigkeit darstellt und somit

2319 *Arjjumend/Alam/Shishatskiy/Koivurova*, Analysis of Evolving Domestic Access and Benefit Sharing Legislation in Russia from the Perspective of Indigenous People and Local Communities, in: 2 Journal of Global Ressources 2016, 113 f.

2320 Ibid., 111.

2321 *Leary*, 2020, 287 f.

2322 *Annweiler*, 2017, 111; *Vöneky*, 2019, 349.

2323 *Annweiler* 2017, 111.

der strengen Regulierung der Küstenstaaten unterliegt.[2324] Obwohl die Auflistung der Freiheiten der Hohen See nicht abschließend ist[2325] und das Regime nicht auf die Wassersäule begrenzt ist, sondern den Meeresboden und -untergrund miteinbezieht,[2326] kann die Bioprospektion als Einstufung einer Tätigkeit der wissenschaftlichen Meeresforschung, welche dem übergeordneten Zweck, die „wissenschaftlichen Kenntnisse der Menschheit hinsichtlich der Meeresumwelt zu vergrößern und das Verständnis der Organismen und Ökosysteme des Meeres zu verbessern“[2327] dient, nicht ganz entsprechen.[2328] *Annweiler* sieht die Bioprospektion als einen singulären Wissenszuwachs des Unternehmens oder Staates, der Proben von genetischen Ressourcen abgebaut und marktfähig gemacht hat.[2329] Die UN-Generalversammlung erkennt die Unterschiede zwischen der wissenschaftlichen Meeresforschung und der Bioprospektion an, führt aber gleichzeitig aus, dass „[…] only at a later stage that knowledge, information and useful materials extracted from such resources enter a commercial phase.“[2330] Dieser Ansicht schließt sich die Autorin an und subsumiert die Bioprospektion unter die Freiheiten der Hohen See. Damit werden genetische Ressourcen aber eben nicht internationalisiert, sondern in das Ermessen der Staaten gestellt und finden nationale Regime Anwendung für deren Staatsangehörige und -zugehörige, sowie deren Schiffe, die Bioprospektion betreiben.[2331]

Obwohl das CBD in Staatengemeinschaftsräumen auf genetische Ressourcen selbst nicht anwendbar ist, kommt es aber sehr wohl zur Anwendung auf Verfahren und Tätigkeiten, die zu deren Ausbeutung führen (Art. 16 CBD).[2332] Aufgrund der praktischen Förderung mariner genetischer Ressourcen durch wenige Staaten, wird die faktische Verantwortung für die Bewahrung und nachhaltige Nutzung dieser Substanzen bei eben diesen Staaten verbleiben.[2333]

2324 *Rayfuse*, 2007, 213; *Matz-Lück*, Article 238, in: Proelß (Hg), United Nations Convention on the Law of the Sea: A Commentary, C.H. Beck/Hart/Nomos: München–Oxford–Baden-Baden 2017, 1611.

2325 Siehe Kapitel: III.4.4.1 Hohe See.

2326 *Proelß*, Die Bewirtschaftung der genetischen Ressourcen des Tiefseebodens – Ein neues Seerechtsproblem?, in: 29 Natur und Recht 10/2007, 653.

2327 *Annweiler*, 2017, 97.

2328 *Vöneky*, 2019, 347; *Annweiler*, 2017, 99.

2329 *Annweiler*, 2017, 99.

2330 UNGA A/60/63/Add.1 vom 15.7.2005, Oceans and the Law of the sea, Rn. 202; Vgl. dazu auch: *Matz-Lück*, Article 238, 2017, 1611.

2331 *Vöneky*, 2019, 349.

2332 Annweiler, 2017, 117; *Vöneky*, 2019, 349.

2333 *Vöneky*, 2019, 349.

V.2 Seerechtlicher Umweltschutz

Die gewohnheitsrechtliche Pflicht, den Schutz des Meeres insgesamt zu sichern, ist in Art. 192 SRÜ kodifiziert worden und Teil XII SRÜ bildet den Kern eines meereszonenübergreifenden globalen Umweltschutzes. Indem das SRÜ wesentliche Grundsätze des maritimen Umweltschutzes zusammenführt, wurde nach *Marboe* ein bedeutender Entwicklungsschritt für den Schutz der Meeresumwelt getan.[2334] Die Legaldefinition der Verschmutzung der Meeresumwelt findet sich bereits zu Beginn des Vertragswerks in Art. 1 Abs. 1 Z. 4 SRÜ.[2335]

Die genaue Ausgestaltung der umweltschutzrechtlichen Wirkungen des SRÜ für den arktischen Raum verdient einen eingehenden Untersuchungsgang. Die Autorin konzentriert sich nachstehend, anlehnend an die Untersuchungsergebnisse zur Bioprospektion, auf den Ressourcenabbau im Tiefseeboden sowie die erweiterten Möglichkeiten der „neuen" Schifffahrt, als Auswirkung der Klimaerwärmung. Dabei liegt der Fokus auf etwaige Fortentwicklungen des SRÜ-umweltschutzrechtlichen Rahmens von Völkerrecht bzw. Völkergewohnheitsrecht.

V.2.1 Ressourcenabbau im Tiefseeboden

Nur der internationalisierte Meeresboden unterliegt gemäß Art. 136 SRÜ dem CHM-Prinzip und nur dessen Ressourcen dürfen unter Beachtung besonderer Regelungen, die insbesondere umweltschutzrechtlicher Natur sind, gemäß Art. 145 SRÜ unter Aufsicht der ISA ausgebeutet werden.

Bei der Entwicklung der Bodenschätze des Tiefseebodens soll die ISA sicherstellen, dass die biologische Vielfalt der Meeresumwelt erhalten bleibt. Dementsprechend ist die Behörde kraft ihres gesetzlichen Auftrags gemäß Art. 209 Abs. 1 i.V.m. Art. 145 SRÜ verpflichtet, Maßnahmen zur Überwachung, Kontrolle und Verhinderung schwerwiegender Schäden für die Meeresumwelt

---

2334 *Marboe*, Das internationale Seerecht, 2013, 494; *Proelß*, 2016, 441; *Vöneky/Beck*, Schutz der antarktischen und arktischen Umwelt, 2017, 560.

2335 „die unmittelbare oder mittelbare Zuführung von Stoffen oder Energie durch den Menschen in die Meeresumwelt einschließlich der Flußmündungen, aus der sich abträgliche Wirkungen wie eine Schädigung der lebenden Ressourcen sowie der Tier- und Pflanzenwelt des Meeres, eine Gefährdung der menschlichen Gesundheit, eine Behinderung der maritimen Tätigkeiten einschließlich der Fischerei und der sonstigen rechtmäßigen Nutzung des Meeres, eine Beeinträchtigung des Gebrauchswerts des Meerwassers und eine Verringerung der Annehmlichkeiten der Umwelt ergeben oder ergeben können."

infolge von Tiefseebergbauaktivitäten zu ergreifen.[2336] Die ISA hat sich bemüht, die erlassenen Vorschriften nicht alleinig auf wirtschaftliche Grundsätze zu stützen, sondern hat sich vielmehr an strikte Umweltstandards, wie unter anderem dem Vorsorgeprinzip nach Prinzip 15 Rio-Erklärung, berufen.[2337] Daher werden Tätigkeiten des Meeresbodenbergbaus grundsätzlich nicht ohne vorangegangene Umweltverträglichkeitsprüfung[2338] zugelassen.[2339] *Tuerk* weist darauf hin, dass nicht vergessen werden darf, dass die Technologie der Ressourcenförderung im Tiefseeboden neu und in vieler Hinsicht unerprobt ist[2340] und speziell im arktischen Ozean (aktuell) keine Förderung der Ressourcen des Tiefseebodens existiert.[2341] Somit kann noch keine Aussage über die prognostizierte Ölförderung im arktischen Tiefseeboden und damit einhergehenden Problemen für die maritime Umwelt abgegeben werden.

V.2.1.1 Die Anwendung des Vorsorgeprinzips im Bereich des Tiefseebodens

„[…] the precautionary approach shall be widely applied by states according to their capabilities. "[2342] Indem Maßnahmen der Vorsorge als Risikomanagement und die Abwägung der Gefährlichkeit für die Umwelt ermittelt werden, ist der Vermeidung von Umweltbelastungen vor deren Existenz als Kern des Vorsorgeprinzips nach *Proelß* Genüge getan. Konkretisierte allgemein geltende Rechtsfolgen können dem Vorsorgeprinzip nicht entnommen werden, sondern vielmehr ist ein prozeduraler Abwägungsmechanismus anzuwenden, der Zielkonflikte verschiedener Schutzgüter des Umweltvölkerrechts lösen kann.[2343] Dabei ist der Wortlaut des 15. Prinzips der Rio-Erklärung weit genug gefasst, um alle Arten von Umweltschäden, einschließlich globaler, einzuschließen.[2344]

2336 *Matz-Lück*, Meeresschutz, in: Proelß (Hg), Internationales Umweltrecht, Walter de Gruyter: Berlin–Boston 2017, 431; *Tuerk*, 276.

2337 *Tuerk*, 2017, 276; Vgl. dazu auch: *Matz-Lück*, Meeresschutz, 2017, 416.

2338 Der ISGH sieht darin eine direkte Verpflichtung nach dem SRÜ, sowie eine allgemeine Verpflichtung nach dem internationalen Gewohnheitsrecht. Vgl. dazu: Responsibilities and obligations of States with respect to activities in the Area, Advisory Opinion 1.2.2011, ITLOS Reports 2011, 32, Rn. 145.

2339 *Tuerk*, 2017, 276.

2340 Ibid., 277.

2341 Siehe Kapitel: III.4.4.2 Tiefseeboden.

2342 Principle 15 UNGA A/Conf.151/26/Vol. I (1992), Annex I.

2343 *Proelß*, 2016, 427 f.

2344 *Atapattu*, Emerging Principles of International Environmental Law, Brill/Nijhoff: Leiden 2007, 204.

Auch darf anhand der Formulierung des zweiten Satzes von Prinzip 15 Rio-Erklärung bei drohenden schweren oder irreversiblen Umweltschäden der Mangel an vollständiger wissenschaftlicher Gewissheit nicht als Grund dafür herangezogen werden, um kostenwirksame Maßnahmen zur Verhinderung von Umweltschäden aufzuschieben.[2345] Demgegenüber kann behauptet werden, dass die Formulierung des zweiten Satzes von Prinzip 15 Rio-Erklärung zwei Anforderungen enthält, die nicht ubiquitäre Teile des Vorsorgeprinzips sind: Die Bezugnahme auf „threats of serious or irreversible damage" und die Bezugnahme auf „cost-effective measures".[2346] Somit ist das Vorsorgeprinzip nach *Proelß* nicht auf eine Gebots- oder Verbotsnorm zu reduzieren. Vielmehr könnte das Prinzip als ein bereichsübergreifendes Verfahrensinstrument zur Konkretisierung und Effektivierung der materiell-rechtlichen Pflichten der Staaten angesehen werden, das auf allumfassende Umweltprobleme reagiert.[2347] Bei kollidierenden Völkerrechtsnormen ist der Grad des Risikos dramatischer Umweltschäden ausschlaggebend, welche Güter geschützt werden, wobei Schutzgüter des „unterlegenen" Vertrags im geringstmöglichen Ausmaß beeinträchtigt werden sollen, wie die „höhere" Norm erfüllt werden kann.[2348]

Aufgrund der sich stetig entwickelnden wissenschaftlichen Forschungsmissionen im arktischen Raum, die primär im Rahmen der Sammlung von Daten bezüglich erweiterter Festlandsockel erfolgen, stellt sich nunmehr die Frage, ob diese Aktivitäten durch das Vorsorgeprinzip gerechtfertigt werden können. Für diesen Untersuchungsgang greift die Autorin auf die Literatur zur Rechtmäßigkeit von *Geo-Engineering*-Maßnahmen zurück. Diese Maßnahmen greifen in natürliche Prozesse ein, um Auswirkungen des Klimawandels abzumildern.[2349] Ausgangspunkt ist ein deutsch-indisches Eisendünungsexperiment (LOHAFEX) im südatlantischen Ozean, welches Eisensulfat in einen Meereswirbel eingebracht hat, um im Wasser gelöstes Kohlenstoffdioxid zu binden.[2350] Da nicht absehbar ist, ob diese Einbringung zu einer Versauerung der betreffenden Meeresgebiete führt, brachten Gegner dieser Experimente neben seerechtlichen Problematiken insbesondere vor, dass bei der Durchführung die Vorgaben des

2345 *Warner*, 2020, 331.
2346 *Atapattu*, 2007, 224.
2347 *Proelß*, 2011, 499.
2348 Ibid., 501.
2349 Ibid., 496.
2350 *Proelß*, 2011, 496; *Schlacke/Kenzler*, Klimaschutz durch Meeresdüngung? Zum (Spannungs-) Verhältnis zwischen Seevölkerrecht und Biodiversitätskonvention, in: 31 Natur und Recht 11/2009, 754.

CBD beziehungsweise die im Rahmen des neunten Treffens der Vertragsstaaten des CBD erlassenen einschlägigen, *Decision IX/16 on Biodiversity and Climate Change*[2351] verletzt sei.[2352] Unter Berücksichtigung des Vorsorgeprinzips sprechen nach *Proelß* die besseren Gründe für rechtmäßige wissenschaftliche Eisendünungsexperimente, um das Kohlenstoffdioxid Sequestrierungspotenzial dieser Technik zu erforschen und zusätzlich duldet Art. 3 Nr. 3 Klimarahmenübereinkommen kein Aufschieben von Vorsorgemaßnahmen aufgrund fehlender wissenschaftlicher Gewissheit, um Auswirkungen der Klimaerwärmung abzuschwächen.[2353] Unter Zusammenführung beider Argumente kommt *Proelß* zum Ergebnis, dass *Geo-Engineering*-Maßnahmen bei potenziellen und lokal begrenzten Wirkungen auf die Meeresumwelt zu vertreten sein werden.[2354] Auch die Vertragsparteien des Übereinkommens über die Verhütung der Meeresverschmutzung durch das Einbringen von Abfällen und anderen Stoffen (1972)[2355] lassen in der Resolution *LC-LP.1 on the Regulation of Ocean Fertilization*[2356] konsequenterweise Eisendünungsaktivitäten zu, die legitime Ziele der wissenschaftlichen Forschung verfolgen.[2357] Zudem sind seit 2013 durch das *London Protocol*[2358] alle *Geo-Engineering*-Aktivitäten, die nicht für legitime wissenschaftliche Forschungszwecke verwendet werden, verboten.[2359] In praktischer Hinsicht bleibt allerdings zu beachten, dass die Versauerung der Ozeane durch Kohlenstoffemissionen von den meisten Geo-Engineering-Maßnahmen nicht in bedeutendem Maße abgemildert werden kann.[2360]

2351 Biodiversity and climate change, Decision adopted by the Conference of the Parties to the Convention on Biological Diversity at its Ninth Meeting, 9.10.2008, UNEP/CBD/COP/DEC/IX/16.

2352 *Proelß*, 2011, 496; *Schlacke/Kenzler*, 2009, 756.

2353 *Proelß*, 2011, 496.

2354 Ibid., 501.

2355 Convention on the Prevention of Marine Pollution by Dumping of Wastes and Other Matter, London, 29.12.1972 1046 United Nation Treaty Series No. 15749.

2356 „[…] ocean fertilization activities other than legitimate scientific research should not be allowed.“ Vgl. dazu: Resolution LC-LP-1 (2008) on the Regulation of Ocean Fertilization, 31.10.2008, LC 30/16, Annex 6.

2357 *Proelß*, 2011, 496 und 501 f.

2358 1996 Protocol to the London Convention on the Prevention of Marine Pollution by Dumping of Wastes and Other Matter, London, 7.11.1996, https://wwwcdn.imo.org/localresources/en/OurWork/Environment/Documents/PROTOCOLAmended2006.pdf (27.1.2022).

2359 *Stephens*, 2020, 446.

2360 Ibid., 435.

Während inzwischen anerkannt ist, dass das Vorsorgeprinzip auf Aktivitäten im Tiefseeboden als Völkergewohnheitsrecht[2361] anwendbar ist, wird es bei dessen Durchsetzung schwierig sein, aufgetretene Umweltschäden im Gemeinschaftsraum einem spezifischen Verhalten eines Staates oder einer Gruppe von Staaten zuzuordnen.[2362] Auch ist nach *Proelß* unklar, wie ein potenzieller Verstoß gegen das Vorsorgeprinzip angefochten werden kann. Da das Konzept der *actio popularis* auf völkerrechtlicher Ebene (noch) keine allgemeine Anerkennung gefunden hat,[2363] scheint es unwahrscheinlich, dass mögliche Verstöße gegen das Vorsorgeprinzip im Zusammenhang mit Aktivitäten im gemeinsamen Raum Gegenstand von obligatorischen Streitbeilegungsverfahren wird.[2364]

Bezugnehmend auf die vorangegangenen Untersuchungsergebnisse enthält der arktische Ozean nur einen minimalen Anteil an Meeresgebieten, die weder in die 200-Seemeilenzone der AWZ der Anrainerstaaten fallen noch jenseits ihrer proklamierten erweiterten Festlandsockel liegen. Damit gelangt das CHM-Prinzip, sofern die Festlandsockel rechtsverbindlich festgelegt werden, lediglich in einem kleinen räumlichen Bereich zur Anwendung. Diese Nationalisierung des arktischen Meeresbodens stellt nach Ansicht der Autorin eine Gefahr für die arktische Umwelt dar. Küstenstaaten können den Bergbau und Bohrarbeiten zur Ausbeutung der definierten Ressourcen des Meeresbodens vornehmen und genehmigen (Art. 60, Art. 80, Art. 81 SRÜ). Im Endergebnis stellt die Autorin fest, dass wenn eine endgültige Abgrenzung der Festlandsockel im arktischen Ozean, wie von den arktischen Küstenstaaten angedacht, erreicht ist, das spezielle Umweltschutzregime, das durch die ISA erstellt wurde, umgangen werden könnte.

2361 „The Chamber observes that the precautionary approach has been incorporated into a growing number of international treaties and other instruments, many of which reflect the formulation of Principle 15 of the Rio Declaration. In the view of the Chamber, this has initiated a trend towards making this approach part of customary international law." Vgl. dazu: Responsibilities and obligations of States with respect to activities in the Area, Advisory Opinion 1.2.2011, ITLOS Reports 2011, Rn. 125.

2362 *Proelß*, Geoengineering and International Law, in: 30 Sicherheit & Frieden 4/2012, 207.

2363 Das ISGH-Streitbeilegungssystem bietet aber Möglichkeiten in Bezug auf die Zulässigkeit einer *actio popularis*, die allerdings noch nicht auf die Probe gestellt wurden; Vgl. dazu: *Gattini*, Actio Popularis, in: Wolfrum (Hg), The Max Planck Encyclopedia of Public International Law, opil.ouplaw.com/home/EPIL 2019, Rn. 26.

2364 *Proelß*, 2012 207.

V.2.2 Die arktische Klausel

Im Rahmen der SRÜ-Vertragsverhandlungen haben Küstenstaaten versucht ihre Interessen in den vorgelagerten Seegebieten durchzusetzen, um den Einfluss von Flaggenstaaten, welche die Freiheit der Schifffahrt forderten, zu minimieren.[2365] Insbesondere Kanada versuchte mit der Idee von „exceptionally vulnerable areas" und „ice-covered areas" die staatliche Souveränität in genereller, als auch in arktisspezifischer Hinsicht, auf die umliegenden Gewässer auszudehnen.[2366] Letztere Überlegungen wurden von den USA und Russland unterstützt und die drei Verhandlungsdelegationen konnten einen Vorschlag zum Schutz von „ice-covered areas" ausarbeiten, welcher schlussendlich im Rahmen der 3. Seerechtskonferenz in Art. 234 SRÜ angenommen wurde.[2367] Dass Kanada und Russland die Einführung von Art. 234 SRÜ vorangetrieben haben, überrascht vor dem Hintergrund, dass beide Küstenstaaten zusammen 75 % der Küstenlinie des arktischen Ozeans einnehmen, nicht.[2368] Ziel der genannten Kompetenznorm ist der Erlass von nationalen Umweltgesetzen in den AWZ zum Schutz von eisbedeckten Gegenden.[2369] Obwohl auch in der südlichen Hemisphäre das Kriterium „eisbedeckte Gebiete" erfüllt wäre, weist die Entstehungsgeschichte von Art. 234 SRÜ darauf hin, dass selbiger für die arktischen Gewässer konzipiert ist und diese Norm wird im rechtswissenschaftlichen Jargon daher auch als arktische Klausel bezeichnet.[2370]

Art. 234 SRÜ erkennt an, dass die Polargewässer wegen ihrer tiefen Temperaturen Verschmutzungen nur geringfügig absorbieren und die fragilen arktischen Gewässer sollen daher innerhalb von 200 Seemeilen durch den Erlass nichtdiskriminierender Vorschriften zur Verhütung von Meeresverschmutzungen durch die Schifffahrt geschützt werden.[2371] Art. 234 SRÜ spricht den Anrainerstaaten des arktischen Ozeans eine Art Treuhänderstellung für die Erhaltung der eisbedeckten Meeresumwelt zu.[2372] Konsequenterweise gewährt Art. 234 SRÜ in eisfreien Zeiten keine Sondervorschriften. Wie lange diese Norm rechtliche Relevanz besitzt, wird sich in der Zukunft herausstellen, was

---

2365 *Franckx/Boone*, 2017, 1571.
2366 Ibid., 1571.
2367 Ibid., 1572 f.
2368 *Rossi*, 2015, 27.
2369 *Franckx/Boone*, 2017, 1569.
2370 *Franckx/Boone*, 2017, 1570; *König/Neumann*, 2008, 21.
2371 *Görner*, 2018, 52.
2372 *Proelß*, 2016, 393.

anhand des prognostizierten Auftauens der nördlichen Polkappen zu bewerten sein wird.[2373]

Die Formulierung der arktischen Klausel ist breit gefasst und könnte ein Gleichgewicht zwischen der Macht eines Küstenstaats zum Schutz der Umwelt und den Rechten anderer Staaten für die Freiheit der Navigation herstellen.[2374] Es bleibt aber zu kritisieren, dass Art. 234 SRÜ viele Auslegungsfragen offenlässt:

Einen großen Interpretationsspielraum bietet Art. 234 SRÜ dahin gehend, dass das Ausmaß der Eisbedeckung nicht konkret festgelegt wurde.[2375] Ein internationaler politischer Konsens über die Definition von „eisbedeckt" besteht nicht, da auch eisfreie Gewässer, Eis in geringen Konzentrationen enthalten können.[2376] Entsprechend könnten nach *Skaridov* Versuche, verschiedene Konzepte (innerhalb der nationalen Gerichtsbarkeit) zur Ausweitung der Regulierungen der Ressourcenbewirtschaftung und der Schifffahrt in den arktischen AWZ, auf Grundlage von Art. 234 SRÜ zu entwickeln, als unangemessen angesehen werden. Das SRÜ definiert nämlich die Begriffe „strenge klimatische Bedingungen" und „ernstliche Schädigung des ökologischen Gleichgewichts" nicht näher. Diese Definitionen sind aber für die Anwendung von Art. 234 SRÜ von entscheidender Bedeutung.[2377]

Darüber hinaus ist die Beziehung der arktischen Klausel zu Bestimmung über Meerengen, die der internationalen Schifffahrt dienen, unklar.[2378] Da das Regime der friedlichen Durchfahrt in Küstenmeeren zusätzlich anwendbar bleibt, könnte es bestimmte Bereiche in der internationalen Schifffahrt geben, die möglicherweise nicht den Standards, die auf der rechtlichen Grundlage von Art. 234 SRÜ erlassen wurden, unterliegen und diese Ausführungen gelten auch für Meerengen.[2379] Würden die Küstenstaaten keine weitergehenden Befugnisse, als jene, die für das Küstenmeer gewährt wurden, erhalten und bestehe damit auch kein einseitiges Recht spezielle Standards für Schiffbau, Besatzung und Ausrüstung zu erlassen, wäre Art. 234 SRÜ konsistent mit dem übrigen SRÜ-Rechtsrahmen.[2380]

2373 *Young*, 2016, 273.
2374 *Farré u. a.*, 2014, 309.
2375 *VanderZwaag*, 2010, 51.
2376 *Farré u. a.*, 2014, 309.
2377 *Skaridov*, 2020, 106.
2378 *de La Fayette*, 2008, 546; *VanderZwaag*, 2010, 51.
2379 *Chircop*, 2009, 372.
2380 *VanderZwaag*, 2010, 51.

Art. 234 SRÜ führt auch zu zahlreichen Unklarheiten in seiner Endklausel. Der Küstenstaat wird angewiesen unilaterale Regelungen nach der gebührenden Berücksichtigung der „besten verfügbaren wissenschaftlichen Angaben" zu erlassen. Um das rechtliche Gehalt dieser Bestimmung erfassen zu können, erachten *Franckx* und *Boone* den Rückgriff auf den Wortlaut des Art. 61 Abs. 2 SRÜ als nützlich. Art. 234 SRÜ bezieht sich auf wissenschaftliche Beweise im Allgemeinen, während Art. 61 Abs. 2 SRÜ nur die küstenstaatliche Berücksichtigung „der besten ihm zur Verfügung stehenden wissenschaftlichen Angaben" verlangt.[2381] Unter Normenvergleich kommen sie zum Ergebnis, dass die arktische Klausel ein höheres Maß an Sicherheit, als auch ein ausgeprägtes Verständnis der Meeresumwelt und der sich ändernden Umstände fordert und sie vermuten, dass diese unterschiedlichen Formulierungen auf die Fahrlässigkeit der SRÜ-Vertragsverhandler zurückzuführen sind.[2382] Angesichts der beträchtlich größeren küstenstaatlichen Befugnisse, die Art. 234 SRÜ verleiht, erachten *Franckx* und *Boone* die Durchsetzung von höheren Standard als gerechtfertigt,[2383] da die arktischen Staaten keine, wie in anderen SRÜ-Normen vorgesehene, IMO-Genehmigung für ihre erlassenen Vorschriften auf der Grundlage von Art. 243 SRÜ beantragen müssen.[2384] Auch *Chircop* kommt zum Ergebnis, dass die Formulierung der Endklausel auf eine Rechtfertigung abzielt, dass den arktischen Küstenstaaten höhere Standards, als die von der IMO verabschiedeten, auferlegt wurden.[2385]

Kanada[2386] und Russland[2387] haben unilaterale Gesetze und Vorschriften für die Schifffahrt in arktischen Gewässern erlassen. Insbesondere Russland stützt sich dabei auf die arktische Klausel.[2388] Dies ist allerdings nur teilweise aus Gründen des Umweltschutzes erfolgt.[2389] Die USA bestreiten die russischen Regulierungsmaßnahmen in der Nordostpassage mit der Begründung, dass Russland Art. 234 SRÜ als Vorwand verwende, die Schifffahrtsfreiheit zu beeinträchtigen.[2390]

2381 *Franckx/Boone*, 2017, 1580.
2382 Ibid., 1580.
2383 Ibid., 1580.
2384 *Chircop*, 2009, 372.
2385 Ibid., 372.
2386 Siehe Kapitel: III.5.2.2 Nordwestpassage.
2387 Siehe Kapitel: III.5.2.1 Nordostpassage.
2388 *de La Fayette*, 2008, 546.
2389 *Koivurova*, 2010, 40.
2390 *Farré u. a.*, 2014, 309 f.

In der Praxis und vor dem Hintergrund, dass die arktischen Küstenstaaten nach Art. 234 SRÜ keine Rechtsetzungsbefugnis über die Hohe See haben, sind nach *Chirop* unilaterale Ansätze nicht ausreichend, um die Meeresumwelt insgesamt zu schützen. Ein besserer Ansatz wäre die küstenstaatlichen Befugnisse nach Art. 234 SRÜ im Rahmen eines umfassenden kooperativen Ansatzes zur Festlegung polarer Schifffahrtsstandards zu verwenden.[2391] Diesem Vorhaben ist der *Polar Code* bereits nachgekommen und dessen Umsetzung in der Arktis behandelt der nachstehende Abschnitt.

Trotz der Wahrscheinlichkeit, dass ein verstärkter internationaler Schutz die Notwendigkeit unilateraler küstenstaatlicher Maßnahmen verringert, können die küstenstaatlichen Befugnisse eigene Anforderungen zu stellen, ein treibender Faktor für die Entwicklung des internationalen Rechtsrahmens sein.[2392] *Bartenstein* und *Chircop* sehen in der küstenstaatlichen Gesetzgebungsbefugnis nach Art. 234 SRÜ, aufgrund der inhärenten Grenzen der betreffenden Norm, keine unerträglichen Auswirkungen auf die internationale Schifffahrt. Vielmehr könnte eine vollständige Harmonisierung der nationalen Regeln und Standards für die arktische Umwelt unerwünschte Folgen nach sich ziehen.[2393]

V.2.3 Neue Schiffbarkeit der arktischen Gewässer

Das SRÜ behandelt die Verschmutzung durch Schiffe in Art. 211 stiefmütterlich und verweist in seinem Abs. 1 auf eine weitere Konkretisierung durch eine internationale Organisation, die IMO.[2394] Aufgrund des im SRÜ etablierten Mehr-Ebenen-Modells, haben Vertragsparteien Schutzmaßnahmen im Rahmen der IMO zu erlassen.[2395] Werden jene Maßnahmen allgemein anerkannt, so entfalten sie auch eine rechtsverbindliche Wirkung für Schiffe unter Drittflaggen in der AWZ des Küstenstaates, ungeachtet der dort herrschenden Freiheit der Schifffahrt (Art. 211 Abs. 5 SRÜ).[2396] Somit wurden Küsten[2397]- und Hafenstaaten[2398] besondere raumübergreifende Durchsetzungsbefugnisse zuerkannt und *Proelß* bezeichnet sie entsprechend als „Herren des Umweltschutzes“.[2399]

2391 *Chircop*, 2009, 372.
2392 *Bartenstein/Chircop*, 2020, 389.
2393 Ibid., 389.
2394 *Chircop*, 2009, 365.
2395 *Proelß*, 2016, 441.
2396 Ibid., 441.
2397 Vgl. dazu: Art. 211 Abs. 5, Abs. 6 und Art. 220 SRÜ.
2398 Vgl. dazu: Art. 218 Abs. 1 SRÜ.
2399 *Proelß*, 2016, 441 f.

Trotzdem kann ein Staat sein Küstenmeer für die friedliche Durchfahrt der Schiffe nicht sperren, auch wenn ihre Ladung ein erhebliches Umweltrisiko darstellt, wie insbesondere bei Tankschiffen.[2400] Allerdings können Küstenstaaten präventive Maßnahmen treffen, um eben dieses Risiko zu minimieren und beispielsweise verlangen, dass spezielle Seewege im Interesse der Sicherheit, Effizienz des Seeverkehrs und des Umweltschutzes verwendet werden[2401] und hier könnten Maßnahmen von Russland und Kanada in der Nordost- bzw. Nordwestpassage erfolgen.

Meeresverschmutzungen durch Schiffe hintanzuhalten war bereits Zweck des Übereinkommens über die Verhütung der Meeresverschmutzung durch das Einbringen von Abfällen und anderen Stoffen und dieses Vertragswerk ist das „Schlüsselinstrument zur Ausgestaltung von Art. 210 SRÜ.[2402] Gemäß Art. 3 i.V.m. Art. 4 Übereinkommen über die Verhütung der Meeresverschmutzung durch das Einbringen von Abfällen und anderen Stoffen ist jede vorsätzliche Beseitigung von Abfällen oder sonstigen Stoffen im Meer verboten und Annex I enthält eine Liste von Stoffen, deren Einbringen grundsätzlich verboten ist, wie beispielsweise Rohöl.[2403]

Die offenen Rechtslücken dieses Abkommens werden durch das MARPOL[2404] geschlossen.[2405] Hauptziel dieses Rahmenabkommens ist die Verschmutzung des Meeres durch betriebsbedingte Einleitungen zu verhindern.[2406] Das MARPOL begrenzt neben dem absichtlichen Einleiten von Öl, das von anderen Schadstoffen durch Schiffe sowie jenes von Schiffsabwässern und Schiffsabfällen und auch das unbeabsichtigte Ablassen.[2407] Sechs MARPOL-Anhänge legen detaillierte Standards für den Meeresschutz fest. Die Anhänge I (Öl) und II (schädliche flüssige Stoffe) sind für alle Vertragsparteien verbindlich, während die übrigen Anhänge optional sind.[2408] Zum Verfassungszeitpunkt dieser Arbeit sind die arktischen Staaten allen MARPOL-Anhängen, bis auf die USA,

---

2400 *Boyle*, 2006, 26.

2401 Ibid., 26.

2402 *Proelß*, 2016, 442.

2403 *Vöneky/Beck*, Schutz der antarktischen und arktischen Umwelt, 2017, 559.

2404 Protocol of 1978 relating to the International Convention for the prevention of pollution from ships, 1973, London, 17.2.1978, 1340 United Nations Treaty Series No. 22484.

2405 *Nevitt/Percival*, 2018, 1674.

2406 *Proelß*, 2016, 441; Vgl. dazu auch: *Nevitt/Percival*, 2018, 1674.

2407 *Vöneky/Beck*, Schutz der antarktischen und arktischen Umwelt, 2017, 559.

2408 *VanderZwaag*, 2010, 56.

die keine Vertragspartei des Anhang IV ist, beigetreten.[2409] Sowohl Anhang VI und größtenteils Anhang IV gelten einheitlich für Schiffe in beiden Polarregionen.[2410] Demgegenüber bestehen erhebliche Unterschiede für die Anhänge I, II und V, da die IMO in der Antarktis *special areas*[2411] ausgewiesen hat, wodurch die Regulierungen für die Antarktis entsprechend strenger ausgestaltet sind[2412] und zusätzlich eben diese Standards durch die Aufnahme in Anhang IV des Madrider Umweltschutzprotokolls weiter gefestigt wurden.[2413] In praktischer Hinsicht muss damit jede MARPOL-Vertragspartei sicherstellen, dass die unter ihrer Flagge operierenden Schiffe in der Antarktis über ausreichende Kapazitäten für die Rückhaltung von öligen Rückständen und Müll verfügen und Vorkehrungen für die Einleitung von öligen Rückständen und Müll in einer Auffangeinrichtung nach Verlassen der Antarktis treffen.[2414] Obwohl nach Art. 234 SRÜ arktische Anrainerstaaten strengere Regeln als die globalen Standards erlassen können, stellt *Fedi* paradoxerweise fest, dass der arktische Ozean, im Vergleich zur Antarktis, trotz der Erkenntnis seines fragilen Ökosystems in internationaler Hinsicht ein (noch) geringes Schutzniveau erhalten hat.[2415]

Zur Etablierung eines Schutzes der Korallenriffe vor der Küste von Texas und Louisiana (*Flower Garden Banks National Marine Sanctuary*) haben sich die USA, denen Zuständigkeiten und Vollstreckungsmaßnahmen für

---

2409 Status of Conventions, International Maritime Organization, https://www.imo.org/en/About/Conventions/Pages/StatusOfConventions.aspx (7.3.2021).

2410 *VanderZwaag*, 2010, 56 f.

2411 Special Areas under MARPOL, International Maritime Organization, https://www.imo.org/en/OurWork/Environment/Pages/Special-Areas-Marpol.aspx (7.3.2021).

2412 In Anhang I, Anhang II, Anhang IV und Anhang V definiert das MARPOL bestimmte Seegebiete als *special areas*, in denen aus bestimmten Gründen, die sich auf ihren ozeanografischen und ökologischen Zustand sowie auf ihren Schifffahrtsverkehr beziehen, besondere verbindliche Methoden zur Verhütung der Meeresverschmutzung angewendet werden. Nach dem Übereinkommen haben diese Sondergebiete ein höheres Schutzniveau als andere Meeresgebiete. Vgl. dazu: Special Areas under MARPOL, International Maritime Organization.

2413 *VanderZwaag*, 2010, 60.

2414 Ibid., 61.

2415 *Fedi*, Arctic shipping law: from atomised legislations to integrated regulatory framework: the Polar Code (r)evolution?, in: Lasserre/Faury (Hg), Arctic Shipping: Climate Change, Commercial Traffic and Port Development, Routledge: Abingdon (Oxon)–New York 2020, 131.

die Verschmutzung durch Schiffe gemäß Art. 211 Abs. 5 und 6 und Art. 220 Abs. 3,5 und 6 SRÜ verwehrt sind, auf ihre zustehenden Rechte in der gewohnheitsrechtlich anerkannten AWZ berufen.[2416] Damit versuchten die USA unilateral nicht-Ankerplätze durchzusetzen und sie erhielten, nach eingereichtem Antrag, die Zustimmung zu deren Einrichtung von der IMO.[2417] 2002 wurde das Seegebiet um *Florida Keys* als *Particularly Sensitive Sea Area* (PSSA) ausgewiesen.[2418] *Molenaar* interpretiert das US-amerikanische Ansuchen einer PSSA als verspätete Anerkennung der USA, dass unilaterale Rechtsakte in ihrer AWZ rechtswidrig sind, gibt aber gleichzeitig zu, dass die USA das Ansuchen zur Schaffung eines globalen Bewusstseins des nicht-Ankerplatzes im betreffenden Gebiet eingebracht haben könnte.[2419] Jedenfalls erkannte die internationale Staatengemeinschaft die IMO als effektive internationale Organisation im geltenden SRÜ-Rechtsrahmen an, um nicht-Ankerplätze in der AWZ zu kennzeichnen, unabhängig davon, ob das SRÜ eine entsprechende Rechtsgrundlage enthält.[2420] Für den arktischen Ozean bleibt auszuführen, dass keine PSSA eingerichtet wurde.[2421]

Zusätzlich stellt *Convention for the Safety of Life at Sea* (SOLAS)[2422] sicher, dass die unterzeichnenden Flaggenstaaten ein gewisses Mindestmaß an Sicherheitsvorkehrungen einhalten.[2423] Die IMO Versammlung hat MARPOL und SOLAS für polare Gewässer im *Polar Code*[2424] harmonisiert und

---

2416 *Molenaar*, 2007, 185.

2417 Ibid., 185.

2418 Ein PSSA benötigt aufgrund seiner Bedeutung aus anerkannten ökologischen, sozioökonomischen oder wissenschaftlichen Gründen und der Gefahr einer potenziellen Beschädigung durch internationale maritime Aktivitäten, einen besonderen Schutz durch Maßnahmen der IMO. Wenn ein Gebiet als PSSA zugelassen ist, werden bestimmte Maßnahmen zur Kontrolle der maritimen Aktivitäten in diesem Gebiet angewendet. Solche Maßnahmen können die Festlegung von Routen, als auch die strikte Anwendung der MARPOL-Einleitungen- und Ausrüstungsanforderungen für Schiffe wie Öltanker oder Installationen von Vessel Traffic Services sein. Vgl. dazu: Particularly Sensitive Sea Areas, International Maritime Organization, https://www.imo.org/en/OurWork/Environment/Pages/PSSAs.aspx (7.3.2021).

2419 *Molenaar*, 2007, 185.

2420 Ibid., 185.

2421 Particularly Sensitive Sea Areas, International Maritime Organization.

2422 International Convention for the Safety of Life at Sea, London, 25.5.1980, 1184 United Nations Treaty Series No. 18961.

2423 *Nevitt/Percival*, 2018, 1674.

2424 Siehe Kapitel: III.3.3 Flaggenstaaten.

erweitert.[2425] Der *Polar Code* ist primär zielorientiert, als vorschreibend, und bietet angepasste universelle Standards, die für alle Handelsschiffe gelten.[2426] Grundsätzlich wird der *Polar Code* als nicht disruptives Instrument angesehen, sondern vielmehr als eine Weiterentwicklung des gegenwärtigen internationalen Rechtsrahmens.[2427] Entsprechend werden die *Polar Code*-Bestimmungen, soweit verbindlich, in die relevanten Verträge, MARPOL und SOLAS, aufgenommen.[2428] Dabei ist der *Polar Code* kein „erschöpfendes Instrument" und soll sich kurzfristig anpassen, indem sich *de lege ferenda* die *Polar Code*-Bestimmungen zu strengeren Umweltstandards entwickeln können.[2429] Entsprechend sollen drei *precautionary areas* und sechs *two-way routes* geschaffen werden, sofern mehr Schiffe die Nordostpassage befahren und dies sind die ersten Schiffsroutenmaßnahmen, die bei der IMO für die Arktis seit Inkrafttreten des *Polar Codes* vereinbart wurden.[2430] Obwohl diese politischen Zusagen die Effizienz der *Polar Code*-Bestimmungen nach *Fedi* stärken werden, wird eine gewisse Zeit erforderlich sein, um die Auswirkungen auf die Sicherheit des Seeverkehrs, den Umweltschutz und die indigene Bevölkerung in der Arktis genau bewerten zu können.[2431] Insbesondere das Verbot von Bunkertreibstoffen, das bereits in antarktischen Gewässern rechtswirksam ist, ist durch den *Polar Code* auf die Arktis ausgedehnt worden und eine erfreuliche Entwicklung für den arktischen Umweltschutz.[2432]

Die *Convention on the International Regulations for Preventing Collisions at Sea,*[2433] welche das SRÜ ergänzt und zahlreiche Navigationsbestimmungen gemäß Art. III für alle internationalen Gewässer (außerhalb des Küstenmeeres) operationalisiert, wird mit dem Anstieg des Schifffahrtsverkehrs im arktischen Raum nach *Nevitt* und *Percival* eine erhöhte Bedeutung einnehmen. Allerdings fehlen der betreffenden Konvention arktisspezifische Bestimmungen.[2434]

2425 *Fedi*, 2020, 131; *Nevitt/Percival*, 2018, 1688; *Vöneky/Beck*, Schutz der antarktischen und arktischen Umwelt, 2017, 560.

2426 *Fedi*, 2020, 131.

2427 Ibid., 131.

2428 *Vöneky/Beck*, Schutz der antarktischen und arktischen Umwelt, 2017, 560.

2429 *Fedi*, 2020, 131.

2430 Ibid., 131.

2431 Ibid., 131.

2432 *Nevitt/Percival*, 2018, 1689.

2433 Convention on the International Regulations for Preventing Collisions at Sea, London, 20.10.1972, 1050 United Nations Treaty Series No. 15824.

2434 *Nevitt/Percival*, 2018, 1674 f.

Ein Abkommen, das die Rahmenbestimmungen des SRÜ mit einem umfassenden und institutionalisierten Ansatz zur Verhinderung mariner Umweltverschmutzung umsetzt, ist nach *Matz-Lück* die *Convention for the Protection of the Marine Environment of the North-East Atlantic* (OSPAR)[2435] im räumlichen Anwendungsbereich des Nordostatlantiks, der Nordsee und der angrenzenden arktischen Gewässer. Der moderne Ansatz des OSPAR zeigt sich in der ausdrücklichen Verpflichtung der Vertragsstaaten in Art. 2 Abs. 2 lit. a OSPAR das Vorsorgeprinzips (Prinzip 15 Rio-Erklärung) anzuwenden.[2436]

Der Untersuchungsgang der Anwendung und Umsetzung verbindlicher umweltschutzrechtlicher Bestimmungen im arktischen Raum, hat ein komplexes Konstrukt von Normen mit unterschiedlicher Reichweite und Zielsetzung zum Ergebnis, der aufgrund seiner Masse nicht abgeschlossen dargestellt werden kann. Dieser Umstand ist, nach Ansicht der Autorin, überwiegend Teil XII SRÜ geschuldet, da lediglich ein rechtlicher Rahmen mit staatlichem und institutionellem Konkretisierungsbedarf enthalten ist. Ein rechtsverbindlich weitreichender Meeresschutz wird auf globaler Ebene unter dem Dach des SRÜ, insbesondere aufgrund der großen Unterschiede des arktischen Ozeans zu den übrigen Weltmeeren, aber schwer zu erreichen sein. Die Etablierung eines umfassenden Meeresschutzes könnte eher auf regionaler Ebene erfolgreich sein. Bezugnehmend auf die arktischen Besonderheiten der *Governance*, kommt erneut der Arktische Rat als regionaler Normsetzer in den Fokus.

V.3 *Ecosystem Approach to Management*-Ansatz des Arktischen Rates

Ausgehend von den vorangegangenen Untersuchungsergebnissen,[2437] ist die Autorin der Ansicht, dass sich die Arbeit des Arktischen Rates zum arktischen Umweltschutz weiter entwickeln wird und heikle internationale Umweltprobleme über eine Reihe unterschiedlicher Interessengruppen hinweg lösen könnte. Dabei könnte der *Ecosystem Approach to Management* (EA) ein geeigneter Ansatz sein, um das ökologische Gleichgewicht des arktischen Raumes bei Bewirtschaftungstätigkeiten zu erhalten.

Die EA-Begriffsbestimmung, die einen Ausgleich zwischen der Erhaltung und der nachhaltigen Nutzung darstellt, wurde durch die nachträglich

---

2435 Convention for the Protection of the Marine Environment of the North-East Atlantic, Paris, 22.9.1992, 2354 United Nations Treaty Series No. 42279.

2436 *Matz-Lück*, Meeresschutz, 2017, 413 f.

2437 Siehe Kapitel: IV.4.1 Der Arktische Rat.

eingerichtete *Expert Group on Ecosystem Based Management* festgelegt: „[...] comprehensive integrated management of human activities based on best available scientific knowledge about the ecosystem and its dynamics, in order to identify and take action on influences which are critical to the health of ecosystems thereby achieving sustainable use of ecosystem goods and services and maintenance of ecosystem integrity[...]“[2438]

Mehrere Arbeitsgruppen des Arktischen Rates führen EA-Bewertungen in bestimmten Themenbereichen durch und arbeiten auf eine integrierte Verwaltung der Meeresgebiete in der Arktis hin.[2439] Die nachhaltige Bewirtschaftung der natürlichen Ressourcen der Arktis, sind neben der Anpassung an die zunehmenden ökologischen und damit verbundenen sozioökonomischen Auswirkungen des Klimawandels, die zentralen Arbeitsgebiete der SDWG.[2440] *Warner* weist darauf hin, dass sich die SDWG bei der Ausarbeitung ihrer Bewertungen und Empfehlungen auf die Verbesserung der menschlichen Gesundheit, Ernährungssicherheit und Energiequellen konzentriert hat, anstatt auf den Schutz der arktischen Umwelt. Vielmehr übernimmt die Arbeitsgruppe PAME diesen Arbeitsbereich und versucht unter anderem einen EA-Ansatz für die arktische Meeresumwelt zu erarbeiten.[2441]

Das PAME Mandat besteht darin, sich mit politischen und systematischen Maßnahmen zur Vermeidung und Kontrolle der Verschmutzung der arktischen Meeresumwelt durch land- und meeresgestützte Tätigkeiten zu befassen.[2442] In Zusammenarbeit mit anderen Arbeitsgruppen, Expertengruppen und Mitgliedern des Arktischen Rates ist PAME für die Entwicklung eines Strategieplans verantwortlich, um das Verständnis und die Beteiligung an dessen Umsetzung zu fördern.[2443] Bereits 2004 wurde der erste *Arctic Marine*

2438 Ecosystem-Based Management in the Arctic, Report submitted to Senior Arctic Officials by the Expert Group on Ecosystem-Based Management, Arctic Council, 2013, https://oaarchive.arctic-council.org/bitstream/handle/11374/122/MM08_EBM_report%20%281%29.pdf?sequence=1&isAllowed=y (27.1.2022), 12; Vgl. dazu auch: *Warner*, 2020, 334; *Platjouw*, Dimensions of transboundary legal coherence needed to foster ecosystem-based governance in the Arctic, in: 110 Marine Policy 2019, 9.

2439 *Hoel*, Integrated Oceans Management in the Arctic: Norway and Beyond, in: 1 Arctic Review on Law and Politics 2/2010, 191.

2440 *Warner*, 2020, 334.

2441 Ibid., 334.

2442 About PAME, PAME, https://pame.is/shortcode/about-us (6.5.2021).

2443 Ibid.

Strategic Plan veröffentlicht und aufgrund der rasanten Änderung des arktischen Ökosystems durch den Klimawandel 2015 adaptiert.[2444] Der Strategieplan verfolgt die Implementierung von vier Zielbestimmungen und erkennt die globalen Auswirkungen, die eine veränderte Arktis mit sich führt.[2445]

Das von Norwegen, während seines Vorsitzes im Arktischen Rat, initiierte Projekt *Best Practices in Ecosystems Based Oceans Management Project*[2446] hat in einer Reihe von Fallstudien aus den Mitgliedsstaaten des Arktischen Rates, exklusive Schweden, *Best Practices* erarbeitet, die eine nachhaltige Entwicklung und den Schutz der Meeresumwelt gewährleisten sollen.[2447] *Hoel* weist aber darauf hin, dass der Vergleich von EA-Praktiken im arktischen Raum aufgrund der unterschiedlichen ökologischen Rahmenbedingungen und wirtschaftlichen Aktivitäten schlichtweg nicht möglich ist. Auch divergieren seiner Ansicht nach die *Governance*-Strukturen der verschiedenen Staaten und dieser Umstand schafft zusätzliche Herausforderungen hinsichtlich eines einheitlichen EA-Ansatzes für den arktischen Raum.[2448] Was das Projekt jedoch adressieren konnte, waren die Elemente der *Governance*, die für die Umsetzung von EA in der Praxis in mehr als einem Land relevant sind.[2449] Ausgehend von diesem Ergebnis hat der Arktische Rat für die Umsetzung von EA-Praktiken

---

2444 Arctic Marine Strategic Plan 2015–2025, Arctic Council, 2015, https://www.pame.is/doclink/arctic-marine-strategic-plan-2015-2025/eyJ0eXAiOiJKV1QiLCJhbGciOiJIUzI1NiJ9.eyJzdWIiOiJhcmN0aWMtbWFyaW5lLXN0cmF0ZWdpYy1wbGFuLTIwMTUtMjAyNSIsImlhdCI6MTYyMjc5NjY5MiwiZXhwIjoxNjIyODgzMDkyfQ.bB4vqBO22O6ZHOBfFkwCY7SGegIuUzHhzNMYPPBv2iA (27.1.2022), 5.

2445 Goal 1: Improve knowledge of the Arctic marine environment, and continue to monitor and assess current and future impacts on Arctic marine ecosystems; Goal 2: Conserve and protect ecosystem function and marine biodiversity to enhance resilience and the provision of ecosystem services; Goal 3: Promote safe and sustainable use of the marine environment, taking into account cumulative environmental impacts; Goal 4: Enhance the economic, social and cultural well-being of Arctic inhabitants, including Arctic indigenous peoples and strengthen their capacity to adapt to changes in the Arctic marine environment; Vgl. dazu: Arctic Marine Strategic Plan 2015–2025, Arctic Council, 2015, 5 und 7.

2446 Observed Best Practices in Ecosystem-based Oceans Management in the Arctic Countries, SDWG/PAME, 29.10.2008, AC-SAO-NOV08-5.3, https://oaarchive.arctic-council.org/bitstream/handle/11374/873/ACSAO-NO04_5_3_BePOMAr.pdf?sequence=1&isAllowed=y (16.4.2022).

2447 *Hoel*, 2010, 200; *Platjouw*, 2019, 9.

2448 *Hoel*, 2010, 200 f.

2449 Ibid., 201.

ein Rahmensystem entwickelt, welches sechs Elemente[2450] zusammenführt, um innerhalb eines „iterative cycle […] regulation of human activities with due attention to the state of the ecosystem“ umzusetzen.[2451] Dieser Rahmen wird durch Richtlinien[2452] komplettiert, die von der *Experts Group on Arctic Ecosystem-based Management* und vier Arbeitsgruppen des Arktischen Rates, entwickelt wurden, um arktischen Entscheidungsträgern bei der Implementierung eines EA-Ansatzes hinsichtlich der Bewirtschaftung arktischer Meeresökosysteme zu unterstützen. Die Leitlinien erweitern die sechs Elemente des EA-Rahmensystems und beschreiben ausführlich, wie jedes Element umgesetzt werden kann, damit ein stärker integrierter und koordinierter Ansatz für die Bewirtschaftungsmaßnahmen gefördert wird. Die Leitlinien beziehen sich insbesondere auf die Umsetzung von EA-Praktiken in den 18 großen *Large Marine Ecosystems* (LMEs)[2453] der Arktis.

Zusätzlich legt der *PAME Work Plan* 2021–2023[2454] in Annex 12 eine Überarbeitung seines bisherigen EA-Implementierungssystems vor, um die bisher verfolgte lineare Umsetzungsstrategie der 6 Zielbestimmungen in einen zirkularen Prozess umzuwandeln.[2455]

2450 1. Identify the ecosystem; 2. Describe the ecosystem; 3. Set ecological objectives; 4. Assess the ecosystem; 5. Value the ecosystem; 6. Manage human activities.

2451 The Ecosystem Approach to Management of Arctic Marine Ecosystems: PAME Concept Paper, Arctic Council, 2014, https://www.pame.is/document-library/ecosystem-approach-to-management-documents/other-ea-documents/405-ea-concept-paper-2016/file (27.1.2022).

2452 Guidelines for Implementing an Ecosystem Approach to Management of Arctic Marine Ecosystems, Arctic Council Joint PAME, CAFF, AMAP, SDWG Ecosystem Approach Expert Group, 2019, https://oaarchive.arctic-council.org/bitstream/handle/11374/2390/EA%20Guidelines.pdf?sequence=1&isAllowed=y (27.1.2022); Vgl. dazu auch: *Warner*, 2020, 335.

2453 LMEs sind große küstennahe Seegebiete mit einer räumlichen Ausdehnung von mindestens 200.000 km^2. Bestimmt werden die LMEs durch ökologische Kriterien, als auch durch die Vermessung des Gebietes. Für den arktischen Ozean und seine angrenzenden Meere hat die Arbeitsgruppe PAME 2006 eine Arbeitskarte von 17 LMEs erarbeitet. Diese Karte wurde 2012 überarbeiten und um eine zusätzliche LMEs ergänzt. Der Arktische Rat hat im Anschluss die Arbeitskarte der 18 LMEs akzeptiert und angenommen. Vgl. dazu: Large Marine Ecosystems (LME's) of the Arctic, PAME, https://www.pame.is/projects/ecosystem-approach/arctic-large-marine-ecosystems-lme-s (31.1.2022).

2454 PAME Work Plan 2021–2023, PAME, https://www.pame.is/pame-work-plan (16.4.2022).

2455 Ibid., 80.

Trotz des Drängens des Arktischen Rates, einen einheitlichen EA-Ansatz zu unterstützen, könnte derzeit die notwendige institutionelle Kapazität zur Implementierung fehlen. Bereits der Bericht der *Task Force on Arctic Marine Cooperation*, die für den Zeitraum 2015–2017 geschaffen wurde, hat „functional needs for fulfilling our role as the principal stewards of the Arctic marine environment into the future“ festgestellt.[2456] 2017 wurde der *Task Force* ein neues Mandat erteilt, um auf den vorangegangenen Arbeiten aufzubauen und Vorschläge „for a possible new subsidiary body, and recommendations for complementary enhancements to existing Arctic Council mechanisms“ zu präsentieren. Dieses Mandat konnte die Task Force II aber nicht erfüllen.[2457]

Vor diesem Hintergrund könnte argumentiert werden, dass der Arktische Rat, trotz seiner Bemühungen zur Umsetzung einheitlicher EA-Praktiken für die arktische Meeresumwelt in naher Zukunft wahrscheinlich scheitern wird und dessen Umsetzung vielmehr im Aufgabenbereich der arktischen Küstenstaaten liegt.

V.4 Die küstenstaatliche Umweltpolitik

Russland verfolgt eine Klimapolitik für den arktischen Raum, diese fällt aber hinter der Durchsetzung politischer Ansprüche durch einen Ausbau russischer Streitkräfte zurück.[2458] Zusätzlich erscheint es, dass die russische Politikausrichtung industrielle Interessen höher gewichtet als die Bedürfnisse der arktischen Bevölkerung und die Lösung lokaler Probleme. Bedeutende Mengen an unbeaufsichtigtem Altmetall bleiben beispielsweise in der russischen Arktis zurück.[2459] Auch Kanada kämpft mit schlechten Ergebnissen in der

---

2456 Report to Ministers of the Task Force on Arctic Marine Cooperation, Arctic Council Task Force on Arctic Marine Cooperation, 2017, https://oaarchive.arctic-council.org/bitstream/handle/11374/1923/2017-04-30-Edocs-4079-v3-TFAMC-report-to-ministers-with-cover-and-colophon.pdf?sequence=1&isAllowed=y (27.1.2022), 4.

2457 Recommendations by the Task Force on Arctic Marine Cooperation II for complementary enhancements of the Arctic Council institutions including the SAO based mechanism to coordinate marine issues in the Arctic Council, Arctic Council, 2019, https://oaarchive.arctic-council.org/bitstream/handle/11374/2345/SAOFI204_2019_RUKA_08-02_TFAMC-II-Recommendations.pdf?sequence=1&isAllowed=y (27.1.2022).

2458 *Haftendorn*, 2016, 114; Siehe Kapitel: IV.1.1 Russland.

2459 *Stambler*, Polar clean ups: fighting pollution in the Russian Arctic, in: Russia Beyond, 10.3.2021, https://www.rbth.com/science-and-tech/333504-polar-arctic-clean-ups-pollution (23.1.2022).

Umweltüberwachung, die vorwiegend auf dessen monetären Mitteln zurückzuführen ist.[2460] Norwegens Erdöl- und Erdgasindustrie ist ein herausragender Wirtschaftsbereich und Norwegen intensiviert zusehends in die Ölbohrtätigkeiten im arktischen Raum.[2461] Obwohl die norwegischen Zulassungsverfahren zu Bohrlizenzen bereits von Umweltorganisationen vor dem norwegischen *Supreme Court* gebracht wurden und starke Kritik erfahren haben, hat Norwegen Ende 2020 eine neue Runde an Zulassungsverfahren eröffnet.[2462] Für Alaska sind die Umweltstandards zum Schutz von Fischen, wild lebender Tiere, Wasser und Lebensräumen äußerst vage formuliert.[2463] Vor dem Hintergrund der noch nicht veröffentlichten dänischen Arktisstrategie bleibt eine entsprechende Bewertung, wie sie zu den übrigen vier Staaten vorangegangen ist, außer Betracht.

Trotz der aufgezeigten Kritikpunkte in der Umsetzung der küstenstaatlichen Umweltpolitik, sind umweltpolitische Agenden in allen arktischen Strategien der fünf Küstenstaaten enthalten.[2464] Die küstenstaatlichen Umweltpolitiken sind aber nicht einheitlicher Natur.

Aus dem Konstrukt der Freiheit der Hohen See[2465] ergibt sich, dass keine internationale Regelungsstruktur vorhanden ist, die *Governance*-Lücken der Regelungssysteme souveräner Staaten schließen kann.[2466] Die einzelnen Staaten und regionalen Institutionen in der Arktis waren in der Vergangenheit sich selbst überlassen und Nationalstaaten haben die umweltschutzrechtlichen Interessen der Arktis im internationalen Kontext grundsätzlich nicht effektiv

---

2460 *Desmarais*, Indigenous leaders 'losing faith' in environmental protection amid oil sands monitoring budget cuts, in: CBC News, 5.8.2020, https://www.cbc.ca/news/canada/north/alberta-nwt-chiefs-losing-faith-environment-monitoring-1.5674446 (23.1.2022); Siehe Kapitel: IV.1.2 Kanada.

2461 Siehe Kapitel: IV.2.3 Norwegen.

2462 *Adomaitis*, Norway's supreme court verdict opens the Arctic to more oil drilling, in: Reuters, 22.12.2020, https://www.reuters.com/article/us-norway-oil-environment-idUSKBN28W104 (23.1.2022).

2463 *Troll*, Alaska's environmental standards aren't stringent, in: Juneau Empire, 23.6.2020, https://www.juneauempire.com/opinion/alaskas-environmental-standards-arent-stringent/ (23.1.2020).

2464 Siehe Kapitel: IV.1 Die Verflechtung von Politik und Rechtswissenschaften der Arktischen Fünf.

2465 Siehe Kapitel: III.1.1 Der rechtliche Status der Meere (*mare liberum vs. mare clausum*).

2466 *Warner/Rayfuse*, 2008, 402.

vertreten.[2467] Trotz steigender Anerkennung der Vorteile von *Peer Reviews* und Leistungsprüfungen gibt es keinen wirksamen internationalen Mechanismus, der diese Staaten für ihre Untätigkeit zur Rechenschaft ziehen kann und damit sind internationale Organisationen nur so effektiv wie ihr schwächster oder widerstrebendster Mitgliedstaat.[2468] Mit diesen Argumenten weisen *Warner* und *Rayfuse* prägnant darauf hin, dass der Fortschritt eines globalen Umweltschutzes, trotz wissenschaftlicher Beweise für dessen Notwendigkeit, behindert werden kann.[2469]

Ausgehend von den vorangegangenen Ausführungen qualifiziert die Autorin, in Übereinstimmung mit *Kluge* und *Paul* Russland als widerstrebendstes Mitglied in Bezug auf eine einheitliche arktische Umweltpolitik. Während weltweit Klimaschutzbemühungen intensiviert werden, degradiert die russische Regierung zusehends die Ursachen des Klimawandels.[2470] So sind zwar Diskussionen hinsichtlich eines russischen Gesetzes zur Regulierung von Kohlenstoffdioxid Emissionen im Gange, allerdings liegen die gesetzten Emissionsziele über dem aktuellen Wert.[2471] Ferner will Russland gemäß seiner Arktisstrategie weiterhin an seiner expansiven Förderung von Erdöl- und Erdgas festhalten und die russischen Umweltschutznormen bauen im Bereich der Erdöl- und Erdgasförderung die Vormachtstellung informeller Institutionen[2472] mit intransparenten Verhandlungen und vertraulichen Vereinbarungen zwischen Unternehmen und Behörden weiter aus.[2473]

V.5 Zwischenergebnis

Die umweltvölkerrechtlichen Normen in den zahlreichen multinationalen Abkommen, wie dem SRÜ und dem CBD, bieten einen stabilisierenden Rahmen für den Schutz der Umwelt. Allerdings sind diese, für globale Zwecke, geschaffenen Übereinkommen nicht ausreichend, um auf die Besonderheiten des arktischen Raumes und insbesondere auf jene des arktischen Ozeans zu reagieren.

2467 *Doelle*, 2009, 48.
2468 *Warner/Rayfuse*, 2008, 402.
2469 Ibid., 402.
2470 *Kluge/Paul*, 2020, 4.
2471 Ibid., 4.
2472 Siehe Kapitel: IV.2.1 Russland.
2473 *Britcyna/Nystén-Haarala/Pappila*, 2018, 163.

Trotz der Ablehnung eines rechtsverbindlichen Abbauverbots im Rahmen eines Arktisvertrags durch die arktischen Küstenstaaten, sollten umweltrechtliche Belange eine der Kernelemente der arktischen Politik darstellen, um negative Auswirkungen auf die arktische Umwelt durch wirtschaftliche Aktivitäten hintanzuhalten. Die arktischen Staaten haben bereits mehrere proaktive Schritte hinsichtlich eines übergreifenden Umweltschutzes im Rahmen des Arktischen Rates unternommen. Der Arktische Rat sollte durch *Soft Law* und Vertragsinitiativen weiterhin auf eine normative Verankerung des regionalen Umweltschutzes hinarbeiten, um die Arktis insgesamt zu stabilisieren.

Allerdings überlagern die küstenstaatlichen Interessen die Arbeiten des Arktischen Rates und enden eben diese häufig ergebnislos. Für die Autorin ergibt sich das Bild, dass der Ansatz des Arktischen Rates häufig zu weit gegriffen ist und sich das Forum auf die ursprüngliche Gründungsintention zurückbesinnen sollte. Die Fortentwicklung des regionalen als auch globalen Umweltvölkerrechts sollte eine überproportionale Rolle in den Agenden des Arktischen Rates spielen. Für eine effektive *Arctic-Governance* in umweltrechtlichen Belangen sollte der Arktische Rat weiter gestärkt werden, damit sich dieser für die gemeinsamen Güter der Umwelt einsetzt, die durch die einzelstaatliche Interessensverfolgung schwerwiegender geschädigt und gefährdet werden könnte. Eine zwischenstaatliche Zusammenarbeit ist in umweltpolitischen Gesichtspunkten unerlässlich.

Jedoch gilt nach Ansicht der Autorin zu beachten, dass die ökologische Stabilität des arktischen Raumes von Faktoren abhängig ist, die primär die Interessen der arktischen Küstenstaaten betreffen, wie insbesondere die abschließende Festlegung der erweiterten Festlandsockel, die angespannten Beziehungen zwischen Russland und der NATO, das tatsächliche Tempo der auftauenden nördlichen Polkappe und die potenziell zunehmenden wirtschaftlichen Tätigkeiten im arktischen Raum.

VI. Conclusio

Obwohl das SRÜ fast drei Dekaden in Kraft ist, bleibt die Abgrenzung zwischen den nationalen Gerichtsbarkeiten und dem Festlandsockel größtenteils unbestimmt und stellt eine unbefriedigende Situation dar. Der völkerrechtliche Entwicklungsprozess hat keine strenge Trennung der verschiedenen seerechtlichen Regime hervorgebracht. Vielmehr überlappen und verdichten sich die Zonen des Festlandsockels, der AWZ sowie der Anschlusszone (sofern die beiden letzteren proklamiert wurden) zu einem Bündel von ausschließlichen küstenstaatlichen Befugnissen. Letztlich dominiert im Seerecht der territoriale Raumbezug aus der Konsequenz des Kontiguitätsgedankens („the land dominates the sea"). Damit stellt sich die seevölkerrechtliche Abgrenzung des arktischen Raumes folgendermaßen dar: Die unmittelbaren Küstengebiete des arktischen Ozeans sind den fünf arktischen Anrainerstaaten zuzuordnen. Zusammen mit den proklamierten AWZ bemisst sich eine Fläche von mehr als der Hälfte des arktischen Ozeans, in denen die Arktischen Fünf zumindest einen funktionalisierten Hoheitsraum besitzen. Mit dem Anspruch eines erweiterten Festlandsockels nach Art. 76 SRÜ, erhalten diese Staaten die Möglichkeit den Staatengemeinschaftsraum des Tiefseebodens noch weiter einzuschränken. Die zuständige CLCS hat das Vorbringen von Norwegen allgemein bestätigt und es gibt keinen aktiven Streit über die Grenzen der norwegischen Ausdehnung von Hoheitsbefugnissen in der Arktis. Für die SRÜ-Anrainerstaaten Kanada, Dänemark und Russland ist der Sachverhalt nicht eindeutig, da eine Einigung über die jeweiligen überlappenden Gebietsansprüche der Festlandsockel nicht erreicht werden konnte. Ihren eingebrachten Ansprüchen bei der CLCS ist noch keine unverbindliche Empfehlung gefolgt. Auch wenn die CLCS ihre Untersuchungen abschließt und zu einem Ergebnis kommt, sollte eine Art zwischenstaatliche Verhandlungslösung gefunden werden, um die USA als arktischen Nichtmitgliedstaat zum SRÜ in diesen Verhandlungsprozess einzubinden. Vor diesem Hintergrund wird das Ergebnis einer Abgrenzung, die sich an den Empfehlungen der CLCS orientiert, nicht gerecht sein, da ein arktischer Staat seine Grenzziehung vornimmt, während es ein anderer nicht tut. Für den arktischen Raum würde ein regionaler Ansatz eine gerechtere Aufteilung liefern.

Demgegenüber kann man argumentieren, dass es nicht notwendig ist, ein spezielles Rechtsregime für die Arktis zu etablieren, da das Völkerrecht universell gilt. Allerdings erkennen einige arktische Staaten bestehende rechtliche

Theorien nicht an. Beispielsweise kollidieren die völkerrechtlichen Ansätze Kanadas und der USA, bei der Geltendmachung ihrer Ansprüche in der Nordwestpassage. Zusätzlich fordern die verschiedenen seevölkerrechtlichen Interpretationen der arktischen Küstenstaaten und die arktische Transformation, ausgelöst durch den Klimawandel und technologische Entwicklungen, die Adaption der Rechtsmaterie des Seevölkerrechts im arktischen Raum. Die Anpassung des Seevölkerrechts auf arktische Besonderheiten folgt bereits aus Art. 197 SRÜ über eine Zusammenarbeit in maritimen Belangen auf globaler beziehungsweise regionaler Ebene. Wegen der Anerkennung des SRÜ durch die internationale Staatengemeinschaft und dessen ausdrücklicher Bestätigung durch die arktischen Küstenstaaten bleibt die konstitutive Grundlage des Seevölkerrechts jedenfalls das SRÜ. Das verbindliche Abkommen geht über ein auf freiwilliger *ad hoc* Basis eingerichtetes Forum, wie dem Arktischen Rat, hinaus. Auch in Zukunft wird das SRÜ, unter der Prämisse der zwischenstaatlichen Zusammenarbeit und der Bereitschaft zur friedlichen Streitbeilegung, voraussichtlich normative Kraft entfalten.

Der Klimawandel setzte die arktische Region weltweit auf politische Agenden. Die möglichen passierbaren Seerouten, als auch die Erreichung potenziell vorhandener Rohstoffressourcen erhöhen die Wahrscheinlichkeit von Abgrenzungsstreitigkeiten maritimer Gebiete. Militärische Konflikte sind in der Arktis aufgrund der extremen Bedingungen und des marginalen Nutzens im Vergleich zum Kosteneinsatz aber nicht zu erwarten. Vielmehr kann die arktische Transformation dazu beitragen, die Beilegung von Grenzstreitigkeiten, wie in der Barentssee, zu beschleunigen. Um auf die schnell wechselnden Änderungen des arktischen Raumes reagieren zu können, müssen daher pragmatische Alltagslösungen entwickelt werden. Dabei dienen die Strategieerklärungen der arktischen Küstenstaaten als Ausgangspunkt für die Ermittlung von Zusammenarbeitsformen. Ein Hauptinteresse der Arktischen Fünf liegt in der Minimierung des Einflusses externer Akteure. Daneben verfolgen die arktischen Küstenstaaten teilweise gemeinsame Interessen der Ressourcennutzung, der Schifffahrt, der wissenschaftlichen Forschung und des Umweltschutzes. Eine Harmonisierung der einzelstaatlichen Regelungen der arktischen Fünf in den verschiedenen Meereszonen ist wünschenswert und auch notwendig, um einen funktionierenden arktischen Wirtschaftsraum zu entwickeln.

Nicht alle arktisrelevanten Themenbereiche sind einer multilateralen Zusammenarbeit der arktischen Fünf zugänglich. Beispielsweise sind Souveränitätsfragen und Operationen zur Ressourcenentwicklung eher auf zwischenstaatlichen Ebenen behandelt worden. Auch lassen nationale Interessen und politische Unterschiede es möglicherweise nicht zu, dass die arktischen

Herausforderungen einer einheitlichen arktischen Lösung zugänglich sind. Das arktische Recht hat hier eine Nische zu füllen und diesbezüglich könnte der Arktische Rat ein geeignetes arktisches Forum darstellen.

Allerdings verwenden die arktischen Küstenstaaten den Arktischen Rat aufgrund dessen institutioneller Ausgestaltung häufig zur Verfolgung ihrer primär souveränen Interessen. Es manifestiert sich (in bestimmten Bereichen) ein Konsens der arktischen Küstenstaaten, welcher die Interessen der übrigen Teilnehmer in eben diesem Forum nicht ausreichend berücksichtigt. Sollten sich diese Entwicklungen verstärken, sollte die *Arctic-Governance* reflektiert werden, um souveräne Interessen der arktischen Küstenstaaten durch einen globaleren Ansatz zu überlagern. Das *Arctic-Governance*-System sollte aufgrund der regionalen als auch globalen Vernetzung über Kooperationsformen der Arktischen Fünf hinausgehen.

Gleichzeitig steht die arktische Regierungsführung vor der permanenten Herausforderung, ein Gleichgewicht zwischen den indigenen Gruppen herzustellen, um eine größere Akzeptanz zu gewährleisten. Mit der indigenen Identität, die auf ihrer Kultur basiert, geht ein erforderlicher rechtlicher Rahmen einher, der eine holistische Antwort auf den rechtlichen Status dieser Menschen liefert und ihnen einen ausreichenden Schutz hinsichtlich ihrer Lebensform bietet. Die Anerkennung des Selbstbestimmungsrechts ist ein wesentlicher Bestandteil dieses legistischen Rahmens und gewährleistet den gemeinschaftlichen Rechtsanspruch indigener Völker auf Kultur. Dabei darf die *Arctic-Governance* keinesfalls die Wechselwirkung zwischen den Auswirkungen industrieller Aktivitäten auf die lokale und indigene Bevölkerung und dem fragilen arktischen Ökosystem vergessen werden. Eine Reaktion auf die Auswirkungen des schmelzenden Meereises auf indigene Völker wurde im SRÜ versäumt. Als Ausgleich wurden die ignorierten Interessen der indigenen Völker im UNDRIP 2007 aufgegriffen und bestätigt. Allerdings erscheint das rechtsunverbindliche UNDRIP, insbesondere vor dem Hintergrund der fehlenden kohärenten institutionellen Strukturen, als nicht ausreichend, damit die indigenen Völker in allen arktischen Staaten als völkerrechtliche Akteure wahrgenommen werden.

Jedenfalls erfordert ein eisfreier arktischer Ozean eine umfassende Reaktion, in der Form eines neuen Rechtsregimes, welches unter anderem die Einbeziehung indigener Interessen verlangt. Ein dementsprechendes Regime muss die Teilnahme aller ansässigen indigenen Völker in der Arktis gewährleisten und ihnen die Durchsetzung und Anerkennung ihrer grundlegenden Rechte gewähren. Dabei sollte das FPIC-Prinzip als Mindestmaßstab bei allen Beratungen zu wirtschaftlichen Tätigkeiten im arktischen Raum gefordert werden.

Im Ergebnis ist für eine funktionierende arktische Rechtsordnung in regionalen, internationalen und staatlichen Foren ein Interessenausgleich auszuhandeln. *De lege ferenda* könnten multifunktionale Regulierungen geschaffen werden, die für menschliche Aktivitäten im gesamten arktischen Ozean gelten und unterschiedliche Kategorien werden von Mitgliedern mit verschiedenen Rechten und Pflichten zugelassen.

Dabei wirft die zunehmende Komplexität von Regierungsführungsmodellen auf verschiedenen Ebenen, die Frage nach deren Integration und Koordination untereinander auf. Die Vision eines vollständigen integrierten arktischen Systems scheint als nicht realisierbar. Dementsprechend rückt der Abschluss eines allumfassenden Arktisvertrags derzeit in weite Ferne und ist auch als kontraproduktiv zu werten. Die berechtigten arktischen Entscheidungsträger sollten sich aber nicht auf die Realisierung eines vollständig integrierten Systems unter einer internationalen Organisation versteifen. Ein schrittweiser Prozess der Stärkung und Entwicklung der *Arctic-Governance*-Systeme kann vielmehr die unterschiedlichen Möglichkeiten und Wechselwirkungen zwischen den allgemeinen globalen und regionalen, als auch funktionalen und sektoralen Kooperationsformen identifizieren und gegebenenfalls eine weitere arktische Integration vorantreiben. Der Vorteil dieses Ansatzes liegt in der schnellen Reaktionsfähigkeit, die aufgrund der ständig wechselnden arktischen Rahmenbedingungen notwendig erscheint.

Eine nachhaltige Entwicklung im Sinne eines EA-Ansatzes ist nur zu erreichen, wenn eine effiziente Nutzung aller Ressourcen in der Region, eine Aufrechterhaltung von Bedingungen für eine lebensfähige lokale Wirtschaft und der Berücksichtigung umweltschutzrechtlicher Komponenten in einem Interessenausgleich integriert werden. Dabei ist erneut auf das soziale und wirtschaftliche Wohlergehen der indigenen Bevölkerung einzugehen, welches von der Nutzung natürlicher Ressourcen abhängt. Da regionale Bedrohungen, die sich aus Faktoren wie Umweltveränderungen ergeben, für die indigenen Völker die Gefahr eines Verlustes ihrer kulturellen Identität implizieren, könnte im Rahmen einer internationalen Anerkennung des Menschenrechts auf Umwelt die Sicherstellung der indigenen Identität in ihren Grundzügen erreicht werden. Dabei müssen die Vertreter der indigenen Völker in ihren Sicherheitsagenden jedenfalls den umweltrechtlichen Schutz des arktischen Raumes stärker vorantreiben. Auch könnte für die Implementierung eines EA-Ansatzes das traditionelle ökologische Wissen indigener Völker eine entscheidende Rolle spielen. Durch die Verbindung von wissenschaftlichen Erkenntnissen und dem traditionellen ökologischen Wissen, kann ein umfassendes Verständnis erlangt werden, welches für ein erfolgreiches Management der Interaktionen zwischen Mensch und Umwelt erforderlich ist. Ein optimaler Mechanismus für die Bewältigung der Umweltverschmutzung im arktischen Raum konnte zum jetzigen Zeitpunkt allerdings nicht identifiziert werden. Eine erste Anlaufstelle liefert die Arbeit des Arktischen Rates und seiner wichtigsten Arbeitsgruppe für den arktischen Ozean, dem PAME. Daneben könnte eine Ausarbeitung eines regionalen Seeabkommens für die Arktis, in dem insbesondere die allgemeinen Grundsätze des Teil XII SRÜ, einschließlich des Vorsorgeansatzes (Prinzip 15 Rio-Erklärung) und eines EA-Ansatzes bekräftigt werden, zielführend sein.

Zusammenfassend ist ein internationales Verwaltungsregime im Einklang mit dem SRÜ zu erarbeiten, welches die Interessen der internationalen Gemeinschaft angemessen schützt und gleichzeitig den arktischen Ozean für heutige und zukünftige Generationen konserviert. Die Hauptmerkmale des CHM-Prinzips enthalten Elemente der Nichtaneignung von Staaten und Personen, einer gerechten Nutzungsverteilung, der Verhinderung der militärischen Nutzung und der Verwaltung im Sinne der gemeinsamen Menschheit zum Schutz der ökologischen Integrität und intergenerationellen Gerechtigkeit. Eben dieses Regime unterscheidet sich grundlegend von einem gemeinsamen Eigentumsregime darin, dass es allen ermöglicht wird, an den Vorteilen der Ausbeutung einer Ressource teilzunehmen, auch wenn sie nicht an dieser Ausbeutung teilnehmen wollen oder können. Trotz der Ablehnung des CHM-Prinzips der Industrieländer wäre eine (teilweise) Einarbeitung der grundlegenden Elemente eben dieses Prinzips eine zeitgemäße Anpassung des Seevölkerrechtes und eine modifizierte Lösung für die Ansprüche auf den Meeresboden unter dem schmelzenden Eis erreicht. Durch eine überarbeitete Definition einiger Elemente könnte möglicherweise ein Regime entwickelt werden, welche eine Verbindung zwischen den Elementen eines gemeinsamen Eigentums und dem CHM-Prinzip herstellt. Dahingehend können Grundsätze in einer Weise entwickelt werden, die nicht nur die gemeinsamen Interessen, sondern auch die gemeinsamen Anliegen des Schutzes und der Erhaltung der marinen Umwelt sicherstellen. Dazu müssten beide Elemente miteinander verbunden und eine gerechte Lösung für den Vorteilausgleich angenommen werden. Um einen Interessenausgleich der Industrie und Entwicklungsstaaten zu schaffen und einem dementsprechenden System globale Akzeptanz zu verleihen, wäre eine zentrale Stelle wünschenswert, die, anstatt die erwirtschafteten Gewinne zu verteilen, eine Reinvestition in den Kapazitätenaufbau sicherstellt. Vor dem Hintergrund der ablehnenden Stellungnahmen bei der Einführung des Tiefseebodenregimes im SRÜ wird die Schaffung einer dementsprechenden Treuhänderstelle von der Autorin aber als unrealistisch gewertet.

Insgesamt hängt eine nachhaltige Entwicklung des arktischen Ozeans von der Unterstützung durch gemeinschaftliche Entscheidungsprozesse, sowie Transparenz- und Rechenschaftspflichten ab, um einer Regulierung des arktischen Ozeans durch einzelne Kräfte zu begegnen. Das gegenteilige Szenario wäre eine Aufteilung der arktischen Ressourcen unter den arktischen Küstenstaaten unter weitgehendem Ausschluss der übrigen Interessenten, soweit das SRÜ es ermöglicht. Allerdings ist eher davon auszugehen, dass sich die arktische Kooperation auch in der Zukunft weiter ineinander verschränken und verstärken wird. Dabei schafft insbesondere der Klimawandel neue Herausforderungen auf regionaler Ebene, denen alle arktischen Anspruchsberechtigten mit enger Kooperation begegnen. Insofern kann der Klimawandel, entgegen der medialen Berichterstattung, als wesentlicher Treiber der arktischen Kooperationsbewegung verstanden werden.

Rechtsprechungsübersicht

African Commission on Human and Peoples' Rights

——— Centre for Minority Rights Development (Kenya) and Minority Rights Group International on behalf of Endorois Welfare Council v. Kenya, Decision 25.11.2009, 276/2003, https://www.hrw.org/sites/default/files/related_material/2010_africa_commission_ruling_0.pdf, zugegriffen am: 8.12.2021

Europäische Kommission für Menschenrechte

——— G. and E. v. Norway, Decision on Admissibility 3.10.1983, Application nos. 9278/81 & 8415/81

——— Handölsdalen Sami Village and others v. Sweden, Decision on Admissibility 17.2.2009, Application no. 39013/04

——— Könkämä and 38 other Saami Villages v. Sweden, Decision on Admissibility 25.11.1996, Application no. 27033/95

——— O.B. and others v. Norway, Decision on Admissibility 8.1.1993, Application no. 15997/90

Europäischer Gerichtshof

——— EuGH 14.11.1978, Beschluss 1/78, nach Artikel 103 Absatz 3 EAG-Vertrag, Slg. 1978, 2151

——— EuGH 24.11.1992, C-286/90, Anklagemyndigheden v Peter Michael Poulsen and Diva Navigation Corp., Slg. 1992, I-6019

——— EuGH 24.11.1993, C-405/92, Etablissements Armand Mondiet SA v Armement Islais SARL, Slg. 1993, I-6133

——— EuGH 2.3.1994, C-316/91, European Parliament v Council of the European Union, Slg. 1994, I-625

——— EuGH 30.5.2006, C-459/03, Commission of the European Communities v Ireland (Mox Plant), Slg. 2006, I-4635

——— EuGH 3.8.2008, C-308/06, The Queen, on the application of International Association of Independent Tanker Owners (Intertanko) and Others v Secretary of State for Transport, Slg. 2008, I-4057

Europäischer Gerichtshof für Menschenrechte

——— Chiragov and others v. Armenia, Judgment 16.11.2015, Application no. 13216/05

——— Connors v. The United Kingdom, Judgment 27.5.2004, Application no. 66746/01

——— Dogan and others v. Turkey, Judgment 29.6.2004, Application nos. 8803–8811/02, 8813/03 and 8815–8819/02

——— Hingitaq 53 v. Denmark, Decision on Admissibility 12.1.2006, Application no. 18584/04

Internationaler Gerichtshof

——— Anglo-Norwegian Fisheries (United Kingdom v Norway), Judgement 18.12.1951, I.C.J. Reports 1951, 116

——— Corfu Channel case (United Kingdom v Albania), Judgement 9.4.1949, I.C.J. Reports 1949, 4

——— Dispute regarding Navigational and Related Rights (Costa Rica v. Nicaragua), Judgement 13.7.2009, I.C.J. Reports 2009, 213

——— Interhandel (Switzerland v. United States of America), Judgement 21.3.1959, I.C.J. Reports 1959, 6

——— Fisheries Jurisdiction (United Kingdom v. Iceland), Judgement 2.2.1973, I.C.J. Reports 1973, 3

——— North Sea Continental Shelf (Federal Republic of Germany v Norway), Judgement 20.2.1969, I.C.J. Reports 1969, 3

——— Maritime Delimitation and Territorial Questions between Qatar and Bahrain (Qatar v Bahrain), Merits, Judgement 16.3.2001, I.C.J. Reports 2001, 40

——— Maritime Delimitation in the Area between Greenland and Jan Mayen (Denmark v Norway), Judgement 14.6.1993, I.C.J. Reports 1993, 38

——— Maritime Delimitation in the Black Sea (Romania v. Ukraine), Judgement 3.2.2009, I.C.J. Reports 2009, 61

——— Military and Paramilitary Activities in and against Nicaragua (Nicaragua v. United States of America), Judgement 26.11.1984, I.C.J. Reports 1984, 392

——— Military and Paramilitary Activities in and against Nicaragua (Nicaragua v. United States), Merits, Judgement 27.6.1986, I.C.J. Reports 1986, 14

——— South West Africa Cases (Ethiopia v. South Africa; Liberia v. South Africa), Judgement 18.7.1966, I.C.J. Reports 1966, 6

——— Western Sahara, Advisory Opinion 16.10.1975, I.C.J. Reports 1975, 12

——— Whaling in the Antarctic (Australia v. Japan: New Zealand intervening), Judgement 31.3.2014, I.C.J. Reports 2014, 226

Interamerikanische Kommission für Menschenrechte

——— Maya Indigenous Communities of the Toledo District vs. State of Belize, Abschlussbericht 12.10.2004, Report No. 40/04, Case 12.053

——— Mary and Carrie Dann v. United States, Abschlussbericht 27.12.2002, Report No. 75–02, Case 11.140

——— Sheila Watt. Cloutier, et al., Petition N° P-1413-05, Schreiben des stellvertretenden Geschäftsführers der interamerikanischen Kommission für Menschenrechte vom 16.11.2006, http://graphics8.nytimes.com/packages/pdf/science/16commissionletter.pdf, zugegriffen am: 9.1.2022

Interamerikanischer Gerichtshof für Menschenrechte

——— Case Mayagna (Sumo) Awas Tingni Community v. Nicaragua, Judgement 31.8.2001, I/A Court H.R. Series C No. 79

——— Case of the Kichwa Indigenous People of Sarayaku v. Ecuador, Judgement 27.6.2012, I/A Court H.R. Series C No. 245

——— Case of the Saramaka People v. Suriname, Judgement 28.11.2007, I/A Court H.R. Series C No. 172

——— Case of the Sawhoyamaxa Indigenous Community v. Paraguay, Judgement 29.3.2006, I/A Court H.R. Series C No. 146

——— Case of the Yakye Axa Indigenous Community v. Paraguay, Judgement 17.6.2005, I/A Court H.R. Series C No. 125

Internationale Schiedsgerichte

——— The Arctic Sunrise Arbitration (The Kingdom of the Netherlands v. The Russian Federation), Award on the Merits 14.8.2015, PCA Case N° 2014-02, https://pcacases.com/web/sendAttach/1438, zugegriffen am: 8.11.2021

——— The South China Sea Arbitration (The Republic of the Philippines v the People's Republic of China), Award 12.7.2016, PCA Case N° 2013-19, http://www.pcacases.com/web/sendAttach/2086.%2520, zugegriffen am: 23.4.2021

Internationaler Seegerichtshof

——— Responsibilities and obligations of States with respect to activities in the Area, Advisory Opinion 1.2.2011, ITLOS Reports 2011, 10

——— The „Arctic Sunrise" Case (Kingdom of the Netherlands v. Russian Federation) Case no. 22, Order 22.11.2013, ITLOS Reports 2013, 230

Ständiger Internationaler Gerichtshof

——— Legal Status of Eastern Greenland (Denmark v Norway), Judgement 5.4.1933, PCIJ, Series A./B. Nr. 53

Supreme Court of Alaska

——— D. Denardo v. State of Alaska, Opinion 23.12.1994, 887 P 2d 947

Supreme Court of Belize

——— Cal/Teul v. Attorney General of Belize and Minister of Natural Resources and Environment & Coy/Caal v. Att. Gen. of Belize and Minister of Natural

Resources and Environment, Judgement 18.10.2007, Claim No. 171 of 2007 & Claim No. 172 of 2007

Supreme Court of Canada

—— Calder et al. v. Attorney-General of British Columbia, Judgement 31.1.1973, S.C.R. 313

Supreme Court of Norway

—— A and SIA North Star Ltd v. The public prosecution authority, Judgement 14.2.2019, HR-2019-282-S, case no. 18-064307STR-HRET

Supreme Court of the United States

—— Alaska v. Native Village of Venetie Tribal Government, Judgement 25.2.1998, 522 US 520

—— United States v. State of California, Judgement 23.6.1947, 332 US 19

UN-Menschenrechtsrat

—— Ángela Poma Poma v. Peru, Communication 24.4.2009, No. 1457/2006, CCPR/C/95/D/1457/2006

Welthandelsorganisation

—— European Communities – Measures Prohibiting the Importation and Marketing of Seal Products, Reports of the Panel 25.11.2013, WT/DS400/R, WT/DS401/R

Dokumentenverzeichnis

Völkerrechtliche Verträge und Abkommen

Abkommen über den Europäischen Wirtschaftsraum (EWR Abkommen): Protokoll 40 über Svalbard, BGBl. 1993/909

African Charter on Human and Peoples' Rights, Nairobi, 27.6.1981, AU Doc. CAB/LEG/67/3 rev. 5, 21 I.L.M. 58, https://au.int/sites/default/files/treaties/36390-treaty-0011_-_african_charter_on_human_and_peoples_rights_e.pdf, zugegriffen am: 13.6.2024

Agreement between Norway and Iceland on fishery and continental shelf questions, Reykjavik, 28.5.1980, 2124 United Nations Treaty Series No. 30725

Agreement between the Government of Canada and the Government of the United States of America on Arctic Cooperation, Ottawa, 11.1.1988, 1852 United Nations Treaty Series No. 31529

Agreement between the Kingdom of Denmark and Canada relating to the delimitation of the continental shelf between Greenland and Canada of 17 December 1973, Ottawa, 19.9.1974, 950 United Nations Treaty Series No. 13550

Agreement between the United States of America and the Union of Soviet Socialist Republics on the maritime boundary, Washington, 1.6.1990, https://www.un.org/depts/los/LEGISLATIONANDTREATIES/PDFFILES/TREATIES/USA-RUS1990MB.PDF, zugegriffen am: 30.10.2020

Agreement concerning the sea frontier between Norway and the USSR in the Varangerfjord, Oslo, 15.2.1957, 312 United Nations Treaty Series No. 4523

Agreement on Cooperation on Aeronautical and Maritime Search and Rescue in the Arctic, Nuuk, 12.5.2011, https://oaarchive.arctic-council.org/bitstream/handle/11374/531/EDOCS-3661-v1-ACMMDK07_Nuuk_2011_SAR_Search_and_Rescue_Agreement_signed_EN_FR_RU.PDF?sequence=5&isAllowed=y, zugegriffen am: 17.1.2022

Agreement on Cooperation on Arctic Marine Oil Pollution Preparedness and Response, Kiruna, 15.5.2013, https://oaarchive.arctic-council.org/bitstream/handle/11374/529/EDOCS-2068-v1-ACMMSE08_KIRUNA_2013_agreement_on_oil_pollution_preparedness_and_response_signedAppendices_Original_130510.PDF?sequence=6&isAllowed=y, zugegriffen am: 17.1.2022

Agreement on Enhancing International Scientific Cooperation, Fairbanks, 11.05.2017, https://oaarchive.arctic-council.org/handle/11374/1916, zugegriffen am: 17.1.2022

Agreement on the Conservation of Polar Bears, Oslo, 15.11.1973, 2898 United Nations Treaty Series No. 50540

Agreement on the Continental Shelf between Iceland and Jan Mayen, Oslo, 22.10.1981, 2124 United Nations Treaty Series No. 30726

Agreement relating to the implementation of Part XI of the United Nations Convention on the Law of the Sea of 10 December 1982, New York, 28.7.1994, 1836 United Nations Treaty Series No. 31364; deutsche Fassung: Übereinkommen zur Durchführung des Teiles XI des Seerechtsübereinkommens der Vereinten Nationen vom 10. Dezember 1982, BGBl. 1995/885

Agreement to prevent unregulated High Seas Fisheries in the Central Arctic Ocean, Ilulissat, 3.10.2018, https://www.dfo-mpo.gc.ca/international/documents/pdf/EN-CAO.pdf, zugegriffen am: 20.1.2022

American Convention on Human Rights, San José, 22.11.1969, https://www.cidh.oas.org/basicos/english/basic3.american%20convention.htm, zugegriffen am: 8.12.2021; Vgl. dazu auch: American Convention on Human Rights: Signatories and Ratifications, https://www.cidh.oas.org/basicos/english/Basic4.Amer.Conv.Ratif.htm, zugegriffen am: 8.12.2021

Antarctic Treaty, Washington, 1.12.1959, 402 United Nations Treaty Series No. 5778; deutsche Fassung: Antarktis-Vertrag, BGBl. 1988/39

Charter of the Organization of American States, Bogota, 30.4.1948, 119 United Nations Treaty Series No. 1609, https://treaties.un.org/pages/showDetails.aspx?objid=0800000280154040, zugegriffen am: 13.12.2021

Charter of the United Nations, San Francisco, 24.10.1945, 1 United Nations Treaty Series No. XVI; deutsche Fassung: Satzung der Vereinten Nationen, BGBl. 1956/120

Convention concerning Indigenous and Tribal Peoples in Independent Countries, International Labour Organization Convention C169, Genf, 27.6.1989, http://www.ilo.org/dyn/normlex/en/f?p=NORMLEXPUB:12100:0::NO::P12100_ILO_CODE:C169, zugegriffen am: 15.6.2021; deutsche Fassung: Übereinkommen über eingeborene und in Stämmen lebende Völker in unabhängigen Ländern, https://www.ilo.org/wcmsp5/groups/public/@ed_norm/@normes/documents/publication/wcms_100900.pdf, zugegriffen am: 21.7.2021; Vgl. dazu auch: Ratifications of C169, International Labour Organization, https://normlex.ilo.org/dyn/normlex/en/f?p=NORMLEXPUB:11300:0::NO::P11300_INSTRUMENT_ID:312314, zugegriffen am: 13.6.2024

Convention for the Conservation of Antarctic Seals, London, 1.6.1972, 1081 United Nations Treaty Series No. 16529

Convention for the Protection of the Marine Environment of the North-East Atlantic, Paris, 22.9.1992, 2354 United Nations Treaty Series 42279

Convention on Access to Information, Public Participation in Decision-Making and Access to Justice in Environmental Matters, Aarhus, 25.6.1998, 2161 United Nations Treaty Series 447; Vgl. dazu auch: Declarations and Reservations of Aarhus Convention, https://treaties.un.org/Pages/ViewDetails.aspx?src=IND&mtdsg_no=XXVII-13&chapter=27, zugegriffen am: 16.1.2022

Convention on Biological Diversity, Rio de Janeiro, 5.6.1992, 1760 United Nations Treaty Series No. 30619

Convention on International Civil Aviation, Chicago, 7.12.1944, Doc 7300–Doc 7300/9, https://www.icao.int/publications/pages/doc7300.aspx, zugegriffen am: 19.1.2022

Convention on the Conservation of Antarctic Marine Living Resources, Canberra, 20.5.1980, 1329 United Nations Treaty Series No. 22301

Convention on the Conservation of Migratory Species of Wild Animals, Bonn, 23.6.1979, https://www.cms.int/sites/default/files/instrument/CMS-text.en_.PDF, zugegriffen am: 25.1.2022

Convention on the International Regulations for Preventing Collisions at Sea, London, 20.10.1972, 1050 United Nations Treaty Series 15824

Convention on the Prevention of Marine Pollution by Dumping of Wastes and Other Matter, London, 29.12.1972 1046 United Nation Treaty Series No. 15749

Convention on the Regulation of Antarctic, Wellington, 1.6.1988, https://documents.ats.aq/recatt/Att311_e.pdf, zugegriffen am: 13.10.2021

1996 Protocol to the London Convention on the Prevention of Marine Pollution by Dumping of Wastes and Other Matter, London, 7.11.1996, https://www cdn.imo.org/localresources/en/OurWork/Environment/Documents/PROTOCOLAmended2006.pdf, zugegriffen am: 27.1.2022

European Convention for the Protection of Human Rights and Fundamental Freedoms, Rom, 4.11.1950, 213 United Nations Treaty Series No. 2889; deutsche Fassung: Konvention zum Schutze der Menschenrechte und Grundfreiheiten, BGBl. 1958/210; Vgl. dazu auch: Chart of signatures and ratifications of Convention for the Protection of Human Rights and Fundamental Freedoms (ETS No. 005), Council of Europe, http://conventions.coe.int/Treaty/Commun/ChercheSig.asp?NT=005&CM=&DF=&CL=ENG, zugegriffen am: 18.12.2021

Exchange of notes constituting an agreement settling the fisheries dispute between the Government of Iceland and the Government of the United Kingdom of Great Britain and Northern Ireland, Reykjavik, 11.3.1961, 397 United Nation Treaty Series No. 5710

General Agreement on Tariffs and Trade, Genf, 30.10.1947, 55 United Nations Treaty Series 814; deutsche Fassung: GATT – Allgemeines Zoll- und Handelsabkommen, BGBl. 1951/254 (Protokoll von Torquay zum Allgemeinen Zoll- und Handelsabkommen)

International Code for Ships Operating in Polar Waters (Polar Code), Resolution MSC.385(94), 21.11.2014, und Resolution MEPC.264, 15.5.2015; Amendments to the International Convention for the Safety of Life at Sea 1974, Resolution MSC.386(94), 21.11.2014; Amendments to MARPOL Annexes I, II, IV and V, Resolution MEPC.265(68), 15.5.2015

International Convention for the Regulation of Whaling, Washington, 2.12.1946, https://archive.iwc.int/pages/download.php?ref=3607&size=&ext=pdf&k=&alternative=-1&usage=-1&usagecomment=, zugegriffen am: 25.1.2022

International Convention for the Safety of Life at Sea, London, 25.5.1980, 1184 United Nations Treaty Series No. 18961

International Covenant on Civil and Political Rights, New York, 16.12.1966, 999 United Nations Treaty Series 14668; deutsche Fassung: Internationaler Pakt über bürgerliche und politische Rechte, BGBl. 1978/591

International Covenant on Economic, Social and Cultural Rights, New York, 16.12.1966, 993 United Nations Treaty Series 14531; deutsche Fassung: Internationaler Pakt über wirtschaftliche, soziale und kulturelle Rechte, BGBl. 1978/590

Internationales Übereinkommen über das Küstenmeer und die Anschlusszone, Genf, 29.4.1958, https://www.fedlex.admin.ch/eli/cc/1966/977_1003_995/de, zugegriffen am: 2.7.2021

Internationales Übereinkommen über den Festlandsockel, Genf, 29.4.1958, https://www.fedlex.admin.ch/eli/cc/1966/1003_1031_1020/de, zugegriffen am: 9.1.2021

Internationales Übereinkommen über die Hohe See, Genf, 29.4.1958, https://fedlex.data.admin.ch/filestore/fedlex.data.admin.ch/eli/cc/1966/986_1013_1001/20100414/de/pdf-a/fedlex-data-admin-ch-eli-cc-1966-986_1013_1004-20100414-de-pdf-a.pdf, zugegriffen am: 22.8.2021

Minamata Convention on Mercury, Kumamoto, 10.10.2013, https://www.mercuryconvention.org/sites/default/files/2021-06/Minamata-Convention-booklet-Sep2019-EN.pdf, zugegriffen am: 24.1.2022

Montreal Protocol on Substances that Deplete the Ozone Layer, Montreal, 16.9.1987, 1522 United Nations Treaty Series No. 26369

Nagoya Protocol on Access to Genetic Resources and the Fair and Equitable Sharing of Benefits Arising from their Utilization to the Convention on Biological Diversity, Decision adopted by the Conference of the Parties to the Convention on Biological Diversity at its Tenth Meeting, 29.10.2010, UNEP/CBD/COP/DEC/IX/1; deutsche Fassung: Protokoll von Nagoya über den Zugang zu genetischen Ressourcen und die ausgewogene und gerechte Aufteilung der sich aus ihrer Nutzung ergebenden Vorteile zum Übereinkommen über die biologische Vielfalt, https://www.cbd.int/abs/doc/protocol/Nagoya-Protocol-German.pdf, zugegriffen am: 16.4.2022; Vgl. dazu auch: Signatories: Nagoya Protocol on Access to Genetic Resources and the Fair and Equitable Sharing of Benefits Arising from their Utilization to the Convention on Biological Diversity, https://treaties.un.org/pages/ViewDetails.aspx?src=IND&mtdsg_no=XXVII-8-b&chapter=27&clang=_en, zugegriffen am: 16.4.2022

North Atlantic Treaty, Washington, 4.4.1949, 34 United Nations Treaty Series No. 541

Paris Agreement, Paris, 12.12.2015, C.N.10.2021.TREATIES-XXVII.7.d (Depositary Notification), 20.1.2021

Paris Agreement, Paris, 12.12.2015, FCCC/CP/2015/L.9/Rev.1

Protocol of 1978 relating to the International Convention for the prevention of pollution from ships, 1973, London, 17.2.1978, 1340 United Nations Treaty Series No. 22484

Protocol on Environmental Protection to the Antarctic Treaty, Madrid, 4. Oktober 1991, 2941 United Nations Treaty Series No. 5778; deutsche Fassung: Umweltschutzprotokoll zum Antarktisvertrag, BGBl. 2021/121; Vgl. dazu auch: Parties, Antarctic Treaty Secretariat, https://www.ats.aq/devAS/Parties?lang=e, zugegriffen am: 10.10.2021

Protocol to the Convention for the Protection of Human Rights and Fundamental Freedoms, Paris, 20.3.1952, 213 United Nations Treaty Series No. 2889; deutsche Fassung: Konvention zum Schutze der Menschenrechte und Grundfreiheiten, BGBl. 1958/210

Russisch-Schwedisches/Norwegisches Abkommen von 1872, abgedruckt in französischer Sprache in: *Vylegzhanin* und *Zilanov*, ТЕОРИЯ И ПРАКТИКА МОРСКОЙ ДЕЯТЕЛЬНОСТИ: ШПИЦБЕРГЕН: ПРАВОВОЙ РЕЖИМ ПРИЛЕГАЮЩИХ МОРСКИХ РАЙОНОВ, Moskau 2006, https://mgimo.ru/upload/2015/11/shpitzbergen-2006.pdf, zugegriffen am: 19.10.2021, 100–104

Schedule to the International Convention on the Regulation of Whaling, International Whaling Commission, Florianópolis, September 2018, https://archive.iwc.int/pages/download.php?ref=3606&size=&ext=pdf&k=&alternative=-1&usage=-1&usagecomment=, zugegriffen am: 16.4.2022

Statute of the International Court of Justice, 18.4.1946, established by: Charter of the United Nations, San Francisco, 24.10.1945, 1 United Nations Treaty Series No. XVI; deutsche Fassung: Statut des Internationalen Gerichtshofes, BGBl. 1956/120

STCW-Übereinkommen (Änderungen): Amendments to the International Convention on Standards of Training, Certification and Watchkeeping for Seafarers (STCW), Resolution MSC.416(97), 25.11.2016; Amendments to Part A of the Seafarers' Training, Certification and Watchkeeping (STCW), Resolution MSC.417(97), 25.11.2016

Stockholm Convention on Persistent Organic Pollutants, Stockholm, 22.5.2001, 2256 United Nations Treaty Series No. 40214

The Anglo-Russian Convention Concerning the Limits of Their Respective Possessions on the Northwest Coast of America and the Navigation of the Pacific Ocean (Treaty of Saint Petersburg of 1825), englische Übersetzung in: *Berkman Paul A.*, *Vylegzhanin Alexander N.* und *Young Oran R.*, Baseline of Russian Arctic Laws, Springer International Publishing: Cham 2019, 56–59

Treaty between Spain and Portugal, Tordesillas, 7.6.1494, abgedruckt in: *Davenport Frances G.* (Hg), European Treaties Bearing on the History of the United States and Its Dependencies to 1648, Carnegie Institution of Washington: Washington D.C. 1917, 84–100

Treaty between the Russian Federation and the Kingdom of Norway concerning maritime delimitation and cooperation in the Barents Sea and the Arctic Ocean, Murmansk, 15.9.2010, 2791 United Nations Treaty Series No. 49095.

Treaty Concerning the Cession of the Russian Possessions in North America by His Majesty the Emperor of all the Russias to the United States of America (Treaty on Cessation of Alaska 1867), englische Übersetzung in: *Berkman Paul A.*, *Vylegzhanin Alexander N.* und *Young Oran R.*, Baseline of Russian Arctic Laws, Springer International Publishing: Cham 2019, 59–61

The 1822 Charter of the Russian Empire on Aliens, russische Fassung: Положение об инородцах. – Том II. Издание 1892 г. С.-Петербург // Свод законов Российской империи. – Свод губернских учреждений

United Nations Convention on Conditions for Registration of Ships, Genf, 20.1.1986, TD/RS/CONF/L.19

United Nations Convention on the Law of the Sea, Montego Bay, 10.12.1982, 1833 United Nations Treaty Series No. 31363; deutsche Fassung: Seerechtsübereinkommen der Vereinten Nationen, BGBl. 1995/885; Vgl. dazu auch: Chronological lists of ratifications, of accessions and successions to the Convention and the related Agreements, UN DOALOS, 28.5.2021, https://www.un.org/Depts/los/reference_files/chronological_lists_of_ratifications.htm#The%20United%20Nations%20Convention%20on%20the%20Law%20of%20the%20Sea, zugegriffen am: 31.1.2022; sowie: Declarations and Reservations of United Nations Convention on the Law of the Sea, https://treaties.un.org/doc/Publication/MTDSG/Volume%20II/Chapter%20XXI/XXI-6.en.pdf, zugegriffen am: 27.8.2021

United Nations Framework Convention on Climate Change, New York, 9.5.1992, 1771 United Nations Treaty Series No. 30822

Übereinkommen über das internationale Regime der Seehäfen (Statut), BGBl. 1927/56

Übereinkommen über die Fischerei und die Erhaltung der biologischen Reichtümer der Hohen See, Genf, 29.4.1958, https://www.fedlex.admin.ch/eli/cc/1966/996_1023_1013/de, zugegriffen am: 22.8.2021

Vertrag über die Arbeitsweise der Europäischen Union, BGBl. 1999/86

Vertrag über die Europäische Union, BGBl. 1999/85

Vertrag über Spitzbergen, BGBl. 1930/117

Dokumente der *Commission on the Limits of the Continental Shelf*

Progress of Work in the Commission on the Limits of the Continental Shelf – Statement by the Chair, Fifty Second Session, New York, 27.1.–13.3.2020, CLCS/52/2, 25.3.2020, http://undocs.org/en/clcs/52/2, zugegriffen am: 14.2.2021

Progress of Work in the Commission on the Limits of the Continental Shelf – Statement by the Chair, Fifty Third Session, New York, 6.10.–23.11.2021, CLCS/53/1, 10.12.2021, http://undocs.org/en/CLCS/53/1, zugegriffen am: 1.2.2022

Recommendations of the Commission on the Limits of the Continental Shelf in regard to the partial submission made by the government of the Kingdom of Denmark together with the government of the Faroes in respect of the continental shelf north of the Faroes Islands on 29 April 2009, 12.3.2014, https://www.un.org/Depts/los/clcs_new/submissions_files/dnk28_09/2014_03_14_SCDNK_REC_COM_20140521.pdf, zugegriffen am 15.2.2021

Scientific and Technical Guidelines of the Commission on the Limits of the Continental Shelf, 13.5.1999, https://www.un.org/Depts/los/clcs_new/documents/Guidelines/CLCS_11.htm, zugegriffen am: 18.3.2021

Statement by the Chairman of the Commission on the Limits of the Continental Shelf on the progress of work in the Commission, Twenty Third session, New York, 2.3.–9.4.2009, CLCS/62, 20.4.2009, https://undocs.org/en/clcs/62, zugegriffen am: 14.2.2021

Submissions, through the Secretary-General of the United Nations, to the Commission on the Limits of the Continental Shelf, pursuant to article 76, paragraph 8, of the United Nations Convention on the Law of the Sea of 10 December 1982, 2.3.2022, https://www.un.org/Depts/los/clcs_new/commission_submissions.htm, zugegriffen am: 2.4.2022

Submissions to the Commission: Partial revised Submission by the Russian Federation, 4.8.2015, CLCS.1.Rev.2015.LOS, https://www.un.org/depts/los/clcs_new/submissions_files/rus01_rev15/2015_08_04_UN_NV_AS_001.eng.pdf, zugegriffen am: 14.2.2021

Submissions to the Commission: Partial revised Submission by the Russian Federation, 1.4.2021, CLCS.1.Rev.2015.LOS.Add1, https://www.un.org/depts/los/clcs_new/submissions_files/rus01_rev15/20210401UnNvAs0021e.pdf, zugegriffen am: 31.1.2022

Submissions to the Commission: Partial Submission by Canada, 23.5.2019, CLCS.84.2019.LOS, https://www.un.org/Depts/los/clcs_new/submissions_files/submission_can1_84_2019.html, zugegriffen am: 14.2.2021

Submissions to the Commission: Submission by the Kingdom of Denmark, 15.12.2014, CLCS.76.2016.LOS, https://www.un.org/Depts/los/clcs_new/submissions_files/submission_dnk_76_2014.htm, zugegriffen am: 15.2.2021

Submissions to the Commission: Submission by the Kingdom of Norway, 27.11.2006, Reaction of States to the submission made by the Russian Federation to the Commission on the Limits of Continental Shelf, https://www.un.org/depts/los/clcs_new/submissions_files/submission_nor.htm, zugegriffen am: 1.2.2022

Submissions to the Commission: Submission by the Russian Federation, 20.12.2001, CLCS.01.2001.LOS, https://www.un.org/depts/los/clcs_new/submissions_files/submission_rus.htm, zugegriffen am: 1.11.2021

Submissions to the Commission: Submission by the Russian Federation, 20.12.2001, Legends to the attached maps (Unofficial translation from Russian by the Division for Ocean Affairs and the Law of the Sea), https://www.un.org/depts/los/clcs_new/submissions_files/rus01/RUS_page5_Legend.pdf, zugegriffen am: 1.2.2022

Submissions to the Commission: Submission by the Russian Federation, 20.12.2001, Reaction of States to the submission made by the Russian Federation to the Commission on the Limits of Continental Shelf, https://www.un.org/depts/los/clcs_new/submissions_files/submission_rus.htm, zugegriffen am: 1.2.2022

Summary of the recommendations of the Commission on the Limits of the Continental Shelf in regard to the submission made by Norway in respect of areas in the arctic ocean, the Barents Sea and the Norwegian Sea on 27 November 2006, 27.3.2009, https://www.un.org/depts/los/clcs_new/submissions_files/nor06/nor_rec_summ.pdf, zugegriffen am: 14.2.2021

Deklarationen, Resolutionen, Berichte und sonstige Dokumente

A Balanced Arctic Policy for the EU, European Parliament: Policy Department for External Relations, 2020, PE 603.498, https://www.europarl.europa.eu/RegData/etudes/IDAN/2020/603498/EXPO_IDA(2020)603498_EN.pdf, zugegriffen am: 21.1.2022

A Circumpolar Inuit Declaration on Sovereignty in the Arctic, Inuit Circumpolar Council, 2009, http://library.arcticportal.org/1895/1/Declaration_12x18_Vice-Chairs_Signed.pdf, zugegriffen am: 12.1.2022

Alternative fuels in the Arctic, PAME, 27.2.2019, https://oaarchive.arctic-council.org/bitstream/handle/11374/2422/Alternative%20fuels%20in%20the%20Arctic%20%28Norway-WWF%29%20March%202019_final.pdf?sequence=1&isAllowed=y57, zugegriffen am: 17.1.2022

American Declaration of the Rights and Duties of Man, Bogotá, 2.5.1948, https://www.cidh.oas.org/basicos/english/basic2.american%20declaration.htm, zugegriffen am: 13.12.2021

American Declaration on the Rights of Indigenous People, Santo Domingo, 15.6.2016, AG/RES. 2888 (XLVI-O/16), https://www.oas.org/en/sare/documents/DecAmIND.pdf, zugegriffen am: 13.12.2021

Arctic Council Rules of Procedure, as adopted by the Arctic Council at the First Arctic Council Ministerial Meeting, Iqaluit, 17.–18.9.1998, revised by the Arctic Council at the Eight Ministerial Meeting, Kiruna, 15.5.2013, https://oaarchive.arctic-council.org/bitstream/handle/11374/940/2015-09-01_Rules_of_Procedure_website_version.pdf?sequence=7&isAllowed=y, zugegriffen am: 20.1.2022

Arctic Environmental Protection Strategy, Rovaniemi, 14.6.1991, http://library.arcticportal.org/1542/1/artic_environment.pdf, zugegriffen am: 13.8.2020

Arctic Marine Strategic Plan 2015–2025, Arctic Council, 2015, https://www.pame.is/doclink/arctic-marine-strategic-plan-2015-2025/eyJ0eXAiOiJKV1QiLCJhbGciOiJIUzI1NiJ9.eyJzdWIiOiJhcmN0aWMtbWFyaW5lLXN0cmF0ZWdpYy1wbGFuLTIwMTUtMjAyNSIsImlhdCI6MTYyMjc5NjY5MiwiZXhwIjoxNjIyODgzMDkyfQ.bB4vqBO22O6ZHOBfFkwCY7SGegIuUzHhzNMYPPBv2iA, zugegriffen am: 27.1.2022

Biodiversity and climate change, Decision adopted by the Conference of the Parties to the Convention on Biological Diversity at its Ninth Meeting, 9.10.2008, UNEP/CBD/COP/DEC/IX/16

Bonn Guidelines on Access to Genetic Resources and Fair and Equitable Sharing of the Benefits Arising out of their Utilization, Secretariat of the Convention on Biological Diversity, 2002, https://www.cbd.int/doc/publications/cbd-bonn-gdls-en.pdf, zugegriffen am: 25.1.2022

Chairman's Report of the Thirty-Fourth Annual Meeting, International Whaling Commission, Brighton, 1982, https://iwc.int/private/downloads/-bZcXV5nQQeQlKLcwmXsVA/1982_Chairs_Report.pdf, zugegriffen am: 24.1.2022

China's Arctic Policy, the State Council Information Office of the People's Republic of China, Jänner 2018, http://english.www.gov.cn/archive/white_paper/2018/01/26/content_281476026660336.htm, zugegriffen am: 22.1.2022

Climate Change and International Security: Paper from the High Representative and the European Commission to the European Council, 14.3.2008, S113/08, https://www.consilium.europa.eu/uedocs/cms_data/docs/pressdata/en/reports/99387.pdf, zugegriffen am: 21.1.2022

COM (2008) 763 final vom 20.11.2008, The European Union and the arctic region

Council conclusions on Arctic Issues, Council of the European Union, 2985th Foreign Affairs Council Meeting, Brüssel, 8.12.2009, https://www.consilium.europa.eu/uedocs/cms_Data/docs/pressdata/EN/foraff/111814.pdf, zugegriffen am: 14.6.2024

Council conclusions on developing a European Union Policy towards the Arctic Region, Council of the European Union, Foreign Affairs Council Meeting, Brüssel, 12.5.2014, https://www.consilium.europa.eu/uedocs/cms_data/docs/pressdata/EN/foraff/142554.pdf, zugegriffen am: 21.1.2022

Council Decision 98/392/EC of 23 March 1998 Concerning the Conclusion by the European Community of the United Nations Convention of 10 December 1982 on the Law of the Sea and the Agreement of 28 July 1994 Relating to the Implementation of Part XI thereof, Council of the European Union, 23.6.1998, OJ L 179

Declaration Concerning the Prevention of Unregulated High Seas Fishing in the Central Arctic Ocean, Oslo, 16.7.2015, https://www.wto.org/english/tratop_e/rulesneg_e/fish_e/2015_oslo_declaration.pdf, zugegriffen am: 19.1.2022

Declaration on the Establishment of the Arctic Council (Ottawa Declaration), Ottawa, 19.9.1996, https://oaarchive.arctic-council.org/bitstream/handle/11374/85/EDOCS-1752-v2-ACMMCA00_Ottawa_1996_Founding_Declaration.PDF?sequence=5&isAllowed=y, zugegriffen am: 19.8.2020

Declaration: Our Vision 2030, The Nordic Council and the Nordic Council of Ministers (Nordic Co-operation), 20.8.2019, https://www.norden.org/en/declaration/our-vision-2030, zugegriffen am: 20.1.2021

Draft: General comment No. 26 (2021) on land and economic, social and cultural rights, Committee on Economic, Social and Cultural Rights, Sixty-ninth session 2021, E/C.12/69/R.2

Draft regulations for exploitation of mineral resources in the Area, International Seabed Authority, Twenty-fifth session 2019, ISBA/25/C/WP.1, https://www.isa.org.jm/wp-content/uploads/2022/06/isba_25_c_wp1-e_0.pdf, zugegriffen am: 13.6.2024

32 Annuaire de l'Institut de droit international, Den Haag, 1925

Durchführungsverordnung (EU) Nr. 1850/2015 der Kommission vom 13. Oktober 2015 mit Durchführungsvorschriften zur Verordnung (EG) Nr. 1007/2009 des Europäischen Parlaments und des Rates über den Handel mit Robbenerzeugnissen, ABl EU 2015 Nr. L 271/1

Ecosystem-Based Management in the Arctic, Report submitted to Senior Arctic Officials by the Expert Group on Ecosystem-Based Management,

Arctic Council, 2013, https://oaarchive.arctic-council.org/bitstream/handle/11374/122/MM08_EBM_report%20%281%29.pdf?sequence=1&isAllowed=y, zugegriffen am: 27.1.2022

Erklärung zur Zuständigkeit der Europäischen Gemeinschaft für die durch das Seerechtsübereinkommen der Vereinten Nationen vom 10. Dezember 1982 und das Übereinkommen vom 28. Juli 1994 zur Durchführung des Teils XI des Seerechtsübereinkommens geregelten Angelegenheiten, in: Annex II des Beschlusses des Rates, 23.3.1998, 98/392/EG, ABl EU 1998 Nr. L 179/129

Expert Group on Black Carbon and Methane: Summary Of Progress And Recommendations 2019, Arctic Council, 2019, https://oaarchive.arctic-council.org/bitstream/handle/11374/2411/Expert%20Group%20on%20Black%20Carbon%20and%20Methane%20-%20Summary%20Progress%20and%20Recommendations%202019.pdf?sequence=1&isAllowed=y, zugegriffen am: 17.1.2022

Final Report of the Nineteenth Antarctic Treaty Consultative Meeting, Seoul, 8.–19.51995, https://documents.ats.aq/ATCM19/fr/ATCM19_fr001_e.pdf, zugegriffen am: 10.10.2021

Final Report of the Third Antarctic Treaty Consultative Meeting, Brüssel, 2.–13.6.1964, https://documents.ats.aq/ATCM3/fr/ATCM3_fr001_e.pdf, zugegriffen am: 10.10.2021

Final Report of the Thirty-fourth Antarctic Treaty Consultative Meeting, Buenos Aires, 20.6.–1.7.2011, https://documents.ats.aq/ATCM34/fr/ATCM34_fr001_e.pdf, zugegriffen am: 10.10.2021

General Comment 3: The Nature of States Parties' Obligations (Art. 2, Para. 1, of the Covenant), Committee on Economic, Social and Cultural Rights, Fifth session 1990, CESCR/E/1991/23

General Comment 12: Article 1, Human Rights Council, Twenty-first session 1984, HRI/GEN/1/Rev.1

General Comment 21: Right of everyone to take part in cultural life (Art. 15, para. 1 (a) of the International Covenant on Economic, Social and Cultural Rights), Committee on Economic, Social and Cultural Rights, Forty-third session 2009, E/C.12/GC/21

General Comment 23 (50): Article 27, UN Human Rights Committee, 1314th meeting 1994, CCPR/C/21/Rev.1/Add.5

General Recommendation XXI (48), Committee on the Elimination of Racial Discrimination, 1147th meeting 1996, CERD/48/Misc.7/Rev.3

General Recommendation 23 on the rights of indigenous peoples, Committee on the Elimination of Racial Discrimination, Fifty-first session 1997, A/52/18 Annex V

Guidelines for Implementing an Ecosystem Approach to Management of Arctic Marine Ecosystems, Arctic Council Joint PAME, CAFF, AMAP, SDWG Ecosystem Approach Expert Group, 2019, https://oaarchive.arctic-council.org/bitstream/handle/11374/2390/EA%20Guidelines.pdf?sequence=1&isAllowed=y, zugegriffen am: 27.1.2022

Handbook for ILO Tripartite Constituents: Understanding the Indigenous and Tribal Peoples Convention, 1989 (No. 169), International Labour Organization, 2013, https://www.ilo.org/wcmsp5/groups/public/---ed_norm/---normes/documents/publication/wcms_205225.pdf, zugegriffen am: 3.12.2021

Ilulissat Declaration, Ilulissat, 28.5.2008, https://arcticportal.org/images/stories/pdf/Ilulissat-declaration.pdf, zugegriffen am: 22.4.2021

Impacts of a Warming Arctic, Arctic Climate Impact Assessment, 2004

Indigenous and Tribal Peoples' Rights over Their Ancestral Lands and Natural Resources: Norms and Jurisprudence of the Inter-American Human Rights System, Inter-American Commission on Human Rights, 30.12.2009, OEA/Ser.L/V/II. Doc.56/09

Information on marine and coastal genetic resources, including bioprospecting, Conference of the Parties to the Convention on Biological Diversity at its Fifth Meeting, 20.4.2000, UNEP/CBD/COP/5/INF/7

JOIN (2016) 21 final vom 27.4.2016, An integrated European Union policy for the Arctic

JOIN (2021) 27 final vom 13.10.2021, A stronger EU engagement for a peaceful, sustainable and prosperous Arctic

Joint Declaration between the Republic of Finland and the People's Republic of China on Establishing and Promoting the future-oriented new-type cooperative partnership, Helsinki, 5.4.2017, https://www.presidentti.fi/en/news/joint-declaration-between-the-republic-of-finland-and-the-peoples-republic-of-china-on-establishing-and-promoting-the-future-oriented-new-type-cooperative-partnership/, zugegriffen am: 22.1.2022

Joint Statement of the Minister of Foreign Affairs of Canada and the Minister of Foreign Affairs of Denmark on Hans Island, New York, 19.9.2005, https://www.canada.ca/en/news/archive/2005/09/canada-denmark-issue-statement-hans-island.html, zugegriffen am: 2.10.2021

Joint Statement of the President of the United States and the Prime Minister of Canada on Climate, Energy, and Arctic Leadership, Washington D.C., 10.6.2016, https://obamawhitehouse.archives.gov/the-press-office/2016/03/10/US-canada-joint-statement-climate-energy-and-arctic-leadership; https://pm.gc.ca/en/news/statements/2016/03/10/us-canada-joint-statement-climate-energy-and-arctic-leadership, zugegriffen am: 1.11.2021

Joint Statement of the Third Trilateral High-Level Dialogue on the Arctic, Shanghai, 8.6.2018, https://www.mofa.go.jp/mofaj/files/000371802.pdf, zugegriffen am: 17.1.2022

Laws, regulations and administrative measures adopted by sponsoring States and other members of the International Seabed Authority with respect to the activities in the Area, International Seabed Authority, 4.5.2012, ISBA/18/C/8

Laws, regulations and administrative measures adopted by sponsoring States and other members of the International Seabed Authority with respect to the activities in the Area, International Seabed Authority, 22.5.2013, ISBA/19/C/12

Nordic Declaration of Solidarity, Helsinki, 5.4.2011, https://www.regjeringen.no/globalassets/upload/ud/vedlegg/nordisk-samarbeid/the_nordic_declaration_on_solidarity.pdf, zugegriffen am: 28.2.2021

Nordic Defence Cooperation Vision 2025, Oslo, 13.11.2018, https://www.nordefco.org/Files/nordefco-vision-2025-signed.pdf, zugegriffen am: 1.3.2021

Nordic Saami Draft Convention, 13.1.2017, https://www.sametinget.se/105173, zugegriffen am: 15.6.2021

Observation Indigenous and Tribal Peoples Convention, 1989 (No. 169) – Peru, International Labour Organization: Committee of Experts on the Application of Conventions and Recommendations, veröffentlicht im Rahmen der 91. ILO-Sitzung (2003)

Observed Best Practices in Ecosystem-based Oceans Management in the Arctic Countries, SDWG/PAME, 29.10.2008, AC-SAO-NOV08-5.3, https://oaarchive.arctic-council.org/bitstream/handle/11374/873/ACSAO-NO04_5_3_BePOMAr.pdf?sequence=1&isAllowed=y, zugegriffen am: 16.4.2022

PAME Work Plan 2021–2023, PAME, https://www.pame.is/pame-work-plan, zugegriffen am: 16.4.2022

Recommendations by the Task Force on Arctic Marine Cooperation II for complementary enhancements of the Arctic Council institutions including the SAO based mechanism to coordinate marine issues in the Arctic Council, Arctic Council, 2019, https://oaarchive.arctic-council.org/bitstream/handle/11374/2345/SAOFI204_2019_RUKA_08-02_TFAMC-II-Recommendations.pdf?sequence=1&isAllowed=y, zugegriffen am: 27.1.2022

Rede von *Arvid Pardo* vor der 22. Sitzung der Generalversammlung der Vereinten Nationen am 11. September 1967, Official Records of the General Assembly, Twenty-Second Session, Agenda Item 92, Document A/6695, https://www.un.org/depts/los/convention_agreements/texts/pardo_ga1967.pdf, zugegriffen am: 9.9.2021

Regulations on Prospecting and Exploration for Cobalt-rich Ferromanganese Crusts in the Area, International Seabed Authority, 22.10.2012, ISBA/18/A/11, abgedruckt in: ISA, Consolidated regulations and recommendations on prospecting and exploration, 2015

Regulations on Prospecting and Exploration for Polymetallic Nodules in the Area, International Seabed Authority, 22.7.2013, ISBA/19/C/17, abgedruckt in: ISA, Consolidated regulations and recommendations on prospecting and exploration, 2015

Regulations on Prospecting and Exploration for Polymetallic Sulphides in the Area, International Seabed Authority, 15.11.2010, ISBA/16/A/12/Rev.1, abgedruckt in: ISA, Consolidated regulations and recommendations on prospecting and exploration, 2015

Report III (Part 1A): Report of the Committee of Experts on the Application of Conventions and Recommendations (articles 19, 22 and 35 of the Constitution), International Labour Conference, 100th Session, 2011

Report to Ministers of the Task Force on Arctic Marine Cooperation, Arctic Council Task Force on Arctic Marine Cooperation, 2017, https://oaarchive.arctic-council.org/bitstream/handle/11374/1923/2017-04-30-Edocs-4079-v3-TFAMC-report-to-ministers-with-cover-and-colophon.pdf?sequence=1&isAllowed=y, zugegriffen am: 27.1.2022

Resolution 5/2012, Rights of Indigenous Peoples, International Law Association, 75th Conference 26.–30.8.2012

Resolution LC-LP-1 (2008) on the Regulation of Ocean Fertilization, 31.10.2008, LC 30/16, Annex 6

Resolution II: Governing preparatory investment in pioneer activities relating to polymetallic nodules, Final Act of the Third United Nations Conference on the Law of the Sea, Annex I, 21 I.L.M. 1254 (1982)

Revised Rules of Procedure for the Antarctic Treaty Consultative Meeting (adopted in 2016), Rules of Procedure of the Antarctic Consultative Meeting and the Committee for Environmental Protection, 2019, https://documents.ats.aq/atcm42/ww/ATCM42_ww010_e.pdf, zugegriffen am: 11.10.2021

Reykjavík Declaration, Reykjavík, 20.5.2021, https://oaarchive.arctic-council.org/bitstream/handle/11374/2600/declaration%202021%20web%20EN.pdf?sequence=9&isAllowed=y, zugegriffen am: 30.11.2021

Rovaniemi Joint Ministerial Statement, Rovaniemi, 7.5.2019, https://oaarchive.arctic-council.org/bitstream/handle/11374/2342/Rovaniemi%20Joint%20Ministerial%20Statement_2019_Signed.pdf?sequence=1&isAllowed=y, zugegriffen am: 17.1.2022

Rules of Procedure, Report of First Consultative Meeting, Canberra, 10.–24.7.1961, https://documents.ats.aq/ATCM1/fr/ATCM1_fr001_e.pdf, zugegriffen am: 11.10.2021

Shipping in the Northwest Passage: Arctic Shipping Status Report (ASSR) #3, PAME, April 2021, https://www.pame.is/document-library/pame-reports-new/pame-ministerial-deliverables/2021-12th-arctic-council-ministerial-meeting-reykjavik-iceland/795-assr-3-shipping-in-the-northwest-passage-comparing-2013-to-2019/file, zugegriffen am: 2.4.2022

State of the Arctic Freshwater Biodiversity: Key Findings and Advice for Monitoring, CAFF, 2019, https://oaarchive.arctic-council.org/bitstream/handle/11374/2423/SAFBR_summary_key_findings_Advice_May_2019pdf.pdf?sequence=1&isAllowed=y, zugegriffen am: 17.1.2022

Strategic Plan for Biodiversity 2011–2020, Decision adopted by the Conference of the Parties to the Convention on Biological Diversity at ist Tenth Meeting, 29.10.2010, UNEP/CBD/COP/DEC/X/2, https://www.cbd.int/decision/cop/?id=12268, zugegriffen am: 25.1.2022

Summary of the Results of the Public Consultation on the EU Arctic Policy, European Union, Publications Office, Luxemburg, 2021, https://data.europa.eu/doi/10.2771/623044, zugegriffen am: 2.3.2021

Tentative Agreement on Lincoln Sea Boundary between Canada and Kingdom of Denmark, 28.11.2012, https://www.canada.ca/en/news/archive/2012/11/canada-kingdom-denmark-reach-tentative-agreement-lincoln-sea-boundary.html, zugegriffen am: 1.2.2022

The Ecosystem Approach to Management of Arctic Marine Ecosystems: PAME Concept Paper, Arctic Council, 2014, https://www.pame.is/document-library/ecosystem-approach-to-management-documents/other-ea-documents/405-ea-concept-paper-2016/file, zugegriffen am: 27.1.2022

The Law of the Sea: Baselines: An Examination of the Relevant Provisions of the United Nations Convention on the Law of the Sea – Appendix I: Consolidated Glossary of Technical Terms Used in the United Nations Convention on the Law of the Sea, UN DOALAS, New York, 1989

UNCTAD TD/B/RES/176 (XVIII) vom 17.9.1978, The exploitation of the seabed beyond the limits of national jurisdiction, https://unctad.org/system/files/official-document/td269vol1_en.pdf, zugegriffen am: 11.9.2021, 44–45

UN Doc A/AC.138/53 vom 23.8.1971, Draft Ocean Space Treaty

UN Doc A/AC.138/SC.II/L.10 vom 7.8.1972, Draft Articles on Exclusive Economic Zone Concept

UN Doc A/AC.138/SC.III/L.28 vom 9.3.1973, Draft Articles for a Comprehensive Marine Pollution Convention

UN Doc E/CN.4/2003/90, Add. 3 vom 5.3.2003, The situation of human rights and fundamental freedoms of indigenous people – Mission to the Philippines

UN Doc S/2004/616 vom 23.8.2004, The rule of law and transitional justice in conflict and post-conflict societies, Bericht des Generalsekretärs der Vereinten Nationen

UNGA A/Conf.151/26/Vol. I (1992) vom 12.8.1992, Annex I: Rio Declaration on Environment and Development, Rio de Janeiro

UNGA A/Conf.164/37 vom 8.9.1995, Agreement for the Implementation of the Provisions of the United Nations Convention on the Law of the Sea of 10 December 1982 relating to the Conservation and Management of Straddling Fish Stocks and Highly Migratory Fish Stocks, New York

UNGA A/HRC/48/L.23/Rev.1 vom 5.10.2021, The human right to a safe, clean, healthy and sustainable environment

UNGA A/RES/61/295 vom 13.9.2007, United Nations Declaration on the Rights of Indigenous Peoples; deutsche Fassung: Erklärung der Vereinten Nationen über die Rechte der indigenen Völker, https://www.un.org/esa/socdev/unpfii/documents/Declaration%28German%29.pdf, zugegriffen am: 3.1.2022; Vgl. dazu auch: United Nations Declaration on the Rights of Indigenous Peoples, UN Department of Economic and Social Affairs Indigenous Peoples, https://www.un.org/development/desa/indigenouspeoples/declaration-on-the-rights-of-indigenous-peoples.html, zugegriffen am: 21.7.2021

UNGA A/RES/70/1 vom 21.10.2015, Transforming our world: the 2030 Agenda for Sustainable Development

UNGA A/RES/849 (IX) vom 22.11.1954, Cessation of the transmission of information under Article 73 e of the Charter in respect of Greenland

UNGA A/RES/2106 (XX) vom 21.12.1965, International Convention on the Elimination of All Forms of Racial Discrimination

UNGA A/RES/2574 (XXIV) vom 15.12.1969, Question of the reservation exclusively for peaceful purposes of the sea-bed and the ocean floor, and the subsoil thereof, underlying the high seas beyond the limits of present national jurisdiction, and the use of their resources in the interests of mankind

UNGA A/RES/3281 (XXIX) vom 14.12.1974, Charter of Economic Rights and Duties of States

UNGA A/60/63/Add.1 vom 15.7.2005, Oceans and the law of the sea

UNGA A/63/435 vom 10.12.2008, Optional Protocol to the International Covenant on Economic, Social and Cultural Rights, New York

Universal Human Rights Instruments, United Nations Human Rights: Office of the High Commissioner, https://www.ohchr.org/en/instruments-listings#tab-2, zugegriffen am: 22.6.2022

Verordnung (EG) Nr. 1007/2009 des Europäischen Parlaments und des Rates vom 16 September 2009 über den Handel mit Robbenerzeugnissen, ABl EG 2009 Nr. L 286/36

Yearbook of the international law commission 1954, Volume I, Summary Records of the Sixth Session: 3 June–28 July 1954

Yearbook of the international law commission 1956, Volume II, Documents of the eighth session including the report of the Commission to the General Assembly

Yearbook of the international law commission 1985, Volume II: Part Two, Report of the Commission to the General Assembly on the work of its thirty-seventh session

Nationale Regierungsakte und Strategieerklärungen der arktischen Küstenstaaten

Dänemark

——— Act No. 7, Mineral Resources Act, 7.12.2009, https://govmin.gl/wp-content/uploads/2020/05/Unofficial-translation-of-unofficial-consolidation-of-the-Mineral-Resources-Act.pdf, zugegriffen am: 20.11.2021

——— Act No. 473, Act on Greenland Self-Government, 12.6.2009, www.ilo.org/dyn/natlex/docs/ELECTRONIC/110442/137381/F-520745313/DNK110442 Eng.pdf, zugegriffen am: 20.11.2021

——— Act No. 577, Greenland Home Rule Act, 29.11.1978, https://www.cvce.eu/en/obj/home_rule_act_of_29_november_1978_entered_into_force_on_1_may_1979-en-541d1d6c-e3e9-4b81-b844-d95679e2e304.html, zugegriffen am: 9.1.2022

——— Foreign and Security Policy Strategy, The Danish Government, Jänner 2022, https://um.dk/en/-/media/websites/umen/foreign-policy/uss-2022/uss-en-web-220215-1-final-a.ashx, zugegriffen am: 3.4.2022

——— Kingdom of Denmark Strategy for the Arctic 2011–2020, Government of Denmark/Government of Greenland/Government of Faroes, August 2011, http://library.arcticportal.org/1890/1/DENMARK.pdf, zugegriffen am: 12.11.2021

——— The Greenland-Danish Self-Government Commission's Report on Self-Government in Greenland, 2008, https://img9.custompublish.com/getfile.php/953432.1529.dwfvyfwtyy/Report+on+Self-Government+in+Greenland+-+Executive+Summary.pdf?return=arcticgovernance.custompublish.com, zugegriffen am: 22.6.2022

——— Partial Submission of the Government of the Kingdom of Denmark together with the Government of Greenland to the Commission on the Limits of the Continental Shelf regarding the Northern Continental Shelf of Greenland – Executive Summary, Geological Survey of Denmark and Greenland/ Royal Danish Ministry of Climate, Energy and Building, 15.12.2014, https://www.un.org/Depts/los/clcs_new/submissions_files/dnk76_14/dnk2014_es.pdf, zugegriffen am: 31.1.2022

Kanada

——— Arctic Waters Pollution Prevention Act 1970, abgedruckt in: *Bilder Richard B.*, The Canadian Arctic Waters Pollution Prevention Act: New Stresses on the Law of the Sea, 69 Michigan Law Review, 1/1970, https://papers.ssrn.com/sol3/papers.cfm?abstract_id=1623885, zugegriffen am: 29.10.2021, 38–54

——— Arctic Waters Pollution Prevention Act, 1.1.1985, R.S.C., 1985, c. A-12, https://laws-lois.justice.gc.ca/PDF/A-12.pdf, zugegriffen am: 26.9.2021

——— Bill C-15, 25.5.2021, https://parl.ca/DocumentViewer/en/43-2/bill/C-15/third-reading, zugegriffen am: 29.11.2021

——— Canada and the Circumpolar Arctic, Government of Canada, 18.2.2021. https://www.international.gc.ca/world-monde/international_relations-relations_internationales/arctic-arctique/index.aspx?lang=eng, zugegriffen am: 30.3.2021

——— Canada's Arctic and Northern Policy Framework, Government of Canada, 10.9.2019, https://www.rcaanc-cirnac.gc.ca/eng/1562782976772/1562783551358, zugegriffen am: 12.11.2021

——— Comprehensive Land Claims Policy 1987, Canadian Minister of Indian Affairs and Northern Development, 1986, https://publications.gc.ca/collections/collection_2017/aanc-inac/R32-81-1987-eng.pdf zugegriffen am: 13.6.2024

——— Debates of the Senate of the Dominion of Canada, 10th Parliament: 3rd session, 20.2.1907, https://parl.canadiana.ca/view/oop.debates_SOC1003_01/274?r=0&s=2, zugegriffen am: 12.9.2021

——— Impact Assessment Act, 28.8.2019, S.C.2012, c. 19, s. 52, https://laws.justice.gc.ca/PDF/I-2.75.pdf, zugegriffen am: 14.11.2021

——— Inuvialuit Final Agreement, Tuktoyaktuk, 5.6.1984, https://irc.inuvialuit.com/wp-content/uploads/2023/10/Inuvialuit_Final_Agreement_2005.pdf, zugegriffen am: 13.6.2024

——— New protections for High Arctic to boost climate change resiliency and create opportunities for Inuit, Prime Minister of Canada, 1.8.2019, https://pm.gc.ca/en/news/news-releases/2019/08/01/new-protections-high-arctic-boost-climate-change-resiliency-and, zugegriffen am: 1.2.2022

——— Nunavut Land Claims Agreement Act, 10.6.1993, S.C.1993, c. 29, https://laws-lois.justice.gc.ca/PDF/N-28.7.pdf, zugegriffen am: 1.2.2022

——— Order Prohibiting Certain Activities in Arctic Offshore Waters, 30.7.2019, SOR/2019-280, https://laws-lois.justice.gc.ca/PDF/SOR-2019-280.pdf, zugegriffen am: 14.11.2021

——— Partial Submission of Canada to the Commission on the Limits of the Continental Shelf regarding its continental shelf in the Arctic Ocean – Executive Summary, Government of Canada, 23.5.2019, https://www.un.org/Depts/los/clcs_new/submissions_files/can1_84_2019/CDA_ARC_ES_EN_secured.pdf, zugegriffen am: 15.2.2021

——— Statement on Canada's Arctic Foreign Policy, Government of Canada, 12.5.2017. https://www.international.gc.ca/world-monde/assets/pdfs/canada_arctic_foreign_policy-eng.pdf, zugegriffen am: 23.3.2021

——— Territorial Sea and Fishing Zones Act, 1.1.1964, R.S., c. T-7, s. 1, https://www.fao.org/faolex/results/details/en/c/LEX-FAOC001082/, zugegriffen am: 29.10.2021

——— Territorial Sea Geographical Coordinates (Area 7) Order, 10.9.1985, SOR/85-872, https://laws-lois.justice.gc.ca/eng/regulations/SOR-85-872/index.html, zugegriffen am: 1.11.2021

——— Tri-Council Policy Statement: Ethical Conduct for Research Involving Humans, Government of Canada, 2018, TCPS 2, https://ethics.gc.ca/eng/documents/tcps2-2018-en-interactive-final.pdf, zugegriffen am: 25.1.2022

Norwegen

——— Act No. 85, Finnmark Act, 17.6.2005, https://lovdata.no/dokument/NLE/lov/2005-06-17-85, zugegriffen am: 15.11.2021

——— Act No. 72 relating to petroleum activities, 29.11.1996 https://www.npd.no/en/regulations/acts/act-29-november-1996-no2.-72-relating-to-petroleum-activities/#Section-1-1, zugegriffen am: 24.3.2021

——— Fundamental Regulatory Principles, Norwegian Petroleum Directorate, https://www.norskpetroleum.no/en/framework/fundamental-regulatory-principles/, zugegriffen am: 15.11.2021

——— News story, Norwegian Ministry of Petroleum and Energy, 25.10.2018, https://www.regjeringen.no/en/historical-archive/solbergs-government/Ministries/oed/news/2018/agreement-on-mutual-rights-to-aquire-seismic-data/id2616965/, zugegriffen am: 2.4.2022

——— Press release, Norwegian Ministry of Foreign Affairs, 30.10.2019, https://www.regjeringen.no/en/historical-archive/solbergs-government/Ministries/ud/news1/2019/norge-undertegnet-maritime-avgrensningsavtaler-med-island-og-danmarkfaroyene/id2675744/, zugegriffen am: 2.4.2022

——— Setting the Course for Norwegian Foreign and Security Policy, Norwegian Ministry of Foreign Affairs, 21.4.2017, Meld. St. 36 (2016–2017) Report to the Storting (White Paper), https://www.regjeringen.no/en/dokumenter/meld.-st.-36-20162017/id2549828/, zugegriffen am: 22.6.2022

——— The Constitution of the Kingdom of Norway, 17.5.1814, LOV-1814-05-17, https://lovdata.no/dokument/NLE/lov/1814-05-17, zugegriffen am: 11.4.2022

——— The Norwegian Government's Arctic Policy, Norwegian Ministry of Foreign Affairs, 26.11.2021, https://www.regjeringen.no/en/dokumenter/arctic_policy/id2830120/, zugegriffen am: 1.2.2021

Russland

——— Decision of the Council of Ministers of the USSR, 15.1.1985, englische Übersetzung in: *Berkman Paul A.*, *Vylegzhanin Alexander N.* und *Young Oran R.*, Baseline of Russian Arctic Laws, Springer International Publishing: Cham 2019, 224–225

——— Declaration of the Council of Ministers of the USSR, 7.2.1984, abgedruckt in: United States Department of State: Bureau of Oceans and International Environmental and Scientific Affairs, Limits in the Seas No. 107 – Straight Baselines: U.S.S.R., 1987, https://www.state.gov/wp-content/uploads/2019/12/LIS-107.pdf, zugegriffen am: 26.10.2021

——— Decree 1487 by the Russian Federation Government, Rules of navigation in the water area of the Northern Sea Route, 18.9.2020, http://www.nsra.ru/files/fileslist/137-en5894-2020-11-19_rules.pdf, zugegriffen am: 26.10.2021

——— Decree of the Presidium of the Central Executive Committee of the USSR on the Proclamation of Lands and Islands Located in The Arctic Ocean as Territory of the USSR, 15.4.1926, englische Übersetzung in: *Berkman Paul A.*, *Vylegzhanin Alexander N.* und *Young Oran R.*, Baseline of Russian Arctic Laws, Springer International Publishing: Cham 2019, 216

——— Die Verfassung der Russischen Föderation, 12.12.1993, englische Übersetzung vom Lehrstuhl *Fincke* (Passau), http://www.constitution.ru/de/, zugegriffen am: 10.11.2021

——— Edict to the Governing Senate, Concerning enforcement of the ordinance on limits of navigation and order for interaction in maritime affairs along the coasts of the East Siberia, North-West America and the Aleutian Islands, the Kuril Islands and others, 4.9.1821, englische Übersetzung in: *Berkman Paul A., Vylegzhanin Alexander N.* und *Young Oran R.*, Baseline of Russian Arctic Laws, Springer International Publishing: Cham 2019, 207–216

——— Federal Law N 49-FZ, About the territories of traditional environmental management of indigenous ethnic groups of the North, Siberia and the Far East of the Russian Federation, 7.5.2001, in russischer Sprache unter: https://www.fao.org/faolex/results/details/en/c/LEX-FAOC042175/, zugegriffen am: 6.1.2022

——— Federal Law N 132-FZ, On Amendments to Certain Legislative Acts of the Russian Federation Concerning State Regulation of Merchant Shipping on the Water Area of the Northern Sea Route, 28.7.2012; englische Übersetzung unter: http://www.nsra.ru/en/ofitsialnaya_informatsiya/zakon_o_smp.html, zugegriffen am: 29.10.2021

——— Federal Law N 174-FZ, About environmental Assessment, 23.11.1995; englische Übersetzung unter: https://cis-legislation.com/document.fwx?rgn=1521, zugegriffen am: 14.11.2021

——— Federal Law N 219-FZ, On Amendments to the Federal Law on Environment Protection, 21.7.2014, in russischer Sprache unter: http://www.consultant.ru/document/cons_doc_LAW_165823/?resource=conx&target=doc, zugegriffen am: 14.11.2021

——— Federal Law N 2395-I, On Subsoil, 21.2.1992; englische Übersetzung unter: https://cis-legislation.com/document.fwx?rgn=1494, zugegriffen am: 13.11.2021

——— Foundations of the Russian Federation's State Policy in the Arctic for the Period up to 2035, 5.3.2020, englische Übersetzung von: *Davis Anna* und *Vest Ryan*, https://dnnlgwick.blob.core.windows.net/portals/0/NWCDepartments/Russia%20Maritime%20Studies%20Institute/ArcticPolicyFoundations2035_English_FINAL_21July2020.pdf?sr=b&si=DNNFileManagerPolicy&sig=DSkBpDNhHsgjOAvPILTRoxIfV%2FO02gR81NJSokwx2EM%3D, zugegriffen am: 11.11.2021

——— Foundations of the Russian Federation's State Policy in the Arctic until 2020 and beyond, 18.9.2008, englische Übersetzung von: *Burgess Philip*, https://icr.arcticportal.org/index.php?option=com_content&view=article&id=1791%3, zugegriffen am: 30.3.2021

——— List of the geographical co-ordinates of the points defining the position of the baselines for measuring the breadth of the territorial sea, the exclusive economic zone and the continental shelf of the USSR off the continental coast and islands of the Arctic Ocean, approved by Decree of the Council of Ministers of the USSR, 15.1.1985, abgedruckt unter: https://www.un.org/depts/los/LEGISLATIONANDTREATIES/PDFFILES/RUS_1985_Declaration.pdf, zugegriffen am: 4.10.2021

——— Order No. 372 of 2000 of the Federal Committee on Environmental Protection regarding the Validation of the Regulation on the Assessment of environmental Impact of the projected Economic and other types of Activity, 16.5.2000, Federal EIA Decree No. 372, in russischer Sprache unter: http://base.garant.ru/12120191/#ixzz5VcOS9Zwy, zugegriffen am: 14.11.2021

——— Partial revised Submission of the Russian Federation to the Commission on the Limits of the Continental Shelf in respect of the continental shelf of the Russian Federation in the Arctic Ocean – Executive Summary, Ministry of Natural Resources and Environment of the Russian Federation/Federal Agency on Mineral Resources Ministry of Natural Resources and Environment of the Russian Federation/Ministry of Foreign Affairs of the Russian Federation/Ministry of Defence of the Russian Federation/Department of Navigation and Oceanography Ministry of Defence of the Russian Federation/Russian Academy of Sciences, 3.8.2015, https://www.un.org/depts/los/clcs_new/submissions_files/rus01_rev15/2015_08_03_Exec_Summary_English.pdf, zugegriffen am: 15.2.2021

——— Rules for Navigation on the Seaways of the Northern Sea Route, approved by the USSR Minister of Merchant Marine, 14.9.1990, englische Übersetzung in: *Berkman Paul A.*, *Vylegzhanin Alexander N.* und *Young Oran R.*, Baseline of Russian Arctic Laws, Springer International Publishing: Cham 2019, 225–228

——— Rules on Marine Commercial Fishing in the Priamurskii General-Gubernatorstvo, 29.5.1911, 31 Polnoe sobranie (3d.ser.), No. 35365, englische Übersetzung in: 6 Soviet Statutes and Decision 13/1969, 24

——— The development strategy of the Arctic zone of the Russian Federation, 20.2.2013, englische Übersetzung unter: https://www.research.kobe-u.ac.jp/gsics-pcrc/sympo/20160728/documents/Keynote/Russian%20Arctic%20strategy%202013.pdf, zugegriffen am: 13.6.2024

Vereinigte Staaten von Amerika

——— Administrative Order No. 186 by former State of Alaska Governor Tony Knowles, 29.9.2000, https://gov.alaska.gov/admin-orders/administrative-order-no-186/, zugegriffen am: 8.1.2022

——— Alaska National Interest Land Conservation Act of 1980, 16 U.S.C. §§ 3101–3233, https://uscode.house.gov/view.xhtml?path=/prelim@title16/chapter51&edition=prelim, zugegriffen am: 7.1.2022

——— Alaska Native Claims Settlement Act of 1971, 43 U.S.C. §§ 1601–1624, https://uscode.house.gov/view.xhtml?path=/prelim@title43/chapter33&edition=prelim, zugegriffen am: 7.1.2022

——— Coastal Plain Oil and Gas Leasing Program Record of Decision, U.S. Department of the Interior Bureau of Land Management, August 2020, https://eplanning.blm.gov/public_projects/102555/200241580/20024135/250030339/Coastal%20Plain%20Record%20of%20Decision.pdf, zugegriffen am: 3.4.2022

——— Constitution of the State of Alaska, 5.2.1956, https://ltgov.alaska.gov/information/alaskas-constitution/, zugegriffen am: 17.11.2021

——— Deep Seabed Hard Mineral Resources of 1980, 30 U.S.C. §§ 1441 et seq., https://uscode.house.gov/view.xhtml?path=/prelim@title30/chapter26&edition=prelim, zugegriffen am: 23.3.2022

——— Executive Order 13754, Northern Bering Sea Climate Resilience, 9.12.2016, https://www.govinfo.gov/content/pkg/FR-2016-12-14/pdf/2016-30277.pdf, zugegriffen am: 19.11.2021

——— Executive Order 13795, Implementing an America-First Offshore Energy Strategy, 28.4.2017, https://www.boem.gov/sites/default/files/oil-and-gas-energy-program/Leasing/Five-Year-Program/2019-2024/DPP/EO-13795.pdf, zugegriffen am: 19.11.2021

——— Executive Order 13990, Protecting Public Health and the Environment and Restoring Science to Tackle the Climate Crisis, 20.1.2021, https://www.whitehouse.gov/briefing-room/presidential-actions/2021/01/20/executive-order-protecting-public-health-and-environment-and-restoring-science-to-tackle-climate-crisis/, zugegriffen am: 23.2.2021

——— Explanation of Position on "Rights of Indigenous Peoples", United States Mission to the United Nations, 7.11.2019, https://usun.usmission.gov/united-states-explanation-of-position-on-rights-of-indigenous-peoples/, zugegriffen am: 29.11.2021

——— House Conference Report No. 92–746, 13.12.1971, H.R.CONF.REP.92-746, https://www.adfg.alaska.gov/static/regulations/regprocess/gameboard/pdfs/2016-2017/cb/rcs/rc018_Nick_Jackson_House_Conference_Report_No._92-746_Dec_1971.pdf, zugegriffen am: 7.1.2022

——— Implementation Plan for the National Strategy for the Arctic Region, the White House, Jänner 2014, https://obamawhitehouse.archives.gov/sites/default/files/docs/implementation_plan_for_the_national_strategy_for_the_arctic_region_-_fi....pdf, zugegriffen am: 12.11.2021

——— Marine Mammal Protection Act of 1972, 16 U.S.C. §§ 1361–1423h, https://uscode.house.gov/view.xhtml?path=/prelim@title16/chapter31&edition=prelim, zugegriffen am: 7.1.2022

——— Migratory Bird Treaty Act of 1918, 16 U.S.C. §§ 703–712, http://uscode.house.gov/view.xhtml?req=granuleid%3AUSC-prelim-title16-chapter7-subchapter2&saved=%7CKHRpdGxlOjE2IHNlY3Rpb246NzAzIG-VkaXRpb246cHJlbGltKSBPUiAoZ3JhbnVsZWlkOlVTQy1wcmVsaW0tdGl0bGUxNi1zZWN0aW9uNzAzKQ%3D%3D%7CdHJlZXNvcnQ%3D%7C%7C0%7Cfalse%7Cprelim&edition=prelim, zugegriffen am: 7.1.2022

——— Millennium Agreement between the Federally Recognized Sovereign Tribes of Alaska and the State of Alaska, 11.4.2001, http://dot.alaska.gov/tribalrelations/assets/Millennium-agree.PDF, zugegriffen am: 15.9.2020

——— National OCS Oil and Gas Leasing Program, Bureau of Ocean Energy Management, https://www.boem.gov/national-ocs-oil-and-gas-leasing-program, zugegriffen am: 18.11.2021

——— National Security Decision Directive – NSDD-90, 14.4.1983, the White House, https://irp.fas.org/offdocs/nsdd/nsdd-090.htm, zugegriffen am: 1.2.2022

——— National Security Decision Memorandum – NSDM-144, 22.12.1971, the White House, https://irp.fas.org/offdocs/nsdm-nixon/nsdm-144.pdf, zugegriffen am: 1.2.2022

——— National Security Presidential Directive 66 und Homeland Security Presidential Directive 25, 1.9.2009, the White House, http://fas.org/irp/offdocs/nspd/nspd-66.htm, zugegriffen am: 12.11.2021

——— National Strategy for the Arctic Region, the White House, Mai 2013, https://obamawhitehouse.archives.gov/sites/default/files/docs/nat_arctic_strategy.pdf, zugegriffen am: 12.11.2021

——— Oil Pollution Act of 1990, 33 U.S.C. §§ 2701–2761, https://uscode.house.gov/view.xhtml?path=/prelim@title33/chapter40&edition=preli, zugegriffen am: 18.11.2021

——— Outer Continental Shelf Lands Act of 1953, 43 U.S.C. §§ 1331 et seq., https://www.govinfo.gov/content/pkg/USCODE-2011-title43/pdf/USCODE-2011-title43-chap29-subchapIII.pdf, zugegriffen am: 16.11.2021

——— Presidential Memorandum, Withdrawal of Certain Portions of the United States Arctic Outer Continental Shelf From Mineral Leasing, 20.12.2016, https://obamawhitehouse.archives.gov/the-press-office/2016/12/20/presidential-memorandum-withdrawal-certain-portions-united-states-arctic, zugegriffen am: 19.11.2021

——— Press Release, the White House, 24.9.2021, https://www.whitehouse.gov/ostp/news-updates/2021/09/24/biden-harris-administration-brings-arctic-policy-to-the-forefront-with-reactivated-steering-committee-new-slate-of-research-commissioners/, zugegriffen am: 13.11.2021

——— Proclamation No. 2667, Truman Proclamation, 28.9.1945, 10 Federal Register 12, 303, https://iea.uoregon.edu/treaty-text/3961, zugegriffen am: 12.9.2021

——— Proclamation No. 2668, 28.9.1945, 10 Federal Register 12, 304, https://cil.nus.edu.sg/wp-content/uploads/2019/02/1945-Truman-Proclamation-No.-2668.pdf, zugegriffen am 2.4.2022.

——— Report to Congress from the of Defense on Strategy to Protect United States National Security Interests in the Arctic Region, 20.10.2016, Department of Defense, https://dod.defense.gov/Portals/1/Documents/pubs/2016-Arctic-Strategy-UNCLAS-cleared-for-release.pdf, zugegriffen am: 1.2.2022

——— Report to Congress from the of Defense on Strategy to Protect United States National Security Interests in the Arctic Region, 29.5.2019, Department of Defense, https://media.defense.gov/2019/Jun/06/2002141657/-1/-1/1/2019-DOD-ARCTIC-STRATEGY.PDF, zugegriffen am: 1.2.2022

——— Statement on United States Actions Concerning the Conference on the Law of the Sea, 7.9.1982, Ronald Reagan Presidential Library, https://www.reaganlibrary.gov/archives/speech/statement-united-states-actions-concerning-conference-law-sea, zugegriffen am: 13.3.2022

——— Status of Wrangel and Other Arctic Islands, U.S. Department of State, Bureau of European and Eurasian Affairs, 20.5.2003, https://2001-2009.state.gov/p/eur/rls/fs/20922.htm, zugegriffen am: 2.10.2021

——— Submerged Lands Act of 1953, 43 U.S.C. §§ 1301–1315, https://www.boem.gov/sites/default/files/uploadedFiles/BOEM/Oil_and_Gas_Energy_Program/Leasing/Outer_Continental_Shelf/Lands_Act_History/submerged.pdf, zugegriffen am: 17.11.2021

——— Subsistence Management Regulations for Public Lands in Alaska, 50 C.F.R. 100.10, https://www.govinfo.gov/content/pkg/CFR-2020-title50-vol9/pdf/CFR-2020-title50-vol9-part100.pdf, zugegriffen am: 7.1.2022

Literaturverzeichnis

Alfredsson Gudmundur, Human Rights and Indigenous Rights, in: Loukacheva (Hg), Polar Law Textbook (TemaNord 2010:538), Nordic Council of Ministers: Copenhagen 2010, 147–170

Annweiler Matthias J., Die Bewirtschaftung der genetischen Ressourcen des Meeresbodens jenseits der Grenzen nationaler Hoheitsgewalt, Duncker & Humblot: Berlin 2017

Arjjumend Hasrat, *Alam Sabiha*, *Shishatskiy Nikolay* und *Koivurova Timo*, Analysis of Evolving Domestic Access and Benefit Sharing Legislation in Russia from the Perspective of Indigenous People and Local Communities, in: 2 Journal of Global Ressources, 109–120

Arruda Gisele M. und *Krutkowski Sebastian*, Social Impacts of Climate Change and Resource Development in the Arctic: Implications for Arctic Governance, in: 11 Journal of Enterprising Communities: People and Places in the Global Economy 2/2017, 277–288

Atapattu Sumudu, Emerging Principles of International Environmental Law, Brill/Nijhoff: Leiden 2007

Avetisov Georgy P., *Butsenko Victor V.*, *Chernykh Andrey A.*, *Firsov Yury G.*, *Glebovsky Vladimir Yu.*, *Gusev Evgeny A.*, *Kireev Artem A.*, *Krylov Alexey A.* und *Zinchenko Anna G.*, The Current State of the Arctic Basin Study, in: Piskarev/Poselov/Kaminsky (Hg), Geologic Structures of the Arctic Basin, Springer International Publishing: Cham 2019, 1–69

Bai Jiayu und *Hu Huijun*, Transcending Divisions and Harmonizing Interests: How the Arctic Council Experience Can Inform Regional Cooperation on Environmental Protection in the South China Sea, in: 15 Chinese Journal of International Law 4/2016, 935–945

Bailes Alyson J. K., Understanding The Arctic Council: A "Sub-Regional" Perspective, in: 15 Journal of Military and Strategic Studies 2/2013, 31–49

Bailes Alyson J. K. und *Ólafsson Kristmundur Þ.*, The EU Crossing Arctic Frontiers: The Barents Euro-Arctic Council, Northern Dimension, and EU-West Nordic Relations, in: Liu/Kirk/Henriksen (Hg), The European Union and the Arctic, Publications on ocean development[85], Brill/Nijhoff: Leiden–Boston 2017, 40–62

Bankes Nigel, Oil and Gas and Mining Development in the Arctic: Legal Issues, in: Loukacheva (Hg), Polar Law Textbook (TemaNord 2010:538), Nordic Council of Ministers: Copenhagen 2010, 101–124

——— Protection of the Rights of Indigenous Peoples to Territory through the Property Rights Provisions of International Regional Human Rights Instruments, in: Alfredsson/Koivurova (Hg), The Yearbook of Polar Law[3] 2011, Brill/Nijhoff: Leiden–Boston 2011, 57–112

Barnes Richard A., Article 24, in: Proelß (Hg), United Nations Convention on the Law of the Sea: A Commentary, C.H. Beck/Hart/Nomos: München–Oxford–Baden-Baden 2017, 217–222

Barrett Jill M., The Antarctic Treaty System, in: Scott/VanderZwaag (Hg), Research Handbook on Polar Law, Edward Elgar Publishing: Cheltenham–Northampton 2020, 40–63

Bartenstein Kristin, Article 211, in: Proelß (Hg), United Nations Convention on the Law of the Sea: A Commentary, C.H. Beck/Hart/Nomos: München–Oxford–Baden-Baden 2017, 1419–1443

Bartenstein Kristin und *Chircop Aldo*, Polar shipping law, in: Scott/VanderZwaag (Hg), Research Handbook on Polar Law, Edward Elgar Publishing: Cheltenham–Northampton 2020, 371–390

Bartsch Golo M., Zukunftsraum Arktis, essentials, Springer VS: Wiesbaden 2015

Berkman Paul A., Polar science diplomacy, in: Scott/VanderZwaag (Hg), Research Handbook on Polar Law, Edward Elgar Publishing: Cheltenham–Northampton 2020, 105–123

Berkman Paul A., *Vylegzhanin Alexander N.* und *Young Oran R.*, Baseline of Russian Arctic Laws, Springer International Publishing: Cham 2019

Bingham Tom, The Rule of Law, Penguin Books: London 2011

Bird Kenneth J., *Charpentier Ronald R.*, *Gautier Donald L.*, *Houseknecht David W.*, *Klett Timothy R.*, *Pitman Janet K.*, *Moore Thomas E.*, *Schenk Christopher J.*, *Tennyson Marilyn E.*, und *Wandrey Craig J.* (*Bird u. a.*), Circum-Arctic Resource Appraisal: Estimates of Undiscovered Oil and Gas North of the Arctic Circle (U.S. Geological Survey Fact Sheet 2008–3049), 2008, https://pubs.usgs.gov/fs/2008/3049/, zugegriffen am: 23.7.2020

Blitza Eike, Auswirkungen des Meeresspiegelanstiegs auf maritime Grenzen, Band 279 Beiträge zum ausländischen öffentlichen Recht und Völkerrecht, Springer: Berlin–Heidelberg 2019

Blümel Wolf D., Physische Geographie der Polargebiete, B. G. Teubner Studienbücher der Geographie: Stuttgart–Leipzig 1999

Boelaert-Suominen Sonja, The European Community, the European Court of Justice and the Law of the Sea, in: 23 The International Journal of Marine and Coastal Law 4/2008, 643–713

Bothe Michael, Friedenssicherung und Kriegsrecht, in: Graf Vitzthum/Proelß (Hg), Völkerrecht[7], Walter de Gruyter: Berlin–Boston 2016, 591–682

Böttcher Christian, Die Entstehung einer gemeinsamen nordischen Sicherheitspolitik – Faktoren und Hindernisse auf dem Weg zur Nordallianz, Masterarbeit Leopold-Franzens-Universität Innsbruck 2016

Boyle Alan, EU Unilateralism and the Law of the Sea, in: 21 The International Journal of Marine and Coastal Law 1/2006, 15–31

Braun Michael A., Projekt Polarkreis / Rohstoffe, Fischfang, Tourismus – die Arktis wird zum Schwellenmarkt des 21. Jahrhunderts. Die Folgen für Wirtschaft, Bevölkerung und Eisbären sind immens, in: €uro: das Magazin für Wirtschaft und Geld 2/2014, 18–25

Britcyna Ekaterina, *Nystén-Haarala Soili* und *Pappila Minna*, Extractive Industries and Public Participation in Russia: The Case of the Oil Industry in Izhemskii District, Komi Republic, in: Alfredsson/Koivurova (Hg), The Yearbook of Polar Law[9] 2017, Brill/Nijhoff: Leiden–Boston 2018, 133–163

Brosnan Ian G., *Leschine Thomas M.* und *Miles Edward L.*, Cooperation or Conflict in a Changing Arctic?, in: 42 Ocean Development & International Law 1/2011, 173–210

Brubaker Douglas R., The Legal Status of the Russian Baselines in the Arctic, in: 30 Ocean Development & International Law 3/1999, 191–233

Bueckling Adrian, Der Fluch der Generalklauseln: Vom Treu- und Glaubenssatz zum Gemeinsamen Erbe der Menschheit, in: 16 Zeitschrift für Rechtspolitik 8/1983, 190–194

Buhmann Karin, International Law and Corporate Social Responsibility: The Potential of OECD'S MNE Guidelines for Advancing Social Benefits in the Context of Natural Resource Exploitation in the Arctic, with Particular Regard to Greenland, in: Alfredsson/Koivurova (Hg), The Yearbook of Polar Law[9] 2017, Brill/Nijhoff: Leiden–Boston 2018, 164–182

Burke Ciarán, Article 187, in: Proelß (Hg), United Nations Convention on the Law of the Sea: A Commentary, C.H. Beck/Hart/Nomos: München–Oxford–Baden-Baden 2017, 1254–1261

——— Article 191, in: Proelß (Hg), United Nations Convention on the Law of the Sea: A Commentary, C.H. Beck/Hart/Nomos: München–Oxford–Baden-Baden 2017, 1274–1276

Bustnesli Yngve, Norway, in: Strong (Hg), The Oil and Gas Law Review[8], Law Business Research Ltd: London 2020, 251–264

Butler William E., New Soviet Legislation on Straight Base Lines, in: 20 International and Comparative Law Quarterly 4/1971, 750–752

Byers Michael, International Law and the Arctic, Cambridge University Press: Cambridge 2013

—— Internationales Recht und internationale Politik in der Nordwestpassage: Konsequenzen des Klimawandels, in: 67 Zeitschrift für ausländisches öffentliches Recht und Völkerrecht 2007, 145–157

Cambou Dorothée, Enhancing the Participation of Indigenous Peoples at the Intergovernmental Level to Strengthen Self-Determination: Lessons from the Arctic, in: 87 Nordic Journal of international Law 2018, 26–55

—— The UNDRIP and the legal significance of the right of indigenous peoples to self-determination: a human rights approach with a multidimensional perspective, in: 23 The International Journal of Human Rights 1–2/2019, 34–50

Canuel Edward T., Alaska and offshore hydrocarbon extraction – A legal and socio-economic review, in: Pelaudeix/Basse (Hg), Governance of Arctic Offshore Oil and Gas, Routledge: London 2018, 95–107

Carlsson Annica, The US and UNCLOS III – The Death of the Common Heritage of Humankind Concept?, in: 95 Maritime Studies 1997, 27–35

Carstens Margret, Indigene Territorialrechte in Lateinamerika nach dem Awas Tingni-Urteil von 2001. Folgeurteile und -berichte im interamerikanischen Menschenrechtssystem, in: 42 Verfassung und Recht in Übersee / Law and Politics in Africa, Asia and Latin America 3/2009, 399–424

Chircop Aldo, The Growth of International Shipping in the Arctic: Is a Regulatory Review Timely?, in: 24 The International Journal of Marine and Coastal Law 2/2009, 355–380

Choi Yearn H., The Barents Sea: Equal Division of the Disputed Sea between Russia and Norway, in: 28 The Journal of East Asian Affairs 2/2014, 61–81

Churchill Robin und *Ulfstein Geir*, The Disputed Maritime Zones Around Svalbard, in: Nordquist/Moore/Heidar (Hg), Changes in the Arctic Environment and the Law of the Sea, Brill/Nijhoff: Leiden 2010, 551–594

Conforti Benedetto, Diritto internazionale, Editoriale Scientifica: Napoli 2013

Conley Heather A. und *Melino Matthew*, An Arctic Redesign: Recommendations to Rejuvenate the Arctic Council, Center of Strategic and International Studies: Europe Program, Februar 2016. https://csis-website-prod.s3.amazonaws.com/s3fs-public/legacy_files/files/publication/160302_Conley_ArcticRedesign_Web.pdf, zugegriffen am: 14.6.2024

—— The Implications of U.S. Policy Stagnation toward the Arctic Region, Center of Strategic and International Studies, Mai 2019, https://csis-website-prod.s3.amazonaws.com/s3fs-public/publication/191009_ConleyMelino.pdf, zugegriffen am: 24.2.2021

Connors Jane, United Nations, in: Moeckli/Shah/Sivakumaran (Hg), International Human Rights Law[3], Oxford University Press: Oxoford 2018, 369–410

Corell Hans, The Arctic: An Opportunity to Cooperate and Demonstrate Statesmanship, in: 42 Vanderbilt Journal of Transnational Law 2009, 1065–1079

Czarny Roman S., U.S. and the Arctic in the Last Two Decades, in: 16 Slovak Journal of Political Sciences 2/2016, 190–206

Damm Volkmar, *Reichert Christian*, *Berglar Kai* und *Andruleit Harald*, Der arktische Ozean aus rohstoffwirtschaftlicher und völkerrechtlicher Sicht, in: Deutsche Rohstoffagentur (Hg), 52 Commodity Top News: Fakten, Analysen, Wirtschaftliche Hintergrundinformationen: Berlin 2016

de La Fayette Louise A., Oceans Governance in the Arctic, in: 23 The International Journal of Marine and Coastal Law 3/2008, 531–566

de Moraes Rodrigo F., The parting of the seas: norms, material power and state control over the ocean, in: 62 Revista Brasileira de Política Internacional 1/2019, e003

Diatchkova Galina, Chukotka's Indigenous Peoples: Issues and Prospects for Development, in: Loukacheva (Hg), Polar Law Textbook (TemaNord 2010:538), Nordic Council of Ministers: Copenhagen 2010, 221–233

Dingwall Joanna, Commercial Mining Activities in the Deep Seabed beyond National Jurisdiction: the International Legal Framework, in: Banet (Hg), The Law of the Seabed, Brill/Nijhoff: Leiden–Boston 2020, 139–162

Dodds Klaus, Flag Planting and Finger Pointing: The Law of the Sea, the Arctic and the Political Geographies of the Outer Continental Shelf, in: 29 Political Geography 2/2010, 63–73

Dodds Klaus und *Woon Chih Y.*, Triumphant Geopolitics? Making Space of and for Arctic Geopolitics in the Arctic Ocean, in: Sellheim/Zaika/Kelman (Hg), Arctic Triumph: Northern Innovation and Persistence, Springer International Publishing: Cham 2019, 163–192

Doelle Meinhard, The Climate Change Regime and the Arctic Region, in: Koivurova/Keskitalo/Bankes (Hg), Climate Governance in the Arctic, Environment Policy[50], Springer Netherlands: Dordrecht 2009, 27–50

Dolzer Rudolf und *Kreuter-Kirchhof Charlotte*, Wirtschaft und Kultur im Völkerrecht, in: Graf Vitzthum/Proelß (Hg), Völkerrecht[7], Walter de Gruyter: Berlin–Boston 2016, 455–538

Dorough Dalee S., Inuit of Alaska: Current Issues, in: Loukacheva (Hg), Polar Law Textbook (TemaNord 2010:538), Nordic Council of Ministers: Copenhagen 2010, 199–219

——— Perspective on Convention 169, its significance to Inuit and some troubling developments, in: 24 The International Journal of Human Rights 2–3/2020, 293–296

Ellemann Karen, Arctic on the threshold of change, in: Conference Report (26 May 2010): Arctic – Changing Realities (ANP 2010:758), Nordic Council of Ministers: Copenhagen 2010, 13–16

Elsner Harald, *Sievers Henrike*, *Szurlies Michael* und *Wilken Hildegard*, Das Mineralische Rohstoffpotenzial in der Arktis, in: Deutsche Rohstoffagentur (Hg), 41 Commodity Top News: Fakten, Analysen, Wirtschaftliche Hintergrundinformationen: Berlin 2014

Epiney Astrid, Gegenstand, Entwicklung, Quellen und Akteure des internationalen Umweltrechts, in: Proelß (Hg), Internationales Umweltrecht, Walter de Gruyter: Berlin–Boston 2017, 1–35

Etzold Tobias und *Steinicke Stefan*, Die Europäische Union und die Arktis. Status quo und Handlungsperspektiven, in: 33 Sicherheit & Frieden 3/2015, 127–131

Farré Albert B., *Stephenson Scott R.*, *Chen Linling*, *Czub Michael*, *Dai Ying*, *Demchev Denis*, *Efimov Yaroslav*, *Graczyk Piotr*, *Grythe Henrik*, *Keil Kathrin*, *Kivekäs Niku*, *Kumar Naresh*, *Liu Nengye*, *Matelenok Igor*, *Myksvoll Mari*, *O'Leary Derek*, *Olsen Julia*, *Pavithran.A.P. Sachin*, *Peterson Edward*, *Raspotnik Andreas*, *Rhyzhov Ivan*, *Solski Jan*, *Suo Lingling*, *Troein Caroline*, *Valeeva Vilena*, *van Rijckevorsel Jaap* und *Wighting Jonathan* (*Farré u. a.*), Commercial Arctic shipping through the Northeast Passage: routes, resources, governance, technology, and infrastructure, in: 37 Polar Geography 4/2014, 298–324

Fedi Laurent, Arctic shipping law: from atomised legislations to integrated regulatory framework: the Polar Code (r)evolution?, in: Lasserre/Faury (Hg), Arctic Shipping: Climate Change, Commercial Traffic and Port Development, Routledge: Abingdon (Oxon)–New York 2020, 117–136

Fondahl Gail, *Parlato Nicholas*, *Filippova Viktoriya* und *Savvinova Antonia*, The Difference Place Makes: Regional Legislative Approaches to Territories of Traditional Nature Use in the Russian North, in: 12 Arctic Review on Law and Politics 2021, 108–133

Friedell Egon, Kulturgeschichte der Neuzeit[5] – Vollständige Fassung in fünf Bänden, veröffentlicht im: Null Papier Verlag 2019

Franckx Erik, Should the Law Governing Maritime Areas in the Arctic Adapt to Changing Climate Circumstances?, in: Koivurova/Keskitalo/Bankes (Hg), Climate Governance in the Arctic, Environment Policy[50], Springer Netherlands: Dordrecht 2009, 119–144

Franckx Erik und *Boone Laura*, Article 234, in: Proelß (Hg), United Nations Convention on the Law of the Sea: A Commentary, C.H. Beck/Hart/Nomos: München–Oxford–Baden-Baden 2017, 1566–1585

Gattini Andrea, Actio Popularis, in: Wolfrum (Hg), The Max Planck Encyclopedia of Public International Law, opil.ouplaw.com/home/EPIL 2019

Gautier Donald L., Bird Kenneth J., Charpentier Ronald R., Grantz Arthur, Houseknecht David W., Klett Timothy R., Moore Thomas E., Pitman Janet K., Schenk Christopher J., Schuenemeyer John H., Sørensen Kai, Tennyson Marilyn E., Valin Zenon C. und *Wandrey Craig J. (Gautier u. a.)*, Assessment of Undiscovered Oil and Gas in the Arctic, in: 324 Science (American Association for the Advancement of Science) 5931/2009, 1175–1179

Gavrilov Viatcheslav V., Legal Status of the Northern Sea Route and Legislation of the Russian Federation: A Note, in: 46 Ocean Development & International Law 3/2015, 256–263

Gilbert Jérémie, Land Rights as Human Rights: The Case for a Specific Right to Land, in: 10 International Journal on Human Rights 18/2013, 115–136

Gjetnes Marius, The Spratlys: Are They Rocks or Islands?, in: 32 Ocean Development & International Law 2/2001, 191–204

Glenn Patrick H., The Three Ironies of the UN Declaration on the Rights of Indigenous Peoples, in: Allen/Xanthaki (Hg), Reflections on the UN Declaration on the Rights of Indigenous Peoples, Hart: Oxford–Portland 2011, 171–182

Göcke Katja, Indigene Landrechte im internationalen Vergleich: Eine rechtsvergleichende Studie der Anerkennung indigener Landrechte in Kanada, den Vereinigten Staaten von Amerika, Neuseeland, Australien, Russland und Dänemark/Grönland, Band 253 Beiträge zum ausländischen öffentlichen Recht und Völkerrecht, Springer: Berlin–Heidelberg 2016

Goehrke Carsten, Raum als Schicksal? Geographische und geopolitische Entwicklungsbedingungen in der Geschichte Russlands, in: Schlögel (Hg), Mastering Russian Spaces: Raum und Raumbewältigung als Probleme der russischen Geschichte, Walter de Gruyter: Berlin–Boston, 27–46

Golitsyn Vladimir, Balancing Sovereign Interests beyond National Jurisdictions, in: Berkman/Lang/Walton/Young (Hg), Science Diplomacy: Antarctica, Science, and the Governance of International Spaces, Smithsonian Institution Scholarly Press: Washington D.C. 2011, 51–58

Gorbachev Mikhail, Speech in Murmansk at the ceremonial meeting on the occasion of the presentation of the Order of Lenin and the Gold Star Medal to the city of Murmansk, 1.10.1987, https://www.barentsinfo.fi/docs/gorbachev_speech.pdf, zugegriffen am: 18.1.2022

Görner Gunter, Die Arktis und das Seevölkerrecht, in: 140 WeltTrends 2018, 51–56

Graf Vitzthum Wolfgang G., Begriff, Geschichte und Rechtsquellen des Völkerrechts, in: Graf Vitzthum/Proelß (Hg), Völkerrecht[7], Walter de Gruyter: Berlin–Boston 2016, 1–60

——— Die Europäische Gemeinschaft und das Internationale Seerecht, in: 111 Archiv des öffentlichen Rechts 1/1986, 33–62

Gregersen Ulrik, *Andersen Morten S.*, *Nøhr-Hansen Henrik*, *Sheldon Emma*, *Kokfelt Thomas F.*, *Olivarius Mette*, *Knudsen Christian*, *Jakobsen Kristian G.* und *Adolfssen Jan S.*, New subsurface mapping offshore southern West Greenland using geophysical and geological data, in: Garde/Bennike/Watt (Hg), Review of Survey Activities 2017, Geological Survey of Denmark and Greenland Bulletin 41, Geological Survey of Denmark and Greenland: Copenhagen 2018, 57–62

Groß Hermann und *Rotholz Walter*, Das politische System Norwegens, in: Ismayr (Hg), Die politischen Systeme Westeuropas[3], VS Verlag für Sozialwissenschaften: Wiesbaden 2006, 131–166

Grotius Hugo, Mare liberum, übersetzt von: *Boschan Richard*, Hugo Grotius – von der Freiheit des Meeres, Verlag von Felix Meiner: Leipzig 1919

Guilfoyle Douglas, Art. 89, in: Proelß (Hg), United Nations Convention on the Law of the Sea: A Commentary, C.H. Beck/Hart/Nomos: München-Oxford-Baden-Baden 2017, 687–689

Hafner Gerhard, Pros and Cons Ensuing from Fragmentation of International Law, in: 25 Michigan Journal of International Law 4/2004, 849–863

Haftendorn Helga, Wettrüsten im Ewigen Eis – Eine Gefahr für die internationale Stabilität?, in: 9 Zeitschrift für Außen- und Sicherheitspolitik 1/2016, 101–120

Hanna Philippe und *Vanclay Frank*, Human Rights, Indigenous Peoples and the Concept of Free, Prior and Informed Consent, in: 31 Impact Assessment and Project Appraisal 2/2013, 146–157

Haugevik Kristin und *Sverdrup Ulf* (Hg), Ten years on: Reassessing the Stoltenberg Report on *Nordic* cooperation, University of Iceland Reykjavík 2019

Hoel Alf H., Do We Need a New Legal Regime for the Arctic Ocean?, in: 24 The International Journal of Marine and Coastal Law 2/2009, 443–456

——— Integrated Oceans Management in the Arctic: Norway and Beyond, in: 1 Arctic Review on Law and Politics 2/2010, 186–206

Höfelmeier Anja und *Vöneky Silja*, Rechtsfragen bei Forschungsaktivitäten über dem Festlandsockel der Arktis und Antarktis, in: Ordnung der Wissenschaft 2/2014, 43–54

Holland Marika M., *Serreze Mark C.* und *Stroeve Julienne*, The Sea Ice Mass Budget of the Arctic and Its Future Change as Simulated by Coupled Climate Models, in: 34 Climate Dynamics 2–3/2010, 185–200

Hoppe Sebastian und *Vera Rogova*, Russlands Wende nach Osten. Kleine Schritte statt umfassende Neuorientierung, in: 13 Zeitschrift für Außen- und Sicherheitspolitik 3/2020, 247–258

Hossain Kamrul, Russia's Proposed Extended Continental Shelf in the Arctic Ocean: Science Setting the Stage for Law, in: 25 ASIL Insights 8/2021, https://www.asil.org/insights/volume/25/issue/8, zugegriffen am: 30.5.2021

——— Securitizing the Arctic indigenous peoples: A community security perspective with special reference to the Sami of the European high north, in: 10 Polar Science 3/2016, 415–424

Hossain Kamrul und *Ballardini Rosa M.*, Indigenous Traditional Knowledge Through a Holistic Principle-Based Approach, in: 39 Nordic Journal of Human Rights 1/2021, 51–72

Howard Roger, The Arctic gold rush: the new race for tomorrow's natural resources, Continuum: London–New York 2009

Huhndorf Roy M. und *Huhndorf Shari M.*, Alaska Native Politics Since the Alaska Native Claims Settlement Act, in: Warrior (Hg), The world of indigenous North America, Routledge: London 2014, 67–81

Humrich Christoph, Maritime Grenz- und Statusdispute im Arktischen Ozean, in: 111 Hydrographische Nachrichten 10/2018, 14–21

——— Sicherheitspolitik im Arktischen Rat? Lieber nicht!, in: 33 Sicherheit & Frieden 3/2015, 143–149

——— Souveränitätsdenken und Seerecht. Regionalisierung von Meerespolitik in der Arktis als neue Staatsräson, in: Albert/Deitelhoff/Hellmann (Hg), Ordnung und Regieren in der Weltgesellschaft, Springer VS: Wiesbaden 2018, 211–241

Huskey Lee, *Mäenpää Ilmo* und *Pelyasov Alexander*, Economic Systems, in: Larsen/Fondhal (Hg), Arctic Human Development Report (TemaNord 2014:567), Nordic Council of Ministers: Copenhagen 2014, 151–184

Isa Felipe G., The UNDRIP: an increasingly robust legal parameter, in: 23 The International Journal of Human Rights 1–2/2019, 7–21

Jackson Ruth H. und *Chian D.*, The Alpha-Mendeleev ridge, a large igneous province with continental affinities, in: 141 GFF 4/2019, 316–329

Jacobson Jon L. und *Rieser Alison*, The Evolution of Ocean Law, in: 279 Scientific American Presents 3(special)/1998, 100–105

Jacobsson Marie, Building the International Legal Framework for Antarctica, in: Berkman/Lang/Walton/Young (Hg), Science Diplomacy: Antarctica, Science, and the Governance of International Spaces, Smithsonian Institution Scholarly Press: Washington D.C. 2011, 1–15

Jakobsson Martin, *Macnab Ron*, *Mayer Larry*, *Anderson Robert*, *Edwards Margo*, *Hatzky Jörn*, *Schenke Hans W.* und *Johnson Paul*, An improved bathymetric portrayal of the Arctic Ocean: Implications for ocean modeling and geological, geophysical and oceanographic analyses, in: 35 Geophysical Research Letters 7/2008 (L70602)

Jenisch Uwe, Tiefseebergbau – Lizenzvergabe und Umweltschutz, in: 35 Natur und Recht 12/2013, 841–854

Jensen Øystein, Take it to the Limit: Defining the Continental Shelf in the Arctic, in: Rottem/Soltvedt (Hg), Arctic Governance, Volume 1: Law and Politics, I.B. Tauris: London–New York 2017, 107–132

Jochem Sven, Die politischen Systeme Skandinaviens, Springer VS: Wiesbaden 2012

Johnstone Rachael L., Indigenous rights in the marine Arctic, in: Pelaudeix/Basse (Hg), Governance of Arctic Offshore Oil and Gas, Routledge: London 2018, 72–91

Johnstone Rachael L. und *Joblin Scott*, Non-living resources and the Poles, in: Scott/VanderZwaag (Hg), Research Handbook on Polar Law, Edward Elgar Publishing: Cheltenham–Northampton 2020, 250–271

Joyner Christopher C., Potential Challenges to the Antarctic Treaty, in: Berkman/Lang/Walton/Young (Hg), Science Diplomacy: Antarctica, Science, and the Governance of International Spaces, Smithsonian Institution Scholarly Press: Washington D.C. 2011, 97–102

Kaminsky Valery, *Piskarev Alexey L.*, *Poselov Victor A.* und *Mosher David C.*, Conclusions, in: Piskarev/Poselov/Kaminsky (Hg), Geologic Structures of the Arctic Basin, Springer International Publishing: Cham 2019, 373–375

Kämmerer Jörn A., Die Antarktis in der Raum- und Umweltschutzordnung des Völkerrechts, Duncker & Humblot: Berlin 1994

Kau Marcel, Der Staat und der Einzelne als Völkerrechtssubjekte, in: Graf Vitzthum/Proelß (Hg), Völkerrecht[7], Walter de Gruyter: Berlin–Boston 2016, 133–246

Kaye Stuart B., Territorial Sea Baselines along Ice-Covered Coasts: International Practice and Limits of the Law of the Sea, in: 35 Ocean Development & International Law 1/2004, 75–102

Keskitalo Carina E. H., *Koivurova Timo* und *Bankes Nigel*, Climate Governance in the Arctic: Introduction and Theoretical Framework, in: Koivurova/

Keskitalo/Bankes (Hg), Climate Governance in the Arctic, Environment Policy[50], Springer Netherlands: Dordrecht 2009, 1–27

Khan Sabaa A., Rebalancing state and Indigenous sovereignties in international law: An Arctic lens on trajectories for global governance, in: 32 Leiden Journal of International Law 4/2019, 675–693

Khan Sabaa A. und *Romppanen Seita*, Global trajectories of chemical pollution: legal gaps and complexities in the Polar context, in: Scott/VanderZwaag (Hg), Research Handbook on Polar Law, Edward Elgar Publishing: Cheltenham–Northampton 2020, 391–412

Kingsbury Benedict, Indigenous Peoples, in: Wolfrum (Hg), The Max Planck Encyclopedia of Public International Law, opil.ouplaw.com/home/EPIL 2011

Kirk Elizabeth A., Maritime Zones and the Ecosystem Approach: A Mismatch?, in: 8 Review of European Community & International Environmental Law 1/1999, 67–72

Klabbers Jan, The Undesirability of Soft Law, in: 67 Nordic Journal of International Law 4/1998, 381–391

Klein Eckart und *Schmahl Stefanie*, Die Internationalen und die Supranationalen Organisationen, in: Graf Vitzthum/Proelß (Hg), Völkerrecht[7], Walter de Gruyter: Berlin–Boston 2016, 247–359

Kleist Mininnguaq, Greenland's Self-Government, in: Loukacheva (Hg), Polar Law Textbook (TemaNord 2010:538), Nordic Council of Ministers: Copenhagen 2010, 171–198

Klenke Martin und *Schenke Hans W.*, A new bathymetric model for the central Fram Strait, in: 23 Marine Geophysical Researches 4/2002, 367–378

Klimke Romy, Schädliche traditionelle und kulturelle Praktiken im internationalen und regionalen Menschenrechtsschutz, Band 281 Beiträge zum ausländischen öffentlichen Recht und Völkerrecht, Springer: Berlin–Heidelberg 2019

Kluge Janis und *Paul Michael*, Russlands Arktis-Strategie bis 2035: große Pläne und ihre Grenzen, in: 89 SWP-Aktuell 2020

Knecht Sebastian, Die Mär vom Kalten Krieg: Wie geopolitische Paradigmen in den internationalen Beziehungen im Arktisraum (re)produziert werden, in: 33 Sicherheit & Frieden 3/2015, 121–126

Koivurova Timo, Environmental Protection in the Arctic and Antarctica, in: Loukacheva (Hg), Polar Law Textbook (TemaNord 2010:538), Nordic Council of Ministers: Copenhagen 2010, 30–43

—— Alternatives for an Arctic Treaty – Evaluation and a New Proposal, 17 Review of European, Comparative & International Environmental Law 1/2008, 14–26

Koivurova Timo, *Kleemola-Juntunen Pirjo* und *Kirchner Stefan*, Arctic regional agreements and arrangements, in: Scott/VanderZwaag (Hg), Research Handbook on Polar Law, Edward Elgar Publishing: Cheltenham–Northampton 2020, 64–83

König Doris, Article 218, in: Proelß (Hg), United Nations Convention on the Law of the Sea: A Commentary, C.H. Beck/Hart/Nomos: München–Oxford–Baden-Baden 2017, 1487–1496

König Doris und *Neumann Thilo*, Streit um die Arktis, in: 56 Vereinte Nationen 1/2008, 20–24

Kontorovich A. E., *Epov M. I.*, *Burstein L. M.*, *Kaminskii V. D.*, *Kurchikov A. R.*, *Malyshev N. A.*, *Prischepa O. M.*, *Safronov A. F.*, *Stupakova A. V.* und *Suprunenko O. I.*, Geology and hydrocarbon resources of the continental shelf in Russian Arctic seas and the prospects of their development, in: 51 Russian Geology and Geophysics 2010, 3–11

Krajewski Markus, Völkerrecht, Nomos: Baden–Baden 2017

Kraska James, From Pariah To Partner-Russian-American Security Cooperation In The Arctic Ocean, in: 16 ILSA Journal of International & Comparative Law 2/2010, 517–534

Kunig Philip, Völkerrecht und staatliches Recht, in: Graf Vitzthum/Proelß (Hg), Völkerrecht[7], Walter de Gruyter: Berlin–Boston 2016, 61–131

Lakhtine W., Rights over the Arctic, in: 24 The American Journal of International Law 4/1930, 703–717

Lalonde Suzanne, Marine protected area networks at the Poles, in: Scott/VanderZwaag (Hg), Research Handbook on Polar Law, Edward Elgar Publishing: Cheltenham–Northampton 2020, 346–370

Larsen Joan N., Economies and Business in the Arctic Region, in: Loukacheva (Hg), Polar Law Textbook (TemaNord 2010:538), Nordic Council of Ministers: Copenhagen 2010, 81–100

Larsen Peter B. und *Gilbert Jérémie*, Indigenous rights and ILO Convention 169: learning from the past and challenging the future, in: 24 The International Journal of Human Rights 2–3/2020, 83–93

Lauterpacht Herscih, International Law a Treatise by L. Oppenheim[6], Vol. I – Peace, Longman: Harlow 1947

Leary David, Bioprospecting at the Poles, in: Scott/VanderZwaag (Hg), Research Handbook on Polar Law, Edward Elgar Publishing: Cheltenham–Northampton 2020, 272–292

Leerberg Bjørn-Erik und *Berntsen Frode A.*, Norway, in: Burns/Derrick (Hg), International Comparative Legal Guides: Oil & Gas Laws and Regulations[16], Global Legal Group Ltd: London 2021, 168–180

Liggett Daniela und *Stewart Emma J.*, Polar cruise tourism, in: Scott/VanderZwaag (Hg), Research Handbook on Polar Law, Edward Elgar Publishing: Cheltenham–Northampton 2020, 293–325

Lim Kong S., Soft law instruments on Arctic investment and sustainable development, in: 56 Polar Record e11/2020, 1–6

List Martin und *Rolf Jan N.*, Kultur in den internationalen Beziehungen: Völkerrecht – Nationalismus – Religion – Neoliberalismus, Grundwissen Politik, Springer VS: Wiesbaden 2018

Liu Dan, The 2015 Oslo Declaration on Arctic High Seas Fisheries: The Starting Point Towards Future Fisheries Management in the Central Arctic Ocean, in: Arctic Yearbook 2017, https://arcticyearbook.com/images/yearbook/2017/Scholarly_Papers/21_The_2015_Oslo_Declaration_on_Arctic_High_Seas_Fisheries.pdf, zugegriffen am: 20.1.2022

Liu Nengye, Emerging and non-traditional actors at the Poles, in: Scott/VanderZwaag (Hg), Research Handbook on Polar Law, Edward Elgar Publishing: Cheltenham–Northampton 2020, 163–180

Lohmann Dieter, Vorstoß zum Pol – Die Eroberung der Arktis, in: Lohmann/Podbregar (Hg), Im Fokus: Entdecker: Die Erkundungen der Welt, Springer: Berlin–Heidelberg 2012, 165–185

Long Ronán, Law of the Sea Dispute Settlement and the European Union, in: Barrett/Barnes (Hg), Law of the sea: UNCLOS as a living treaty, The British Institute of International and Comparative Law: London 2016, 417–455

Lorenzmeier Stefan, Völkerrecht – schnell erfasst², Springer: Berlin–Heidelberg, 2012

Loukacheva Natalia, Arctic Governance, in: Loukacheva (Hg), Polar Law Textbook (TemaNord 2010:538), Nordic Council of Ministers: Copenhagen 2010, 125–146

——— Introduction to Polar Law, in: Loukacheva (Hg), Polar Law Textbook (TemaNord 2010:538), Nordic Council of Ministers: Copenhagen 2010, 13–43

Lundmark Mikael, The European Court of Human Rights and the Protection of Arctic Indigenous Peoples, in: Alfredsson/Koivurova (Hg), The Yearbook of Polar Law⁹ 2017, Brill/Nijhoff: Leiden–Boston 2018, 24–52

MacKay Fergus, Indigenous People's Right to Free, Prior and Informed Consent and the World Bank's Extractive Industries Review, 2004, http://pdf.wri.org/ref/mackay_04_indigenous_ppl.pdf, zugegriffen am: 4.12.2021

Macnab Ron, "Use It or Lose It" in Arctic Canada: Action Agenda or Election Hype?, in: 34 Vermont Law Review 3/2009, 3–14

Mager Diethard, Climate Change, Conflicts and Cooperation in the Arctic: Easier Access to Hydrocarbons and Mineral Resources?, in: 24 The International Journal of Marine and Coastal Law 2/2009, 347–354

Maggio Amber R., Article 77, in: Proelß (Hg), United Nations Convention on the Law of the Sea: A Commentary, C.H. Beck/Hart/Nomos: München–Oxford–Baden-Baden 2017, 604–614

Magnússon Bjarni M., The Reject ion of a Theoretical Beauty: The Foot of the Continental Slope in Maritime Boundary Delimitations Beyond 200 Nautical Miles, 45 Ocean Development & International Law 1/2014, 41–52

Malezer Les, Perspective on the Convention 169: its significance to Aboriginal peoples, in: 24 The International Journal of Human Rights 2–3/2020, 297–299

Manning Lewis und *Tamura-O'Connor Bernadita*, Oil and gas regulation in Canada: overview, in: Thomson Reuters Practical Law, https://uk.practicallaw.thomsonreuters.com/3-633-1728?transitionType=Default&contextData=(sc.Default)&firstPage=true#kh_relatedContentOffset, zugegriffen am: 14.11.2021

Marboe Irmgard, Das internationale Seerecht, in: Reinisch (Hg), Österreichisches Handbuch des Völkerrechts[5], Manzsche Verlags- und Universitätsbuchhandlung: Wien 2013, 472–496

——— Polargebiete, in: Reinisch (Hg), Österreichisches Handbuch des Völkerrechts[5], Manzsche Verlags- und Universitätsbuchhandlung: Wien 2013, 503–506

Markus Till, Erhaltung und nachhaltige Nutzung der Biodiversität, in: Proelß (Hg), Internationales Umweltrecht, Walter de Gruyter: Berlin–Boston 2017, 321–366

Matz-Lück Nele, Article 238, in: Proelß (Hg), United Nations Convention on the Law of the Sea: A Commentary, C.H. Beck/Hart/Nomos: München–Oxford–Baden-Baden 2017, 1605–1613

——— Meeresschutz, in: Proelß (Hg), Internationales Umweltrecht, Walter de Gruyter: Berlin–Boston 2017, 393–453

McDorman Ted L. und *Schofield Clive*, The Arctic Ocean unscrambled: competing claims and boundary disputes, in: Scott/VanderZwaag (Hg), Research Handbook on Polar Law, Edward Elgar Publishing: Cheltenham–Northampton 2020, 124–146

Metzger Axel, Extra legem, intra ius: Allgemeine Rechtsgrundsätze im Europäischen Privatrecht, Band 89 Beiträge zum ausländischen und internationalen Privatrecht, Mohr Siebeck: Tübingen 2009

Meyer Michael, Greenland, in: Strong (Hg), The Oil and Gas Law Review[8], Law Business Research Ltd: London 2020 166–175

Moe Arild, Fjærtoft Daniel und *Øverland Indra*, Space and timing: why was the Barents Sea delimitation dispute resolved in 2010?, in: 34 Polar Geography 3/2011, 145–162

Mohr Johannes, Der Schiedsspruch zum Südchinesischen Meer und die Reaktionen Beijings, in: 1 SIRIUS – Zeitschrift für Strategische Analysen 2/2017, 191–199

Molenaar Erik J., Coastal State Regulation of International Shipping, in: 22 The International Journal of Marine and Coastal Law 1/2007, 183–186

Monteiro de Matos Mariana, Indigenous Land Rights in the Inter-American System, Brill/Nijhoff: Leiden–Boston 2021

Morozova Natalya, Russia, in: Strong (Hg), The Oil and Gas Law Review[8], Law Business Research Ltd: London 2020, 280–292

Mosher David C. und *Hutchinson Deborah R.*, Canada Basin, in: Piskarev/Poselov/Kaminsky (Hg), Geologic Structures of the Arctic Basin, Springer International Publishing: Cham 2019, 295–325

Munz-Krines Marion, Expeditionen ins Eis: historische Polarreisen in der Literatur, Peter Lang: Frankfurt am Main 2009

Nadarajah Hema, Prevalence of Soft Law in the Arctic, in: Alfredsson/Jabour/Koivurova/Shibata (Hg), The Yearbook of Polar Law[12] 2020, Brill/Nijhoff: Leiden–Boston 2021, 285–307

Nelson L. D. M., Declarations, Statements and "Disguised Reservations" with Respect to the Convention on the Law of the Sea, in: 50 The International and Comparative Law Quarterly 4/2001, 767–786

Nenasheva Marina, Bickford Sonja H., Lesser Pamela, Koivurova Timo und *Kankaanpää Paula*, Legal tools of public participation in the Environmental Impact Assessment process and their application in the countries of the Barents Euro-Arctic Region, in: 1 Barents Studies: Peoples Economies and Politics 3/2015, 13–35

Nesi Giuseppe, Uti possidetis Doctrine, in: Wolfrum (Hg), The Max Planck Encyclopedia of Public International Law, opil.ouplaw.com/home/EPIL 2018

Nevitt Mark und *Percival Robert V.*, Polar Opposites: Assessing the State of Environmental Law in the World's Polar Regions, in: 59 Boston College Law Review 4/2018, 1655–1701

Nguyen Lan N., UNCLOS Tribunals and the Development of the Outer Continental Shelf Regime, in: 67 International and Comparative Law Quarterly 2/2018, 425–454

Nilsson Annika E. und *Koivurova Timo*, Transformational Change and Regime Shifts in the Circumpolar Arctic, in: 7 Arctic Review on Law and Politics 2/2016, 179–195

Nusser Franz, Eine neue internationale Eisnomenklatur in: 9 Deutsche Hydrografische Zeitschrift 4/1956, 174–182

Oakey G. N. und *Saltus R. W.*, Geophysical Analysis of the Alpha-Mendeleev ridge complex: Characterization of the High Arctic Large Igneous Province, in: 691 Tectonophysics Part A/2016, 65–84

Oguamanam Chidi und *Jain Vipal*, Access and Benefit Sharing, Canadian and Aboriginal Research Ethics Policy After the Nagoya Protocol: Digital DNA and Transformations in Biotechnology, in: 31 Journal of Environmental Law and Practice 1/2017, 79–112 https://ssrn.com/abstract=3085574, zugegriffen am: 25.1.2022

Østerud Øyvind und *Hønneland Geir*, Geopolitics and International Governance in the Arctic, in: Rottem/Soltvedt (Hg), Arctic Governance, Volume 1: Law and Politics, I.B. Tauris: London–New York 2017, 23–44

Paasivirta Esa, The European Union and the United Nations Convention on the Law of the Sea, in: 38 Fordham International Law Journal 4/2015, 1045–1071

Papastavridis Efthymios, The Right of Visit on the High Seas in a Theoretical Perspective: Mare Liberum versus Mare Clausum, in: 24 Leiden Journal of International Law 1/2011, 45–69

Parson Lindsay, Annex II to the Final Act, in: Proelß (Hg), United Nations Convention on the Law of the Sea: A Commentary, C.H. Beck/Hart/Nomos: München–Oxford–Baden-Baden 2017, 600–604

——— Article 76, in: Proelß (Hg), United Nations Convention on the Law of the Sea: A Commentary, C.H. Beck/Hart/Nomos: München–Oxford–Baden-Baden 2017, 587–600

Paul Michael, Grönlands Projekt Unabhängigkeit: Ambitionen und Aussichten nach 300 Jahren Zugehörigkeit zum Königreich Dänemark, in: 2 SWP-Aktuell 2021

Pay Vahid N. und *Calvo Harry G.*, Arctic Diplomacy: A Theoretical Evaluation of Russian Foreign Policy in the High North, in: 5 Russian Politics 1/2020, 105–130

Pearson L.B., Canada Looks „Down North“, in: 24 Foreign Affairs 4/1946, 638–647

Peary Robert E., The North Pole: its discovery in 1909 under the auspices of the Peary Arctic Club, Frederick A. Stokes Co.: New York 1910

Pelaudeix Cécile, Governance of offshore hydrocarbon activities in the Arctic and energy policies: A comparative approach between Norway, Canada and

Greenland/Denmark, in: Pelaudeix/Basse (Hg), Governance of Arctic Offshore Oil and Gas, Routledge: London 2018, 108–126

Persand Sharveen, A Practical Overview of Article 76 of the United Nations Convention on the Law of the Sea, United Nations – The Nippon Foundation of Japan Fellow 2005, https://www.un.org/Depts/los/nippon/unnff_programme_home/fellows_pages/fellows_papers/persand_0506_mauritius.pdf, zugegriffen am: 4.2.2021

Petermann August, Karte der arktischen & antarktischen Regionen zur Übersicht des geographischen Standpunktes im J. 1865, der Meeresströmungen, in: Petermann (Hg), Mittheilungen aus Justus Perthes' Geographischer Anstalt über wichtige neue Erforschungen auf dem Gesammtgebiet der Geographie, Justus Perthes: Gotha 1865, https://zs.thulb.uni-jena.de/rsc/viewer/jportal_derivate_00260709/ThULB_129489816_1865_Perthes_0172.tif?logicalDiv=jportal_jparticle_00517722, zugegriffen am: 6.6.2022

Pettersen Per A., *Jenssen Anders T.* und *Listhaug Ola*, The 1994 EU Referendum in Norway Continuity and Change, in: 19 Scandinavian Political Studies 3/1996, 257–281

Platjouw Froukje M., Dimensions of transboundary legal coherence needed to foster ecosystem-based governance in the Arctic, in: 110 Marine Policy 2019

Podbregar Nadja, *Schwanke Karsten* und *Frater Harald*, Wetter, Klima, Klimawandel: Wissen für eine Welt im Umbruch, Springer: Berlin–Heidelberg 2009

Poojary Priya V. und *Ramdas Inayat N.*, European union and its scramble for the north pole: the quest for an integrated Arctic policy, in: 10 The Polar Journal 1/2020, 102–112

Powell Richard C., Lines of possession? The anxious constitution of a polar geopolitics, in: 29 Political Geography 2/2010, 74–77

Proelß Alexander, Article 55, in: Proelß (Hg), United Nations Convention on the Law of the Sea: A Commentary, C.H. Beck/Hart/Nomos: München–Oxford–Baden-Baden 2017, 408–418

——— Article 58, in: Proelß (Hg), United Nations Convention on the Law of the Sea: A Commentary, C.H. Beck/Hart/Nomos: München–Oxford–Baden-Baden 2017, 444–457

——— Das Umweltvölkerrecht vor den Herausforderungen des Klimawandels Ansätze zu einer bereichsübergreifenden Operationalisierung des Vorsorgeprinzips, in: 66 JuristenZeitung 10/2011, 495–503

——— Die Bewirtschaftung der genetischen Ressourcen des Tiefseebodens – Ein neues Seerechtsproblem?, in: 29 Natur und Recht 10/2007, 650–656

——— Gebietsstreitigkeiten in der Arktis – Ist eine friedliche Beilegung mittels Abgrenzung erreichbar?, in: Lozán/Grassl/Notz/Piepenburg (Hg), Warnsignal Klima – die Polarregionen: wissenschaftliche Fakten, Wissenschaftliche Auswertungen: Hamburg 2014, 360–364

——— Geoengineering and International Law, in: 30 Sicherheit & Frieden 4/2012, 205–211

——— Prinzipien des internationalen Umweltrechts, in: Proelß (Hg), Internationales Umweltrecht, Walter de Gruyter: Berlin–Boston 2017, 69–103

——— Raum und Umwelt im Völkerrecht, in: Graf Vitzthum/Proelß (Hg), Völkerrecht[7], Walter de Gruyter: Berlin–Boston 2016, 361–454

Proelß Alexander und *Müller Till*, The Legal Regime of the Arctic Ocean, in: 68 Zeitschrift für ausländisches öffentliches Recht und Völkerrecht 2008, 651–687

Rayfuse Rosemary, Climate change and the Poles, in: Scott/VanderZwaag (Hg), Research Handbook on Polar Law, Edward Elgar Publishing: Cheltenham–Northampton 2020, 413–433

——— Melting Moments: The Future of Polar Oceans Governance in a Warming World, in: 16 Review of European Community & International Environmental Law 2/2007, 196–216

Riddervold Marianne und *Davis Cross Mai'a K.*, Reactive power EU: Russian aggression and the development of an EU Arctic Policy, in: 24 European Foreign Affairs Review 1/2019, 43–60

Roberts Kari, Jets, Flags, and a New Cold War?: Demystifying Russia's Arctic Intentions, in: 65 International Journal (Toronto) 4/2010, 957–976

Røsæg Erik, Framework Legislation for Commercial Activities in the Area, in: Banet (Hg), The Law of the Seabed, Brill/Nijhoff: Leiden–Boston 2020, 163–184

Rossi Christopher R., The club within the club: the challenge of a soft law framework in a global Arctic context, in: 5 The Polar Journal 1/2015, 8–34

Rothwell Donald R., The Arctic in International Affairs: Time for a New Regime?, in: 15 The Brown Journal of World Affairs 1/2008, 241–253

Rothwell Donald R. und *Hemmings Alan D.*, Evolution of A Polar Law, in: Scott/VanderZwaag (Hg), Research Handbook on Polar Law, Edward Elgar Publishing: Cheltenham–Northampton 2020, 455–474

Rothwell Donald R. und *Joyner Christopher C.*, The Polar Oceans and the Law of the Sea, in: Elferink/Rothwell (Hg), The Law of the Sea and Polar Maritime Delimitation and Jurisdiction, Marinus Nijhoff Publishers: The Hague–New York–London 2001, 1–22

Sand Peter H., Public Trusteeship for the Oceans, in Ndiaye/Wolfrum (Hg), Law of the Sea, Environmental Law and Settlement of Disputes: Liber Amicorum Judge Thomas A. Mensah, Martinus Nijhoff: Leiden–Boston 2007, 521–544

Sands Philippe, Principles of International Environmental Law[2], Cambridge University Press: Cambridge 2003

Savin Vasily A., *Avetisov Georgy P*, *Artem'eva Daria E.*, *Bezumov Dmitry V.*, *Chernykh Andrey A.*, *Glebovsky Vladimir Yu.*, *Kazanin Gennady S.* und *Piskarev Alexey L.*, Eurasian Basin, in: Piskarev/Poselov/Kaminsky (Hg), Geologic Structures of the Arctic Basin, Springer International Publishing: Cham 2019, 105–155.

Scheffler Jan, Die Europäische Union als rechtlich-institutioneller Akteur im System der Vereinten Nationen, Band 220 Beiträge zum ausländischen öffentlichen Recht und Völkerrecht, Springer: Berlin–Heidelberg, 2011

Schlacke Sabine und *Kenzler Jana*, Klimaschutz durch Meeresdüngung? Zum (Spannungs-) Verhältnis zwischen Seevölkerrecht und Biodiversitätskonvention, in: 31 Natur und Recht 11/2009, 753–759

Schlindwein Vera, Kurs: Ultralangsamer Gakkel-Rücken, in: 43 Forschung – Das Magazin der Deutschen Forschungsgemeinschaft 1/2018, 16–21

Schmalenbach Kristin, Friedliche Streitbeilegung, in: Proelß (Hg), Internationales Umweltrecht, Walter de Gruyter: Berlin–Boston 2017, 243–282

Schröder Meinhard, Verantwortlichkeit, Völkerstrafrecht, Streitbeilegung und Sanktionen, in: Graf Vitzthum/Proelß (Hg), Völkerrecht[7], Walter de Gruyter: Berlin–Boston 2016, 539–590

Schulze Vincent-Gregor, Arktisstrategien Überblick, Deutschen Arktisbüro am Alfred-Wegener-Institut/Helmholtz-Zentrum für Polar- und Meeresforschung 2017, https://www.arctic-office.de/fileadmin/user_upload/www.arctic-office.de/PDF_uploads/Arktisstrategien_DE_10.11.17.pdf, zugegriffen am: 19.7.2020

Scott Karen N. und *VanderZwaag David L.*, Introduction to Polar Law, in: Scott/VanderZwaag (Hg), Research Handbook on Polar Law, Edward Elgar Publishing: Cheltenham–Northampton 2020, 1–17

Scott Shirley V., Antarctic: competing claims and boundary disputes, in: Scott/VanderZwaag (Hg), Research Handbook on Polar Law, Edward Elgar Publishing: Cheltenham–Northampton 2020, 147–162

Scovazzi Tullio, Sovereignty over Land and Sea in the Arctic Area, in: 23 Agenda Internacional 34/2016, 169–196

Scully Trucker, The Development of the Antarctic Treaty System, in: Berkman/Lang/Walton/Young (Hg), Science Diplomacy: Antarctica, Science, and the Governance of International Spaces, Smithsonian Institution Scholarly Press: Washington D.C. 2011, 29–38

Seelmann Katrin, Der völkerrechtliche Status der Arktis: der neue Wettlauf zum Nordpol, Band 70 Neue juristische Monografien, Neuer Wissenschaftlicher Verlag: Wien–Graz 2012

Seldeni Ioannis, Mare clausum seu de dominio maris libri duo, Will. Stanesbeii pro Richardo Meighen: Londinense 1635.

Serdy Andrew, Article 279, in: Proelß (Hg), United Nations Convention on the Law of the Sea: A Commentary, C.H. Beck/Hart/Nomos: München–Oxford–Baden-Baden 2017, 1813–1817

——— Article 280, in: Proelß (Hg), United Nations Convention on the Law of the Sea: A Commentary, C.H. Beck/Hart/Nomos: München–Oxford–Baden-Baden 2017, 1817–1820

Shadian Jessica, Differences in local governance, in: Conference Report (26 May 2010): Arctic – Changing Realities (ANP 2010:758), Nordic Council of Ministers: Copenhagen 2010, 34–36

Siegfried Jule, Article 153, in: Proelß (Hg), United Nations Convention on the Law of the Sea: A Commentary, C.H. Beck/Hart/Nomos: München–Oxford–Baden-Baden 2017, 1080–1089

Skaridov Alexander S., The Seabed in the High North – How to Address Conflicts?, in: Banet (Hg), The Law of the Seabed, Brill/Nijhoff: Leiden–Boston 2020, 104–124

Smedal Gustav, Skrifter om Svalbard ob Ishavet, übersetzt von Meyer: Acquisition of Sovereignty over Polar Areas, I Kommisjon Hos Jacob Dybwad: Oslo 1931

Spreen G., *Kaleschke L.* und *Heygster G.*, Sea Ice Remote Sensing Using AMSR-E 89-GHz Channels, 113 Journal of Geophysical Research 2008 (C02S03), aufgerufen unter: https://data.meereisportal.de/gallery/index_new.php?lang=de_DE&active-tab1=method&active-tab2=satellite, zugegriffen am: 31.1.2022

Spurn Craig N., *Haines Kristen* und *Camara Adrian*, Canada, in: Strong (Hg), The Oil and Gas Law Review[3], Law Business Research Ltd: London 2015, 13–23

Stavenhagen Rodolfo, Cultural Rights: A Social Science Perspective, in: Eide/Krause/Rosas (Hg), Economic, Social and Cultural Rights, Brill/Nijhoff: Leiden–Boston 2001, 85–109

Stephen Kathrin, *Knecht Sebastian* und *Bartsch Golo M.*, Internationale Politik und Governance in der Arktis: Eine Einführung, Springer: Berlin–Heidelberg 2018

Stephens Tim, Ocean acidification at the Poles: regional responses to marine environmental change in the Anthropocene, in: Scott/VanderZwaag (Hg), Research Handbook on Polar Law, Edward Elgar Publishing: Cheltenham–Northampton 2020, 434–454

Stoltenberg Thorvald, Nordic cooperation on foreign and security policy, 9.2.2009, https://www.regjeringen.no/globalassets/upload/ud/vedlegg/nordicreport.pdf, zugegriffen am: 29.12.2020

Strank Oliver, Common Concern of Humankind im Völkerrecht, Band 289 Beiträge zum ausländischen öffentlichen Recht und Völkerrecht, Springer: Berlin–Heidelberg 2019

Summerhayes Colin, *Zalasiewicz Jan*, *Vidas Davor* und *Williams Mark*, Polar regions in the Antropocene, in: Scott/VanderZwaag (Hg), Research Handbook on Polar Law, Edward Elgar Publishing: Cheltenham–Northampton 2020, 18–39

Symmons Clive R., Article 13, in: Proelß (Hg), United Nations Convention on the Law of the Sea: A Commentary, C.H. Beck/Hart/Nomos: München–Oxford–Baden-Baden 2017, 131–147

——— Problems in the Law of the Sea Relating to Insular Formations in Icebound Seas and Polar Regions of the Arctic, with Particular Reference to Judicial *Dicta* in US v Alaska (1996) and to Recent Discoveries of New Arctic Islands (such as 'Yaya') due to Glacial Melt, in: Alfredsson/Koivurova (Hg), The Yearbook of Polar Law[9] 2017, Brill/Nijhoff: Leiden–Boston 2018, 285–311

Talmon Stefan, Article 121, in: Proelß (Hg), United Nations Convention on the Law of the Sea: A Commentary, C.H. Beck/Hart/Nomos: München–Oxford–Baden-Baden 2017, 858–880

Tams Christian J., Article 309, in: Proelß (Hg), United Nations Convention on the Law of the Sea: A Commentary, C.H. Beck/Hart/Nomos: München–Oxford–Baden-Baden 2017, 1993–2001

Taylor Prue, Das Gemeinsame Erbe der Menschheit. Eine kühne Doktrin im engen Korsett, in: Silke Helfrich und Heinrich Böll Stiftung (Hg), Commons: für eine neue Politik jenseits von Markt und Staat[2], transcript Verlag: Bielefeld 2014, 426–433

Thürer Daniel, Soft Law, in: Wolfrum (Hg), The Max Planck Encyclopedia of Public International Law, opil.ouplaw.com/home/EPIL 2009

Todorov Andrey, Approaches of Foreign Countries to Legal Regulation of the Oil and Gas Development on the Arctic Continental Shelf, in: 30 Arctic and North 2018, 33–48

Triggs Gillian, The Antarctic Treaty System: A Model of Legal Creativity and Cooperation, in: Berkman/Lang/Walton/Young (Hg), Science

Diplomacy: Antarctica, Science, and the Governance of International Spaces, Smithsonian Institution Scholarly Press: Washington D.C. 2011, 39–49

Trümpler Kai, Article 7, in: Proelß (Hg), United Nations Convention on the Law of the Sea: A Commentary, C.H. Beck/Hart/Nomos: München–Oxford–Baden-Baden 2017, 65–84

——— Article 8, in: Proelß (Hg), United Nations Convention on the Law of the Sea: A Commentary, C.H. Beck/Hart/Nomos: München–Oxford–Baden-Baden 2017, 84–96

Tuerk Helmut, The Common Heritage of Mankind after 50 Years, in: 57 Indian Journal of International Law 3–4/2017, 259–283

Udgaard Nils M., The Norwegian predicament in European defence: participation without direction, in: Bailes/Herolf/Sundelius, (Hg), The Nordic Countries and the European Security and Defence Policy, Oxford, Oxford University Press: Oxoford 2006, 323–327

Ulfstein Geir, Spitsbergen/Svalbard, in: Wolfrum (Hg), The Max Planck Encyclopedia of Public International Law, opil.ouplaw.com/home/EPIL 2019

van Boven Theo, Categories of Rights, in: Moeckli/Shah/Sivakumaran (Hg), International Human Rights Law[3], Oxford University Press: Oxoford 2018

Vandegraft Douglas L., A Boundary Delineation System for the Bureau of Ocean Energy Management, in: 42 Cartography and Geographic Information Science Supplement 1/2015, 58–62

VanderZwaag David L., Law of the Sea and Governance of Shipping in the Arctic and Antarctic, in: Loukacheva (Hg), Polar Law Textbook (TemaNord 2010:538), Nordic Council of Ministers: Copenhagen 2010, 45–64

van Zÿl Uys, The ‚Common Heritage of Mankind‘ and the 1982 Law of the Sea Convention: principle, pain, or panacea?, in: 26 The Comparative and International Law Journal of Southern Africa 1/1993, 49–66

Vasiliev Anton, Is the Ilulissat Declaration adequate?, in: Conference Report (26 May 2010): Arctic – Changing Realities (ANP 2010:758), Nordic Council of Ministers: Copenhagen 2010, 29–33

Venzke Jörg-Friedhelm, Die Arktis und ihre Grenzen, in: Lozán/Grassl/Notz/Piepenburg (Hg), Warnsignal Klima – die Polarregionen: wissenschaftliche Fakten, Wissenschaftliche Auswertungen: Hamburg 2014, 11–17

Vestergaard Cindy und *Thomasen Gry*, New uranium deal between Denmark and Greenland clarifies competences, in: Danish Institute for International Studies, 1.2.2016, https://www.diis.dk/en/research/new-uranium-deal-between-denmark-and-greenland-clarifies-competences, zugegriffen am: 13.4.2022

von Arnauld Andreas, Völkerrecht[3], C.F. Müller: Heidelberg 2016 *von Schirach Ferdinand*, Jeder Mensch, Luchterhand Literaturverlag: München, 2021

Vöneky Silja, Bioprospecting – Gerechte Verteilung genetischer Ressourcen, in: Nida-Rümelin/Wloka (Hg), Internationale Gerechtigkeit und institutionelle Verantwortung, Walter de Gruyter: Berlin–Boston 2019, 341–355

Vöneky Silja und *Beck Felix*, Article 144, in: Proelß (Hg), United Nations Convention on the Law of the Sea: A Commentary, C.H. Beck/Hart/Nomos: München–Oxford–Baden-Baden 2017, 1002–1007

——— Schutz der antarktischen und arktischen Umwelt, in: Proelß (Hg), Internationales Umweltrecht, Walter de Gruyter: Berlin–Boston 2017, 531–565

——— Umweltschutz und Menschenrechte, in: Proelß (Hg), Internationales Umweltrecht, Walter de Gruyter: Berlin–Boston 2017, 133–182

Vöneky Silja und *Höfelmeier Anja*, Article 137, in: Proelß (Hg), United Nations Convention on the Law of the Sea: A Commentary, C.H. Beck/Hart/Nomos: München–Oxford–Baden-Baden 2017, 957–964

Wacht Frank, Mariner Umweltschutz durch Meeresschutzgebiete im jurisdiktionsfreien Raum der Hohen See, Nomos: Baden–Baden 2018

Warner Robin, Principles of environmental protection at the Poles, in: Scott/VanderZwaag (Hg), Research Handbook on Polar Law, Edward Elgar Publishing: Cheltenham–Northampton 2020, 326–345

Warner Robin und *Rayfuse Rosemary*, Securing a Sustainable Future for the Oceans Beyond National Jurisdiction: The Legal Basis for an Integrated Cross-Sectoral Regime for High Seas Governance for the 21st Century, in: 23 The International Journal of Marine and Coastal Law 3/2008, 399–421

Watt Donald C., First Steps in the Enclosure of the Oceans – the Origins of Truman's Proclamation on the Resources of the Continental Shelf, 28 September 1945, in: 3 Marine Policy 3/1979, 211–224

Weingartner Katherine A. und *Orttung Robert W.*, US Arctic Policymaking under Trump and Obama, in: 55 Polar Record 6/2019, 402–410

Weiss Wolfgang, Allgemeine Rechtsgrundsätze des Völkerrechts, in: 39 Archiv des Völkerrechts 4/2001, 394–431

Wiers Steffen, The Arctic Ocean Palaeomagnetic Record: A Stratigraphic Approach, Dissertation Uppsala Universitet 2020, http://urn.kb.se/resolve?urn=urn:nbn:se:uu:diva-408719, zugegriffen am: 29.3.2021

Wilcox Francis O., The United States Accepts Compulsory Jurisdiction, in: 40 The American Journal of International Law 4/1946, 699–719

Winkelmann Ingo, Article 122, in: Proelß (Hg), United Nations Convention on the Law of the Sea: A Commentary, C.H. Beck/Hart/Nomos: München–Oxford–Baden-Baden 2017, 881–886

——— Article 123, in: Proelß (Hg), United Nations Convention on the Law of the Sea: A Commentary, C.H. Beck/Hart/Nomos: München–Oxford–Baden-Baden 2017, 886–892

Witschel Georg, New Chances and New Responsibilities in the Arctic Region: An Introduction, in Witschel/Winkelmann/Tiroch/Wolfrum (Hg), New Chances and New Responsibilities in the Arctic, Berliner Wissenschaftsverlag: Berlin 2010, 33–36

World Ocean Review[1], maribus gGmbH (Hg), Hamburg 2010

World Ocean Review[3], maribus gGmbH (Hg), Hamburg 2014

World Ocean Review[6], maribus gGmbH (Hg), Hamburg 2019

Young Oran R., Governing the Arctic Ocean, in: 72 Marine Policy 2016, 271–277

——— If an Arctic Ocean Treaty Is Not the Solution, What Is the Alternative?, in: 47 Polar Record 4/2011, 327–334

——— Whither the Arctic? Conflict or Cooperation in the Circumpolar North, in: 45 Polar Record 1/2009, 73–82

Enzyklopädie Einträge, Zeitungsartikel, Blogeinträge und weitere elektronische Quellen

About PAME, PAME, https://pame.is/shortcode/about-us, zugegriffen am: 6.5.2021

About the Project, Yamal LNG, 2015, http://yamallng.ru/en/project/about/, zugegriffen am: 22.2.2021

Active John, Why Subsistence is a Matter of Cultural Survival: A Yup'ik Point of View, in: Cultural Survival Quarterly Magazine 1998, https://www.culturalsurvival.org/publications/cultural-survival-quarterly/why-subsistence-matter-cultural-survival-yupik-point-view, zugegriffen am: 27.11.2021

Adams Peter und *Maxwell Dunbar J.*, Arctic Archipelago, in: The Canadian Encyclopedia, 26.10.2015, https://www.thecanadianencyclopedia.ca/en/article/arctic-archipelago, zugegriffen am: 23.4.2021

Adomaitis Nerijus, Norway's supreme court verdict opens the Arctic to more oil drilling, in: Reuters, 22.12.2020, https://www.reuters.com/article/us-norway-oil-environment-idUSKBN28W104, zugegriffen am: 23.1.2022

Alaska Oil and Gas Lease Sales, U.S. Department of the Interior Bureau of Land Management, https://www.blm.gov/programs/energy-and-minerals/oil-and-gas/leasing/regional-lease-sales/alaska, zugegriffen am: 3.4.2022

An introduction to: the International Agreement to prevent unregulated High Seas Fisheries in the Central Arctic Ocean, Arctic Council, 25.6.2021, https://arctic-council.org/news/introduction-to-international-agreement-to-prevent-unregulated-fishing-in-the-high-seas-of-the-central-arctic-ocean/, zugegriffen am: 20.1.2022

Antarktis: Bewohner, Besucher und Forschungsstationen, Goruma, https://www.goruma.de/laender/arktis-antarktis/antarktis/bevoelkerung-staedte, zugegriffen am: 31.1.2022

Arctic Circle oil spill prompts Putin to declare state of emergency, in: BBC News, 4.6.2020, https://www.bbc.com/news/world-europe-52915807, zugegriffen am: 31.1.2022

Arctic diplomacy: A warmer welcome, in: the Economist, 18.5.2015, https://www.economist.com/international/2013/05/18/a-warmer-welcome, zugegriffen am: 20.1.2022

Arctic Indigenous Peoples, Arctic Centre University of Lapland, https://www.arcticcentre.org/EN/arcticregion/Arctic-Indigenous-Peoples, zugegriffen am: 28.11.2021

Arctic Ocean, in: Encyclopaedia Britannica, https://www.britannica.com/place/Arctic-Ocean (11.6.2024), zugegriffen am: 11.6.2024

Arctic Sunrise, in: Wikipedia, 1.7.2020, https://de.wikipedia.org/w/index.php?title=Arctic_Sunrise&oldid=201463631, zugegriffen am: 14.8.2020

Arktischer Ozean, 2nd Arctic Science Ministerial, https://www.arcticscienceministerial.org/de/arktischer-ozean-1744.html, zugegriffen am: 2.10.2020

Baller Susanne, Streit um Hans-Insel: Der lustigste Krieg aller Zeiten wird in der Arktis ausgetragen, in: Stern, 9.3.2017, https://www.stern.de/reise/fernreisen/streit-um-hans-insel--der-lustigste-krieg-aller-zeiten-wird-in-der-arktis-ausgetragen-7361772.html, zugegriffen am: 28.5.2020

Belt and Road Initiative, https://www.beltroad-initiative.com/belt-and-road/, zugegriffen am: 22.1.2022

Bierling Stephan, Kalte Träume hoch im Norden – der Kampf um die Arktis, in: Neue Zürcher Zeitung, 3.4.2018, https://www.nzz.ch/meinung/kalte-traeume-hoch-im-norden-der-kampf-um-die-arktis-ld.1357176, zugegriffen am: 23.7.2020

Billigflaggen, International Transport Workers' Federation, https://www.itfglobal.org/de/sector/seafarers/billigflaggen, zugegriffen am: 20.8.2020

Bohrer Becky, Biden plans temporary halt of oil activity in Arctic refuge, in: AP NEWS, 20.1.2021, https://apnews.com/article/joe-biden-us-news-alaska-wildlife-arctic-cdd89af06cb892e042782ace3abca8eb, zugegriffen am: 23.2.2021

Breuer Marcus E. G. und *Milt Kriistina*, Die internationalen Fischereibeziehungen, Kurzdarstellung zur Europäischen Union, Februar 2021, https://www.europarl.europa.eu/ftu/pdf/de/FTU_3.3.6.pdf, zugegriffen am: 17.3.2021

Breum Martin, Analysis: Hans Island – and the Endless Dispute over Its Sovereignty, in: High North News, 24.10.2018, https://www.highnorthnews.com/en/analysis-hans-island-and-endless-dispute-over-its-sovereignty, zugegriffen am: 11.12.2020

Briefing notes for IBRU Arctic map series, IBRU: Centre of Borders Research Durham University, https://www.durham.ac.uk/media/durham-university/research-/research-centres/ibru-centre-for-borders-research/maps-and-databases/arctic-maps-2024-january/Briefing-notes-for-IBRU-Arctic-map-series-January-2024.pdf, zugegriffen am: 13.6.2024

Bukold Steffen und *Feddern Jörg*, Öl Report 2016, Greenpeace e. V., Dezember 2015, https://www.greenpeace.de/publikationen/oel-report-2016-greenpeace-20160108-neu.pdf, zugegriffen am: 12.3.2022

Canada MRGID 8493, https://www.marineregions.org/eezdetails.php?mrgid=8493&zone=eez, zugegriffen am: 1.4.2022

CNOOC to Search for Oil Offshore Iceland – Offshore Energy, Offshore Energy, 5.6.2013, https://www.offshore-energy.biz/cnooc-to-search-for-oil-offshore-iceland/, zugegriffen am: 14.7.2020

Commercial Whaling, International Whaling Commission, https://iwc.int/commercial, zugegriffen am: 23.11.2020

Country Analysis Executive Summary: Norway, U.S. Energy Information Administration, https://www.eia.gov/international/content/analysis/countries_long/Norway/pdf/norway_exe.pdf, zugegriffen am: 12.3.2022

Country Analysis Executive Summary: Russia, U.S. Energy Information Administration, https://www.eia.gov/international/content/analysis/countries_long/Russia/russia.pdf, zugegriffen am: 12.3.2022

Datei: Nordpolarmeer Sektorenaufteilung, in: Wikipedia, 8.8.2007. https://de.wikipedia.org/wiki/Datei:Nordpolarmeer_Sektorenaufteilung.svg, zugegriffen am: 1.11.2020

Declarations and SAO reports of the Arctic Council, Arctic Council, https://oaarchive.arctic-council.org/handle/11374/83, zugegriffen am: 17.1.2022

Denmark – Country Commercial Guide: Other Areas in the Kingdom of Denmark, International Trade Administration, 10.10.2020, http://www.trade.gov/country-commercial-guides/denmark-other-areas-kingdom-denmark, zugegriffen am: 22.4.2021

Desmarais Anna, Indigenous leaders 'losing faith' in environmental protection amid oil sands monitoring budget cuts, in: CBC News, 5.8.2020, https://www.cbc.ca/news/canada/north/alberta-nwt-chiefs-losing-faith-environment-monitoring-1.5674446, zugegriffen am: 23.1.2022

Detailed Listing of Active Leases – Alaska OCS Region, Bureau of Ocean Energy Management, 16.4.2020, https://www.boem.gov/sites/default/files/documents/environment/Detailed-Listing-of-Active-Leases.pdf, zugegriffen am: 4.10.2020

Endres Alexandra, US-Regierung: Das sind Bidens Klimakämpfer, in: Die Zeit, 23.1.2021, https://www.zeit.de/wissen/umwelt/2021-01/us-regierung-joe-biden-klimapolitik-klimaschutz-usa-klimawende/komplettansicht?utm_referrer=https%3A%2F%2Fde.wikipedia.org%2F, zugegriffen am: 19.2.2021

Erdgasförderung in China in den Jahren 1970 bis 2019, Statista, https://de.statista.com/statistik/daten/studie/40792/umfrage/china---erdgasproduktion-in-milliarden-kubikmeter/, zugegriffen am: 27.3.2021

Erdgasverbrauch in China in den Jahren 1965 bis 2019, Statista, https://de.statista.com/statistik/daten/studie/41020/umfrage/china---erdgasverbrauch-in-milliarden-kubikmeter/, zugegriffen am: 27.3.2021

Erdölproduktion in China in den Jahren 1965 bis 2019, Statista, https://de.statista.com/statistik/daten/studie/40107/umfrage/china---erdoelproduktion-in-tausend-barrel-pro-tag/, zugegriffen am: 27.3.2021

Erdölverbrauch in China in den Jahren 1969 bis 2019, Statista, https://de.statista.com/statistik/daten/studie/40340/umfrage/china---erdoelverbrauch-in-tausend-barrel-pro-tag/, zugegriffen am: 27.3.2021

Eskimo, in: Encyclopaedia Britannica, https://www.britannica.com/topic/Eskimo-people, zugegriffen am: 19.6.2021

Exploration Contracts, International Seabed Authority, https://isa.org.jm/index.php/exploration-contracts, zugegriffen am: 8.10.2021

Frequently Asked Questions: Declaration on the Rights of Indigenous Peoples, United Nations Permanent Forum on Indigenous Issues, https://www.un.org/esa/socdev/unpfii/documents/faq_drips_en.pdf, zugegriffen am: 4.1.2022

Frequently Asked Questions: The Treaty between Norway and Russia concerning maritime delimitation and cooperation in the Barents Sea and the Arctic Ocean, Norwegian Ministry of Foreign Affairs, 23.9.2010, https://www.regjeringen.no/en/topics/foreign-affairs/international-law/innsikt_delelinje/questions/id614010/, zugegriffen am: 1.2.2022

Gamillscheg Hannes, Der Nordpol soll zu Dänemark, in: Die Presse, 18.5.2011, https://diepresse.com/home/ausland/welt/662965/Der-Nordpol-soll-zu-Daenemark, zugegriffen am: 21.9.2020

Gamillscheg Hannes und *Greber Wolfgang*, Alles bleibt cool am Nordpol, in: Die Presse, 29.5.2008, https://diepresse.com/home/panorama/welt/387065/Alles-bleibt-cool-am-Nordpol, zugegriffen am: 23.7.2020

Girshovich Josef, Wem gehört eigentlich der Nordpol?, in: Neue Zürcher Zeitung, 14.3.2007, https://www.nzz.ch/articlee3az2-1.38130, zugegriffen am: 22.9.2020

Global Agenda Council on the Arctic 2012–2014, World Economic Forum, https://www3.weforum.org/docs/GAC/2013/Connect/WEF_GAC_Arctic_2012-2014_Connect.pdf, zugegriffen am: 22.1.2022

Greber Wolfgang, Heißes Rennen um den Nordpol, in: Die Presse, 19.8.2007, https://diepresse.com/home/politik/aussenpolitik/324203/Heisses-Rennen-um-den-Nordpol, zugegriffen am: 20.4.2021

Greenland and the Faroe Islands, The Danish Parliament – EU Information Center, https://www.thedanishparliament.dk/en/eu-information-centre/greenland-and-the-faroe-islands, zugegriffen am: 15.4.2022

Greenland's premier boycotts the Arctic Council in "drastic" protest, in: Nunatsiaq News 15.5.2013, https://nunatsiaq.com/stories/article/65674greenland_walks_away_from_the_arctic_council/, zugegriffen am: 20.1.2022

Hartmann Jacques, Canada and Denmark Reach Agreement on the Lincoln Sea Boundary, in: EJIL: Talk! Blog of the European Journal of International Law, 10.1.2013, https://www.ejiltalk.org/canada-and-denmark-reach-agreement-on-the-lincoln-sea-boundary/, zugegriffen am 28.5.2020

Hermann Rudolf, Von der Eiswüste zur machtpolitischen Arena: das neue Gesicht der Arktis, in: Neue Zürcher Zeitung, 11.7.2020, https://www.nzz.ch/meinung/arktis-von-der-eiswueste-zur-machtpolitischen-arena-ld.1564192, zugegriffen am: 21.9.2020

Herrmann Victoria, A Diplomatic Appointment Goes to a Man with the Wrong Kind of Experience, in: Scientific American, 12.8.2020, https://www.scientificamerican.com/article/a-diplomatic-appointment-goes-to-a-man-with-the-wrong-kind-of-experience/, zugegriffen am: 12.11.2021

Joe Biden, in: Wikipedia, 19.2.2021, https://de.wikipedia.org/w/index.php?title=Joe_Biden&oldid=209008717, zugegriffen am: 19.2.2021

Katona Viktor, Shtokman: Onstream by 2035 via Pipeline or LNG?, ROGTEC: Russian Oil & Gas Technologies, 16.10.2018, https://rogtecmagazine.com/shtokman-onstream-by-2035-via-pipeline-or-lng/, zugegriffen am: 5.12.2020

King Hobart M., Who Owns the Arctic Ocean?, Geology.com, https://geology.com/articles/who-owns-the-arctic.shtml, zugegriffen am: 19.7.2021

Köhne Gunnar, Grönland und die Unabhängigkeit, in: Deutschlandfunk, 27.2.2020, https://www.deutschlandfunk.de/weiter-ohne-daenemark-groenland-und-die-unabhaengigkeit-100.html, zugegriffen am: 13.4.2022

Kramer Andrew E., In the Russian Arctic, the First Stirrings of a Very Cold War, in: The New York Times, 22.5.2021, https://www.nytimes.com/2021/05/22/world/russia-us-arctic-military.html, zugegriffen am: 9.11.2021

——— Russia Presents Revised Claim of Arctic Territory to the United Nations, in: The New York Times, 19.1.2018, https://www.nytimes.com/2016/02/10/world/europe/russia-to-present-revised-claim-of-arctic-territory-to-the-united-nations.html, zugegriffen am: 24.2.2019

Lanteigne Marc, China Steps up Its Mining Interests in Greenland, in: The Diplomat, 12.2.2019, https://thediplomat.com/2019/02/china-steps-up-its-mining-interests-in-greenland/, zugegriffen am: 14.7.2020

Large Marine Ecosystems (LME's) of the Arctic, PAME, https://www.pame.is/projects/ecosystem-approach/arctic-large-marine-ecosystems-lme-s, zugegriffen am: 31.1.2022

Lechner Georg, Rufzeichen im Wettlauf um die Arktis, in: Wiener Zeitung, 22.8.2019, https://www.wienerzeitung.at/nachrichten/politik/welt/2023852-Rufzeichen-im-Wettlauf-um-die-Arktis.html, zugegriffen am: 20.4.2021

Levin Dan, Canada and Denmark Fight Over Island With Whisky and Schnapps, in: The New York Times, 7.11.2016, https://www.nytimes.com/2016/11/08/world/what-in-the-world/canada-denmark-hans-island-whisky-schnapps.html, zugegriffen am: 28.5.2020

List of All Cases, International Court of Justice, https://www.icj-cij.org/en/list-of-all-cases, zugegriffen am: 13.11.2020

List of Cases, International Tribunal for the Law of the Sea, https://www.itlos.org/en/main/cases/list-of-cases/, zugegriffen am: 29.4.2021

List of former Trust and Non-Self-Governing Territories, United Nations, https://www.un.org/dppa/decolonization/en/history/former-trust-and-nsgts, zugegriffen am: 8.1.2022

List of prime ministers of Canada, in: Wikipedia, https://en.wikipedia.org/wiki/List_of_prime_ministers_of_Canada, zugegriffen am: 12.9.2021

Lomonossow-Rücken, in: Wikipedia, 12.3.2019, https://de.wikipedia.org/w/index.php?title=Lomonossow-R%C3%BCcken&oldid=186521778, zugegriffen am: 23.7.2020

Marine Gazetteer Placedetails: Northwind Ridge, https://www.marineregions.org/gazetteer.php?p=details&id=7426, zugegriffen am: 5.10.2020

Maritme Claims, in: CIA World Factbook, https://www.cia.gov/the-world-factbook/about/archives/2022/field/maritime-claims/, zugegriffen am: 13.6.2024

Maritime jurisdiction and boundaries in the Arctic region, IBRU: Centre of Borders Research Durham University, https://www.durham.ac.uk/media/durham-university/research-/research-centres/ibru-centre-for-borders-research/maps-and-databases/arctic-maps-2024-january/Map-1-IBRU-Arctic-map-04-01-24-(revised-Russia-claimed).pdf, zugegriffen am: 22.4.2024

McGwin, Greenland halts new oil exploration, in: Arctic Today, 16.7.2021, https://www.arctictoday.com/greenland-issues-halt-to-new-oil-exploration/, zugegriffen am: 3.4.2022

Nowhereisland, http://www.nowhereisland.org/, zugegriffen am: 30.10.2020

Nowotny Marlene, Wettlauf um Erdöl in der Arktis, in: science.ORF.at, 29.6.2016, https://science.orf.at/stories/2782730/, zugegriffen am: 23.7.2020

Observers, Arctic Council, https://arctic-council.org/en/about/observers/, zugegriffen am: 20.1.2022

Offshore Drilling, Canada Energy Regulator, 30.9.2020, https://www.cer-rec.gc.ca/en/about/north-offshore/offshore-drilling.html, zugegriffen am: 22.2.2021

Ölpreis Brent, https://www.onvista.de/rohstoffe/db-Oelpreis-Brent-26262975, zugegriffen am: 6.6.2022

Opis Ricarda, USA und Grönland: Die strategische Schatzkammer, in: der Standard, 20.8.2019, https://www.derstandard.at/story/2000107585234/usa-und-groenland-die-strategische-schatzkammer, zugegriffen am: 19.2.2021

Parfitt Tom, Russia plants flag on North Pole seabed, in: the Guardian, 2.8.2007, https://www.theguardian.com/world/2007/aug/02/russia.arctic, zugegriffen am: 13.9.2021

Particularly Sensitive Sea Areas, International Maritime Organization, https://www.imo.org/en/OurWork/Environment/Pages/PSSAs.aspx, zugegriffen am: 7.3.2021s

Plumer Brad und *Fountain Henry*, Trump Administration Finalizes Plan to Open Arctic Refuge to Drilling, in: The New York Times, 17.8.2020, https://www.nytimes.com/2020/08/17/climate/alaska-oil-drilling-anwr.html, zugegriffen am: 4.10.2020

Pompeo says US to expand Arctic role to deter Russia, China, in: Valley News, 22.7.2020, https://www.valleynewslive.com/2020/07/22/pompeo-says-us-to-expand-arctic-role-to-deter-russia-china/, zugegriffen am: 24.7.2020

Ports by Country, World Port Source, http://www.worldportsource.com/countries.php, zugegriffen am: 21.1.2021

Project Description, Greenland Resource Assessment Data Portal, https://greenland-resource-assessment.gl/, zugegriffen am: 9.6.2022

Rosen Yereth, More ships are traveling longer distances in Canada's Northwest Passage, in: Arctic Today, 3.5.2021, https://www.arctictoday.com/more-vessels-are-traveling-longer-distances-in-canadas-northwest-passage/, zugegriffen am: 27.10.2021

Russia MRGID 5690, https://www.marineregions.org/eezdetails.php?mrgid=5690, zugegriffen am: 1.4.2022

Sami, in: Encyclopaedia Britannica, https://www.britannica.com/topic/Sami, zugegriffen am: 19.6.2021

Schmidt Friedrich, Umweltunglück in Russland: Der Pjassinosee war schon vorher tot, in: Frankfurter Allgemeine Zeitung, 11.6.2020, https://www.faz.net/1.6811042, zugegriffen am: 23.7.2020

Shipping in polar waters, International Maritime Organization, https://www.imo.org/en/MediaCentre/HotTopics/Pages/Polar-default.aspx, zugegriffen am: 7.3.2021

Shtokmanovskoye Field, Gazprom, https://www.gazprom.com/projects/shtokmanovskoye/, zugegriffen am: 5.12.2020

Special Areas under MARPOL, International Maritime Organization, https://www.imo.org/en/OurWork/Environment/Pages/Special-Areas-Marpol.aspx, zugegriffen am: 7.3.2021

Stambler Maria, Polar clean ups: fighting pollution in the Russian Arctic, in: Russia Beyond, 10.3.2021, https://www.rbth.com/science-and-tech/333504-polar-arctic-clean-ups-pollution, zugegriffen am: 23.1.2022

Status of Conventions, International Maritime Organization, https://www.imo.org/en/About/Conventions/Pages/StatusOfConventions.aspx, zugegriffen am: 7.3.2021

Status of Ratification: Interactive Dashboard, United Nations Human Rights Office of the High Commissioner, https://indicators.ohchr.org/, zugegriffen am: 27.11.2021

Steinbeis Maximilian, Nicht jeder Mensch, in Verfassungsblog, 9.4.2021, https://verfassungsblog.de/nicht-jeder-mensch/, zugegriffen am: 6.5.2021

Strategic Planning Document: 2019–2021, Arctic Economic Council, https://arcticeconomiccouncil.com/wp-content/uploads/2019/05/AEC-StrategicPlanBrochure-2018_Screen.pdf, zugegriffen am: 22.1.2022

Supply, transformation and consumption of oil and petroleum products: Indigenous Production, eurostat, https://ec.europa.eu/eurostat/databrowser/view/NRG_CB_OIL__custom_2059893/bookmark/table?lang=en&bookmarkId=cc945366-e1f7-440b-8b38-f7042adac3d6, zugegriffen am: 12.3.2022

Tanas Olga, *Khrennikova Dina* und *Shiryaevskaya Anna*, Russia expands LNG operations in Arctic, in: World Oil, 4.8.2019, https://www.worldoil.com/news/2019/4/8/russia-expands-lng-operations-in-arctic, zugegriffen am: 30.3.2020

The Law of the Russian Federation on Subsoil: Policies, International Energy Agency, 23.12.2020, https://www.iea.org/policies/8827-the-law-of-the-russian-federation-on-subsoil, zugegriffen am: 31.1.2022

The Legal and Technical Commission, International Seabed Authority, https://www.isa.org.jm/authority/legal-and-technical-commission, zugegriffen am: 21.03.2022

The Mining Code, International Seabed Authority, https://www.isa.org.jm/mining-code, zugegriffen am: 6.2.2021

The Nordic Council, The Nordic Council and the Nordic Council of Ministers (Nordic Co-operation), https://www.norden.org/en/information/nordic-council, zugegriffen am: 10.6.2022

The Saami Council, Sámiráđđi, https://www.saamicouncil.net/en/the-saami-council, zugegriffen am: 13.4.2022

Thorvald Stoltenberg: Set up a Nordic Defence and Security Commission, The Nordic Council and the Nordic Council of Ministers (Nordic Co-operation), 30.10.2014. https://www.norden.org/en/news/thorvald-stoltenberg-set-nordic-defence-and-security-commission, zugegriffen am: 28.12.2020

Transit voyages on the NSR in 2021: The results as of the current date, https://arctic-lio.com/transit-voyages-on-the-nsr-in-2021-the-results-as-of-the-current-date/, zugegriffen am: 26.10.2021

Transits Complete Data, Headland R.K. and colleagues, Scott Polar Research Institute, University of Cambridge, http://thenorthwestpassage.info/transit-statistics/transits-complete-data, zugegriffen am: 1.4.2022

Troll Kate, Alaska's environmental standards aren't stringent, in: *Juneau Empire*, 23.6.2020, https://www.juneauempire.com/opinion/alaskas-environmental-standards-arent-stringent/, zugegriffen am: 23.1.2020

Veser Reinhard, Streit um die Arktis: Expeditionen in das Reich der Ansprüche, in: Frankfurter Allgemeine Zeitung, 3.8.2010, https://www.faz.net/1.1029438, zugegriffen am: 21.9.2020

Vogl David, lHofer Benedikt, Weshalb Trump Grönland kaufen wollte, in: Neue Zürcher Zeitung, 10.5.2021, https://www.nzz.ch/podcast/groenland-weshalb-trump-die-insel-kaufen-wollte-nzz-akzent-ld.1623797, zugegriffen am: 12.6.2024

Volpe Marco, The Tortuous Path of China's Win-Win Strategy in Greenland, in: The Arctic Institute (blog), 24. März 2020, https://www.thearcticinstitute.org/tortuous-path-china-win-win-strategy-greenland/, zugegriffen am: 2.3.2021

Well data (deep wells) – Greenland, Geological Survey of Denmark and Greenland, http://data.geus.dk/geusmapmore/samba/info_samba.jsp?iSector=GREENLAND, zugegriffen am: 3.8.2020

Working Groups, Arctic Council, https://arctic-council.org/about/working-groups/, zugegriffen am: 18.1.2022

World Port Index, US National Geospatial-Intelligence Agency, https://fgmod.nga.mil/apps/WPI-Viewer/, zugegriffen am 13.6.2024

Zonn Igor S., *Kostianoy Andrey G.* und *Semenov Aleksandr V.*, Historic Bay, in: The Western Arctic Seas Encyclopedia, Springer International Publishing: Cham, 2017, 127–128

Völkerrecht, Europarecht und Internationales Wirtschaftsrecht

Herausgegeben von Peter Hilpold und August Reinisch

Band 1 Florian Razesberger: The International Criminal Court. The Principle of Complementarity. 2006.

Band 2 Christian Wimpissinger: Steuerliche Verlustverrechnung nach EG-Recht. 2006.

Band 3 Christina Knahr: Participation of Non-State Actors in the Dispute Settlement System of the WTO: Benefit or Burden? 2007.

Band 4 Daniela Kröll: Toward Multilateral Competition Law? After Cancún: Reevaluating the Case for Additional International Competition Rules Under Special Consideration of the WTO Agreement. 2007.

Band 5 Georg Nolte / Peter Hilpold (Hrsg.): Auslandsinvestitionen – Entwicklung großer Kodifikationen – Fragmentierung des Völkerrechts – Status des Kosovo. Beiträge zum 31. Österreichischen Völkerrechtstag 2006 in München. 2008.

Band 6 Irmgard Marboe: Die Berechnung von Entschädigung und Schadenersatz in der internationalen Rechtsprechung. 2009.

Band 7 Peter Neumann: United Nations Procurement Regime. Description and Evaluation of the Legal Framework in the Light of International Standards and of Findings of an Inquiry into Procurement for the Iraq Oil-for-Food Programme. 2008.

Band 8 Kirsten Schmalenbach / Wolfgang Benedek (Hrsg.): Von Terrorismusbekämpfung bis Klimaschutz. Beiträge zum 32. Österreichischen Völkerrechtstag 2007 in Altaussee. 2008.

Band 9 Stephan Wittich / August Reinisch / Andrea Gattini (Hrsg.): Kosovo – Staatsschulden – Notstand – EU-Reformvertrag – Humanitätsrecht. Beiträge zum 33. Österreichischen Völkerrechtstag 2008 in Conegliano. 2009.

Band 10 Peter Hilpold (Hrsg.): Das Selbstbestimmungsrecht der Völker. Vom umstrittenen Prinzip zum vieldeutigen Recht? 2009.

Band 11 Peter Hilpold / Christoph Perathoner (Hrsg.): Immigration und Integration. Völkerrechtliche und europarechtliche Antworten auf eine zentrale Herausforderung der Zeit. 2010.

Band 12 Claudia Alfons: Recognition and Enforcement of Annulled Foreign Arbitral Awards. An Analysis of the Legal Framework and its Interpretation in Case Law and Literature. 2010.

Band 13 Peter Hilpold / Walter Steinmair / Christoph Perathoner (Hrsg.): Rechtsvergleichung an der Sprachgrenze. 2011.

Band 14 Werner Schroeder / Jelka Mayr-Singer (Hrsg.): Völkerstrafrecht, Rechtsschutz und Rule of Law. Das Individuum als Herausforderung für das Völkerrecht. Beiträge zum 34. Österreichischen Völkerrechtstag 2009 in Tramin/Südtirol. 2011.

Band 15 Werner Petritz: Vor dem Aus? Der Vertrag über die Nichtweiterverbreitung von Kernwaffen. Funktion und Relevanz anhand zweier Beispiele. 2012.

Band 16 Kirsten Schmalenbach (Hrsg.): Aktuelle Herausforderungen des Völkerrechts. Beiträge zum 36. Österreichischen Völkerrechtstag 2011. Unter Mitarbeit von Lando Kirchmair. 2012.

Band 17 Ruth Steger: Staatenimmunität und Kriegsverbrechen. Das IGH-Urteil im Verfahren Deutschland gegen Italien vom 03.02.2012. 2013.

Band 18 Christoph Vedder (Hrsg.): Völkerrecht 2012. Richterliche Praxis und politische Realität. Beiträge zum 37. Österreichischen Völkerrechtstag 2012. Unter Mitarbeit von Manuel Indlekofer. 2013.

Band 19 Wolfgang Benedek / Hans-Peter Folz / Hubert Isak / Matthias C. Kettemann / Renate Kicker (Hrsg.): Bestand und Wandel des Völkerrechts. Beiträge zum 38. Österreichischen Völkerrechtstag 2013 in Stadtschlaining. 2014.

Band 20 Andrea Bockley / Ursula Kriebaum / August Reinisch (Hrsg.): Nichtstaatliche Akteure und Interventionsverbot. Beiträge zum 39. Österreichischen Völkerrechtstag 2014 in Klosterneuburg. 2015.

Band 21 Caroline U. Amann: The EU Education Policy in the Post-Lisbon Era. A Comprehensive Approach. 2015.

Band 22 Karl Edlinger: Die völkerrechtliche Klassifizierung bewaffneter Konflikte. Konflikttypen, Abgrenzungen sowie Rechtsfolgen und deren Auswirkungen auf die Planung und Durchführung militärischer Operationen. 2016.

Band 23 Elisabeth Parteli: Pressefreiheit und Persönlichkeitsschutz. Ein Leitfaden für die journalistische Praxis. Das Spannungsverhältnis zwischen der Freiheit der Äußerung und dem Schutz der Persönlichkeitsrechte unter besonderer Berücksichtigung der Abgrenzung von Tatsachenbehauptung und Werturteil der Rechtsprechung des Europäischen Gerichtshofs für Menschenrechte zu Artikel 10 EMRK. 2017.

Band 24 Anna Fischer: Sezession im Völkerrecht – Faktisches Phänomen oder reale Utopie. Die Geschichte eines Prinzips im Lichte eines unglücklichen Präzedenzfalls. 2017.

Band 25 Ruth Steger: Aut dedere aut iudicare. Inhalt und aktuelle Entwicklungen rund um die völkerrechtliche Verpflichtung zur Strafverfolgung oder Auslieferung. 2017.

Band 26 Dominik Brunner: Der „DARIO" - Artikelentwurf über die Verantwortlichkeit Internationaler Organisationen. 2018.

Band 27 Mona Mairitsch: UNESCO-Welterbe auf nationaler Ebene: Verpflichtungen und Herausforderungen. Am Beispiel Österreichs. 2019.

Band 28 August Reinisch / Astrid Reisinger Coracini (Hrsg.): Zurück zu den Quellen des Völkerrechts. Beiträge zum 44. Österreichischen Völkerrechtstag 2019 in Rust am Neusiedlersee. 2021.

Band 29 Kyfork Aghobjian: The Rights of Armenian Minorities in Lebanon and Turkey under National and International Law. 2022.

Band 30 Markus Beham: Völkerrechtliche Perspektiven auf die internationale Streitbeilegung 2022.

Band 31 Stephanie Wurnitsch: Territorialkonflikte im arktischen Raum aus seerechtlicher Sicht und unter Berücksichtigung neuer Entwicklungen aufgrund der klimatischen Veränderungen 2022

www.peterlang.com

www.ingramcontent.com/pod-product-compliance
Ingram Content Group UK Ltd.
Pitfield, Milton Keynes, MK11 3LW, UK
UKHW021827290926
8980IPUK00004B/298

9 783631 921609